宁乡年鉴

NINGXIANGNIANJIAN

2019

◎ 宁乡市档案馆 编

方志出版社
Publishing of Local Records

《宁乡年鉴（2019）》编纂委员会

《宁乡年鉴（2019）》编辑部

编辑说明

一、《宁乡年鉴》是中共宁乡市委、宁乡市人民政府主办，宁乡市地方志编纂室承办的年度资料性文献，2004年创刊，每年出版一卷，是社会各界了解宁乡的权威性工具书。

二、《宁乡年鉴（2019）》坚持以马克思列宁主义、毛泽东思想、邓小平理论、“三个代表”重要思想、科学发展观、习近平新时代中国特色社会主义思想为指导，坚持辩证唯物主义和历史唯物主义的立场、观点和方法，围绕中共宁乡市委、宁乡市人民政府决策部署，全面、客观、系统地记载宁乡市自然、政治、经济、文化、社会和生态等方面概貌和发展情况。记述时限为2018年1月1日至12月31日。

三、《宁乡年鉴（2019）》采用分类编辑法，设类目、分目、条目三个层次。全书设有32个类目，图片由各相关单位和市融媒体中心提供。

四、本年鉴对框架结构进行适当调整：前插图片增加“宁乡荣誉”“宁乡数字”。

五、本年鉴所载资料均由全市各部门专人撰写、领导审核、年鉴编辑部编辑加工、编委会审定。统计资料由市统计局提供，文稿中有些地域性、部门性数据，由于口径不同等原因，与统计局公布的不完全一致，请读者在查阅和引用时注意。

六、本年鉴收录市直单位和乡镇（街道）负责人名单，均以2018年在职者为准，有任免的分别予以注明。名单由市直各单位和各乡镇（街道）提供，年鉴编辑部初审，市委组织部审定。

宁乡市行

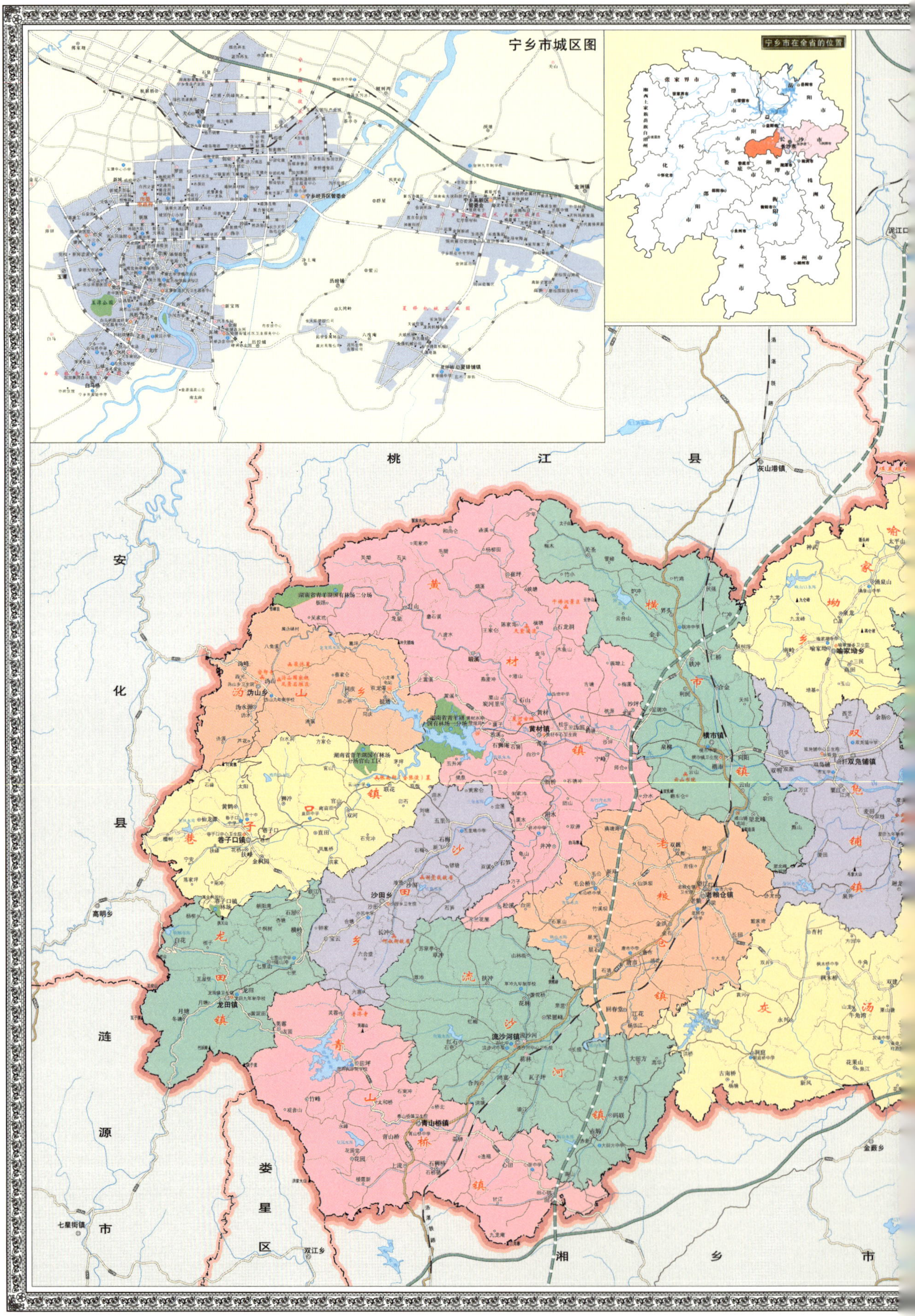

宁乡市人民政府编制　湖南省民政厅监制

政区划图

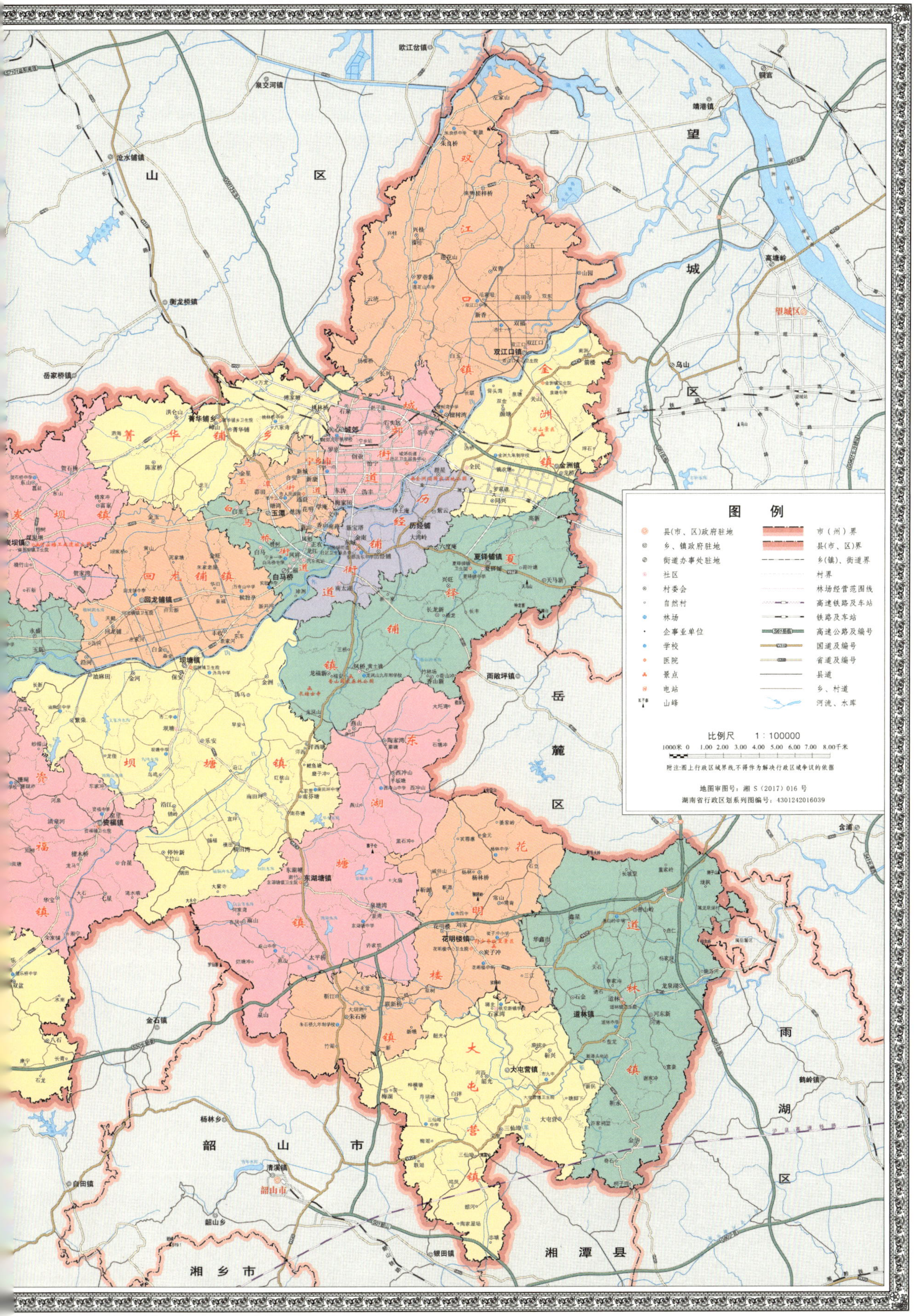

湖南省第三测绘院制作 二〇一七年十月

2018 · 宁乡荣誉

2018.Ningxiang Honors

1月8日　楚天科技获评国家科学技术进步二等奖

2月23日　宁乡经开区获批第二批国家级绿色制造示范单位

4月21日　宁乡获评中国最具魅力文化旅游城市

6月19日　宁乡被国务院表彰为“公立医院改革真抓实干成效明显地区”

10月22日　宁乡入选全国2018年消费品工业“三品”战略示范城市

10月23日　宁乡入选2017—2018年全国电商示范百佳县

11月26日　宁乡推进“互联网+政务服务”融合发展获国务院通报表扬

12月10日　邦普循环科技获评国家企业技术中心

12月15日　宁乡获评“2018年度中国全面小康十大示范县市”

12月15日　宁乡构建“316”群众工作新格局获评中国十大社会治理创新奖

12月17日　宁乡位居全国县域经济基本竞争力百强县市第28位

2018·宁乡数字

2018.Ningxiang Datas

区域总面积：2906平方千米
年末户籍人口总户数：45.57万户
总人数：143.09万人
人口密度：每平方千米492人

地区生产总值（GDP）：1113.74亿元
第一产业增加值：100.93亿元
第二产业增加值：659.60亿元
第三产业增加值：353.22亿元

一般公共预算收入：80.60亿元
地方一般公共预算收入：47.31亿元
城乡居民人均可支配收入：34887元
城镇居民人均可支配收入：43269元
农村居民人均可支配收入：26985元

农林牧渔业总产值：164.77 亿元
农业产值：99.31亿元
林业产值：6.75亿元
牧业产值：43.34亿元
渔业产值：4.93亿元
农林牧渔服务业产值：10.43亿元
全年粮食总产量：67.87万吨

规模工业总产值：1493.9亿元
园区（三区五园）规模以上工业实现产值：1309.6亿元
建筑业增加值：82.8亿元
房屋建筑施工面积：476万平方米
竣工面积：177万平方米

社会消费品零售总额：360.2亿元，
全年共接待海内外游客：2210.9万人次
旅游收入：302.7亿元
电信业务总量：1.60亿元
电信业新增移动电话：3万户
年末全市电话用户总数：128.4万户

固定互联网宽带接入用户：26.3万户
全社会固定资产投资：8780.9亿元
年末市内公路建设通车里程：16247.5千米
邮政行业业务总量：1.1亿元

高新技术企业和生产高新技术产品的企业：236家
高新技术产值：837亿元
申请专利：2417件
国家级高新技术产业化基地：1 个
国家级农业科技园区：1个
国家级科技企业孵化器：1个
博士后科研工作站：4 家
院士工作站：5家
国家级工业设计中心：1家
国家级企业技术中心：3家

普通中小学：315所
中职学校：7所
特教学校：1所
在校中小学生：157705人
高中学生：37580人
初中学生：39339人
小学学生：80550人
特教学生：236人
中小学教职工：10079人
幼儿园：335所
在园幼儿：36502人

医院、卫生院：54个
全市医疗机构床位：7599张
卫生工作人员：4500人
公共体育场馆：9座
城镇职工五大社会保险参保总人数：45.23万人
全年新增城镇就业：11710人
新增农村劳动力转移就业：7900人
失业人员再就业：3828人

纪念刘少奇同志诞辰120周年

2018年11月24日，中共湖南省委纪念刘少奇同志诞辰120周年座谈会嘉宾参观《共和国主席刘少奇》陈列

2018年11月24日，中共湖南省委纪念刘少奇同志诞辰120周年座谈会嘉宾在铜像广场举行敬献花篮仪式

刘少奇故居

2018年11月25日，“刘少奇与中华民族伟大复兴”学术研讨会现场

2018年11月25日，“刘少奇与中华民族伟大复兴”学术研讨会嘉宾在铜像广场举行敬献花篮仪式后合影

刘少奇故里门楼

党建引领

6月25日，宁乡市学习研讨习近平总书记关于加强和改进人民政协工作的重要思想第一期培训班在位于少奇故里——花明楼镇的长沙花明楼红色文化教育学院正式开班，这也是学院成立后迎来的首批培训

6月29日，宁乡市举行的庆祝建党97周年纪念活动，对“五星”村（社区）党组织、先进基层党组织、优秀党务工作者、优秀共产党员进行了表彰

6月29日，宁乡市举行的庆祝建党97周年纪念活动。图为党建知识竞赛现场

8月，宁乡市首个党建文化主题公园在新城社区建成，吸引众多参观者

9月30日，宁乡市村(社区)党组织书记乡村振兴战略专题培训班结业仪式在花明楼红色文化教育学院举行，全市278个村（社区）党组织书记和29个乡镇（街道）的组织委员、分管农业工作的班子成员共336人参加培训

12月，宁乡农商银行金洲科技支行获评湖南农信党支部标准化建设“示范党支部”。图为宁乡农商银行金洲科技支行的基层党建工作吸引众多同行参观学习

2018年，宁乡市委、市政府主要领导深入各乡镇开展“知敬畏、存戒惧、守底线”纪律教育活动，和基层一线党员干部齐聚一堂，面对面心贴心交流心得体会，部署和明确纪律建设工作要求，讲授党课。图为花明楼镇党员干部听党课

2018年，东城社区党支部齐心建设美丽屋场，图为该社区党支部党员干部正在清理覆绿区的杂草

2018年，黄材镇井冲片离退休干部党支部，积极发挥“五老”作用。图为该党支部参加爱心活动合影

2018年，沙田乡依托独特的红色文化资源，广泛开展革命传统教育，着力强化党建引领，红色品牌影响力持续提升，专程前去接受红色熏陶者络绎不绝，乡域发展释放全新动力。图为党员在何叔衡故居重温入党誓词

市教育局积极开创教育党建工作新亮点特色，打造“课堂党建”和“校外党建”相互补充的新机制。编写“党史育人”教材，在全市所有中小学校党支部打造“学党史，听党话，跟党走”为主题的党建新阵地，并在宁乡300余所中小学校建起党史墙5000多块。图为双江口镇双江口中学的党史墙前，老师正在给孩子们讲党课

听民声问民情，开启“乡村夜话”搭建镇党委政府服务群众的平台,建一个干部群众相互交流的场所，进一步推动乡村振兴发展，焕发农村文明新风。图为东湖塘镇陶家湾村磨塘组乡村夜话活动现场

玉潭街道党工委以“五级联动”“四个亮出”“三项活动”“一核多元”为基本内容，创新推出小区党建“五四三一”模式。至2018年，街道已成立小区联合党支部52个，实现小区党建全覆盖，5000多名在职党员到社区报到，并深入小区开展便民服务，“党建引领、多元共治”的小区治理新格局成功构建。图为玉潭街道花语王朝开展小区党员志愿活动

脱贫攻坚 在宁乡

3月26至27日，宁乡经开区党工委书记、市委书记周辉一行前往湘西自治州龙山县，就宁乡市和宁乡经开区对口帮扶该县咱果乡、红岩溪镇脱贫攻坚工作进行调研，并看望慰问派驻工作队员

11月15日，宁乡市第一届“宁乡慈善奖”表彰会议在宁乡市楚天大剧院举行，2名慈善人物、15家爱心捐赠企业、12名爱心捐赠个人、10个爱心组织单位、10个公益慈善组织、5个慈善项目、20名慈善志愿者受到表彰。打赢脱贫攻坚战，离不开社会各界的积极参与，无私奉献，凝聚力量。图为颁奖现场

2018年2月，宁乡人才驿站正式投入使用，为宁乡市“春风行动”和就业扶贫工作的高效实施创造良好条件

“四好农村路”是脱贫攻坚、乡村振兴、全面建设小康社会的重要抓手。2018年，全市推进农村公路建设700千米。图为官山村已竣工通车的自然村通水泥路项目

1月15日，横市镇“千手”爱心大屋易地扶贫搬迁集中安置区项目二期工程正式竣工

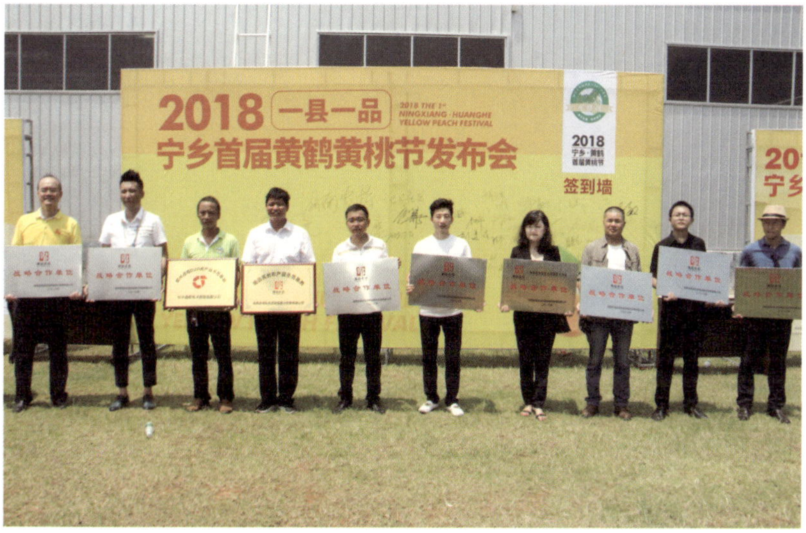

7月30日，2018年网销“一县一品”进社区扶贫成果展示暨宁乡首届黄鹤黄桃节在黄鹤村举行。10多家优质渠道商与果农面对面进行产销对接。活动上，湖南省湘品名优商品展示贸易有限公司和长沙通程控股股份有限公司获授牌“精准扶贫优秀企业”

8月21日，市教育局、市教育基金会2018年“育才行动”奖助学金发放大会举行，爱心企业代表、受助学生、家长、老师等200余人参加大会。本次受奖受助的学生及家长178人，奖助学资金总额32.9万元。市教育基金会成立后，帮助12万余名“品学兼优、家境贫寒”的学子圆梦，被湖南省民政厅授予全省“5A”级社会组织。图为贫困学子受到资助

3月9日，夏铎铺镇联合长沙市第四医院、镇卫生院等单位，在全镇贫困户中开展以“爱心关怀满香山、健康扶贫促脱贫”为主题的健康扶贫暖心服务活动，为全镇478户建档立卡贫困户实行家庭医生上门签约服务和定期集中免费义诊，开展宣讲健康扶贫政策，开办健康知识讲座等活动，让广大群众在家门口享受专家诊疗服务

城郊街道茶亭寺村精准扶贫户范迪泉因残致贫。他在帮扶人员的帮助下，承包本组2公顷抛荒田，顺利脱贫致富。图为范迪泉正在自己承包的稻田里施药治虫

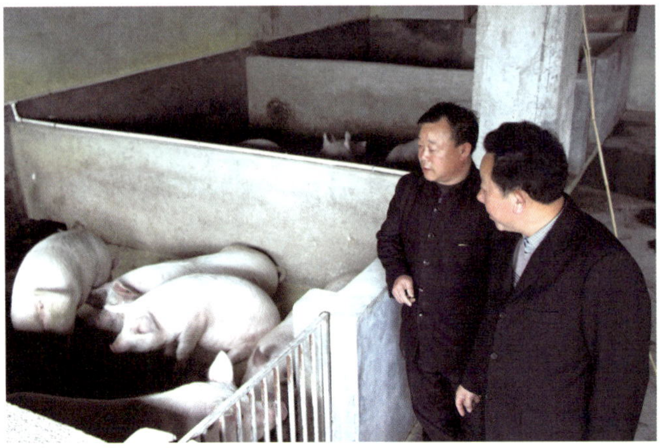

2018年，宁乡首个养猪专业合作社——巷子口镇官山村腾飞养猪专业合作助力建档立卡贫困户通过生猪养殖脱贫致富。图为合作社理事长陶小平（右）在向合作社成员传授养猪经验

灰汤镇双盆村贫困户张崇六依靠养殖产业走上脱贫致富道路

市畜牧兽医水产局及镇村等在东湖塘镇麻山村共同实施花猪精准扶贫产业项目。1月2日，20户贫困户领到小花猪40多头

喻家坳乡以流动讲习课堂创新乡村振兴讲习模式。图为5月31日，喻家坳乡南岭村仓场组流动讲习课堂安排在油茶种植基地开讲

3月5日，长沙市珊瑚水果种植专业合作社的张明秋（右）在资福镇珊瑚村指导员工修剪果树

总　目

<<< 目　录

特　载

大事记

宁乡概览

中国共产党宁乡市委员会

宁乡市人民代表大会

宁乡市人民政府

中国人民政治协商会议宁乡市委员会

中国共产党宁乡市纪律检查委员会

民主党派·工商联

群众团体

军 事

法 治

综合监督管理

城乡建设·环境保护

园区经济

农业·农村发展

交通·邮政·通信

商贸服务业

旅游业

财政·税务

金　融

科技·教育

文化事业

卫生健康

社会生活

乡镇·街道

人 物

附　录

索　引

特 载

FEATURE

责任编辑・姜小平

政府工作报告

2018年12月27日在宁乡市第一届人民代表大会第二次会议上
宁乡市人民政府市长付旭明

一、2018年工作回顾

2018年，我们在长沙市委、市政府和宁乡市委的坚强领导下，在市人大、市政协的监督支持下，全面贯彻落实习近平新时代中国特色社会主义思想和党的十九大精神，紧扣建设现代化宁乡总目标，坚持稳中求进的总基调和高质量发展的总要求，聚焦“三大攻坚战”，深化“三大主题年”，全面推进“四个打造”，凝心聚力、攻坚克难，锐意进取、负重前行，较好地完成了市一届人大一次会议确定的各项目标任务。

——**改革开放深入推进成效显著。**全市上下以改革开放40周年为契机，持续推进改革扩大开放。9个领域85项重点改革取得新突破，全年实际利用外资1.93亿美元，外贸进出口3.6亿美元。实现地区生产总值1190亿元，是1978年2.28亿元的522倍。县域经济基本竞争力跃居全国百强县第28位。

——**高质量发展赢得良好开局。**财税收入突破80亿大关，全年完成一般公共预算收入80.6亿元（预计值，下同），同比增长12.85%，其中税收收入66.3亿元，税收占比82.26%；固定资产投资总额860亿元，增长12%；社会消费品零售总额360亿元，增长13%；规模工业增加值320亿元，增长9%；全社会研发经费支出（R&D）22亿元，占GDP比重1.8%。全市经济社会发展保持了调中趋稳、稳中有进、进中向好的良好态势。

——**三大攻坚战推进扎实有效。**严厉打击非法集资，积极稳妥推进政府性债务风险防控化解工作，牢牢守住了不发生系统性金融风险的底线，有力地保障了“三保”。持续推进精准脱贫攻坚战，全年脱贫15311人。污染防治攻坚战成效显著，全年327天空气质量优良，优良率89.5%；主要河流和水库水质保持在Ⅲ类以上；饮用水水源100%达标。

——**园区平台建设取得重大突破。**宁乡经开区获批国家级绿色园区、国家小微企业创业创新示范基地，高新区获省双创示范基地。全市国有平台公司注销、整合、转型工作稳步推进。

——**对外交通格局更加畅达便捷。**岳宁大道全线建成通车，宁乡到长沙中心城区车程缩短至20分钟。长益复线加快建设，宁韶高速、渝长厦高铁已完成前期工作并即将启动建设。

——**营商环境不断创新创优。**出台优化营商环境22条，创新推行“2345”行政审批时限标准；深入实施“最多跑一次”改革，宁乡市“互联网+政务服务”融合发展工作受到国务院通报表扬。

——**人民群众获得感幸福感稳步提升。**实现城镇居民人均可支配收入43460元、农村居民人均可支配收入27090元，分别同比增长8.9%、9.1%。新增城镇就业11710人、农村劳动力转移就业7900人。再次获评中国全面小康十大示范县市；构建“316”群众工作新格局，获评中国十大社会治理创新奖。

——**少奇诞辰纪念活动圆满成功。**隆重举行纪念刘少奇同志诞辰120周年系列活动，深切缅怀刘少奇同志为党和人民建立的不朽功勋。少奇同志的崇高精神，激励着家乡人民昂首阔步迈向新时代，开启高质量发展的新征程。

一年来，我们主要做了以下十个方面的工作：

（一）突出产业强市，振兴实体经济取得新突破。出台《关于振兴工业实体经济实施办法》和《工业新兴及优势产业链建设行动三年计划》，聚焦实体经济，推进产业链建设。招商引资量质齐升。紧盯“5+1”新兴优势产业链补链、延链、强链，强化驻外招商、以商招商，引进产业项目160个，其中亿元以上项目108个、10亿元以上项目13个，到位资金278亿元；新增规模工业企业65家；世冠新能源、好益多乳业等重大项目成功引进，为县域经济新一轮发展积蓄了强劲动能。项目建设成效显著。围绕“产业项目建设年”主题，聚焦15个纳入全省“五个100”项目，持续开展项目建设百日大会战、三抓两促和千人帮千企等服务活动。新开工规模项目242个，续建150个，竣工223个，完成投资380亿元。要素保障支撑有力。全力破解融资、土地、用工等要素瓶颈。市本级财政奖补实体企业1.2亿元，撬动社会新增产业投入10亿多元；拆迁房屋2230户、39.8万平方米；处置闲置用地22宗、盘活土地2900亩，批回建设用地8800亩；举办银企合作沙龙，全市各金融机构大力支持县域经济发展，新增各类贷款100亿元。强力推进电网“630攻坚”，提升供电能力17.3%；南太湖水厂二期主体建成，新增供水能力8万吨/日。举办对话西线工业走廊论坛。引进企业专业人才17名。

（二）突出宜居宜业，城市建管水平得到新提升。坚持以“市”的定位、“市”的理念和“市”的格局来统筹城市发展。围绕建设安全城市，全力推进“五水共治”，八家湾水库建成蓄水，自来水厂主取水头迁移至珍洲坝上游，城区供水水质大幅提升。启动城市防洪圈建设，完成南门桥至金洲坝段、刁子潭段河道疏浚，建成沙河市场大堤和东沩溪排渍泵站；启动沩丰坝拆除重建和溜子洲至珍洲段堤防工程建设，城市防洪功能大幅提升。围绕建设整洁城市，强力推进生活垃圾分类试点和餐厨垃圾无害化收运处理，控制和拆除违法建筑50万m^2，有效治理户外广告、渣土扬尘和农贸市场，着重整治“不排队、闯红灯、随手扔”等不文明行为，文明创建常态化。围绕建设畅通城市，金唐公路二期、金宁大道金沙段等项目加快建设，S208、梅双、双大和朱下等公路完成提质改造，S209、S311等灾毁工程修复完工。加强公路管护，常态化开展治超，超限超载得到有效遏制，4325公里道路纳入“路长制”管理。1121工程稳步推进。科学调度、成功应对年初低温雨雪冰冻天气，确保了全市人民的出行安全。围绕建设宜居城市，启动新一轮城市总规修编工作；圆满完成2018年“一圈两场三道”建设任务，新（改）建停车场6个、停车位1386个、市场3个、生鲜门店5家、人行道16公里、自行车道30公里、历史步道480米；更新纯电动公交车26台；房地产遗留问题处置取得新进展，提质改造社区6个、棚户区2250户43.59万平方米；建成人才公寓2523套。围绕建设绿色城市，积极创建省森林城市，继续实施“政府送树、群众栽树”造绿活动，绿化3450亩、恢复矿山植被5510亩。全市森林覆盖率达48.77%。围绕建设智慧城市，加快推进智慧园区、智慧政务、智慧教育、智慧医疗等建设，开发便民利企应用程序20项，城市运营管理更加智慧精准。

（三）突出全域旅游，第三产业发展迈出新步伐。实施规划引领、龙头带动战略，着力优化全域旅游布局，启动全域旅游“14830”工程。炭河古城持续火爆，西周大马戏、冰雪大世界开门迎客；花明楼红色文化教育学院正式运营；成功举办韵味宁乡·快乐消费、灰汤温泉夏季旅游节和黄鹤首届黄桃节等主题节会60多场次，保持了四季旅游热度不减，全年接待游客2210万人次，实现旅游综合收入302亿元，荣获中国最具魅力文化旅游城市。现代金融、文化创意、健康养老、餐饮娱乐等现代服务业发展良好。新增“四上”企业194家、商事主体11000户。销售商品房270万平方米，宁邦广场等商业综合体加快建设。电子商务蓬勃发展，荣获2017—2018年全国电商示范百佳县。

（四）突出乡村振兴，农业农村工作谱写新篇章。以市人大专题询问乡村振兴战略为契机，坚持因地制宜、特色发展，乡村振兴战略实施取得初步成效。农业产业提质增效。大力发展花猪和优质稻，深入推进国家现代农业产业园建设。出台《打造宁乡花猪百亿产业五年行动方案》，全年出栏花猪20万头；非洲猪瘟防控取得阶段性成效，确保了生猪产业安全、市场供应稳定。创建省级现代农业产业集聚区，高标准建成基本农田4.8万亩，水稻生产综合机械化率78.8%。坚持防汛抗旱两手抓、两不误，强化统筹调度、预案演练、物资保障和值班值守，成功应对“玛利亚”台风等影响。在6—8月连续58天无有效降雨、黄材水库水位下降到历史同期最低水位的严峻形势下，通过科学调度用水、实施人工增雨，确保了人畜饮水绝对安全、农业用水合理有序、产业用水重点保障。烟叶、茶叶、水果、蔬菜、油茶、中药材等经济作物喜获丰收。新型农村集体经济不断壮大。土地承包经营权确权颁证30.69万本。新增农村土地合作社60家、专业合作社163家、省级农业龙头企业5家，培训新型职业农民3000人。着力消除集体经济“薄弱村”“空壳村”，打造示范村10个，169个村级集体经营性收入达5万元以上、76个村达10万元以上。深入推进“五治”工作，人居环境不断改善。创建省级卫生镇2个、长沙市美丽乡村示范村24个、特色村9个。完成农村改厕4000座；建成乡镇、村垃圾回收分拣中心115个；拆除空心房4754户；新（改）建农村公路700公里；改造危桥109座；新增节能路灯8300盏。“新风庭院”有序推进，移风易俗初显成效。

（五）突出污染防治，生态文明建设迈上新台阶。坚持走生态优先的绿色发展之路，落实《关于加强自然生态保护的决定》，建立环保责任体系，推进蓝天保卫战、碧水攻坚战、净土持久战，形成了齐抓共管的大环保工作格局。环境风险有力防控，整改污染问题4万多个，覆盖裸露黄土32768亩，依法取缔粘土砖厂111家，拆除粘土砖厂烟囱119根、耐火材料厂烟囱40根、“僵尸船”48艘。全面实施烟花鞭炮禁燃限放；规模以上餐饮店安装油烟净化设施全覆盖；关停“散乱污”企业71家；整治挥发有机物排放企业101家；完成加油站油气回收改造107家、双层油罐改造31家。开展“除臭剿劣”攻坚行动，整治沩水截污排口108个，“四溪一渠”清淤7500米。腾退禁养区内规模养殖1005户、55.3万平方米。完成重金属污染区和龙田矾矿等遗留废矿区修复治理。建成经开区回用水厂，新建乡镇污水处理厂5座、污水干管18公里。有序推进全国污染源普查。中央和省级环保督察交办问题基本整改到位。

（六）突出深化改革，县域经济发展迸发新活力。抢抓全省“互联网+政务服务”改革试点机遇，着力推进政务服务改革，实现“最多跑一次”1110项，其中“不见面审批”371项，下放乡镇424项，延伸至村级113项，下放园区131项。通过“一网、一窗、一次”模式，实现不动产登记大提速。整合全市测绘资源，实现测绘行业“三统一”。探索推行“乡镇吹哨、部门报到”联合执法工作机制。出台农村住房建设管理办法，农村建房进一步规范。灰汤扩权强镇、“大一统”等改革工作稳步推进。

（七）突出创新引领，新旧动能转换取得新成效。出台《关于加快推进科技创新能力建设的意见》《加大全社会研发经费投入行动计划（2018—2020年）》，设立科技创新基金5000万元，全年新增专利申请2052件、授权1356件；新认定高新技术企业63家、科技创新小巨人企业20家。企业创新能力进一步提升，微钠坤宸获评第三届中国军民两用技术创新应用大赛金奖，楚天科技荣获国家科技进步二等奖，邦普循环获评国家级科技创新平台，格力暖通获批国家绿色工厂，精量重工获批省绿色铸造研究中心。

（八）突出共享惠民，人民幸福生活实现新改善。23项省市重点民生实事全面完成，市本级新增财力

80%用于保障和改善民生。脱贫攻坚成效显著，突出扶贫领域作风建设，全面构建“一对一”结对帮扶、科技特派员联系帮扶和“千企联千户”立体帮扶体系，深化携手新化、龙山奔小康工作。教育事业实现新发展，积极承办市人大《关于促进学前教育健康发展的议案》，积极发展学前教育，全力化解大班额，强力整治无证办学，成功引进周南中学合作办学，建成69所标准化学校和10所公办幼儿园，新增学位5000个；教育党建工作获《人民日报》重点推介。健康宁乡加快建设，“10·30”急救网络不断完善，家庭医生签约稳量提质，优生优育体系全面加强；公立医院改革获国务院表彰，成功创建全国计生基层群众自治示范县和健康素养促进县。国家食品安全示范城市创建通过省级验收。市广播电视台荣获全国百佳称号。新增失地农民社保7241人，完成农村危改1473户、地质灾害搬迁310户、移民避险358户。新建农村幸福院2所、留守儿童之家10所、社区居家养老服务中心1所、群众性体育设施90处。老年大学易地搬迁投入使用。发放高龄津贴4700万元。残疾人免费乘坐公交车。成功举办首届全民运动会。

（九）突出和谐稳定，社会综合治理开创新局面。深入开展“扫黑除恶”“一打三整”“全民禁毒”等专项行动，全市实现了命案侦破率100%、刑事立案同比下降3.1%，新增吸毒人数同比下降39%，群众安全感稳步提升。深入实践“枫桥经验”，调处矛盾纠纷12539件，化解信访积案118件。安全生产常抓不懈，“三项责任”落实到位，责任事故起数和死亡人数同比下降82%、62%，全年未发生较大及以上安全生产责任事故。

（十）突出依法行政，政府自身建设彰显新形象。深入推进法治政府建设。主动接受市人大法律监督、工作监督和市政协民主监督，高效办理各级人大代表建议、批评、意见163件，政协委员提案105件，办结率100%。全面落实行政负责人出庭应诉制度，建立政府法律顾问制度，对340份文件、1100份政府合同进行合法性审查，办理行政复议74件，法治政府建设获《湖南日报》专题推介。依法处理并及时回复检察机关检察建议50件。深入推进服务政府建设。创新实施“电视问政”，通过市长信箱、12345市民热线和基层民主协商对话等平台，充分听取民意，切实解决民生问题，全年办理群众来电来信10.38万件，满意率96.5%。市政府网站获评全国政务信息优秀奖。深入推进效能政府建设。强化政务督查、跟踪问效，推动重大决策和重点工作有效落实；初步建成协同办公系统，办文办会效率稳步提升；机构编制和人事领域专项治理取得明显成效。深入推进廉洁政府建设。切实履行党风廉政建设和意识形态工作“一岗双责”，深入开展“知敬畏、存戒惧、守底线”主题教育活动。全面贯彻中央八项规定及实施细则精神，自觉接受市监委监督，始终保持预防和惩治腐败的高压态势。强化审计结果运用和财政预算刚性执行，全市“三公”经费同比下降10%。

围绕经济社会发展大局，人民武装、外事、侨务、人防、供销、史志档案、新闻出版、民族宗教等工作迈上新台阶；各民主党派、工商联、工会、共青团、妇联、老干、老龄、关工委、红十字会、残联、文联、科协、禁毒协、计生协等工作作出新贡献；武警、消防、烟草、水文、气象、石油、盐业、通信、海事等单位取得新进步。

各位代表！过去一年的成绩来之不易，奋斗异常艰辛，经验弥足珍贵。这是长沙市委、市政府和宁乡市委正确领导的结果，是市人大、市政协和社会各界监督支持的结果，是全市人民奋力拼搏的结果。在此，我代表市人民政府向全市人民，向给予我们支持和监督的人大代表、政协委员、各民主党派、工商联和无党派人士、各人民团体、社会各界人士及离退休老同志，向参与和支持宁乡建设的驻宁单位、武警驻宁部队，向所有关心、支持和参与宁乡建设发展的朋友们、同志们，表示衷心的感谢和崇高的敬意！

在看到成绩的同时，我们也清醒地认识到，发展过程中还存在一些困难和问题：县域经济运行质量还不优；要素瓶颈日益突出；财政收支平衡压力较大；乡村振兴处于探索起步阶段；“三大攻坚战”任重道远；城乡建管水平有待提升；民生短板依然突出；政府自身建设还需努力等。对于这些发展中的困难、前进中的问题，我们将采取有力措施，切实加以解决。

二、2019年重点工作

2019年政府工作指导思想是：**以习近平新时代中国特色社会主义思想为指导，全面贯彻党的十九大和十九届二中、三中全会精神，以及中央、省、市经济工作会议和宁乡市委全会精神，坚持稳中求进工作总基调，坚持新发展理念，坚持推动高质量发展，坚持以供给侧结构性改革为主线，坚持深化市场化改革、扩大高水平开放，切实做好稳增长、促改革、调结构、惠民生、防风险工作，进一步稳就业、稳金融、稳外贸、稳外资、稳投资、稳预期，聚焦产业项目建设，聚焦营商环境优化，继续打好“三大攻坚战”，持续推进“四个打造”，奋进新时代，奋力再出发，加快建设更加富饶美丽幸福的现代化宁乡，以优异成绩庆祝中华人民共和国成立70周年！**

全市经济社会发展主要预期目标是：**地区生产总值增长8%；一般公共预算收入增长10%；规模工业增加值增长8.5%；固定资产投资增长10%，产业投资占比60%以上；社会消费品零售总额增长11%；全社会研发经费支出（R&D）占地区生产总值比重达2%，高新技术产业增加值占地区生产总值比重达20%以上；城乡居民人均可支配收入增长8%，城镇登记失业率控制在4%以内，全面完成精准扶贫年度任务；空气优良率稳定在90%左右；沩水水质和饮用水源地水质稳定达标；县域经济综合实力持续增强。**

实现上述目标，我们将着力抓好以下工作：

（一）聚焦打好三大攻坚战，着力夯实高质量发展基础

打好防范化解重大风险攻坚战。按照“坚定、可控、有序、适度”的原则，通过盘活存量资金、有序出让土地、推进平台转型、严格预算管理等措施，积极稳妥推进政府债务风险化解工作。坚定不移地推进国有企业的市场化转型和差异化发展。城发集团聚焦水务、文旅和新城片区开发三大板块，国资集团突出沩东新城、棚户区改造和交通基础设施建设三大重点，精准发力，逐步形成建设运营城市的双平台。经开区建设投资公司和高新区高新投资控股公司围绕科技创新、产业升级、平台孵化，聚焦产业，致力打造发展工业经济的双引擎。加快推进国有资本管理体制改革，出台以资本管理为纽带的国有资本管理办法，构建以经济效益为导向的国有资本考核新机制。通过盘活现有资源、注入优质资产、提升信用等级、引入社会资本、健全治理结构等措施，确保国有资本保值增值。2019年，国有企业力争实现收入80亿元、上缴利税5亿元。继续严厉打击各类非法金融活动，坚决维护金融生态安全。

打好污染防治攻坚战。按照坚守阵地、巩固成果的要求，以中央、省环保督察反馈问题整改为抓手，聚焦“污染治理大决战、环境质量大提升”，增强服务意识，统筹兼顾推进污染防治攻坚战，避免整改处置措施简单粗暴，不搞环保“一刀切”。碧水攻坚战方面，持续开展“除臭剿劣”整治行动，“四溪一渠”实现生态补水，完成工业污水处理厂建设和城区、东城污水处理厂扩容提质，启用经开区回用水厂，新建乡镇污水处理厂4座，加快截污管网建设，确保污水全截污、全收集、全处理。深入开展河湖“清五乱”专项行动，禁绝非法采砂洗砂行为；进一步压实各级河（湖）长工作责任，通过“河长制”实现“河长治”。在2019年主汛期前，完成沩水流域58公里主河道综合治理和靳江、乌江、楚江等主河道的处险工程；除险加固小型水闸40座，清淤疏浚灌渠100公里，积极推进黄材水库现代化灌区建设，启动大坝塘水库建设前期工作；整治千吨万人、千人以上集中式饮用水水源保护区，统筹山水林田湖草生态系统整体保护工作，营造“水清、河畅、岸绿、景美”的生态环境。蓝天保卫战方面，以“六控”和“十个严禁”为抓手，制定减排清单，实施重点行业限产、错峰生产制度；完成50%以上挥发有机物重点行业治理任务，全面完成“散乱污”企业整改工作，加快耐火材料企业转型升级；加强机动车监管，建设扬尘在线监控平台，提高大气特护期重污染天气应对能力；禁绝秸秆、生活垃圾露天焚烧。净土持久战方面，以农用地重金属治理为重点，巩固9.81万亩种植结构调整成果；进一步推动农药、化肥、地膜有效减量，逐步降低农业面源污染；深入开展非煤矿山露天开采综合治理，持续整治“两区三园”违规项目，确保全市土壤环境质量总体稳定。

打好精准脱贫攻坚战。加大特困群体脱贫攻坚力度，重点解决好实现“两不愁三保障”面临的突出问题；进一步强化党委政府扶贫主体责任，加强驻村队员管理，完善结对帮扶机制，深入推进“三走访、三签字”活动；突出就业扶贫和产业扶贫，持续开展“千企联千户”社会扶贫，全面完成2464名贫困人口稳定脱贫的年度任务，有效防范脱贫人口返贫现象。狠抓脱贫攻坚作风建设，重点整治扶贫责任不到位、措施不精准、作风不务实、资金使用不规范等突出问题。研究解决收入水平略高于建档立卡贫困户群体缺乏政策支持等新问题。继续做好新化县、龙山县对口帮扶工作。

（二）聚焦振兴实体经济，着力构建产业引领新格局

做大做强先进制造业。围绕制造强国战略，突出工业强市、园区兴工，推动先进制造业向智能制造、创新驱动、动能转换和应用场景聚焦，持续推进西线工业走廊建设。突出壮大新兴优势产业链。坚守“两主一特”“一主一特”产业定位，以先进装备制造、智能家电、新材料为重点，进一步完善“两图”“两库”“两池”“两报告”，持续推进六大产业链补链、延链、强链，加快打造千亿级产业集群。突出培优扶强。以落实政策为重点，支持企业用工、创安、入规、技改、上市、融资、促销和品牌建设，为企业提供全生命周期的优质服务，新增规模工业企业70家以上、税收过1000万元企业10家以上，推动三一重起、格力电器、中伟新能源、邦普循环等企业打造成为百亿级产值龙头企业。突出创新驱动。聚力发展“四新经济”，谋划布局人工智能、医疗器械、军民融合等新兴产业，推动新旧动能转换。加快国家知识产权强县建设，发挥湖南创新服务中心和工业研究院作用，培育市级以上创新平台10个、高新技术企业60家。突出质量强市。实施质量和品牌强市战略，开展市长质量奖评选，争创中国质量奖和省长质量奖，让世界爱上“宁乡造”。

加快发展现代服务业。出台支持现代服务业发展政策，加快信息、旅游、体育、电商、教育、医疗、文化等现代服务业发展。以省会消费次中心为定位，构建“一核三心”商贸布局，加快特色街区和核心商圈建设，推进金洲省级现代服务业集聚区建设。进一步放宽服务消费领域市场准入，全面放开养老服务市场，积极培育住房、汽车等消费业态。组织开展宁乡味道美食节等主题节会，全面提升宁乡消费品质，真正把消费留在宁乡。全年新增服务业限上企业（含批零住餐）100家以上，服务业增加值占GDP比重28%以上。

重点发展全域旅游。以创建国家全域旅游示范区为抓手，加强景区标准化建设和规范化管理。按照缺什么补什么的原则，聚焦“14830”工程提质四大旅游区。沩山炭河旅游区突出文化体验和避暑经济，统筹密印寺、南轩文化园等景区资源，推出两日游精品线路；灰汤温泉旅游区突出温泉康养和运动休闲，丰富旅游业态，扩容提质紫龙湖等景区设施；香山方特旅游区突出文创研学，确保华强文化产业园4月开业，加快关山二期、乐动小镇的建设；少奇故里旅游区突出红色旅游，打造红色经典，道林古镇实现招商运营。通过加强景区市场化、资本化运作，有效盘活旅游存量资产。深入实施“旅游+”战略，彰显乡村旅游和工业旅游特色，促进一、二、三产业深度融合发展。

提质发展现代农业。围绕宁乡花猪百亿产业，深入实施保种繁育、扩量提质等八大工程，力争全市花猪出栏40万头、全产业链产值40亿元以上。有效防控非洲猪瘟等重大动物疫病。高度重视粮食生产，推动藏粮于地、藏粮于技，防范耕地抛荒。按照“一心一带四区”

产业布局，创建国家现代农业产业园。建设高标准农田2.46万亩，推进水稻（油菜）生产全程机械化，提升宁乡大米品牌，创建“中国好粮油”示范县。发展适度规模经营，提升沩山毛尖、关山葡萄、灰汤贡鸭等特色品牌，新增绿色有机认证农产品10个、国家地理标志保护产品1个以上。突出稳面提质增效，生产烟叶9万担。强化气象、水文监测预警能力建设，加强防汛抗旱和地质灾害防治工作。加大农科园创建国家农村产业融合发展示范园支持力度。

（三）聚焦优化营商环境，着力打造投资创业新高地

激发微观主体活力。推动《进一步优化营商环境行动方案》落地落实，完善监测评估机制，强化定期调度讲评，打造良好的投资创业生态。运用市场化、法治化手段，建立公平、开放、透明的市场规则和发展环境。全面落实减税降费政策，切实降低企业用电、用地、用工、物流等直接成本，推动企业降本增效。深化商事制度改革，鼓励民营企业参与国企混改，新增商事主体1万户。加强外资外贸工作，力争全年实际利用外资2.2亿美元、外贸进出口4亿美元。推进发展平台“大一统”和“以区带园”工作，完善园区考核机制和支持政策，切实提高园区亩均效益和项目履约率。工业项目审批权限全部下放园区，逐步剥离园区社会事务管理职能，让园区专注产业发展。全面构建亲清新型政商关系，积极开展“三抓两促”主动为民营企业服务。选树一批优秀企业家、职业经理人和杰出工匠，大力弘扬创新创业的企业家精神和精益求精的工匠精神。

加强生产要素保障。加强银企对接，拓宽融资渠道，支持设立产业发展基金、风险补偿基金、企业转贷资金，完善融资担保体系，形成多元化支持企业融资的现代金融体系，有效纾解民营企业融资难、融资贵问题。加强股改上市培育，新增上市企业1家。组织实施第三次全国国土调查，着力盘活闲置低效用地，实施城乡建设用地增减挂钩3000亩；坚持阳光征拆，推动片区清零，确保重大项目及时供地。加快实施电力“630攻坚”计划，加快完成500千伏复艾线迁改、楚沩220千伏II回线路、高坝窑110千伏输变电工程等项目建设，加快实施220千伏金洲变电站等8个项目；完成50个以上自然村配网改造和30条配电线路新建（改造）。实施城乡供水一体化PPP项目，进一步提升供水保障能力。落实“芙蓉人才行动计划”和“人才新政22条”，发挥“人才驿站”功能，持续推进专场招聘和常态化校招工作，汇聚更多人才创业宁乡。

扩大投资规模效益。大力推进产业项目建设。持续开展“产业项目建设年”活动，强化项目招商、调度、服务和保障，掀起新一轮产业项目建设热潮。出台促进社会投资政策，强化以商招商和精准招商，开展“引老乡、回故乡、建家乡”活动，新引进规模工业项目100个、商贸旅游项目20个以上，合同引资600亿元，其中经开区、高新区各引进投资过50亿元产业项目1个以上。对重点工业企业实行“一对一”帮扶，加快润达智能、安智迅科技、邦弗特等已签约项目实质开工，提速松井新材、天威高压、道尔顿电子等项目建设，推进合纵科技、力天新材料、梅塞尔气体等项目竣工投产，全年新开工投资1000万元以上项目200个、竣工投产150个，完成社会投资400亿元。合理铺排政府投资项目。突出战略优先、民生优先、续建优先，有序推进289个政府投资项目建设。建立投资项目储备库，争取更多的政投项目纳入国家和省市投资计划。严把项目立项关、变更关、结算关，严格招投标程序，加强绩效评估，切实提升政府投资项目的质量和效益。

（四）聚焦城市建管升级，着力建设品质新宁乡

强化规划引领。以品质宁乡、幸福家园为目标，围绕一流中等城市的发展定位，科学划定“三区三线”，积极推进《城市总体规划（2020-2035）》编制工作。支持经开区、高新区调区扩规，划定工业红线，科学界定园区和城区边界。加快编制路网、教育、给排水、电力等专项规划；高起点谋划启动金洲新城和高铁新城建设；大力推进镇村规划编制，实现村庄规划“全覆盖”；强化规划刚性管控和规划成果运用，坚决打击、严肃查处各类违法违规建设行为。

建设宜居城市。围绕“衣食住行、生老病死、安居乐业”，进一步提升城市安全指数、畅达指数、便民指数和绿色指数，让城市生活更加美好。着力提升城市安全指数。加快推进城市防洪圈建设，全面完成沩丰坝重建、沩水主河道疏浚和防洪堤加固工程；结合海绵城市建设，完成主城区地下管网普查工作；启动城区“四溪一渠”排渍泵站建设，全面提升城市防涝排渍能力。启动人防指挥中心建设。加快推进文书路、金洲消防站建设。着力提升城市畅达指数。力促呼南高铁、长宁轻轨、长宁高速、金唐高速、普瑞大道西延线等重大交通项目上马，加快长益复线、渝长厦高铁、宁韶高速建设；建成金唐公路二期、华强大道一期，提质改造G354、G234等干线公路；争取上级政策支持，适时启动五巷、五七公路建设；拉通人民北路、站前路等城市主次道路；建设工业大道金沙段、玉菁段，力争全线竣工通车。着力提升城市便民指数。深化“一圈两场三道”建设，新建15分钟生活圈10个、农贸市场2处、生鲜门店5家、文化步道2处。加快智慧城市建设，建成智慧政务、智慧园区、智慧医疗等项目，大力推广和包支付，实现共融共享、便民惠民。着力提升城市绿色指数。实施关停矿场、清退砂场、开挖工场、拆除养殖场和空心屋场全面复绿。继续实施“政府送树、群众栽树”造绿行动，义务植树240万株以上。

加强城市管理。以控增量、减存量为目标，强力开展控违拆违专项整治；积极推进城乡垃圾分类减量，构建垃圾收集、运输、处置一体化综合体系。对标全国文明城市创建标准，进一步加强道路绿化、路灯改造、增花添彩、门前三包等措施，有效提升城市绿化、亮化、美化、序化整体水平。加快建设新时代文明实践中心（站所）。开展化粪池清零建设等老旧小区设施完善工作。坚持“房子是用来住的、不是用来炒的”定位，做好稳地价稳房价工作，着力破解物业管理难、小区停车难等问题，保持房地产市场平稳健康发展。

（五）聚焦乡村振兴战略，着力推进农村现代化

壮大新型集体经济。充分挖掘各村（社区）资源禀赋，有效盘活集体资产资源，因地制宜，培育壮大村级新型集体经济。城市近郊村坚决甩掉城乡结合部“脏乱差”的帽子，聚焦田园综合体和城郊休闲游，通过建设高质量的绿色有机无公害菜篮子工程和高品质的花卉苗木基地，将村庄打造成为城市放心的菜园子、美丽的后花园。园区周边村充分利用闲置土地资源等要素，采取资源入股、有偿租赁等形式，引进社会资本合作，不断拓宽村民就业门路、增加村级集体收入。旅游资源村立足自然资源，借力全域旅游，打造绿色康养之家、传统乡村民宿、红色文化研学、农耕文明探究等产品，搭好旅游台，唱响经济戏。传统农业村大力发展精细农业和家庭农庄，围绕优质稻、蔬菜、烟叶、水果等特色产品，坚持品质优先、精耕细作，坚定不移地推进特色强农、品牌强农和科技强农行动。深入推进农村集体产权制度改革、农村土地经营权流转改革和供销综合改革；探索将村级集体经营性资产折股量化到每个成员，促进增收致富；探索将各级财政支持农业产业发展专项基金作为村级集体经济组织股份，量化计入产业项目，促进村级集体组织实现长期收益。加大新型职业农民培训力度，新增高素质新型职业农民3000人，加强农业科技人才队伍建设，激励各类人才投身乡村创新创业。创建长沙市乡村振兴示范村（社区）28个，支持双江口镇创建长沙市示范镇；培育集体经济发展示范村10个，减少村级集体经济收入“薄弱村”“空壳村”75个以上。

持续改善人居环境。学习浙江“千村示范、万村整治”工作经验，继续深化农村“五治”，加强城乡环境卫生考评，重点做好村容村貌提升工作，创建绿色示范村庄22个。推进厕所革命，改厕4610座，全面消除农村旱厕；50%以上的行政村实现生活垃圾分类减量；新拆空心房3040户；进一步规范村民建房，因地制宜推进集居点建设；推进小微水体管护试点工作，实现小微水体无垃圾、无违建、无淤积、无损毁、无污染，基本消除农村黑臭水体和劣V类水体。深化市、乡、村三级路长制，持续加大治超工作力度，实现农村公路建管并重，争创全国“四好农村路”示范县。破除红白喜事大操大办、人情攀比等陈规陋习，倡导喜事新办、丧事简办、其他事不办的文明新风。

（六）聚焦增进民生福祉，着力提升群众获得感幸福感安全感

完善社会保障体系。牢固树立以人民为中心的发展思想，尽力而为、量力而行，实施普惠性和可持续性的社会政策，兜牢民生保障底线。突出稳就业，严格落实就业创业扶持政策，加大企业稳岗补贴、创业担保贷款、职业技能提升补贴力度，突出抓好重点困难人员就业、大学生和返乡农民工创业工作，实现零就业家庭就业动态清零，争创省级创新创业示范市。加强社保基金监管，推动社保提质扩面，新增失地农民社保按政策落实到位。实施残疾人康复、筑梦、关爱“三千”工程。

提升社会事业发展水平。对接新高考制度改革，推进教育强市建设；加大幼儿园建设力度，改（扩）建公办幼儿园10所，创建标准化中小学校53所，完成宁乡一中提质改造、四中综合楼和职业中专实训楼建设；加快长沙卫职院、长沙幼儿师专建设。深化三医联动改革，加快市妇幼保健院、流沙河卫生院、巷子口卫生院建设，新建村级标准化卫生室20家。构建现代文化体育公共服务体系，加快融媒体中心、文创中心建设，创造一批人民群众喜闻乐见的文艺精品，进一步发展全民健康事业。继续做好老干部、关心下一代、人民武装等工作。完成原国有企业改制工作。继续做好第四次全国经济普查和历史文化资源普查保护工作。

扎实做好安全稳定工作。持续开展“强执法防事故”和“打非治违”专项行动，加强安全隐患排查治理，确保不发生较大及以上安全生产责任事故。积极创建国家食品安全城市，持续抓好流动摊贩、农村聚餐、学校医院等重点领域的食品安全工作，确保人民群众舌尖上的安全。持续开展“扫黑除恶”专项斗争，实现“一村一辅警”全覆盖，提高社会治安防控能力。落实“316”群众工作格局，及时回应群众合理合法诉求。坚持控增量、减存量，打赢新时代禁毒人民战争。加快建设监管中心，完成110指挥中心改造。加强应急联动管理。积极推进全国重点采煤沉陷区综合治理和转型发展试点工作。

办好重点民生实事。一是全年新增城镇就业9000人以上；二是新（改）建农村公路750公里，改造危桥33座；三是完成棚户区改造800户；四是新（续）建学校9所，新增学位12000个；五是实施农村适龄妇女“两癌”免费检查2.52万人次、孕产妇免费产前筛查7500人次；六是打造示范性村（社区）综合文化服务中心20个、体育设施60处；七是启动社会福利中心、农村幸福院、城市社区居家养老服务建设；八是新建停车场6座、新增停车位800个；九是新增（优化）城乡公交线路8条；十是实施残疾儿童抢救性康复工程。

（七）聚焦政府自身建设，着力提升新时代治理能力

以省委巡视反馈问题整改为抓手，进一步坚持和加强党的领导，切实提高政治站位，增强“四个意识”，坚定“四个自信”，践行“两个维护”，提升新时代政府治理水平。

建设规范有序、公开透明的法治政府。自觉接受人大法律监督、工作监督和政协的民主监督，认真办理人大代表建议、批评、意见和政协委员提案，广泛听取各民主党派、工商联、无党派人士和人民团体意见。切实强化社会监督和舆论引导。坚持依宪施政、依法行政，进一步加强行政执法、行政复议和政务公开等工作；加强自然资源资产审计、经济责任审计和重大项目稽查，强化审计监督和审计发现问题整改工作。

建设体制顺畅、运行高效的效能政府。全面完成政府机构改革。深化放管服和“互联网+政务服务”改革，全程网办不见面审批事项达50%以上；推进审批服务便民化向村（社区）延伸，村（社区）公共服务中心实现全覆盖。进一步拓展12345市民热线服务功能，完善快呼快处机制，及时回应群众呼声。推进视频会议远程办会、电子公文无纸化办公，有效提升政府系统办文办会效率。

建设心系干群、勤勉务实的服务政府。紧盯群众切身利益问题，多做打基础、管长远的工作，不做表面文章、不搞形象工程、不求短期效应。深入基层开展调查研究，强化马上就办的工作理念和钉钉子的工作精神，综合施策激励干部担当作为，有效遏制不作为、乱作为和慢作为，锻造一支抓落实、善作为、敢担当的新时代干部队伍，确保行政系统政令畅通、执行高效。

建设风清气正、忠诚担当的廉洁政府。坚决落实全面从严治党总要求，严格遵守党的六大纪律，全面落实党风廉政建设、意识形态工作主体责任和“一岗双责”，强化廉政风险防控，切实规范公共权力运行，进一步营造风清气正的政治生态。

浩渺行无极，扬帆但信风。时代呼唤担当，使命引领未来。让我们更加紧密地团结在以习近平同志为核心的党中央周围，在中共宁乡市委的坚强领导下，团结带领全市人民，奋进新时代，奋力再出发，为建设更加富饶美丽幸福的现代化宁乡而努力奋斗！

【名词解释】

1.“三大攻坚战”：即防范化解重大风险攻坚战、精准脱贫攻坚战、污染防治攻坚战。

2.“三大主题年”：即产业项目建设年、改革攻坚突破年、基层党建强化年。

3.“四个打造”：即打造内陆开放高地、西线工业走廊、全域旅游景区、美好生活家园。

4.“三保”：即保工资、保运转、保基本民生。

5.“2345”行政审批时限标准：即工业企业工商登记2个工作日内完成、不动产登记3个工作日内完成、建设项目施工许可45个工作日内完成。

6.“316”群众工作新格局：即建立“领导连点、十联十到”“赋权到镇、强责到村”“乡镇吹哨、部门报到”三大工作机制；构建“1+5+29+N”常态化为民服务体系；实施编印《群众工作指引》、公开领导电话、撤除行政中心门禁系统、开设《问政宁乡》电视栏目、倾听群众呼声办好民生实事、开展专项监督专项巡察等六项工作举措。

7.三抓两促：即抓调查研究、抓协调服务、抓难题破解，促项目建设、促企业发展。

8.“五水共治”：指防洪水、治污水、排涝水、保供水、抓节水。

9.“一圈两场三道”：一圈，即15分钟生活圈；两场，即停车场、农贸市场；三道，即人行道、自行车道、历史文化步道。

10.“14830”工程：即创建1个全域旅游示范区，打造4个核心旅游区，提质8个A级景区，培育30个乡村旅游示范点。

11.“四上”企业：指规模以上工业企业、资质等级建筑业企业、限额以上批零住餐企业、国家重点服务业企业等四类规模以上企业的统称。

12.“散乱污”企业：即不符合产业政策或当地布局规划，未办理相关审批手续，不能稳定达标排放或不具备治理价值的企业。

13.“千企联千户”：即广泛发动非公有制企业与深度贫困户进行一对一结对帮扶。

14.“三项责任”：即安全生产属地管理责任、部门监管责任和企业主体责任。

15.“清五乱”：即清理河湖乱占、乱采、乱堆、乱建、乱排。

16.“六控”：即控尘、控车、控排、控烧、控煤、控油。

17.“十个严禁”：严禁渣土车、混凝土搅拌车、运砂车等各类车辆带泥上路；严禁违法倾倒渣土；严禁工地裸露黄土；严禁重污染天气下土石方施工；严禁在禁燃区燃烧散煤；严禁在禁燃区域时段燃放烟花爆竹；严禁露天焚烧垃圾；严禁露天烧烤；严禁露天焚烧秸秆；严禁拖拉机等高排放车辆进城。

18.“两区三园”：即自然保护区、风景名胜区和森林公园、地质公园、湿地公园。

19.“两不愁三保障”：指扶贫对象不愁吃、不愁穿，义务教育、基本医疗和住房安全有保障。

20.“两主一特”：指经开区坚持以智能家电为主导的先进装备制造、以储能材料和绿色建材为主导的新材料，以食品饮料产业为特色的产业发展定位。

21.“一主一特”：指高新区坚持以先进装备制造业为主导、以先进储能材料产业为特色的产业发展定位。

22.“两图”“两库”“两池”“两报告”：即产业链全景图、现状图；在谈项目库、客商库；资金池、人才池；产业链分析报告、产业链招商报告。

23.“四新经济”：即新技术、新产业、新业态、新模式。

24.“一核三心”：一核，即以人民路、花明路、楚沩路、龙溪路为界，以中央大街项目建设为主平台，以步行街、天虹百货、大润发为支撑，打造宁乡首个城市商业社区和核心商圈；三心，即中央商务金融中心、喇叭口商业中心和沩东新城文化旅游休闲中心。

25.花猪产业八大工程：即花猪保种繁育、扩量提质、生态养殖、精深加工、营销提升、品牌提升、富民增收、政策保障八大工程。

26.“一心一带四区”：一心，即以青龙寨宁乡花猪特色文化产业园为核心的产业要素集聚地；一带，即S209现代农业全产业链示范带；四区，即宁乡花猪绿色生态养殖区、优质稻生产种植区、现代农业示范区、农产品加工物流区。

27.“三区三线”：三区指生态空间、农业空间和城镇空间；三线即生态保护红线、永久基本农田控制线和城镇开发边界控制线。

28.“四好农村路”：即建好、管好、护好、运营好农村公路。

大事记

CHRONICLE OF EVENTS

责任编辑·高　丽

大事记

1月

2日 宁乡市监察委揭牌成立后的第一个工作日（2017年12月29日，宁乡市监察委员会正式成立），市委常委、市纪委书记、市监委主任张武带领120名纪检监察、巡察干部前往沙田乡开展“不忘初心再出发、牢记使命新作为”主题党性教育活动。

5日 市劳动人事争议仲裁院代表市劳动人事争议仲裁委员会，对市门业协会劳动争议调解委员会进行授牌。宁乡市首家行业性劳动争议调解组织宣告成立。

8日 2017年度国家科学技术奖励大会在人民大会堂举行，楚天科技获2017年度国家科学技术进步二等奖。

9日 宁乡高新区赛恩斯环保股份有限公司获评湖南省环境保护产业协会“2017年度湖南省环境保护产业十佳环保企业”。

10日 宁乡市召开2017年度绩效考核述职测评大会，长沙市委组织部常务副部长刘汇率第一考核组对宁乡市工作进行综合考核测评；宁乡经开区党工委书记、市委书记周辉代表宁乡市四套班子作述职报告，全面盘点2017年工作。

▲ 中央电视台综艺频道《向幸福出发》播出双凫铺镇泉井村少年喻壮的故事，讲述喻壮多年来照顾重病妈妈、努力学习，以及沈定坤团队帮助其一家的感人事迹。

▲ 黄龙公路黄材至五里堆段提质改造工程竣工通车。

▲ 湖南省食药监局公示2017年度湖南省省级食品安全示范学校名单，宁乡市金海小学上榜。

19日 流沙河集居点竣工落成，60户洪灾受灾群众搬进新家。至此，巷子口、灰汤、老粮仓、流沙河、青山桥、沩山、沙田、横市、龙田、东湖塘、夏铎铺等全市11个集居点基本建成，1705户集居户和散居户搬进新家。

▲ 市第一届青少年科技创新市长奖颁奖大会在宁乡十三中举行。10名学生获得第一届宁乡市青少年科技创新市长奖。市委副书记、市长付旭明为获奖学生颁奖。

▲ 宁乡市召开百姓河长总结暨“环保卫士”颁奖大会，对2017年市环保志愿者协会涌现出的一批先进“环保卫士”进行表彰、奖励。

▲ 中央人才工作协调小组第三批“万人计划”领军人才入选名单公布，宁乡经开区的楚天科技股份有限公司董事长唐岳、松井新材料有限公司董事长兼首席执行官凌云剑入选国家“万人计划”科技创业领军人才。

▲ 唐岳在湖南省十三届人大一次会议上满票当选为第十三届全国人大代表。

▲ 在中国田径协会组织的“2017中国马拉松年度盛典”上，“沩山毛尖·2017宁乡国际森林马拉松”获2017中国马拉松自然生态特色赛事奖。

2月

3日 宁乡市首个集吃、喝、玩、乐、购为一体的商业综合体——宁乡天虹商场正式营业。

5日 中国共产党宁乡市第一届纪律检查委员会第一次全体会议召开。

8日 宁乡市召开产业项目建设年推进工作大会，重奖工业功臣，奖励补贴资金高达3836万元，为历年之最。

▲ 省委督查室副主任、调研员赵爱平带队到宁乡，就农民工工资支付保障工作进行专项督查，宁乡市农民工工资支付保障工作获肯定。

9日 2018首届“年味宁乡”喜乐会在玉潭公园举行，吸引上万市民到场看大戏、品美食、买年货，现场欢歌笑语，热闹非凡。

10日 长沙市委副书记、代市长、湖南湘江新区党工委书记胡忠雄到宁乡市调研，并在双江口镇走村入户看望慰问困难党员群众和敬老院老人。

11日 宁乡市以综合排名全省第二的成绩，获评2017年度全省县级城乡居民养老保险信息宣传工作优秀单位。

12日 全国首个反腐倡廉微信小程序率先开启政务小程序时代“共建廉洁宁乡”上线。

13日 宁乡市召开“三干”好团队、“四为”好干部大竞赛活动总结大会。对13个“三干”好团队和31名“四为”好干部进行表彰。

▲ 宁乡市委常委班子召开2017年度民主生活会。

22日 宁乡市举办“今天，宁乡为您而骄傲！明天，宁乡因您而骄傲！”2018宁乡市乡友恳谈会，100多位各界乡友代表齐聚一堂，共叙乡情、共襄盛举。

23日 工业和信息化部公布第二批绿色制造示范单位名单，宁乡经开区成为本批次全国22个国家级绿色园区之一，宁乡市节能环保新材料企业邦普科技获批绿色工厂。

3月

4日 政协宁乡市第一届委员会第二次会议在会议中心召开。

6日 市检察院获评全省“基层民事行政检察工作推进年”专项活动先进基层院。

9日 省市卫计委相关负责人及新华社等媒体代表到宁乡市调研深化医改及基层卫生工作，并就医改工作进行宣传采访。

13日 长沙市委专项巡察第四轮第七组进驻宁乡经开区，对宁乡经开区开展为期2个月的监督执纪专项巡察。

16日 长沙市人大常委会党组书记、主任程水泉带队到宁乡经开区调研联点重大产业项目发展情况，帮助解决问题，推动项目顺利建设、企业高质量发展。

23日 科学技术部领导专家一行到宁乡高新区，对园区升级创建国家高新区工作进行现场考察调研。省科技厅党组成员、副厅长鲁先华，长沙市委常委、统战部部长谭小平，长沙市科技局局长赵跃驷，宁乡市领导周辉、付旭明等参加活动。

29日 在全省现代公共文化服务体系建设推进会上，经省人民政府同意，宁乡市被授牌为“湖南省现代公共文化服务体系示范区”。

30日 国家森林防火指挥部办公室副主任、国家林业局森林公安局副局长张萍一行到宁乡就森林防火工作进行督查，对宁乡市工作给予充分肯定。省森林公安局副局长刘师雄参加督查。

4月

5日 “缅怀先辈不忘初心”主题清明缅怀活动在刘少奇同志铜像广场举行。刘少奇之孙刘维泽、宁乡市全体在家市领导、刘少奇故里管理局班子成员、驻宁乡市部队官兵和社会各界代表、游客3000余人出席缅怀活动。

9日 宁乡市举办第一期为期40天的青年干部理想信念教育全封闭式培训班。参加培训班的共有42位学员，其中市直单位31人、乡镇（街道）11人。

11日 市脱贫攻坚工作业务培训班第二期开班，来自全市各乡镇(街道)、市直单位共151名扶贫干部进行两天半封闭式学习。

▲ 2018年第一季度“湖南好人榜”、2018年第一季度“长沙好人·身边雷锋”揭晓，宁乡市获评的有：周红武“孝老爱亲·湖南好人”、阙建红“诚实守信·长沙好人”、邓红英“见义勇为·长沙好人”。

16日 宁乡市邦弗特、天威施耐德等11家企业获批长沙市（第四批）智能制造试点企业。

▲ 中华全国总工会发布2018年全国五一劳动奖和全国工人先锋号拟表彰对象公示，楚天科技焊工廖金获评全国五一劳动奖章。

17日 农业农村部副部长于康震带领调研组，考察调研宁乡市养殖业绿色发展工作。长沙市副市长李蔚，宁乡市领导付旭明、陈德奇一同调研。

19日 省委常委、省委政法委书记黄关春到宁乡市调研政法机关服务产业项目建设、道路交通安全管理及政法综治基层基础工作，并和长沙市、宁乡市有关负责人进行座谈。省委政法委、省公安厅有关负责人参加调研。

20日 付旭明率队前往娄底市新化县开展对口帮扶活动，并表示将带着感情、带着责任，携手新化人民一起脱贫攻坚奔小康。

23日 湖南省文明办公布湖南省2017年文明社区（小区）、文明窗口单位、文明风景旅游区、文明集市以及文明餐饮示范店名单，宁乡市关山景区获评文明风景旅游区。

24日 由共青团宁乡市委主办、市城投集团协办的“宁乡市纪念五四运动99周年暨‘干’在宁乡青年岗位能手风采展”活动在宁乡大剧院举行。宁乡700余名青年和学生参加。

25日 涵盖新材料、食品饮料等多个产业领域的14大项目在宁乡经开区、宁乡高新区集中开工。

25日 宁乡企业文化公园正式开园。周辉、戴中亚、付旭明等市领导，携手西线工业走廊的品牌企业负责人，在公园里合力种下常青树。

25日 全市第五届中职学生技能竞赛在宁乡职业中专开幕，43个比赛项目吸引2500多名选手参与角逐。

26日 宁乡市庆祝“五一”国际劳动节颁奖晚会在楚天科技大剧院举行。晚会共表彰宁乡优秀基层工会组织代表9人、“最美工匠”19人、工人先锋号班组代表班组成员10人。

27日 玻利维亚国家乒乓球代表队赴宁乡市文体中心参观交流，并开展了一场国际乒乓球友谊赛。

28日 国务院办公厅发布《关于对2017年落实有关重大政策措施真抓实干成效明显地方予以督查激励的通报》，宁乡成为湖南省唯一被表彰的公立医院综合改革成效明显县（市、区）。

4月30日—5月1日 广州宁乡商会组织人员在沩山乡开展茶业商贸交流活动。

4月 宁乡市沙河片区城中村改造配套基础设施项目等7个项目，申报保障性安居工程配套基础设施建设2018年第一批中央预算内投资计划。

▲ 根据市委统一安排部署，市委各巡察组进驻大成桥、菁华铺、资福、城郊、历经铺、煤炭坝、回龙铺、双江口等乡镇（街道），分别召开工作动员会，以问题为导向开展全面巡察。

▲ 宁乡市首个党建文化主题公园在新城社区落成。

5月

4日 宁乡市纪念“五四”运动99周年暨“青春‘乐’在宁乡首届青年文化节走进园区”活动在宁乡高新区大学科技产业园举行。

7日 宁乡市党建知识竞赛初赛举行。

8日 省委副书记、省长许达哲到宁乡市调研“互联网+政务服务”工作。

▲ 省委常委、长沙市委书记胡衡华到宁乡市调研精准扶贫和基层党建工作。

9日 长沙市人大常委会组织部分人大代表到宁乡集中开展《中华人民共和国防洪法》执法检查。

10日 《人民日报》“教育眼”专栏以《“学党史、听党话、跟党走”课程覆盖湖南省宁乡市所有学校——浇花浇根 育人育心》为题报道宁乡党史育人工作。

15日 始建于1955年的沩丰坝正式启动拆除。

▲ 省关工委主任杨泰波率队调研宁乡经开区关工委工作。

16日 宁乡市举办“践行新思想、宁乡新作为”主题“微理论·微宣讲”比赛，共评出优秀宣讲员9名。

18日 岳阳市委副书记、市长李爱武率考察团到宁乡市考察交流“最多跑一次”改革工作。胡忠雄参加考察。

▲ 国家林业和草原局造林司副司长王剑波率核查组到宁乡市花明楼镇核查松材线虫病除治工作。省林业厅、省森防总站，长沙市林业局相关负责人参加此次核查。

19日 “每月有约、快乐宁乡”文体中心公众开放日活动正式启动。活动有戏曲、舞蹈、书法美术、文物鉴宝等多个门类的公益课堂任市民选择。

25日 在“玉虹·理想城杯”2018宁乡市气排球大赛开幕式上，省体育局副巡视员、省排球协会主席曾伟授牌宁乡市为“湖南省气排球之乡”。

29日 湖南省教育考试院纪委书记曹文才、长沙市教育考试院院长刘罗春一行，到宁乡市检查指导高考、学考、中考“三考”备考工作。

30日 长沙市副市长邱继兴率长沙市防汛办、河长办负责人到宁乡，就黄材水库防汛和沩水治理工作进行调度。

6月

1日 宁乡市委、市政府组织全市驻村第一书记进行党建业务知识培训。

3日 位于宁乡高新区的长沙升华微电子材料有限公司和长沙中工新材料有限公司正式成为中南大学实践教育基地。

4日 市政协主席会议成员对多个乡镇政协工作和社会贤达工作进行调研。

10日 在湖南省工业绿色制造工作经验交流会暨高级研修班上，省经济和信息化委员会委为一批国家级、省级绿色工厂、园区授牌，宁乡市楚天科技获评第一批国家绿色制造体系建设示范单位；宁乡经开区、邦普循环获评第二批国家绿色制造体系建设示范单位；加加食品、邦普循环获评第一批湖南省绿色园区、绿色工厂。

19日 省人大常委会委员、环资委主任委员文志强率省人大常委会检查组到宁乡市，开展大气污染防治“一法一条例”执法检查。长沙市人大常委会副主任罗衡宁、长沙市副市长刘明理一同检查。

22日 2018年“对话西线工业走廊”论坛围绕食品产业链建设主题在宁乡经开区蓝月谷工人文化宫开讲。来自食品加工、食品流通、展销策划等领域的学界大咖及行业内知名企业家，就长沙市食品全产业链发展展开深度对话。

25日 宁乡市学习研讨习近平总书记关于加强和改进人民政协工作的重要思想第一期委员（政协工作者）培训班在位于刘少奇故里的长沙花明楼红色文化教育学院正式开班。来自各条战线的140余名政协委员及政协工作者参加培训。

26日 永州市委书记、市人大常委会主任李晖率党政代表团到宁乡市湘都生态农庄、市民之家考察。长沙市委副书记徐宏源参加考察。

▲ 省计划生育协会组织专家组对宁乡市创建全国计划生育基层群众自治示范县工作进行评估和验收。

27日 省委党校、湖南行政学院副巡视员伍晓华率省委党校厅干班60余人到宁乡经开区考察。周辉、黄瑶参加相关活动。

28日 宁乡市开展增殖放流活动，向沩江和靳江放流鱼苗390万尾。

29日 宁乡市庆祝建党97周年纪念活动举行，对评选出的首批18个“五星”村（社区）党组织进行授旗，对一批先进基层党组织、优秀党务工作者、优秀共产党员进行表彰。

30日 全国首档系列人文微纪录片——“跟着诗歌去旅行”在湖南国际频道、长沙电视台新闻频道等省市主流媒体黄金档播出，这部纪录片共24集，每集时长8到10分钟，以与宁乡有关的古代诗词歌赋对联等为线索，讲述宁乡与诗词和景点有关的人物的人生故事。

6月 宁乡通过“互联网+”手段，实现公务活动用餐扫二维码支付餐费，以微信消费记录截图作为付款凭证。

▲ 省政协副主席胡旭晟率队到宁乡经开区，调研园区发展情况并开展“三进三助”活动。省政协常委、省政协社法委主任李微参加调研。

▲ 省教育厅副厅长应若平巡查宁乡市高考工作。

▲ 第35届国际桥梁大会在美国华盛顿召开，由宁乡人陈志冬带领的团队费时十年打造的世界最大跨度玻璃桥张家界大峡谷玻璃桥获得本次大会颁发的“亚瑟·海顿奖”。宁乡企业湖南海通建设有限公司参建的玻璃桥附属工程获得了其中一个分项奖，被授予“亚瑟·海顿奖”分项奖国际证书。

▲ 省知识产权局“专家送课下基层”活动在双江口镇双江口中学举行。国防科技大学教授李力以“与众不同的创新”为主题和该校近300名学生面对面畅谈创新。

▲ 宁乡市卫计局被国家卫生健康委员会评为2017年全国生育状况抽样调查工作优秀单位。

7月

6日 宁乡市社会扶贫“千企联千户”动员暨非公有制经济服务推进大会召开，会议为长沙大河西农产品物流中心等12家爱心企业颁发“社会扶贫特殊贡献奖”。

15日 宁乡市“除臭剿劣”攻坚战指挥部承办的“为了这一江碧水”文艺演出在宁乡大剧院举行。

16日 胡衡华带领近百人组成的观摩团走进宁乡市产业链项目现场，观摩湖南懋天世纪新材料有限公司、湖南邦普循环科技有限公司等项目。

18日 全国人大常委会委员、全国人大华侨委副主任委员、致公党中央副主席曹鸿鸣率致公党中央调研组到宁乡市，调研地方政府融资平台现状。

19日 李微率省、长沙市政协妇联界别委员，到宁乡市开展以乡村振兴、精准脱贫为主题的“三进三助”调研。省政协委员、长沙市妇联党组书记、主席文方一同调研。

20日 新组建的国家税务总局宁乡经济技术开发区税务局（国家税务总局宁乡市税务局）举行挂牌仪式。原宁乡经济技术开发区国家税务局（宁乡市国家税务局）与原宁乡经济技术开发区地方税务局（宁乡市地方税务局）正式合并。

▲ 宁乡市召开退役军人服务工作会。会议对新成立的退役军人服务工作办公室、乡镇退役军人服务中心的人员及下一阶段的工作进行安排部署，并就退役军人的优抚安置政策进行业务培训。

24日 省委常委、常务副省长陈向群到宁乡市调研先进储能材料及电动汽车产业链发展情况。省政协副主席、省科技厅厅长赖明勇，省政府副秘书长向曙光等领导参加调研。

26日 宁乡市政协携手宁乡电视台，打造的宁乡首档大型历史纪录类节目《沩水春秋》开播。

▲ 省人大常委会副主任向力力率督办组到宁乡市督办代表重点建议办理工作。长沙市人大常委会主任程水泉、副主任芮英姿，副市长李蔚等领导参加活动。

29日 宁乡市庆祝建军91周年暨“军民共建大国防”军民联欢晚会在楚天大剧院举行。驻宁部队官兵代表、军嫂代表、各镇转业复员退伍军人代表、优抚对象共庆“八一”建军节。

31日 致公党长沙市委党员企业家一行40余人到宁乡经开区参观考察，了解园区招商合作政策，考察园区投资环境，并举行“如鲸入大海，共聚蓝月谷”致公党优秀企业家宁乡行座谈会。

8月

3日 宁乡高新区举办“科技大讲堂”活动。国家知识产权局专利局机械发明审查部相关负责人及市科技局、知识产权中介服务机构、银行、保险、企业等单位100多人参加此次活动。

7日 省环保第一督察组下沉宁乡市现场督察工作会议在市民之家召开。

8日 沩山首届福硒黄桃旅游节在沩水源村开幕，全乡700多亩沩山黄桃正式开园，吸引了众多游客纷至沓来欣赏节目、购买黄桃。

11日 新湘雅整形美容与修复再生国际会议、湖南省医师协会美容与整形医师分会成立大会暨湖湘皮肤健康管理高峰论坛开幕式在宁乡举行。中国工程院院士夏照帆，中南大学副校长、国家杰青、长江学者陈翔，宁乡市领导付旭明、张莹出席活动。

13日 由宁乡市委组织部主办、市农业局农广校承办的农村党员致富带头人培训示范班在市农业局农广校开班，全市各乡镇的88名农村党员致富带头人参加为期三天的培训。

15日 “健康宁乡、医路有你”宁乡市庆祝首届“中国医师节”活动在宁乡大剧院举行。

20日 在由农行湖南省分行、宁乡市人民政府、腾讯公司主办，农行长沙分行承办的智慧宁乡“智慧城市、智慧乡村”签约仪式上，宁乡市与中国农业银行、腾讯公司签署《“智慧宁乡”互联网金融服务合作框架协议》，三方共同构建“智慧宁乡互联网金融服务”体系，在“互联网+教育、医疗、交通、旅游、商业、政务服务”等方面开展深度合作。

23日 由宁乡市食安办牵头，在全市范围内开展为期4个月的“一桌餐”“私房菜”等无证无照餐饮单位专项治理工作。

▲ 长沙市委副书记徐宏源到宁乡市调研防汛抗旱工作。

24日 长沙市委常委、常务副市长舒行钢率长沙市有关部门负责人到宁乡市调研园区“最多跑一次”改革推进情况。

▲ 宁乡市举行2018年脱贫典型巡回宣讲启动式暨首场宣讲会，12位“脱贫之星”走上舞台，讲述自己的脱贫故事。

25日晚，国家艺术基金资助项目——跨界融合多媒体民乐剧《九歌》惠民演出在宁乡大剧院举行，该剧是全国唯一的一台跨界融合多媒体民乐剧。

27日 2018年湖南省制造强省专项资金拟支持项目（重大产业类）公示名单发布，宁乡高新区的三一汽车起重机械有限公司汽车起重机核心零部件智能生产线建设等10个项目上榜。

29日 2018年宁乡市希望工程“圆梦行动”助学金发放仪式在市民之家举行，现场为200多名学子发放助学金30余万元。共青团长沙市委副书记康然，长沙市青基会理事长羊舒麟，宁乡市领导刘永红、钟利仁出席活动。

31日 省人大常委会党组副书记、副主任王柯敏率考察组到宁乡经开区、宁乡高新区多家企业进行考察，并召开省人大代表考察宁乡市先进储能材料产业座谈会。省人大常委会、省经济信息化委员会、宁乡有关领导参加考察和座谈会。

8月 在第24届中新国际青少年艺术交流盛典中，宁乡一中火凤凰艺术团演绎的舞蹈《星星的孩子》，从95支国际代表队中脱颖而出，获评金奖。

▲ 工业和信息化部办公厅发布《关于公布2018年国家技术创新示范企业复核评价结果的通知》，楚天科技通过复核评价。

9月

1日 胡忠雄主持召开宁乡花猪产业发展座谈会时强调，要凝聚共识，将宁乡花猪产业打造成长沙单一农产品首个百亿产业，强化精准扶贫产业支撑，进一步打响长沙现代农业品牌。

3日 宁乡市老干部（老年）大学、市老干部活动中心举行新址挂牌仪式。

▲ 周南靳江中学举行开学典礼。学校位于宁乡市大屯营镇，由宁乡市人民政府和长沙市周南中学达成合作办学协议，由周南中学进行全方面托管，负责招生、教师队伍建设及相关工作。

4日 长沙市委乡村振兴办督查组到宁乡市督查调研乡村振兴工作。

5日 省人大常委会副主任、省总工会主席周农率队到宁乡市调研刘少奇同志纪念馆工作及灰汤温泉职工疗养院建设情况。省总工会党组书记、副主席徐文龙，长沙市委常委、宣传部部长高山，长沙市人大常委会副主任、市总工会主席芮英姿等领导参加相关活动。

▲ 省教育厅副厅长应若平一行，到宁乡市督导秋季开学工作，重点检查学校党建、安全、大班额化解、招生及开学工作准备情况。

9日 2018赛季NBL联赛季后赛半决赛在宁乡市文体中心开赛，中央电视台体育频道全程直播，湖南金健米业队主场以101：86战胜安徽文一队。

10日 宁乡市举行湖南湘江新区产业项目建设年攻坚季之宁乡百日大会战誓师大会，全市83个产业项目及配套项目开启“战时”模式，掀起全市项目建设新高潮。

12日 市委常委班子召开2018年度专题民主生活会。

13日 长沙市自然村通水泥（沥青）路现场会在宁乡市举行。长沙市副市长李晓宏、宁乡市副市长冯智君，以及宁乡市、浏阳市、长沙县、望城区、岳麓区交通运输行业相关部门负责人参加现场会。李晓宏一行首先前往流沙河镇草冲村，对已完工的自然村通水泥路项目进行现场观摩。

17日 中共宁乡市委一届二次全体（扩大）会议召开，会议听取讨论周辉代表市委常委会所作的工作报告；表决通过《中国共产党宁乡市第一届委员会第二次全体（扩大）会议决议》。

21日 2018宁乡市首届全民运动会开幕式启动。共有48支方阵队以及运动员、演职人员、观众等共1万多人参加。11月30日，该运动会闭幕。

▲ 宁乡市举行2018年中秋联谊会。

27日 2018年宁乡市村（社区）党组织书记乡村振兴战略培训班在花明楼红色文化教育学院开班授课，全市278个村（社区）党组织书记和29个乡镇（街道）的组织委员、分管农业工作的班子成员集中接受培训。

▲ 由市工商联主办、楚天科技股份有限公司承办的“第三期非公经济大讲堂”在楚天大剧院举行。

28日 为期3个月的2018年NBL（全国男子篮球联赛）在宁乡文体中心落幕，陕西信达队卫冕夺冠，湖南金健米业队获亚军。

▲ 大屯营镇召开第一届人民代表大会第三次会议，这是宁乡首次在乡镇召开年度内第二次人大会议，也是长沙市乡镇人大年度内召开两次人大会议的首次实践。

30日 宁乡市在宁乡烈士陵园纪念碑广场举行向革命烈士敬献花篮仪式，深切缅怀为民族独立、人民解放、国家富强、人民幸福英勇献身的革命先烈。

9月 “智慧教育缴费”微信平台在宁乡市所有公（民）办中小学校及公办幼儿园实现教育缴费从“现场排队”到“掌上缴费”的转变。

▲ 安徽省金寨县委副书记、县长汪东率队到宁乡经开区，考察交流招商引资、产业发展等情况。

▲ 2018年“全国科普日”系列活动在宁乡高新区举行启动仪式。活动的主题是“创新引领时代，智慧点亮生活”，全面启动2018年“科普惠农兴村”“科普示范村（社区）”“青少年科技创新市长奖”的评选活动，普及推广先进科学技术，推动科普资源向乡村倾斜，激发青少年创新活力。

10月

6日 宁乡市召开“民声受理”突出问题督办会，宁乡市委书记周辉对全市9月25日至10月5日收集到的十件“民声受理”突出问题进行督办，要求用心、用力、用情解决群众反映的突出问题。

9日 一届宁乡市委第三轮巡察情况通报会举行。会议通报一届市委第三轮巡察情况并提出整改具体要求，总结宁乡市“知敬畏、存戒惧、守底线”纪律教育活动情况，对学习新修订的《中国共产党纪律处分条例》进行安排部署。

11日 省委第四巡视组巡视宁乡市工作动员会召开。省委第四巡视组组长曾凡国就即将开展的巡视工作作讲话，李宗文就配合做好巡视工作提出要求。

14日 由致公党长沙市委、宁乡市人民政府、宁乡经济技术开发区管理委员会联合主办的以“海聚湘江、智造未来”为主题的第五届海归论坛“时代主题海归谈”分论坛活动暨双创基地海梦岛发布会在宁乡经开区玉屏山国际产业城举行。全国政协港澳台侨委副主任、致公党中央副主席闫小培，湖南省政协副主席、致公党湖南省委主委胡旭晟，湖南省归国华侨联合会党组书记朱建山，长沙市委常委、市委统战部部长谭小平等领导出席。

▲ 宁乡市首届全民运动会“职工”杯广场舞比赛在市文体中心体育馆举行。

17日 国家卫生健康委医政医管局医疗资源处副处长胡瑞荣一行，调研宁乡市分级诊疗与医联体建设工作。

22日 工业和信息化部公布“2018年消费品工业‘三品’战略示范城市”名单，全国11个城市入选。宁乡成为2018年湖南省唯一入选城市。

24日 省委党校中青年干部培训班近50名学员到宁乡市历经铺街道南太湖社区童牧谷、菁花铺乡陈家桥村、市民之家等地进行考察。

28日 在长沙市举办的2018年“十行状元、百优工匠”竞赛决赛中，宁乡市选派的10名砌筑工选手有9人进入前10名。

29日 宁乡市第九届廉政文化周开幕，至11月2日结束，以“知敬畏、存戒惧、守底线”为主题，集中举行“一堂专题党课”“一次学习检验”“一场主题分享”“一台戏剧巡演”“一日开放活动”“一周法规宣讲”等主题活动。

31日 津巴布韦卫生团到宁乡市考察免费“两癌”筛查项目，在市妇幼保健计划生育服务中心观摩“两癌”检查现场，听取项目和宁乡市卫计工作，以及市妇幼两癌筛查工作的成功经验介绍。

▲ 湘西自治州人民政府副州长余保东率代表团到宁乡就园区管理考核、融资平台建设、特色产业培育等工作进行考察。

▲ 连接长沙主城区与宁乡市的岳宁大道全线开通。宁乡至长沙中心城区新添一条全程无红绿灯快速路，车程缩短至20分钟左右。

11月

2日 山西省曲沃县委书记郭惠勇率党政代表团到宁乡市考察全域旅游工作。

3—4日 宁乡市民间诗歌组织楚地诗歌举行《听金属的声音》诗歌分享会，中国诗坛“铁三角”刘年、张二棍、王单单应邀出席。

▲ “湖南省中医药和中西医结合学会眼视光学专业委员会换届选举暨学术交流会”在宁乡市召开。来自全省共280余名眼视光及眼科专家、医生参加会议，共同研论眼科治疗前沿学术路径。

6日 胡衡华到宁乡市园区调研智能制造示范企业。长沙市和宁乡市有关领导参加调研。

8日 省人大常委会原副主任、省党史联络组常务副组长杨泰波率省党史联络组调研组，到宁乡市调研刘少奇同志诞辰120周年纪念活动筹备工作、宁乡市党史和党史联络工作。

▲ 由省委宣传部、省委网信办、省文化和旅游厅共同主办，红网承办的湖南文化地标（2018）推选活动在湖南音乐厅举行授牌仪式，刘少奇同志故居及纪念馆获评湖南文化地标（2018）。

9日 宁乡市第一次妇女代表大会召开，选举产生宁乡市妇联第一届领导班子。

▲ 省委党史研究室主任庄超率省委党史研究室全体干部职工到宁乡市开展主题党日活动，并对宁乡市党史工作进行调研。

12日 一届市委第四轮巡察暨落实省委第四巡视组整治要求专项巡察动员部署会召开。本轮专项巡察共派出7个巡察组，对有关乡镇、村和市直单位专项巡察，同时对街道、乡镇党委开展村级巡察情况进行指导和督导。

15日 全省坚持发展“枫桥经验”实现矛盾不上交工作动员部署会议在宁乡市举行。

17日 在湖南省癫痫与帕金森专病联盟成立仪式上，市人民医院正式成为全省县市级医院唯一一家湖南省癫痫与帕金森专病联盟副主席单位。

19日 宁乡市以“保护野生动物，守护绿水青山”为主题的保护野生动物宣传月活动正式启动。省林业局总工程师桂小杰、野生动植物保护处处长王明旭等领导出席启动仪式。

▲ 第十届全国交通运输行业“中联重科杯”筑路工职业技能大赛全国总决赛在湖南长沙中联重科望城工业园落幕。宁乡市公路局蔡志丹、黄新林、黄伟代表湖南省交通运输厅参加全国总决赛，获得团体第三名。其中蔡志丹获筑路工职业组压路机个人二等奖，全国排名第五，人力资源社会保障部将授予其“全国技术能手”称号；黄新林获筑路工职业组压路机个人三等奖，全国排名第八，交通运输部授予其“全国交通技术能手”称号。

21日 省卫生计生综合监督局局长张辉、长沙市卫生计生综合监督执法局局长钟伟一行调研宁乡市卫生计生综合监督执法规范化建设试点工作。

24日 刘少奇同志诞辰120周年。

24日 湖南省纪念刘少奇同志诞辰120周年座谈会在长沙举行，深切缅怀刘少奇同志为党和人民建立的不朽功勋，追忆学习刘少奇同志的崇高风范和革命精神。省委书记杜家毫出席座谈会并发表讲话，省委副书记、省长许达哲主持座谈会，刘少奇亲属代表、全国人大财经委副主任委员刘源出席。省委常委、长沙市委书记胡衡华、省委党史研究室主任庄超、宁乡市委书记周辉分别发言，从不同角度深情追思了刘少奇同志的丰功伟绩和崇高风范，表达家乡人民对刘少奇同志的无限敬仰和深切怀念之情。座谈会开始前，全体与会人员前往宁乡市花明楼镇，向刘少奇同志铜像敬献花篮，并瞻仰刘少奇同志纪念馆。大型历史电视台《共产党人刘少奇开机拍摄》。

27日 省自然资源厅耕地保护处调研员胡春善和地籍处副处长张强带领省级验收组，对宁乡市2018年实施的城乡建设用地增减挂钩项目进行验收。验收组对宁乡市开展城乡建设用地增减挂钩工作的做法和成效给予肯定。

28日 全国新型职业农民培育经验交流和信息化工作推进会在长沙召开，来自全国的与会代表到宁乡湘都生态农业园、鹊山村等地现场观摩。农业部科技教育司司长廖西元、省农委总农艺师唐建初等领导参加活动。

29日 长沙幼儿师范高等专科学校建设项目用地协议签约仪式在长沙市政府大楼四会议室举行，百年“宁师”正式回归宁乡。

12月

3日 “奋进新时代、奋力再出发”2018年宁乡市重大项目推介暨重点项目集中签约仪式在宁乡市民之家举行，39个重大项目集中签约，总投资额236.5亿元。其中现场签约25个，总投资额217亿元。

▲ “宁乡市改革开放四十周年摄影展”在市民之家一楼大厅展出，共展出120余幅讴歌宁乡市改革开放四十周年的照片。

4日 长沙新东方烹饪学院院长罗现华率学院相关部门负责人到宁乡土花猪发源地流沙河镇考察宁乡猪种源保护基地、美食基地、职教中心等，并与宁乡市招商服务中心和镇、村负责人座谈。

5日 市民政局会同市文明办、楚沩之家志愿者协会联合举办的《志愿服务条例》实施1周年暨宁乡市“12·5”国际志愿者日宣传活动在公民道德教育馆举行。

10日 省住房和城乡建设厅公布2018年度“湖南省园林式单位（小区）”名单，宁乡市检察院获评“湖南省园林式单位”。

12日 云南省保山市委副书记杨赛光率考察团到宁乡市考察垃圾分类处理、农村人居环境整治、实施乡村振兴战略等工作。

14日 “2018年度中国散文年会”在北京举行，该年会评选出年度4个奖项100篇优秀散文作品，宁乡市文联主席杨罗先诗散文作品《道林古镇》获评“十佳散文奖”。

19日 国家卫生健康委员会督查组专家及省卫生健康委员会疾控处处长陶学永一行到宁乡市督查儿童青少年视力调查开展情况工作。

21日 省社科联“社科专家服务团宁乡行”专家咨询研讨会在宁乡市召开。省社科联党组成员、副主席丁宇主持会议。省社科联常委、长沙市社科联主席吴安定，宁乡市领导周辉等领导参加会议。

▲ 中安传媒·国家安全生产宣教培训平台主任刘克娜、市烟花爆竹协会会长甘喜军共同为中安传媒·国家安全生产宣教培训平台宁乡工作站揭牌，标志着中安传媒·国家安全生产宣教培训平台在全国的首个基层工作站正式成立。

24日 由中国扶贫开发协会、国家信息中心、求是《小康》杂志社联合主办的2018第十三届中国全面小康论坛在北京举行。宁乡市以经济社会全面发展的优异成绩入选“2018年度中国全面小康十大示范县市”，同时打造“316”群众工作新格局获评“2018年度中国十大社会治理创新”奖。

25—28日，中国人民政治协商会议宁乡市第一届委员会第三次会议在玉潭街道召开。

27—29日 宁乡市第一届人民代表大会第二次会议第一次全体会议在会议中心举行。大会应到代表373名，实到代表356人。付旭明代表市人民政府作《政府工作报告》。会议书面审查了市人民政府关于《宁乡市2018年国民经济和社会发展计划执行情况及2019年国民经济和社会发展计划（草案）的报告》《宁乡市2018年财政预算执行情况及2019年财政预算（草案）的报告》《促进学前教育健康发展的议案办理进展情况报告》，宣读了大会选举办法（草案）。

12月 省政协副主席、省工商联主席张健调研宁乡市非公经济工作。长沙市政协副主席、工商联主席彭继球与宁乡市相关领导参加调研。

▲ 楚天科技入选中国“智能制造系统解决方案供应商”，湖南邦普循环科技有限公司技术中心被认定为国家级科技创新平台。

▲ 市法院对宁乡市首例刑事附带民事公益诉讼进行宣判，判决侵权人王某等六人赔偿替代性修复费用、资源损失费用、鉴定费共2.4万余元。

注：“▲”表示同月同日。

宁乡概览

OVERVIEW OF
NINGXIANG

责任编辑·高　丽

自然地理

【区域位置】 宁乡市位于湖南东北部、长沙西部，地处湘江下游西侧和湘东偏北的洞庭湖南缘地区，地理上介于北纬27°55′—28°29′，东经111°53′—112°46′之间，东邻望城，南接湘潭、湘乡，西与涟源、安化交界，北与益阳、桃江毗连，东西跨度88千米，南北纵长69千米。2018年，全市总面积2906平方千米，其中耕地面积9.57千公顷。

【地质地貌】 宁乡市是雪峰山余脉向东北滨湖平原过渡地带，境内地貌有山地、丘冈、平原。地表轮廓大体是北、西、南缘山地环绕，东南丘陵起伏，北部冈地平缓，东北低平开阔，整个地势由西向东呈阶梯状逐级倾斜。西部有瓦子寨、扶王山、尖峰顶等13座海拔800米以上的山峰，其中瓦子寨海拔1070.8米，为境内最高点。东北部海拔多在100米以下。其中双江口镇团头湖海拔28.7米，为境内最低点。

【自然资源】 宁乡域内地层齐全，地质构造和岩浆岩发育，矿物资源比较丰富。已探明的矿产有40多种，开发利用的有煤、铁、锰、铀、金刚石、海泡石、花岗岩等20多种。

【水文气候】 宁乡境内气候属亚热带大陆性季风湿润区，四季分明，雨量充沛，日照适中。境内有沩水、乌江、楚江、靳江四条主要河流，其中沩水、靳江为湘江一级支流，楚江、乌江是沩水一级支流，黄材水库为全国三大土坝水利工程之一。年内最高温38.5℃（7月21日），最低温—4.1℃（1月30日），年降水量1384.9毫米。

人口·民族

【人口分布及变动】 2018年年末，全市户籍人口总户数45.57万户，总人数143.09万人，人口密度为每平方千米492人。户籍人口中，人口性别比为102.6∶100，人口出生率11.63‰，死亡率6.13‰，自然增长率为5.5‰。年末，常住人口总户数42.41万户，总人数130.50万人。常住人口中，城镇人口79.85万人，城镇化率61.2%，比上年提高1.7个百分点。

【民族】 宁乡市是少数民族散居市，少数民族人口以外地婚嫁到宁乡为主。2018年，全市共有苗族、土家族、侗族、壮族、白族、回族、瑶族、哈萨克族、维吾尔族、藏族、黎族、傣族、水族、哈尼族、畲族、朝鲜族、拉祜族、仡佬族、仫佬族、怒族、赫哲族、傈僳族、毛南族、锡伯族、京族等32个少数民族居民10682人。

建置·区划

【建置沿革】 夏、商、周三代宁乡为荆楚地。春秋战国时属楚国黔中郡。秦属长沙郡，汉为益阳县地。汉献帝建安十三年（208年）孙、刘破曹后属刘，建安二十四年（219年）关羽败死后属吴。吴会稽王太平二年（257年）始设县，称新阳，设治于长桥（今横市）属衡阳郡。西晋武帝太康元年（280年）改称新康县，治所迁于冷水铺（今冷水铺与万寿山之间）。隋文帝开皇九年（589年）并入益阳县，改属长沙郡。唐高祖武德四年（621年）再从益阳析出置新康县，七年又省入益阳。宋太宗太平兴国二年（977年）析益阳、长沙、湘乡部分地置宁乡县，治所迁今玉潭街道，属潭州长沙郡。元初属湖广行中书省湖南道宣慰司潭州路，元文宗天历二年（1329年）改属湖广行中书省湖南道宣慰司天临路。明隶湖广布政使司长沙府。清隶湖南省长沙府。1914年属湘江道，1922年直属湖南省，1938年属湖南省第一行政督察区，1940年改属湖南省第五行政督察区。中华人民共和国成立后，宁乡归属益阳专区，1952年属湘潭专区，1962年复归益阳专区，1983年划归长沙市辖。2017年4月10日，民政部发布（民函〔2017〕73号）批复：经国务院批准，同意撤销宁乡县，设立县级宁乡市，以原宁乡县的行政区域为宁乡市的行政区域，宁乡市人民政府驻玉潭街道金洲大道5段398号。宁乡市由湖南省直辖，长沙市代管。2017年12月3日，宁乡市成立大会举行，宁乡市委、市政府、市人大、市政协、市纪委正式揭牌，标志着千年古邑宁乡正式迈入新纪元。

【行政区划】 1983年，宁乡县辖12区，3镇、74公社，909大队、7委，12873生产队，38居民组。

1990年划分12区1区级镇，下辖72个乡4个乡级镇，914个行政村和16个居民委员会，12420个村民小组和98个居民小组。

1995年撤区并乡建镇，撤销12个区公所，实行县直管乡镇，将原77个乡镇并为32个乡镇，即15乡17镇。

2002年，回龙铺乡和偕乐桥乡分别撤乡建镇，宁乡辖18镇17乡。

2005年，祖塔乡与沩山乡合并设立沩山乡，崔坪乡与黄材镇合并设立黄材镇，调整后，宁乡县辖18镇15乡。

2007年，湖南省民政厅（湘民行发〔2007〕10号）批复同意：将宁乡县全民乡更名为金洲乡。同年，撤销大成桥乡设立大成桥镇，撤销青山桥乡设立青山桥镇。

2009年，金洲乡撤乡设镇。调整后，宁乡县辖21镇、12乡。

2013年，省民政厅（湘民行发〔2013〕14号）批复同意：撤销大屯营乡，设立大屯营镇。省民政厅（湘民行发〔2013〕18号）批复同意：撤销玉潭镇、城郊乡、白马桥乡、历经铺乡，分别设立玉潭、城郊、白马桥、历经铺4个街道。

2014年，省民政厅（湘民行发〔2014〕2号）批复同意撤销资福乡，设立资福镇。

2015年11月19日，省民政厅（湘民行发〔2015〕40号）批复同意：1.同意宁乡县乡镇区划调整方案。2.同意将枫木桥乡、偕乐桥镇和灰汤镇成建制合并设立灰汤镇；将坝塘镇和南田坪乡成建制合并设立坝塘镇；将双江口镇和朱良桥乡成建制合并设立双江口镇。

2018年，宁乡市辖菁华铺、喻家坳、沩山、沙田4个乡，道林、大屯营、花明楼、东湖塘、夏铎铺、金洲、双江口、煤炭坝、回龙铺、坝塘、资福、灰汤、双凫铺、大成桥、老粮仓、流沙河、青山桥、横市、黄材、巷子口、龙田21个镇，白马桥、历经铺、城郊、玉潭4个街道。共220个村，54个社区。

经济社会发展

【概况】 2018年，宁乡市实现地区生产总值（GDP）1113.74亿元，比上年增长8.0%。全市第一产业增加值占地区生产总值的比重为9.1%，第二产业增加值比重为59.2%，第三产业增加值比重为31.7%，三次产业结构由上年的9.1：62.8：28.1调整为9.1：59.2：31.7。全年完成一般公共预算收入80.60亿元，比上年增长12.9%。其中地方一般公共预算收入47.31亿元，比上年增加3.23亿元，增长7.3%。全年城乡居民人均可支配收入34887元，比上年增长9.0%，其中人均工资性收入、经营净收入、财产净收入、转移净收入分别为20663元、6326元、3178元、4720元。城镇居民人均可支配收入43269元，增长8.4%，其中人均工资性收入、经营净收入、财产净收入、转移净收入分别为24033元、6491元、6355元、6390元；农村居民人均可支配收入26985元，增长8.6%，其中人均工资性收入、经营净收入、财产净收入、转移净收入分别为17486元、6171元、183元、3145元。

【农业】 全年实现农林牧渔业总产值164.77亿元，比上年增长3.7%。其中农业产值99.31亿元，增长3.7%；林业产值6.75亿元，增长6.6%；牧业产值43.34亿元，增长2.4%；渔业产值4.93亿元，增长1.0%；农林牧渔服务业产值10.43亿元，增长9.9%。全年粮食总产量67.87万吨，比上年下降10.8%；烟叶0.54万吨，下降38.8%；蔬菜151.51万吨，增长3.5%；出栏肉猪140.02万头，与上年持平；出笼家禽2860.50万羽，增长3.5%。

农业产业提质增效，高标准建成基本农田3200公顷。土地承包经营权确权颁证30.69万本。新增农村土地合作社60家、专业合作社163家、省级农业龙头企业5家，培训新型职业农民3000人。着力消除集体经济“薄弱村”“空壳村”，打造示范村10个，169个村级集体经营性收入5万元以上、76个村10万元以上。

全市年末农机总总动力177.5万千瓦，比上年增长0.6%。其中，联合收割机6100台，大中型拖拉机2783台，高速插秧机250台，分别比上年增加台152、191台、32台。水稻耕、种、收综合机械化水平达78.8%，比上年提高5.8个百分点。农村基础条件不断夯实，涉及安全、灌溉和供水的水毁水利项目全面修复，“五小”水利整修完成3734处，其中山塘整修2132口，河坝整修527处，沟渠整修717处，小型机埠184处，河道整修174处。农村饮水安全巩固提升0.8万人，农村自来水普及率达86.0%。新（改）建农村公路700千米，危桥109座，农村改水改厕3750座。

【工业】 全年工业增加值比上年增长8.1%，工业对经济增长的贡献率为60.7%；其中规模工业增加值增长9.2%。规模工业总产值1493.9亿元，增长18.3%。全市园区（三区五园）规模以上工业实现产值1309.6亿元，占全部规模工业的87.7%，增长35.4%；实现增加值295.1亿元，增长34.6%。先进装备制造、食品、新材料新能源三大主导产业共实现产值1354.1亿元，占全部规模工业比重90.6%，增长22.8%；实现增加值305.2亿元，占全部规模工业比重90.8%，增长21.8%。全年建筑业增加值82.8亿元，比上年增长4.0%。34家具有资质等级的总承包和专业承包建筑业企业实现总产值80.8亿元，增长8.2%；房屋建筑施工面积476万平方米，下降15.4%；竣工面积177万平方米，下降41.5%。

【第三产业】 全年社会消费品零售总额360.2亿元，比上年增长13.2%。全年房地产开发投资比上年增长6.5%；商品房销售面积266.7万平方米，增长38.7%。全年共接待海内外游客2210.9万人次，比上年增长4.8%；实现旅游收入302.7亿元，增长4.1%。全年完成电信业务总量1.60亿元，比上年增长6.7%。电信业新增移动电话3万户，达到16万户。年末全市电话用户总数128.4万户，其中移动电话用户121.9万户，移动电话普及率为94.2部/百人。固定互联网宽带接入用户26.3万户，增长22.3%。

【城区环境建设】 启动城市防洪圈建设，完成南门桥至金洲坝段、刁子潭段河道疏浚，建成沙河市场大堤和东沩溪排渍泵站；启动沩丰坝拆除重建和溜子洲至珍洲段堤防工程建设，提升城市防洪功能。八家湾水库建成蓄水，自来水厂主取水头迁移至珍洲坝上游，提升城区供水水质。推进生活垃圾分类试点和餐厨垃圾无害化收运处理，控制和拆除违法建筑50万平方米，有效治理户外广告、渣土扬尘和农贸市场，着重整治“不排队、闯红灯、随手扔”等不文明行为，文明创建常态化。加强公路管护，常态化开展治超，超限超载得到有效遏制，4325千米道路纳入“路长制”管理。科学调度、成功应对年初低温雨雪冰冻天气，确保全市人民出行安全。启动新一轮城市总规修编工作。新（改）建停车场6个、停车位1386个、市场3个、生鲜门店5家、人行道16千米、自行车道30千米、历史步道480米；更新纯电动公交车26台；房地产遗留问题处置取得新进展，提质改造社区6个、棚户区2250户43.6万平方米；建成人才公寓2523套。积极创建省森林城市，实施“政府送树、群众栽树”造绿活动，绿化230公顷、恢复矿山植被367.3公顷。全市森林覆盖率48.8%。

【固定资产投资】 全年全社会固定资产投资比上年增长12.0%；其中，产业投资增长10.5%，占全部投资比重为61.7%。围绕“产业项目建设年”主题，聚焦15个纳入全省“五个100”项目，持续开展项目建设百日大会战、“三抓两促”和千人帮千企等服务活动。新开工规模项目242个，续建150个，竣工223个，完成投资380亿元。

【交通和邮电】 年末，市内公路建设通车里程16247.5千米，其中国道161.7千米，省道403.6千米；境内铁路里程68千米；境内通车高速里程171.9千米。金唐公路二期、金宁大道金沙段等项目加快建设，S208、梅双、双大和朱下等公路完成提质改造，S209、S311等灾毁工程修复完工。全年旅客周转量比上年下降9.3%，货物周转量增长2.8%。年末，实有出租汽车数467台，公交车数393台，其中新能源公交车312台。全年完成邮政行业业务总量1.1亿元，比上年增长18.3%。邮政业全年完成邮政函件业务9.8万件，包裹业务1.2万件，快递业务量329.2万件，快递业务收入1200万元。

【科技】 全市拥有高新技术企业和生产高新技术产品的企业236家，全年实现高新技术产值837亿元，比上年增长25.5%；实现增加值178.5亿元，增长25.1%，占地区生产总值的比重为16.0%。全年申请专利2417件，增长31.3%，其中发明专利740件，增长44.5%；授权专利1496件，增长58.6%，其中发明专利授权134件。成功申报国家、省、市各级科技项目225项，转化科技成果295项。年末全市有国家级高新技术产业化基地1个、国家级农业科技园区1个、国家级科技企业孵化器1个、博士后科研工作站4家、院士工作站5家、国家级工业设计中心1家、国家级企业技术中心3家，省级重点实验室1个、省级科技企业孵化器3个、省级企业技术中心26家、省级工程技术研究中心14家、省市众创空间4个。

【教育】 全市共有普通中小学校315所，中职学校7所，特教学校1所。在校中小学生157705人，其中高中学生37580人（含中职学生13330人），初中学生39339人，小学学生80550人，特教学生236人。全市中小学教职工10079人，其中专任教师9393人。全市共有幼儿园335所，在园幼儿36502人，教职工3254人，其中专任教师1458人。2018年适龄儿童入学率100%，九年义务教育完成率100%，小学升学率100%。高考一本上线1475人，上线率16.85%；二本上线3836人，上线率43.83%。中考合格率96.1%，比上年提高0.9个百分点。

【文化】 全市拥有广播电台1座，电视发射台和转播台1座，广播、电视综合人口覆盖率均达到98.5%，有线电视用户20万户（在册）。公共图书馆1座，藏书量25万册；24小时自助图书馆3个。全年更新农家书屋书籍2.5万余册，开展送戏下乡活动96次、图书流动服务200余场、公益电影放映4881场次；创作《匠心》《戏·角》《全民运动会会歌》等文艺精品近20个；承办“我的中国梦·奋进新时代”等大型文化艺术活动20余场。年末共有160余家群众文艺团队。

【卫生】 全市拥有医院、卫生院54个，市直医卫单位8个，乡镇卫生院29个，街道卫生服务中心4个，民营医院16个。全市医疗机构床位总数7599张，其中市直医疗单位3500张，乡镇卫生院2878张。在编在岗卫生工作人员4500人，执业医师及执业助理医师3123人（含临聘人员），注册护士2266人（含临聘人员）。全年孕产妇住院分娩率100%，死亡率0，5岁以下儿童死亡率5.24‰。

【体育】 全市共有体育场馆9座，400米田径场16个，乡镇门球场20个，拥有19个体育协会；新建87处全民健身工程点、1个健身驿站、2个国民体质监测点。举办“2018宁乡市首届全民运动会”、7场“每月有约 快乐宁乡”文体中心公众开放日活动、首届“特步”杯跑步节暨第29届春季马路赛等大型赛事；承办NBL全国男子篮球联赛等大型赛事活动。参加长沙市第九届老年人运动会，获男、女气排球冠军。体育彩票全年销量为7100万元。

【社会保障】 城镇职工五大社会保险参保总人数45.23万人，比上年末增长4.8%。全年新增参保人数5.88万人；城乡居民医疗保险和养老保险参保人数分别达到110.24万人和79.78万人。全年完成23项省市重点民生实事，新增财力80%以上用于保障和改善民生。

全年新增城镇就业11710人，新增农村劳动力转移就业7900人，失业人员再就业3828人，其中就业困难人员再就业1435人，零就业家庭实现动态清零就业援助率100%，年末城镇登记失业率为2%；开办创业班18期，培训524人。

中国共产党宁乡市委员会

NINGXIANG MUNICIPAL COMMITTEE OF
THE COMMUNIST PARTY OF CHINA

责任编辑·姜小平

重要会议

【市委一届二次全会】 2018年9月17日，中共宁乡市委一届二次全体（扩大）会议召开。宁乡经开区党工委书记、市委书记周辉向全会报告工作并发表讲话。会议讨论了周辉代表市委常委会所做的工作报告；表决通过了《中国共产党宁乡市第一届委员会第二次全体（扩大）会议决议》，宣读了市委印发《关于聚焦解决群众反映强烈的突出问题的若干意见》的通知，通报了扶贫领域作风问题相关情况，下发了关于聚焦解决群众反映强烈的突出问题的若干意见、宁乡市构建“亲”“清”政商关系的实施意见、宁乡市解决群众诉求工作责任追究办法、关于宁乡市公开党政负责人手机号码的通告、关于2018年1—8月全市各乡镇（街道）村（社区）信访情况的通报、关于开展工程建设领域“提篮子”等突出问题专项治理的工作方案、关于倡导清清爽爽的同志关系若干规定等文件，组织与会人员签订了党员干部拒绝违规插手干预工程项目建设承诺书。

全会强调，全市上下认清形势，坚定信心，确保圆满完成年度工作任务，在推进高质量发展中展现新气象；解放思想，锐意进取，抖擞精神、重整行装再出发，在践行新思想新发展理念中展现新担当；改进作风，深入群众，始终坚持以人民为中心的发展思想，在解决人民群众反映强烈的突出问题中展现新作为，不断开创各项事业和党的建设新局面，为建设更加富饶美丽幸福的现代化宁乡作出新的更大贡献。

市委副书记、市长付旭明主持会议；宁乡经开区党工委副书记、管委会主任戴中亚，市委副书记刘永红，市人大常委会主任喻亚军、市政协主席邓杰平等市领导，以及市委委员、宁乡市委候补委员、宁乡市纪委委员，不是宁乡市委委员、宁乡市委候补委员、宁乡市纪委委员的市（区）领导、部办委排名第一的副职，乡镇（街道）党

9月17日，市委一届二次全会召开

（工）委书记、乡镇长（办事处主任），宁乡一中、宁乡四中、宁乡职业中专党政主要负责同志，宁乡市直单位党政主要负责同志（包括改任第一副职的原书记），垂直管理单位行政一把手参加会议。

（姜治国）

【市委常委会会议】 2018年共召开市委常委会会议47次。

关于全面从严治党和巡视工作。会议强调，市委常委会要认真学习贯彻习近平总书记关于全面从严治党和巡视工作思想，切实把思想和行动统一到中央和省委关于巡视工作的决策部署上来，扎实推动中央、省委关于巡视工作的决策部署在宁乡落地生根。要以高度的政治责任感和严肃认真的态度，自觉接受省委巡视组的“政治体检”。要以优质高效的服务保障为省委巡视组在宁乡开展工作创造良好条件。要以这次省委巡视为契机，做到接受巡视和推进宁乡高质量发展两手抓、两不误、两促进。

关于经济形势分析及产业链建设工作。会议指出，要坚持以习近平新时代中国特色社会主义经济思想为指导，贯彻落实长沙市上半年经济形势分析会议精神，突出打赢打好三大攻坚战，加快推进新旧动能转化，着力实现宁乡的高质量发展。会议要求，一是要全力推进产业项目建设年，重点抓好“五个十”的建设。二是要重点抓好农村公路、学校、管网、水利、电力等五个方面的民生工程建设。三是要重点关注上访户、贫困户、涉军群体、学生群体和黑恶势力五个群体，做好过细的群众工作，确保社会大局安全稳定。

关于组织工作。会议传达学习了习近平总书记关于组织工作相关讲话精神和全国、全省及长沙市组织部长会议精神，听取了宁乡市组织工作汇报。会议强调，一是要用习近平新时代中国特色社会主义思想武装全党；二是要加强基层组织建设；三是要加强高素质、专业化干部队伍建设。

关于宣传思想文化工作。会议传达学习了习近平总书记关于宣传工作讲话精神，全国、全省及长沙市宣传部长会议精神，听取了宁乡市宣传工作情况汇报。会议强调，围绕习近平总书记关于宣传思想文化工作五个方面的要求，要把握好五个方面的重点工作：一是舆论引导和意识形态的工作；二是文明创建工作三年行动计划，包括2018年的“三大不文明行为”专项整治工作；三是文艺创作工作；四是文化创新工作；五是未成年人思想道德建设和社会主义核心价值观培育工作。

关于改革工作。会议传达学习了中央全面深化改革委员会第一次会议精神。会议强调，要认真学习贯彻习近平总书记在中央全面深化

改革委员会第一次会议上的重要讲话精神，对标中央、省市做法，加强和改善党对全面深化改革统筹领导，紧密结合深化机构改革推动各项改革工作；要牢牢把握新阶段全面深化改革的特点，抓好顶层设计与重点领域、重要任务、重要试点相结合，确保改革始终沿着正确轨道运行，起到以点带面的推动作用；要坚持“以人民为中心”的发展理念，把深化改革作为解决发展所需、基层所盼、民心所向的重要抓手；要严格遵循改革规律，做到既蹄疾步稳，又有序推进，始终与党中央、省委、长沙市委保持高度一致，凡是涉及机构编制改革等重大变动，坚决不擅作主张、不各行其是，严守纪律层层上报。要有逢山开路、遇水架桥的坚定决心和昂扬斗志，凡是对党和国家事业有利的，对广大人民有利的，该改的就要坚定不移改。

关于防汛工作。会议强调，做好2018年的防汛救灾工作，要进一步提高政治站位，认真学习省市会议精神，特别是认真学习领会习近平总书记关于防汛救灾工作的系列重要讲话精神，严格按照“两个坚持、三个转变”的总体要求，把防汛抗洪救灾作为重大任务，把确保人民群众生命安全放在首位。

关于乡村振兴工作。会议强调，实施乡村振兴战略是党的十九大作出的重大决策部署，是中国特色社会主义进入新时代做好“三农”工作的总抓手和新旗帜，是习近平总书记关于“三农”工作理论与实践创新的最新成果。会议要求，全市上下要进一步对标中央、省市系列文件和会议要求，特别是按照习近平总书记关于乡村振兴要产业振兴、人才振兴、文化振兴、生态振兴、组织振兴的要求，进一步细化工作措施和责任分工，进一步理顺体制机制，强化投入保障，着力深化改革，不断激发“三农”活力。

关于生态环境保护。会议传达学习了习近平总书记在全国生态环境保护大会上的重要讲话精神和省委十一届五次全会和2018年长沙市委常委会第14次会议精神。会议强调，在具体工作中要做到“四个强化”：一是强化问题导向。二是强化综合治理。三是强化保障措施。四是强化责任追究。

关于网信工作。会议传达学习了习近平总书记关于网信工作重要讲话精神，湖南省、长沙市网信工作有关会议精神及杜家毫书记调研网信工作的讲话精神。会议强调，一是要深刻领会习近平总书记网络强国战略思想，从战略和全局的高度来重视网信工作。二是要紧紧抓住重点领域发力。三是要把党的领导贯彻落实到网信工作的各个方面，强化责任落实和监督考核，健全体制机制，形成强大合力。

关于整治非法采砂洗砂工作。会议强调，要进一步提高政治站位，坚持以人民为中心的发展思想，牢固树立和全面践行“绿水青山就是金山银山”的理念，坚持问题导向，狠抓问题整改，扎实抓好非法采砂洗砂整治工作。

关于安全生产工作。会议传达学习了习近平总书记关于安全生产的重要论述和重要指示，原原本本学习“六大要点”“十句硬话”。会议强调，抓好2018年安全生产工作就是把习近平总书记关于安全生产的重要论述和重要指示作为研究问题、决策工作和提高认识的总绳、指针，树立安全发展理念，守住生命至上、安全第一的原则，建设综合性、全方位、系统化的安全城市。（姜治国）

重要决策

2018年宁乡市委重要文件（发文）目录

文　号	标　题
宁发〔2018〕1号	关于突出抓好政治建设、全面强化党建引领的实施意见
宁发〔2018〕2号	关于转发《宁乡市人大常委会2018年工作要点》的通知
宁发〔2018〕3号	关于转发《政协宁乡市第一届委员会2018年工作要点》的通知
宁发〔2018〕4号	关于加快推进科技创新能力建设的意见
宁发〔2018〕5号	关于转发《2018年全市党风廉政建设和反腐败工作要点》的通知
宁发〔2018〕7号	印发《关于推进“基层党建强化年”的十八条措施》的通知
宁发〔2018〕9号	印发《中共宁乡市委关于进一步贯彻落实中央八项规定精神的实施办法》的通知
宁发〔2018〕10号	关于印发《中共宁乡市委全会工作规则（试行)》的通知
宁发〔2018〕11号	关于印发《中共宁乡市委常委会工作规则》的通知
宁发〔2018〕12号	关于加强常委会自身建设的意见
宁发〔2018〕13号	关于印发《宁乡市“强力推进环境大治理坚决打赢蓝天保卫战”三年行动计划（2018—2020年）》的通知
宁发〔2018〕14号	关于印发《中共宁乡市委巡察工作办法（试行）》的通知
宁发〔2018〕15号	关于全面落实乡村振兴战略的实施意见
宁发〔2018〕16号	关于加强新时代党的纪律建设推动全面从严治党向纵深发展的意见

续表

文　号	标　　题
宁发〔2018〕17号	印发《关于坚持生态优先绿色发展在深入实施长江经济带发展战略中推动宁乡高质量发展2018年度实施方案》的通知
宁发〔2018〕18号	关于宁乡市2018年度“五星”村（社区）党组织、先进基层党组织、优秀党务工作者和优秀共产党员评选结果的通报
宁发〔2018〕20号	关于印发《宁乡市环境保护工作责任规定》的通知
宁发〔2018〕21号	印发《关于优秀年轻干部培养选拔的十条措施》的通知
宁发〔2018〕22号	关于稳步推进农村集体产权制度改革的实施意见
宁发〔2018〕23号	关于大力发展全域旅游的实施意见
宁发〔2018〕24号	关于推进安全生产领域改革发展的实施意见
宁发〔2018〕25号	关于发展壮大新型村级集体经济的实施意见

全面小康工作

【概况】 2018年，宁乡市始终坚持以人为本、补齐短板、改革创新、协调推进的基本原则，咬定标准精准发力，协调对接毫不放松，浓厚氛围顺应民意，注重对上衔接，多次向省、市小康办和统计部门进行专题汇报，争取上级各部门对宁乡小康建设工作的重视和支持，2018年小康工作获全省先进单位称号，获评经济强县奖和快进县奖励，小康提升幅度在全省一类县中排名第一。

【2018年度中国全面小康十大示范县市】 12月15日由中国扶贫开发协会、国家信息中心、求是《小康》杂志社联合主办的2018第十三届中国全面小康论坛近期在北京举行。宁乡市以经济社会全面发展的优异成绩入选“2018年度中国全面小康十大示范县市”。同时，打造“316”群众工作新格局荣获“2018年度中国十大社会治理创新”奖。

2017年，宁乡实现地区生产总值1224.45亿元，同比增长10.3%，完成一般公共预算收入71.42亿元，同比增长12.0%，获评2017年中国全面小康十大示范县市、湖南省全面建成小康工作先进县市、经济强县、经济快进县等荣誉。2018年县域经济发展保持稳中向好的态势，全面建成小康工作成效持续稳固。根据中郡研究所研究报告，2018年，宁乡县域经济基本竞争力由全国百强县第31位跃升至第28位。

【“316”群众工作新格局】 “316”群众工作机制指的是“三大工作机制、一个组织体系、六项具体举措”。通过“领导连点、十联十到”督办机制、“赋权到镇、强责到村”责任机制、“乡镇吹哨、部门报到”工作机制的建立，“1+5+29+N”常态化为民服务体系的构建，以及编印《群众工作指引》、撤除行政中心门禁系统、公开领导工作电话等六项具体举措的开展，让全市群众服务工作迈上新台阶。（姜治国）

全面深化改革

【概况】 2018年，宁乡市全面贯彻落实中央、省委和长沙市委改革部署，围绕“改革攻坚突破年”主题，聚焦全面建设现代化新宁乡和推动高质量发展，坚持以改革总揽全局，以改革激发活力，全市上下戮力同心、克难奋进，各项改革任务顺利推进、落地显效。

【谋划部署】 2018年，宁乡市委理论学习中心组以“进入新时代如何将改革进行到底”为主题开展1次集体学习；召开3次深改组会议就习近平总书记有关改革的最新讲话精神，以及中央、省委、长沙市委深改组会议精神进行专门学习；审议通过《2018年改革工作要点》，部署推出9大类21大项85小项改革任务。

【推进落实】 2018年5月，《改革工作要点》和《任务分解表》同步印发，85项改革任务全部录入全面深化改革动态管理信息平台，进行实时调度监测；共召开3次重点改革任务调度会，开展6批次重点改革任务督察，下发改革任务交办函12份，对部分重点改革任务牵头单位开展2次约谈提醒，印发2期改革专报，印发5期督察通报。

【特色亮点】 2018年，形成《横市镇关圣村乡村振兴突破性改革调研报告》《西部乡镇干部队伍建设情况调研报告》《企业用电情况调研报告》；在省级媒体刊载4期庆祝改革开放40周年文章，在市内媒体集中刊载5篇全面深化改革纪实；开展以文艺作品征集、刊载、展览为主要内容的庆祝改革开放40周年活动，征集文稿680篇、摄影作品325件；提炼行政审批制度改革经验，《中国改革报》《湖南日报》《长沙晚报》等中央、省、市媒体多次报道；“互联网+政务服务”融合发展、公立医院改革典型经验分别获国务院通报表扬，公立医院改革、司法责任制、经开区改革创新改革经验获第274期、288期、299期《省委改革简报》推介；以党建为引领推动基层社区治理改革经验获5月9日中国改革报专题推介；率先全省完成“三测合一”改革，获《长沙改革交流》第36期推介；土地合作经营改革在长沙市实施乡村振兴战略工作推进会议上作交流发言；新型智慧城市建设改革、回龙铺丰收村为美园土地合作经营模式获10月15日中国改革报推介；主要领导署名文章《以“三干精神”推动宁乡改革开放坚定前行》在《改革内参·综合》第45期刊载。

（刘　丹）

督查工作

【概况】2018年，宁乡市委督查室紧盯中央、省委、长沙市委、宁乡市委重大决策部署，运用“一单四制”（问题清单，交办制、台账制、销号制、通报制），对市委重大决策部署第一时间进行任务分解，明确牵头市领导、责任部门、工作要求、完成时限，并形成问题清单及时交办到分管市领导和责任单位，“一周一调度、一月一通报、一季一讲评”，力争一抓到底、一寸不偏、一事不漏。2018年以来，共印发宁乡督查40期，市委督查专报77期，形成宁办会分解9期，下发“一单四制”交办函135个，办理红网《问政湖南》衡华书记、周辉书记信箱栏目网友留言336件，有力地促进重大决策部署的落实落细。

【重要决策部署督查】2018年，宁乡市委督查室对省、长沙市重要领导批示，宁乡市委常委会会议、议事协调会议，市委主要领导调研指示等重要决策部署第一时间按“一单四制”要求进行任务分解交办，2018年共计交办工作任务594项，其中已落实392项，已落实并长期坚持119项，完成率为86%。主要包括乡镇人居环境整治、城区小学建设、智慧园区建设、乡镇集居点建设、靳江生态修复及流域治理及12月份交办的污染防治攻坚战等工作。从反馈情况看，市国土局、市教育局、市文体广局、市水务局、白马桥街道、龙田镇等单位接收任务反应迅速、反馈材料高质高效。从任务落实情况看，市畜牧局负责的畜禽规模养殖退出工作成效显著，市国土资源局“空心房”清理整治工作超额完成2018年目标任务的27.9%。

【重要指示批示督查】2018年，宁乡市委督查室对市委主要领导指示批示件，按照批示内容的轻重缓急进行办理，重要紧急事项第一时间进行调查反馈；其他交办件进行每月一汇总、一报送、一督办的方式，推动市委主要领导批示指示件任务的落地落实。2018年共办理领导批示任务284件，其中已落实办结218件，已落实并长期坚持的30件，办结率87.3%。

【重要文件精神督查】2018年，宁乡市委督查室依据市委重要文件、重要会议交办任务进行责任分解，交办至责任领导及责任单位，按照“一单四制”要求，定期报送情况，市委督查室定期跟踪督办，确保重要文件落地落实。2018年共下发宁办会任务分解9期，交办任务184项，已落实86件，已经落实并长期坚持的90件，办结率95.7%。同时重点就市委出台的16个重要文件（三年行动计划）落实情况进行跟踪督办，形成市委督查专报2期报市委主要领导，确保市委重要决策部署文件精神落地落实。

【民生实事督查】2018年，宁乡市委督查室紧紧围绕提高效率、解决诉求、群众满意的工作要求，建立网上群众工作督办制度，严格办理答复程序，实现线上线下联动，共督查办理红网《问政湖南》栏目和人民网《地方领导留言板》栏目省委书记、长沙市委书记、宁乡市委书记信箱留言件336件，其中民本民生类留言162件、咨询建议类留言68件、作风建设类留言45件、重复留言32件、涉法涉诉留言16件、表示感谢留言13件。宁乡市委办被评为“2018年度长沙市委网络问政留言办理工作优秀单位”，钟胜蓝获评优秀个人。

【提升实效创新督查】2018年，宁乡市委督查室突出实效意识，坚持问题导向，紧盯政令畅通“中梗阻”，全力打通决策执行“神经末梢”，健全“一单四制”，对市委重大决策部署第一时间进行任务分解，并形成问题清单及时交办到分管市领导和责任单位，将每项决策或者工作任务的贯彻落实纳入全生命周期管理，要求责任单位形成办理台账，接到任务2天内进行初报，以后每5天一次续报，直到任务最终完成，责任单位向市委办申请销号为止。对于进度滞后、政令不畅等问题，进行见人见事见细节的通报。对于重难点问题开展多轮督查、回溯督查，问题解决一个销号一个。探索实施“互联网+抓落实”的智慧督查新模式，2018年12月，宁乡市按照“边试边用”“交办一个任务，打通一条线办”的思路，在全市试点推行“互联网+抓落实”系统，遏制“文山会海”问题，提高抓落实工作效率，实现“出卷人”与“答卷人”的互动，有效推动市委、市政府重大决策部署的贯彻落实。

（姜　石）

政策研究

【概况】2018年，宁乡市委政策研究室围绕当好市委主要领导参谋、提供文字服务这一根本任务，立足“出精品、出成果、出影响、出人才”，全年撰写或协助撰写报告、讲话、专题汇报等各类材料310余篇，完成录音整理220余万字，较好地完成了各项工作任务。

【业务学习】2018年，政研室扎实开展业务“四环学习法”，严格落实“五个一”机制，做到一人一条线、一线一精品、一周一交流、一月一课题、一季一比武，按照“学习、反思、探讨、总结”四个环节进行专门和深入研讨。借助湖南省“贯彻发展新理念转型升级补短板”讨论活动的开展，开展8次“头脑风暴”活动，重点围绕村级集体经济培育壮大、改革开放四十周年、数说宁乡、长株潭一体化的宁乡作为等市委、市政府中心工作，邀请相关科局负责人一起进行深入的讨论，为市委主要领导决策提供了一系列“金点子”。苦练业务“五项基本功”，致力记牢基础数据、提升基本技能、形成基本常识、构架基本结构、储备基本素材，将先进地区经验材料、近十年来宁乡各线情况领导指示录音等形成大信息数据库。同时，针对阶段性重点工作，全年开展业务学习32次，不断提高业务素质。

【文稿服务】 2018年，宁乡市委政研室优质地完成几个重要报告，撰写的市委一届一次全体（扩大）会议暨市委经济工作会议的工作报告《拥抱新时代 奋力再出发 开启全面建设现代化宁乡新征程》赢得了各级各界高度肯定，年初和年尾“两会”党员讲话、闭幕式讲话等较好地统一了思想，凝聚了人心。圆满完成了全市工业推进大会、“工业招商突破年”“城乡管理提升年”“拆迁腾地攻坚年”三大战役相关讲话、纪委全会、基层党建、脱贫攻坚等各类书记讲话材料，市四套班子、市委书记执行党风廉政主体责任报告、述职报告、各类媒体采访提纲以及系列活动致辞300余篇，各类向上汇报材料50余篇，赢得各级一致好评。做好规定动作，撰写系列署名文章、理论文章，先后在《湖南日报》《新湘评论》《长沙晚报》《长沙通讯》《今日宁乡》等主流媒体上刊发《用心用情用力，聚焦解决群众反映强烈的突出问题》《以“三干”精神推动宁乡改革开放坚定前行》等署名文章和特约评论员文章20余篇。

【资政调研】 2018年，宁乡市委政研室围绕“四个打造、项目建设、壮大集体经济、优化营商环境、空心房整治、园区产业发展、优势产业链建设”等各类热点、难点问题，做到一月一篇高质量调研文章。牵头撰写的《宁乡防范和化解金融风险调研报告》全文刊发于2018年3月23日省委《送阅件》第3期，直接呈报给省委书记杜家毫和全体省委常委，省委常委、长沙市委书记胡衡华阅后批示：“宁乡市防范和化解金融风险所做的工作应充分肯定。他们认识到位、行动坚决，值得借鉴。”《关于宁乡“6·19”退役军人集聚情况的报告》获胡衡华要求各区县市委书记阅。《扎实推进产业项目建设“百日会战”》《陈家桥村在乡村振兴战略中的探索与实践》等15篇调研文章、经验文章在省市发表。

【工作创新】 2018年，宁乡市委政研室对市委机关刊物《崛起》进行大力度改版，扩大刊物容量，增加可读性，刊物质量和水平进一步提升；牵头“宁乡发布”工作，系统收集，权威发布，全年推送微信300余篇；全年汇编51类400余本3000余万字背景资料，为市委决策提供参考；汇编主要领导相关论述28类40余本，逐步完善素材库；编印《习近平关于全面从严治党论述摘编》6.8万余本，作为市委“知敬畏、存戒惧、守底线”纪律教育必读教材之一；编印《习近平总书记关于严明党的纪律和规矩重要论述摘编》《习近平关于社会主义政治建设论述摘编》《习近平关于党的政治建设论述摘编》系列读物作为全市领导干部的学习材料；编印《党办工作指南》作为全市党办系统培训辅助教材；编印《奋进新时代 奋力再出发 宁乡开启全面建设现代化新征程》《创新引领 开放崛起的宁乡实践》等画册在全市招商引资大会、长沙市重大产业项目观摩会上发放；编印《宁乡调研》《楚沩巨变40年》等期刊。

（姜治国）

综合信息工作

【概况】 2018年，宁乡市委办信息工作围绕两大基本职责、突出三项重点任务，充分发挥党委信息主渠道作用，较好地完成了全年工作任务。

“讲规矩、守底线”，紧急信息报送及时准确。严格落实中央和省委对紧急信息报送划定的“3小时”“不能误报、迟报、漏报、谎报、瞒报”的底线要求，及时在信息员群进行通报和提醒，做好紧急信息报送工作，特别是重要节点、重大突发事件，及时准确地向本级主要领导及上级党委报送相关信息，为领导科学决策处置该类事件赢得了先机，没有因信息报送不及时、不准确等出现问责、扣分等情况。

“畅通主渠道，当好千里眼”，办好《宁乡要情》《宁乡信息》。围绕决策参谋、推动落实两大基本职责，构建党委统一领导、信息科具体负责、有关部门积极参与配合的信息工作格局。全年累计编辑宁乡市本级信息刊物《宁乡要情》250期；编辑《宁乡信息》14期，得到批示12条。

传播宁乡好声音，做好对上信息报送。积极向上级党委报送宁乡贯彻落实中央和省、长沙市委重大决策部署的情况，特别是落实过程中创造的宁乡经验和宁乡做法，其中，《宁乡市围绕“亲”“清”新型政商关系五大关键环节精准施策有效激发实体经济发展活力》被省委办公厅信息处《要情汇报》（专报）采编，呈送省四大家主要领导作专题推介。2018年，共计向省、长沙市党委报送各类信息536条，采用220条（其中省委采用95条，长沙市委采用125条），在省市均排名前列，其中，省级排名在长沙市九区县里为第三，是宁乡信息工作近五年来最好成绩，市级排名在长望浏宁四区县（市）里为第二。

（黄　奕）

机关工委

【概况】 2018年，宁乡市直属机关工作委员会以深入学习宣传贯彻中共十九大精神为主线，紧紧围绕市委“四个打造”战略部署，突出“基层党建强化年”主题，履行好“服务中心、建设队伍”职能，在政治建设上强化“首位”意识，在压实主体责任上突出全面从严，在服务中心大局上强化担当作为，有效提升了机关党的建设质量和水平。

政治统领，深入学习贯彻党的十九大精神。把政治建设放在机关党建首位，深入推进“两学一做”学习教育常态化制度化，牢牢抓住“关键少数”，督导落实双重组织生活制度。下发《关于组织广大机关党员深入学习贯彻习总书记“三个表率，一个模范”重要指示的通知》、印发《习近平关于党的政治建设论述摘编》近4000册。深入推进“机关大讲堂”活动，进行公开赛课，评选优秀党课，有160多名机关党委（党组）书记和机关支部书记讲授党课。在市委党校举办机关党务干部中共十九大精神培训班。组织广大机关党员干部参与“两学一做”知识线上、线下竞赛活动。

筑牢根基，树立一切工作到支部的鲜明导向。坚持问题导向，强化党建基础知识学习、基本制度落实、基本要求到位，对67家单位159个基层党组织，开展全面督查体检，列出问题清单，将问题反馈到相关单位和党支部，层层压实责任。抓实市直机关党支部“五化”建设，下发《关于全面推进市直机关党支部“五化”建设的实施方案》，选派“五化”指导员137名，1个机关支部争创长沙市级机关党建示范点，10个机关党支部争创市级“五化”示范化支部。严格落实党内政治生活要求，认真执行“三会一课”、支部主题党日活动等党内组织生活制度。选优配强机关党组织班子，成立临时党支部2个，完成16个党组织换届，对22名党支部书记人选进行调整。严格党员发展标准，发展党员25名。

示范引领，体现服务大局的责任担当。认真落实《关于全面加强和改进城市基层党建工作的意见》相关精神，积极组织机关在职党员参加社区、小区为民服务活动和文明城市创建等活动，联合市红十字会组织举办两期急救知识培训。紧扣市委中心大局，大力加强一些重点领域机关党的建设工作，先后成立了蓝天办临时党支部、环保志愿者协会支部，并把一些临时党支部设到了重点项目工地和工作一线。在服务行业和窗口单位开展“三亮三比三评”党建主题活动，党员表率示范作用明显。充分发挥机关部门优势，深入推进脱贫攻坚工作，不断深化结对共建活动。

党群共建，凝聚干事创业的潜能合力。建立机关困难党员台账，对生活困难党员实行台账式管理，组织开展“七一”特困党员慰问帮扶，拓展服务渠道。深化党群共建系列活动，开展“三八”节慰问活动和优秀干部职工子弟表彰活动，协助机关事务局组织机关工委片区全民运动会相关赛事，协助开展“健康促进县”迎国检工作。

严格执纪，营造风清气正的良好氛围。加大教育管理和执纪问责力度，日常监督和违纪违规问题查处，推动机关作风建设常态化长效化。全面加强机关纪委建设，有18家市直部门单位成立机关纪委，选优配强机关纪检干部223名。严格机关党员违纪处置，党内警告4人，释放“执纪必严”信号。

（范献军）

接待工作

【概况】 2018年，宁乡市委接待办以习近平新时代中国特色社会主义思想为指导，认真贯彻落实中央八项规定及其实施细则精神，坚持把政治纪律和政治规矩挺在前面，牢牢绷紧“政治、纪律、安全”三根弦，高水平、高质量圆满完成各项接待工作。

认真贯彻落实中央“八项”规定和省委、市委有关接待工作要求。一是加强政策学习，做到学深悟透笃行。将最新文件资料汇编成册对照学习，加强与市纪委、财政、审计等交流研究，把握好“吃、住、行、会、活动”等各类细则的具体要求。二是完善制度机制，规范工作标准流程。通过制度建设做“加”“减”法来加强对各乡镇（街道）、市直各单位的国内公务接待的管理和指导。三是强化宣传合作，确保接待品质品位。通过走访、调研、座谈、合作加强对高品质、高品位、接地气接待工作的宣传。

突出“土、素、特”，彰显宁乡接待风格。严格执行公务接待管理规定，确保从严、从紧、从简、从俭的同时，积极探索开展个性接待、亲情接待、文化接待，进一步深化公务接待的内涵，力争凸显“土、素、特”的宁乡接待风格。一是突出宁乡“土产”；二是突出宁乡“素质”；三是突出宁乡的“特色”。

服务全市中心大局，认真落实市委交办工作。一是抓好领导调研，调研主题紧扣省委“创新引领、开放崛起”战略部署和长沙市委建设“三个中心”的奋斗目标。调研方式以问题为导向，瞄准靶心。二是统筹好大型活动。围绕创建品质宁乡，有效展示改革成果，围绕以人民为中心的发展思想，围绕全面从严治党，持续提升基层党建科学化水平等，组织了各类大型活动。

（资贝贝）

组织工作

【概况】 2018年，中共宁乡市委组织部深入学习贯彻习近平新时代中国特色社会主义思想和中共十九大精神，认真落实全国、全省、全市组织工作会议有关要求，牢牢把握“坚持党对一切工作的领导”“坚持把政治建设摆在首位”的重要精神，严抓严管、务实作为，组织工作有特色、有成效，为宁乡经济社会的高质量发展提供了坚强的组织保证和有力的人才支撑。

【基层党建】 2018年，中共宁乡市委组织部坚决贯彻新时代党的建设总要求和党的组织路线，全面强化党建引领作用，基层党的建设工作质量不断提高。从严落实管党治党政治责任，扎实做好2017年“三级联述联评联考”工作，对述职评议考核未评“好”的党组织书记取消评先评优资格，对考核排名后三位的乡镇（街道）和后五位的市直单位党组织书记进行约谈。全面从严规范党内政治生活，从严抓好“三会一课”、民主生活会、党员发展、主题党日等制度落实，先后6次进行专项督查，共查摆问题4000多个，全部以问题清单形式进行交办，狠抓整改提升。按照市委统一安排部署，组织开展“知敬畏、存戒惧、守底线”专题民主（组织）生活会，让党员接受严格的组织生活锻炼。创新开展“五星”村（社区）党组织评选，采取负面清单反向评定的形式，以“两学一做”、清正廉洁、集体经济、“两户”工作、绿水青山”等主要内容，在全市评选出“五星”村（社区）党组织18个，营造了学先进、当先进的浓厚氛围。扎实开展城市基层党建，坚持抓党建引领社区治理，全市成立104个小区党支部；突出问题导向，1.1万余名在职党员进小区党支部报到并开展为民服务活动。有序推进“两新”组织党建，新组建“两新”党组织3个，商圈市场党总支3个，实现“两个覆盖”；选派“两新”组织党建工作指导员434名，对53个空壳“两新”党支部进行撤并。扎实推进党支部“五化”建设，认真落实全市党支部“五化”建设工作要求，分村（社区）、城市社区、机关事业单位等9个类别，逐个制定了“五化”达标细则和摸底评星表，推进精准对标；举办培训班57批次，累积培训人员3000多名，党支部“五化”建设指导员实现全覆盖。大力推进创建流动“讲习所”，将讲习课堂开到农家屋场、田间地头，着力讲好党的新精神、讲透致富好路径、讲强基层党组织，喻家坳乡“流动讲习”、金洲镇“金洲夜话”、灰汤镇“屋场夜话”等讲习形式得到人民网、红星网等媒体重点推介。深入推进中小学生思想政治教育“五个一”工程，通过建好一个党支部、竖起一面旗帜、布置一面党史墙、编好一本党史教材、建设一支思想政治教师队伍的五大策略，全面加强中小学生思想道德教育。有效加强党员教育监督管理，坚持“体验性、针对性、实效性”，分132期对全市4万余名农村党员进行集中轮训；深入开展党建知识竞赛活动，全市116支队伍参与现场抢答赛，20万人次参与在线网络学习竞赛。扎实开展村（社区）“两委”成员违纪违法、涉黑涉恶问题专项排查整顿，有效预防风险，全面提升农村基层党组织组织力。举行庆“七一”纪念活动，在全市评选出先进基层党组织35个、优秀党务工作者48名、优秀共产党员234名。

6月29日，宁乡市举行党建知识竞赛，图为决赛现场

【干部工作】 2018年，中共宁乡市委组织部以习近平总书记选人用人重要思想引领干部工作实践，推动干部选拔任用、考核评价、管理监督等各方面工作更加科学规范。激励干部担当作为，下发《宁乡市选树新时代新担当新作为先进典型工作方案》，围绕“三大攻坚战”、产业项目建设、扫黑除恶、“两户”工作、征地拆迁等五项工作，选树先进典型30名，在全市形成了强烈的正向激励效应。加大年轻干部选拔培养力度，在长沙市率先出台《关于优秀年轻干部培养选拔的十条措施》，加强年轻干部选拔培养；注重选调生实践能力培养，安排6名2017年省委组织部定向选调生担任副乡镇长；分批安排新提拔的干部到行政中心党群服务岗进行实践锻炼，直接服务来访群众，提升群众工作能力；分批安排省委组织部选调生到信访局跟班学习，在信访一线培养锻炼年轻干部，在全市上形成了关心、重视、支持培养选拔年轻干部的舆论氛围。强化干部能力素质培养，实施干部教育培训“321”计划，举办各类教育培训9期次，培训干部1170人次。举办乡村振兴、依法行政、城市品质提升等各类专业化能力提升班次7期次，培训922人次；完成在线网络学习2334人次，全年累计完成在线学习19万余学时。精心打造了沙田红色文化和巷子口南轩文化园传统文化党性教育基地，开发现场党性教育课程3堂、拍摄了微党课微视频7个，培训现场讲解员10余名。加强党员干部监督管理，下发《宁乡市深入推进机构编制和干部人事领域突出问题专项治理实施方案》，对存在的问题进行情况摸底和自查自纠。切实加强对领导干部履行经济责任事项的管理。

【人才工作】 2018年，中共宁乡市委组织部深入实施“四五”工业企业专才等人才引进计划，出台《关于打造创新创业人才高地的实施方案》等文件，持续推动省市人才新政快捷、高效落地落实。探索建立工业技术研究院，精准选拔硕士学历工业企业专才17名。定期组织人才招聘等活动。柔性引进法国科学院院士皮埃尔·索维奇教授、美国国家科学院院士马里奥·莫利纳教授诺奖得主2名，创建湖南首家“诺奖工作站”；积极开展标朗住工、赛诺生物、松井新材等6个科技创新人才集中认定。新培育“万人计划”人才2名，推荐16人申报认定为长沙市高层次人才；海通建设公司孟德良在中国技能大赛荣获“一等奖”，被授予“全国技术能手”称号。组织开展“感受楚沩古韵共话宁乡发展”联谊活动、“庆祝改革开放40周年 宁乡青年人才话发展”等活动，进一步浓厚尊才重才氛围。

【自身建设】2018年，中共宁乡市委组织部坚持按照“讲政治、重公道、业务精、作风好”的要求从严治部、从严管队伍，带头深入学习贯彻习近平新时代中国特色社会主义思想，带头扎实开展党内集中教育，带头狠抓工作落实，认真组织“干部成长感恩谁”“责任、廉政、保密教育”等活动。推进机关干部“全员下沉、践行三干”，每名部机关干部负责一个乡镇党委或街道党工委和若干个市直单位党组织，加强调研指导和督查。切实加强组工干部理论和业务培训，全市组工干部理想信念进一步坚定，宗旨意识进一步强化，为组织部门担当使命、履行职责提供了坚强保障和有力支撑。

宣传工作

【概况】2018年，中共宁乡市委宣传部有干部职工20人，其中公务员8人，事业人员11人，机关工人1人。内设办公室、文明办（挂牌在宣传部，正科级）、理教科（讲师团、社科联）、新闻中心（副科级）4个科室，下设全额拨款事业单位网宣办、文产办。全年全市宣传思想文化战线认真贯彻落实习近平新时代中国特色社会主义思想和十九大精神，紧扣“统一思想、凝聚力量”这一中心环节，奋进新时代，奋力再出发，理论武装机制完善引领学习风尚，舆论引导能量强劲浓厚发展氛围，文明创建大刀阔斧提升城乡品质，文化发展蹄疾步稳形成可喜态势。

【意识形态】2018年，中共宁乡市委宣传部在把控意识形态上彰显担当和作为。将意识形态工作纳入市委巡察范畴，建立健全意识形态工作联席会议制度，制定下发《宁乡市市直有关单位意识形态工作责任职能责任清单》，切实压实意识形态工作主体责任，意识形态领域总体可管可控。对全市网站、微信公众号、微博、直播平台等进行摸底清查整改，摸排掌握的自媒体账号200多个，网络重点人物60多人，整改网站5家。着力做好省委巡视组对意识形态工作“后半篇文章”，对10个乡镇（街道）开展常规巡察，深入推进“扫黄打非”、户外广告内容巡察，强化责任追究问效，有效防范非法传教活动往意识形态领域渗透，营造了风平浪静、风清气正的意识形态环境。

【理论武装】2018年，中共宁乡市委宣传部在高举思想旗帜上彰显自信和定力。落实“全党来一个大学习”要求，开展市委中心组学习12次，宁乡市作为唯一县级单位在全省理论学习中心组学习秘书培训班作典型推介。在全市29个乡镇（街道）创建“天天学习吧”讲习基地，搭建“天天学习吧”网上资源库，组织各乡镇（街道）党政班子开展知识测试，为党员干部配送习近平新时代中国特色社会主义思想学习辅导读物7.2万套，开展“微理论微宣讲”“流动讲习所”等各类宣讲1.5万多场，打通理论学习“最后一公里”，推动习近平新时代中国特色社会主义思想在宁乡大地“天天见”“天天新”“天天深”。2018年获得长沙市“践行新思想长沙新作为”主题“微理论微宣讲”总决赛二等奖2名，湖南省宣讲比赛二等奖1名，宁乡学习经验在中宣部《每日要情》刊发。

【新闻舆论】2018年，中共宁乡市委宣传部在优化舆论引导上彰显特色和形象。围绕“三大攻坚战”“项目建设”“乡村振兴”“放管服改革”等重点工作，在中央、省、市主流媒体上稿近1.5万条，其中新华社内参上稿2条，央视上稿14条，《人民日报》上稿12条，《光明日报》上稿2条。新闻作品《装备共享实现企业合作共生》获2018年全省广播电视一等奖。策划“产业项目建设年”“除臭剿劣攻坚战”等专题，通过全媒体宣传，提升了宁乡美誉度。做好风险舆情预警和研判，发现并交办各类网络诉求1000余条，回复率91%在全省排名前列。撰写舆情专报21期，舆情通报、涉宁舆情一日一报送，多起舆情处置达到“零负面”。创建“这里是宁乡”抖音号，组织新媒体协会开展“携手天涯大V走读宁乡”活动，策划举办宁乡市首届抖音视频达人大赛，着力构建山清水秀的舆论生态。经验文章《宁乡多举措做好网络舆情应对工作》在中央网信办《网信动态》第132期刊发。

【媒体融合】2018年，中共宁乡市委宣传部在媒体融合中凝聚智慧和力量。贯彻落实中央、省市精神，以宁乡广播电视台为基础，整合市内广播、电视、纸媒、网站、公众号、APP等公共媒体资源，成立宁乡市融媒体中心。实行采编和经营两分开，构建“记者一次采访、编辑多种生成、渠道多元传播”运营模式；实行各部门人员集中办公、统一调度，信息内容、技术应用、人才队伍共享互通、融合一体，信息采制和发布实现无缝对接。融媒体中心将分离媒体产业，成立二级传媒集团，实行企业化运作。9月份出台《宁乡市融媒体中心建设方案》，确定宁乡市融媒体改革思路。

【文明创建】2018年，中共宁乡市委宣传部在加强文明创建上彰显声势和品牌。重整行装再出发，获得新一轮全国文明城市（县级）创建提名。开展公益广告清理排查专项行动、“三大不文明行为”专项整

9月21日，宁乡市首届全民运动会现场

治行动。举办“名师经典进基层”市民学习活动3场、“我们的节日”主题活动6场、“邻里守望”学雷锋志愿服务活动7场、网络文明传播活动2场。评选表彰首届宁乡市道德模范及提名奖获得者20名，推出“中国好人”周小林，湖南好人2名，擦亮“宁乡好人乡”品牌。创新打造移风易俗示范点“新风庭院”活动品牌，率先推进新时代文明实践中心建设，文明新风浸润人心。

【文化发展】2018年，中共宁乡市委宣传部在提升群众文化获得感上彰显活力和魅力。强力推进纪念刘少奇诞辰120周年活动取得圆满成功，向上争资7195万元。开展“新时代新宁乡群众合唱比赛”“美好宁乡市欢乐过大年”系列文化活动，省级公共文化服务体系示范区顺利摘牌，举办“欢乐潇湘美好宁乡”群众美术、书法、摄影作品展，并获长沙市金奖3个。创新开展首届全民运动会，“每月有约快乐宁乡”文体中心开放日活动。刘少奇故居及纪念馆入选湖南十大文化地标。加快推进美丽中国、花明楼红色名镇、文创中心等优质文化项目建设，持续推进炭河古城运营工作，《炭河千古情》共演出1300多场次，接待游客500多万人次，门票创收2亿多元。（荣　娜）

统战工作

【概况】2018年，中共宁乡市委统战部深入学习贯彻习近平新时代中国特色社会主义思想和中共十九大精神，全面落实中央、省委、长沙市委关于统一战线重大决策部署，围绕市委中心工作以及市委两个实施意见（统战工作、宗教工作）的全面落实，全面加强各领域统战工作。2018年3月设立市新的社会阶层服务中心，为市委统战部管理的全额拨款事业单位，设全额拨款事业编制4名。

【思想政治引领】2018年，中共宁乡市委统战部深入开展系列主题教育，召开纪念中共中央发布“五一口号”70周年座谈会，在省社会主义学院举办副科职党外干部培训班，注重统一战线系统的政治建设，编印《党的十九大报告核心精神和习近平总书记关于统战工作重要论述》，发放给市委统战工作领导小组成员、民主党派和统战团体班子成员、园区、乡镇（街道）统战工作者。完善落实联谊交友机制，推动市委常委与27名党外代表人士联谊交友，统战部班子成员与35名民主党派、统战团体班子成员及党外干部代表谈心谈话。

【服务市委中心工作】2018年，中共宁乡市委统战部开展“大督查、大调研、大走访”活动，开展宗教工作大督查、港澳台海外资源大调研、基层商会大走访，分别形成调研报告提交市委。积极参与全市“知敬畏、存戒惧、守底线”纪律教育活动，协同组织、宣传部门在全市宣讲党务工作纪律。积极开展精准扶贫，选派侨联副主席任长龙新村第一书记，支持扶贫经费10万元，帮助发展种养产业、销售农副产品，实现全村52户67人贫困户转移就业。开展“三抓两促”“帮小扶优”行动，指导帮助企业做好安全生产，找准发展思路，拓展本地市场。赴广州、东莞、深圳等地开展招商引资活动，促成总投资3.2亿元的台湾荣成集团绿色包装项目落户宁乡经开区。

【维护社会和谐稳定】2018年，中共宁乡市委统战部加强宗教意识形态领域工作专题学习，组织学习习近平新时代中国特色社会主义思想、十九大精神以及省委、长沙市委重要精神。开展新修订《宗教事务条例》宣传学习，组织专题考试。做好基督教情况摸底，开展查处宗教渗透行动。开展宗教工作督查，以市委督查室名义下发督查通报。组织市纪委、市委宣传部、市发改局等相关单位到关山古镇、香山冲景区、密印景区调研去商业化情况。加强宗教场所去商业化督查，扎实推进专项整治。加强重点民族工作调度，针对到宁乡高新区务工少数民族人员，牵头召开多部门联席会，强化服务保障。

【推进“一镇（园）一品”特色工作】2018年，中共宁乡市委统战部实施“一镇（园）一品”三年行动计划，打造助力乡村振兴同心示范点17个、助力引资引智同心示范点5个、助力平安和谐同心示范点9个。形成以巷子口镇“同心村庄”项目为引领，花明楼镇杨林桥村、双凫铺镇麦田村、东湖塘镇陶家湾村、横市镇泉柳村及白马桥商会、回龙铺镇灵官庙等各具特色的示范点矩阵。花明楼镇杨林桥村、东湖塘镇陶家湾村获评省级“同心美丽乡村”、长沙市“凝心聚力新时代”行动示范点；巷子口镇同心村庄获评长沙市级同心项目，资福镇珊瑚村、双江口镇檀树湾村获评长沙市级同心乡村。

【民主党派工作】2018年，中共宁乡市委统战部指导民主党派加强思想建设和组织建设。民进宁乡工委报送社情民意、统战信息42条，开展“法律微讲堂”“关爱儿童心理健康”等活动。农工党宁乡基层工作委员会组织6次义诊，到龙福新村、泉柳村开展扶贫，引进帅一机器人等3个项目落户，获农工党省委“先进基层组织”称号。致公党经开区支部正式成立，组织致公党企业家宁乡行活动，承办“时代主题海归谈”论坛及湖南省“海归论坛”闭幕式，支持珊瑚村建设“同心致福村”。

【非公经济领域统战工作】2018年，中共宁乡市委统战部实施基层商会建设三年行动计划，广泛开展以班子建设好、团结教育好、服务发展好、自律规范好的“四好”基层商会建设。组织赴井冈山开展“不忘合作初心，继续携手前进”主题教育活动，引导非公经济人士坚定理想信念。建设工商企业诉求解决渠道，无缝衔接“12345”市长热线，实现企业诉求快速反映、协同解决、即时反馈专线服务。举办第三期“非公经济大讲堂”，为非公经济人士提供学习、交流、成长平台。

【新的社会阶层人士工作】2018年，中共宁乡市委统战部成立宁乡市新的社会阶层人士服务中心，建立新的社会阶层人士统战工作联席会议制度。打造新媒体协会、宁乡市社会组织实践园等新的社会阶层人士统战工作实践创新基地。举办新的社会阶层人士法律服务专场培训。推荐唐柏林、喻伟、李砺、任泉、刘陵、张雁红成为长沙市“百人会”成员，推荐刘雨菲、文韬在宁乡市妇联、团市委挂职，推荐新媒体代表人士刘雨菲获评“长沙市十大同心人物”。组织长沙欧美同学会宁乡小组会员开展市情考察，参加省市欧美同学会·留学人员联合会“留学报国·圆梦湖湘”创新创业活动。

【港澳台统战工作】2018年，中共宁乡市委统战部开展港澳台海外统战对象调研及机关干部职工港澳台海外关系摸底，梳理380余条资源建立数据库。增进与港澳台同胞和海外侨胞联络联谊，推进乡镇（街道）联谊交友。建设海外联谊中心，推荐长沙市海外联谊会第六届理事9名、长沙市台湾同胞联谊会第五届理事人选1名。推进湖南留学人员高新技术创业园、台湾青年创业园、海梦岛双创基地、涉台教育基地摇篮坡景区等建设。接待多批参访团到宁乡考察交流，赴山东荣成、台湾宏全总部考察学习。抢抓第十四届湘台会机遇，举办专场推介。广泛宣传“惠台31条措施”，制订《港澳台居民居住证申领发放办法》，帮助5名台胞申领居住证。

【社会扶贫工作】2018年，中共宁乡市委统战部开展“泛海助学”“百企联百村”“千企联千户”“助学圆梦行动”，募集573万元资金物资，帮扶2219名贫困群众。开发“千企联千户”深度扶贫管理系统，召开“千企联千户”深度扶贫工作部署会、推进大会，动员各界一对一帮扶597户深度贫困户。“千企联千户”深度扶贫举措被中央统战部《每日汇报》采用推介。通报表彰积极参与社会扶贫的100家爱心企业、爱心组织和8位爱心人士。

【统战队伍建设】2018年，中共宁乡市委统战部加强政治建设、基础建设，持续推进“两学一做”学习教育深化机关党建，组织系统“知敬畏、存戒惧、守底线”主题党课，扎实推进系统党风廉政建设，及时研判风险抓好意识形态工作。2018年信息工作获评全省三等奖、长沙市二等奖，课题《分类开展园区统战工作问题研究》获长沙市统战政策理论政策研究创新成果二等奖。（熊婉君）

党校工作

【概况】2018年，中共宁乡县委党校在职干部职工26人（年内退休3人，辞职1人，新进2人）其中教学人员18人（高级职称3人，中级职称10人）。内设办公室、教务科、教研室、后勤科四个科室。这一年，党校坚持以习近平新时代中国特色社会主义思想和中共十九大精神为引领，围绕“办学出特色、教学创品牌、工作争一流”的目标，紧扣中心大局，聚焦主业主课，突出工作重点，凝心聚力，奋发有为，各项工作取得新收获。

【干部培训】2018年，市委党校坚持党校姓党原则，坚守宣讲理论政策的“主阵地”，做好强化党性锻炼的“大熔炉”，当好补足干部能力短板的“充电器”，努力夯实干部教育培训这一先导性、基础性、战略性工程。先后举办“五老”宣讲员培训班、“两提高一促进”班、青年干部理想信念教育培训班（2期）、党务干部培训班、离退休支部书记培训班、人大代表培训班、远教站点管理员培训班、党员发展对象培训班、乡村振兴、依法行政、现代化经济体系建设、生态文明建设专题培训班等各类培训班次27期，培训学员4000多人次。在完成上级交付的干部培训任务同时，党校围绕中共十九大精神解读、习近平新时代中国特色社会主义思想等内容，服务全市“知敬畏、存戒惧、守底线”纪律教育活动，开发宣讲课题30多个，全年为基层提供近200场次辅导，受众人数3万多人。

【队伍建设】2018年，宁乡市委党校始终把干部职工特别是教师队伍综合素质提升作为重中之重，持续开展“五个一”学习工程，选派教师到上级党校和培训机构参加学习，经常性组织教师集体备课、听课、评课，开展校内教学比赛，推动青年教师上讲台，队伍建设取得新成效。

【特色党课】2018年，宁乡市委党校以“改革开放40周年”和“讲好宁乡故事”微党课，在主体班、部门班课堂推出，受到学员的高度认可和好评。一位青年老师在宁乡微宣讲比赛中获一等奖，并代表宁乡在长沙市区微宣讲比赛中获二等奖。《厉害了，我们的新时代》一课，在全省“党的十九大精神进网络”微课程评选中获二等奖，该青年教师被评为2018年长沙市“最美基层宣讲人”，她用“微宣讲”讲好“大政策”的事例被新华网报道。

【科研咨政】 2018年，宁乡市委党校将科研咨政工作作为发挥党校职能的重要途径，坚持“三个聚焦”提升科研咨政水平，强化为民导向、问题导向和需求导向，突出时代性、实际性、地方性，努力让基层党校科研接地气、见实效，以科研促进教学、提升影响，努力服务宁乡市域经济社会发展。

聚焦时政热点。围绕习近平新时代中国特色社会主义思想、中共十九大精神、改革开放40年党的建设成就与经验、全面建设现代化长沙、建设更加富饶美丽幸福的安宁之乡等主题形成多篇科研论文。在国家级、省级以上刊物公开发表10多篇；继续与《今日宁乡》联合创办“学习与思考”专栏，让基层干部发声有平台、议政有阵地，学校教师在此栏目发表文章20多篇；在全省党校理论研讨会中，获二等奖1篇，三等奖2篇；在长沙市“三个天天”主题征文竞赛活动中，获二等奖2篇，三等奖1篇；7篇论文获市级优秀论文奖。

聚焦中心工作。围绕宁乡市委市政府中心工作，精心遴选重点课题，明确咨政研究方向，形成一批领导关注、反映社会热点的咨政文章。搭建教研咨一体化平台，利用学员优势，组建学员科研团队，深入基层一线，开展重大市情专题研究。全年先后形成《县域农村电子商务发展研究与思考——以宁乡市为例》《缓解城市交通拥堵，让绿色公交成为市民出行首选——以宁乡市公共汽车公司为探索实例》《宁乡市先进装备产业链调研报告》《宁乡基层医疗服务能力提升》《浅探充分利用优势特色资源打造宁乡花猪百亿产业》《以智能家电为核心，建设宁乡智能家居产业链——以长沙格力为例》《关于促进宁乡农产品与园区食品加工业融合发展的调研报告》等多个调研报告，获得市委、市政府相关领导的批示和好评。

聚焦基层实际。宁乡市委党校班子成员带队，成立学校科研小组，深入乡镇和部门单位走访蹲点调研，引导教研人员关注地方亮点和特色，总结提炼基层实践经验，提升课题质量。年内，多次组织到谢觉哉故居、何叔衡故居、南轩文化园、乡镇村、社区、园区、企业等地调研，掌握详细的第一手素材。成功立项《宁乡市建设全国教育培训基地的优劣势分析与对策建议》《乡村振兴战略实施中农村土地资本化问题研究——基于湖南省宁乡市“鹊山模式”的实践》2个省级课题，形成《基层社会治安治理发展路径探析——以老粮仓镇社会治安治理工作为例》《打通资本下乡的“最后一公里”——关于“鹊山土地合作经营”中资本参与乡村振兴的剖析及建议》等几个调研报告。

【新校建设】 2017年6月12日宁乡市委第15次常委会研究决定，宁乡市委党校新建项目由市城投集团作为建设主体负责实施，新址选定为玉潭镇新城社区汪家冲地段，项目预算控制在1.5亿元以内。各项前期工作如征地、拆迁、规划设计等已在年内完成。（朱　灵）

老干部工作

【概况】 2018年，宁乡市委老干部局着力优化老干部服务管理、落实老干部两项待遇、推进离退休干部“三大建设”、铺开老干部（老年）教育、调动“五老”发挥作用，全市老干部工作有序推进，卓有成效。长沙市“离退休干部党支部书记赛党课”活动获得优秀组织奖，指导喻家坳乡离退休干部党总支获得第三批“全省示范离退休干部党支部”称号，10个单位获长沙市示范化“五化”离退休干部党支部；老干部大学组织参加长沙市“纪念改革开放四十周年”合唱展演活动获得优秀组织奖，参加“健康湖南”全民运动会广场舞比赛获得一等奖、“最具活力奖”；书画班学员送春联镜头上了中央电视台新闻联播；创建长沙市级支持网络课堂运行站点17个，创建长沙市级“发挥五老作用”阵地4个。全市绩效考核一等。

【老干部服务管理】 2018年，宁乡市委、市政府成立老干部工作领导小组，出台了《关于进一步规范完善离退休干部服务管理工作的规定》，对离退休干部活动、经费、范围、次数等内容进行了明确；市委书记主持召开市委常委会议，研究并解决老干部工作问题4个。市委副书记牵头召开2次老干部领导小组座谈会，对老干部（老年）大学建设工作情况进行专题研究。召开全市老干部工作和关心下一代工作推进会议，全面部署2018年老干部工作。组织老干部参加市委常委会议、新年茶话会、老干部大学建设座谈会等10次，6次向老干部通报全市经济社会发展情况，听取老同志意见建议。

建立离退休干部联系制度，组织全市近200名老干部工作者与离退休干部结对服务。完善特困帮扶机制，将特困退休干部纳入帮扶范围，为88名特困离退休干部和配偶（遗孀）解决生活和医疗救助资金20.24万元。邀请保健专家为老干部作保健讲座。组织全市344名老干部进行健康体检，试行家庭医生签约制度。开展“不忘初心 牢记使命”走访慰问活动，走访离休干部及无固定收入配偶、遗孀118名，慰问重病、特困、孤寡的离休干部和遗孀35人1.24万元。征集建议意见3大类，督查落实5家老干部反映待遇落实不到位的问题，协调处理医保、家庭医生签约等相关问题。

【老干部两项待遇】 2018年，宁乡市委老干部局足额发放老干部各项费用158.1万元，春节期间走访慰问

692名老干部，慰问物资152.67万元，“七一”慰问困难及新中国成立前老党员39人2.2万元，八一慰问抗战老干部45人1.8万元，国庆及重阳慰问老干部代表70人6.3万元。悼念老干部21人，看望重病老干部36人。采取形势报告会、老干部理论大课堂、送学上门、网络学习等形式，组织老干部听取形势报告6堂，开展银发先锋大讲堂2次，印发《离退休干部学习资料》。组织纪念改革开放40周年主题座谈会30余场次，征集“我看宁乡改革开放40年发展巨变”“改革之歌”诗词及“改革之光”图片150篇，评选表彰优秀作品49篇汇编《纪念改革开放40周年作品选编》。利用QQ群、微信公众号、宁乡市银龄E支部微信群等平台，定期向老同志传播党性教育和时政热点。

【离退休干部党建工作】2018年，开展“五化”离退休干部党组织标准化建设，2次召开全市离退休干部党建工作推进会，开展基层党建工作全覆盖指导2次。下发《党支部工作手册》《标准化建设指导手册》，召开第五期离退休干部党支部书记培训班，规范全市317个党支部日常管理和党组织阵地建设；开展党员记实积分管理、党支部双述双评工作，创建湖南省示范离退休干部党支部1个，长沙市示范化“五化”离退休干部党支部10个，宁乡市“五好”离退休干部党支部示范点26个。开展“不忘初心 牢记使命”离退休干部党支部书记讲党课竞赛，基层291名党（总）支部书记参赛；宁乡市获长沙市离退休干部党支部书记讲党课竞赛优秀组织奖，市委2名选手分别获三等奖和风采奖。老干局、各离退休干部党支部组织老同志到井冈山、刘少奇故居、何叔衡故居、谢觉哉故居等地学习，坚定理想信念、传承红色之火。

【老干部（老年）教育】2018年9月，宁乡市老干部（老年）大学搬迁至原公路局，开设46个班，期在校学员2200人次，落实了长沙市委《关于老年教育三年行动纲要》的要求；新建历经铺街道老干部大学分校一所。老干部（老年）大学组织参加长沙市“纪念改革开放四十周年”合唱展演活动，获得优秀组织奖，组织学员参加“健康湖南”全民运动会广场舞比赛，获得一等奖。市老干部（老年）大学校刊《银色风流》2018版刊印2500册，10月29、30日在人人乐广场举办大型成果展示晚会，深受社会各界好评。

按照“学有阵地、乐有载体”的要求，完善市本级、乡镇（街道）、村（社区）三级老年教育网络，深化老干部（老年）大学课程体系和校园文化建设，通过举办培训班、现场交流会、实地走访调研等形式，督促指导各级各部门进一步加强了老年教育阵地建设。全市100个老年教育网络课堂点，平均每次收看人数4000余人，年参与人员12万余人次，创建长沙市级“支持网络课堂运行站点”17个，宁乡市级47个。

【“五老四教”】2018年，宁乡市委老干部局组建了一支在册1124人的“五老”队伍，举办第七期宣讲员培训班。开展“六进”（即进企业、进社区、进学校、进单位、进园区、进网络）和“屋场讲堂”宣讲活动，涌现出“金洲夜话”“夕阳红讲习所”“故事会”“五老夜课 绿色无毒”“文艺大宣讲”“五老五治授课”等宣讲新形式。全年共有1万余人次“五老”开展宣讲6000场次，参与党员群众和青少年28.5万人次。7月在长沙市“健康人生，绿色无毒”微宣讲比赛中金牌讲师戴凯勋获二等奖。创建长沙市级“发挥五老作用”阵地4个，宁乡市级9个。沈元安、张厚坤两位老同志获全国青少年毒品预防教育“627”工程优秀校外辅导员称号；银冬生、易伯衡等多位“五老”获评宁乡市“社会贤达标兵”“优秀社会贤达”，阙惠村、邓果明等老同志的社会贤达工作室获评宁乡市2018年“社会贤达工作先进单位”。在“发挥五老作用”阵地创建活动中，4个单位创建长沙市级、9个单位创建宁乡本级“发挥五老作用”工作阵地。

【涉老组织作用发挥】2018年，宁乡市委老干部局加强对涉老组织的管理引导，各级艺术团、诗社、保健协会、书画协会、摄影协会、门协等老年组织百花齐放，开展文艺会演、书画摄影展、门球比赛等文体娱乐活动，丰富了老同志的精神文化生活，也为老同志发挥正能量提供了平台。老干部书画协会经常性开展送春联下乡、进社区、进企业活动，老干部大学书画班学员送春联，镜头上了央视。7月举办“东方织锦话沧桑——纪念改革开放四十周年”为主题的老干部（老年）书画展览，编印《东风织锦——纪念改革开放四十周年会员书画作品专集》。微霞艺术团多次送文艺节目下乡、进社区，受到社会的欢迎。老年保健协会组建讲师团队伍，开展保健知识讲座6次、免费发放保健读本3000本，送保健下基层。社会禁毒协会全年开展禁毒宣讲540余堂次，受众达9.1万人次，发动6680名会员志愿者采取“一帮一”“多帮一”的方式，帮扶吸毒人员1366人。2018年长沙市“践行十九大，‘五老’在行动”——长沙市“五老”基层社会治理项目推介活动中，《禁毒路上“五老”情——宁乡市“五老”禁毒帮扶工作纪实》社会治理推介项目VCR参展获二等奖，“五老”积极参与社会禁毒举措被《长沙晚报》等多家媒体宣传。关工委开展“红旗飘飘，引我成长”主题活动，注重家庭、学校、社会“三结合”，广泛开展生命安全教育、法制教育、社会主义核心价值观教育、禁毒教育等主题教育，加强对青少年健康成长的思想引领。选送三名学生参加长沙市演讲决赛，分获一、二等奖。6月份，启动“关工有爱助学成才”助学活动，对全市98名特困少儿分小学、初中、高中每年给予1000元、2000元、3000元不等的助学金，帮扶至高中毕业，最长受助时间将达到12年，全年发放助学款15.2万元，预计帮扶资金180万元。开展精准扶贫“结对帮”活动，各

级关工委通过奖优评先、扶贫帮困、家长学校、儿童之家、校外辅导站等形式，帮扶特困少儿身心健康成长。（丁恩来）

机构编制工作

【概况】2018年，宁乡市机构编制委员会办公室（以下简称市编办），认真贯彻落实中共十九大和十九届三中全会精神，全面深化“放管服”改革，统筹推进行政管理体制改革，积极推进机构改革，认真做好国务院大督查迎检，规范机构编制管理，强化干部队伍建设，着力服务“四个打造”，圆满完成全年各项任务，各项工作开创了新局面，获全市绩效考核“先进单位”和“五好领导班子”。

【改革经验国务院通报表扬】2018年，市编办全面深化“放管服”改革，推进政务服务“马上办、网上办、就近办、一次办”，成效显著、亮点纷呈。2018年11月，“湖南省宁乡市‘互联网+政务服务’融合发展”典型经验做法获国务院通报表扬（国办发〔2018〕108号）；省委副书记、省长许达哲，中编办副主任吴知论，省委常委、组织部部长王少峰，省委常委、长沙市委书记胡衡华，省编办主任魏旋君，长沙市委副书记、市长胡忠雄等领导先后到宁乡调研考察“放管服”改革工作；省内外200多批次考察团到宁考察“放管服”改革；中国政府网乡、人民网、《光明日报》、《经济日报》、《中国改革报》等多家媒体135次对宁乡“放管服”改革做法多角度进行宣传报道。

【行政审批制度改革】2018年，市编办牵头推进行政审批制度改革，积极探索“放管服”改革，强化便民利企举措。清理审批服务事项。以各部门的权力清单为基础，梳理规范6000多条行政权力事项，全部录入省“互联网+政务服务”一体化平台，对群众申请类的事项全面推进“最多跑一次”改革，实现“最多跑一次”事项1110项，占全部事项的96.6%，其中不见面审批事项371项。清理证明材料清单。组织各部门单位对审批服务过程中收取的各类证明材料进行清理，共计取消证明材料206项，仅保留55项。如取消办理民办学校需提供的无违法犯罪记录证明、医保报销时外地医院级别证明和定点医院证明等。清理规范中介服务事项。按照“没有法律法规规定的一律取消，上级发文取消的一律对应取消，上级明确规范调整的一律规范调整”的原则，全面清理规范行政审批中涉及的中介服务事项，公布保留30项、规范调整42项、取消12项。围绕“部门审批服务便民化、乡镇政务服务便民化、村社公共服务便民化”，分层级、成体系做好便民化制度设计，出台改革方案，实现部门审批服务“只进一扇门”，乡镇（街道）和村（社区）政务服务“就近办”。推进部门审批服务“集约化”。围绕“马上办、网上办、就近办、一次办”的要求，通过“互联网+政务服务”改革，推进政务服务标准化智能化便民化，让市民办事像购物一样方便高效。推进乡镇政务服务“实心化”。推进乡镇“三集中三到位”改革，通过“权力下放就近办、网上审批智慧办、全程代理帮代办”，424项审批服务事项实现“群众办事不出镇”。推进村（社区）公共服务“标准化”。村（社区）公共服务中心按照“事项清单化、流程格式化、资料模板化、服务菜单化”的要求，公布村（社区）“就近办”事项134项（含出具证明材料事项21项），制定村（社区）证明模板，打造线上线下办理相结合的“快捷便民服务圈”。

【深化机构改革】2018年，市编办按照中共十九大和十九届三中全会工作部署要求，积极与省、长沙市沟通对接，统筹谋划宁乡机构改革，科学拟定改革方案。加强学习培训。采取集中辅导、个人自学等方式，使编办每一名干部熟悉吃透机构改革主要精神。注重调查研究。认真梳理全市机构编制事项，分析机构设置和人员编制结构，为深化机构改革提供真实资料和合理化方案，供市委市政府决策参考。严肃纪律要求。按照中央、省、长沙市部署要求，在规定时间区间冻结机构编制日常事项，严格执行机构改革工作纪律。

【机构编制创新优化】2018年，市编办认真贯彻上级精神，注重为宁乡高质量发展提供重要体制机制保障。实行“多测合一”。将分散在国土、规划、建设等部门的测绘事项统一整合至国土部门，实行“一次申请、一次测绘、一次收费”，实现“三测合一”。改革后一般建设工程项目累计测绘时间从15天缩短到5天，收费减少50%以上。探索“多执合一”。聚焦群众反映强烈、基层治理矛盾突出的违章违建、超限超载、非法采（洗）砂、畜禽污染等问题，出台“乡镇（街道）吹哨、部门报到”联合执法方案，归集相关职能部门执法职责，实行部门联合、乡镇（街道）配合、力量整合，联合执法取得明显成效。推行“多规合一”。按照“制定一套标准、编制一张蓝图、再造一套流程、搭建一个平台、创新一组机制”的要求，建立全市统一的空间规划信息管理综合平台，实现空间管控“一张图”、项目审批“一网通”。

【机构编制管理】2018年，市编办全力规范机构编制管理，严守政策“红线”，加强整章建制，健全监督检查机制，强化编委会议工作规则、办事流程。强化控编减编工作落地。强力推进《三年（2018—2020）控编减编工作方案》，凝聚合力抓实控编减编工作落地。进一步强化控减意识，严格计划管控，强化刚性约束，推进改革创新。健全机构编制评估机制，加大各部门各系统各类别编制资源的统筹力度，优化编制结构和布局；注重内部挖潜，整合撤并职能相近、职能弱化机构；

积极探索机构编制管理新方法，推行“带编选调”等措施办法，固化控编减编成果。全年全市总体超编人员比2017年底减少341人。强力推进专项治理工作。加强机构编制监督检查，在全市开展为期5个月的机构编制和干部人事领域突出问题专项治理工作，重点对“吃空饷”、在编不在岗、机构设置、编外人员管理、表彰评比项目等五个方面的重点内容清理规范。通过自查自纠，各单位上报各类问题494个。由市委组织部牵头成立五个复核检查组，深入各单位进行检查复核，各类问题基本整改到位。

【事业单位登记管理】 2018年，市编办全面落实事业单位法人年度报告公示工作，全市566家事业单位年检率100%。创新事业单位管理方式，推进事业单位信息公开，全面实行登记办证网上办理，优化审批流程，缩短办理时限，提升服务水平。

【服务水平提升】 2018年，市编办全面提升服务水平。做实党建工作。突出抓好思想政治教育，坚持“一把手”抓党建，领导干部带头学，向全体党员干部发放书籍7本、学习资料28册，组织专题学习20余次，充分运用网络终端开展学习，踊跃参加党建知识竞赛，组织集中观看教育影视作品6部次；严格规范组织生活制度，把党建工作目标纳入单位总体目标管理体系，按期完成支部换届选举，强化党建工作力量配备，持续推进“两学一做”学习教育常态化、制度化，严格落实“三会一课”、主题党日等制度，组织召开主题民主生活会和组织生活会，组织党课6堂，专题讨论4次，举行主题党日活动12次。加强党风廉政建设。认真落实党风廉政建设主体责任，抓实党风廉政学习教育、制度建设、规范管理和整改落实；深入开展违反中央“八项规定”精神突出问题等专项治理活动，严格执行中央、省市作风建设相关规定；坚持工作纪律检查常态化，抓好机构编制业务、财务等关键岗位、关键人员依法依规、履职履责情况监督，累计开展日常检查30余次，并及时提醒；加强八小时之外监督，集中开展廉政家访，全办风清气正。激发干部担当作为。抓实脱贫攻坚工作，找准党建工作与脱贫攻坚工作的结合点，机关支部集中组织开展帮扶活动6次，从公用经费中挤出5万元支持村级产业发展；抓实调研工作，以“抓重点、补短板、强弱项”大调研活动为契机，鼓励干部职工建言献策、为民解困，选送关于乡镇政务服务便民化、“扩权强镇”改革课题调研2篇，收录于《宁乡市优秀调研报告汇编成果册》；抓实联企、信访工作，坚持以支部为堡垒、以问题为导向、以榜样为标杆，为联点企业解决实际困难6件次，处理各类信访问题4件次；全面落实文明创建、综合治理、蓝天保卫战、扫黑除恶等各项重要工作。（鲁子君）

绩效考核工作

【概况】 2018年，宁乡市绩效办坚决贯彻落实新时代党的组织路线要求，着力加强和构建日常考核、分类考核、近距离考核的知事识人体系。结合长沙市绩效考核工作要求以及宁乡市委、市政府的中心重点工作，牢固树立“绩效是干出来的”思想，自我加压，负重奋进，认真抓好长沙市对宁乡市绩效考核，紧扣市委、市政府“三大主题年”活动，为全面打赢“三大攻坚战”，切实优化市本级考核指标体系，较好地发挥了绩效考核指挥棒作用。

【长沙市对宁乡市绩效考核工作】 2018年，宁乡市绩效办树牢“四个意识”，坚定“四个自信”，坚决做到“两个维护”，凝心聚力谋发展，真抓实干求突破，采取了一系列强有力的工作措施，保持了宁乡经济社会平稳发展的良好格局。一是强化责任，细化分工。将长沙市下达的每一个指标、每一个考点，对应分解到十六个专项小组，由分管市领导任组长、责任单位一把手任副组长、分管副职和责任科室长为联络员，健全完善工作责任链，做到每项指标有人管。二是强化调度，及时补短。市委常委会每季度、市政府常务会每月专题听取和调度推进情况，将长沙市考指标全部纳入市本级考核，层层压实责任，层层传导压力。各专项小组干在工作一线、干在项目现场，确保补短措施有人抓。三是紧盯短板，心中有数。市绩效办坚持日常调度和重点调度，及时梳理问题短板，及时提醒预警，对基础相对较差、完成情况不佳的指标建立预警机制，做到重点监控、重点分析、重点跟进，确保短板指标有人盯。

2018年长沙市对宁乡市考核，在26大项考核指标中，项目建设、环境保护等17项指标排名单独或并列第一；在65个具体工作考点中，营商环境、法制工作、重点民生实事等35项指标排名单独或并列第一。专项排名制指标取得历年来最好成绩。项目建设、环境保护、食品安全、文明创建四个专项排名制指标综合得分在四区县市排名第二。市发改局、原项目办量化节点任务，狠抓工作调度，紧密向上对接，所负责的重大项目建设与管理连续四年保持第一。原市环保局负责的环境保护指标在半年度考核排名靠后的基础上，强力攻坚，逆势赶超，保持连续四年排名第一的优异成绩。原市食药工质局负责的食品安全指标，压实主体责任，坚持每月讲评，紧密对接上级，首次跻身一类排名。市委宣传部加强日常监管，深化长效机制，所负责的文明创建指标完成上级下达的考核任务。主要经济指标较好完成了考核任务。市财政局负责的收入总量和收入质量“双过8”，即一般公共预算收入总量80.6亿元，税收占比82.66%，均加满最高分，实现了历史性突破。市科技局负责的科技创新与管理、高新技术产业产值增速两项指标加满最高分。市国土资源局所负责的盘活处置闲置土地指标实现宗数完成率和面积完成率两个100%的最好成绩。原市金融证券办负责的防范化解金融风险指标位列四区县市第一。市商务局所负责的社零增长率、外贸进出口指标超额完成目标任务。其他重要指标亮点纷呈。市政务中心所负责的优化营商环境指数测评获四区县市第一。市法制办所负责的法制工作指标大幅争先竞位，满分卷数量为九区县市最多。市政府办、人社局强力调度重点民生实事项目，加速推进“一圈两场三道”建设。市经信局、供电公司积极推进高新区50万伏复艾线杆线迁改、22万伏通益变电站扩建等重点项目，电力改造指标于四区县市并列第一。市委办、政府办、原市农业局、公安局、交运局、原公路局、市招商引资服务中心、原爱卫办、教育局分别负责的全面深化改革、社区提质提档、乡村振兴战略、禁毒工作、路警联合执法、“四好”农村公路建设、实际利用外资、乡村环境卫生整治、民办教育专项整治等指标于四区县市并列第一。

【市本级绩效考核工作情况】2018年，宁乡市绩效考核突出“考少考精考重点”“考准考实考公平”准则，考核体系进一步完善。通过考核，评定15个乡镇（街道）、44个市直部门单位为一等，评定14个乡镇（街道）、37个市直部门单位为二等；评定优秀领导干部284名为优秀，1132名为称职，1名为基本称职，11名为不称职。一方面，突出目标导向，构建考核体系。全面对标对表长沙市考核体系，紧扣市委、市政府中心重点工作，以“三大攻坚战”、三大主题年和“四个打造”战略部署为重点，科学设置考核指标，围绕“以人民为中心，各级班子团结和带领干部群众干了什么、干得怎样”为核心，构建考核体系。另一方面，突出基层减负，优化考核方式。突出目标导向和实绩为先，大力精减优化考核指标，严格落实优化考核评估的要求，精简优化考核流程，以政治建设调研的方式了解基层工作实绩，取消述廉述职、资料查阅等环节，减轻基层负担，反响良好。全市各级各部门积极进取，奋勇争先，体现了五个方面的特点：主动作为，内陆开放高地成效显著、奋力担当，西线工业走廊硕果累累、各显神通，全域旅游景区亮点纷呈、真心为民，美好生活家园加快呈现、动真碰硬，基层党建强化年全面提升。（喻刚强）

史志档案工作

【概况】2018年，宁乡市史志档案局编制20人，在职在编干部职工18人，退休干部15人，内设室办公室、党史科、方志科、档案科、业务指导科、法教科6个科室。2018年，《宁乡年鉴（2017）》获省一等奖。

【党史工作】2018年，宁乡市史志档案局支持长沙党史馆建设，2次组织对陈列大纲进行研讨，提出修改意见25条，征集党史文物线索70多条，上交党史文物42件。开展党史编研，3个课题成果入选《长沙改革开放实录》，撰写的《修建黄材水库的红色记忆》入录《湖南农业发展回忆专辑》，向上级提交纪念改革开放40周年征文2篇。参与纪念刘少奇诞辰120周年活动筹备，负责所有宣传纪念文章审核把关，发表纪念文章3篇。开展党史宣教，参与文史电视节目《沩水春秋》《跟着诗歌去旅行》制作和历史文化资源普查。

【地方志工作】2018年，宁乡市史志档案局争取中国地方志指导小组《中国影像方志》拍摄制作专题纪录片《宁乡篇》，在中央电视台播出近40分钟。印刷出版《宁乡年鉴（2017）》，3月组织全市年鉴组稿人员开展《宁乡年鉴（2018）》业务培训，7月完成《宁乡年鉴（2018）》编纂组稿及改版升级工作。指导29个乡镇（街道）《简志》修改定稿，顺利通过省志委验收。指导《经开区志》《高新区志》《大沩山志》《宁乡地名图志》编纂，并组织专家评审。配合长沙市二轮修志，通过《长沙市志·人物》宁乡部分35个人物志稿通过初审，确定30个人物入志，宁乡方言调研成果纳入长沙市志。完成对上宣传任务，做好《长沙年鉴》《湖南年鉴》所涉宁乡入鉴资料的组稿，向《长沙年鉴》申报2017年度事件1件、年度人物4个，其中大城桥镇鹊山村党总支书记陈剑入选长沙年鉴2017十大年度人物。

【档案工作】2018年，宁乡市史志档案局完善制度规范。根据《关于做好全市机构改革中档案处置工作的通知》要求，史志档案局根据各单位实际情况制定处置工作方案，指导公共资源交易中心、税务、国土等撤销单位做好归档工

4月29日，《中国影像方志宁乡篇》在央视播出

作。印发《宁乡市建设工程档案专项验收意见书》《宁乡市重点建设项目档案验收标准》《宁乡市重点建设项目档案验收申请表》，规范工程档案验收规则。加强业务指导。4月，举办湘潭大学档案从业人员培训班，107名档案从业人员参加。内年深入人民银行、审计局、夏铎铺人民政府、经开区、高新区、财政局、民政局、玉潭街道等50多家机关企事业单位开展业务指导60多次，指导人民银行宁乡支行档案规范化管理获省特级，市审计局、夏铎铺镇档案规范化管理荣获省一级。对纪念刘少奇诞辰120周年、土地确权、精准扶贫、灾后住房重建等专题档案进行有效指导。三是加强库房管理。全年对库房进行12次清扫，每天下班时安排专人对库房进行巡视，每天对温湿度自控系统进行检查并纪录实时数据，建立健全档案馆管理各项规章制度，确保档案资源的完整安全。

【杨泰波调研宁乡党史工作】2018年11月8日，省人大常委会原副主任、省党史联络组常务副组长杨泰波率省党史联络组调研组，调研刘少奇诞辰120周年纪念活动筹备工作、宁乡市党史和党史联络工作，在调研总结会上，杨泰波对宁乡相关党史工作给予充分肯定。全年，史志档案局接待上级领导指导调研6批次。

【市委常委会议专题研究党史工作】2018年11月14日，中共宁乡市委第42次常委会议专题研究党史工作，会议听取和研究宁乡市党史工作，并要求坚持以史资政，传承、弘扬革命先辈精神和革命文化，以此作为工作和生活的遵循；坚持以史育人，深入抓好中小学校思想政治工作，教育青少年一代知党史、感党恩、听党话、跟党走；坚持以史为媒，依托宁乡深厚的革命文化、红色文化、历史资源，努力发展红色文化旅游产业，在弘扬红色文化中，增强文化自信、文化自觉。

【宁乡党史育人工作获《人民日报》重点推介】2018年，宁乡市史志档案局根据市委要求将党史教育纳入党员干部培训重要内容，参编《学党史、知党恩、跟党走——中小学生党史知识见面读本》，5月10日宁乡党史育人模式在《人民日报》文教周刊大版面宣传报道。

【史志档案联系网络组建】2018年10月，宁乡市史志档案局组织开展大规模、全覆盖的史志档案工作大调研、大检查活动，对全市29个乡镇街道、80多个市直部门单位进行逐一走访摸清家底，并发文要求各乡镇（街道）、市直各单位明确史志档案分管领导、史志联络员、档案管理员，确保史志档案工作有人抓、有人管，组建有效的组织网络。

【档案利用服务】2018年，宁乡市档案馆为社会各界提供档案利用服务人数近9000人次，比2017年增加20%，调用档案、资料约1.6万卷（件、册），复印约2万张，民生档案利用率达87.7%，解决民众办理退休计算工龄、购买养老保险、婚姻、户口迁移、土地确权等切身利益问题，同时为上级各部门决策提供参考。

【档案接收征集】2018年，宁乡市史志档案局制定印发《关于做好到期档案依法移交进馆的通知》《宁乡市国家综合档案馆全宗号名册》，严把档案进馆质量关，组织业务骨干深入档案整理现场进行现场指导与监督，确保所有入馆的档案完整、真实、准确、有效。2018年，共接收市委办、双凫铺镇、道林镇等22个立档单位档案进馆10099盒。

【档案信息化建设】2018年，宁乡市史志档案局深入各兄弟区县市档案馆实地调研，采用湖南省档案局推荐使用的中信档案管理软件，与市电政办共同搭建全市统一的档案管理信息平台，解决档案管理软件系统老化、各部门单位之间的档案管理软件不能兼容等问题。组织档案业务骨干参与信息系统安全培训："数据交换设备故障""病毒攻击事件""网页篡改"等。

【"6·9"档案日宣传活动】2018年6月8日，宁乡市史志档案局在市民之家前坪和行政中心一楼展出以"热烈庆祝国际档案日""馆藏简介""档案与民生""档案见证变迁""百年红色传承""法规解读"为主题的12块宣传展板。在行政中心大厅电子显示屏滚动播出"增强社会档案意识，保护人类文化遗产"等宣传标语。在市民之家前坪向251名群众赠送《宁乡简史》《中国共产党宁乡历史》《档案法律法规手册》《家庭档案建档指南》等书籍和档案宣传资料1500本（套），并在现场为300多名群众宣传普及宁乡共产党发展历史、档案法律法规等知识，得到群众的一致好评。（杨彭鼎）

信访工作

【概况】2018年，宁乡市信访局紧紧围绕市委、市政府中心工作及全市发展稳定大局，认真贯彻落实中央和省、长沙市对信访工作的部署精神，狠抓常规、突出重点、大胆创新、扎实工作，圆满完成全年各项工作任务，全市信访工作形势总体平稳。2018年，市信访局被长沙市评为"2018年度全市信访工作目标管理考核优秀单位"，同时获评2016—2018年全省信访宣传工作先进单位。宁乡市"316"群众工作新机制荣获"2018年度中共十大社会治理创新奖"。

【市领导接访】2018年，市委、市政府实行信访工作领导轮流坐班制。全年上半年市领导每周星期四轮流到市信访接待中心坐班接访。自6月19日开始，市领导工作日每天轮流到市信访接待中心坐班接待群众。全年共有135人次市领导到市信访局公开接待来访群众，共接待群众593批2007人次，批示510件，同题到期办结率100%。

【网上信访】2018年，宁乡市信访局畅通信访渠道，创新“互联网+信访”新模式，“让数据多跑路、群众少跑腿”。全年受理网上来信441件，受理国家信访局和退役军人事务部网上投诉件482件，受理省、长沙市、宁乡市网上投诉件350件。

【信访积案化解】2018年，宁乡市信访局在“四大攻坚”活动中，国家、省、长沙市交办及自行摸排出重点领域问题1个、重点群体5个、重点问题2个、重点人员8人。重点领域、重点问题全部化解，重点群体化解2个，重点人员化解7人。全年宁乡市共化解信访积案118件次。

【“三无”创建活动】2018年，宁乡市信访局开展2018年度信访工作“三无”乡镇（街道）、“三无”村（社区）创建活动”（即无进京非访登记和进京重复越级访，无到长沙市级及以上集访，无极端恶性事件），全面排查可能越级上访或大规模集体上访的苗头隐患，强化对各类重点群体、重点人员进行重点监控，对涉及进京非访特别是进京群访集访的行动信息及时跟踪、研判、处理，坚持首都与地方联动，一旦发现进京群访集访苗头，立即启动应急预案，做到及时应对、果断处置。同时，对“三无”乡镇（街道）、“三无”村（社区）创建活动中的先进、后进重奖重罚，并纳入年度绩效考核。

【信访代理工作】2018年，宁乡市信访局依据中共宁乡市委印发《关于聚焦解决群众反映强烈的突出问题的若干意见》（宁发电〔2018〕3号）文件精神，充分借鉴“枫桥经验”的创新做法，建立信访代理中心。在市信访局设立信访分流中心，在各乡镇（街道）、部门单位建立信访接待中心（室）、村（社区）信访代理点。市信访局制定并下发了《宁乡市信访代理工作实施方案》，并在全市现有存量重大信访问题中挑选一批有典型意义、不涉及上级重大政策的个访案件，确定47名重点信访代理对象，从信访人所关联的属地乡镇或关联部门中选择47名工作经验丰富、群众工作能力强、综合素质较高的优秀干部（2名副科级干部、45名中青年后备干部）实行专职定向信访代理服务。全市各乡镇（街道）、部门单位在本地区本行业中参照市级层面标准选出个访案件，根据工作实际需要建立全员兼职信访代理服务。

【信访工作联席会议制度】2018年，宁乡市信访局建立健全信访工作联席会议机制，完善信访工作联席会议制度。强化市信访工作联席会议办公室综合协调、组织推动、督导落实等职能作用，加大解决和化解信访突出问题的力度，先后制定并下发《宁乡市信访工作联席会议议事规则》（宁信联发〔2018〕1号）、《关于重新明确宁乡市信访工作联席会议有关事项的通知》（宁信联发〔2018〕2号）、《关于设立2018年信访工作联席会议专项问题工作组的通知》（宁信联发〔2018〕3号）三个文件，重新明确市信访工作联席会议召集人及工作机构，设立劝返稳控问题组、涉法涉诉问题组、房地产领域问题组、国有企业改制问题组、地质沉陷问题组、教育领域问题组、退役军人问题组、涉众型金融问题组、依法治访问题组、征地拆迁问题组等10个重点领域重点问题专项工作组。市信访工作联席会议坚持实行会诊化解机制，对疑难复杂信访问题，组织相关责任单位集中研究问题化解方案，明确化解时限，加强对重点信访事项的督查督办，以问责的形式促进责任的落实，推进信访问题的化解。（肖　婧）

宁乡市人民代表大会

PEOPLE'S CONGRESS OF NINGXIANG

责任编辑 · 姜小平

综 述

【概况】2018年，宁乡市人大常委会共组织召开全体会议1次，常委会会议6次，主任会议13次，初审和审议议题189项，向“一府一委两院”交办审议意见16份，依法任免国家机关工作人员339人次。完成对《长沙市灰汤地热资源保护条例》《中华人民共和国气象法》等6部法律法规实施情况的执法检查；推进“司法公正长沙行”“三湘农民健康行”“三湘环保世纪行”“农产品质量安全行”“民族团结进步行”5大主题活动开展；集中视察法院、检察院工作，开展对检察院专项工作评议；围绕“五大振兴”，开展乡村振兴战略专题询问；对2017年自然生态保护专题询问问题的整改落实情况开展“回头看”，出台《宁乡市人大常委会关于“加强环境治理监督，坚决打赢蓝天保卫战”三年工作方案（2018—2020）》，首次听取了市人民政府关于2017年环境状况和环境保护目标责任完成情况的报告；重点督办学前教育健康发展议案；依法对计划和财政预决算的执行情况进行监督，开展财政预算及同级审计、“七五”普法、文旅融合发展、政府重大投资项目、沩水流域综合治理、代表建议办理等15项工作的专项调研；持续巩固提升乡镇人大“三化”建设成果。

【宁乡市第一届人民代表大会第二次会议】2018年12月26日至29日，宁乡市第一届人民代表大会第二次会议在玉潭街道召开。大会听取和审议市人民政府市长付旭明作的《政府工作报告》、市人大常委会主任喻亚军作的《宁乡市人大常委会工作报告》、市人民法院院长张帅作的《宁乡市人民法院工作报告》、市人民检察院检察长钟孝明作的《宁乡市人民检察院工作报告》，书面审议市发展和改革局的《宁乡市2018年国民经济和社会发展计划执行情况及2019年国民经济和社会发展计划草案的报告》、市财政局的《宁乡市2018年财政预算执行情况及2019年财政预算草案的报告》、市教育局的《宁乡市人民政府关于促进学前教育健康发展的议案办理进展情况报告》。经过三天半的时间，召开三次全体会议、四次主席团会议、四次分团讨论会议，表决通过政府、计划、财政、学前教育议案办理和市人大常委会、市人民法院、市人民检察院7个报告的决议，补选左立平、罗建宇、喻林义3人为宁乡市第一届人大常委会委员。

大会认为，在习近平新时代中国特色社会主义思想和中共十九大精神指引下，市人大常委会始终坚持市委正确领导，深入学习贯彻党中央和市委的重大决策部署，认真履行法定职责，在建设对党忠诚的政治机关、全面履职的工作机关、密切群众的代表机关、人民满意的权力机关上，迈出了坚定步伐，取得了明显成效。大会要求，市人大常委会要与时俱进，牢牢把握正确政治方向，自觉坚持党的领导，围绕中心、服务大局，认真履行宪法和法律赋予的职责，着力增强监督实效，着力发挥代表作用，着力提升履职能力，为宁乡各项事业发展提供有力的法治保障。会议号召，全体代表要倍加珍视代表职务和荣誉，模范遵纪守法，带头在为民服务中担当尽责，在本职岗位上建功立业。

【宁乡市第一届人民代表大会常务委员会会议】2018年，市人大常委会共召开常委会会议6次。

2018年2月6日召开宁乡市第一届人民代表大会常委会第四次会议。会议审议通过《宁乡市人大常委会代表履职管理办法（草案）》《宁乡市人大常委会监督问责办法（试行）（草案）》；书面审议宁乡市人民政府关于对宁乡花猪产业发展审议意见办理情况的报告、宁乡市人民法院关于市人大常委会对市人民法院案件执行专项工作审议意见落实情况的报告；通过了相关人事任免。

2018年4月20日召开宁乡市第一届人民代表大会常委会第五次会议。会议审议通过市人民政府关于“七五”普法工作的报告、关于《中华人民共和国气象法》贯彻实施情况的报告、关于《长沙市灰汤地热资源保护条例》贯彻实施情况的报告、关于加强自然生态保护专题询问问题整改落实情况的报告、关于促进学前教育健康发展议案的办理方案；审议通过代表辞职、补选和人事任免相关议案。

2018年6月26日召开宁乡市第一届人民代表大会常委会第六次会议。会议审议通过2017年市财政决算（草案）的报告、2017年度宁乡市财政预算执行和其他财政收支情况的审计结果报告、《宁乡市人民政府关于在2018年度财政预算中明确棚改政府购买服务支出责任具体项目的议案》；审议通过市人民政府关于2017年环境状况和环境保护目标完成情况的报告、关于政府性投资合同工作报告、关于《中华人民共和国道路交通安全法》贯彻实施情况的报告、关于《中华人民共和国促进科技成果转化法》贯彻实施情况的报告；听取市一届人大常委会代表资格审查委员会关于付旭明等4人代表资格的审查报告。

2018年8月31日召开宁乡市第一届人民代表大会常委会第七次会议。会议审议通过《宁乡市人大常委会主任会议关于提请审议〈宁乡市人大常委会关于监督支持人民法院基本解决执行难工作的决议〉的议案》；审议通过市人民政府关于《中华人民共和国残疾人保障法》贯彻实施情况的报告、关于《中华人民共和国大气污染防治法》《湖南省大气污染防治条例》贯彻实施情况的报告、关于文旅融合发展情况的报告；听取“一府两院”半年工作报告；书面听取2018年上半年市财政预算执行情况报告、市国民经济和社会发展计划执行情况的报告；书面听取市人民政府关于打击整治地下六合彩审议意见办理情况的报告；通过相关人事任免。

2018年10月25日召开宁乡市第一届人民代表大会常委会第八次会议。会议通过相关人事任免；审议通过市人民政府关于代表建议办理工作情况的报告，2018年1至9月市财政预算执行情况及2018年财政预算调整（草案）的报告；审议通过市一届人大二次会议筹备方案（草案）。

2018年12月13日召开宁乡市第一届人民代表大会常委会第九次会议。会议审议通过市人民政府关于2018年宁乡市国民经济和社会发展计划执行情况及2019年国民经济和社会发展计划（草案）的报告、关于2018年宁乡市财政预算执行情况及2019年财政预算（草案）的报告、2017年宁乡市同级预算执行审计查出问题整改落实情况的报告；对市人大常委会任命的政府组成部门主要负责人进行述职测评；审议通过市一届人大二次会议人大常委会工作报告（草案）、宁乡市人大常委会2019年工作要点（草案）；审议通过宁乡市人大常委会关于通报优秀人大代表和优秀代表建议的决定（草案）；评议市人民检察院工作；听取市人民政府关于促进学前教育健康发展议案办理进展情况的报告；审议通过代表辞职补选相关议案、代表资格审查委员会关于代表资格的审查报告及相关人事任免。

依法行权

【监督工作】 2018年，围绕打赢“三大攻坚战”，紧扣市委“四个打造”，宁乡市人大常委会依法履职尽责，切实加强法律监督和工作监督，完成对《长沙市灰汤地热资源保护条例》《中华人民共和国气象法》《中华人民共和国道路交通安全法》《中华人民共和国促进科技成果转化法》《中华人民共和国大气污染防治法》《中华人民共和国残疾人保障法》等6部法律法规实施情况的执法检查；深入开展政府重大投资项目监督的调研，对143份政府性投资合同进行抽样检查，推动市人民政府健全合同审查机制并全面整改；完成规范性文件备案审查14件。依法开展国民经济和社会发展计划及财政预决算的监督，监督政府进一步完善预算编制，强化刚性执行，全力消赤化债；强化同级预算执行审计监督。集中视察法院工作，出台《宁乡市人大常委会关于进一步监督支持市人民法院基本解决执行难工作的决议》；深入开展对市人民检察院的专项工作评议；首次听取市人民政府关于2017年环境状况和环境保护目标责任完成情况的报告；出台《宁乡市人大常委会关于“加强环境治理监督，坚决打赢蓝天保卫战”三年工作方案（2018—2020）》，对2017年自然生态保护专题询问整改落实情况开展“回头看”；听取“一府两院”半年工作情况通报；对所有政府组成部门进行集中述职测评；更加注重对常委会审议意见的办理结果的跟踪问效。

【人事任免】 2018年，宁乡市人大常委会严格按照法律程序，共任免国家机关工作人员339人次，依法批准8名代表辞去代表职务，1名代表自行终止职务，3名常委会委员辞去委员职务，补选代表16名。落实监察体制改革要求，依法任命市监察委员会副主任和委员7名。深化干部任免监督，23名政府组成部门负责人集中向常委会述职，接受满意度测评。

依法履职

【代表工作】 截至2018年12月，宁乡全市共有五级人大代表2212人，其中全国人大代表1人、省人大代表5人、长沙市人大代表71人、本级人大代表372人、乡镇人大代表1763人。为切实加强代表管理，提升代表履职能力，出台《宁乡市人大常委会代表履职管理办法》，开展年度积分登记；分批次组织全体市代表到湖南大学、宁乡市委党校开展集中履职学习；组织省市代表开展活动8次，组织156名代表参与常委会集中履职活动，邀请15名代表列席常委会会议，评选优秀代表30名，各代表小组撰写调研报告52篇；组织常委会组成人员联系代表259名，联系帮扶代表企业20家，切实为代表解决问题32个，为企业化解难题21个；专题开展“密切新时代人大代表与人民群众联系”的调研，387名四级代表积极参与；深入开展乡村振兴、脱贫攻坚主题活动，五级代表帮扶贫困家庭3000多户；以乡镇（街道）人大（工委）为主体，组织91名市代表向选民述职并接受测评；年内常委会共接待群众来访236人次，对群众信访件进行跟踪督办。

【议案建议办理】 2018年，落实宁乡市人大常委会正副主任牵头督办重点建议的机制，对18件重点建议进行现场督办，提出意见35条。深入乡镇（街道）开展建议办理情况的专题调研，要求市人民政府对连续两年提出但未办结的10件建议进行再办理。市一届人大一次会议以来，共办理代表建议142件，办结率100%，解决或基本解决率61.98%。重点督办了学前教育健康发展议案，针对政府出台的文件、制定的措施，5次开展专项督促调研，两次听取和审议议案办理情况，近300名代表以走访调研、捐资助学、定点帮扶等方式参与其中，监督和支持政府细化并逐步落实23项目标任务。

【乡村振兴专题询问】 2018年10月26日，宁乡市人大常委会围绕全市涉及实施乡村振兴战略的12大问题开展专题询问。专题询问分为动员部署、专项调研、现场询问、评议整改四个阶段，主要围绕产业振兴、人才振兴、组织振兴、文化振兴、生态振兴5个主题来展开。从2018年8月底开始，市人大常委会组织56名人大代表和人大工作者分成

5个专项调研组，分别由市人大常委会副主任带队，分赴全市各地进行调研，历时近3个月，调研对象涵盖29个乡镇和街道、58个市直部门单位。各调研组成员走村入户，访民情、查记录、看实情，深入种养基地、企业、村（社区）、卫生院、学校等现场94处，收集调查问卷2939份，实地调查走访473人，召开座谈会50次，最终形成5大专题报告和1份乡村振兴综合报告，共梳理123个问题，收集146条意见和建议。整个专题询问历时3个多小时，12名市人大常委会委员作为询问人，围绕壮大村级集体经济、村庄规划编制、全域旅游提质增效、开展公益诉讼、乡村人才振兴、绿水青山的保护与发展等12个问题进行现场提问，问出了群众的疑惑和关心，市人民政府副市长等4位市“一府两院”有关负责人、9位政府组成部门负责人现场应询，答出了承诺与信心。

自身建设

【乡镇人大“三化”建设】 2018年，宁乡市29个乡镇（街道）全部高标准建成“六有”“三上墙”的人大办公室和代表活动室，人大履职平台不断完善并逐步向村（社区）延伸，225个村（社区）建设代表联络工作站，全市各级代表活动室（联络站）共接待来访群众2000多次，群众反映的诉求有50%以上得到有效解决。大屯营镇、资福镇、菁华铺乡、东湖塘镇、横市镇、沙田乡、花明楼镇相继召开年度内第二次人民代表大会。

【服务发展大局】 2018年，宁乡市人大常委会采取专家授课等多种形式，围绕“四个自信”、宪法修正案、监察法等主题，先后19次学习中共十九大精神，把学懂弄通做实习近平新时代中国特色社会主义思想贯穿于工作的全过程。严格执行向市委请示报告制度，全面贯彻周辉书记调研人大工作时提出的“坚持党的领导、坚持服务大局、坚持改革创新”的要求，全市人大系统的政治意识、大局意识、核心意识、看齐意识不断增强。按照市委统一安排，积极参与工业新兴及优势产业链建设、防范化解政府债务风险、房地产遗留问题处理、首届全民运动会举办和“除臭剿劣”攻坚战等工作，长期倍受关注的城区“四溪一渠”水质污染得到根本性改变。“千人帮千企”“三抓两促”帮扶企业解决问题52个，督办环保和信访案件35件。（张　丹）

宁乡市人民政府

PEOPLE'S GOVERNMENT OF
NINGXIANG MUNICIPALITY

责任编辑・姜小平

综　述

2018年，宁乡市人民政府贯彻落实习近平新时代中国特色社会主义思想和十九大精神，紧扣建设现代化宁乡总目标，坚持稳中求进的总基调和高质量发展的总要求，聚焦“三大攻坚战”，深化“三大主题年”，全面推进“四个打造”，凝心聚力、攻坚克难，锐意进取、负重前行，再次获评中国全面小康十大示范县市；构建“316”群众工作新格局，获评中国十大社会治理创新奖。县域经济基本竞争力跃居全国百强县第28位。

经济发展。财税收入突破80亿元大关，全年完成一般公共预算收入80.6亿元（预计值，下同），同比增长12.85%，其中税收收入66.3亿元，税收占比82.26%；固定资产投资总额860亿元，增长12%；社会消费品零售总额360亿元，增长13%；规模工业增加值320亿元，增长9%；全社会研发经费支出（R&D）22亿元，占GDP比重1.8%。全年实际利用外资1.93亿美元，外贸进出口3.6亿美元。实现地区生产总值1190亿元，是1978年2.28亿元的522倍。实现城镇居民人均可支配收入43269元、农村居民人均可支配收入26985元，分别同比增长8.4%、9.6%。新增城镇就业11710人、农村劳动力转移就业7900人。

实体经济。出台《关于振兴工业实体经济实施办法》和《工业新兴及优势产业链建设行动三年计划》，聚焦实体经济，推进产业链建设。紧盯“5+1”新兴优势产业链补链、延链、强链，强化驻外招商、以商招商，引进产业项目160个，其中亿元以上项目108个、10亿元以上项目13个，到位资金278亿元；新增规模工业企业65家；引进世冠新能源、好益多乳业等重大项目，为县域经济新一轮发展积蓄强劲动能。围绕“产业项目建设年”主题，聚焦15个纳入全省“五个100”项目，持续开展项目建设百日大会战、三抓两促和千人帮千企等服务活动。新开工规模项目242个，续建150个，竣工223个，完成投资380亿元。全力破解融资、土地、用工等要素瓶颈。市本级财政奖补实体企业1.2亿元，撬动社会新增产业投入10亿多元；拆迁房屋2230户、39.8万平方米；处置闲置用地22宗、盘活土地2900亩，批回建设用地8800亩；举办银企合作沙龙，全市各金融机构大力支持市域经济发展，新增各类贷款100亿元。强力推进电网“630攻坚”，提升供电能力17.3%；南太湖水厂二期主体建成，新增供水能力8万吨/日。举办对话西线工业走廊论坛。引进企业专业人才17名。

城乡品质。坚持以“市”的定位、“市”的理念和“市”的格局来统筹城市发展。围绕建设安全城市，全力推进“五水共治”，八家湾水库建成蓄水，自来水厂主取水头迁移至珍洲坝上游，城区供水水质大幅提升。启动城市防洪圈建设，完成南门桥至金洲坝段、刁子潭段河道疏浚，建成沙河市场大堤和东沩溪排渍泵站；启动沩丰坝拆除重建和溜子洲至珍洲段堤防工程建设，城市防洪功能大幅提升。围绕建设整洁城市，强力推进生活垃圾分类试点和餐厨垃圾无害化收运处理，控制和拆除违法建筑50万平方米，有效治理户外广告、渣土扬尘和农贸市场，着重整治“不排队、闯红灯、随手扔”等不文明行为，文明创建常态化。围绕建设畅通城市，金唐公路二期、金宁大道金沙段等项目加快建设，S208、梅双、双大和朱下等公路完成提质改造，S209、S311等灾毁工程修复完工。加强公路管护，常态化开展治超，超限超载得到有效遏制，4325公里道路纳入“路长制”管理。1121工程稳步推进。科学调度、成功应对年初低温雨雪冰冻天气，确保全市人民的出行安全。围绕建设宜居城市，启动新一轮城市总规修编工作；圆满完成2018年“一圈两场三道”建设任务，新（改）建停车场6个、停车位1386个、市场3个、生鲜门店5家、人行道16公里、自行车道30公里、历史步道480米；更新纯电动公交车26台；房地产遗留问题处置取得新进展，提质改造社区6个、棚户区2250户43.59万平方米；建成人才公寓2523套。围绕建设绿色城市，积极创建省森林城市，继续实施“政府送树、群众栽树”造绿活动，绿化230公顷、恢复矿山植被367.33公顷。全市森林覆盖率达48.77%。围绕建设智慧城市，加快推进智慧园区、智慧政务、智慧教育、智慧医疗等建设，开发便民利企应用程序20项，城市运营管理更加智慧精准。

第三产业。实施规划引领、龙头带动战略，着力优化全域旅游布局，启动全域旅游“14830”工程。炭河古城持续火爆，西周大马戏、冰雪大世界开门迎客；花明楼红色文化教育学院正式运营；成功举办韵味宁乡·快乐消费、灰汤温泉夏季旅游节和黄鹤首届黄桃节等主题节会60多场次，保持四季旅游热度不减，全年接待游客2210万人次，实现旅游综合收入302亿元，荣获中国最具魅力文化旅游城市。现代金融、文化创意、健康养老、餐饮娱乐等现代服务业发展良好。新增“四上”企业194家、商事主体11000户。销售商品房270万平方米，宁邦广场等商业综合体加快建设。电子商务蓬勃发展，荣获2017—2018年全国电商示范百佳县。

乡村振兴。以市人大专题询问乡村振兴战略为契机，坚持因地制宜、特色发展，乡村振兴战略实施取得初步成效。农业产业提质增效。大力发展花猪和优质稻，深入推进国家现代农业产业园建设。出台《打造宁乡花猪百亿产业五年行动方案》，全年出栏花猪20万头；非洲猪瘟防控取得阶段性成效，确保了生猪产业安全、市场供应稳定。创建省级现代农业产业集聚区，高标准建成基本农田3200公顷，水稻生产综合机械化率78.8%。坚持防汛抗旱两手抓、两不误，强化统筹调度、预案演练、物资保障和值班值守，成功应对“玛利亚”台风等影响。在6—8月连续58天无有效降雨、黄材水库水位下降到历史同期最低水位的严峻形势下，通过科学调度用水、实施人工增雨，确保人畜饮水绝对安全、农业用水合理有序、产业用水重点保障。烟叶、茶叶、水果、蔬菜、油茶、中药材等经济作物喜获丰收。新型农村集体经济不断壮大。土地承包经营权确权颁证30.69万本。新增农村土地合作社60家、专业合作社163家、省级农业龙头企业5家，培训新型职业农民3000人。着力消除集体经济"薄弱村""空壳村"，打造示范村10个，169个村级集体经营性收入5万元以上、76个村10万元以上。深入推进"五治"工作。创建省级卫生镇2个、长沙市美丽乡村示范村24个、特色村9个。完成农村改厕4000座；建成乡镇、村垃圾回收分拣中心115个；拆除空心房4754户；新（改）建农村公路700公里；改造危桥109座；新增节能路灯8300盏。"新风庭院"有序推进，移风易俗初显成效。

生态文明建设。坚持走生态优先的绿色发展之路，落实《关于加强自然生态保护的决定》，建立环保责任体系，推进蓝天保卫战、碧水攻坚战、净土持久战，形成齐抓共管的大环保工作格局。环境风险有力防控，整改污染问题4万多个，覆盖裸露黄土2184.53公顷，依法取缔黏土砖厂111家，拆除黏土砖厂烟囱119根、耐火材料厂烟囱40根、"僵尸船"48艘。全面实施烟花鞭炮禁燃限放；规模以上餐饮店安装油烟净化设施全覆盖；关停"散乱污"企业71家；整治挥发有机物排放企业101家；完成加油站油气回收改造107家、双层油罐改造31家。开展"除臭剿劣"攻坚行动，整治沩水截污排口108个，"四溪一渠"清淤7500米。腾退禁养区内规模养殖1005户、55.3万平方米。完成重金属污染区和龙田矾矿等遗留废矿区修复治理。建成经开区回用水厂，新建乡镇污水处理厂5座、污水干管18公里。有序推进全国污染源普查。中央和省级环保督察交办问题基本整改到位。

深化改革。抢抓全省"互联网+政务服务"改革试点机遇，着力推进政务服务改革，实现"最多跑一次"1110项，其中"不见面审批"371项，下放乡镇424项，延伸至村级113项，下放园区131项。通过"一网、一窗、一次"模式，实现不动产登记大提速。整合全市测绘资源，实现测绘行业"三统一"。探索推行"乡镇吹哨、部门报到"联合执法工作机制。出台农村住房建设管理办法，农村建房进一步规范。灰汤扩权强镇、"大一统"等改革工作稳步推进。

创新引领。出台《关于加快推进科技创新能力建设的意见》《加大全社会研发经费投入行动计划（2018—2020年）》，设立科技创新基金5000万元，全年新增专利申请2052件、授权1356件；新认定高新技术企业63家、科技创新小巨人企业20家。企业创新能力进一步提升，微纳坤宸获评第三届中国军民两用技术创新应用大赛金奖，楚天科技荣获国家科技进步二等奖，邦普循环获评国家级科技创新平台，格力暖通获批国家绿色工厂，精量重工获批省绿色铸造研究中心。

民生保障。23项省市重点民生实事全面完成，市本级新增财力80%用于保障和改善民生。脱贫攻坚成效显著，突出扶贫领域作风建设，全面构建"一对一"结对帮扶、科技特派员联系帮扶和"千企联千户"立体帮扶体系，深化携手新化、龙山奔小康工作。教育事业实现新发展，积极承办市人大《关于促进学前教育健康发展的议案》，积极发展学前教育，全力化解大班额，强力整治无证办学，成功引进周南中学合作办学，建成69所标准化学校和10所公办幼儿园，新增学位5000个；教育党建工作获《人民日报》重点推介。健康宁乡加快建设，"10·30"急救网络不断完善，家庭医生签约稳量提质，优生优育体系全面加强；公立医院改革获国务院表彰，成功创建全国计生基层群众自治示范县和健康素养促进县。国家食品安全示范城市创建通过省级验收。市广播电视台荣获全国百佳称号。新增失地农民社保7241人，完成农村危改1473户、地质灾害搬迁310户、移民避险358户。新建农村幸福院2所、留守儿童之家10所、社区居家养老服务中心1所、群众性体育设施90处。老年大学易地搬迁投入使用。发放高龄津贴4700万元。残疾人免费乘坐公交车。成功举办首届全市全民运动会。

社会治理。深入开展"扫黑除恶""一打三整""全民禁毒"等专项行动，全市实现命案侦破率100%、刑事立案同比下降3.1%，新增吸毒人数同比下降39%，群众安全感稳步提升。深入实践"枫桥经验"，调处矛盾纠纷12539件，化解信访积案118件。安全生产常抓不懈，"三项责任"落实到位，责任事故起数和死亡人数同比下降82%、62%，全年未发生较大及以上安全生产责任事故。

依法行政。主动接受市人大法律监督、工作监督和市政协民主监督，高效办理各级人大代表建议、批评、意见163件，政协委员提案105件，办结率100%。全面落实行政负责人出庭应诉制度，建立政府法律顾问制度，对340份文件、1100份政府合同进行合法性审查，办理行政复议74件，法治政府建设获《湖南日报》专题推介。依法处理并及时回复检察机关检察建议50件。创新实施"电视问政"，通过市长信箱、"12345"市民热线和基层民主协商对话等平台，充分听取民意，切实解决民生问题，全年办理群众来电来信10.38万件，满意率96.5%。市政府网站获评全国政务信息优秀奖。强化政务督查、跟踪问效，推动重大决策和重点工作有效落实；初步建成协同办公系统，办文办会效率稳步提升；机构编制和人事领域专项治理取得明显成效。切实履行党风廉政建设和意识形态工作"一岗双责"，深入开展"知敬畏、存戒惧、守底线"主题教育活动。全面贯彻中央八项规定及实施细则精神，自觉接受市监委监督，始终保持预防和惩治腐败的高压态势。强化审计结果运用和财政预算刚性执行，全市"三公"经费同比下降10%。

重要会议

【市政府常务会议】 2018年，宁乡市人民政府召开常务会议18次。

1月16日，研究法治政府建设，传达学习《关于以政治建设为统领进一步加强市县领导班子建设的意见》，审议《关于振兴宁乡工业实体经济的若干意见（送审稿）》《宁乡市“政府送树、群众栽树”造绿行动实施方案（2017—2022年）（送审稿）》《宁乡市“互联网+政务服务”工作实施方案（送审稿）》。

2月1日，研究法治政府建设，审议《宁乡市加快推进工业新兴及优势产业链建设行动实施意见（2018—2020年）（送审稿）》《关于加快推进科技创新能力建设的意见（送审稿）》《宁乡市加大全社会研发经费投入行动计划（2018—2020年）（送审稿）》《沩水流域综合治理三年行动计划实施方案（2018—2020年）（送审稿）》《宁乡市“强力推进环境大治理坚决打赢蓝天保卫战”三年行动计划（2018—2020年）（送审稿）》《关于认真开展2018年“三抓两促”经济服务活动的通知（送审稿）》《宁乡市中心城区、乡镇集镇禁止和限制燃放烟花爆竹工作方案（送审稿）》。

3月6日，学习习近平总书记十八大以来关于安全生产工作的重要论述，传达学习长沙市安全生产工作会议精神，听取安全生产工作汇报，审议《宁乡市政府全会工作规范（送审稿）》《宁乡市政府常务会工作规范（送审稿）》《宁乡市市长办公会工作规范（送审稿）》《宁乡市土地管理委员会工作规范（送审稿）》《宁乡市城乡规划委员会工作规范（送审稿）》。

3月21日，传达学习省委书记杜家毫在省委常委会议上关于防范和化解政府债务问题的讲话，审议《宁乡市电网供电能力提升三年行动计划（2018—2020年）（送审稿）》，研究启动《宁乡市城市总体规划（2020—2035）》《宁乡市规划区道路定线规划》编制工作，审议《四好农村路示范市创建三年行动计划（送审稿）》《关于高龄津贴制度的通知（送审稿）》。

4月13日，研究创建国家食品安全示范城市相关工作，审议《宁乡市2018年食品安全工作要点（送审稿）》《宁乡市落实食品安全党政同责的实施办法（送审稿）》《宁乡市小餐饮“透明厨房”提质工程两年行动方案（2018—2019年）（送审稿）》，研究“路长制”工作；研究学前教育相关工作，审议规划编制工作，听取防汛工作汇报，审议《宁乡市乡村振兴三年行动计划（2018—2020年）（送审稿）》《关于全面落实乡村振兴战略的实施意见（送审稿）》。

4月28日，听取蓝天保卫战、污染防治攻坚工作情况汇报，法治政府建设专题学习，学习《关于加强调查研究提高调查研究时效的通知》《杜家毫同志在岳阳调研座谈会上的讲话》；学习习近平总书记关于扶贫工作的系列论述、《关于深化统计管理体制改革提高统计数据真实性的实施意见》，听取市长热线工作情况汇报。

5月21日，审议《宁乡市政府法律顾问管理办法（送审稿）》、研究设立宁乡市总体规划编制工作领导小组，审议《关于进一步加强基层人社公共服务平台建设的意见（送审稿）》，观看《牢牢绷紧防范安全风险这根弦——湖南省安全生产重大事故警示教育片》，研究部署安全生产工作。

6月7日，研究“减证便民”专项行动相关工作，研究“最多跑一次”改革相关工作，审议《宁乡市突发性地质灾害应急预案（送审稿）》。

6月12日，传达学习湖南省城镇生活垃圾焚烧处理设施建设推进会议精神，研究“五治”工作、“一圈两场三道”工作，审议《关于进一步优化营商环境行动方案（送审稿）》《宁乡市2018年老旧小区居民家庭餐厨油烟净化综合治理试点工作实施方案（送审稿）》，研究智慧建设云监管平台建设工作。

6月22日，听取污染防治攻坚战工作、消防工作、禁毒工作、市道安委工作；审议《关于深入推进审批服务标准化智能化便民化的实施方案（送审稿）》。

7月13日，传达学习《习近平、李克强、韩正同志在全国生态环境保护大会上的讲话》《关于打赢脱贫攻坚战三年行动的指导意见》。

8月16日，传达学习8月13日全省市州长座谈会精神，杜家毫、许达哲、陈文浩在全省生态环境保护大会上的讲话精神，《乡村振兴战略规划（2018—2022年）》精神，《湖南省生态保护红线》精神，国务院和省政府深化“放管服”改革推进政府职能转变电视电话会议精神，以及杜家毫、许达哲在全省优化发展环境现场推进会上的讲话精神，研究全市“放管服”工作，听取全市安全生产工作情况汇报，研究审议《关于推进安全生产领域改革发展意见的实施办法（送审稿）》，听取民生实事工作情况汇报。

9月20日，审议《关于持续推进村（社区）公共服务便民化工作方案（送审稿）》。

10月19日，学习《宗教事务条例》，听取宁乡市禁毒及扫黑除恶工作情况汇报，研究城区规划新建学校事项，审议《推进宁乡市不动产登记“最多跑一次”改革工作方案（送审稿）》。

11月30日，审议《关于做好2018年符合政府安排工作条件退役士兵安置工作的通知（送审稿）》，学习习近平总书记关于食品安全工作的重要论述及《中共湖南省委办公厅湖南省人民政府办公厅关于落实食品安全党政同责的意见》。

12月10日，听取安全生产工作情况汇报、《政府工作报告》起草工作情况汇报。

12月21日，审议《宁乡市2018年国民经济和社会发展计划执行情况及2019年国民经济和社会发展计划草案的报告（送审稿）》《宁乡市2018年财政预算执行情况及2019年财政预算（草案）的报告（送审稿）》，听取全市法治政府建设工作汇报、全市消防工作汇报、研究电网建设“630攻坚”工作。

【市长办公会议】 2018年，宁乡市人民政府召开市长办公会议32次。

2月7日，研究交通运输工作。

3月3日，研究刘少奇诞辰120周年纪念活动筹备工作。

3月12日，研究宁乡市花鼓戏剧团组建及管理运营工作。

3月21日，研究园林绿化工作、杉木桥农贸市场提质改造工作、交通护栏设置与环卫设备升级等工作。

4月3日，研究沩江城区段疏浚项目、研究城区污水处理厂提质扩容工程、研究城区易涝点改造工作。

4月13日，研究宁乡经开区污水处理及回用工程管网建设。

5月14日，研究商务工作。

5月29日，研究炭河古城景区运营管理及相关工作。

6月4日，研究“除臭剿劣”攻坚战重点项目。

6月11日，研究长沙方特·东方神画项目建设工作。

6月12日，研究公安工作。

6月26日，听取宁乡市总体规划编制方案汇报；听取金洲新城概念性规划方案汇报；听取多规合一规划方案汇报。

7月3日，听取路长制及治超工作、听取“四好农村路”示范市创建以及自然村通水泥（沥青）路建设工作。

7月21日，研究2018年城乡污水治理重点项目。

8月10日，研究垃圾中转站建设工作。

9月6日，听取城区垃圾分类试点工作汇报、餐饮油烟在线监控平台建设工作汇报。

10月18日，研究不动产登记“最多跑一次”改革工作、第三产业发展。

10月23日，研究水利建设工作、秋冬种工作、松材线虫病除治工作、非洲猪瘟疫情防控工作。

11月5日，研究治超工作、电力630项目建设攻坚工作、公路项目建设工作、路长制工作、禁毒工作。

11月13日，研究城区餐厨垃圾无害化收运处置相关问题。

11月26日，审议《宁乡市“坚持发展枫桥经验实现矛盾不上交”专项行动实施方案（送审稿）》。

2018年宁乡市政府（宁政发）重要文件目录

文　号	标　题
宁政发〔2018〕1号	关于对长沙市2018年《政府工作报告》涉及我市目标任务实施责任管理的通知
宁政发〔2018〕2号	关于宁乡市中心城区、乡镇集镇禁止和限制燃放烟花爆竹的通告
宁政发〔2018〕8号	关于印发《宁乡市加快推进“互联网+政务服务”工作实施方案》的通知
宁政发〔2018〕12号	关于加强野生动物保护的通告
宁政发〔2018〕22号	关于公布宁乡市“最多跑一次”事项清单的通知

市政府办工作

【概况】 2018年，市政府办公室牢固树立服务大局、服务发展、服务群众的工作意识，切实发挥运转中枢作用，提升参谋、协调、服务水平，紧紧围绕中心工作，积极担当、务实作为，较好地完成了年初确定的各项目标任务，努力彰显一支“抓落实、善作为、敢担当”的新时代办公室干部队伍形象。

一、服务中心大局，充分履行参谋助手职能

1. 务实推进中心工作，成功申报特色亮点。统筹做好国务院大督查迎检各项工作，积极沟通汇报、深度提炼亮点特色，“互联网+政务服务”融合发展工作作为湖南省唯一县级典型经验做法受到国务院通报表扬。积极协助开展政府化债工作。协助统筹开展化债日常工作，牵头起草《关于进一步贯彻落实〈党政机关厉行节约反对浪费条例〉的通知》《政府性债务风险化解三年规划》《隐性债务化解十年计划》及向许达哲省长、陈飞副省长和省政府督导组等各类汇报材料，助推政府性债务防控与化解各项工作有序推进。务实调度城市“一圈两场三道”和农村“五治”工作。牵头拟定了“一圈两场三道”两年行动计划和“五治”工作三年行动计划。全市铺排的66个“一圈两场三道”项目，均已高质量完成全部建设任务。农村“五治”方面，全年共完成农村改厕4000座，建成垃圾回收分拣中心115个，拆除空心房4754户，规模养殖腾退1005户、55.3万平方米，农村“五治”工作走在全省前列。

2. 大兴调查研究之风。以“精准精细、高效及时”的服务理念，发挥“白+黑”“5+2”的工作作风，加强政策研究、形势分析，高质量完成撤县设市第一年《政府工作报告》的调研起草工作。全年起草各类工作材料260余篇；在各级刊物发表署名文章20余篇；撰写三大攻坚战、乡村振兴等专题调研报告12篇。对市域经济运行情况一月一分析，一季一总结，一年一谋划，累计撰写市域经济运行情况11篇，季度总结性材料8篇，全面掌握经济社会发展情况；牵头起草“优化营商环境22条”“乡镇吹哨、部门报到”“乡村振兴三年行动计划”“全域旅游实施意见”“花猪产业五年行动计划”等专题材料，为市委、市政府科学决策提供翔实的一手资料。

3. 高效推进办文办会。一是精准办文。按照办文、办会、办事“零差错”“零失误”的标准和要求，着力压减发文数量，规范公文处理程序，提高公文办理效率，全年共办理各类来文来电1813件，其中办理各乡镇、市直单位请示、报告622件，以市政府和市政府办名义印发各类字号文件（会议纪要）423件，同比减少25.53%。二是精细办会。认真做好会前通知、会中服务、会后情况收集上报，加强议题、议程安排的协调把关和各个环节的服务，特别是对政府常务会、市长办公会、土委会、规委会、编委会等会议，提前对需要审议的议题进行认真审核，并报市政府领导审定同意后提交会议研究，从源头上确保会议的权威性和高效性。全年共组织召开全市性大会12次、政府常务会议18次、视频会议10次，全年会议次数同比下降15%。三是创新办公。组织研究上线市政府电子公文、会议通知平台、建议提案网上办理系统，实现公文传输、政务事项通知、建议提案办理无纸化、高效化。

4. 强化督查督办职能。严格落实市政府重要决策跟踪督办制度，认真做好《政府工作报告》确定的71项重点工作、市政府重要会议议定事项和重大工作部署分解落实。紧盯主要领导批阅件、重要文件、重要会议、重大决策落实落地，全年组织召开专题督查会议30余次，赴现场督查43次，编印督查通报23期、督查专报8期，接待国务院大督查等上级督查12次，确保督查事项件件有落实、事事有反馈，不断提高督查工作实效。牢固树立以人民为中心的发展思想，做好23项省市重点民生实事项目任务分解，制定《民生实事考核实施办法》，一月一汇总、一季一督查，确保各项目标任务全面超额完成。认真做好268件各级人大代表建议、政协委员提案办理工作，其中会办省政协提案3件，承办长沙市人大代表建议26件、长沙市政协委员提案7件，承办宁乡市人大代表建议137件、宁乡市政协委员提案95件，实现见面率、满意率两个100%。积极推进市长热线及市长信箱办理，办复率达99.48%。

二、强化履职担当，推动政府工作运转更加顺畅

1. 落实值班值守应急制度。一是明确值班值守职责。严格落实24小时领导带班、专人值班制度。尤其是节假日、汛期等特殊时期，关键岗位必须在职在岗，确保各种突发事件得到快速高效处置。全年共处理群众诉求电话1000余个，处理突发事件50余起，办结率、满意率达99.2%。二是高效应对突发事件。上报应急类信息86条，处置督办应急事件469起，组织各级各部门举行各种应急演练417场次，有序高效处置了年初持续6天的低温雨雪冰冻天气、年中持续58天无有效降雨等各类突发事件，最大限度减少损失，确保人民群众生命财产安全。三是带着感情做好信访工作。接待来访群众1100多批次、2000多人，较好地发挥了联系群众的桥梁和纽带作用。

2. 强化政府法制工作。加强规范性文件审查，对340份文件进行合法性审查，清理规范性文件5个，无一件被上级发监督意见书。积极参与政府决策，从源头上防控法律风险。对提交政府常务会议议题进行法制审查，提出法律意见475条；会签政府文件115件，提出法律意见436条；回复各单位来函101件，提出法律意见和建议719件，推动全市上下形成尊重法律审、依法行政的氛围。建立政府法律顾问库，深入落实行政机关负责人出庭应诉制度，全面规范行政执法行为，办理行政复议74件。把好政府性合同备案审查关，出台《关于调整政府合同审查和备案范围的通知》，审查和备案政府合同1100份，合同审查和备案数是2017年全年的25倍，涉及标的近82亿元，无一件因文件颁布或者合同签订、权利义务不对等等问题而引发诉讼和复议。

3. 加强信息宣传工作。围绕经济社会发展中心工作，及时总结重点特色工作，积极推介先进经验做法，全年上报信息121条，上级采用38条，其中《宁乡实施“互联网+政务服务”改革大力推行“一次办”“网上办”“就近办”》被国办采用。强化信息收集、整理、利用，全年编辑《领导专供信息》21期。强化领导新闻稿件质量审核，把关今日宁乡、宁乡电视台主要领导新闻稿件300多篇。

4. 优化后勤保障质量。认真贯彻“为基层服务、为机关服务、为领导服务”的宗旨，不断提高服务水平和服务质量。一是积极创新接待方式，充分调动办公室工作人员的积极性，在重大接待活动中，全员上阵，分工明确，各负其责，圆满完成50多次重大接待任务。二是加强与市机关事务局对接，确保市领导的会务接待和外出调研用车。三是进一步规范财务和办公用品管理，严格经费支出审批，落实公务刷卡制度，三公经费较上年度压减58.7%。四是积极服务市领导开展工作，充分发挥分线科室对口服务市领导作用，主动向各位副市长请示汇报，在安排领导公务活动时注意统筹兼顾。五是积极抓好老干工作，成功组织老干部视察重点开发项目、重阳节等活动。

三、加强内部管理，不断提升机关工作效能

1. 突出抓党建工作、树机关形象。积极履行党建主体责任，认真落实党风廉政建设和意识形态工作“一岗双责”，开展党总支补选和党支部补选，组织支部大会、支部委员会、党小组会48次，集中组织学习党章党规、习近平总书记系列讲话精神、《榜样》等教育片11次，举办专题党课8次、民主生活会2次，发展预备党员1名，转正2名。深入开展“知敬畏、存戒惧、守底线”主题教育活动，落实廉洁谈心对话、廉洁家访等工作机制，督促

全体党员干部遵守党规党纪和工作要求，进一步提升机关工作效能，树立为民务实清廉的良好形象。

2. 突出抓学习培训、提高业务水平。按照新时期、新形势、新任务要求，不断提高全体干部自身素质。组织开展中共十九大及十九届二中、三中全会精神学习，省委、长沙市委和市委全会等重要会议精神学习，切实把思想和行动统一到中央和省、市的要求上来，筑牢思想之基，始终与党中央在思想上行动上保持高度一致。组织集中学习24次，2名干部参加市委组织部中青年干部素质培训班，有效提升干部业务能力。

3. 突出抓机关建设、增干部活力。深入开展精准扶贫结对帮扶三年行动计划，联系煤炭坝镇贺家湾贫困户43户，每名干部深入贫困户走访4次以上，全年已脱贫41户，剩余2户属重大疾病已实现兜底保障。积极参与文明城市创建，组织扫雪除冰活动3次、出动200多人次、文明劝导5次。积极参与全民健身活动，在首届全民运动会相关赛事上积极展现办公室干部风采。

【政府经济研究】 2018年以来，宁乡市政府研究室以“精准精细、高效及时”的服务理念，发挥“白+黑”“5+2”的工作精神，紧紧围绕中心，服务大局，较好地完成全年工作目标。一是优化各类文稿服务。加强政策研究、形势分析，积极组织各项调查研究，高质量组织开展2018年、2019年《政府工作报告》调研起草工作，认真组织撰写各类工作材料300篇，综合采用率再创新高；在各级刊物发表署名文章20余篇；全年及时整理主要领导讲话录音302篇、240万字。对市域经济运行情况一月一分析，一季一总结，一年一谋划，累计撰写市域经济运行情况11篇，季度总结性材料8篇，全面掌握经济社会发展情况。二是大兴调查研究之风。围绕重点中心工作，分专题组织调研，撰写三大攻坚战、乡村振兴等调研报告12篇，牵头起草“优化营商环境22条”“乡镇吹哨、部门报到综合执法”“乡村振兴三年行动计划”“全域旅游实施意见”“花猪五年行动计划”等一系列重要文件，汇编学习资料30多本，为市委、政府决策提供翔实资料。三是提高政务信息质量。围绕经济社会发展中心工作，及时总结重点特色工作，积极推介先进经验做法，全年上报信息121条，上级采用38条，其中《宁乡实施“互联网+政务服务”改革大力推行“一次办”“网上办”“就近办”》被国务院办公厅采用。强化信息收集、整理、利用，全年编辑《领导专供信息》21期。强化领导新闻稿件质量审核，把关今日宁乡、宁乡电视台主要领导新闻稿件300多篇，协助市委宣传部化解各类舆情10余次。

【政务督查】 2018年，宁乡市政府督查室围绕中心，紧盯目标不放松，以政府工作报告、政府常务会议、市长办公会议、领导批示件为中心，全年共开展专项督查33次，印发督查专报10期、督查通报23期，较好地完成全年工作目标。一是聚焦重点，持续跟进求突破。围绕市委、市政府部署的阶段性重点工作开展跟踪式专题督查14次，有力地推动了中央及省级环保督查整改、黏土砖及“僵尸船”整治、重点民生实事、低温雨雪天气防范等重点事项的落实。二是提前谋划，全力以赴迎大检。在2018年国务院大督查中，宁乡“互联网+政务服务”融合发展工作作为湖南省唯一县级典型经验受到国务院通报表扬。三是创新方式，调研督查促实效。积极承接农村“五治”和城区“一圈两场三道”两项中心工作，通过搭建平台，畅通机制，开展调研式督查等方式，圆满城区“一圈两场三道”建设任务，超额完成“治厕”“治垃圾”年度目标任务，新风庭院建设被中宣部推介。四是用心沟通，建议提案保满意。2018年，市政府承办的268件各级建议提案均已按时办结，被长沙市政府评为办理工作一类单位。

【外事侨务】 2018年宁乡外事侨务工作紧紧围绕全市发展和中心工作，为宁乡经济社会发展发挥积极作用。一是积极开展对外交流和招商引资。按照宁乡与韩国居昌郡签署的《公务员相互交流协议》，2018年先后三次互派公务员开展为期半年的交流研学活动，推进双方交流合作。充分利用节会平台，积极组织参与多种形式招商引资活动，取得良好引资成效。如充分利用沪洽周平台，组织举办“杭州·长沙经贸合作交流会——长三角经贸合作洽谈周民企专场活动”，签约一批大好项目。二是加大归侨侨眷服务。认真贯彻落实《中华人民共和国归侨侨眷权益保护法》等法律法规，维护宁乡归侨侨眷的合法权益。组织重点侨胞侨眷代表参加省、市和宁乡各类联谊欢动，有效增进归侨侨眷的归属感、荣誉感。坚持每年春节期间对困难归侨侨眷港澳眷属、老年归国华侨进行走访慰问。利用校园网、微信等平台广泛宣传，促成1名考生认定为“三侨”考生，享受高考加分政策。三是大力加强涉外管理。认真做好因公出国管理及服务工作，强化全市因公出国的计划性、规范性、实效性，为招商引资、科技交流、友城交往等活动提供出访便利。加强与公安等职能部门的协作，加强涉外安全管理，共计查处涉外案件11起，拘留审查11人，确保宁乡市出入境管理工作平稳有序。

【应急管理】 2018年，应急管理工作紧紧围绕长沙市2018年应急管理工作要点，有效防范和处置各类突发事件，最大限度地减轻和消除社会危害和影响，保障了人民群众生命财产安全。一是大力提高信息报送与应急处置水平。全面实行24小时值班和领导带班制度，实行节假日、特护期值班信息“日报告”和“零报告”制度。全年上报信息42条，上报应急事件21条，处置督办应急事件469起，成功应对冰雪灾害天气、煤炭坝地质沉陷等应急事件。二是扎实推进应急预案修订与应急演练。进一步明确应对突发公共事件的组织体系、预防措施、运行机制、处置程序和善后处置。共举行各种应急演练417场次，检验应急预案的实用性和可操作性，磨合各单位的应急联动能力，增强救援队伍的实战能力。三是强化工作督查提升应急管理水平。先后对双江口镇、市经信局等21个部门单位，重点针对重复投诉、久拖不解决、相互推诿、群众不满意事项进行督查，进一步提高工作效率，有效解决人民群众的各类诉求。四是整合资源打造高素质应急救援队伍。参照应急救援队伍建设标准，整合现有应急救援队伍资源，进一步加强专业应急救援队伍、企业救援队伍和志愿者救援队伍建设工作，完善民兵应急分队31支，乡镇（街道）综合应急救援队伍29支，行政村（社区）应急救援队伍415支。五是强化宣传教育提高应急管理意识。联合民政、气象、国土等多个单位开展“5·12”防灾减灾宣传活动，利用宣传栏、书籍、光碟、张贴宣传海报等形式，普及防灾自救基本常识，增强居民防灾减灾意识，提高防灾自救互救的能力。

（王　琛）

政务服务

【概况】 2018年，宁乡市民之家政务大厅共接待办事群众212万人次，接受咨询45万人次，受理事项167万件，办结事项166万件，办结率99.58%。省委副书记、省长许达哲，中央编办副主任吴知论等领导先后到宁乡调研，130余批次省内外团体、专家、同行到市民之家学习考察，获评国家市场监管总局颁发的“政务服务标准化试点合格单位”，推进“互联网+政务服务”融合发展得到国务院通报表扬。在中央和省市各级主流媒体宣传推荐达60余次，积极打造“最好不见面、最多跑一次、最爽就近办”的宁乡政务服务品牌。

推出深化改革新举措，群众办事高效便捷。“只跑一次”事项扩面升级。梳理公布“最多跑一次”事项1110项，其中，376项实现“全程网办不见面审批”，占最多跑一次事项的33.9%，739项实现“只跑一次”，占所有入驻事项的96.6%。“两个平台”全面对接。完成宁乡市政务服务平台与市“互联网+政务服务”一体化平台的对接以及宁乡市“多规合一”平台与市“多规合一”对接工作。“三项任务”基本实现。一是设置一窗。粮食、教育、公路、金融证券、民宗、气象、旅游7个部门以综合窗口的形式进驻市民之家政务大厅。整合住保、不动产、地税业务，设立不动产综合受理窗口，实现二手房交易业务“一窗办理”，最大限度减少群众来回跑。二是启用一端。启用“智慧宁乡”微信公众号，初步实现“用一部手机、下载一个APP、关注一个微信公众号，办所有事”“网上办”从“网上”延伸到“掌上”。三是搭建一库。建立宁乡电子证照库，已录入包括工商营业执照、教师资格证、烟草专卖许可证等8.4万余张电子证照，为推进实现证照共用，减少“资料重复交”打下前期基础。同步有序推进乡镇“三集中三到位”改革，完成29个乡镇（街道）、278个村（社区）软硬件建设。将424项政务服务事项全部下沉至各乡镇（街道），113项公共服务事项下延至村（社区），同步21项村（社区）证明材料模板到政务服务系统，初步构建市乡村三级政务体系。

*落实营商环境新政策，企业发展充满活力。*出台《关于进一步优化营商环境的行动方案》22条措施，创新推出“2345”改革新标准，推进新政的落实落地。清理公布行政审批中介服务事项，取消12项，保留30项，其中17项中介服务采取政府购买服务，一年可为企业节省1922万元。网上中介超市共入驻各类中介机构219家，完成网上中介服务选取164个，运行步入正轨。成立市公共资源服务中心，推动小额政府投资项目的招投标。截至2018年末，共开展小额政府投资交易项目162项，实现交易合同总额约2.26亿元。新设“企业政策兑现窗口”，实行企业政策兑现一窗口受理，内部流转，年末共兑现政策性资金12批，惠及企业322家，涉及资金6822万多元。有序推进企业帮代办，统筹园区企业服务中心和各载体单位共全程代办项目218个，基本实现代办服务全覆盖。交办督办预警办件227件，无一起因行政过错而导致发生黄牌、红牌办件。落实“企业宁静日”制度和涉企检查备案登记制度，全面推行“双随机、一公开”监管，保障企业的生产发展。

*畅通民声诉求新渠道，群众问题快速解决。*创新民声受理服务机制。整合民生诉求渠道，归口受理、分类办理、定期调度、跟踪督办形成闭环管理。聚焦群众反映的热点难点问题，每月逢六调度解决突出民声问题，做到民有所呼、我有所应、民有所求、我有所为。2018年11月，构建“316”群众工作新格局获评中国十大社会治理创新案例，群众获得感和满意度不断提升。民声受理服务中心（“12345”市民服务热线）全年共接听来电11万余个，按时办结率100%，群众满意率97.1%。强化大厅日常管理。健全完善相关制度，形成完整的制度体系和考核体系，窗口管理更加规范化、标准化。推进大厅巡查常态化，做到窗口一日一巡查、一周一总结、一月一讲评、一季一考核。积极开展延时服务、上门服务、预约服务、帮（代）办服务和志愿者服务，严格按程序办理市民投诉，做到件件有着落、事事有回音。2018年，政务大厅166余万件办件中，满意度98.8%。加大考核力度，把大厅考核奖分为三个等次，实现奖优罚劣，政务大厅的服务功能再完善，服务方式更快捷，群众满意度再提升。依法推进政务公开。编制并发布宁乡市人民政府2017年度政府信息公开年报。受理市政府本级依申请公开74件，规范网上依申请公开，指导部门和乡镇依申请公开办理，建立依申请公开事项数据库，党群关系进一步密切，政府公信力进一步增强。运营维护好微信公众号，发布文章206篇，回复网民咨询事项2866条，在

宁乡公众信息网上发布工作动态80条，积极打造“阳光政务”。

【宁乡市“推进‘互联网+政务服务’融合发展”获国务院通报表扬】 2018年11月19日国务院办公厅印发《关于对国务院第五次大督查发现的典型经验做法给予表扬的通报（国办发〔2018〕108号）》，对130项地方典型经验做法予以通报表扬，“湖南省宁乡市推进‘互联网+政务服务’融合发展”名列其中。

【市政务中心召开市民之家总结讲评暨“互联网+政务服务”工作推进会】 2018年3月9日上午，市政务中心召开会议，总结表彰2017年政务大厅先进单位和个人，安排部署2018年政务服务工作。长沙市数据资源管理局党组书记、局长张武（时任宁乡市委常委、纪委书记、市监委会主任），市人民政府副县级干部张向荣出席会议。市编办、市机关事务局、市电政办等部门单位领导参加会议。政务中心、电政办全体干部职工、大厅各入驻单位负责人和工作人员代表等240余人参加会议。会上重温了市民之家工作誓词，4位审批服务科长进行公开述职，通报先进单位和先进个人的表彰决定。中心党组书记、主任刘宇雄作总结讲评报告，明确2018年工作思路和重点。

【魏旋君到宁乡调研“放管服”改革工作】 2018年3月13日省编办主任魏旋君到宁乡，就“放管服”改革工作进行专题调研。长沙市编办主任彭民安、宁乡市有关领导陪同调研。魏旋君一行先后调研宁乡市夏铎铺镇夏铎铺社区、夏铎铺镇香山社区、经开区政务服务中心和市民之家等地，深入了解政务服务向基层延伸事项、园区审批制度改革和“互联网+政务服务”推进情况。

【王群到宁乡调研政务公开和“互联网+政务服务”工作】 3月14日，省政府秘书长王群、省政府办公厅副巡视员胡向东、省政府发展研究中心副主任邓仕军带领省政府办公厅政务公开办、电子政务处等一行到宁乡，调研政务公开和“互联网+政务服务”工作。长沙市委常委、常务副市长舒行钢，市政府秘书长张能峰陪同调研，宁乡市有关领导参加。上午，王群一行通过实地考察、现场提问、互动交流等方式先后调研夏铎铺镇政务服务中心、夏铎铺社区和市民之家。下午，王群组织召开调研座谈会，听取市、县两级政务公开和政务服务工作情况汇报以及与会代表意见和建议。王群在会上充分肯定宁乡在深化“三集中三到位”和推动线上线下互动上取得的成效。他鼓励宁乡坚定信心、加大力度，走出一条具有宁乡特色的线上线下融合发展的政务服务路子。

5月8日，省委副书记、省长许达哲调研宁乡“互联网+政务服务”工作，图为考察市民之家政务大厅

【许达哲省长到宁乡调研“互联网+政务服务”工作】 2018年5月8日省委副书记、省长许达哲到宁乡市调研“互联网+政务服务”工作。他强调，“互联网+政务服务”是一件民生工程、一场自我革命、一次流程再造、一项创优竞赛。要坚持以人民为中心，勇于自我革命，深化“放管服”改革，推进政务服务标准化智能化便民化。省政府秘书长王群参加调研。许达哲先后调研宁乡夏铎铺镇政务服务中心和宁乡市民之家，详细了解了“互联网+政务服务”工作推进情况。下午，许达哲在与省直部门、长沙市及宁乡市相关负责同志座谈时指出，实施“互联网+政务”，是一项重要的民生工程，是了解群众、联系群众、为群众排忧解难的新途径。要深入贯彻落实习近平新时代中国特色社会主义思想，坚持以人民为中心，以一流的标准、一流的服务提升人民群众的获得感、幸福感和满意度。要把推进“互联网+政务”作为一场自我革命，坚持问题导向，加大简政放权力度，深化“放管服”改革，将权力关进制度的笼子，确保权力运行更加公正、高效、廉洁、规范。要以推行“互联网+政务”为契机，推动政务服务流程再造，加强政务服务事项梳理，理顺跨区跨部门跨层级政府业务办理机制，构建全省统一的在线服务平台，提升政务服务标准化、智能化、便民化水平。

【李爱武率队宁乡考察“最多跑一次”改革工作】 2018年5月17日岳阳市委副书记、市长李爱武率岳阳市有关市直部门到宁乡考察“最多跑一次”改革工作。长沙市委副书记、市长，湖南湘江新区党工委书记胡忠雄出席，宁乡经开区党工委书记、市委书记周辉，宁乡市委副书记、市长付旭明等市领导参加考察。李爱武一行在市民之家政务大厅实地考察宁乡“最多跑一次”改革推进和落实情况，深入人社、公安、不动产、食药工质局等窗口和为民服务中心（“12345”市长热线）详细询问有关事项办理情况和流程，对宁乡推进“最多跑一次”改革的经验做法给予高度赞扬。

【永州市党政代表团到宁乡考察】 2018年6月26日，永州市委书记李晖，永州市委副书记、市长赵应云率永州市党政代表团到宁乡，考察宁乡“最多跑一次”改革及“互联网+政务服务”试点建设等工作。长沙市委副书记徐宏源，宁乡经开区党工委书记、市委书记周辉等市领导参加考察。代表团一行深入探究宁乡“最多跑一次”改革具体做法、经验，通过运行仪表盘查看事项清单公布情况，从流程再造、智慧政务建设等方面详细了解了宁乡“互联网+政务服务”改革成果。在现场听取有关情况汇报后，李晖对宁乡市深化“放管服”改革进行的积极探索给予高度评价。

【长沙市对宁乡经开区、宁乡市、宁乡高新区进行2018年营商环境指数测评】 2018年12月18日上午，长沙市对宁乡经开区、宁乡市、宁乡高新区进行2018年营商环境指数测评，40位测评员对宁乡（含经开区、高新区）优化营商环境工作进行现场评议。长沙市政府办公厅优化处处长陈志兵等测评组成员出席会议。本次测评新增案卷抽查环节，在测评前邀请测评员代表现场从事项清单中随机抽取10项行政许可事项。测评分两轮进行，第一轮为所有测评员对宁乡市营商环境进行测评，第二轮为园区测评员分别对宁乡经开区、宁乡高新区进行测评。

【吴知论到宁乡调研】 2018年12月19日，中编办副主任吴知论一行到宁乡调研审批服务便民化工作。省委常委、组织部部长王少峰，省编办主任魏旋君陪同调研。吴知论一行实地调研宁乡市民之家政务大厅、民声受理服务中心（“12345”市长热线）和“智慧城市”运营中心，重点考察了公安、商事登记、不动产登记、项目报建、税务等窗口，深入了解宁乡行政审批“三集中三到位”改革、县乡村三级审批服务便民化、“互联网+政务服务”融合发展等工作，详细询问了与群众密切相关的民生服务事项的便民化改革情况。

（洪　巧）

电子政务管理

【概况】 宁乡市电子政务管理办公室（宁乡市智慧城市管理办公室）宗旨为贯彻落实国家大数据发展战略，全面加强宁乡市政务数据资源的管理与应用。业务范围主要包括贯彻执行国家、省、市有关电子政务（智慧城市）、信息资源开发利用的方针、政策和法律、法规，并拟订本市实施办法；负责拟订全市电子政务（智慧城市）、信息资源开发利用发展规划和年度计划，报市人民政府批准后组织实施；负责市级政府投资的电子政务（智慧城市）项目的论证、技术方案评审、验收，并提出项目建设意见；指导、协调电子政务（智慧城市）项目的建设，对建设中的重大问题提出处理意见；负责对跨部门、跨区域和公益性、共享性大数据资源系统的建设进行指导、协调及管理；负责建设、管理市人民政府网站及网站集群，对外拓宽网站功能，提供网站安全技术保障；承担市委、市人民政府电子政务内、外网骨干网的建设、运行维护和管理及网络安全工作；负责统筹电子政务（智慧城市）资源的开发、利用、整合与共享；负责对乡镇（街道）政府和市直部门的电子政务等相关业务进行指导、协调及绩效评估；承担市委、市人民政府交办的其他事项。2018年，宁乡市电子政务管理办公室共有工作人员17名，其中班子成员3人、实职副科级领导干部3人、非领导职务人员8人、专业技术人员6人。2018年11月19日，国务院办公厅《关于对国务院第五次大督查发现的典型经验做法给予表扬的通报》中，对宁乡市推进“互联网+政务服务”融合发展的工作经验给予通报表扬。智慧宁乡大数据运行平台获2018年度中国“互联网+”创新型服务平台，宁乡市人民政府门户网站获评2018年度中国政务网站领先奖，智慧城市建设的“宁乡经验”“宁乡模式”成为一张宁乡发展建设成果的烫金名片。

【新型智慧城市建设】 2018年，宁乡市电子政务管理办公室严把项目及资金审核关。审核项目52个，核减财政预算1458.07万元。有效整合国土、水利、卫计、教育等多个部门单位的机房建设和政府门户网、智慧政务、智慧纪检、城市运营中心平台、公卫数据、“12345”呼叫平台等19套系统，通过提供统一的资源、安全、运维和管理服务，节约财政支出约1077.14万元。智慧宁乡大数据运行平台获2018年度中国“互联网+”创新型服务平台。平安城市项目完成3套高点云防系统、2套高云平台、3套安全边界系统、35个微卡口、12个卡口、96个人脸卡口建设及3000多路视频接入。城市运营中心项目完成大屏建设及智慧教育、智慧交通、智慧旅游、平安城市等14个功能模块运行平台开发，接入了公安、教育、食监、交通等13000多路实时监控视频，初步实现城市运行状况的整体把握。智慧纪检项目，智慧纪检“3+1+5”平台至2018年底收录30个市直相关民生部门共78项民生资金、534个民生项目、287万多条个人发放数据，实现民生资金和政府投资项目、公共资源交易等重点监督领域的有效监管。智慧交通项目完成项目调研及方案编制。完成宁乡大道、金洲大道等城区主干道绿波带建设及150台绿色公交、600路视频监控、150套支付系统的安装、调试及上线试运行。

【网站服务水平提升】 2018年，对外公开政务信息8116条，乡镇、市直各单位对外公开政务信息5862条，长沙市政府网站上公开政务信息2316条。网上办事大厅累计收件2110329件，本年累计办结1202987件，办件满意度达99.9%。

【网络管理】全面整合宁乡市45条市直单位光纤链路租赁和278个村（社区）数字链路租赁资源，节约财政资金72.6万元。调整优化电子政务外网配置，整合应用，“互联网+监督”“互联网+政务服务”“12345+网格化”“长沙市基层工作平台”“宁乡市政务服务审批系统”“土地确权系统”“明厨亮灶”等一批重要电子政务应用部署在电子政务外网平台运行。

【政务服务】完成覆盖全市所有市直部门单位、乡镇（街道）和村（社区）的电子政务网络及集网上办事、在线查询、咨询、预约、申报、审批等政务服务类功能为一体的网上办事大厅建设。电脑端及移动端已经实现不见面审批事项195项，老年优待证、企业养老金认证、健康证办理、一二孩生育服务证、林木种子生产经营许可证、不动产登记办理等不见面审批事项在全省率先实现。电子公文系统全面运行，彻底解决公文传递速度慢、容易丢失、保存难、便利性差等问题。覆盖市乡村三级的视频会议系统全面搭建运行，填平“会海”。

【社会服务】建立统一“智慧宁乡”APP，成功打造集便民应用、本地资讯、行政审批、生活服务于一体的政务服务载体。市民仅用一部手机，就能体会到智慧城市建设带来的生活便利。实时公交、实时路况、旅游景点实况等便民应用，与市民衣食住行息息相关；400多项行政审批在线办理、提前预约，部门联系电话、申请条件、所需资料等一目了然，让市民线上不排队、线下不白跑；本地资讯、水、电等费用在线缴纳业务，让服务更加精准精细。（朱卫华）

机关事务管理

【概况】2018年，宁乡市机关事务管理局紧紧围绕“四个打造”战略目标，以强管理、优服务、促保障打好“三大攻坚战”为重点，在推进“办公大一统”、公车平台管理及公共机构节能等重点工作中，以真抓实干的工作态度、求真务实的工作作风和一抓到底的敬业精神，圆满完成各项工作任务，为现代化宁乡建设提供了坚强的后勤保障。2018年，机关事务管理荣获宁乡市2018年度“党风廉政建设责任制工作先进单位”、宁乡市“2018年度全面深化改革工作优秀单位”，市民之家荣获湖南省“潇湘房地产风云榜榜样物业项目”，七星物业获得湖南省“潇湘房地产风云榜榜样物业”，行政中心第一办公区东1—4栋获“2018年度长沙市最美综合项目”等多种荣誉。事务管理工作经验多次在《精神文明导刊》《中国网》《红网》等主流媒体推介，先后有长沙市、望城区、浏阳市、株洲市等领导前往调研交流。

【机关办公大一统】2018年，宁乡市机关事务管理局紧扣办公用房使用政策及“行政办公大一统”战略要求，按照线块管理、合署办公原则，全力推动行政办公用房整合力度。根据市委、市政府统一部署，72家市直部门单位办公用房整体搬迁如期调整到位，一次性整体腾空办公院落9个，腾地3.47公顷，腾退建筑面积共计28500平方米。会同市纪委、市委督查室、市政府督查室等5家单位，对全市市直机关单位、乡镇（街道）办公用房使用情况进行现场核查，分类梳理建立问题清单，现场交办督促整改，逐一销号。全力启动并完成新接手庭院各区域维修维护、标识标牌制作安装、物业服务统一采购、餐饮服务统一提供、公共区域国有资产统一管理等工作。

【公务用车管理调度】2018年，宁乡市机关事务管理局秉着“调配集约化、服务社会化、保障多样化”原则，全面推行公务平台出行。实行两个平台同步调度运行的办法，统筹有序地做好部门单位公务出行和各项重大活动用车保障工作，全年累计派车12078趟次，租车1404趟次，在全市防汛抗旱、蓝天保卫战、除臭剿劣攻坚战、刘少奇120周年诞辰纪念、中央环保督查、文明创建、美丽乡村建设、脱贫攻坚和上级巡视督查考核等重点工作中提供坚实的后勤用车服务保障。同时，重点做好全市206台公务用车北斗卫星定位监控安装、“长沙公车管理”APP调度系统运行，协助市国资局做好全市企事业单位公车改革前期准备工作。

【公共机构节能推广】2018年，宁乡市机关事务管理局稳步开展全市公共机构节能工作，大力开展节能宣传周活动，推广建设合同能源管理项目4个。指导宁乡市一中创建公共机构节能国家级示范单位，力推宁乡市中医院申报省级节约型公共机构，完成行政中心东二栋中央空调螺杆机节能改造，实现节能15%以上。与市爱卫办联合，全力推进全市公共机构生活垃圾强制分类工作，在全市各乡镇（街道）、社区安装分类垃圾桶5884个，市行政中心各办公区安装分类垃圾桶935个，在玉潭街道与资福镇实现推广到户全覆盖。全年公共机构人均综合能耗下降3.14%，单位建筑面积能耗下降3.6%，用水量下降5.63%，超额完成长沙市年初下达的3%目标。

【机关后勤管理服务】2018年，宁乡市机关事务管理局一肩多挑，精心打造温馨舒适办公环境。在逐步推进科学化、制度化、常态化后勤服务社会化改革的同时，竭力提升物业管理水平，积极引入企业售后服务管理模式，配套日督查、周讲评、月考核、季满意度测评考核体系，每天对45.7万多平方米保洁区域及15.3万多平方米绿化养护面积进行日常保洁和养护。抓设备设施维护维修，有序完成行政中心东、西院各办公区、市监察委办公用房和水电设备改造，二、四办公区高低压配电装置预防性检测调试、保养及西二栋厨房排烟系统及防涝系统改造，定期对行政中心空调、消防、电梯等设备进行全面检查整修，确保各类设施设备安全完好。在“高效节约办会、优质服务办会”的“新常态”下，着力优化会议服务标准，全年共完成4344场会议服务，服务满意率达100%。用心打造机关“绿色健康食堂”。全年组织食品和生产安全检查16次，内部质量抽检26次，满意度调查12次。启动并尝试部分食堂原材料供应实行公开招投标。对食堂全体员工实行劳务派遣，全员社保。圆满完成全市重大公务接待50余次。逐步规范国有资产管理，联合市发改局、市财政局完成市直机关办公用房大、中型维修情况摸底及核查，完成固定资产调拨处置核销工作。

【综治维稳安全保障】 2018年，宁乡市机关事务局严格落实安全维稳责任，不断强化部门联动，全年共接待处理上访543起/4481人，纠正违规停放车辆189台次，保障会议3979场。不断完善应急防汛工作预案，派出20名护卫队员扎实参与黄材水库防汛抢险演练。所辖各办公区安全运行，未发生一起安全责任事故和治安案件。

【服务中心】 2018年，宁乡市机关事务管理局戮力同心，机关中心工作取得新突破。一是精准扶贫实帮实助。通过结对帮扶一对一、收购农产品、产业扶植、乡村公路建设、党员志愿服务及农村义诊等活动，不断提升贫困户的获得感和满意度。全年组织农产品收购18次，妥善安排6名贫困户到下辖实体就业、介绍去长沙务工2人，集中上门帮扶4次。二是认真落实“三抓两促”项目帮扶。深入金玉工业园—敬业达新材料有限公司和高新区—长沙东鑫环保材料有限公司，了解项目投资、生产设备订购、项目申报、建设规划等情况，得到帮扶企业一致好评。三是“一推行四公开”、支部结对共建、美丽乡村建设、拆迁腾地工作齐头并进。组织党员干部定期开展“与群众交朋友、帮基层解难题”结对帮扶活动，主动输送1名优秀人员协助做好宁乡“拆迁腾地”项目，3次按时完成市委、市政府交办的征拆工作。四是全面拆除行政中心主楼门禁系统。完成行政中心主楼门禁系统拆除，推出集接待、咨询、引导为一体的党群服务岗，打造亲民政府机关。五是牵头组织宁乡“首届全民运动会”机关工委片区22家单位赛事工作，圆满完成22家机关单位、11个比赛项目初赛组织及后勤保障等工作。（曾思宇）

中国人民政治协商会议
宁乡市委员会

NINGXIANG MUNICIPAL COMMITTEE OF
THE CHINESE PEOPLE'S POLITICAL
CONSULTATIVE CONFERENCE

责任编辑・姜小平

综 述

【概况】本届政协设主席1名，副主席5名（其中兼职副主席2名）；设政协委员368名（实有365名），设政协常委66名（实有64名）；设界别21个，分别为：中共、民进、农工、无党派、工商联、工会、共青团、妇联、港澳台侨、少数民族、宗教、新闻、医卫、教育、科技、科协、文艺、社科、农业、经济、特邀等界别。政协机关设一办五委，分别为：办公室、经济科技委、提案法制委、文教卫体委、群团联络委、人口资源环境委，办公室下设研究室和委员服务中心。全市29个乡镇（街道）均设立了乡镇（街道）政协工作联络处，配备乡镇（街道）政协联络工作负责人和专职政协专干各1名。

围绕三大攻坚战建真言、谋良策、出实招。集中开展“千人帮千企‘三抓两促’百日大行动”中小微民营工业企业营商环境“百企调查”活动，实地走访企业114家，整理问题190个，召开情况反馈座谈会，现场协商实体经济发展难题，助力防范化解潜在风险。坚持以人民为中心，协商推动化解人民群众上访反映强烈的信访积案15起，有效维护社会大局稳定。主席会议成员聚焦脱贫攻坚工作，按照“四不两直”方式到联点乡镇（街道）调研督导并走访所联贫困村、贫困户。组织开展“发挥委员优势，助力脱贫攻坚”系列活动，全体政协委员全年捐款捐物200多万元。政协机关派员驻点双凫铺镇粟江村，组织专项扶贫活动4次。协助市委、市政府铁腕治污，联点督办中央环保督察“回头看”交办问题12件（次）。围绕城市防洪、畜禽污染整治、农业种植结构调整等工作的贯彻落实情况，开展卓有成效的视察调研活动。

全力参与六大工业新兴及优势产业链建设推进行动。捕捉30余条招商信息，促成多个项目落户宁乡。走访调研产业链企业40余家，撰写调研报告3篇。组织开展服务企业用工活动，达成就业意向人数3597人，帮助鞋服企业实际招工571人。市政协主席会议成员联系19个重点企业和重大项目，开展“三抓两促”帮扶活动229次，排查重点问题25个，协调解决21个。

邀请行业内知名学者专家，围绕宁乡六大工业新兴及优势产业链建设、中小微民营工业企业营商环境等主题，举办4场“对话西线工业走廊”论坛，通过分析产业现状、剖析存在问题、提出对策建议，进一步形成发展合力，为市委市政府决策、推进产业发展提供参考。

重要会议

【政协宁乡市第一届委员会第二次会议】 2018年3月3日至3月4日，政协宁乡市第一届委员会第二次会议在玉潭街道召开。会议圆满完成各项议程，补选胡宇为政协宁乡市第一届委员会副主席。

会议认为，2018年前两个月，全市上下以习近平新时代中国特色社会主义思想为指导，以“四个打造”为战略抓手，突出“产业项目建设年”“改革攻坚突破年”“基层党建强化年”主题，紧紧围绕工业新兴及优势产业链建设、城市品质提升、乡村振兴战略、生态文明建设、民本民生改善谋篇布局，撸起袖子加油干，艰苦奋斗再创业，宁乡再出发的动能马力充足，高质量的发展态势初显。

会议号召，新时代意味着新起点、新要求，新时代呼唤着新气象、新作为。全体政协委员、政协工作者、各民主党派、工商联、人民团体和社会各界人士要高举习近平新时代中国特色社会主义思想伟大旗帜，认真贯彻落实中共十九大精神，坚持服从和服务于中共宁乡市委各项决策部署，坚定理想信念、强化使命担当、全面增强本领、竭诚献智出力，为加快建设现代化新宁乡不懈奋斗！

【政协宁乡市第一届委员会第三次会议】 2018年12月25日至12月28日，政协宁乡市第一届委员会第三次会议在玉潭街道召开。会议听取和审议政协宁乡市第一届委员会作的工作报告，听取和审议杨志武所作的提案工作报告。会议期间，委员们列席宁乡市第一届人民代表大会第二次会议，听取并协商讨论《政府工作报告》及其他报告。会议补选成五一、宋美纯、陶海英、黄忠于4人为政协宁乡市第一届委员会常务委员会委员。

会议认为，2019年是新中国和

12月25日，政协宁乡市第一届委员会第三次会议第一次全体会议召开

人民政协成立70周年，也是决胜全面建成小康社会的关键之年。人民政协要继续高举习近平新时代中国特色社会主义思想伟大旗帜，全面贯彻中共十九大和十九届二中、三中全会精神，认真落实习近平总书记关于加强和改进人民政协工作的重要思想。要加强政治学习，不断夯实思想政治基础；适应时代发展，切实加强新时代人民政协党的建设；聚焦红色文化，深入推进历史文化传播；围绕中心工作，务实履行政协职能；立足求真务实，大力加强自身建设。

会议号召，全体政协委员、政协工作者和政协各参加单位，要更加紧密地团结在以习近平同志为核心的中共中央周围,在中共宁乡市委的正确领导下，以新时代人民政协党的建设为统领，维护核心、不忘初心、服务中心、凝聚人心，履行政治协商、民主监督、参政议政职能，为全面推进宁乡高质量发展作出新的贡献！

【政协宁乡市第一届委员会常务委员会会议】2018年，市政协共召开常委会议4次。

2月28日，市政协一届二次常委会议在行政中心市政协常委会会议室召开，会议由市政协副主席彭曦明主持。会议听取市政协一届二次会议筹备工作情况汇报；协商通过宁乡市政协一届二次会议议程、日程、大会执行主席名单、秘书处各组人员分工及职责；协商人事。

7月23日，市政协一届三次常委会议在市民之家三楼会议室召开，会议由市政协副主席彭曦明主持。会议听取上半年宁乡市经济社会发展情况通报；协商通过《下半年社会贤达工作计划》《重点提案双向评议工作方案》；协商通过“四个十佳”评选结果；协商人事。

10月19日，市政协一届四次常委会议在市民之家三楼会议室召开，会议由市政协副主席彭曦明主持。会议观看了《习近平新时代中国特色社会主义思想指引宁乡篇章——新时代、新气象、新作为》《沩水春秋——铁血宁乡》VCR；市委宣传部常务副部长汤命强作《书写新时代“赶考”路上党建工作新答卷》专题讲座；协商讨论市政协一届三次会议大会发言课题；协商人事。

12月18日，市政协一届五次常委会议在市民之家三楼会议室召开，会议由市政协副主席彭曦明主持。会议听取市政协一届三次会议筹备工作情况汇报；协商确定市政协一届三次会议日程、议程、执行主席名单；协商讨论市政协常委会工作报告和提案工作报告；协商确定提案办理先进单位、先进个人和优秀提案建议名单；听取市政协一届三次会议委员发言相关情况；协商人事。

履行职能

【政协协商】召开全体会议2次，常委会议4次，主席会议14次。全会期间，邀请市委、市政府领导参与委员联组讨论，当面听取委员意见。

主席会议成员带队就乡村振兴、垃圾分类、中小学生安全饮水等民生问题，深入乡镇、村组开展调研，形成调研报告6篇，大会发言材料4篇。加大社情民意报送力度，全年上报信息55条，其中省政协采用3条，长沙市政协采用4条，《抢抓机遇实现长株潭城市群机场“空中战略预留”》等2条信息被长沙市委副书记徐宏源、市政协主席文树勋等领导批示交办，宁乡市政协获评长沙市社情民意工作先进单位。加快政协云平台的共建共享共用共管，全市95%的政协委员和政协工作者参与应用推广，政协云APP活跃度大幅度提升，宁乡市政协获评省政协云征文大赛优秀组织奖、省政协云应用创新大赛二等奖。

围绕《贯彻发展新理念，建设美丽生态沩水河谷》重点提案，组织部分委员开展为期4个多月的跟踪督办，并进行现场双向评议。推进政协民主监督与其他监督的协调配合，开展“政协委员走进纪委监委”活动，部分政协委员、社会贤达代表作为市纪委党风政风监督员参与纪检监督活动。

【基层民主协商对话会】黄材镇基层民主协商对话会探索将基层党建强化与民主协商对话有机统一，两年来组织召开千人对话会3场，村（组）对话会500余场，通过协商达成共识86件，解决实际问题200多个，工作经验得到《中国政协》杂志社深度报道。

【提案办理】市政协一届一次会议收集提案117件，立案103件，立案率88%。其中经济建设类25件，立案22件；政治建设类8件，立案8件；文化建设类19件，立案16件；社会建设类53件，立案46件；生态文明建设类12件，立案11件。截至2018年8月31日，所有提案均已办理答复完毕。回眸办复情况和反馈意见，委员见面率、提案答复率达到100%，委员满意和基本满意率达98.8%。

文史工作

【历史文化资源普查】2018年，宁乡市政协基本完成历史文化资源普查野外核查工作，收集普查资料3237份，共340余万字，新发现文史资源827处，录入生成电子普查档案1921份，筛选第一批文史挂牌保护点68处。精选文史普查资料，为《中国影像方志》《跟着诗歌去旅行》《钟山说事“文化湖南”》等中央、省市节目提供大量素材。

【红色文化资源保护和利用】在市政协、市广播电视台的共同努力下，以宁乡历史文化故事、宁乡籍革命家事迹为题材，采写、拍摄、制作、播出历史纪录类节目《沩水春秋》12期。深度开发利用宁乡红色文化资源，按照“高起点、有特色、市场化”要求，协调推动成立

沩水春秋栏目

长沙花明楼红色文化教育学院，半年时间共培训学员4000余名。建成一个反映从全国政协到地方政协光辉历程的《政协之光》展示展览厅。编发《宁乡文史》——刘少奇同志诞辰120周年特刊。

自身建设

【理论学习】 2018年，市政协组织集中学习18次，其中专题学习习近平总书记系列重要讲话精神11次。政协党组成员开展“知敬畏、存戒惧、守底线”主题党课宣讲5次，赴党建联系点走访28次。举办学习研讨习近平总书记关于加强和改进人民政协工作的重要思想培训班，分5批次对全市406名政协委员、政协工作者和429名社会贤达进行集中轮训。完善日常学习制度，举办政协“书香汇”主题学习沙龙5次，拍摄“书香荐读”视频48期，编印《政协“书香汇”读书随笔专辑》1册。

【委员建设】 2018年，宁乡市政协协商制定《委员履职考核评价办法（试行）》，积极开展“四个十佳”评选活动，策划组织“政协云能给我们带来什么”等活动，不断增强委员履职本领。推动社会贤达动态管理工作，召开全市社会贤达会议，为创新基层社会治理、营造良好社会风气，做出了积极、有益的探索。

组织开展全市29个乡镇（街道）政联处和7个市直联组专题调研活动，搜集整理建议意见190条供市委、市政府决策参考。各乡镇（街道）政联处积极争取党委重视，定期邀请政协委员和社会贤达代表列席党委、政府重要会议。

【机关建设】 2018年，宁乡市政协协商协商完善《关于切实改进政协机关作风建设的规定》《政协机关财务管理制度》等规定，开展“知敬畏、存戒惧、守底线”纪律教育活动。完成机关支部换届选举工作，建设政协“党员活动室”，对机关党员实行分类积分管理，开展党组织活动30余次。

国家、省、市媒体推介宁乡政协工作经验35篇，其中新华网单篇最大阅读量15万次，《中国政协》深度报道1次，《湘声报》专题报道1次，深度报道2次。湖南政协云首页头条推介宁乡政协工作3次，“云宝这一周”系列漫画推介3次。接待各地政协到宁调研考察39次。积极参加长沙市政协举办的“同心杯”篮球赛，参与组织宁乡“花明杯”篮球赛。（冯国强）

中国共产党宁乡市
纪律检查委员会

COMMISSIONER OF DISCIPLINE
INSPECTION OF COMMUNIST PARTY
OF CHINA OF NINGXIANG MUNICIPALITY

责任编辑・姜小平

综　述

2018年是贯彻落实中共十九大精神的开局之年，是宁乡撤县设市迈向新征程的开局之年，也是宁乡市监委成立后纪委、监委合署办公再出发的开局之年。市委加强对党风廉政建设和反腐败工作的领导，保持政治自觉，强化责任担当；全市各级纪检监察组织忠诚履行党章和宪法赋予的职责，立足实际探索，负重稳步前行，反腐败斗争取得压倒性胜利，全面从严治党进入新的发展阶段。

1. *坚定政治站位，管党治党工作呈现新气象。*市委以中央、省委巡视问题为导向，高位谋划，对标对表，统筹布局，一抓到底，牢牢扛起主体责任。市委书记坚持靠前指挥，及时研究、及时部署、及时过问，带头做细做实谈心谈话等工作。各级纪检监察组织把严肃政治纪律放在首位，市纪委监委坚持把自己摆进去，持续深入学习习近平新时代中国特色社会主义思想和党的十九大精神，不折不扣落实上级纪委及省委巡视组交办任务，及时向长沙市纪委、宁乡市委报告工作情况、重大案件、重要事项。加强全局思考，协助市委全面清除刘平案带来的恶劣影响，制定《关于加强新时代党的纪律建设推动全面从严治党向纵深发展的意见》《关于建立“亲”“清”政商关系的实施意见》等系列文件，认真落实主体责任提醒制度，完善“两个责任”信息管理系统，推动各级各部门把工作抓在日常。加强党风廉政审查，全年对90批9431人次作出回复，对125人次提出不同意见。严格责任落实，共问责立案15起，问责单位9个，处理处分72人。

2. *着力抓本逐末，纪律规矩认识实现新提升。*坚持问题导向，加强纪律建设，切实消除党员干部在纪律规矩认识上的盲区、误区。从5月底开始组织开展为期三个月的“知敬畏、存戒惧、守底线”纪律教育活动，牢牢把握学、查、谈、改四个关键环节，以上率下、分类施策，30名市领导和各单位负责人带头开展讲党课、谈心谈话，全市共召开民主生活会309场、组织生活会1254场，制定单位问题清单358个，整改问题2581个，完善制度1172项。举办第九届“廉政文化周”活动，以教育干部群众正确对待信访为题材的现代花鼓戏《刘凤芝上访》巡回演出，广获好评。从10月份开始，在全市开展发放一册读本、开展案例式警示教育等七项活动，深入学习贯彻新修订的《中国共产党纪律处分条例》，巩固、拓展、深化纪律教育活动成果。通过一个阶段一个阶段推进，一个问题一个问题整改，党员干部对加强纪律建设的具体要求、时代特征、价值取向有更清晰的认识，自觉遵守纪律要求、主动接受监督的意识提升。

3. *靶向聚焦，提升督查新实效。*立足中心大局，加强分析研究，靶向开展监督执纪问责，推动问题解决由表及里，标本兼治。持而不息纠治“四风”，严格执行省委、省政府“约法三章”，开展违反中央八项规定精神突出问题专项治理，成立票据监察中心追根溯源，对问题线索大起底，全市共收缴违规资金242.8万元，党纪政务处分134人、组织处理13人，红包礼金问题得到有效治理。强化“三大攻坚战”纪律保障，加强监督检查，开展集中治理，共问责和组织处理79人、党纪政务处分49人，对横市镇望北峰村扶贫项目工程违规变更结算、流沙河镇梅溪采石场非法开采等一批典型案件进行通报曝光。坚持将办理中央、省委巡视组交办件作为全年第一任务来抓，落实“四最”原则，提级办理，一体落实，共立案14件，处理处分19人。采取市领导领办、专项巡察等方式，扎实推进解决群众诉求中干部不作为、慢作为、乱作为和群众反映强烈的突出问题整治。加强扫黑除恶专项斗争监督执纪问责工作，建立与市委政法委定期沟通机制，对道林镇李某等14条涉恶问题线索进行调查处置，开除党籍7人。组织开展国家公职人员参与涉矿等经营性活动专项整治回头看，严肃查处违规征订教辅材料问题，专项治理利用领导干部职务影响力“提篮子”等问题。全年共受理群众信访举报355件，办结321件，澄清不实举报163件，开展阳光答复13件，有效化解双江口镇白玉村杨某等重信重访11件；共处置问题线索2951条，立案479件，处分457人、留置4人、移送司法部门6人，发出监察建议书11份，通报典型案例13期79例，挽回经济损失1500多万元。

4. *积极探索实践，监督体系建设取得新进展。*紧密结合宁乡实际，深化监督体系改革创新，治理效能初步显现。发挥巡察利剑作用，完成对10个乡镇(街道)党(工)委的常规巡察、对4个单位的信访专项巡察和19个单位党组织的整改督查，接受长沙市委对夏铎铺镇的交叉巡察，开展对6个乡镇的常规巡察、6个村的延伸巡察，对5个单位“三大攻坚战”的专项巡察，同时在黄材、灰汤等4个乡镇6个村探索开展乡镇党委对村级的巡察，共收集问题意见188个，移送问题线索77条，制度化、高质量、全覆盖的巡察工作格局初步形成。深化监察体制改革，完成派驻纪检组监察赋权并更名，进一步健全市委反腐败协调小组工作机制，制定案件查办协作配合办法，各成员单位全年移送问题线索355条，在监委移送起诉的重大案件办理中与公安、检察等无缝协作配合，监委立案18人。深化纪检监察一体化建设，优化乡镇（街道）片区设置，推进村务监督委员会规范化建设，强化重点工作联动协作，全年共开展交叉检查22次、联合办信办案97次、专项整治3次，发现和处置问题线索78条。积极推进“3+1+5”智慧纪检建设，实现对政府投资项目、公共资源交易、行政审批、民生资金、为民服务等重点领域的及时精准监督，共受理群众投诉776件，查处相关责任人20人，追缴资金44.8万元。随着监督体系的不断完善，“四种形态”更加精准有效运用，全年共处置2919人次，其中第一种形态2452人次、第二种形态349人次、第三种形态108人次、第四种形态10人次，严肃处置刘平案涉案问题线索，严肃查办青山桥国土所、常德“8·3”涉黑涉恶案等违法案件，实现抓早抓小与保持震慑的有机统一。

5. 牢记职责使命，纪检监察队伍展示新风貌。着眼转隶融合，全面加强机关党的建设和业务能力建设。坚持“每周一讲”“每月一课”“每年一训”，集中开展“不忘初心再出发、牢记使命新作为”主题政治教育，深入推进“我读《中华人民共和国监察法》”专题学习，扎实开展“大学习大调研大实践”活动，实现改革“形”与“神”的融合。出台《纪检监察案件质量标准》等制度性文件，建立案件办理、审理责任制和基层案件办理责任追究制。建立纪检监察干部个人事项报告制度和廉洁档案，开展人大代表、政协委员走进纪委监委活动，从严处置纪检监察干部问题线索14件，给予党纪处分1人、诫勉谈话2人、提醒谈话2人，内部监督不断强化。全年《中国纪检监察报》、湖南卫视、长沙电视台等市级以上媒体累计报道宁乡全面从严治党工作300多篇次，较好地展示宁乡形象。

11月1日，“一次学习检验活动”现场

全面从严治党

【中国共产党宁乡市第一届纪律检查委员会第一次全体会议】 2018年2月5日，中共宁乡市第一届纪委第一次全会召开，会议在市会议中心一会议室设主会场，在各乡镇（街道）设视频分会场。会议传达贯彻中央及省、长沙市各级纪委全会精神，总结2017年纪律检查工作，安排2018年任务。市委书记周辉在大会上讲话，纪委书记张武作工作报告。2018年，全市纪检监察工作将以习近平新时代中国特色社会主义思想为指导，深入贯彻落实中共十九大精神，按照中央、省、长沙市纪委全会部署和市委要求，切实增强“四个意识”、坚定“四个自信”，忠诚履行党章和宪法赋予的职责，紧紧围绕新时代党的建设总要求，以党的政治建设为统领，依纪监督，依法监察，持之以恒正风肃纪，在坚持中深化，在深化中发展，将全面从严治党引向深入，夺取反腐败斗争压倒性胜利，营造风清气正的政治生态，为开启现代化宁乡建设新征程提供坚强保证。下午，市纪委委员、巡察机构、纪检监察组织负责人、委机关部室负责人进行分组讨论，并召开闭幕会审议通过工作报告。

【第九届“廉政文化周”】 2018年10月29日至11月2日，宁乡市举办第九届廉政文化周活动。以“知敬畏、存戒惧、守底线”为主题，集中开展了“一堂专题党课、一场主题分享、一台戏剧巡演、一次学习检验、一日开放活动、一周法规宣讲”等六个子活动。活动以更加生动、多样的形式，教育引导广大党员干部习惯在受监督和制约的条件下工作生活。（胡齐华）

民主党派·工商联

DEMOCRATIC PARTIES AND FEDERATION OF INDUSTRY · COMMERCE

责任编辑·高　丽

民进宁乡市工委

【概况】2018年，民进宁乡市工委团结带领广大会员，大力加强思想建设、组织建设和制度建设，认真履职尽责，积极参政议政，各项工作都取得显著的成效。

【思想建设】2018年，民进宁乡市工委积极组织会员参加民进长沙市委和宁乡市委统战部组织的培训班、学习研讨班，通过会议、座谈等形式，深入学习贯彻习近平新时代中国特色社会主义思想，学习民进长沙市委和宁乡市委统战部相关文件精神，进一步增强会员的“四个意识”，明确工作要点，确立工作方向。及时传达学习全国、省、市“两会”精神，要求广大会员深刻把握会议精神实质，增强服务中心工作、关注民生热点问题的主动性，把思想认识统一到宁乡市委、政府的重大决策和部署上来。结合新形势、新任务，对会员进行中国民主促进会会史、会章、多党合作优良传统的教育，引导会员学习我国政党制度、统战理论和有关法律法规知识，进一步增强会员的政治把握能力、参政议政能力、合作共事能力和解决自身问题的能力。

【组织建设】2018年，民进宁乡市工委进一步完善办公条件、配备办公设施，优化办公环境。完善了公章、对公账号，配备办公台、椅、柜、电脑、打印机等设备，为日常工作提供必要的保障。积极发展优秀会员。根据高标准严要求原则，优先从企事业单位发展优秀会员。2018年，发展新会员4名，其中学历在硕士研究生及以上的2人，极大地提高会员的整体素质。截至2018年底，民进宁乡市工委有会员90名，会员中有有省政协委员1名，长沙、宁乡人大代表及政协委员18人。进一步完善办公制度管理。完善工作管理制度，制订提案及工作调研的考核奖励工作方案，对财务管理、会员的考核吸收流程、社会服务等工作进行明确规范，逐步把各项工作纳入制度化和规范化的轨道。

【参政议政】2018年，宁乡民进继续坚持把参政议政作为基层组织工作的重要抓手，会员中的人大代表、政协委员积极参政议政，积极建言献策。宁乡民进提交的《贯彻发展新理念，建设美丽生态沩水河谷》的提案，成为宁乡市政协一届一次大会上第一个发言的提案，也是第一号提案。按照宁乡市委统战部“建言献策十佳贡献奖”的申报要求，积极撰写《着力构建“四大机制”，做好“年轻一代非公经济人士”的引路人》的调研课题，同时向民进长沙市委、长沙市委统战部、民进湖南省委积极报送社情民意和新闻信息80多篇次，其中，谢文波《关于严抓汽车天窗口站人交通违法行为的建议》被民进中央采纳。同时，广大会员发挥自身优势，积极参政议政。在湖南省政协十二届一次会议上，民进宁乡工委园区支部副主委、长沙市沙龙畜牧有限公司董事长李述初作为新一届省政协委员全程参加会议，并接受了人民网湖南频道、红网“十秒说两会”栏目组记者的采访；8月28日杨柏松、李述初参加宁乡市委常委班子专题民主生活会党外人士征求意见座谈会；9月25日至28日受省委统战部邀请前往安化，杨柏松参加由省委统战部政策理论研究室和党派处牵头组织的脱贫攻坚联点督查。在12月底召开的宁乡两会上，杨柏松执笔的《关于我市中小学生安全饮水的建议》由何鑫在大会进行发言，刘敏、朱爱英提交《关于加强教师队伍稳定性的建议》，杨红菊提出《关于推广全民阅读，建设“书香楚沩”》的建议，张帅提交了《关于加强交通安全管理促进园区物流发展的提案》，李潇潇提交《关于设立破产费用保障基金和府院协调机制的代表建议》。在宁乡“两会”上，民进声音铿锵有力，引起社会关注。

【社会服务】2018年，民进宁乡市工委突出法律微讲堂进社区。民进宁乡工委与爱泽郊扬志愿服务队一起发力，邀请宁乡正兴法律服务所律师到城郊街道石泉村等10个村社区，就如何避免非法集资、民间借贷等问题开展了法律讲座，聆听讲座人数达到3000多人次，深受群众欢迎。开展“幸福宁乡，父母大讲堂”。该项目由民进会员、白马桥凤行小学校长廖丽娟积极组织倡导，2018年在全市8所学校和社区开展家庭教育指导服务，讲座通过持续的家庭教育指导课程，帮助家长转变教育观念，提升家庭教育水平，助力孩子健康成长。进行“民进同步，脱贫百户”。为切实解决贫困学子上学难的问题，民进宁乡工委80多个会员出资近10万元，对贫困户进行帮扶，同时组织会员前往老粮仓进行扶贫助学，弘扬“团结、友爱、互助、奉献”的社会主义新风尚，积极营造良好的育人氛围，推动全市教育事业和扶贫工作的进步和发展。（杨柏松）

农工民主党宁乡基层工作委员会

【概况】2018年，中国农工民主党长沙市委宁乡基层工作委员会共有党员68名，下设人民医院支部、中医院支部、综合支部等3个支部。年内，农工党宁乡基层工作委员会坚持中国共产党领导的多党合作制，立足自身特点、发挥人才优势，全面开展党派工作，较好地完成了年初制定的各项目标任务，为宁乡市域经济社会发展贡献力量和智慧。

【队伍建设】2018年，农工党宁乡基层工作委员会被农工党湖南省委授予“先进基层组织”。在宁乡“两会”上，党员陶文英、陈胜、黎清华等分别荣获“优秀人大代表”“十佳政协委员”称号。在中共中央发布“五一口号”70周年、农工党湖南省委成立35周年之际，农工党省委表彰一批优秀典型，其中李伟力、杨曙光、王应军、刘检、黎清华被农工省委授予“优秀党员”称号；刘陵、罗芳被农工党省委授予“优秀党务工作者”称号。

宁乡市政协副主席、宁乡农工党基层委员会副主委曾含玲在宁乡市委统战部纪念“五一口号”发布70周年座谈会上交流发言，发言内容在《长沙农工》全文发表。刘检、欧伟、陈彬参加长沙市委“五一口号”发布70周年党史知识竞赛荣获三等奖；宁乡农工党基层委员会荣获2018年农工党长沙市委组织趣味运动会团体第一名。同时，成功举办宁乡市农工首届乒乓球比赛。

【参政议政】 2018年，农工党宁乡基层工作委员会发挥党派优势，在农业、医疗、环境卫生等方面，加大调研力度，围绕社会民生热点，呼应群众心声，积极撰写调研报告、社情民意，为市委、政府决策出力，为推动市域经济发展出力，为推广美丽宁乡出力。在宁乡市统战部组织的宁乡市首届“建言献策十佳贡献奖”评选活动中，贺小平撰写的《关于保护开发利用红色旅游资源，推动全域旅游的意见建议》、刘陵撰写的《中德产业合作示范，推动宁乡智能制造产业升级》、邹磊撰写的《关于我县公路“街区化、集镇化”的思考与建议》等被评为“十佳建言”；刘检《强监管，提质量，建精美园林城市》及陈胜《宁乡县农业面源污染现状及治理探讨》被评为“优秀建言”。李拥华撰写的《关于推进宁乡海绵城市建设的建议》被评为“优秀代表建议”；贺小平撰写的《关于推进民宿经济发展，提升我市全域旅游竞争力的建议》、陈巨友撰写的《完善储能产业链，创造产业新优势》、王应军撰写的《关于积极探索我市西部生态与中医药健康产业发展助力全域旅游的建议》被市政协评为“优秀提案”。

【社会服务】 2018年1月，宁乡市委统战部调研横市镇泉柳村“一镇一品”工作，为该村积极争取建设资金，通过争取促成项目经费30万元，并纳入省委统战部“同心工程”项目建设。全年，宁乡工委多次在宁乡市横市镇泉柳村开展医疗义诊、法律咨询社会服务活动，为患病群众免费发放药品。设法律咨询服务台提供法律咨询服务，走访慰问并向贫困村民，捐助爱心款。

美丽乡村打造省级示范。在夏铎铺龙福新村开展乡村医养试点工作，“老人医养”，成为全省乡镇村医养典范、全省示范点。

健康服务上升新高度。2018年7月，人民医院总支医疗骨干为楚天科技企业技工、骨干、劳模、员工家属等300多人开展健康咨询和义诊，党员刘青云教授为楚天科技员工和家属开展《妇女的五期保健》健康讲座。同时还组织宁乡中医院眼科、内科、外科等多个科室医生到夏铎铺天马新村开展义诊活动，赠送药品，宣传健康生活知识。宁乡市人民医院、宁乡市中医院等支部，分别组织开展“青少年视力监测活动”“贫困家庭健康体检”“送医送药下乡”等活动，对贫困家庭学生免费进行眼视光专业技术人员培训，对合格人员免费安排就业岗位等，充分发挥党派技术优势在服务社会、服务民生中的重要作用。

【“农工党员之家”正式运行】 2018年，宁乡“农工党员之家”成为农工党湖南省委授牌的湖南省首批“农工党员之家”。2018年12月12日，宁乡“农工党员之家”接待了农工党中央专职副主席、全国人大常委龚建明一行考察调研。

（罗　芳）

宁乡市工商业联合会

【概况】 2018年，市工商联围绕“两个健康”工作主题，贯彻“团结、服务、引导、教育”方针，充分发挥“桥梁、纽带和助手”作用，积极探索服务举措，不断创新服务手段，为推进“四个打造”战略发挥积极作用。2018年工商联工作经验在《中华工商时报》《湘声报》进行推广。

【服务工商业】 2018年，宁乡市工商业联合会优化非公经济服务中心“十部”（即：政务服务部、法律维权部、教育培训部、招商引资部、精准扶贫部等“十部”）成员，将一批讲政治、有思想、有爱心且热爱工商联事业的非公经济人士充实到了“十部”队伍中来，明确十部工作职责，建立工作考评办法，充实“十部”内容，组织“十部”开展活动。全年，十部工作特色明显，成效突出。政务服务部免费为企业提供政务咨询服务，帮助会员代办企业项目建设的审批和相关业务工作，协调审批中出现的相关问题与困难。教育培训部组织开展各类教育培训，组织非公经济企业赴长沙、佛山、杭州、香港等地参加培训学习；组织90多名非公经济代表人士分两批次赴井冈山开展为期三天的“知敬畏、存戒惧、守底线”党性教育活动；邀请省发改委优化处处长贺亮辉为宁乡非公经济人士主讲《进一步降低实体经济成本，助推民营企业发展》专题讲座。活动策划部加强商会之间交流合作，组织基层商会会长赴长沙县黄兴商会、长龙商会实地观摩学习；组织参加兄弟商会的重大活动，学习兄弟商会的经验；组织企业赴巴基斯坦参加“2018巴基斯坦湖南商品展览交易会”，帮助非公企业对接“长三角”、境外资本市场。经济咨询部积极开展优化营商环境大走访大调研，撰写了《关于全市非公经济在新宁乡新作为上的调研报告》《宁乡市优化经济发展环境调研报告》2篇。法律维权部举办《新社保征缴法律风险与防范》法律知识讲座，组织全市600余人次非公有制代表参加。宣传推介部建立微信公众平台，宣传报道商会、企业先进典型事迹440多篇。驻宁异地商会联谊部和驻外商会发展联络部与韶关、惠州、海南、上海、香港、湖北、邵阳、温州等11个地区的同乡会联系联络，加强商会交流，开展联谊交友活动。

【商务快线工作】 2018年，宁乡市商务快线是免费为亿元企业家联谊会会员、年纳税额100万元以上工业企业家、市工商联副主席、副会长提供连接黄花机场、长沙高铁站商务出行的交通专线服务。商务快线运行至年末，已为万鑫精工、忘不了服饰、恒佳新材料、中谷科技等162家企业出车3371次，为企业及客商到宁乡、考察宁乡、投资宁乡，提供最优质、最便捷的畅达服务，在企业界产生强烈反响，得到客商的一致认同。营造了市委、市政府重商、亲商、爱商的营商环境，成为宁乡的一张新名片。

【亿元企业家联谊会工作】 2018年，对年纳税额超过500万元的企业主要负责人，发放亿元企业家联谊会会员卡，使会员通过会员卡在本市范围内享受政务服务优先、交通治安管理从简，就医就学优先，商务快线免费等优质服务。全市符合亿元企业家联谊会入会条件的企业共有63家，至年末已为会员提供就医、就学、政务受理等快速便捷服务，累计解决会员需求165次，凝聚和团结宁乡各行业具有一定规模和影响力的大企业家，构筑高端企业家社交圈。

【非公经济大讲堂】 2018年，为了树立标杆，学习标杆，宁乡市工商业联合会组织开展了“非公经济大讲堂”活动，邀请工商联企业家副主席、副会长轮流授课，通过分享各企业家的创业历程和企业文化、经营理念、品牌战略，带动更多的创业者走向成功之路。邀请楚天科技执行总裁曾凡云担任主讲《企业竞争力与执行力》为主题的专题讲座，组织全市各行各业近千名非公经济人士参加，得到全市企业界关注，产生了深远影响。

【“百企大招商”】 2018年，宁乡市工商联在全市企业和商会中开展“百企大招商”活动，聘请百名企业家为招商信息员，带动全市会员开展招商引资。组织开展“珠三角招商推介会”，组织绍兴湖南商会、江苏湖南商会、余杭湖南商会参加杭州“2018湖南—长三角经贸合作洽谈周”招商活动，组织赴广州、佛山、中山等地专题招商。全年共收集招商信息10条，成功签约深圳龙电电气股份有限公司和长沙宁商企业管理有限公司2个项目，引进资产投资3亿元。

【商会组织建设】 2018年，宁乡市工商联基层商会建设逐步规范。为规范基层商会建设，对全市29个乡镇（街道）商会开展大调研、大走访，全面摸清基层商会现状，了解商会困难和问题，撰写基层商会调研报告，并在全市启动商会建设三年行动计划，打造横市、白马桥、金洲、灰汤、城郊等品牌商会5个，使基层商会组织更加紧密、机制更加健全、运作更加规范、成效更加凸显。“四好”商会建设不断深化。推动工商联所属商会开展“四好”商会建设，选树一批“四好”商会先进典型。其中高新区商会、门业协会、女性创业者协会被评为长沙市“四好”商会，企业家商会、豪德商会、摩托车商会被评为宁乡市“四好”商会。指导商协会参加长沙市商会组织建设成果展示会，其中企业家商会获得长沙市工商联商会成果展示一等奖，豪德商会获得三等奖。异地商会联系更加紧密。密切与北京、深圳、广州、东莞、株洲等异地商会的联系，组织商会间互相学习，相互交往。指导南雄市湖南商会成立，指导三亚市宁乡商会成立，使宁乡商会扎根到祖国的最南端。

【优化营商环境】 2018年，宁乡市工商联畅通企业诉求渠道。开通民营企业诉求服务热线“12345”24小时接听、受理、答复和回访民营企业的咨询、建议、诉求、批评、举报等事项，服务热线运行至年末，共受理解决民营企业诉求23件，满意率100%。建立服务非公经济协作机制。为依法保障非公经济人士合法权利，市工商联与市人民检察院建立服务非公经济协作机制，成立服务非公经济协作工作领导小组，在市人民检察院设立服务非公有制经济办公室，并由市人民检察院派驻一名检察官驻工商联挂职，通过联席会议、定期沟通、信息共享等方式形成服务宁乡非公有制经济发展的工作合力。大力推进产业链建设。组建孕婴童及时尚鞋服、先进装备两个产业联盟，分别建立微信群，成立产业联盟，加强上下游企业联系联络，在圣得西组织鞋服企业开展企业家沙龙活动，营造助推产业链发展的氛围。建立完善信用联合奖惩机制。组织相关职能部门召开商讨会，制订《关于建立完善信用联合奖惩机制工作方案》，明确信用联合奖惩机制的工作目标、重点任务和具体负责人，加快推进建立完善信用联合奖惩机制建设，构建运行“一处失信、处处受限”的失信联合惩戒机制。

【光彩事业】 2018年，宁乡市工商联“百企联百村”活动持续推进。组织非公企业与贫困村对接。全年以，共有46家企业积极开展“百企联百村”合力脱贫攻坚活动，走访贫困村100余次，投入帮扶资金275.88万元，物资价值约252.68万元，公益帮扶934人、教育帮扶64人、产业扶持9人、就业安置12人，惠及26个乡镇43个村的1019户困难群众。“千企联千户”活动广泛开展。为助推打赢全市脱贫攻坚战，组织基层商会、异地商会、行业商会和会员企业开展“千企联千户”深度扶贫活动，发动每个会员企业认领帮扶一户深度贫困户，建立结对帮扶关系，为深度贫困群众提供精准、有效、多元化的帮扶。活动开展到年末，发动508家企业成功认领全市597户深度贫困户，社会爱心力量共开展走访帮扶454次，捐赠帮扶资金及物资265.83万元。

（李玉梅）

群众团体

PEOPLE'S ORGANIZATION

责任编辑·姜小平

宁乡市总工会

【概况】 2018年，宁乡市总工会管辖高新区工会联合会、29个乡镇（街道）工会联合会和70多个市直科局单位工会，全市园区工会和乡镇（街道）工会基本实现规模企业工会组织全覆盖。市总工会机关在职职工25人，其中班子成员7人，实职副科级领导干部1人，非领导职务人员5人，社会化工会工作者4人，另有两名社会化工会工作者分别在玉潭街道、高新区工会联合会工作。全年，市总工会坚持以习近平新时代中国特色社会主义思想和中共十九大精神为指导，深入贯彻落实习近平总书记对工会工作的重要论述和中国工会十七大精神，聚焦市委“四个打造”战略部署，坚持走中国特色社会主义工会发展道路，把握为实现中华民族伟大复兴的中国梦而奋斗的工人运动时代主题，锐意进取，扎实工作，积极作为，为全市经济发展和社会事业进步作出了突出贡献，工会工作焕发出新的生机和活力。

【主题活动】 2018年4月26日晚上，由中共宁乡市委、市人民政府主办、市总工会承办的“中国梦·劳动美”2018年庆祝“五一”国际劳动节颁奖晚会在楚天科技大剧院举行。市委副书记、市人民政府市长付旭明，长沙市总工会党组副书记、副主席匡涛涛，宁乡市委副书记刘亮，市人大常委会副主任张莹，市人民政府副市长、市总工会主席钟利仁，市政协副主席李纯等出席颁奖晚会。活动现场，文艺节目精彩纷呈，节目中穿插颁奖项目，有19名“最美工匠”、10个工人先锋号班组、9个优秀基层工会及70名优秀职工受到隆重表彰。这些受表彰的对象都是在各行各业、各个领域、各条战线中涌现出的先进楷模，是工匠精神和创新精神的典型代表，在奋斗中谱写新时代劳动者之歌。

2018年4月26日，“最美工匠”颁奖现场

【职工技能竞赛比武】 2018年，宁乡市总工会要求全市广大职工勇立时代潮头，引领创新，踊跃参加各类职工职业技能竞赛活动，并取得优异成绩。湖南海通建设有限公司孟德良获第六届全国职工职业技能大赛砌筑工决赛第三名；楚天科技股份有限公司彭晓林获第八届全国数控技能大赛决赛数控车工竞赛项目二等奖；楚天科技股份有限公司张献强、刘健、吴明胜三人团队获第二届全国智能制造应用技术技能大赛职工组切削加工智能制造单元安装与调试赛项二等奖；在第十届全国交通运输行业“中联重科杯”筑路工职业技能大赛全国总决赛中，宁乡市公路管理局蔡志丹获筑路工职业组压路机个人二等奖，黄新林获筑路工职业组压路机个人三等奖；在长沙市2018年“十行状元、百优工匠”技能竞赛活动决赛中，贾志光、周科明分别获得焊工、砌筑工行业状元，同时获得2018年长沙市五一劳动奖章和“长沙市技术能手”荣誉称号，刘广文等13名职工获得“百优工匠”称号，建筑协会人才辈出，有九名砌筑工进入行业前十名。

【职工教育培训】 2018年11月15日至30日宁乡市总工会“一户一产业工人”高新区中级焊工技能培训班在湖南长高电气有限公司开班，来自长园中锂新材料有限公司、湖南长沙星邦重工股份有限公司等12家企业的60名职工获得培训资格。举办本期初级工升中级工培训班，全面加强职工技能培训和职工素质的提升，满足企业对高技能人才的需求，为推动宁乡实体经济更好更快发展奠定基础。12月13日至14日宁乡市工会干部学习贯彻落实中国工会十七大精神培训班在湖南省工会干部培训基地正式开班，省总工会党组成员、副主席周海斌，长沙市总工会党组副书记、副主席匡涛涛，宁乡市人大常委会副主任、市总工会主席周泽祥出席开班仪式并分别讲话。培训班共安排5堂专题讲座，内容覆盖面广，重点包括中国工会十七大精神宣讲、《湖南省基层工会经费收支管理实施细则》（湘工发〔2018〕20号）文件解读、新时代加强基层工会建设的任务和路径、职工医疗互助业务指导等内容。

【职企和谐劳动关系】 2018年5月，宁乡市总工会领导积极督促非公企业广泛开展工资集体协商，共签订集体合同172份，涵盖企业921家，覆盖职工28753人。督促非公企业开展工资集体协商示范点创建活动，湖南家美门业有限责任公司和万鑫精工（湖南）有限公司被评为长沙市工资集体协商和职代会建设示范点。

【职工帮扶服务】 2018年，宁乡市总工会共组织30745人参与职工医疗互助计划，1930人因病住院职工共获得医疗补助金103万余元，共救助患重大疾病职工43名，资金达32.4万元，组织13420名女职工购买特殊疾病保险，其中7名女职工共获得补助7万元。大力推进城市困难职工解困脱困工作，拓展困难职工帮扶中心功能，经过对原系统内的职工进行初审，机关干部职工分成六组入户上门核查后，确定12名特困职工符合建档立卡解困脱困条件，后阶段还将在全市范围内进行摸底排查，对符合条件的特困职工进行建档立卡，帮助困难职工尽早解困脱困。积极开展“四送”活动，“春送岗位”，协助企业发布招聘公告，招录用工1000余人；“夏送清凉”，为高温作业的一线职工发放价值近50万元的凉茶、藿香正气水等防暑降温物品；“秋送助学”，筹措资金22.04万元，帮助55名贫困学子圆梦大学；“冬送温暖”，通过上门慰问、银行转账、委托基层工会慰问等方式，对全市600多名困难职工及劳模代表发放慰问金及慰问物资约60万元，把党和政府的关心和温暖送到职工群众心中。

【职工文化生活】2018年，宁乡市总工会筹措资金40多万元支持新建长宁炭素等9家企业职工活动室，为职工提供“快乐工作、健康生活”的活动场地。新建门业协会等9家职工书屋示范点，优化企业职工文娱环境，提高职工工作热情，助推企业留住人才，促进发展，受到广大职工的欢迎。组织开展庆“三八”职工趣味运动会、“我们一起过节”中秋联谊晚会、送文艺进企业等活动，丰富职工的文化生活，融洽干群关系，取得良好的社会反响。

【工会换届】2018年，宁乡市总工会认真落实中央和市委关于群团组织改革的要求，于6月正式印发《宁乡市总工会深化改革实施方案》，10月18日至19日宁乡市工会第一次代表大会在会议中心召开，大会回顾总结县工会第十三次代表大会以来取得的主要成绩和基本经验，讨论确定了今后五年工会工作的目标和任务，审议通过了县总工会十三届委员会工作报告、财务工作报告、经审工作报告和《关于学习践行习近平新时代中国特色社会主义思想，团结动员广大职工为推动宁乡高质量发展建功立业的决议》，选举产生市总工会新一届领导班子，配备一挂三兼工会副主席，改革后内设三部一室，即基层工作部、权益保障部、经济服务部和办公室。

【基层工会管理】2018年，宁乡市工会认真开展“六有”基层工会建设，工会组织覆盖面不断扩广，工会会员队伍进一步壮大。年内，楚天科技股份有限公司工会委员会被评为湖南省模范职工之家，周南靳江中学工会委员会被评为长沙市模范职工之家，煤炭坝镇工会联合会被评为湖南省“六好”乡镇工会。

2018年10月19日，宁乡市工会第一次代表大会在会议中心开幕

【工会系统党的建设】2018年，宁乡市总工会紧扣群团组织强“三性”去“四化”要求，扎实推进工会系统党风廉政建设和反腐败工作，持续加强作风建设，中央八项规定精神得到严格落实。深入开展“两学一做”学习教育，干部理想信念更加坚定，“四个意识”明显增强。积极开展“知敬畏、存戒惧、守底线”纪律教育活动，坚持党组书记定期为全体机关干部上廉政党课制度，牢固树立广大干部廉洁从政意识，始终保持清正廉洁政治本色，争当广大职工群众最可信赖的娘家人、贴心人。（丁敏章）

共青团宁乡市委员会

【概况】2018年，宁乡市共有青年（14周岁至35周岁）38.5万人，其中共青团员18.5万人。有专职团干部5人，兼职团干部1760人，基层团委77个，团工委3个，团总支49个，团支部794个。共青团宁乡市委构建“凝聚青年、服务大局、当好桥梁、从严治团”的四维工作格局，团结带领全市广大青年在宁乡现代化建设新征程中凝心聚力、奋力担当，圆满完成年初既定任务，实现全市共青团事业新时期新发展。

【深化“青年大学习”】2018年，共青团宁乡市委在抓好学习座谈时，邀请团省委副书记李志超、团长沙市委副书记赵雪峰、团十八大代表赵双林专题解读习近平总书记关于共青团工作的重要思想和团的十八大精神，组织基层团干赴天心区桂花坪街道开展“心中的梁家河”大学习，向全体团员青年编印习近平“7·2”重要讲话精神资料汇编，发挥基层团组织力量，让“青年大学习”遍地开花、内化于心。抓搭建线上学习平台，宁乡共青团官方微信搭建“青年大学习”

专栏，推出主题微团课18期，浏览人数达3万多次，“向团的十八大报到”等微博话题阅读量达到10万多次，阅读量超过1万次的微博有53条，搭建线上线下相结合的平台，让青年学习成为一种常态，自觉加深对习近平总书记重要讲话精神的理解。开展各类主题活动，在五四青年节期间开展“青春‘志’在宁乡”新发展团员、少先队员集中宣誓仪式，全市2万多名共青团员、少先队员参与其中，结合“十八岁成人礼”等主题，引导广大青少年传承五四精神，坚定理想信念，邀请“向日葵女孩”何平到宁乡讲课，联合志愿者团队开展国旗下的讲话等项目，通过具体生动的事例教育青少年，开展“我家这四十年”庆祝改革开放40周年等主题活动，有17名学生获得长沙市级奖励，团结带领广大青少年学生听党话、跟党走。

【“穿越宁乡”青少年体验活动】2018年，共青团宁乡市委“穿越宁乡”青少年体验活动举办8季，举办活动成功举办8季，分为感受红色文化、参与精准扶贫、走进西线工业走廊、关爱特殊儿童等主题，通过现场体验、小组竞赛、新闻发布会等方式寓教于乐，培养孩子们对祖国、对家乡的热爱、敬仰之情，引导青少年扣好人生第一粒扣子。在红色沙田，孩子们参观伟人故里，并与留守儿童开展城乡少年手拉手活动；在省定贫困村道林镇靳水村，孩子们争当精准扶贫小帮手，送去爱心款2万元以及爱心物资；在加加食品、康程护理用品有限公司，孩子们与公司高层管理人员面对面交流，感受家乡西线工业走廊建设成就；在宁乡市民馆，青少年对家乡有更深刻饱满的认识。活动包括30多个青少年体验点，覆盖青少年群体1300多人次，网络报道体验等超过。

【希望工程扶贫攻坚工作】 2018年，共青团宁乡市委对接长沙市青基会、利亚集团、建筑企业家协会等单位开展项目式助学，2018年希望工程“圆梦行动”共发放助学金57.76万元，援助学生290人，其中获得爱心人士长期结对帮扶的学生达到147人，累计资助金额超过230万元。对接大爱无疆爱心公益团队开展地毯式铺查，发放助学款10.3万元，103名事实孤儿获得长期结对帮扶。积极参与“阅读·梦飞翔”项目，发动募集资助金额15万元。团市委5名干部职工联系资福镇七星村5户贫困户，制定产业脱贫帮扶计划，通过生猪、仔鸡养殖等项目，逢年过节上门交流慰问，5户结对对象均已脱贫。

2月4日，50余名少先队员身穿红军服，徒步穿越沙田，参观何叔衡、谢觉哉故居，到达长沙市精准扶贫定点村——合塘村邹冲塘小学与农村留守儿童开展爱心联谊

【青年志愿服务活动】2018年，共青团宁乡市委在“3·5”学雷锋活动期间，组织保护母亲河活动、文明劝导、“绿动青春·悦享蓝天”我为春天代言等系列活动，通过现场发放绿植和种子，微信朋友圈广发代言的方式，传播绿色环保理念，参与人数达到5万多人。开展环保宣讲活动，招募大学生志愿者开展“我是河小青”环保宣讲活动，分赴29个乡镇（街道）结合“除臭剿劣”攻坚战工作实际，进机关、社区(村)、校园、企业举行巡回宣讲100多场，号召全市人民共同参与推进“五治”工作，共护“碧水蓝天青山”。组织青年志愿者参与全民运动会，每月有约文体中心开放日、NBL全国男篮联赛等大型赛事，在延续近两个月的宁乡市首届全民运动会期间，精心招募优秀青年志愿者150名，协助组委会提供专业赛事志愿服务12次，累计服务时长超过1000小时。

【服务产业链建设】2018年，共青团宁乡市委指导成立宁乡市青年企业家创业协会，发展先进装备制作、食品加工等产业及返乡创业大学生群体的青年会员80多人，每月开展头脑风暴、小组讨论、专题讲座，优化创新创业氛围。参与筹备第三届“中国创翼”创业创新大赛长沙市选拔赛宁乡市赛、科技创新市长奖评选、第五届“创青春”中国青年创新创业大赛湖南省选拔赛，为青年搭建起找得到、靠得住的创新创业平台。积极选树青年典型，召开产业链青年人才座谈会，组织800多名青年参与宁乡市杰出（优秀）青年岗位能手分享会，75名来自各行各业的优秀青年获评为宁乡市青年岗位能手，15人获评长沙市级青年岗位能手，17家优秀青年集体成功创评湖南省、长沙市、宁乡市青年文明号，楚天科技无菌预充针灌装线研发团队被授予湖南省“青年文明号”，优秀青年雷少祥奋斗事迹被《中国青年报》报道，激励全市职业青年练就过硬本领，立足岗位建功。

【助力乡村振兴】2018年，共青团宁乡市委指导成立长沙市农业创业者联合会宁乡联络处，50多名农村致富带头人成为会员，组织优秀代表参与农村青年人才“领头雁”巡回演讲活动，累计为超过一万名的优秀青年、学生群体进行农村创业主题宣讲，吸引更多优秀人才投身乡镇振兴行动。积极组织各类技能培训，组织参与省外培训2场、省内能力提升班2场，分别选派了32家协会单位前往山东、四川、省农科院等地进行学习考察。为会员企业提供银企、银保对接服务，超过三分之二的会员企业与农商行、紫金保险进行业务对接，业务对接会议超过五场，平均单场对接企业超过15家。团省委副书记李志超在8月份专门听取协会工作报告，对协会工作给予高度肯定。

【青年大讲堂活动】2018年，共青团宁乡市委打造青年大讲堂品牌，建立包括朱汉民、颜爱民、唐浩明等国学大师在内的专家讲师团，为青年人才提供菜单式授课，针对企业园区青年推出《国学践行与管理》《工匠精神与文化》等13堂精彩课程，300多名青年企业家、创业青年参与学习；针对青年教师群体邀请湖南师大教授黄耀红博士作《遇见最美的青春—教师成长篇》专题授课、答疑解惑；通过多样化的学习搭建交流平台，提升青年人才的综合素质和能力水平。

【青年交友联谊活动】2018年，共青团宁乡市委精准把握青年需求，针对园区青年交际面窄，教育、卫计系统单身女青年多等现实情况，精心策划青春“爱”在宁乡交友联谊活动，600多人报名参与活动，现场有24名适龄青年牵手成功；参与组织“缘来就是你·鹊桥会”“相约在冬季·敢爱”等行业系统交友联谊活动，通过单位推荐、自主报名、在线交流、线下拓展的方式搭建起不同行业青年之间常态化交友交流平台，让青年人才找到归宿，扎根宁乡。

【举办首届青年文化节】2018年，共青团宁乡市委“五四”青年节当天在高新区大学科技产业园举行“青春‘乐’在宁乡首届青年文化节走进园区”活动，分为环高新青春彩跑、青年社团集市展览、送文化进园区三大主体，授牌成立青年读书社、书画社、音乐社等14家社团，并开展“我的青春我的团”为主题的社团风采展及成员招募活动。按照“企业下单+社团接单”的形式，围绕青年创业、交友、文娱方面的兴趣爱好，将全市志同道合的青年人聚集在一起，开展“青年社团走进企业”专场展示展演活动10多场，增加青年在宁乡的归属感和幸福感，让青年“乐”活宁乡。

【青少年维权工作】2018年，共青团宁乡市委组建预青宣讲团，组织优秀律师、法律工作者和公安民警、法官、检察官，精心选取未成年人违法犯罪典型案例，分年级阶段备好精品课件进校园宣讲，送去法治课100余堂，近5万余名师生深受教育，检察院团委书记陈娟获得第二届“全国检察机关未成年人检察业务能手”。二是开展“12355”系列中高考减压活动，组织全市各高级中学应届毕业生开展心理健康教育、高考应援祝福、毕业考生成人礼等活动100多场，成功缓解考前压力，有效鼓舞考生士气。积极开展青少年自护宣传教育活动，通过小品、漫画、黑板报等形式，向广大青少年宣传安全知识，提高青少年安全意识，教育青少年获取规避危险意识、自我保护能力，累计举办活动2000余次，获得家长和学校的一致认可。

【共青团宁乡市第一次代表大会】2019年10月26日召开共青团宁乡市第一次代表大会，市委书记周辉，共青团长沙市委书记叶妙，市人大常委会主任喻亚军，市领导彭韬、钟利仁、刘继帅、张莹、孔秋生以及229名团代表出席大会参加会议。共青团宁乡市委书记杨靓雯作题为《高举团旗跟党走、奋力谱写新篇章，为建设更加美丽富饶幸福的现代化宁乡贡献青春力量》的工作报告，报告总结了近五年的工作，并谋划了未来五年的蓝图。报告指出未来五年，把政治建团作为最高原则、把三干四为作为最好抓手、把共推发展作为最强合力、把固本强基作为最大保障，团结带领广大青年接过历史接力棒，勇当发展生力军，书写辉煌新篇章。大会审议通过了共青团宁乡市委工作报告，选举产生33名共青团宁乡市第一届委员会委员、9名第一届常委，杨靓雯当选为第一届书记。

【全面深化共青团改革】2018年5月份，由中共宁乡市委办公室印发关于《共青团宁乡市委改革实施方案》的通知（宁办发〔2018〕11号），对共青团改革提出全面具体的要求，全市29个乡镇（街道）对标改革文件落实团（工）委主要负责人由同级党委领导班子有关负责人兼任制度。10月份通过换届选举深化自身改革，在宁乡市第一次团代会上严格落实团代表大会发言、团代表大会提交建议制度，共青团宁乡市第一届委员会基层占比达到89%，选举产生挂职副书记1名，兼职副书记3名，落实团市委本级领导机构改革要求。

【基层团组织建设】2018年，共青团宁乡市委推进“智慧团建”，全面增强团员队伍的先进性、荣誉感，联合市教育局开展中学团员发展情况摸排，召开全面从严治团暨中学共青团工作部署会，严格入团程序和入团标准，制作工作手册，按照一个团员一个编号的原则，对全市团组织和团员数量进行细致摸底，725家基层团组织、25461名团员在智慧团建系统完整录入。推进示范性基层团组织和青年之家建设工作，全年建设长沙市示范性基层团组织5家，长沙市青年之家2家，宁乡市级青年之家13家，在村（社区）打造一批“有阵地、有项目、有队伍、有机制、有标识”的青少年综合服务平台，打通服务基层青年的最后一公里，侯旨亭社区青年之家工作经验被《中国青年报》专题报道。举办2018年共青团干部能力提升班，市委副书记刘永红在会上寄语广大青年“担当成大业，倾情谋未来”，通过公开演讲、民主评议的方式推选出2018年长沙市优秀团组织5家，优秀团干部8名，优秀团员8名，选树典型，优化作风。

（孙小芳）

宁乡市妇女联合会

【概况】2018年，宁乡市有29个乡镇（街道）妇联，63个市直科局和驻宁单位妇委会，278个村（社区）妇联。全市妇联系统围绕中心、服务大局，坚持促进妇女发展、深化家庭文明、维护妇儿权益、推进民生实事，加强妇联组织改革创新，积极服务广大妇女儿童，取得较好的工作成绩。

【宁乡市第一次妇女代表大会】2018年11月8日—9日在玉潭街道成功召开宁乡市第一次妇女代表大会，289名代表参加会议，会上，全体代表学习十九大精神和全国第十二次妇代会精神，听取并审议宁乡市妇联第十一届执行委员会工作报告，选举产生宁乡市妇联第一届执行委员会委员，选举宁乡市妇联第一届主席、副主席和常务委员会委员，市妇联向全市广大妇女姐妹发出《推进农村人居环境改善，共建共享生态宜居美丽家园》倡议，圆满完成大会各项任务。市妇联配备挂职副主席1名，兼职副主席3名，专兼挂领导班子配齐。

【妇联组织改革】2018年，宁乡市妇联结合宁乡实际，由市委深改工作会议审议通过，市委办签发、出台《宁乡市妇联改革实施方案》（宁办发〔2018〕12号）。开展乡镇（街道）妇联组织区域化建设改革，6月30日全市29个乡镇（街道），278个村（社区）全部如期完成区域化妇联改革。在园区企业、社会组织、商务楼宇、专业市场等领域新建妇女组织165个。在春城万象、豪德市场商圈相继召开妇女代表大会，成立商圈妇联，选举产生商圈妇联主席、副主席和执委，

3月8日，宁乡市庆祝“三八”妇女节活动现场

《中国妇女报》等媒体对此作专题报道。全面推行三级妇联执委直接联系妇女群众“一呼百应”微信工作法，引领妇联执委建立“妇联执委一呼百应工作群”4209个，动态的、全覆盖的，以“网格化+妇联”的组织网络体系初步建立。玉潭街道新城社区、青山桥镇田坪村、沩山乡沩山社区创建长沙市示范妇女儿之家。

【“寻找大美宁乡城市精神”活动】2018年，宁乡市妇联以宁乡撤县设市元年为契机，策划组织寻找大美宁乡城市精神暨宁乡市庆祝“三八”妇女节活动，1000余名女性参与城市精神“我来说”“我来谈”“我来绎”等环节，共同探讨和挖掘大美宁乡城市精神，掀起培育、弘扬、宣传、践行城市精神的热潮，为大美宁乡经济社会建设凝心聚力。

【推动女性参与乡村振兴】2018年，宁乡市妇联以“实施乡村振兴战略”“精准扶贫”为契机，积极开展“乡村振兴，巾帼先行”行动，加强对巾帼现代农业科技示范基地的培树，推荐4个巾帼现代农业科技示范基地申报市示范；落实乡村振兴人才保障，多形式、多渠道为女性创业成长搭建平台，推荐优秀创业女性参加全国、省、市创业培训，召开乡村振兴巾帼行动主题座谈会，提升女性创业者发展创新的能力。在沩山、青山桥等乡镇开展插花、编织等巾帼脱贫技能培训10期，培训女性810人次。

【服务产业项目用工】2018年，宁乡市妇联以“产业项目建设年”为契机，与市政协办、市人社局一起，在中西部14个乡镇中举办“春风行动，服务企业用工”活动。乡镇、村（社区）妇联主席通过网络、村村响、走亲访友等渠道，宣传鞋服产业，宣传招工信息，牵线搭桥，担当起企业招工的“红娘”，成功促进3000名女性在家门口就业，帮助陆戈、特步、忘不了等鞋服企业解决用工难题，助力产业发展。

【助力蓝天保卫战】2018年，宁乡市妇联引导少年儿童从小树立低碳环保理念，助力蓝天保卫战。与市教育局、市文明办联合组织“环保小卫士”作品征集和评选活动，5月31日长沙市“同在蓝天下，牵手共成长”庆“六一”活动在宁乡实验小学举行，启动长沙市“衣暖人心，情满星城”爱心捐赠活动，组织发动学生捐献废旧的衣服、文具、书籍、玩具、鞋子兑换“绿币”，由环保志愿者团队用“绿币”置换学生自己需要的物品，为

少年儿童种下环保的种子。

【家庭文明】 2018年，“5·15”国际家庭日宁乡市妇联举办“幸福婚恋经营密码”讲座，指导夫妻在婚姻生活中如何规避风险、避开暗礁，提升能力；“三八”妇女节期间，组织巾帼志愿者团队到青山桥等乡镇开展婚姻家庭、夫妻和谐相处知识讲座等活动5次。与市文明办联合下发《关于开展第二届宁乡市文明家庭评选活动的通知》，评选出50户文明家庭；积极向长沙市妇联推荐优秀家庭，花明楼镇易湛江等5个家庭被评为长沙市“最美家庭”，玉潭街道谢秋冬家庭被评为长沙市五好家庭。

【家庭教育】 2018年，宁乡市妇联与市社区学院合作开发“幸福宁乡·父母大讲堂”公益项目，项目通过“妇工+社工+义工”模式，采用“微信家长群”线上答疑解惑，线下中小学集中授课相结合的方式，为家长搭建了一个持续学习成长的平台。在白马桥中学、夏铎铺天马学校、历经铺东城小学、白马桥滨江学校、资福珊瑚学校等8所学校实施，讲授48堂，参加学习的家长有4750人次，8个“幸福宁乡·父母讲堂”微信群共有线上学员3680人，家长问卷调查实现“零差评”，促进宁乡家庭教育工作走上规范化、专业化。开展“相伴共读，书香润德”亲子阅读活动，争取长沙市儿童活动中心支持，在千手爱心驿站建立长沙市亲子公益书屋分站，添置少年儿童、家庭教育刊物2000册，为市民提供优质亲子阅读条件。

【妇女儿童发展规划】 2018年，宁乡市妇联按照湖南省妇女儿童发展规划示范县市的要求，制定《2018年妇女儿童工作计划》，编印宣传手册，部署工作任务，了解各成员单位工作推进情况及存在的问题，协调联动，各项指标实现与时间同步推进，顺利接受长沙市妇女儿童发展规划中期评估督查。

【维权普法宣传】 2018年，宁乡市妇联组建“宁乡市妇女儿童维权律师团”。针对信访中最突出的婚姻家庭问题，开发“1堂婚恋普法课+1堂构建婚姻幸福课”，创新开展“婚姻家庭那些事”巡讲活动，在花明楼、黄材镇等11个乡镇开展巡讲，参学人员2000余人。各级妇联干部和巾帼志愿者开展“三八”维权周、“巾帼暖人心·普法宣传十日行动”等普法宣传活动62场次，发放宣传资料1万余册。

【信访维权】 2018年，宁乡市妇联信访办共接待来信来访280人次，其中家暴案件56件，督促签发人身保护令8份，告诫书10份，处理率100%，成功处理灰汤张某离婚、玉潭姜某被家暴等典型高危案例；调解青山桥蔡某婚姻家庭纠纷；为坝塘邓某，大成桥吴某提供心理疏导；为车祸被抛弃唐某提供法律援助，联系宁乡慈善总会募集救助金3万余元，联系政法频道为其制作“轻松筹”，募集救助金2万余元。

【农村妇女“两癌”免费检查】 2018年，宁乡市妇联组织策划“健康与美丽同行”“妇女两癌防治”等宣传教育主题活动15场，为40405名农村适龄妇女提供免费“两癌”检查，完成全年任务的183.7%，为10005名孕妇提供免费产筛，高质完成全年任务。建立市、镇、村三级贫困两癌妇女信息台账，为61名贫困“两癌”妇女发放65.3万元的救助金以及慰问物资；联合市卫计局举办“美丽与健康同行——关爱女性送健康送温暖”活动，为宁乡市2018年免费检查出的53名“两癌”妇女赠送慰问金、棉被、体检礼包等5万余元，并组织术后康复保健讲座。市妇联获评全省“两癌”免费检查重点民生实事先进集体。

【关爱留守儿童】 2018年，宁乡市妇联暑假期间，与市人大教科文卫工委联合组织“假期陪伴，与爱童行”关爱留守儿童活动，亲情陪伴留守儿童。开展“你平安，我快乐”关爱留守儿童活动，组织志愿者到5个乡镇，为300名留守儿童送去书籍衣服9万元。加强对百灵鸟小学、朱良桥中学留守儿童知心屋项目工作的指导，赠送书籍，发放“春蕾助学金”2万元，为52高中贫困女生申请全国妇联“春蕾一对一”项目帮助。

【千手爱心驿站】 2018年，宁乡市妇联总站接受爱心物资1.3万余件，先后向困难群众累计发放物资1.1万余件，逐步实现吃穿等生活保障应急救助规范化、常态化。开展关爱困难党员、困难群众“千手”爱心乡镇行活动11场次，救助覆盖全市各乡镇（街道）。创新运行机制，通过“妇工+社工+义工”模式，开展巾帼建功、巾帼家庭文明、巾帼维权、巾帼成才、巾帼关爱五大工作，更好地服务妇女儿童。

（喻胜华）

宁乡市科学技术协会

【概况】2018年，宁乡市科学技术协会围绕市委、市政府中心工作，以习近平新时代中国特色社会主义思想和中共十九大精神为统领，以提升全民科学素质、服务精准扶贫、强化创新驱动服务经济发展为三大主线，进一步推动科技与经济紧密结合，为全市经济社会发展提供必要的科技与人才支撑，各项工作取得较好成效。

【科协组织改革】 2018年8月24日以宁办发〔2018〕18号文件形式印发《宁乡市科协系统深化改革实施方案》。方案中明确加强完善科协组织建设和科协履职尽责保障问题，明确科协作为党领导下的人民团体，要求建立各级党委副书记分管科协工作、政府一名副职领导联系科协工作的机制，党委、政府分管或联系科协工作的领导应出席同级科协全委会会议的制度；同时明确科协机关内设办公室（财务科）、科普部（学会部）等机构。

【科普惠农兴村服务】 2018年，宁乡有1个先进个人获得“湖南省科普带头人”称号，获上级奖补资金5万元；1个单位被评为长沙市级科普先进单位，获上级奖补资金10万元；4个单位入选长沙市科协2018年第二批项目支持名单，获奖补资金36万元。9月11日启动宁乡市2018年“科普惠农兴村计划”“科普示范村（社区）”项目申报，奖补8个科普组织、8个科普带头人、20个科普示范村（社区），积极促进地方经济发展和乡村文明建设。

【科技助力精准扶贫】2018年，宁乡市科协引导两个农业企业为金玉村55户贫困户发放雏鸡、鹅近2000羽、饲料1.2吨，并开展养殖技术培训。55户贫困户不仅获得商品性收入，还通过“滴灌式”补助获得经费62790元，为55户贫困户增收近15万元。通过“科普惠农兴村计划”项目，对参与精准扶贫的合作组织和农业基地强化财政扶持，进一步动员、支持和鼓励科普组织参与扶贫工作，进行激励式扶贫。年内，通过各级科协的科普惠农兴村计划奖补5个农业基地、4个个人，共计35.5万元；推荐1人为国家级科技助力精准扶贫先进个人。

【青少年科技创新】2018年，宁乡市科协举办系列青少年科技创新活动，1月19日举办宁乡市青少年科技创新市长奖颁奖仪式暨成果展示活动；2月举办宁乡市第35届青少年科技创新大赛；9月全面启动“第二届青少年科技创新市长奖”评选，评选出10个市长奖活动作品，8个市长奖提名奖；10月宁乡市第十三届奇思妙想纸质模型比赛，激发青少年的创新创造活力，为推动全民科技创新营造良好氛围。积极组织青少年参加上级科协青少年科技创新竞赛活动，全年选送223个作品参加长沙市35届青少年科技创新大赛，获得市级一等奖32个、二等奖30、三等奖64个，并在省39届创新大赛中获得4金、2银的成绩；认真开展长沙市青少年科学工作室创建活动，积极推报3所学校参与创建评选，其中东湖塘镇西冲山中学和宁乡一中的科学工作室被评为“长沙市青少年科学工作室”。

【百城千校万村行动】2018年，宁乡市科协在沩山乡试点建设“乡村e站”，将扶贫、电商与科普e站相结合，进一步推动贫困地区经济发展；在花明楼镇刘家社区打造国家级“社区e站”，建设以健康、安全为主题的健康生活体验馆平台，为居民提供教育、心理咨询、娱乐健身、医疗保健、健康生活等服务；支持补助宁乡6所中小学校、5个村（社区）科普e站屏媒建设，切实开展服务城乡、服务市民的科普活动，提升公民科学素质，探索科普信息化有效形式。

【科普人才】2018年，宁乡市科协积极向省、市科协推荐科普带头人，1人获湖南省科普带头人称号；响应“人才新政22条”和“优秀青年科技人才”评选活动，积极推介创新型人才，向上级推荐4个优秀青年科技人才候选人；向中国科协推荐“科技服务精准扶贫”先进个人1名。（黄　瑛）

宁乡市残疾人联合会

【概况】2018年，宁乡市残疾人联合会紧紧围绕“实现残疾人事业发展提速，推进残疾人获得感升级、满意度升级，实施全面小康攻坚、深化改革攻坚和基层服务能力攻坚”的“123”工作思路，聚焦民本民生，深化助残服务，加快残疾人小康进程。年内，市残联荣获首届“宁乡慈善奖”之最具爱心组织单位。

【组织建设】2018年，宁乡市残联创建长沙市残疾人工作“明星乡镇”6个、“明星社区”4个，选聘残疾人专职委员309人，举办基层残疾人工作培训班，制发《宁乡市基层残疾人工作实用手册》。建立残疾人专门协会考核管理机制，签订社会治安综合治理责任书。制定《宁乡市残疾人托养机构管理办法》。

【康复服务】2018年，宁乡市残联实施为民办实事之0—14岁残疾儿童抢救性康复项目，免费康复503人，发放陪护补贴98.1万元，建设家长学校3个。举办“辅具有爱·行动无碍”辅助器具扶贫活动，全年适配辅助器具5369件，假肢装配86例，视力救助350例，发放康复救助资金10万元，全市有康复需求的残疾人康复服务率和辅具适配率分别达83%和82%。

【就业创业】2018年，宁乡市残联征收残疾人就业保障金1813万元。加强残疾人就业援助，组织就业推介会6次，实施残疾人职业技能培训110人，实用技术培训300人，扶持残疾人辅助性就业机构2家。实施残疾人个体工商户养老保险缴费补贴51人15万元，贷款贴息51户21万元，湖南省和长沙市级创业扶持42人40.8万元，宁乡市级创业扶持63人99.5万元。

【精准扶贫】2018年，宁乡市残联为全市30842名残疾人开展基本服务状况和需求专项调查。发放“一户多残”家庭生活补助1654户3417人292万元。宁乡残疾人“两项补贴”申报审批工作纳入全省首批“不见面”审批改革试点。实施残疾学生和贫困残疾人家庭学生助学785人，残疾人危房改造补助411户，贫困残疾人家庭无障碍设施改造80户，燃油补贴295人，残疾人集中托养180人，居家托养120人，新建1家残疾人寄宿制托养机构。实施残疾人“阳光增收”行动，扶持300名残疾人发展种养殖业，发放生产资料60万元。对全市212有培训需求的贫困残疾人进行专题培训。打造5家湖南省级和长沙市级残疾人就业扶贫基地。结对帮扶老粮仓镇唐市社区，派驻驻村工作队员，实行党建和精准扶贫双结对，结对帮扶12户贫困户，实现8户脱贫。

【稳定维权】2018年，市人大开展宁乡贯彻实施《中华人民共和国残疾人保障法》执法检查，对宁乡残疾人工作给予高度肯定。启动残疾人免费乘坐城区公交车，宁乡残疾人和外地到宁残疾人均可免费乘坐。扎实做好残疾人信访接待和法律救助工作，办理残疾人法律救助案件42件，全年未发生不稳定事件。全力做好安全生产工作，班子成员分别联系各助残服务机构，签订工作责任书，每月开展安全督查1次以上，全年未发生安全事故。

【宣传文体】2018年，宁乡残疾人运动员在省第十届残运会上勇夺5金2银。6名残疾人获评湖南省和长沙市最美阳光致富带头人、示范户，3名残疾人被评为全市优秀社会贤达，3名残疾人被评为“脱贫之星”。宁乡星苑儿童康复中心获评长沙市十佳为残爱心机构，张晓辉获评十佳扶残助残爱心个人，谢冠军获评十佳基层残疾人工作者，周来强获评十佳自强模范。

（周　杰）

宁乡市文学艺术界联合会

【概况】2018年，宁乡市文学艺术界联合会（以下简称文联），紧紧围绕“举旗帜聚民心育新人兴文化展形象”这一光荣使命，不断强化“团结引导、联络协调、服务管理、自律维权”职能，为繁荣宁乡文艺事业、服务市委“四个打造”作出应有的贡献。体现在：一是把握政治方向，努力营造文艺家创作环境。二是争取领导重视，着力强化文艺家阵地建设。三是广纳优秀人才，倾力壮大文艺家会员队伍。四是扩大对外开放，不断加强文艺家内引外联。五是强化成果意识，全面实施文艺家品牌战略。年内，市文联主席杨罗先成功出版《杨罗先诗散文选》，顺利加入中国作家协会，诗散文作品《道林古镇》斩获2018年中国散文年会十佳作品奖。

【文艺活动】2018年，宁乡市文联活动经常。市音乐舞蹈家协会：由宁乡音舞协主席团成员担任主创和总导演并创作和组织“美好宁乡市欢乐过大年”2018宁乡春晚、“中国梦劳动美”五一表彰晚会、“为这一江碧水”文艺晚会、宁乡市全运会开幕式文艺演出、宁乡市第九届廉政文化周文艺晚会、“贤达之歌”“乡友恳谈会”等大型文艺晚会10余场。

市摄影家协会：承办“沩水杯”摄影大赛，“神奇瓦子寨，浪漫樱花季”摄影大赛。

市作家协会：承办童牧谷征文活动，组织进行走进童牧谷采风活动。承办最美建筑人征文活动，并将获奖作品编辑成书。

市诗联协会：组织会员相继在宁乡十三中、龙凤山中学、巷子口中学、儒达教育中心等校进行讲课讲座多次。

市书法家协会：在玉潭公园举行的2018首届“年味宁乡”喜乐会中，书协名誉主席夏时带领副主席喻伟、谢建明、朱灵、伍世平、喻珍及其他书协会员20余人进行“迎新春送春联”主题公益活动，为广大市民朋友送出春联800多幅。

市诗散文协会：6月份，在未宁湖举办《杨罗先诗散文选》新书分享会和公益义卖活动。全年协会组织16场采风活动。先后到龙田、流沙河、煤炭坝、横市、大成桥、长沙生态园、南田坪、青山桥、历经铺、沙田、金洲、巷子口、资福、沩山、祖塔、老粮仓等乡镇景点。会员们积极参与，实地采风，丰富创作题材。

【文艺交流】2018年，宁乡市文联文艺交流社会反响良好。市音乐舞蹈家协会：积极协助长沙市音协组织创作采风活动，在宁乡黄材青羊湖林场召开创作座谈会和作品谈论会。

市摄影家协会：组织摄影爱好者在东江、郴州、永州进行两次大型摄影赛和摄影展。

市诗联协会：邀请著名诗界名流熊东遨先生、胡静怡先生以及宁乡资深诗人讲课，提高会员的创作水平，2018年已达10多次。与桃江市诗协、南湖洲诗协、株洲市诗协、浏阳市诗协、深圳市诗协、岳麓诗社、望城诗协、双峰县诗协等多个诗词组织进行联谊采风活动，互相切磋，交流经验，从而创作出大量的文学作品。

市书法家协会：组织主席团成员李砺、夏时、喻伟、谢建明、朱灵等积极开展文化志愿者进校园活动，先后到宁乡金砺小学、城北中学、宁乡四中、花明楼炭子冲小学，为师生们进行精彩授课和现场书写，展示书法艺术的独特魅力。3月31日下午，纪念改革开放四十周年“山花放肆开”宁乡女子十人书法展在长沙简牍博物馆开幕。5月份，在浏阳书法院开展了浏阳·宁乡书法作品联展。11月份，在宁乡玉潭公园开展宁乡·仙桃书法作品联展。

市诗散文协会：在长沙生态园的采风活动，百亩杜鹃花园地，大家用文学的方式从不同角度抒写，为2018年长沙市杜鹃花旅游文化节拉开序幕。

【文艺平台】2018年，宁乡市文联文艺平台市摄影家协会：成功举办第四期、第五期摄影初级培训班，招收学员120名。

市诗联协会：每年下半年组稿出版《宁乡诗词》一期，至年末出版31期；《沩风楚韵》微信公众平台一月两期，已发表220期。

市诗散文协会：协会不定期的举行同题作品的创作，例如教师节、父亲节、母亲节等节日的同题，并在《美丽新宁乡》微信公众号及时推出，给会员们提供广阔的发展空间，让每位会员都有机会发表自己的作品，提高写作热情，加强凝聚力。

【文艺成果】2018年，宁乡市文联文艺成果丰硕。市摄影家协会：蔡石姣作品《宁乡皮影戏》获中国摄影协会“记忆非遗”入展奖；刘力作品《剪纸技艺》获知网杯“湖南省文化遗产传播与传承”摄影优秀奖。肖辉跃先后在长沙洋湖公园和湖南省林学院进行两场专影展览，其编著摄影专辑《飞跃高原》已由北京联合出版公司出版。

市音乐舞蹈家协会：会长胡令强2018年10月晋升国家二级作曲；副会长罗汇灵11月成功晋级国家三级编剧。歌曲《宁乡吟》荣获长沙市第十二届精神文明建设“五个一工程”奖；《匠心》获第六届湖南艺术节银奖；副主席周玲玲指导的

宁乡皮影戏组图之一（蔡石姣摄影）

"天籁女子合唱团"获得长沙市老年合唱比赛金奖和宁乡花鼓戏唱腔大赛年度总决赛铜奖和优秀组织奖。

市作家协会：经过两年时间的打磨，出版《走进炭河里》，全面系统的描写炭河里，分散文、小说、诗歌、评论四个部分，由市委书记周辉亲自作序推介。编辑出版《2017在一起》一书，记录2017年洪灾期间义工感人事迹。贺小平作品获宁乡市首届十佳建言奖金奖。欧有才作品《邮路》获国家邮政局纪念改革开放四十周年一等奖。

市书法家协会：湖南省师生书法篆刻比赛中，龙大明、易丁获教师组特等奖，成波、王伟君获一等奖。王海文、王慧宇入展全国第三届篆书作品展；喻伟入展第三届王羲之奖书法作品展；湖南省第四届教师书法艺术展评选结果公示，书协王慧宇、杨赛获一等奖；易丁、罗英、成波、王伟君获二等奖；龙大明、周灿获三等奖。长沙市"欢乐潇湘"群众展一等奖杨赛，二等奖李兴、罗英，三等奖龙大明、欧凯歌；省展中，李兴获一等奖，杨赛、欧凯歌、龙大明、罗英获三等奖。10月，李砺论文入选西泠印社高峰论坛；11月，在第六届湖南艺术节上，李砺篆刻作品获"齐白石奖"。

市诗散文协会：在"宁乡市庆祝改革开放40周年"征文活动中，副会长段华良作品斩获一等奖。协会顾问杨罗先诗歌作品获张家界全国征文优秀奖。（杨罗先）

宁乡市红十字会

【概况】2018年，宁乡市红十字会对照职能职责，充分发挥党和政府在人道领域的助手作用，认真开展红十字各项工作，以救护培训工作为重点，积极开展人道主义救灾救助、扶危济困、"三献"宣传等工作。同时积极参加省市红十字会的各项活动，大力弘扬"人道、博爱、奉献"的红十字精神，为建设富饶美丽幸福的现代化强市作出积极贡献。

【基础阵地建设】2018年，宁乡市红十字会延伸基层红十字会组织，加强阵地建设。从原来的政府机关向企业、向社区、向学校发展；巩固红十字会组织，年内，新创建模范社区——楚沩社区。至年末有5个学校、3个村（社区）建立红十字会，选举会长、秘书长、理事。

【世界红十字日宣传活动】2018年5月8日组织开展以"红十字救在身边"为主题的纪念第71个世界红十字日系列宣传活动。各乡镇街道红十字会专干、小学师生、医护人员、社会团体及群众共计500多人参加。本次活动有51名红十字志愿者宣誓、130名教师和学生参加红十字知识闯关活动、蓝天救援队进行了水上救援演练、医院专家开展了《青少年近视防控》专题讲座、大街岭小学学生通过宣讲、舞蹈表演等形式宣传了应急知识、组织红十字专干进行业务培训、发放宣传资料2000份、展示宣传展板10张。

【救护培训】宁乡市红十字会加强师资队伍建设。选送2名优秀师资参加总会培训，选送9人参加省市救护师资培训，选送2人参加省红十字会组织的乡村医生培训。宁乡市红十字会加大救护员培训力度。在市直机关单位、教育系统、企业等举办7期红十字救护员培训班，培训300余人次。宁乡市红十字会广泛开展普及培训。组织进学校、进社区、进企业、进科局单位举办普及培训350多期，培训50866人次。

【人道救助】开展以"崇德向善迎新春"为主题的红十字博爱送万家活动，为500户困难家庭送去10.56万元现金及近88万元物资。2月，为横市镇62户因2017年洪灾房屋倒塌受损的贫困户捐赠30万元用于房屋重建。联系长沙万达文华酒店等爱心企业，定点捐助坝塘镇12户深度贫困户，并为每户送去大米、食油等物资。接受拓维信息股份有限责任公司30万元爱心款用于资助贫困师生，并在老粮仓毛公桥中学举行捐赠仪式。从金海教育集团筹募资金3万元用于帮扶贫困户。争取中建科技湖南有限公司捐资8万元、湖南立成机械制造有限公司捐资5万元、长沙湘一机械有限公司捐资3万元、湖南瀚宇机械设备有限公司捐资5万元用于流沙河镇乡村建设。红十字会干部职工多次走访结对帮扶贫困户，制定三年帮扶计划，确保贫困户不返贫，并广泛发动社会力量助力脱贫攻坚。9.9公益日发动社会力量为"救命神器"把心唤醒、"健康宁乡·安全童行"等项目筹集资金。2018年，人道救助申报需求库审批19例，小天使基金救助申报17例。

【志愿服务】 宁乡市红十字会拨付专项经费，加强志愿者队伍管理，积极开展志愿服务活动。新建红十字救护培训基地，配备多媒体教室、实操训练教室、办公室等，使用面积1200多平方米，2018年6月投入使用。关爱抗战老兵系列活动中，慰问30多名抗战老兵。全年到各乡镇、机关单位、企业开展救护普及培训、安全“童”行等形式多样的志愿活动200多场。

【“三献”宣传】 2018年，宁乡市红十字会利用宁乡电视台、报纸、新媒体、红十字会公众号等加大宣传力度，扩大宣传范围，积极宣传“三献”工作。印制3万份《宁乡市红十字会应急救护知识手册》、1万份“三献”知识宣传页，发放给广大群众。9月18日组织造血干细胞捐献主题宣传巡讲活动。全年造血干细胞捐献2例。积极参与卫计局献血采血活动，进行献血宣传。全年器官、遗体捐献登记35例，实现捐献6例。

【参加红十字活动】 2018年，宁乡市红十字会参加长沙市红十字会组织的救护师资授课技能大赛，宁乡师资陈莹在初赛、半决赛两轮选拔中，表现突出，成功晋级，在6月22日进行的决赛中取得二等奖。

【博爱家园项目】 2018年6月14日，湖南省红十字“博爱家园”项目推进会在长沙召开，来自全省的50多名红十字工作人员到宁乡流沙河镇合兴村现场观摩。观摩团参观合兴村应急避险广场、生计发展项目，详细了解该村“博爱家园”项目发展情况。该项目被评为中国红十字会博爱家园助力脱贫攻坚优秀项目。2018年，煤城养老服务中心申报博爱家园项目，完成博爱家园活动中心建设，改善养老环境，提高服务水平，促进健康养老发展，同时传播“人道、博爱、奉献”的红十字精神，成为红十字工作的宣传阵地。

军　事

MILITARY

责任编辑·高　丽

人民武装

【概况】2018年，宁乡市人民武装部（以下简称人武部）深入学习贯彻习近平新时代中国特色社会主义思想和强军思想，坚决落实上级决策部署，以调整改革为主线，以使命任务为牵引，按照“维护核心听指挥、主业主为谋打赢、改革创新求突破、依法治军保稳定”的工作思路，奋力推进强军实践在基层落地生根，单位全面建设稳步推进、呈现向上向好的态势。人武部被长沙市警备区评为“先进人武部”和“军事训练先进单位”，人武部部长被湖南省军区评为“优秀人武部主官”。

【思想政治建设】突出抓好以学习宣传贯彻十九大精神为主线的思想政治建设，大力组织全市民兵开展“学习宣讲习近平新时代中国特色社会主义思想活动”，扎实开展“传承红色基因、担当强军重任”主题教育，进一步提振精气神，引导干部职工和民兵树牢对党忠诚的绝对信仰、使命在肩的责任担当、转型重塑的赶考姿态、争创一流的工作标准。积极开展“和平积弊大起底大扫除”活动，深入查找问题，研究确定整改办法，不断增强学习教育效果，持续激发干部职工爱岗敬业、尽责奉献的政治热情。

【备战训练征兵】突出实战化训练，狠抓战备训练，组织了基干民兵分队、预定新兵和学生军训“四会教练员”训练，6月，出动干部职工民兵140余人、冲锋舟6艘参加“长沙市2018年防汛抢险暨地质灾害山洪防御应急演练”，圆满完成了水上救援、物资打捞、故障排除等科目的演练。7月，参加湖南省年度演习，全体参演官兵精神饱满、训练有素，得到省军区首长机关的高度认可。7月16日至9月9日，组织13所中学7998名高一学生进行军训。坚持采取以会代训、跟班跟训、定期考核、每月讲评、任务锻炼等方法加大对现役干部、专武干部能力素质培养。征兵工作合理筹划，全市18周岁青年兵役登记率达到100%，圆满完成新兵征集任务。

【民兵改革】3月，在花明楼镇组织示范观摩，统一民兵整组路子和基层建设标准；6月、9月、11月，先后3次采取逐个乡镇过的方法，深入乡镇、村（社）现场督导，对每个乡镇进行量化考评，拉榜排名，列出问题清单，明确整改时限和责任。11月中旬，迎接军委国防动员部民兵调整改革检查考评，部党委统一思想，按照军地合力统筹抓、党委分工具体抓、针对问题重点抓、强力推进超长抓的思路攻坚克难，坚决推进落实。

【参加地方经济社会建设】人武部坚持有为赢有位，主动参建参治，担当重任，先后组织出动民兵预备役人员500余人次，多次完成应急维稳、抗洪抢险、脱贫攻坚等重大任务。积极参与精准扶贫，联点扶贫大屯营镇大屯营村，结对帮扶“一对一”5户，克服矛盾派专人驻村做好扶贫工作，落实帮扶措施，安排专门扶贫资金，先后慰问物资和现金2万余元。为改善扶贫村公路年久失修现状，部党委研究拨付扶贫专项资金10万元用于路基修复。持续推动“双带双促”活动，积极帮扶退役军人创业致富，协调推进“老兵之家”基地成立。做好拥军优属及退役军人工作，“八一”节日期间，举办“迎老兵送新兵”军民联欢晚会，组织参战老兵召开座谈会，给困难老兵送上生活物资和慰问金。积极开展上门送喜报、挂光荣军属牌等活动，协调市民政局落实5名荣立二等功现役军人优抚金政策。12月22日，组织开展了2018年度迎接退役士兵返乡系列活动。系列举措激发了退役军人的荣誉感，是贯彻落实习主席提出“让军人成为全社会尊崇的职业”指示精神的具体体现。

【党管武装】市委书记周辉亲自点验经开区民兵应急连，推动民兵调整改革迎检落实。人武部坚持定期向市委政府汇报工作，主动协调，形成军地携手、上下联动的良好局面。市委解决人武部提出的实际困难和问题，市委议军会决定，安排经费420万元完善人武部基础设施建设，配置1台抢险救灾指挥车辆，解决新兵役前训练经费15万元并纳入年度征兵工作经费预算，妥善安置随军家属，解决增加人武部年度标准经费、尽快建成民兵训练基地、配备财政事业编职工和国教干事等7项实事。（李　铁）

人民防空

【概况】2018年，宁乡市人防办按照“放管服”职责要求，进一步减少审批环节，优化办事流程，推进审批事项网上运行，提高行政审批效能。取消人防设计单独图审，改为与施工图设计联合审查制度，立足“互联网+政务服务”平台直接办理人防业务，进一步简化程序，压缩办理时限，人防行政审批效率大幅提升。2018年1—12月，共办理审批事项60件，结建人防竣工项目4个，共征收人防易地建设费5406万元。无违法违规“减、免、缓”情况发生。按时办结率达100%；业务办理和群众满意率达100%，无投诉现象发生。

【人防监管】2018年，宁乡市人防办落实人防监管责任，加强执法队伍建设，积极推进依法行政。为防止个别建设单位和个人逃避履行人防义务，人防办加大行政执法检查力度，在市规划区范围内开展不定期巡查，重点对两大园区项目审批情况进行检查，确保人防法律法规的落实。1—12月开展执法检查5次，对经开区两个未批先建项目进行立案处罚。聘请法律顾问，并对人防易地建设费实施追缴。对2017年未按相关政策收缴人防易地建设费的单位组织政务中心、收费中心上项目进行追缴，共追缴人防费874万元，追缴率100%。加强人防项目资金管理。年内，人防办对省、市和本级人防项目资金使用情况进行全面检查，对检查中发现的问题责令相关单位予以纠正，并要求项目单位严格规范经费使用，并完善相关资料。

【人防主题系列活动】 2018年，宁乡市人防办积极开展“5·12”防灾减灾日、“11·1”人防警报器试鸣日、“人民防空大舞台有你参与更精彩”等人防知识宣传教育活动，围绕宣传主题，组织乡镇（街道）、社区、学校联动，结合人防“五进”要求，利用专题讲座、知识竞赛、防灾减灾疏散演练、社区宣传橱窗、街头宣传台、企业等多种形式，发动居民了解人防、关注人防、参与人防，打通人防宣传最后一公里，防空防灾知识飞进千万家；充分利用各种媒体、网络、微博、微信等多种手段，面向全社会广泛普及防空防灾知识和自救互救基本技能，进一步增强全社会防空防灾意识和应对灾害能力。年初，与市委党校协调，将国防人防知识纳入党校培训计划。配合长沙市办做好湘都农业人防疏散基地建设，并将湘都打造成特色人防宣教基地，年内启动首期建设。

【人防安全生产管理】 2018年，宁乡市人防办对人防工程的专项巡查由半年一次调整为一个季度一次。对全市15处老旧人防工程进行封闭，对45处人防工程进行挂牌，人防办与人防工程维护管理方签订维管、消防安全责任状，对部分需整改的工程提出整改要求。对全市三家人防设备厂进行专项检查，对存在的安全隐患下达整改通知书。

【人防应急支援能力提升】 2018年，宁乡市人防办推进组织指挥系统建设。做好日常与长沙市人防指挥信息系统联测联训工作，确保信息系统畅通完好。推进专业队伍与志愿者队伍建设，成立由120人组成的人防应急救援志愿者队伍。

（付　宇）

法　治

RULE OF LAW

责任编辑·高　丽

政法委及综治

【概况】宁乡市委政法委员会与市社会管理综合治理委员会办公室、市维护稳定领导小组办公室合署办公，担负着全市政法、社会治理及维护稳定等职能。2018年，宁乡市经开区、花明楼景区、沩山乡被评为全省平安创建示范单位；宁乡市被评为长沙市综治工作优秀区县（市）、长沙市扫黑除恶专项斗争优秀区县（市）和长沙市维护稳定工作红旗区县（市）；龙田镇、资福镇被评为长沙市综治工作红旗乡镇（街道），沩山乡、白马桥街道、菁华铺乡、流沙河镇、大成桥镇、老粮仓镇、历经铺街道、玉潭街道被评为长沙市综治工作优秀乡镇（街道），宁乡市经济技术开发区被评为长沙市综治工作优秀园区，菁华铺乡被评为长沙市平安乡镇，10人被评为长沙市综治工作优秀个人，5人被评为长沙市扫黑除恶专项斗争优秀个人，8人被评为长沙市维护稳定工作优秀个人，1人获评长沙市见义勇为先进个人。宁乡市评出综治工作红旗乡镇（街道）9个、优秀乡镇（街道）3个、优秀单位37个，评出综治工作红旗村（社区）40个、优秀村（社区）56个，评出平安乡镇（街道）4个、平安单位20个、平安村（社区）16个，评出扫黑除恶专项斗争优秀乡镇（街道）5个、优秀单位6个，90人被评为宁乡市综治工作先进个人，30人被评为扫黑除恶专项斗争先进个人，评出宁乡市政法系统专业型人才带头人9人、精英27人、能手26人，6人获评宁乡市见义勇为先进个人。

【社会管理综合治理】2018年，宁乡市社会管理综合治理坚持党委领导、政府主导、综治协调、各部门齐抓共管、社会力量积极参与，营造和谐稳定的社会环境。综治中心（依法治理中心）建设结合“放管服”改革和智慧城市建设整体规划推进，接入全市3000多个公共安全视频信息，整合39条部门热线，形成“110”、“12345”热线联动一体化运作机制，建成306个综治视频会议系统，“天网工程”共建设监控视频5287路，教育、交运、公路、林业等社会视频1617路已接入市综治中心。持续开展矛盾纠纷“大排查、大调解”专项行动，每月一次专项督查、一期督查通报，全年共排查矛盾纠纷11637件，调解成功11426件，其中复杂疑难纠纷974件，防止群体性上访43件1105人次，防止民转刑29件64人次。探索新时代“枫桥经验”宁乡路径，制订《关于聚焦解决群众反映强烈的突出问题的若干意见》，着力构建“316”工作机制，全省司法行政系统坚持发展“枫桥经验”实现矛盾不上交工作动员部署会议在宁乡市召开。加强巡逻巡防，形成社会张力。以公安民警为主力军，以乡镇（街道）巡防队伍为主要补充，组织发动“红袖章”1.5万多人，在治安巡防、安全巡查、交通疏堵、应急处突、打非治违等方面发挥作用。强化护路护线联防工作保障，全市10个涉铁乡镇（街道）除共青团、义务护路队外，成立一支81人的高铁志愿者和有奖责任中心户队伍，确保全年铁路“零死亡”。全年共检查“水、电、油、气”单位120家次、排查内部治安隐患23处，下发整改通知书12份。检查寄递企业220家次，排查内部治安隐患93处，下发整改通知书25份。

【维护社会稳定】2018年，宁乡市压实维稳责任，强化不稳定问题的源头防范化解，强化重点人员的教育疏导稳控，不断完善维稳信息网络，确保信息来源的广泛性、可靠性和时效性，成功化解部分尚处在萌芽状态的群体性矛盾、群体性集访。区分不同情况，对应采取依法解决、解释说明、疏导劝解措施，化解部分存量问题、转化一批人员。圆满完成稳定风险防控、维稳处突等各项工作任务，在各个敏感时段、重要政治活动期间积极筹划，稳妥处置，确保社会大局平安稳定，没有发生影响恶劣的大规模群体性事件和个人极端事件。

【执法监督】2018年，宁乡市委政法委召开案件协调会13次，强化对政法机关执法活动的协调监督，促进各项执法工作。对30件重点案件组织进行评查，评出4件优秀案件，对评查中发现的问题，逐条逐项予以整改，依法依程序予以纠正。

【涉法涉诉信访】2018年，宁乡市委政法委组织在政法各单位开展涉法涉诉信访专项治理。全年共接待涉法涉诉信访案件30起。中央巡视组交办的55件案件，全部办结。积极办理了省委巡视组交办的各批次案件。健全律师参与和办理涉法涉诉信访案件相关工作制度，公共法律服务中心接待涉法涉诉信访群众近562人次，化解一批涉法涉诉信访纠纷。

【政法队伍建设】2018年，宁乡市委政法委认真组织政治学习教育活动，将中共十九大核心精神、习近平总书记关于政法工作的系列讲话精神编印成册，发放至每名政法干警。深入开展“知敬畏、存戒惧、守底线”纪律教育活动和文某某案警示教育活动。开展政法工作“十大标兵”评选活动，在政法各单位、各乡镇（街道）及有关单位非领导职务（副科级以下）工作人员中，评选维稳处突、法院审判、法院执行、检察业务、公安侦查、公安社会治理、干警为民服务、法律服务、人民调解、接处访等10类能手、精英、带头人62人。

【扫黑除恶专项斗争】根据中央部署开展的扫黑除恶专项斗争，按照三年行动计划，宁乡市成立扫黑除恶专项斗争领导小组，组建办公室。先后召开4次市委常委会会议和1次市政府常务会议。制定《宁乡市扫黑除恶专项斗争实施方案》《宁乡市扫黑除恶专项斗争大宣传工作实施办法》《宁乡市扫黑除恶专项斗争大督导方案》等文件，将扫黑除恶专项斗争纳入全市综治工作考核。领导小组各成员单位、乡镇（街道）相应成立由“一把手”任组长的领导小组，积极配合专项斗争工作的落实。通过新老媒体、电子屏、村村响、宣传车、宣传册和短信平台等媒介，营造浓厚宣传氛围。全市共张贴《公告》5200余份、发放宣传册2000份、悬挂宣传横幅800余条、电子屏滚动宣传1000余块，出动宣传车1000余台次，并在人口密集处的显示屏，循环播放宣传片。全面深入摸排线索，共收集线索143条（其中群众举报97条，各单位收集46条）。严厉打击犯罪，共立11类涉恶刑事案件270起，破案240起，刑拘397人，其中破获刑拘3人以上的涉恶团伙案件32起，打掉涉恶团伙8个。市纪委监委将治理党员干部涉黑涉恶问题纳入执纪监督和巡察工作内容，依规依纪对3名涉黑涉恶的党员干部给予党纪处分，另11名涉黑涉恶的党员干部已立案审查。加强组织建设，强基固本，整顿涣散软弱基层组织27个，调整村(社区)两委人员41人。

（卢　川）

公　安

【概况】 2018年，宁乡市公安局机关驻地为玉潭街道二环西路，设科室6个：指挥中心、政治工作办公室、后勤保障科、科信办、为民服务中心、警卫科；设直属大队13个：国内安全保卫大队、刑事侦查大队、治安管理大队、交通警察大队、巡逻警察大队、禁毒大队、经济犯罪侦查大队、人口与出入境管理大队、网络安全保卫大队、单位内部安全保卫大队、食品药品环境犯罪侦查大队（以下简称食药环侦）、警务督察大队、法制大队；设监管场所2个：看守所、拘留所；设行政派出所30个：玉潭、道林、大屯营、花明楼、东湖塘、历经铺、夏铎铺、金洲、梅家田、双江口、菁华铺、煤炭坝、喻家坳、双凫铺、大成桥、回龙铺、白马桥、坝塘、资福、灰汤、老粮仓、流沙河、青山桥、龙田、巷子口、沙田、黄材、横市、沩山、炭子冲等。20个单位为正科级：刑事侦查大队、交通警察大队、治安管理大队、巡逻警察大队、经济犯罪侦查大队、法制大队、警卫科、看守所、玉潭所、花明楼所、历经铺所、夏铎铺所、金洲所、梅家田所、煤炭坝所、白马桥所、灰汤所、流沙河所、黄材所，双江口所；为民服务中心、科信办为股级单位，其余单位为副科级。

年内，宁乡市公安系统成绩突出，二项工作荣获全国优秀：交警大队车管所被评为全国一等县级车辆管理所；“宁乡公安”微信公众号被评为全国首届“四个一百”优秀政法新媒体。六项工作全省优秀：全省文明卫生单位；人民来访接待室被评为全省公安信访窗口示范单位；为民服务中心被评为全省文明窗口单位；部督“2017—10”毒品目标案被评为全省十大缉毒精品案例；“3·9”污染环境专案组记集体二等功；全省公安机关警务实战大比武团体第一名。二十二项工作长沙市先进：全市公安机关集打斗争“春夏攻势”成绩突出单位；全市公安机关派出所（警务室）提质改造成绩突出单位；食药环大队被评为2017年度全市公安食药环侦工作成绩突出集体、2017年度长沙市食品安全工作优秀单位、全市卷烟打假工作先进集体；巡警大队被评为2017年度全市巡逻防控工作先进集体；查办的袁某、谭某、陈某某等人开设赌场案被评为2017年度全市治安部门精品案件；城郊派出所获得长沙市公安局集体嘉奖、第二届“雷锋式警队”提名奖；刑侦大队、黄材派出所、金洲派出所被评为全市公安机关集打斗争“冬春攻势”成绩突出所队；横市派出所被评为青年文明号；城郊派出所支部被评为全市公安机关先进基层党组织；看守所、拘留所被评为全市公安监所安全管理成绩突出单位；“2017—10”毒品目标案、“3·13”刷单诈骗案被评为全市公安机关“十大精品案例”；国保大队被评为维护政治安全工作成绩突出集体；宁乡市公安局代表队获得长沙市公安局大演练比武成绩突出单位、团体第一名。公安业务综合考评进入长沙市优秀行列。

【黄关春到宁乡调研】2018年4月19日，省委常委、省委政法委书记黄关春一行到宁乡调研指导工作。黄关春一行先后深入“三一重工”法律工作站、城郊派出所、为民服务中心、玉煤大道（枫树山庄路段）、车驾管中心、指挥作战中心，就公安机关服务产业建设情况、智能交通大数据处理、“路长制”实施和危险路段治理、驾管中心为民服务工作、大数据警务归集等方面进行实地调研，看望慰问一线公安民、辅警。调研座谈会上，黄关春肯定宁乡政法队伍围绕中心、服务大局，社会治理工作取得很好的成绩，在服务经济社会发展上有创新、有成效。

【尹国海到宁乡督导“6·2”打拐专案工作】 2018年8月2日下午，公安部刑侦局处长尹国海、湖南省公安厅刑警总队副总队长杨卫国等人到宁乡市公安局督导“6·2”打拐专案工作。尹国海一行实地查看宁乡市局指挥作战中心“6·2”专案专班工作情况，专题听取专案工作汇报。宁乡市公安局对“6·2”专案前段侦查工作情况作详细汇报，提出相关工作请求，与会的各级领导就专案下步工作谈工作意见。尹国海对专案前期工作进展给予充分肯定，并提出明确要求：“6·2”专案是2018年中、越、缅、老、柬、泰六国联合打击拐卖人口行动的重大案件，湖南各级公安机关要全力以赴，抓住重点，加强协作，区域联动，整体合成，全面突破。

【政治建警】 2018年，宁乡市公安局坚持党对公安工作的绝对领导，召开党委中心组（扩大）学习会31次，把重要政治理论、重大时政热点、民警身边正反面典型案例作为学习内容，时刻为全体民辅警提神醒脑，意识形态工作得到省委第四巡视组的高度肯定。成立政治建警工作专班，制订专门方案9个，编发政治建警专刊59期，依托钉钉平台，开展“政治建警”知识有奖抢答赛，制作“二十个不准”鼠标垫1500套，印制小卡片1000余份，成为长沙市局政治建警的特色亮点。设计印制“五必谈、六必访、十二必帮”笔记本，确保基层政治建警工作操作有章可循、科学规范。扎实改进文风会风，市局会议、文件、简报、报表、考评项目大幅下降。

【从严治警】 2018年，宁乡市公安局开展督察暗访217次，发现整改问题51个，下发督察通报62期，查处违纪人员16人次（党纪政纪处分

6人、免职1人、禁闭5人、诫勉谈话4人）。

【从优待警】2018年，宁乡市公安局出台关爱民警新十条措施，聘请专业律师担任维护民警执法权益法律援助顾问，为28名受到不法侵害的民、辅警依法维权，发放抚慰金5.6万元。承办警衔晋升80人次、更换警官证206人次，审核持枪证663人次，办理人员异动手续41人次，办理工伤申请26起、公伤评定8起，申领基金112人次44万元。筹措资金，完成党史陈列馆、警体训练中心、心理咨询室、警娃作业室、阅览室建设；集中发放31辆新警车到基层所队，开设“深夜食堂”，推出惠警无人售货机，举行“重温入党誓词”等活动，组织开展忠诚履职演讲、红色教育等活动，举办篮球赛、足球赛、警营十佳歌手大赛决赛暨“八一”慰问演出等文化活动，为民警营造团结向上、积极工作、快乐生活的和谐氛围。

【国内安全保卫】2018年，宁乡市公安局坚持情报引导，突出社会面、重点人、敏感事，共收集上报各类情报信息1100余条，其中获取深层次、预警性、内幕性和行动性情报信息315条，捣毁“11·20”专案邪教组织窝点3处，抓获主要骨干成员7人，收缴违禁物品1500余份。通过有效信息预警预报，第一时间分析研判、落地核查，闭环运行、无缝对接，把大批隐患、问题解决在初始阶段，圆满完成全国“两会”、中非论坛等特护期和全年84场重大安保、警卫任务。

【刑事侦查】2018年，宁乡市公安局深入开展扫黑除恶、“集打斗争”“一打三整”专项行动，刑事立案、侵财立案分别同比下降5.57%、14.84%，现行案件破案率、刑事拘留数分别同比上升4.3%、22.45%。全年共立刑事案件1132起，破案1461起，抓获网上逃犯161人，7起现行命案全部告破。侦破部督案件6起、省督案件3起，以及一大批有影响、有难度、有效果的重特大案件。共收集涉恶线索138条，立案276起，破案259起，刑拘11类涉恶人员429人；一举摧毁涉嫌聚众斗殴、寻衅滋事、引诱、介绍幼女卖淫的“开家军”“宇家军”两个涉恶犯罪集团，成功打掉叶某某为首的“地下出警队”等涉恶团伙8个。侦破“6·2”特大跨国拐卖妇女案，抓获涉案犯罪嫌疑人18人，解救柬埔寨籍妇女25人、越南籍妇女5人，宁乡市公安局在中、柬、越、老、缅、泰六国联合打击拐卖人口行动工作会上作案情经验交流。加强刑侦基础信息录入，共新增指纹入库2549份、DNA入库2606份。

【治安管理】2018年，宁乡市公安局收缴各类枪支363支、子弹2952发，抓获涉枪涉爆人员90余人，销毁报废雷管4万余发、炸药260公斤。坚持高调扫黄、扎实禁赌，黄赌现象得到有效遏制，查处涉黄案件91起，抓获涉黄人员356人，打掉一个利用微信招嫖卖淫的团伙，查处涉赌案件131起，抓获涉赌人员651人，摧毁一条连接宁乡、益阳两地的地下“六合彩”赌博网络。牵头开展“禁燃”行动，劝阻烟花爆竹燃放行为67起，办理违规燃放烟花爆竹案件32起，主城区和乡镇集镇烟花爆竹燃放较往年减少九成以上。强化安全生产工作，整治治安乱源1387处，消除重大安全隐患897处，24座烟囱成功爆破。

【禁毒严打】2018年，宁乡市公安局全市共破获毒品刑事案件107起，查处吸毒人员1156人，捕诉涉毒犯罪嫌疑人200人，强制隔离戒毒231人，社区戒毒277人，缴获毒品2000余克，查获大麻20千克，捣毁种植、加工基地3处，铲除毒品原植物1万余株，破获公安部督办毒品目标案件2起。开展禁毒宣传教育，提升群众满意度。

【经济犯罪侦查】2018年，宁乡市公安局全年共破获涉企案件147起，抓获涉案人员174人，移送起诉57人，追逃5人，追缴违法所得5000余万元，挽回经济损失近2亿元。侦破吉盟财富、无锡格林等非法集资案6起，侦破部督三一重工等系列合同诈骗案、邓某光职务侵占案、沈某与崔某合同诈骗案，省厅专门发电致贺。实行“一企一策”，组织开展打击非法集资犯罪专项行动，约谈43家存在风险的公司法人，引导13家公司注销退出，清退3000多万元。

【巡逻防控】2018年，宁乡市公安局实行“武装巡逻、动中备勤、快速反应、高效处置”的工作模式，24小时不间断巡逻，与巡区派出所密切配合、协同作战，形成全天候、全区域常态巡防机制。全年共出动警力7000余人次，警车2000余台次，做好人好事300余起，完成维稳处突、重大安保活动200余次，确保社会治安秩序整体平稳。

【交通管理】2018年，宁乡市公安局加强大数据分析，压实“路长制”责任，强管“两客一危一校”等重点车辆，做实“戴帽”工程，免费发放摩托车安全头盔3000余顶，查处“三无”摩托车9000余台、改装“小绵羊”摩托车1276台，带牌销售摩托车5911台；持续加大酒驾、违法载人、超员超载重点违法行为打击力度；重点时段交警联合乡镇和辖区派出所开展“三查一劝”，重大节假日和恶劣天气均未发生1起长时间大面积的交通拥堵现象。2018年，全市交通事故死亡110人，同比下降16.08%，全年未发生3人以上的重大交通事故，主要做法在省市多个会议上作经验推介。

【人口与出入境管理】2018年，宁乡市公安局全面加强“一标三实”采集工作，新增户籍人口9607人、登记流动人口9444人、登记出租屋2085户，办理居住证5180张，办理居民身份证10万余人次，受理因私出国境申请8万余人次，查处涉外案件10起，拘留审查10人，遣送出境9人，行政处罚5人。累计安装车禁门禁访客系统156家、单位和小区车禁门禁73家，推进“星网工程”。共计安装摩托车、电动车智能防盗系统61977台、出租车438台，利用“星网工程”找回摩托车、电动车97台。

【食药环侦】2018年，宁乡市公安局侦破食药环类刑事案件26起，移送起诉各类犯罪嫌疑人40余人，行政处罚20余人，捣毁“四黑”窝点129个，收缴假酒353件、槟榔半成品60余吨，守护了“舌尖上”的安全。

【网安监管】2018年，宁乡市公安局建立健全网络巡查机制，切实开展网上舆情导控，积极应对、处置本地舆情。共上报舆情信息、整治谣言、有害信息、违法链接等5000余条篇，被省公安厅、公安部十一局采用100余条篇，落地调查100余人，刑事处罚1人，行政处罚多人。全面加强属地互联网网站的备案管理，加强网吧日常管理，实地检查网吧400余家次，下发整改通知书40余份，处罚38次。

【单位内部安全保卫】2018年，宁乡市公安局开展单位内部安全大检查，共检查单位2000余家次，对各类安全隐患当场督促整改400余处，下发整改通知书273份。严格散装汽油销售管控，强化寄递物流行业管理，落实“实名登记率、开箱验视率、过机安检率”三个100%，宁乡市寄递实名登记信息化率排名长沙市第一，办结金融场所建设行政许可10件。

【执法规范化建设】2018年，宁乡市公安局从问题入手、从个案入手、从教训入手，严格落实每案必考评、派驻法制员等制度，强化法制会商机制，探索推行疑难案件集体研究制度，集体审议案情复杂、定性争议、新型犯罪案件6起。积极推行自助报案查询工作机制，受立案效率明显提高。坚持问题导向，以信息化手段提升监督效能，对30名执法过错人员严格问责，整改各类执法问题90余次。推动执法机制更加健全，执法活动更加高效。

【基层项目及基础设施建设】2018年，宁乡市公安局累计投入基础建设经费3502万元，同比增长204%。积极落实省厅实施的“公安派出所建设三年行动计划”，新建、提质云山、铁冲等13个警务室，菁华铺公安检查站建设按期建成，车驾管中心建成启用，夏铎铺、坝塘、流沙河、双凫铺、资福、双江口、老粮仓、巷子口8所业务用房投入使用，监管中心建设全力推进。制定《关于加强全市“一村一辅警”建设的实施方案》，有序推动“一村一辅警”工作。

【警务改革】2018年，宁乡市公安局坚持实战引领，按照“全维感知、全能运算、全时预警、全域应用”的要求，搭建符合宁乡特色的公安大数据警务平台。依托宁乡市智慧城市PPP项目平安城市子项目，建设3套立体化防控高点、45套微卡口、12套标准电子卡口、1套信息采集门系统、100套室外wifi探针、10套4G电子围栏、100套人脸抓拍机等，上架12台服务器，完成基础硬件平台的搭建，汇集本地电子围栏、wifi探针、市民之家、人民医院等九类数据共计20亿条，并初步实现各类数据的关联查询。自建脸谱服务器在侦破街头扒、盗等侵财案件及重点人员动态管控中彰显威力，“群情报”系统实现实时监控300多个舆论群体。

【部督“6·2”跨国拐卖妇女案】2018年6月2日早晨6时许，宁乡市公安局接群众报警：在岳临高速（京珠复线）长沙市道林服务区发现有人疑似拐卖外国籍妇女，宁乡市公安局道林派出所迅速出警，在高速交警协助下，现场抓获涉嫌拐卖妇女的犯罪嫌疑人卢某某、郑某某、康某某、周某某等4人，并成功解救被拐卖的柬埔寨妇女3人。宁乡市公安局通过对该案的初步侦查，发现案情重大，经逐级上报，成立由省公安厅副厅长李介德为总指挥长的“6·2”专案指挥部和由省厅刑侦总队直接指挥、宁乡市局具体侦办的“6·2”专案工作组，全力侦破此案。6月15日公安部“打拐办”批复将“6·2”专案被列为全国“打拐”专项行动第736号督办案件。专案组经过六个多月的缜密侦查，辗转湖南、福建、浙江、江西、河南、广西、安徽、贵州等八个省份，在公安部的统一调度下，各地公安机关统一收网，共抓获犯罪嫌疑人152人，解救外籍妇女103人，成功打掉一个组织严密、分工明确的跨国拐卖妇女犯罪团伙，斩断一条跨柬、越、中三国拐卖妇女的秘密通道，有力打击和震慑长期盘踞中越边境地区并辐射全国的组织偷渡、跨国拐卖的犯罪活动。

【部督合同诈骗案】2017年底，三一汽车起重机械有限公司宁乡分公司向宁乡市公安局经侦大队报案称，河南镇平籍的李某某有诈骗该公司起重机的重大嫌疑。宁乡市公安局受案后立即展开初查，并于2018年1月9日立案侦查，经过两个多月的缜密侦查，一个以犯罪嫌疑人高某、杨某某等人为首，通过虚假抵押签订工程机械购买合同实施诈骗的犯罪团伙浮出水面，该团伙成员涉及河南、广西、山东及越南等地，组织严密、分工明确。宁乡市公安局即成立“4·17”专案组，迅速抽调精干力量开展专案侦查。5月9日公安部经侦局批准该案为部督案件（督办号〔2018〕8号）。6月3日专案组决定开展收网行动，专案组远赴河南镇平、广西东兴同步实施抓捕，成功抓获犯罪嫌疑人高某、杨某某等7人。

【省督刘某组织卖淫案】2018年6月份，宁乡市公安局治安大队在工作中获取到一条通过微信招嫖的卖淫嫖娼线索，该线索经初查后发现该案为一个以刘某为首的利用微信招嫖的组织卖淫团伙案件，宁乡市公安局成立“6·29”专案组进行专案攻坚。该案经上报后被省公安厅立为督办案件。经过两个多月的缜密侦查，专案组查明犯罪嫌疑人刘某负责微信招嫖、团伙管理，以借款给卖淫女收受高额利息或从其他“套路贷”手中买断卖淫女等方式，逼迫卖淫女卖淫还账为由组织卖淫女进行卖淫活动，同时以每单100元提成的方式雇请他人进行拉客招嫖。8月30日专案组展开收网行动，先后抓获犯罪嫌疑人刘某、周某某等8人，抓获违法人员韩某、周某某等10余人。现该案移送起诉8人，行政拘留10人，教育训诫5人。

（钟文彬）

检 察

【概况】2018年，宁乡市人民检察院内设政工室、办公室、监察室、侦查监督科、公诉科、监所检察科、民事行政检察科、控告申诉检察科、案件管理科、司法警察大队等三室六科一队。全年，市人民检察院不断加大检务公开力度。构建“阳光检察”机制，积极开展公开审查逮捕、不起诉等活动，在全省率先建成“12309”检察服务中心，在检察案件信息公开网发布重要案件信息23条、法律文书684份。打造新时代检察宣传平台，运用“互联网+检察”工作模式，通过检察微信、微博公众号和门户网站推送工作信息527条，240篇稿件被新闻媒体采用，自主拍摄的微电影获评全省检察机关新闻宣传类一等奖。不断提升队伍专业素养。坚持人才优先战略，制定实施岗位素能提升、业务能手倍增计划，常态化、针对性地开展检察业务实训80余人次，组织听庭评议、优秀案件与文书评选等活动7次。深化检校合作，与湖南大学共建卓越法律人才联合培养基地，申报省级学术课题6个。涌现全国未成年人检察业务能手1人、长沙市青年岗位能手1人。大力倡导文明廉洁风尚。全面推进省级文明单位创建，提炼“惟公惟精、至情至理”院训，建成法制历史陈列馆、院史文化馆等文化阵地，成立“宁检578”志愿服务组织，开展法治宣讲、扶贫济困等志愿活动12次。坚持全面从严治检，党组专题研究党风廉政建设4次，扎实抓好“知敬畏、存戒惧、守底线”专题教育活动，内部通报纪律作风督查61人次，同时纳入绩效考核体系，形成高压态势。接受市人大常委会对检察工作的专题评议，对评议提出的48个问题全部造册登记，实行销号整改。定期向市政协、工商联通报检察工作情况，积极走访代表，邀请代表、委员参加集中视察、座谈等专题活动6次，当面听取意见建议，主动接受监督。年内，市人民检察院获评全国检察宣传先进单位、省文明窗口单位、省园林式单位等荣誉，28个集体和个人受到国家、省、市级表彰，在市人大常委会专题评议检察工作中，满意度测评为100%。

【民生服务】2018年，宁乡市检察院服务防范风险，打击“为多公司”非法集资案等金融诈骗、破坏金融管理秩序犯罪，依法提前介入引导侦查，共批捕23人、起诉25人；协助做好追赃挽损等社会稳控工作，坚决防范经济风险向政治安全领域蔓延。服务精准脱贫，从严惩处农村黑恶势力和破坏扶贫开发犯罪，依法起诉8人；对口帮扶大成桥镇大成村，重点加强支部建设，支持扶贫资金22万元，帮助硬化道路、修缮水渠共7.5公里，22户实现脱贫，完成三年脱贫总任务的71%。服务污染防治，重点参与“除臭剿劣”、非煤矿山专项整治等中心工作，共批捕破坏生态环境犯罪嫌疑人4人、起诉15人，主动作为、依法办理杨某非法采砂案等典型案件，坚决守护好宁乡绿水青山。

5月11日，新建的车驾管中心正式试运营

【企业司法服务】2018年，宁乡市检察院推行“打、防、保、助”四位一体司法服务模式，打造法治化营商环境的检察品牌。依法打击，开展侵犯民营企业违法犯罪专项监督活动，认真办理邓某职务侵占、盗窃案等一批非法侵占企业财产、妨害企业管理秩序犯罪案件，共批捕33人、起诉13人。走访三一重起、杉杉新材等企业，针对办案中发现的经营管理漏洞，发出检察建议10份，帮助企业查漏补缺。平等保护，审慎适用强制措施，依法对民营企业负责人、技术骨干不批捕4人、不起诉2人，最大限度减少对正常生产经营的不利影响。助力发展，与市工商联共同出台服务非公经济发展的实施意见，设立服务非公经济办公室，开展“三抓两促”项目帮扶，帮助联点企业短期融资3000万元，协调解决证照办理、临时用地周转等实际困难5个。

【社会治理参与】2018年，宁乡市检察院贯彻宽严相济，对情节轻微的刑事案件，决定不批捕177人、不起诉93人，在检察环节达成刑事和解100件，进一步减少社会对抗，化解社会矛盾。深入推进信访法治化，推行律师代理申诉制度，共办理各类申诉案件10件、司法救助案件7件，发放司法救助金6.9万元，释放检察关怀。认真落实“谁执法谁普法”的普法责任制，检察长受聘担任宁乡一中法治副校长，联合市教育局等开展“法治进校园”巡讲活动6次，受教育学生5000余人次，两名干警被选拔为长沙市女检察官法治巡讲团成员。

【批捕起诉工作】2018年，宁乡市检察院共受理审查逮捕案件783件1076人，同比增长21.6%和21.9%；审查起诉案件969件1357人，同比增长27.7%和23.3%。深入推进平安宁乡建设，起诉严重暴力、危害公共安全和扰乱公共秩序犯罪411人、“两抢一盗”等多发性侵财犯罪338人、“黄赌毒”犯罪204人。通过坚决打击郑某等人拐卖外籍妇女儿童、喻某等人实施电信网络诈骗等重大犯罪，用行动兑现司法为民的承诺。积极加强与市监察委的衔接合作，成立职务犯罪办案组，受案3件5人，全部做到快审快结。宁乡市第一例监委移送案件，在一个月内完成批捕起诉工作，同时适用认罪认罚程序，确保效率与效果统一。不断加强未成年人司法保护，健全“捕、诉、监、防”一体化机制，开展“关爱祖国未来，擦亮未检品牌”检察开放日活动，依法办理各类案件110件，对未成年犯罪嫌疑人不批捕17名、附条件不起诉6人。积极开展认罪认罚从宽工作。坚持规范与创新结合，贯彻实施《刑事案件认罪认罚从宽制度试点工作实施细则》，规范“实体从宽、程序从简”的标准；大力适用速裁程序、简易程序，实现繁简分流，审查起诉周期平均缩短三分之一。坚持提质与保障并重，共办理认罪认罚从宽案件758件，占同期起诉案件总数的78.2%；细化常见罪名量刑标准，量刑建议采纳率达到99%；设立法律援助工作站，落实值班律师制度，确保认罪认罚的自愿性，全面保障犯罪嫌疑人、被告人的诉讼权利。

【扫黑除恶与维稳工作】 2018年，宁乡市检察院成立专项工作领导小组和扫黑除恶办公室，安排2名检察官专职办理，其中督办案件由院领导牵头领办，共批捕36人、起诉14人。如长沙市扫黑办交办的李某等人聚众扰乱社会秩序案，由检察长牵头办理，全程引导侦查，从严从快逮捕全部涉案人员。健全机制，制定工作方案等规范性文件3个，全面实施“捕诉一体”、定期会商机制，加大提前介入、快捕快诉力度；与法院、公安密切协作，对林某等人涉恶案中的漏罪全部予以追诉，确保打击效果。强化监督，共介入侦查活动12次，提出取证意见9次，在审查案件中追捕漏犯3人、追诉漏罪5笔。

【公益诉讼】 2018年，宁乡市检察院争取各方支持，主动向党委、人大、政府汇报工作情况，市人大常委会专题对公益工作开展问询，并组织赴外地学习调研，制订专门意见支持公益诉讼。强化线索摸排，先后开展国土领域“大走访、大排查、大办理、大汇报”专题活动，环境资源保护专项立案监督活动，“保障千家万户舌尖上的安全”等检察公益诉讼专项监督活动，共摸排线索65件，其中立案54件，案件数量在长沙市检察机关排名第二。突出办案质效，共发出诉前检察建议50件，起诉1件，督促收回国有土地出让金2.7亿余元，督促恢复被毁林地10.7公顷，督促对网络订餐平台56个入网商户进行整顿，成功办结全省首例征地拆迁领域行政公益诉讼案件，依法提起宁乡首例生态领域刑事附带民事公益诉讼，并推动设立全省首个公益诉讼专项资金账户。

【诉讼监督】 2018年，宁乡市检察院加强刑事诉讼活动监督，监督公安机关立案17件、撤案14件；纠正漏捕18人、漏诉12人，追捕的贩卖毒品罪犯张某被最高人民法院核准执行死刑；对李某组织卖淫等3起案件提出抗诉，纠正侦查活动违法48件次、纠正刑事审判活动违法1件。加强刑事执行监督，纠正刑罚执行和监管场所违法6件次，办理阻碍律师依法行使会见权利案5件；对483名社区矫正人员集中开展法治教育，对4名违规社矫对象建议收监执行。加强民事行政诉讼监督，发出再审检察建议启动再审1件，对审判和执行活动中的违法情形提出检察建议8件；办理督促履职和支持起诉案件48件，帮助农民工追回劳动报酬47万余元。

【司法责任制配套改革】 2018年，宁乡市检察院实施检察官动态管理机制，调配4名检察官，与第二批遴选的4名检察官一起充实到一线办案部门，进一步优化检察官配置结构。探索建立院领导办案机制，带头办理重大、疑难、复杂案件，共计办理各类案件253件，积极发挥“头雁效应”。加强办案组织建设，构建未成年人犯罪、涉黑涉恶犯罪、职务犯罪、涉驾类犯罪等4种专业化新型办案团队，努力实现办案效能最大化。加强办案监督，建立健全案件质量评查制度，共评查案件122件，均通报并记入检察官司法档案。

【重大监督事项“案件化”办理】 2018年，宁乡市检察院以流程监管促监督规范，探索从线索受理、立案调查、实施监督、反馈复查全环节完善办案流程，并将监督触角延伸至行政执法一线。以工作实效促监督权威，共以“案件化”方式办理重大监督事项12件，其中7件进入立案监督和侦查活动监督程序，监督立案、撤案数同比上升30.3%。如对中央巡视组交办的胡某不服涉嫌销售伪劣种子被刑事立案信访案启动办理机制，监督完成撤案程序，成功化解长达十余年的信访积案。

（蒋长庚）

法　院

【概况】 2018年，宁乡市人民法院设有立案庭、刑庭、民一庭、民二庭、行政庭、未成年人综合审判庭、审判监督庭、执行警务局、非诉执行局、法警大队、审判管理办公室、政工室、监察室、办公室、研究室共15个庭、局、队、室，下设金洲、花明楼、双凫铺、流沙河、黄材、灰汤6个人民法庭。

全年，宁乡市人民法院履行宪法和法律赋予的职责，共受理各类案件18215件，同比上升8.16%；审执结16719件，同比上升6.62%；员额法官人均结案275件，同比上升12.25%。该院被评为第一届“全国法院审判管理优秀业务单位”，被授予全省“三调联动解纠纷防控风险促发展”专项调解活动“先进集体”称号。

【案件审判】 2018年，宁乡市人民法院审结刑事案件999件，判处1270人，其中涉恶犯罪案件7件14人，“黄赌毒”犯罪案件153件244人，破坏环境资源保护案件20件31人，职务类犯罪案件7件18人。开展“扫黑除恶”专项斗争，摸排出“开家军”恶势力犯罪集团线索，判处首要分子林某有期徒刑9年。制定《宁乡市人民法院优化营商环境服务经济发展的实施意见》，审结各类民商事案件9285件，标的额54.91亿元，其中民间借贷、金融借款、担保等案件2059件；房地产开发、商品房销售、房屋租赁等案件1816件；劳动争议案件446件。审结行政案件130件，其中判决变更、撤销、确认违法或者责令履行法定职责的案件25件；审理“除臭剿劣”行动中畜禽退养案件19件。审查非诉行政执行案件184件，裁定准予执行市社保基金征缴中心案件13件，标的额1299万元。首次发布《行政审判白皮书》，归纳分析2015年至2017年行政案件中行政机关败诉原因。就项目建设等问题，向行政机关等发出司法建议5份。行政机关负责人出庭应诉率50%。

【基本解决执行难问题】 2018年，宁乡市人民法院成立决胜执行难战役领导小组，制定《关于基本解决执行难工作实施方案》，组建7个执行团队，参战干警占全院总人数38.63%。争取多方支持，中共宁乡市委、市人民政府共同出台《关于加强失信被执行人信用监督、警示和惩戒机制建设的实施意见》，市人大常委会出台《关于进一步支持人民法院基本解决执行难工作的决议》，公、检、法三家在市委政法委的统一协调下会商并形成《关于依法惩处拒执犯罪若干问题的纪要》，法院执行指挥中心与公安、银行、不动产登记等部门14类信息互联互通，形成“基本解决执行难”的综治大格局。查封非货币财产7023万元，冻结银行存款5102万元，扣押车辆36辆，限制高消费和纳入失信被执行人名单4690人次，56名被执行人迫于信用压力履行义务（标的额412万元），司法拘留112人，审结拒执犯罪1案1人，执结案件共6121件，同比上升5.15%，执行到位金额9.15亿元，同比上升23.64%。“涉民生、涉金融、涉农民工工资专项执行行动”执结1702件，执行到位3.2亿元。司法网拍实现全覆盖，成交额1.37亿元。在哈尔滨市宾县某陵园内为中宏融资租赁有限公司扣押价值580万元起重机案，入选湖南法院2018年度十大案例。

【司法服务与宣传】 2018年，宁乡市人民法院以案件繁简分流为主体的递进式多元解纷机制在全省坚持发展“枫桥经验”会上被推介。速裁团队速调快审物业纠纷、小额借贷等民生案件1689件，平均审理周期23天。受理电话预约立案1100件，邮寄立案89件，网络立案55件，“12368”诉讼服务热线接电1873次。发放司法救助资金157.2万元，依法减免诉讼费12.7万元。确认人民调解协议38件。依托人民法庭开展“司法护航乡村振兴”试点，与部分乡镇、村建立联席交流制度。双凫铺法庭受理的一烟花企业79位农民工讨薪系列案，邀请基层组织等参与调解，立案当日全部达成调解协议。审结婚姻家庭、相邻纠纷、征地补偿等民生案件1928件，发出反家暴人身保护令23份。参与精准扶贫，110名干警与巷子口镇黄鹤村、扶峰村贫困户结对帮扶，走访慰问500余人次，赠送价值30万元资金物资，帮扶29户78人成功脱贫。庭审直播社会影响大、关注度高的案件122件，公开各类裁判文书18984份。运用新媒体宣传司法正能量，微信公众号全年阅读量超过30万人次，综合影响力常居全省法院前五，多篇新媒体作品被最高法院、省高级法院公众号转载。

【法院队伍建设】 2018年，宁乡市人民法院教育干警树牢“四个意识”，坚定“四个自信”，践行“两个维护”。发挥“关键少数”作用，院、庭长带头办案7672件，占总结案数的45.89%，《院庭长带头办案责任制改革见实效》一文被省委《改革简报》刊载。遴选第二批员额法官22名。开展“作风纪律建设年”活动，整治“冷硬横推、吃拿卡要、慵懒散奢”等不正之风。组织学习《中国共产党纪律处分条例》，开展“知敬畏、存戒惧、守底线”教育活动，严防法官干警充当诉讼掮客，整治与当事人“三同”办案等问题。办理群众投诉举报82起，回访案件300余件。

【接受各界监督】 2018年，宁乡市人民法院向市人大及其常委会多次专题报告执行等工作，办理人大常委会督办案件20件，邀请代表视察法院、听庭评议、监督执行、参加新闻发布会等58人次。配合纪委监委履行纪律监督职责，办结回复中央第八巡视组、省委第四巡视组、市纪委监委交办案件共计80件，办结民声受理服务中心转交案件17件，接受纪律作风巡查11次。配合检察机关履行审判执行监督职责，回复检察建议8份。人民陪审员共参审5045人次，一审普通程序参审率100%。邀请新闻媒体报道法院工作78次，通过“法院公众开放日”等活动接待人民群众来访参观2000余人次。 （苏建然）

司法行政

【概况】 2018年，宁乡市司法局机关设办公室、政工室、基层科、法律服务管理科、法律宣传教育科、社区矫正科、法律援助中心7个内设科室和公益类二类事业机构公证处、“12348”办公室3个直属机构，下辖29个乡镇司法所。全系统共有编制117个，实有工作人员105名，其中局机关36人，司法所69人；全市共有5个律师事务所，10个基层法律服务所，320个人民调解组织；有执业律师85名，基层法律服务工作者74名，专兼职人民调解员1553名。年内，市新媒体普法联盟在全省普法创新大赛中获评一等奖，“全省坚持发展‘枫桥经验’实现矛盾不上交工作动员部署会议”在宁乡召开，宁乡市作为试点单位在大会上作经验介绍。

【人民调解】 2018年，宁乡市司法局扎实推进矛盾纠纷“大排查、大调解”专项行动，成为省司法厅确定的矛盾不上交试点单位，建立健全解决突出信访问题和矛盾纠纷的长效机制，探索新时代“枫桥经验”的宁乡路径。做好全市矛盾纠纷排查调解的调研、指导、督查等各项工作，排查矛盾纠纷11637件，调解成功11426件，其中复杂疑难纠纷974件，防止群体性上访43件1105人次，防止民转刑29件64人次。深入开展信访群众“面对面”大调解活动，化解各类信访积案。

【法治宣传教育】宁乡市司法局进一步完善“互联网+法治宣传”模式，新媒体普法联盟平台增加至37家，粉丝260万名，2018年推送普法文章1900余篇，累计阅读量410余万次，将传统普法向新媒体普法+全媒体普法+全社会普法转变，获评全省普法创新大赛一等奖。加强校园普法，让每个学生在升学或进入社会前接受一堂普法课，2018年未成年人违法犯罪人数比2017年下降39.8%。组织全市国家工作人员学法考法18122人，通过率99.7%。

【法律服务管理】2018年，宁乡市共有律师85名、法律服务工作者74名，为594家政府机关、企事业单位和村（社区）担任法律顾问，办理刑事案件268件，民商事及行政案件1573件、接受咨询3586人次、调解纠纷2605件、上法治课和法律培训143次。市公证处扩大公证服务领域，受理并办结各类公证事项3559件。

【公共法律服务建设】2018年，宁乡市司法局新建改造公共法律服务站16个、公共法律服务点277个，市乡村三级公共法律服务实体平台全面建成，市公共法律服务中心接待群众6578人次，基层公共法律服务工作站点接待咨询3480人次。自主开发公共法律服务网络平台（掌上司法局），嵌入宁乡司法局微信、智慧宁乡微信和APP、宁乡政务信息港等应用直接进入。在11个社区（村）试点建立公共法律服务微信村群，引导法律服务志愿者、法律顾问和司法所工作人员驻群为居民提供法律服务，协助化解各类矛盾纠纷35件，化解群体性事件2件。

【法律援助】2018年，宁乡市司法局为各类困难群体提供法律援助1274件（其中民事案件1049件、刑事案件212件、行政案件13件）。探索多元化解信访问题，将涉法涉诉信访群众纳入法律援助范畴，全年办理77件，圆满解决中央巡视组交办的周某某访案等疑难复杂案件。在法院、检察院、看守所设立律师值班室，律师见证刑事认罪认罚案件682件893人。

【社区矫正和安置帮教】2018年，宁乡市司法局完成社会评估调查404人次，新增矫正人员347人，解矫298人，在册452人，予以警告33人次，建议收监5人，法院裁定收监5人。刑满释放和解除矫正人员在册3677人，核实率、回执率、衔接率均为100%。完成社区矫正信息系统升级，率先在长沙地区实现社区矫正片区制管理；扎实开展“两会”维稳工作和“扫黑除恶”专项斗争，对社区服刑人员进行全面摸排建档，建立重点人员台账，实行分类管理。狠抓安置帮教保障工作，加强对服刑人员未成年子女的关爱帮扶，为29名服刑人员特困未成年子女争取“小海豚”关爱基金每人每年2000元。

【省司法行政系统坚持发展“枫桥经验”实现矛盾不上交工作会议在宁乡召开】11月15日湖南省司法行政系统坚持发展“枫桥经验”实现矛盾不上交工作动员部署会议在宁乡市召开。会议主要任务是贯彻落实中央政法委“枫桥经验”纪念大会和司法部坚持发展“枫桥经验”实现矛盾不上交电视电话会议精神，全面部署湖南省坚持发展“枫桥经验”实现矛盾不上交三年行动。省司法厅厅长范运田在会上指出，要提高政治站位、落实政治任务、强化政治担当，努力打造新时代人民调解工作升级版。省司法厅副厅长傅莉娟，长沙市副市长、公安局局长唐向阳，宁乡市领导周辉、刘俊武、黄勇，全省各市州县司法工作相关负责人参加会议。会前，与会人员先后前往宁乡市民之家“智慧司法”大厅、市联合人民调解委员会驻人民法院调解室、市医患纠纷人民调解委员会、城郊街道人民调解委员会驻公安派出所调解室、坝塘镇保安村人民调解委员会、资福司法所等观摩点参观学习。会上，周辉代表宁乡市委、市人民政府作典型经验介绍。宁乡作为全省坚持发展“枫桥经验”实现矛盾不上交的试点县（市）之一，各乡镇（街道）调委会在司法所、派出所设立调解室，各村（社区）原则上选举村（社区）党支部书记或主任担任村级人民调解委员会主任，鼓励律师、公证员、法律援助人员等力量参与人民调解，建立一支专业化、职业化调解员队伍。将29个乡镇（街道）和15个重点行业部门纳入市三调联动办成员单位，统筹调度1553名人民调解员，全面构建市、乡、村、组四级矛盾纠纷调解体系，铺设一张无盲点、无死角的人民调解网络，有效解决矛盾纠纷化解“上下联动不畅，左右协同不强”的难题。（刘运昌）

6月5日，宁乡市人民法院干警远赴哈尔滨市，湖南、黑龙江两省三级六家法院协同联动扣押一台价值580万元的重型起重机

综合监督管理

COMPREHENSIVE SUPERVISION AND MANAGEMENT

责任编辑·高　丽

发展和改革

【概况】 2018年，宁乡市发展和改革局（以下简称市发改局）在岗人员49人，政府雇员6人，临聘人员3人，借入人员2人；领导班子职数5名，副科职以上领导干部7名。内设办公室（含财务科）、国民经济运行综合、行政审批服务、投资管理、项目稽查和综合监管、两型社会建设、产业发展、价格管理、公共资源管理办公室9个科室，有合署办公单位2个：市两型办、直属单位市价格监督检查局，二级机构2个：价格认证中心和经济信息中心。

【国民经济综合运行】 2018年，市发改局研究制定《推动宁乡高质量发展2018年度实施方案》《支持乡贤回归创业助推乡村振兴的若干意见》《乡村振兴战略规划》等重大政策方案。深入调研走访，科学分析研究，形成《宁乡房地产市场发展情况分析及建议》《宁乡国有平台公司转型发展的对策建议》等近10项课题研究成果，为市域经济发展提出一批有指导性、操作性的对策建议。把握中央、省市经济发展脉搏，深入研究宁乡市经济发展态势，形成每季度经济形势分析报告及经济运行情况汇报；根据中央重要会议精神，结合宁乡实际，及时开展形势分析预测及对策研究。科学评估十三五实施三年以来经济和社会发展状况，较好地完成十三五规划纲要中期评估报告。对全市经济社会情况进行整体分析把握，形成2018年上半年国民经济和社会发展计划执行情况报告、2018年国民经济和社会发展执行情况及2019年国民经济和社会发展计划报告。

【政府投资管理和重大项目建设】 2018年，宁乡市省市重大项目、重点工程项目共有204个，储备重大社会投资项目70个，涉及中央资金的项目做到应入尽入。参与研究制定政府投资项目相关制度，出台《政府投资建设项目管理实施办法》《小额政府投资项目招标投标办法》《政府投资建设项目负面清单》；研究2019年拟实施的政府投资项目，下达教育项目专项计划和公路、交通项目专项计划、机关维修计划，重点筹备2019年政府投资项目计划编制工作；积极研究政策，对拟实施的老年大学建设项目等42个项目提出项目建设建议；有效防范全市债务风险，对无资金来源或违规举债的项目进行逐一进行“调、缓、停、撤”；清理本市党政办公用房和业务技术用房建设情况，严格落实省委省政府专项整治期间的要求，对违规的业务技术用房全面停建，并提出整改措施。全年共组织迎接上级资金项目稽查2次。其中，省级1次，稽查项目5个，涉及资金2亿元；市级1次，稽查项目2个，涉及资金3682万元。独立或协助其他科室开展本级专项稽查3轮次，稽查项目42个，涉及资金3.88亿元。

【产业经济发展】 2018年，宁乡市实现年度向上争资46.3亿元，其中，发改局直接争资5.5亿元。编制《宁乡市采煤沉陷区综合治理工程实施方案》，获批全国重点采煤沉陷区综合治理工程试点，为全省唯一获评县市。推荐宁乡高新区成功获批省级双创示范基地；邦普循环成功获评国家企业技术中心；顺利通过全国农村产业融合发展示范园创建评定；推进宁乡化工集中区设立纳入湖南省危险化学品产业布局规划。指导推荐懋天、万鑫精工、洁美等5家企业认定为长沙市企业技术中心；指导星邦重工、邦弗特、赛福资源、中财化建4家企业认定为省级企业技术中心；推荐东鑫环保、松井、微纳坤宸3家企业申报省级工程研究中心；指导楚天科技国家级企业技术中心通过国家发改委2017—2018年评价；指导杉杉新材完成2239万元正极材料产业化建设项目和星邦重工950万元高空作业装备产业化建设项目验收。制定宁乡市《推进产业项目建设年活动总体方案》，建立常态化调度机制，每月底定期向市委市政府报告项目建设情况。其中，纳入湖南省“五个100”（即实施100个重大产业项目、100个重大科技创新项目、100个重大产品创新项目，引进100个500强企业、100位科技创新人才，在全省上下营造抓项目兴产业、发展实体经济、加快转型升级的浓厚氛围）的楚天科技智能医疗装备产业园、格力电器智能装备产业园、湖南湘粮集团宁乡食品产业园及食品城、中伟新能源宁乡产业园等5个重大产业项目顺利推进，建设项目累计完成投资70.77亿元，完成年度计划的122%。省市媒体多次报道宁乡市产业项目建设情况。扎实推进“三抓两促”和帮小扶优工作，获得加加食品和容大机电两家企业的满意肯定。推出宁乡市涉企政策汇编，高效服务千人联企业活动，促进宁乡市产业链建设。

【“两型社会”建设】 2018年，市发改局开展两型示范单位创建，获评市级两型创建示范单位7个；全面开展两型省级标准的实施与认证试点工作，10个村庄、1个旅游景区和1个学校获得湖南省两型认证。重点实施畜禽养殖污染治理清洁低碳技术推广，探索畜禽粪污第三方治理模式，畜禽养殖污染强制性第三方治理获湖南省生态文明改革创新典型案例。老旧小区居民家庭餐厨油烟治理圆满完成2000户治理任务，经验做法获人民网湖南分网推介。制订《宁乡市支持现代服务业发展若干政策措施（试行）》政策，促进宁乡市现代服务业发展。服务业年终考核获全市四区县排名第一。沩东新城申报市服务业集聚区。推荐兴元科技等7个项目申报市服务业引导资金，资金获评额度居长沙九区县市第一名。

【行政审批服务】 2018年，市发改局全力深化“放管服”，全面推行“一次办、网上办、就近办、马上办”，全面提升服务效能、主动服务产业项目，项目审批工作取得较好成效。全年，全市共计审批固定资产投资项目782个，项目办结率100%，估算总投资6600240万元。其中：政府投资项目审批280个，估算投资862527万元；社会投资项目备案（核准）502个，估算投资573.7713亿元。行政审批服务科获评市民之家“共产党员示范岗”“红旗窗口”，窗口工作人员获评市民之家“优秀审批科长”“政务服务之星”。“线上备案快、线下服务优”典型做法被湖南卫视新闻联播、宁乡新闻、《今日宁乡》等省市主流媒体推介报道。

【公共资源服务】2018年，市发改局公共资源服务中心共前置审批公开招标事项99个，招标金额13.56亿元；审批小额政府投资建设项目招投标核准事项147个，招标金额2.09亿元，所有公开招标和小额政府投资建设项目均依规依程序审批，全年无一例投诉和违规审批招投标事项的事件。牵头制定《宁乡市小额政府投资建设项目招投标管理若干规定》文件，进一步规范宁乡市小额政府投资项目的招标投标行为。

【价格监督检查】2018年，市发改局共受理投诉举报232余起、价格咨询256起，立案查处价格违法案件31起，上缴财政罚没收入52.474万元，清退多收价款124万元。聚焦老百姓关注的热点、难点问题，认真执行价格监测报告，共采集数据4万多条，价格分析报告10篇，撰写宁乡市生猪养殖情况和农资情况调研报告；定期报送重要产品价格监测简报，为领导决策提供参考；及时发布价格、供求和成本情况，有效畅通市场信息渠道，引导合理消费。专项执法检查累计出动执法人员100人次，出动检查车辆60辆次，检查主要商场及超市20个、成品粮油店30个、客运站3个、液化气及加油站15个、停车场8个、旅游景点4个。突出涉农收费监管，维护群众利益，检查涉农价格和收费单位15个。

【价格管理与价调基金】2018年，市发改局严格执行中央、省、市价费改革政策，扎实做好价费审批和成本监审工作，及时向社会、企业和收费单位公开降费政策信息，要求相关收费单位及时调整收费标准、落实上级政策。完成本级价格与收费事项审批34次，价格备案27项，成本监审33次，召开听证会和座谈会5次。全年开展农调30次，如期如质完成农调工作。做好规范清理转供电加价工作。接受价格纠纷协调10次；接受电话和上门咨询140余次。

【价格认证】2018年，市发改局完成各类价格认定、评估共计592件，认定金额0.95亿元，其中涉税财物价格认定66件，认定金额0.72亿元；涉案财物价格认定322件，认定金额0.16亿元；资产和价格评估204件，评估金额0.07亿元。协助长沙金洲新城开发建设有限公司、宁乡高新技术产业园区管理委员会对13户因地基影响房屋造成的损失进行损失补偿评估，协助宁乡高新技术产业园区管理委员会对金洲机械制造有限公司搬迁费用进行价格评估。

（新　干）

国土资源管理

【概况】2018年，宁乡市国土资源局有在职干部职工421名，局机关内设办公室、人力资源科、计财科、内审科、用地科、规划和节约集约用地科、耕地保护科、土地供应科、地籍和测绘管理科、政策法规科、征地拆迁科、地矿地环科、信访室、党风政风监督室、行政审批科、不动产登记管理科和不动产纠纷调处科17个科室。下设执法监察大队、地质矿产站、征地拆迁管理所、土地整理中心、土地储备中心、不动产登记中心6个副科级单位和测绘院、土地开发公司、信息中心、市场管理中心4个非副科级单位，以及高新区分局1个派出机构，并在全市29个乡镇（街道）均设立国土资源所。年内，被国家自然资源总督察办表彰为土地利用和管理形势观测工作成效突出观测点，“最多跑一次”改革工作在国务院大督查中被表扬，获评长沙市国土资源系统绩效考核一等单位、宁乡市绩效考核一等单位，在市直机关工委党组织书记述职测评中被评为优秀，其他多个专项工作被评为优秀。

【保障发展】2018年，批回用地413.33公顷，切实保障宁乡市国土资源管理局一大批项目的用地需求。“阳光、高效、快速”腾地1030.73公顷，拆除房屋733栋1025户，拆迁房屋面积25.4万平方米，解决失地农民社保5662人，落实社保资金9.94亿元。新增耕地补充指标548.27公顷，兑现省厅“旱改水”承诺207.33公顷；招拍挂供应土地191.27公顷，成交价款40.71亿元，出让土地261.78公顷，实现土地纯收益65.83亿元。

【耕地资源保护】2018年，宁乡市因建设占用的120.93公顷耕地全部实现“占优补优”，连续十九年实现耕地占补平衡。耕地和基本农田保有量均高于上级下达目标，高新区以“优秀”成绩通过长沙市级建设用地节约集约考核评估。投入资金7222.7万元，建成高标准基本农田3200公顷；启动实施灾毁耕地复垦项目122公顷。

【增减挂钩】2018年，宁乡市开展“空心房”整治和城乡建设用地增减挂钩，共拆除“空心房”4860户，超额完成年度任务的127.9%，实施增减挂钩项目203.07公顷，验收确认新增建设用地指标81.4公顷、耕地补充指标49.67公顷，实现经济价值3亿元，反哺乡村建设资金7300万元，建成集居点8个，入住420户，其经验做法“腾出来的俏乡村”入选省厅《乡村振兴自然资源路》系列宣传片，呈送湖南省委。

【执法监察】2018年，宁乡市组织联合执法行动115次，出动执法人员2790余人次，制止村民违法建房119宗、非法采矿90起，查扣非法挖机69台、运输车辆96台、铲车16台；拆除违章建筑40处41870平方米；立案查处违法案件90起，收缴罚没款377.2万元。以“三个坚持”“三个明确”“三个精准”的工作思路，突出“一宗一策”的整改要求，抓好违法用地、闲置用地整改工作，2016年、2017年，例行督查反馈问题全部整改到位，2018年反馈问题整改到位宗数比为97%，面积比为95%；处置完成闲置土地30宗284公顷，在长沙市考核中名列第一，受到自然资源督察武汉局的高度肯定，被自然资源总督察办评为“土地利用和管理形势观测分析工作成效突出观测点”。

【深化改革】2018年，宁乡市国土资源局深入推进“三集中三到位”，集中17项行政审批服务事项；整合国土、规划、建设部门的测绘资源，实现测绘行业资源配置和行政审批“大一统”，工作效率提高50%以上，收费降低50%以上；全面启用乡镇不动产登记服务窗口，打通服务群众“最后一公里”；着力打造不动产登记“网上窗口”，新建商品房预告、现房转移、现房抵押等近五成业务率先在省内实现“不见面审批”，在建工程抵押、二手房买卖等业务实现“最多跑一次”，在国务院大督查中被表彰。全年颁发不动产权证书22487本，不动产登记证明50546份。

【地灾防治】2018年，宁乡市国土资源局投入市本级财政资金8600万元，以“三个一批”的工作方式，治理地灾隐患点40处，搬迁避让310户，专业监测重点隐患点90处；严格落实汛期“三查”制度，沩山乡同庆村茶园组6户19人实现成功避险，受到群众和各级部门的高度肯定；承办长沙市级水库防汛抢险暨地质灾害、山洪防御应急演练，积极组织各乡镇小型地质灾害演练40余次，编印《地质灾害防治宣传画册》20万册，进一步夯实全市地质灾害防治基础。（李　晔）

食品药品工商质量监督

【概况】2018年，宁乡市食品药品工商质量监督管理局（以下简称市食药工质局）共有干部职工457人，其中在岗281人，离退休176人，班子成员10人，机关内设科室17个，直属行政机构2个，二级事业单位5个，派出机构（食药工质所）16个。2018年完成黄材、流沙河、玉潭所3个基层所维修改造，坝塘所办公用房置换，金洲所入驻金洲新区，新购执法车辆12台。

市食药工质局各项工作齐头并进，取得新的成绩，获评全省消委系统宣传工作先进单位、长沙市质监工作先进单位、长沙市工商工作年度考核和食品安全绩效考核一等。党风廉政建设、安全生产等多项工作被评为全市先进。姜小鹏、成军在《中国市场监管研究》期刊发表《加强广告意识形态事前监管的建议》调研文章。

【商事制度改革】2018年，市食药工质局推行“多证合一”、企业登记全程电子化、名称网上申报和简易注销等改革措施，全市新设商事主体11024户（其中企业2600家，个体工商户8424户），网上核准名称1140件，多证合一2601家，全程电子化登记78户，实行简易注销204户。推行“最多跑一次”改革，设置导办台、配置自助查询服务台、开通网上预约业务、提供邮递送达，98项行政许可事项实现“最多跑一次”，其中34项“一次不用跑”。最大限度压缩企业开办时间，新办企业压缩至1.5个工作日。强化商事主体事中事后监管，后置许可率达96.98%，在食品生产领域试行跨部门“双随机、一公开”抽查，联合抽查企业37家；完成年报4.6万户，其中企业年报率86.64%。

【食品安全示范城市创建】2018年10月，宁乡市顺利通过创建国家食品安全示范城市省级评估验收。宁乡市群众食品安全满意度80.4%，创建知晓率97%、支持率99%，均高于长沙平均水平。完成重大活动食品安全保障31起，抽检食品和食用农产品8.8万余批次，合格率99.3%，办结食品安全违法案件525件，其中公安部门侦办涉刑案件13起，刑事拘留15人，治安拘留5人。完成“小餐饮透明厨房”提质改造200家，新建超市、农贸市场、学校和基层监管站所快检室71个。承办长沙市“食品生产环节创建验收对标贯彻工作现场观摩会”，防控野生蘑菇中毒、农村集体聚餐管理、涉食案件查办、食品生产监管分别在省、市作典型经验交流。

【质量管理】2018年，市食药工质局举办质量强市、卓越绩效管理体系、烟花爆竹质量提升、金银首饰计量、企业标准管理、知识产权贯标体系建设等培训，全面提升企业质量意识。新增注册商标2045件（总量9639件，其中中国驰名商标14件），同比增长64%，马德里国际商标4件（总量32件），指导加加食品获首届长沙市市长质量奖，松井、小洋人等5家企业获首届宁乡经开区蓝月谷质量奖，引导东方时装等3家规模企业导入卓越绩效管理模式，培育15家企业申报“湖南省名牌产品”，指导金太阳现代农庄申报“国家级”服务业标准化试点单位，邦普汽车创建“省AAA级标准化良好行为企业”，指导标朗住工、万鑫精工等8家企业申报湖南省标准化试点示范项目，湘都生态农业等7家企业获得湖南省、长沙市小微企业标准创新奖励，落实标准自我声明公开351项。指导湖湘国际机床等8家企业参与22项国家行业标准制修订。抽检产（商）品406批次（非食品），合格率98.3%。检定加油机、电子秤、压力表等计量器具4679台件，为企业和相关单位减负136万元。

【行政执法】2018年，市食药工质

局制定行政执法若干规定、不合格产品后处理办法、罚没物资管理办法、行政复议行政诉讼应诉制度、行政处罚案件回访制度，落实《重大行政执法决定集体讨论办法》，召开局长办公会、案审会讨论决定重大行政处罚案件94件。共办结行政处罚案件616件，行政诉讼案件6件，无一件败诉，局领导行政诉讼出庭应诉率100%。印发执法监督通报4期，开展“十佳办案能手”“十佳案件”评选活动。精心组织六五普法考试，新进人员、执法办案人员、法制专干培训，新进人员参加省法制办执法资格考试，合格率100%。案卷评查工作获市政府法制办通报表扬。

【市场监管】 2018年，市食药工质局开展安全用药月宣传活动，组织药品监管工作会议，进行疫苗、特殊药品等7个专项检查，查办药械案件30件，监测药品不良反应671例、医疗器械不良事件150例。加大商标专用权保护，查办假冒南方水泥、牛栏山白酒、小郎酒等系列典型案件，办结商标侵权案件33件。开展医疗药品、保健品、房地产、投融资、教育培训广告专项整治行动，查办违法广告案件7件。开展“清网”行动，网上巡查发现并整改问题358起，规范网络商品交易经营行为。打好“蓝天保卫战”，依法关闭散煤制售点4处、水泥生产窝点3个，取缔食品小作坊、小餐饮、废旧店54家，查办涉环案件110起，住宅小区、商住楼餐饮油烟治理工作以《宁乡市狠抓源头治理推进餐饮油烟整治》为题被长沙市蓝天办第20期简报专题刊发。打击非法集资，完善严格准入、回访排查、线索移交等机制，将11家违法企业列入经营异常名录，成立工作小组化解“吉盟财富”非法集资矛盾。推进“非洲猪瘟”防控，责令整改问题39个，查扣并无害化处理未经检验检疫的猪肉1723.9千克，立案调查4起。承办全省“红盾护农”行动启动仪式，抽检农机具12批次，化肥30批次，查办农资案件8起。

【特种设备安全】 2018年，市食药工质局召开约谈会、现场观摩会、培训会，开展“打非治违”专项行动，压实企业安全生产主体责任。共检查生产经营使用单位4120家次，排查安全隐患1895处，立案96起。检查特种设备5000余台次，发现问题652处，下达监察指令书限期整改隐患498处，立案15起，查封扣押特种设备122台，限期整改问题全部实现闭环。加强对危险化学品及包装物、容器、重要工业产品等产品质量安全的监管，查扣烟花爆竹产品1592件、取暖器2428个，取缔非法生产经营单位8家，移送治安拘留1人。指导电梯应急救援中心开展救援80起，解救人员145人次，救援成功率100%。

【消费维权】 2018年，市食药工质局开展以“品质消费美好生活”为主题的“3·15”消费维权系列活动，编印发放《维权之剑》《中华人民共和国食品安全法》等宣传资料3万份，结合消费投诉热点发布消费警示3期，组织部分人大代表、政协委员、社会贤达和媒体记者开展消费体验活动，浓厚消费维权社会共治氛围。做好全国“12315”互联网平台、长沙工商“12315”、“12331”、“12365”、“12345”、湖南投诉在线、信访和本级受理等7个渠道的投诉举报处理工作，接受消费者咨询3937件、信访5件，受理消费投诉举报2847件，为消费者挽回经济损失300余万元，回访率100%，满意率为99.7%，及时妥善处置了想恋优果跑路、金鑫加油站加油机跳表、大润发销售过期食品等舆情事件。 （蒋 文）

8月5日，开展食品安全监管执法行动

安全生产监督

【概况】 2018年，宁乡市安全生产监督管理局（以下简称市安监局）有工作人员49人，其中班子成员5人，内设办公室、烟花爆竹安全监督管理科、矿山安全监督管理科、危险化学品安全监督管理科、工贸职业安全监督管理科、政策法规科、安全生产协调科和行政审批服务科8个科室，下辖安全生产应急救援调度系统指挥中心。承担宁乡市安全生产委员会的日常工作。

全年，宁乡市安全生产形势持续稳定向好，全年事故起数、死亡人数分别同比下降80.35%、

59.09%，连续73个月没有发生较大及以上生产安全事故，实现“三下降、一确保”目标（事故起数、死亡人数和经济损失同比下降，确保不发生较大及以上生产安全事故）。市委常委会四次专题研究安全生产工作，1月22日印发《中共宁乡市委办公室宁乡市人民政府办公室关于领导干部带队检查安全生产工作的通知》。9月30日印发《中共宁乡市委宁乡市人民政府关于推进安全生产领域改革发展的实施意见》。宁乡市安监局被评为长沙市2018年度安全生产目标管理考核安全生产工作优秀单位。6月1日在岳阳召开的全省安全生产工作会议上，宁乡的行业自律工作经验被推介。

【应急救援工作】强化应急救援队伍建设，构建政府主导、多方参与、社会共治的应急救援力量体系，初步形成以国家队为支撑、企业队为基础、社会力量为补充的专兼结合、优势互补、功能综合的应急救援队伍体系。长沙阳光应急救援中心应急救援工作从单一的矿山救援向综合型救援发展。蓝天救援队救援水平不断提升，更多社会团体如越野一族等组织加入到社会应急救援队伍中。积极开展应急救援演练，通过加大应急救援演练在考核中的权重和执法力度，倒逼企业开展应急救援演练。全年，全市各行业、各企业共开展各类应急演练1000余场次。

【暗访暗拍】2018年，市安委办通过公开招投标，聘请第三方专业机构和专业视频拍摄公司分四次对全市安全生产状况进行暗访暗拍，共检查生产经营单位549家，发现非法生产经营点86处，发现问题和隐患3767条。通过暗访暗拍，推动各乡镇（街道）、监管部门和企业在安全生产上下功夫。同时，暗访片也是各执法人员开展监管执法和企业做好安全生产工作的教材。

【安全生产监管执法】2018年，市安监局开展“强执法防事故”，坚持对非法违法行为“零容忍”，全面加强执法工作力度，对安全监管执法情况每月一统计、每月一排名，每月一通报。2018年共检查企业24952家次，立案1271起，罚款3198万元，责令整改4045家次，责令停产整顿企业157家，问责工作人员28人，行政拘留79人，追究刑事责任4人。强化隐患治理，把抓好“一单四制”的落实作为助推安全生产隐患治理的利器，下大力气查隐患，防事故。全年报送安全生产重大事故隐患103个，建立安全生产重大事故隐患台账103个，已整改并完成销号103个，整改率达到100%。从严从重监管执法。全年执法1429家次，下达各类文书3000余份，停产停业整顿2家；立案29起，处罚58.37万元；共组织打非治违联合行动10次，取缔打击非法生产樟脑油10处、非法经营车小将1处、非法经营储存甲醇燃料油2处、非法经营汽油1处，处罚20万元，通过高压铁腕整治，有效遏制非法生产经营的行为。

【专项整治】2018年，市安监局通过购买第三方服务的方式，推动工贸行业较大危险因素辨识和重大事故隐患排查、切实提升用人单位职业卫生管理能力水平以及规范金属冶炼安全行为。宁乡市作为全省危化品安全综合治理重点县、市，2018年已明确危险化学品仓储基地最终选址在双江口镇云济村。选取60家工贸企业开展较大危险因素辨识管控与重大生产安全事故隐患排查治理行动，选取存在或者产生职业病危害因素较重的用人单位120家，确定2家有资质的中介服务公司为企业开展托管服务工作。组织执法人员和专家一起对23家金属冶炼企业（机械铸造）单位进行全面的检查，开展集中整治。

【宣教培训】2018年，市安监局共组织企业主要负责人、关键岗位操作人员开展各类培训278余场次，企业内部组织培训一线从业人员70多万人次。组织全市乡镇（街道）、园区安全生产分管领导、安监站长以及相关企业分管安全生产责任人开展监管执法能力培训和各类安全生产专题培训78场次。加大与媒体的合作力度，对宁乡市安全生产的典型案例、执法力度、违法行为、警示教育进行集中展示、曝光和宣传，有力的普及安全生产知识。全年，在国家和省级发表312篇，长沙市级发表184篇，宁乡市级媒体588篇相关文章。开展警示教育活动，全市29个乡镇（街道）、53个市直单位，1868家生产经营单位，共32万余人观看《湖南省安全生产重大事故警示教育片—牢牢绷紧防范安全风险这根弦》和长沙市安委办拍摄的八部安全生产警示教育片。创新中小学生安全教育方式，邀请湖南省安全职业学院专家分层次编制中小学安全知识教材；根据学校特色建立体验基地，打造一批宁乡独有的安全教育教学基地和体验馆。（熊胜兰）

统　计

【概况】2018年，宁乡市统计局共有干部职工34人，内设办公室、二产业科、三产业科、法规科4个科室，下设统计普查中心、经济调查队2个二级机构。

【统计基础】2018年，宁乡市统计局加强统计基层基础规范化建设。制定完善乡镇统计站管理考核细则，结合市对乡镇（街道）、部门绩效考核办法，将乡镇（街道）统计站按乡镇经济总量、人口、企业数量分为三类，制定并完善基层统计站考核办法，对不同类别的统计站实行差异化考核，进一步规范园区、乡镇（街道）统计工作。利用数据修订机会，全面纠正数据不实问题，全年申报规模工业数据修订企业174家，加大去空壳、去不达标企业清退力度，杜绝空壳企业的存在。

【统计服务】2018年，宁乡市统计局加强重点指标预警监测。加大数据监测、解读和分类业务指导，按时提前做好主要指标预警；密切关注经济形势变化，着力对重点行业、主导产业、龙头企业的动态监测；主动做好“两纲”监测、为民办实事以及全面小康等重点领域统计指标的监测预警，为率先实现全面小康、“挺进二十强”提供有效的统计保障。加强走访调研。密切关注经济社会发展中的重点、热点、难点问题，积极参与市委“大走访、大调研”活动，深入园区、乡镇、街道开展专题调查研究，形成《从产业链视角对宁乡工业发展的思考》调研报告；强化GDP、规工、固投、社零、高新与研发投入等重要指标数据解读，准确把握高质量发展中出现的新情况、新问题和新矛盾，形成专业分析报告，为市委市政府主要领导科学决策参考提供有效依据。加强部门、企业服务。建立班子成员和科室对口联系制度，实行分片负责，定期走访，上门服务；落实国家统计局《关于加强和完善部门统计工作的意见》，加大部门统计服务工作力度，做好工业企业数据修订业务指导，及时预警存在的问题，提出针对性的意见建议，确保部门、企业统计依法依规、实事求是、应统尽统。

【统计队伍建设】2018年，宁乡市统计局加大业务培训力度。采取定期、不定期以及“走出去、请进来”的方式组织全市统计人员参加国家、省、市各类会议和培训，全年参训人员达到800余人次，举办全封闭“统计创新与素质提升”培训班，有效提高统计队伍的专业水平。加强技能交流，积极参与评比活动。每周进行2至4晚的羽毛球、气排球等体育运动，倡导一种“阳光心态、快乐工作、健康生活”的良好氛围，在7月份的长沙市统计系统首届气排球比赛中夺得冠军。

【统计普法与执法】2018年，市统计局成立宁乡市统计局统计执法工作领导小组。根据国家、省、市要求，形成一把手挂帅，分管领导具体负责，专业人员具体负责并组织实施的统计执法工作机制。加大统计法律法规宣传，利用媒体提升宣传力度，加强与市内媒体的合作，宣传《中华人民共和国统计法》《统计违法行为处分规定》，全力推进统计行政执法制度的实施，浓厚宣传氛围，提高对统计行政执行工作的认识度。根据国家有关法律、法规、制度规定和省、市统计局的具体要求，不断学习，吸取新的知识，不断更新观念，坚持规范执法制度，发挥统计法律法规的监督作用。全年检查企业20多家，协助国家、省、市统计部门检查企业50多家，部门、园区、乡镇街道以及企业依法统计的意识得到加强，数据质量有效提升。（杨　文）

审计工作

【概况】2018年，宁乡市审计局（以下简称市审计局）在职干部职工52人，机关内设办公室、审计一科、审计二科、审计三科、经责审计科、综合法规科、内审指导科、计算机审计中心、人事财务科等9个科室，下设市政府投资审计中心，市领导干部任期经济责任审计办公室挂靠市审计局。年内，市审计局共完成审计计划项目27个，其中财政财务收支审计项目10个，经济责任审计项目4个，政府投资审计项目7个，专项审计调查项目5个，长沙市统一组织项目1个。审计重点关注预算执行、财政财务收支的真实性合规性和效益性、领导干部的履职行权、政府投资项目的建设和管理等情况，并对政府性债务开展审计，对宁乡市35家国有平台公司进行清产核资。审计查出违规金额270.8亿元（其中违法违纪问题金额593万元，管理不规范金额270.75亿元），发现非金额计量问题339个，提出审计建议98条，向市纪委等相关部门移送案件及问题线索14起，出具审计要情（专报）61期。2018年，市审计局被湖南省审计厅评为“审计宣传通联工作先进单位”，被湖南省档案局评为“档案规范化管理省一级”。

【加强审计覆盖】2018年，市审计局着力推进审计全覆盖。一是围绕促进公共资金高效使用，对本级财政预算执行和9个市直（管）部门2016年—2017年度财政财务收支情况开展审计，强化对预算编制和管

9月10日，审计人员开展扶贫工程现场审计

理的监督，着力推动建立健全规范、公开透明的预算和财务管理制度，提高公共资金使用绩效。二是围绕促进领导干部依法履职，对4个单位“一把手”开展经济责任审计，其中任中审计3人、离任审计1人，重点关注重大经济事项决策、法定职责履行、“三重一大”、资产资金资源的配置和使用、作风建设和廉洁从政等情况，促进依法行政和领导干部依法履职尽责。三是围绕加强政府建设项目监管，抽审交通、水利、教育、市政、灾后重建等领域的6个建设项目，根据湖南省审计厅交办，对湖南省建工集团扶贫易地搬迁建设项目（涉及宁乡市2个乡镇）进行跟踪审计。审计过程中，以审计质量为核心，注重项目的现场勘验，促进提升政府投资效益。

【审计重点】 2018年，市审计局突出审计重点，着力围绕“三大攻坚战”开展审计。一是聚焦防范和化解金融风险，上半年历时5个月，投入一半以上的审计力量开展政府性债务审计，基本摸清宁乡市政府性债务的规模、结构、成因、风险等情况，为宁乡的化债工作和市委、市政府的宏观经济决策提供较为翔实可靠的依据；下半年用时3个月，对全市35家国有平台公司进行清产核资，为宁乡国有平台公司整合奠定基础。二是聚焦社会关注度高的教育、医疗、扶贫、灾后重建等民生领域，分别开展基地校（学校）、乡镇卫生院、精准扶贫资金、灾后重建资金审计调查，审计人员到村入户深入基层，着力揭示各类专项资金使用的规范性、效益性方面存在的问题，切实维护人民群众利益。三是聚焦蓝天绿水青山，在市国土资源局开展自然资源资产离任审计，把耕地保护、矿产资源管理、生态环境保护作为审计的主要内容，通过利用地理测绘技术（GIS），对宁乡国土资源资产开发利用现状的可持续发展进行全面审计分析。

【审计成果运用】 2018年，市审计局完成本级政府和上级审计机关交办（配合）事项31件，注重对审计中发现的共性问题和重点问题进行分析，及时向市政府报送审计专报、要情61篇，其中23份得到市主要领导批示，为市委市政府决策提供优质服务。关注体制性问题和制度性障碍，对审计中发现的政策措施不衔接、不配套，法律法规不合时宜、阻碍政策落实等问题，及时反映、提出建议、督促完善，推动制定各类制度规范28项，其中市委、市政府3项，行业主管部门8项，被审计单位17项。研究制订《宁乡市党政主要领导干部和国有企业领导人员离任经济事项交接办法》《审计机关贯彻落实“三个区分开来”的实施办法》等文件，推动完善审计制度。制订《关于加强审计整改工作的实施意见》，形成责任明确、上下联动、部门协作、共同推进的审计整改工作机制。建立审计整改台账，跟踪督促被审计单位逐一落实整改。12月13日向市人大常委会专题汇报《2017年市本级财政预算执行和其他财政收支情况审计发现问题的整改情况》，并向全社会公布。

【审计监督】 2018年，市审计局全力履行反腐败协调领导小组成员单位职责，对违法违纪问题保持“零容忍”，移送案件和问题线索14件，其中移送纪委监委5件、移送主管部门9件，严肃揭露和查处公职人员履职用权违纪违法以及不作为、慢作为、假作为、乱作为等问题。配合支持纪检监察和巡视巡察工作，派出审计人员30余人次参加巡视巡察和相关检查18项，累计用时700多个工作日发挥审计监督反腐败尖兵和利剑作用。

（徐　鹏　杨　宇）

人力资源和社会保障

【概况】 宁乡市人力资源和社会保障局是负责全市人事人才、就业服务、劳动关系管理调整以及经办管理服务等工作的政府组成部门，2018年有在职干部职工203名（其中临聘以及劳务派遣43名），离退休人员61名。内设11个职能科室：办公室、财务管理科、纪检监察室、信息科、公务员管理科（事业单位人事管理科）、人才开发科、工资福利科、社会保障科、基金监审科、信访科、行政审批服务科，下设12个二级机构（其中7个副科级事业单位）：就业服务中心、人力资源公共服务中心、劳动保障监察大队、

6月20日，创业创新大赛长沙市宁乡赛区选拔赛决赛现场

城镇职工养老保险中心、城乡居民养老保险中心、城镇职工医疗保险中心、城乡居民医疗保险中心、工伤保险中心、失业保险中心、劳动人事争议仲裁院、社会保险基金征缴中心、社会保障卡管理服务中心，外派2个驻区机构：经开区分局、高新区分局。2018年，市人社局绩效考核位居17个社会发展部门一等第一名；局城乡居民养老保险中心获评全省2018年度城乡居保经办管理服务工作以及信息宣传工作优秀单位，长沙市2018年度城乡居保经办管理服务工作先进单位；局社保卡中心获评2015—2017年度长沙市社会保障卡优秀服务大厅；在2018年长沙市人社系统案卷评查中，行政处罚案卷和工伤认定案卷获评优秀；市民之家人社窗口成功创建长沙市工人先锋号；局机关党委获评市基层先进党组织，局党组、机关党委党组织书记述职测评均取得“好”的评价。

【就业创业工作】 2018年，宁乡市新增城镇就业11710人，城镇登记失业率控制在2.04%以内，零就业家庭实现动态清零；新增农村劳动力转移就业7900人；新增就业见习基地2家，评估认定宁乡市级创新创业带动就业示范基地2家，创业带动城乡就业14883人；全年举办各类技能培训班41期，举办贫困家庭“两后生”技能培训班6期；举办“创业宁乡，载梦启航”主题创业创新大赛，评选获奖项目21个，其中1个获省赛一等奖，国赛三等奖。

【社会保险】 2018年，宁乡市累计完成城镇职工养老保险基金征缴21.77亿元，其中城镇职工医疗保险基金征缴6.25亿元；工伤保险基金征缴5593万元；失业保险基金征缴4459万元；城乡居民养老保险基金征缴1.158亿元；城乡居民医疗保险参保110.24万人，征缴基金7.46亿元；录入被征地农民社保7238人。

【人事人才】 2018年，宁乡市人社局共同参与和牵头组织完成教育、卫计系统及其他事业单位310名专业技术人员招录以及26名机关事业单位工作人员公选公招；组织举办“两提高一促进”专题培训班1期，事业单位新进人员转正定级培训3期；圆满完成2017年度23883名机关事业单位工作人员考核奖惩及公务员职务职级并行等工作；共办理调动414人次，机关企事业退休审批6312人，工资审批兑现近3万人次，档案查阅利用3万余人次，新接收流动人员档案1800份；完成专业技术人员初级职称认定477人，中高级职称评审635人，推动落实机关事业单位暑假集中带薪年休假。

【劳动关系稳定】 2018年，积极推进工资集体协商，签订协议112份，涵盖全市980家企业。积极开展清理整顿人力资源市场秩序专项行动和对60家企业的日常巡视检查，下达规范用工建议书11份，促签劳动合同240份，补缴社保50人。劳动监察共接待投诉举报1928人次，受理并办结案件196件，新办保障金手续143户；劳动仲裁共处理劳动争议案件680件；接待群众来信来访及“12333”人社热线来电12682人次，办理“12345市民热线”工单382件，办理各类信访件217件。

（杨春辉　梁小莹）

城乡建设·环境保护

URBAN AND RURAL CONSTRUCTION
AND ENVIRONMENTAL PROTECTION

责任编辑·高　丽

城乡规划建设

【概况】 2018年，宁乡市城乡规划建设局（以下简称市规建局）立足自身职能职责，切实加强建筑行业监管、市政设施管理、公用事业发展、新型城镇建设、精准扶贫攻坚、环境污染防治等重点工作。

【行业管理】 2018年，宁乡市建筑业实现总产值75亿元，创利税3.2亿元，解决2.5万人就业，发放从业人员工资9亿元，新增四上企业12家。推进建筑施工质量生产标准化，全市新建建筑设计阶段节能强制性标准实施率100%，施工阶段建筑节能强制性标准实施率100%，城区新型墙材推广使用率90%，新建绿色建筑占比70.59%；完成“智慧建设”云监管平台建设，推进“互联网+行业监管”，全年受监项目（除经开区外）201个，申报各类优良、绿色工地73个。加大执法监督力度，下发各类文书600余份，立案88起，处罚金额558.7万元；推进“2345”审批模式改革，工业项目施工许可压缩至45个工作日；落实施工图审查政府购买服务，实现建设单位送审施工图“零跑路”“零付费”，与相关部门“零接触”。

【公用事业】 2018年，宁乡市规建局编制《宁乡市城镇燃气规划》，新增城镇管输天然气12051户，新开发工商用户8000多平方米，销售天然气4625万立方米，新建燃气管网69千米，老城区煤改气4000余户，益阳转供项目成功试点供气，实现三条主干管网分段分级、循环供气；开展燃气企业安全生产检查50余次、瓶装燃气联合执法20余次，依法取缔非法经营网点20余处，暂扣液化气钢瓶500余只；完善供水设施建设，新建管网16千米，完成正农水厂取水头部迁移工程，南太湖水厂二期工程主体竣工，解决沩丰坝拆除带来的饮水问题；建立二次供水管理平台，全年产水量3925万吨，售水量3323万吨，水质综合合格率100%。

【市政管理】 2018年，宁乡市规建局持续深化建管分离，建立全天候、全覆盖、常态化的市政设施管理维护机制，建立完善解决群众诉求工作机制，处理“12345”市民热线等投诉2000多例，群众反映强烈的路灯和污水排放等老大难问题得到解决。完成城区易涝点整治、化龙溪撇洪渠、东沩溪排渍泵站等项目建设，推进城市防洪圈建设；完善行人过街、人车分离等交通安全设施，新拟定车位389个，维护维修标识及配套设施3183处，减速带、人行横道和路面标线27569平方米；成立防震减灾指挥部、防渍排涝指挥部，统筹调度城区防汛抗旱、扫雪除冰工作，城市管理安全、有序。

【优化乡村环境】 2018年，宁乡市完成11个乡镇集居点配套建设，入住群众743户、2718人，基本完成靳江集居点建设，启动西部8个乡镇集居点前期工作，宁乡集居点建设改革试点经验在长沙市委《内情参考》专题推介；完成农村危房改造1473户，实现农村危房阶段性清零；开展与流沙河镇合兴村、罘罳峰村、金洲镇全民社区结对帮扶，集中走访4次，支持帮扶资金20万元；申报2018年长沙市各类新型城镇“以奖代补”建设项目14个、示范村镇11个；编制《宁乡市域农村垃圾治理专项规划》并通过省住建厅技术评审，推进以村为单位的农村垃圾处理，着力改善乡村环境。

【污染防治】 2018年，宁乡市规建局加强在建工地扬尘治理规范化管理，下发文书125份，立案25起，办结25起，处罚金额42万元。年内所有在建项目基本按照8个100%要求（即建筑施工工地围挡100%、路面硬化100%、洒水压尘100%、裸土100%覆盖、进出车辆100%冲洗、渣土实施100%密闭运输、建筑垃圾100%规范管理、非道路移动机械尾气排放100%达标）落实到位，城区空气质量明显改善；完成城区地下管线普查，摸排污水管网370千米，摸排“四溪一渠”排口168处，截污168处；启动城乡供排水一体化PPP项目，完成城区污水处理厂扩容提质前期工作，完成沙河片区管网、朝阳溪上游污水主管网、东沩溪上游污水管网、正龙溪沩江河截污闸门箱涵、二环南路污水管网、东沩溪和化龙溪生态补水工程、南苑片区（星河绿洲）污水管网7个“除臭剿劣”项目以及园区管网联通工程建设，完成2个乡镇污水处理厂建设、3个集镇污水处理设施和19.7千米污水支管网建设。

【正农水厂珍洲坝取水口供水运行】 正农水厂珍洲坝取水口3月5日启动建设，5月11日试水运行，工程历时仅68天。项目总投资约4000万元，位于宁乡市金洲湖湿地公园沩江与乌江交汇处珍洲坝左支坝，与原取水口曲线距离近8千米，距离南太湖取水口1千米，按近期10万吨/日供水

4月20日，正农水厂珍洲坝取水口项目建设现场

能力设计，远期20万吨/日供水能力规划建设，由取水泵房向正农水厂铺设1000—1200原水管道6.4千米引水生产。正农水厂珍洲坝取水口的建设，保障正农水厂的取水量，极大提高正农水厂的原水质量，使水厂原水水质由Ⅲ类水提升为Ⅱ类水，从根本上解决城区百姓的用水需求和水质要求，最大限度的满足宁乡城区防汛保安需求，是一项实在的“民心工程、德政工程”。

【“智慧工地”云监管平台建设项目运行】 2018年10月，宁乡市规建局“智慧工地”云监管平台建设项目运行。平台将通过云计算、物联网等先进技术的综合应用，对建筑工地的施工状况及车辆人员的出入、关键岗位管理人员考勤、$PM_{2.5}$、PM_{10}、工地噪音、塔式起重机及施工升降机实时运行情况、施工现场重大危险源进行实时监测，汇集的工地视频和数据可在智慧中心和手机端进行实时查看，为所有工程安全监管人员装上“千里眼”，真正做到全过程、全方位的实时监督。智慧工地的启用不仅保障建筑工程质量的日常安全监督管理，也大大减少数据采集工作的随意性和盲目性，可有效预防全市建筑工地安全事故的发生，助力“蓝天保卫战”，打开宁乡建筑工程质量安全监督信息化工作新局面。

（张　暾）

城乡规划服务

【概况】 2018年，宁乡市城乡规划服务办公室（以下简称市规划办）内设综合科、党建办（法规监察科）、人事财务科、总工室、规划编制管理科、行政审批服务科、规划技术管理科等7个科室，下设规划监察执法大队和规划信息中心。全办坚持完善规划编制体系，推进审批制度改革，推行规划政务公开，提升规划服务水平，为建设一流中等城市，引领城乡品质倍升，做出积极贡献。政务服务窗口多次被政务中心评为“红旗窗口”“私人订制式”精准扶贫工作经验被市扶贫办推介，“一圈两场三道”建设经验先后被《长沙晚报》、红网、人民网多次报道。市民馆积极承担城市形象和城市精神推介工作，全面配合宁乡市宣传片拍摄，进一步提升规划形象。切实维护民主权利稳人心，充分尊重党员群众民主权利，在全市29个乡镇（街道）、部门和载体单位发送征求意见问卷4000份，积极听取党员群众的意见和建议。

【规划编制】 2018年，宁乡市规划办全力推进《宁乡市城市总体规划（2020—2035年）》的编制，制定《宁乡市城市总体规划（2020—2035年）编制工作方案》，成立以市委书记周辉为顾问，市长付旭明为组长的工作领导小组，完成现场调研和基础资料收集工作，并形成基础资料汇编。完成上版总体规划实施评估初步方案和城市发展定位专题研究、全面建成小康社会三年行动计划课题研究两个专题的初步方案。市全面推进国民经济和社会发展规划、城市总体规划、土地利用规划、环境保护规划等“多规合一”，已形成一张蓝图初步成果，搭建“多规合一”工作平台，基本实现全流程协同审批。

完成教育、电力、消防、燃气、文体设施、绿地系统、污水、户外广告、排水防涝、综合交通、海绵城市建设、医疗卫生、移动通讯基站、成品油、慢行系统等15个专项规划的编制，其中燃气、文体设施、绿地系统、污水专项、户外广告等5个专项规划已获市人民政府批复，全面、有效指导宁乡市各项公共服务、市政等设施的规划建设工作。

组织开展行政中心（含高铁新城）、老城区、滨江地段等重点片区和部分重点地段城市设计，将城市设计有关内容和要求纳入控制性详细规划，积极引导城市建设，独具宁乡特色的城市风貌逐步凸显。中心城区共批复经开区、高新区等7个片区的控制性详细规划，东城组团和大湾岭片区目前已形成初步成果，实现控规“全覆盖”。启动对中心组团、老城组团、城南组团和新城组团等控规进行动态维护更新。

全面开展对乡镇编制工作的指导与督查，各乡镇均已编制总体规划，部分乡镇总体规划已启动总体规划修改工作。灰汤温泉、关山古镇等特色小镇规划工作加快推进。全市村庄规划编制“全覆盖”工作进展迅速，至2018年底已完成178个村庄规划编制初步成果（包括1个保护类、44个改善类村庄规划、17个简易类村庄规划、116个建房说明书）。

组织编制中心城区棚户区改造规划，建立健全棚改项目规划实施机制。全面推进千手大屋、同心屋场等易地搬迁及集居点规划编制，使搬迁户享受到更好的居住环境、更好的教育、医疗等服务设施。积极参与精准扶贫工作，组织编制巷子口镇双河村、黄材镇崔坪村等扶贫村庄规划。

推进历史文化保护规划，组织编制沩山乡历史文化名镇保护规划、巷市村历史文化名村保护规划、正农古街历史步道规划，加强保护宁乡历史文化资源。

结合长沙市和湘江新区规划要求，组织开展战略研究，启动金洲新城概念性规划编制。组织完成青山桥、流沙河、老粮仓、灰汤、横市、黄材、龙田、沙田、沩山、巷子口10个乡镇集居点规划设计。

【规划管理】 2018年，宁乡市规划办认真梳理前置材料、审批事项和业务流程，精简审批材料36项，规划“一次办结”审批系统，建立网上报建、移动办公系统，实现网上受理、网上审批、移动办公、自动存档等功能，审批提速达36%，做到“让数据多跑路、让群众少跑路”。

实现技术审查和行政许可分离，借助外智外脑，建立规委会专家库，聘请包括朱翔、魏春雨等全国知名的专家委员68名。制定市规委工作章程和规划方案专家审查制度，对重大项目审查一律要求邀请行业知名专家参加，实行评审票决制。全年召开规委会8次，共审议美的国宾府、花明幸福城、沿江路线型方案等项目94个，组织经开区C—2—93、高新区D—60等地块控规修改16个；完成规划审批共计1580件，用地面积共计178.83万平方米，建筑面积202.73万平方米。

强化事中事后监管，制定建设工程批后跟踪管理工作制度、《宁乡市建设工程监督检查程序规定》和《宁乡市行政处罚程序规定》，对放验线、裙房完工、主体工程封顶等环节重点把关，确保各项工程严格按照规划实施建设。持续推进控违拆违，下达停工通知书8份，整改通知书11份，对城管疑似违法建设规划性质认定复函87份，参与1265户拆迁，共计拆迁25.6万平方米。

【规划实施】 2018年，宁乡市规划办牵头组织完成《宁乡市一圈两场三道建设两年行动计划》《宁乡市15分钟生活圈规划及导则》《正农历史步道规划设计》，指导和督促建成4所学校、4座垃圾站、3座公厕、1处养老中心、5座停车场、2个农贸市场、5家生鲜门店、13公里人行道、5公里自行车道和410米历史步道。对金唐公路与319国道交叉口、龙江大道与宁横公路交叉口、319国道、岳宁大道、春城北路、花明北路、仁福大道、滨江路、华强大道、玉煤大道等道路进行规划研究，优化断面设计，挖掘道路潜能。优化交通路网结构。规划宁乡外环线、金宁大道，对319国道、二环路等城市绿道进行规划布局，缓解城区交通拥堵。启动三水厂取水头外迁，推进市区、经开区和高新区污水厂的扩建规划，开展地下管网普查，修编城区给水、排水、电力等专项规划。

城市管理

【概况】 2018年，宁乡市城市管理和行政执法局（以下简称市城管局），对照全国文明城市创建要求，以建设更加富饶美丽幸福的安宁之乡为努力方向，凝心聚力、勇于创新、忠诚履职，市民群众认同感不断增强，全市城市管理发展态势良好。

【市容秩序】 2018年，宁乡市城管局开展占道经营整治，取缔违法占道经营活动465处。采取“三定”制度开展市场、校园周边环境整治，清理市场、校园周边店外经营、流动摊贩等乱象。重点打造一环北路、二环路、宁乡大道、新康路、春城北路、花明北路6条精品示范主干道。新成立黄材、道林、花明楼、灰汤、煤炭坝、双凫铺六个乡镇城管中队，延伸管理触角，有力提升集镇环境。启动门前三包、牛皮癣整治、夜市扰民、乱停乱放、“垃圾随手扔”、城管进社区活动，传播社会正能量。统一制作7500块门前三包责任书；统一制作房屋出租、人员招聘牌3000块；取缔违规设置地锁90处；拆除影响通行的空调柜机45处。配合市食安委、市监局助力国家食品安全示范城市创建，积极开展中小学校园及周边“食品安全护苗行动”，重点对校园周边店外经营、流动摊贩、马路市场等乱象进行整治，专项整治“三考”期间考点周边环境，为广大学生营造良好的校园环境。

【户外广告】 2018年，宁乡市城管局开展户外广告管理专项整治，查处违规设置户外广告案件30处，拆除有安全隐患、破损广告招牌280处，清理落地灯箱、横幅、橱窗广告、小广告4500余处。备案规范门店招牌制作137处。

【控建拆违】 2018年，宁乡市城管局采取“巡、查、控、管、拆”五管齐下，完善市、街道、社区（村）三级责任网络，把拆违执法矛盾化解在萌芽状态。全年，全市控制和拆除违法建筑面积总计50万平方米。开展小区联合执法整治，控制小区乱搭建80余起，责令整改小区环境秩序乱象80起，整改到位率100%。

【环境卫生】 2018年，宁乡市城管局健全垃圾清运和日常保洁责任制，开展逢“十”大清整和节前节后卫生大清整，不间断清洗城区主次干道、公用附属设施和果皮桶，打造12条环卫样板路。积极推进“厕所革命”，购置1座环保移动式公厕，对3座垃圾转运站墙面进行升级，对15座垃圾转运站进行防水改造，塑造一批精品公厕；新增大型环卫车辆3台、配置垃圾收集箱1万余只，如今环卫基础设施的改善带来了城市道路更多的干净清爽。推进餐厨垃圾无害化收运处置覆盖960家大中小餐饮门店，共统一收运处置餐厨垃圾9114吨。

【园林绿化】 2018年，宁乡市城管局在城区各大公园、渠化岛、主次干道增植苗本29800株，花卉34万余盆，城市的“增花添彩”工程改善了绿化植物色彩单一的现状，满足广大市民的美好生活需求；童牧谷

绿意盎然的童牧谷公园

公园、万寿路林荫道路、岳宁大道坡面绿化等14个绿色城市建设项目，使城区新增绿地7.23公顷。

【蓝天保卫战】2018年，宁乡市城管局深入贯彻中共十九大报告“建设美丽中国，全面实施污染防治攻坚”指示精神，将打好打赢“蓝天保卫战”工作摆在第一要务层面。勇担重担，主动作为，针对烟花鞭炮禁放、散煤禁燃、餐饮油烟、露天烧烤、垃圾焚烧、渣土扬尘、除臭剿劣、饮用水源整治等“老大难”工作重拳出击，出动执法人员8000人次，开展专项执法行动2309次，综合执法177次，检查对象35666个，查处各类违法案件1501件，下达责令整改1821份，立案处罚916起，累计行政处罚金额141.38万元。确保了宁乡城市“天蓝、地绿、水清”风景靓丽。

【防焚禁鸣】2018年，宁乡市城管局牵头制定《宁乡市露天焚烧垃圾污染整治工作实施方案》，充分发挥街道、社区和环卫工人信息员作用，加强巡查管控，对露天焚烧垃圾行为及时发现、及时处置。对垃圾焚烧案件始终坚持发现一起处置一起处罚一起，至年末，共办理垃圾焚烧案件15起，其中对某建筑工地违规焚烧案开出1万元“天价”罚单。坚持露头就打的持久战原则，形成严管重罚的高压态势。与居民家庭、门店各业主共签定《不燃放烟花爆竹承诺书》4000余份，对违法销售、储存烟花鞭炮的门店，实施商品暂扣，共暂扣烟花鞭炮500余件。年前年后现场劝导门店禁燃130余家，企业40多家，查处2起燃放烟花鞭炮污染环境案件。

【控烟治尘】2018年，宁乡市城管局对城区1100余家餐饮服务业进行全面清查，对未安装油烟净化设备及造成污染未进行清洗保洁的门店下达限期整改通知375份。责令所有夜宵门店全部安装油烟净化设备并使用新型环保无烟烧烤设备，加强监管督查，要求门店定时对油烟净化设备进行清洗保洁，城区内油烟扰民的投诉逐步减少。引进新型环保车170台，对车辆安装车载机器人，运用管理服务平台，实现智能管控，减少渣土处置过程中对环境影响；规范建设工地出口净车出场设施建设，制定车辆净车出场作业流程，源头控制污染；24小时不间断巡查，对违法行为实施严管重罚，共立案处罚225件。城区路面污染减少，扬尘治理迈上新台阶。

【除臭剿劣】2018年，宁乡市城管局加强对属地沩水饮用水水源地两岸巡查和监管，确保水域水面、河岸滩涂整洁卫生。按照“属地负责、分片包干、逐步清零”原则，以调查摸底、下达通知、自拆助拆、依法强拆的程序推进，确保“三溪一江一渠”两岸所有违建全部清零。165.2万平方米城区水域每天实行两清四保，共打捞垃圾5000余吨。补、栽种各类花果苗木共2万余株，依法拆除违建21户，沙场18处。积极作为，协助属地政府做好辖区内畜禽退养整治工作，从严从重查处从城区私自收集餐厨垃圾运往养殖基地饲养禽畜的行为。共协助政府下达责令整改70余份，签署腾退协议100余份，清退养殖户150户，清除栏舍154间；查处非法收集、运输、处置餐厨垃圾行为23起。

【禁燃禁排】2018年，宁乡市城管局开展“三个月治标”行动，坚决对禁燃区散煤使用实施“零容忍”，下达责令整改通知293份，发放禁燃区散煤禁烧宣传资料1000余份，依法拆除、收缴、销毁各式散煤炉灶700余个。至年末，禁燃区所有个体工商门店已全部更换使用清洁能源，临街门店使用散煤的现象基本“清零”。加大对违规夜市、露天烧烤的专项整治力度，从全市城管系统抽调200余人组成10个组，采取规范化、常态化巡查。每晚出动80余名执法队员开展城区巡查纠违行动，对存在的露天烧烤一律予以取缔，对使用老式烧烤炉的门店一律责令整改使用新式无烟烧烤炉。全年，共整治夜市门店600余家，劝导、制止店外经营1100余次，取缔露天烧烤460余处。至年末，城区露天烧烤摊店和未带油烟净化设施的老式烧烤炉已经基本绝迹，城区夜宵噪音、油烟扰民现象显著减少，市民对城管工作赞誉有加。

【抗雪除冰】2018年初及年底宁乡市雪情严峻，宁乡市城管局积极响应市委市政府号召，在抗雪除冰应急战斗中勇挑重担。局班子成员一线调度，既当指挥员，又当战斗员。全局600余名干部职工（包括环卫、园林、市场服务中心）全员上岗全力开展铲雪撒盐除冰工作。其间，共计出动4800多人次，出动铲雪车、垃圾清运车150余台次，城区路面撒盐达32吨，人工共清理路面、桥面冰雪1.4万余平方米，铲除后期堆积雪浆900余吨。确保在最短时间内恢复城区交通秩序、环境卫生。

【文明创建】2018年，宁乡市城管局对照《全国文明城市测评体系》，强化问题整改、跟踪督办，全面整治、维护城区市容秩序。对店外经营、占道经营，实行“零容忍”“一刀切”。在医院、广场、市场等重点地段设置“城管高峰岗”，实现管理无盲区、全覆盖。张贴《拒绝乱扔垃圾行为，争当文明市民》倡议书1万份，张贴相关主题的温馨提示牌750份，给750多市民志愿者朋友发放志愿者帽子和袖章。组织志愿者开展“暖心小红帽，最美志愿红”活动，组织文明劝导志愿者走进大街小巷，走进市场、广场，走进路口、站亭深入开展文明劝导活动。

【民声受理】2018年，宁乡市城管局建立每月民声受理例会工作制度，对民声受理工作做出具体规定、提出明确要求，确保每一个群众诉求都能落实到岗、责任到人。成立晚班组及“12345”投诉处理办公室，每晚安排机动力量处理市民夜间投诉，做到城市管理工作24小时不停歇、节假日不断档。始终坚持民声优先原则，密切关注、快速反应、妥善解决民声反映的各类诉求问题，更好地为市民群众办实事、解难题、做好事，努力维护好全市和谐稳定的发展局面。

（朱颖珍）

沩东新城

【概况】2018年，沩东新城作为宁乡东进的拓荒者、融城的主力军，拥有良好的交通区位和自然山水，岳宁大道全线通车，华强大道加快建设，沩江、曾家河、历连河、官桥河穿境而过，香山国家森林公园、金洲湖国家湿地公园坐落其间。美丽中国·长沙文化产业示范园（长沙方特·东方神画）、长沙卫生职院新校区建设顺利，新城区位日益优越，基础配套日渐完善，香山教育城已见雏形，旅游产业已逐步成型。2018年，新城以“宁乡东进融城的桥头堡，工业园区的靓丽客厅、两型发展的县域示范、幸福宁乡的增长新极”为定位，着力打造以文化教育、商贸旅游、宜居生态等为主导产业，建设成为产城融合、城乡一体、全域景区的生态、智慧、财富新城。

【岳宁大道全线贯通】10月31日上午9点，岳宁大道正式通车。岳宁大道是连接长沙城区与宁乡的一条城市快速路，起于梅溪湖路西延线，止于宁乡市汽车南站，全长约32.6千米，为双向六车道，设计时速80千米，分为宁乡段、岳麓区段和长沙高新区段三段建设。是宁乡市除长张高速、金洲大道、319国道之外连接长沙中心城区的又一条交通要道。其中，宁乡段约11.5千米，不设红绿灯，中央全隔离，主辅相加、互通上下，采用城市快速干道标准建设，路基宽度28米，双向六车道,其中近城段4.2千米，两侧各增加12.5米宽辅道，配套管线管网，具备市政功能。全线通车后，驾车从宁乡到长沙仅需20分钟。岳宁大道项目涉及沿线8个村、72个组，施工过程中一直与当地村民保持充分沟通，广泛征求意见并优化设计，全线设置涵洞121个，改路改渠66处，尽可能地满足周边老百姓的出行需求。岳宁大道全线通车，拉近了与长沙的时空距离，加快了宁乡东进融城的步伐，极大地推动沩东新城的发展。

【长沙方特·东方神画项目建设】至2018年底，11个主题项目全部完成主体建设，开始进行装饰、设备和电气消防安装调试，其中九州神韵和飞越中华完成所有建设和调试达到体验条件，女娲补天、孟姜女已基本具备体验条件；28个室外设备项目土建全部完成，设备安装完成7个，其中两个过山车完成初步调试；58个配套项目全部完成主体建设，并进行装修，其中办公楼、员工宿舍、食堂、总仓已投入使用；园林园建、综合管网、运营筹备均同步推进。计划2019年暑假全面建成开园。

【长沙卫生职院新校区建设】2018年，新校区教学楼、综合办公楼、图书馆、大学生活动中心、学生宿舍及食堂等完成室外装修，并进行室内装饰、电气设备安装、配套管网、绿化、体育场施工，计划2019年秋季开学。

【重大项目签约落户和启动建设】中南职业技术学院，由湖南万婴教育集团投资建设，总占地面积20公顷，选址原长虹变压器厂区，计划建设一所以幼师培养为特色的综合性高职院校，容纳在校学生8000人以上，项目一期完成规划设计、地勘和用地报批，计划于2019年春季启动建设，2020年投入使用。

长沙幼儿师范高等专科学校签约落户，学校由长沙市信息职业技术学校和长沙艺术试验学校为基础合并升格组建，新校区选址华强大道以东，长沙卫生职院以北，总用地面积约40公顷，总投资12亿元，可容纳在校学生8000-10000人，项目计划2019年上半年完成征地拆迁正式启动建设，预计2021年投入使用。

华强大道启动建设，已完成水稳层施工，预计2019年上半年建设并通车。岳宁大道辅道延伸线基本完成路基施工，计划2019年上半年投入使用。

项目工程

【概况】宁乡市项目工程建设办公室（以下简称市项目办）是由市人民政府授权，负责全市项目工程建设协调、调度、督查、服务的全额拨款事业单位，核定编制14名。2018年，市项目办内设综合科、项目管理服务科、财务科、党建科4个科室；有在编干部13名（9月辞职1名），退休人员1名，无停薪留职人员。市项目办认真贯彻落实省、市、县关于“产业项目建设年”的决策部署，聚焦开工、聚焦达产，集中力量、集中资源，持续攻坚、持续发力，全市项目建设呈现推进较快、投入较实、后劲较足的良好局面。

【项目建设】2018年，宁乡市实施投资千万元以上项目478个，新开工242个，竣工223个，完成投资380亿元，同比增长13%，其中产业项目133个。一大早乳业、邦普动电循环项目代表宁乡接受长沙市重大产业项目流动观摩。

【集中开工活动】2018年，宁乡市开展产业项目集中开工活动两次。4月25日湖南湘江新区产业项目建设年“奋进春之声”系列活动之——宁乡市产业项目集中开工动员活动在宁乡经开区、宁乡高新区举行，合纵科技、中谷科技等14个重点产业项目集中开工。7月16日举行产业链项目第二批集中开工活动，美好装配建筑等9个重点产业项目集中开工。通过集中开工活动的举行，营造产业项目建设的深厚氛围，加快产业项目的落地。

【环境优化】2018年，宁乡市项目办组织召开新签约企业代表新春恳谈会，市委、市政府主要领导与力天新材料、一大早乳业等10个重大产业项目负责人面对面交流。企业出题目，书记、市长做答卷，现场破解建设难题，释放出市委、市政府抓实产业项目的强烈信号，坚定业主投资信心，激发创业激情。深入调研，制定优化项目建设营商环境方案，21名市领导对楚天科技智能医疗装备等21个重大产业项目实行“一对一挂牌服务”。协助市经信局部署开展“千人帮千企三抓两促百日大行动”，全力推动各项政策落地见效。充分发挥协调服务职能，明确专人负责，对项目环境问题提供跟踪服务。针对项目审批等政务环境问题，根据业主诉求及时与相关职能部门对接，帮助业主完善审批资料，全程协助办理相关手续，邦普、合纵等重大项目的一系列问题得到妥善解决。针对项目施工过程中的阻工、扰工等周边环境问题，建立与政法委、公安、属地乡镇的快速对接联动机制，发现问题第一时间报告，第一时间赶赴现场，第一时间组织处理，中伟新能源等一批项目建设的苗头性问题迅速得到解决，为项目建设营造良好的外部环境。

【项目帮扶】 2018年，宁乡市项目办在全市组织开展以“抓调查研究、抓协调服务、抓难题破解，促项目建设、促企业发展”为主题的“三抓两促”经济服务活动。40名市领导和77个市直单位组成40个市派工作组，联点帮扶93个重大产业项目和67家重点工业企业，全年共开展帮扶活动1603天次，解决各类具体问题134个。市领导经常深入项目走访调研，为项目建设出谋划策、解决困难，确保每一个项目都能以最快的速度落地见效。部门和乡镇、街道领导主动上门为项目提供“点对点”服务，强力征地拆迁，积极争资融资，完善水电配套，解决用工需求。对帮扶工作“一月一调度，一季一督查，半月一讲评，一年一评比”。突出问题导向，注重精准发力，坚持密集调度，第一时间反映问题、第一现场研究问题、第一人称解决问题。6月28日召开产业项目建设年推进大会，7月30日召开产业链建设推进暨8月份重点工作集中调度会，10月17日召开产业项目建设百日大会战未开工项目推进会以及产业链建设暨招商引资工作推进会，10月22日召开三季度经济形势分析会，每月召开项目推进会、调度会、座谈会，聚集要素投向产业，制定政策扶持产业，集中业力服务产业。通过持续不断的强力帮扶，宁乡投资环境更加优化。楚天科技、中伟新能源、邦普新材料等企业投入启动扩建。

【百日大会战】2018年9月10日举行湖南湘江新区产业项目建设年攻坚季之宁乡百日大会战誓师大会，83个产业项目及配套项目开启“战时”模式。设立宁乡经开区、宁乡高新区、金玉工业集中区、宁乡市国资公司、宁乡市供电公司五个作战小组，人员专职，队伍专业，每天下午5点召开当日工作调度会，研究和解决问题做到“当日事，当日毕”，不留问题过夜。认真编制“三图”（项目定位图、项目甘特图、企业作战图），抓好“三报”（日报、周报、月报），实施“两单”（工作报告单、工作交办单），记好“一账”（工作台账），对百日大会战实施“日调度，周汇总，月督查”，环环紧扣，强力推进。100天时间建成建筑面积约90万平方米，完成项目投资约105亿元。

【要素保障】 2018年，宁乡市项目办认真落实耕地占补平衡政策，全年补充耕地1066.7公顷，验收确认新增耕地补充指标800公顷，向上申报用地584公顷，批准用地520公顷，批回用地472公顷，其中百日大会战期间批回用地85.5公顷；开展“僵尸”企业和闲置土地清理行动，盘活土地56公顷。继续实施“阳光拆迁”，征拆项目24个，腾地1000公顷，拆迁房屋20多万平方米，涉及资金28.45亿元，为合纵科技等重大项目落地提供有力保障。完成三水厂取水头部迁移和南太湖水厂扩建，启动县城生活污水处理厂扩容提标、“四溪一渠”截污管网工程，建成经开区工业回用水厂及配套管网，启动东城污水处理厂扩容和工业污水处理厂建设，全力推进金唐公路、金沙公路等战略性交通项目和园区畅通工程建设，布局经城、沩丰等4个变电站建设，以务实的举措解决投资业主反映强烈的供水、供电、供气、排污、交通等方面问题。

【项目建设宣传推介】 2018年，宁乡市项目办多渠道、多层面开展项目建设宣传报道工作。联合市委宣传部积极对接省市新闻媒体。1月5日《湖南日报》第10版以《项目为要谋大局——宁乡开启发展新征程》为题、11月12日《湖南日报》头版头条以《百日大会战胜券在握》为题、12月19日《长沙晚报》第12版以《奋进新时代奋力再出发——宁乡以产业链建设为着力点，2018年实施投资千万元以上项目478个，完成投资380亿元》为题对宁乡市项目建设工作进行宣传报道，谱写高质量发展新篇章。省委

9月10日，举行湖南湘江新区产业项目建设年攻坚季之宁乡百日大战誓师大会

办公厅《工作情况交流》第38期刊登了宁乡市《扎实推进产业项目建设“百日会战”》的经验文章。与宁乡电视台、《今日宁乡》、宁视界等市里新闻媒体深度合作，设立项目建设专栏，宣传项目建设工作典型、工作经验。“宁乡项目”微信公众平台第一时间发布项目资讯。联合市摄影家协会开展项目建设摄影大赛和摄影展，反映如火如荼的项目建设场面，深刻体现项目建设的“宁乡速度”。利用行政中心电子显示屏，第一时间滚动播放“三抓两促”和“百日会战”工作简讯。

（陈　皓）

重点工程

【概况】 宁乡市重点工程建设办公室（以下简称市重点办）主要负责宁乡境内国家、省级重点工程建设的组织、管理、协调和服务工作。2018年，市重点办共有在编人员27名，机关内设办公室、财务科、征地拆迁科、项目协调服务科4个科室。年内，市重点办所承载和服务的国家、省级以上重点工程项目主要有：长益高速公路扩容工程的建设，益娄高速公路遗留问题的处理，以及宁韶高速公路、渝长厦高铁等项目的前期协调服务工作。全年累计完成投资6.34亿元。

【长益高速公路扩容工程宁乡段】 2018年，长益高速公路扩容工程宁乡段完成投入6亿元。其中，通涵工程全部完成、集中安置区已完成招投标工作并启动建设。该项目宁乡段的征拆工作和工程建设工作为项目途经三区县的第一位；项目进场后，宁乡段未出现重大阻工事件，施工环境为三区县第一。

【渝长厦高铁宁乡段】 渝长厦高铁宁乡段总长约23千米，设计时速350千米。该项目途经宁乡市金洲、城郊、青华铺等乡镇，设宁乡西站。2018年6月，成立宁乡市渝长厦高铁建设指挥部，2018年完成实物量调查、先行用地办理等相关工作。

（谭瑞清）

征地拆迁

【概况】 2018年，宁乡市人民政府征地办公室（以下简称市征地办）内设办公室、征拆科、安置科、法规科和财务科等5个科室，有在编干部职工15名。市征地办负责市内集体土地征地补偿安置工作的实施、组织、协调、监督和管理；组织编制征地补偿安置工作年度计划，拟定征地方案；审批征地补偿安置方案，经长沙市人民政府批准后发布征地公告；负责被征地农民选择货币补贴安置的对象参加社保认定、审核工作，配合有关部门做好被征地农民就业培训和社会保障工作；协调处理征地补偿安置争议，妥善处理遗留问题和上访信访工作，保障群众的合法权益，维护社会稳定；负责征地拆迁安置有关资料的收集、整理和归档工作；法律、法规、规章规定的其他相关工作。

2018年，市征地办紧扣“产业项目建设年”中心目标和“阳光拆迁、片区拆迁、和谐拆迁”主题，大力推进征拆工作，有效助推项目落地，为宁乡市经济社会发展提供坚实的用地保障。

【征地拆迁工作】 2018年，宁乡市共累计协议征收集体土地241.5公顷，发布征地公告42个，收缴社保资金10.06亿元，被征地农民纳入社保人数5662人；启动60号令遗留问题处理，完成前期调查工作和解决方案起草工作。共启动水毁房屋拆迁、长兴片区工业项目用地、长益复线、经开区道尔顿、世冠、华强、1121、木鱼巷、中邦陶粒、复艾线及龙溪棚改等集体土地拆迁项目29个，拆迁1024户；遗留项目清零行动拆迁58户。以上共计拆迁1082户，腾地109.2公顷，协议征地241.6公顷，动迁人口4194.5人，涉及金额28.87亿元。组织对50个拆迁项目进行风险评估，发布拆迁通告12个，处理征地拆迁安置涉访涉诉等各类矛盾纠纷120余起。

【规范征拆秩序】 2018年，市征地办把不断推进征拆改革创新、建章立制。牵头起草《关于执行〈长沙市集体土地征地拆迁工作经费使用和管理的通知〉的规定》《关于印发〈宁乡市征地补偿安置若干问题内部操作规定〉的通知》。统一操作平台，明确市人民政府为全市征地拆迁安置工作的唯一责任主体，市国土资源局为补偿政策的实施主体，由征拆管理所统一实施，市征地办作为协调单位统一进行调度。

（颜文才）

住房保障

【概况】 2018年宁乡市住房保障局（以下简称市住保局），行使市人民政府授权的工作机构职能，负责全市房地产市场领域的行政管理和住房保障工作。内设6个科室：办公室、人力资源科（党建办）、财务科、法规科（房屋交易监管科）、监察审计科、行政审批服务科（含二手房交易管理服务中心）；下设10个二级单位：住房保障管理中

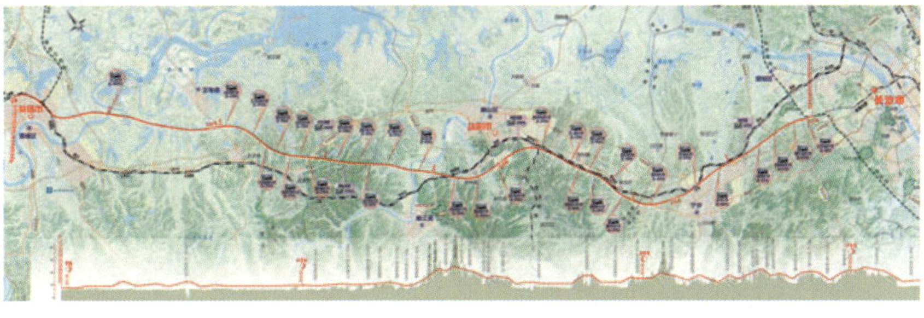

渝长厦高铁重要部分——常益长高铁全程示意图

心、房地产市场信息管理服务中心、物业管理服务中心、城市房屋征收和补偿管理办公室、玉潭房屋管理所、玉潭物业管理所、白蚁防治管理所、宁乡市房地产开发经营有限公司、和诚融资担保公司、和信住房置业担保公司。截至2018年12月，共有干部职工288人，其中在职202人、离退休86人；有工程师、经济师、政工师、档案管理、房地产经纪等各类专业技术人员76人，其中中级职称71人，高级职称5人。

2018年，市住保局获湖南省棚户区改造工作先进单位，获长沙市民生实事工作先进单位、长沙地区专项维修资金管理先进单位，获省、市业务主管部门工作先进个人8人次。连续6年获评全市绩效考核一类单位；局领导班子连续7年获评“五好领导班子”；获评全市党风廉政建设先进单位、先进基层工会、妇女工作先进单位、电子政务工作优秀单位、内部审计优秀审计项目审计档案奖；局机关支部获评全市“五化”支部建设示范化支部；局行政审批科获评政务服务红旗窗口；物业管理服务中心获长沙地区专项维修资金管理先进单位；获全市主管部门工作先进个人16人次。

【市场监管】 2018年，宁乡市住保局坚持“房住不炒”，严格“两防一控”目标，实施预售限价、价格限调措施，建立商品房价格会商会审制度，组织联合执法专项检查，严格打击投机、炒作、捂盘等行为综合施策，探索楼市供销两旺、价格可控的新途径。全年新建商品房销售270万平方米，批准预售达280万平方米，开工建设510万平方米，实现投入42亿元，住房均价5769元每平方米，同比增长31.08%，外向度达27%；房地产税收入库30亿元。

【住保保障】 2018年，宁乡市住保局强化保障房动态管理，违规保障对象清理见成效。创新保障房物业管理，成功探索实施公共服务、基层社区、社会组织“三进”保障房小区的综合管理新模式。完成人才公寓建设2523套，公租房分配入住478户，完成任务133%；通过公开招投标回购87套房源作为保障性住房；构建“高端有市场，中端有支持，低端有保障”的住房保障体系。大力推进“互联网+政务服务”改革，让数据多跑路，群众少跑路，让审批服务更加简单高效，住保行政审批职能全部实现不见面审批，其中率先在全省推行保障房不见面审批和物业维修资金网上缴存APP，成功打造宁乡智慧政务建设的样本。

【物业管理】 2018年，宁乡市住保局坚持“党建+”模式，物业管理形成新机制。坚持党建引领，责任到人，分片包干促平安物管创建，把一批正能量、有担当的党员干部推进业委会、进联合支部，构建“党建引领、多方共治”的小区治理体系，形成小区自我管理、自我服务的新机制。健全纠纷快处速办机制，以流动红旗评比形式按季开展物业小区文明指数测评，调动争先创优积极性；归集物业维修资金2.96亿元，累计达13.74亿元；组建业委会76个；属地责任、行业主导作用发挥好。

【棚改征收】 2018年，宁乡市住保局注重“民生棚改”落到实处，建立“每月一讲评，一月一通报，重大事项一事一议”工作制度，市领导挂帅联点，定期调度，形成棚改合力攻坚的新格局。破解资金瓶颈，通过政策性银行贷款、发行债券、实施政府购买棚改服务、积极向上争资等方式解决棚改资金缺口。年内启动棚改7个、2250户，占全市任务的18%，完成率100%，改造面积45万平方米。完成进度排名位居全省第一，连续三年跻身全省先进。争取棚改资金2.56亿元，超目标任务1亿元；搭建融资平台，为平台公司争回银行授信133亿元，到位45亿元，强化资金保障。严格项目审批程序，坚持“一个政策，一个标准、一把尺子量到底”三榜两公示的做法，实行阳光征拆。完成国有土地上房屋征收1560户（含历年清零6户），涉拆人口3675人，腾地53.3公顷，启动项目全部实现片区清零、腾退100%、倒地95%，为城市可持续发展腾出空间；年内未发生一例因程序把关不严事件，实现房屋征收速度快、质量好、矛盾少的新突破，其中龙溪棚改被省厅推介。

【白蚁防治】 2018年，宁乡白蚁防治科普实验室潜心做好土壤药物检测工作，坚持使用高效、低毒、环保的防治药物，加强白蚁防治管理、推行绿色防治。全年预防施工135万平方米，安装监测控制工程施工面积20万平方米，核发《城市房

8月7日，龙溪棚改中腾退被征收的房屋

屋白蚁预防实施证明》面积246万平方米，完成白蚁预防工程资料归档面积25万平方米，完成回访复查面积41.60万平方米，预防补治项目完成158个。利用互联网+政务服务，推行网上全程办理白蚁防治受理登记、预防证明发放手续，实现“不见面审批”，并在行业内首推城市白蚁预防服务的22日服务工作时限，确保办理白蚁防治业务的建设单位“最多跑一次”或“鼠标点一点”就能满意而归。

【经营担保】 2018年，宁乡市住保局严格投融资管理，克难攻坚经营开发，开源节流。全年完成项目建设投入3330.03万元，经营收入8126.8万元，银行融资成本严格控制；住房置业担保、融资担保业务稳中可控；年度内有序启动国有平台公司整合工作。（陈洪波）

住房公积金

【概况】 2018年，长沙住房公积金管理中心宁乡市管理部（以下简称管理部）有在编人员5人、临聘人员5人。管理部在长沙市住房公积金管理中心授权下，负责宁乡市行政区域内住房公积金的归集和使用计划；记载职工住房公积金的缴存、提取、贷款等情况，按有关规定和审批权限审核住房公积金的提取和转移；负责住房公积金的催建和催缴；办理住房公积金的对账和查询，提供住房公积金政策咨询。

截至2018年12月31日宁乡市归集住房公积金6.01亿元，同比增长16.8%，累计归集33.9亿元；新增开户单位124个，新增缴存职工8660人，累计缴存人数49666人；新增提取3.71亿元，累计提取16.1亿元，累计提取占累计归集比例达到47.62%；新增发放职工住房公积金贷款2494笔11.2亿元，个贷金额同比增长108%，累计发放住房公积金贷款13041笔35.6亿元，住房公积金个贷余额24.6亿元。

【公积金资金管理】 2018年，宁乡市管理部推进财务制度改革、加强内部稽核审计、主动接受外部监管，构筑立体防控体系，确保资金安全运行。一是主动接受社会监督。对管理部业务办理流程、服务标准、办理时限、服务承诺等进行全面公示。同时，在服务大厅显著位置设立专栏，公开公积金政策和相关规定、服务热线、监督专线等信息。二是切实加强内部管理。实行严格的内控机制和稽核机制，实施贷款全过程风险把关，加强对开发楼盘调查，加强对担保公司、受托银行管理考核，规范职工个人住房贷款审批，实行“三级审批制”，细化审批责任，依法依规发放贷款。严格执行“零余额账户”管理、“资金集中支付”相关规定，变资金分散管理为市中心集中管理，有效防范资金风险。

【公积金政策宣传】 2018年，宁乡市管理部搭建宣传平台，通过网络媒体、电子显示屏、横幅、宣传板报等载体，依托住房公积金制度改革关键时期和公积金新政实施契机，开展住房公积金政策宣传，深化思想认识。及时更新公积金缴存、提取及贷款宣传册，制作宣传海报，在《今日宁乡》报做公积金政策宣传。建立住房公积金专管员微信群和开发商专管员微信群，加入市财政集中支付局、支付单位QQ群，及时为缴存人答疑解惑，在宁乡市人民政府公众信息网定期更新住房公积金有关政策和通知，确保信息公开及时、到位。

【公积金综合服务】 2018年，宁乡市管理部在市民之家窗口集中管理的基础上不断完善服务体系。规范窗口服务，推行“综合柜员制”，受托银行、担保公司在各业务窗口全面进窗驻点，实现住房公积金业务办理“一窗式受理，一站式办结，一条龙服务”。规范办事窗口服务管理，对窗口工作人员岗位设置与职责、服务形象、服务行为、服务语言、服务措施等方面进行规范，建立行政审批项目流程清单，严格落实服务承诺、首问责任、一次性告知、限时办结等制度。拓展服务渠道，启动“互联网＋公积金”战略，配合长沙市中心开展新一代住房公积金管理信息系统建设工作，通过年审工作，进一步完善职工基础信息资料，为综合服务平台推广应用打下基础。

城市投资建设开发

【概况】 宁乡市城市建设投资集团有限公司（以下简称宁乡市城投公司）成立于2000年8月，注册资本2亿元。是一家以基础设施建设、土地一级开发为主，房地产、城市经营、文化旅游等多种经营为辅的国有独资综合型平台公司。2018年，城投下设十部四子公司三分公司，十部包括：行政部、党群工作部、监察审计部、财务部、投融资部、战略发展部、前期部、后期部、社会事务部、法务风控部；四子公司包括：湖南同兴产业投资有限公司、开元（宁乡）投资有限公司、宁乡西部文化旅游有限公司、长沙沩源产业发展有限公司；三分公司包括：东城分公司、白马分公司、新城分公司。

【项目建设】 2018年，宁乡市城投公司共投入近20亿元完成道路、水利项目等建设，实现社会固定资产投入50亿元。重点项目：站前路、城市防洪堤、滨江大道、振宁路、文体南路、向前路、兆虹路、金亭路、市妇幼保健院、市人民医院流沙河分院、沩丰水闸除险加固、河道疏浚、除臭剿劣、蓝天行动、一圈两场三道等项目进展顺利。花明楼红色名镇、沿江大道风光带、老宁朱路提质改造、迴龙山提质改造、沩山密印景区提质改造竣工投用。环保建设：朝阳溪上游污水主管、东沩溪上游污水管网建设、二环南路雨污水管网及绿道建设、南苑片区污水管网建设、东沩溪及化龙溪生态补水、宁乡市污水处理厂扩容提质工作等项目完成EPC招投标启动建设；正龙溪沩江河截污闸门及箱涵污水管网建设正在公开招标；集中式饮用水源排查整治项目中水厂取水口周边的城市防洪堤项目已完成拆迁工作，进入全面建设阶段，完成土方开挖及回填工程量的90%，雷诺护坡整体工程量完成80%。民生工程：提质改造罗宦、南苑、塘湾、新康社区，完成金桂路口生态停车场、祥熙生鲜农产品市场、杉木桥农贸市场建设。

【征地拆迁】 2018年，宁乡市城投公司实施征拆石子岭生态公园，八家湾D级危房，文体南路、城南棚改一批、站前路三期、滨江棚改四期六批（沩水流域综合治理）、白马桥D级危房户等7个项目成功清零，强力保障项目落地，完成征地85.7公顷，签订房屋拆迁协议302份，支付征拆补偿总额7.1亿元，支付失地农民社保7.8亿元。并组织专人成立征拆遗留问题处理小组，处理征拆矛盾纠纷，重点突击滨江棚改三期等遗留问题，2018年完成新城片区5户、东城片区1户遗留拆迁户的拆迁，处理各类遗留问题10多个，协调处理征拆信访事项81起。

【资本运营】2018年，宁乡市城投公司实现收入62.49亿元，上缴税费0.2亿元。一是全力推进土地出让，完成恒大御景半岛、幸福里三期、麓谷明珠、湘宜地产、南雅医院等地块32公顷土地的挂牌出让工作；二是集中精力开展招商引资，大力宣传宁乡城市形象，分析市场，对客商进行一对一的跟踪服务，签约新城地产、国购地产等项目意向出让土地约26.7公顷；三是强化欠账催收工作，通过与客商多次协商，收回各类欠款2亿元。贯彻集约用地方针，强化项目储备，完成站前路三期、2017年第一批次、2018年第二批次、流沙河卫生院、实小南校区扩建、宁乡市滨江大道南线改道征地、长益高速宁乡大道出口改线及停车场等12个项目共计39.9公顷土地的报批，为土地市场健康发展、项目落地提供了有力保障。2018年归集资产7亿元，公司资产结构更优，资产总量更大。

【产业转型】 2018年，宁乡市城投公司结合自身的资源优势和核心能力，树立业务板块，探索盈利模式。基本确定玉园养老、污水处理、加油加气站、长租房、建筑垃圾消纳场等26大经营性、产业类项目，并做大量前期工作，市场化运营项目及转型发展初见成效不。同兴公司推动同兴花园、兴旺佳园、金湖嘉园、兴隆苑等楼盘销售，加速玉园养老中心建设，完成玉园路建设；开元公司探索城市资源运营管理，完成室外显示屏运营权拍卖和喇叭口停车场招租，驾管中心运营良好，启动加油站建设。

【平台整合】 2018年，宁乡市城投公司完成宁乡市城发投资控股集团有限公司、水务投公司、城开投公司、文旅投公司组建；靳江生态湿地管理有限公司、食品工业园建设投资有限公司、沩银投资发展有限公司完成注销登记。26家被整合国有公司现场尽职调查工作已基本完成，形成审计报告以及法律、业务尽职调查报告，获得市审计局复核的清产核资正式报告，完成靳江生态湿地管理有限公司等3家公司的工商注销登记，实现子公司和被整合公司的集中办公。根据宁乡市政府批复的《宁乡市城发投资控股集团有限公司整合工作方案》，公司着力建立现代企业管理制度，完善法人治理结构，出台《平台公司整合期间管理制度》，实现集团公司的统一领导、统一管理、统一行动。

【债务化解】 2018年，宁乡市城投公司防风险：接受省化债指导组审计，详细甄别债务性质，逐笔排查存量债务成因及存在风险，对可能存在风险的7.721亿元债务进行提前偿还。组织国开行、中国银行、长沙银行等债权人专题研究化债工作，讨论化债方案，就公司作为化债试点单位等工作达成一致意见。防增长：严控新增项目投资，按照“停缓调撤”的原则对在建政府投资项目进行分类处理，同时区别产业项目和公益项目，严控无收益项目投资规模，确保不新增债务并逐年减少债务规模。建财源：根据市场情况及公司实际，合理铺排土地出让计划，实现市场需求与公司资产的总体平衡；加大混改力度，着力产业建设，构建造血功能，积极筹划污水处理、建筑垃圾分类利用、养老项目、加油站等项目，持续做大收入总量。制定6年的化债计划，还贷来源为续借、资产处置、产业发展收入及土地出让收入，6年合计化解债务303.51亿元。

【筹措融资】 2018年，宁乡市城投公司获银行审批融资83.3亿元，到位资金61.53亿元。在全国平台公司信用普遍下调的形势下，企业整体信用评级和公司债券评级从AA调整为AA+，按照国际权威机构wind口径统计，公司进入全省130个城投平台排名第9名。2018年还本付息57.72亿元（包括子公司），确保公司信誉安全；按时支付征拆、工程款72.385亿元，缴纳历年来所欠社保资金，确保项目顺利推进；主动推进债务置换工作，融资平台资金链有序运转；并降低资金闲置率，加速资金流转，避免因资金闲置而产生高额利息；对接上级部门，争取到位财政补贴17.99亿元，公司资金链有序运转。

【信访维稳】 2018年，宁乡市城投公司严格执行《信访工作机制》，落实领导信访接待日制度，接待来访群众300余批次600多人，协调处理信访事项71余起，召开合安、新城社区等信访问题协调会，解决一批信访积案。接收上级信访部门来信、来函49件，办理答复49件，回函率100%。加大打击处置力度，打击非法阻工、恶意闹事、偷盗砂石等行为320余起，协调配合公安部门案件办理10次。（张晓凤）

国有资产经营

【概况】 宁乡市国资投资控股集团有限公司前身是宁乡市国有资产经营有限公司，是经宁乡市人民政府批准，于2002年6月注册成立的国有独资公司，注册资本10亿元。公司代表政府组织国有资本运营，并行使国有资产经营主体职能。2018年，整合同类经营版块、优化资源配置，经市委市政府批准成立宁乡市国资投资控股集团有限公司（以下简称市国资集团），注册资本20亿元。以交通建设、房地产经营、文旅开发、融资担保、乡村振兴等为主营产业，率先启动市场化运营机制。集团公司共有在职员工256人，正式事业编制人员（含借调）139名（其中领导班子成员7人），聘用人员117人。下设一级子公司5家，内设行政综合管理部、党建人力资源部、纪检监审部、资产经营招商部、财务融资计划部、项目工程前期部、项目工程建设部、项目工程后期部、社会事务管理部9个部室。

2018年，市国资集团以“新国资、新理念、新目标、新举措”为统领勇挑“三大攻坚战”“棚户区改造”等中心工作，各项事业不断实现新突破呈现新亮点。以党建引领，把权力装进制度的笼子，制定出台党建纪检类、项目工程类、机关管理类、财务融资类、征拆补安类等五大类26项制度并汇编成册，涵盖公司各个层面、各项业务工作，形成一套科学有序、全面覆盖、良性高效的制度体系。全年建设项目27个，实施新建项目工程12个，总投资约17亿元，全年完成固定资产投资34亿元，实现营业收入16.68亿元，完成拆迁1400余户，实现腾地53.3公顷。

【运营模式创新】 2018年，市国资集团通过债权置换、PPN发行、中票发行、土地收益和向上争资等途径组织资金，多措并举确保资金链安全，打好防范化解重大风险战。全年获批融资超50亿元，实现运营收入近8亿元，公司首次实现运营收入覆盖贷款利息、工程款支付和运营成本；完成土地出让约18.2公顷，共计出让金收入86736万元；积极推进征拆清零，整理片区用地近54公顷，潜在价值60多亿元。

【项目工程“双促”】 2018年，市国资集团以“促质效、促规范”为准则，通过多环节的标化管理，打造项目设计科学有效、项目建设质效优良、项目结算依规及时的精品项目。一是项目工程有序推进。2018年建设项目共27个，其中续建项目15个，新建项目12个。二是前期手续高效办理。完成阶段性任务190个，取得各类部门的批复文件93项，合同签订145个，报送前期结算项目120个。三是结算审核强化监管。通过对项目工程结算的现场计量、严格审核，共计完成工程项目类结算审核127个，四是中介服务创新抽选。按照“3+1”“3+2”“3+3”的规则来抽签选定，确保公开、公正、透明，杜绝个人“打招呼”指定现象。

【民生项目和信访工作】 2018年，市国资集团老城区龙溪棚改项目–中央大街棚改是历年来单个最大棚户区改造项目。投入征拆资金约16亿元，已腾地600余亩，完成公司棚改任务的90%、全市棚改任务的56%，棚改成绩多次受省市肯定，各级媒体争相报道。教育化债、学校及公租房和“一圈两场三道”民生实事工程有序推进，所需资金得到充分保障；让率先启动的国资集团整合方案能够真正落到实处。做好信访维稳，促进民生和谐。落实信访接待制度，在规定的时间里做到“件件有着落，事事有回音”，共计处理市长12345热线事项59件，来信来访33件，办结率100%，满意率达100%。

环境保护

【概况】 宁乡县环保机构1979年筹建，1980年设立宁乡县环境保护办公室，1985年明确为副科级事业单位，1992年更名为宁乡县环境保护局，正科级政府组成单位，承担全县环境保护工作的统一监督管理职能。2017年12月，更名为宁乡市环境保护局。局内设办公室、法制宣教科、审批服务科、生态建设科、污染控制科5个机构，下设宁乡市环境保护监测站、宁乡环境监察大队两个二级事业单位，外派宁乡市环境保护局经开区分局、宁乡市环境保护局高新区分局两个派出机构，其中宁乡市环境监察大队、宁乡市环境保护局经开区分局为副科级事业单位。全局总编制27人，其中行政编制11人，机关工勤2人，全额事业编制14人。2018年全局登记在岗71人。

2018年宁乡市优良天数332天，优良率91.0%，同比2017年提升4.4个百分点，$PM_{2.5}$年均值38微克/立方米，同比去年下降11.6%，PM_{10}年均值62微克/立方米，同比去年下降11.4%，年度大气质量四区县排名第二。全市集中式饮用水水源地水质全年达标率100%，靳江及其他支流考核断面水质稳定达标。3个年度重金属治理项目竣工验收，全市土壤环境质量稳定。

【明确环保责任体系】 2018年，宁乡市环境保护局制定《宁乡市环境保护工作责任规定》《宁乡市“强力推进环境大治理坚决打赢蓝天保卫战”三年行动计划（2018—2020年）》《2018年污染防治攻坚目标任务责任分解表》《宁乡市裸露黄土覆绿控尘集中整治实施方案》《宁乡市2018年“除臭剿劣”集中整治方案》《关于划定高污染燃料禁燃区的通告》等15个方案文件，建立工作清单台账。落实群众信访“316”工作机制，公布主要负责人电话，畅通群众生态环保诉求反馈途径。组织召开污染防治攻坚战专题部署调度会议98次。举办生态文明建设专题培训班，全市83名部门（乡镇）、园区环保分管负责人及环保一线人员参加。

【落实“六控十禁”】 2018年，宁乡市环境保护局严格落实“六控十禁”工作。“控尘”，落实工地扬尘“8个100%”新要求，实现规模以上施工工地扬尘在线监测系统全覆盖；“控车”，引进新型环保车170台，上线纯电动公交车197台、油气混合动力出租车467台，新能源公交车占比74%；“控排”，71家涉“散乱污”、101家VOC企业整治到位；“控烧”，落实“三级执法，两级巡查”制度，处罚违规焚烧行为25起，罚款3470元；“控煤”，收缴、销毁各式煤炉730余个，86台燃煤锅炉全部拆除，改烧燃气，13处藕煤生产点全部拆除，禁燃区内临街门店散煤“清零”；“控油”，推进成品油油气回收整治治理，在营107家加油站全部安装油气回收系统，更新改造地下油罐25座。

【除臭剿劣】 2018年，宁乡市环境保护局抓入沩排口整治，双江口出境断面水质不断改善。抓饮用水源保护，黄材水库等4处县级集中式饮用水水源地完成规范化建设。抓污水治理，全市范围内工业污水处理设施运转良好，管网建设进一步加强。抓农业面源污染，开展农村“五治”，推进垃圾减量化、无害化、资源化。抓水资源生态保护，实施《沩水流域综合治理三年行动计划（2018—2020）》，开展河湖“清五乱”专项整治，促进沩水水生态修复。

【执法监管】 2018年，宁乡市环境保护局在全市开展综合执法2073次，专项执法12578次，出动执法人员207286人次，检查对象124705个，发现并整改问题50001个，责令整改5450家，立案处罚16221起，累计罚款3107.463万元，立案侦查173起，行政拘留65人，刑事拘留5起。

【环保督察】 2018年，中央生态环保督察“回头看”交办信访案件76件，较2017年减少25件，同比减少24.8%，办结72件，办结率94.73%，责令整改39家，立案处罚4家，罚款金额23.03万元，立案侦查9件。省环保督察交办、督办件48件，办结率为100%。中央生态环保督察“回头看”中，宁乡城区无一例餐饮油烟信访交办件，城区无涉水交办件，高新区无一交办件，工作成效得到长沙市委、市政府肯定。

【污染源普查】 2018年，宁乡市环境保护局对照第二次全国污染源普查制度和技术规定要求，完成五类源总计2294家的入户调查与数据采集、普查表填报和复核、外网和专网电子表的录入和审核，其中工业源1514家、集中式治理设施76家、入河排污口63个、生活源锅炉17台、移动源94家、农业源528家，工业园2家，各阶段任务均在上级规定的时间节点要求内提前完成。

【环保宣传教育】 2018年，宁乡市环境保护局开展生态环保宣教“六进”活动，2018年全市中小学开学第一堂课学习习近平总书记的生态文明思想和“绿水青山就是金山银山”新发展理念，教育中小学生从垃圾分类做起。玉潭街道举办“玉潭”杯“碧水蓝天我的家”征文大赛，城北中学在寒假开展“大手牵小手共享蓝蓝天”社会实践活动。

园区经济

PARK ECONOMY

责任编辑·曾小立

宁乡经济技术开发区

【概况】 2018年，宁乡经济技术开发区（以下简称宁乡经开区）立足宁乡市“四个打造”战略，深入开展“产业项目建设年”活动，着力培育壮大优势产业链，主体园区全年完成规模工业总产值607.33亿元、规模工业增加值140.8亿元、固定资产投资244.01亿元、税收14.8亿元；新增规模工业企业21家，新增高新技术企业14家；园区荣获国家绿色园区、国家小型微型企业创业创新示范基地、湖南省“平安园区”示范单位、长沙市知识产权密集型园区、长沙市“五个100”工程推进优秀单位等荣誉称号，园区经济持续保持稳中有进的发展态势。

聚焦主导产业，招商引资实现新突破。宁乡经开区创新事业部招商运行机制，坚持看团队、看技术、看装备、看产品、看预期“五看”标准，全面提高招商项目入园门槛，突出智能制造品质要求，深入推进产业链精准招商。全年签约项目33个，合同引资159亿元，其中“两主一特”项目28个，占85%。投资17亿元的中伟新能源二期，投资10亿元的好益多乳业、润达智能装备、金源新材等重大项目签约。开展“对接500强作战季”战略，签约中车易沃、联塑绿色建材等6个500强项目。引进康师傅饮品、荣成环科等12家外向型企业，助力优钢铸造、斯洛柯等16家企业外贸破零倍增，园区进出口贸易额、实际利用外资额分别同比增长9.7%、10.8%。

聚焦项目建设，效率品质得到新提升。宁乡经开区严格落实“产业项目建设年”要求，扎实推进重点产业项目建设“841”攻坚行动计划、产业项目建设百日大会战，强化现场调度、一线帮扶、合力攻坚，及时高效解决项目建设问题180多个。全年共调度重点产业项目73个，42个项目开工建设、24个项目竣工投产。好益多乳业实现当年签约、当年建设、当年投产、当年观摩，合纵科技项目历时5个月完成6栋厂房建设。全面完成省“五个100”项目建设目标任务，长沙市重大项目管理考核继续排名前列。全年完成征地102公顷，腾地210.67公顷，拆除违法建筑2万多平方米，新增报批用地160公顷，盘活存量土地86.67公顷。发展北路、蓝月谷东路等6条道路建成通车，7条电力专线竣工送电。

聚焦科技创新，产业提质培育新亮点。宁乡经开区修订园区“创新三十条”，共向112家企业和个人发放创新扶持资金1570万元。积极引导飞翼股份、桑铼特等企业，与长沙智能制造研究总院等机构开展智能化改造合作。新增康程护理、金健米制品、赛福饲料等3家省级智能制造试点示范企业（车间），中伟新能源、优卓乳业等18家市级智能制造试点示范企业。推动40多家企业增资扩股。新增授权专利648项，实现技术交易合同成交额1.4亿元、技术交易额7500万元。楚天科技荣获国家科技进步奖二等奖、国家知识产权示范企业；格力暖通获批国家和省级绿色工厂；中岩建材、迎春思博瑞、恒佳新材等获批省小巨人企业；中财化建、赛福饲料获批省企业技术中心；加加食品、中伟新能源、康程护理获批省科技创新计划项目；通石达获批省首台（套）重大技术装备；皇氏优氏乳业获批省“百项专利转化推进计划”重点项目；恒佳新材获批省绿色工厂、省重点新材料产品首批次应用示范奖励项目；标朗住工正式启动湖南省首家诺贝尔科学家工作站，并获批长沙市院士专家工作站；加加食品获评首届长沙市市长质量奖。

聚焦营商环境，服务水平迈上新台阶。宁乡经开区简化审批环节、减少审批层级、压缩审批时限，设立专职代办员，实行全过程代办，社会投资项目审批时间由65天缩短到38天，提速42%，其中工商注册由法定时限15个工作日缩短到承诺时限2个工作日；明确56项“最多跑一次”事项；实现企业工商登记网上预约和企业登记全程电子化。42家企业通过继续实施养老保险缴费费率过渡试点复审，全年累计可享受优惠1000余万元。成立园区风险补偿基金和融资担保公司，为企业融资3300万元；通过股权质押和动产抵押等措施，达成融资15亿元；定期举办银企对接会，引导金融机构有效化解企业融资难、融资贵问题。开展“千人帮千企百日大行动”，共为企业解决各类问题150多个，协助企业争取各级政策资金1.2亿元。辖区乡镇（街道）和社区（村）主动服务园区发展，在征拆控违、综治信访、环境维护、应急处置等方面充分体现属地担当。全面压实企业安全生产主体责任，全年未发生安全生产事故。制定园区企业上市行动计划，新增入库企业10家。办理人才新政业务107件，为企业招聘到岗员工3000多人，新建、盘活人才公寓331套，协调解决企业职工子女就学问题。实行“警务进厂”，为企业项目提供优质高效的警务服务。宁乡经开区总工会荣获“湖南省先进开发区（工业园区）工会”称号，指导加加食品成功创建全国模范职工之家。

聚焦三大战役，中心工作取得新进展。宁乡经开区积极消化存量，严格控制增量，停、缓、调、撤12个政府投资项目，顺利完成年度化债目标。开展全国污染源普查工作，完成347家清单企业清查；覆绿裸露黄土267.67公顷，覆盖率达99%；园区污水处理厂建成运营，回用水厂主体工程建成；启动20千米雨污管网新建和改造工程，竣工12.6千米；开展“除臭剿劣”专项行动，有效治理沙河左干渠、发展路明渠、长冲河等“黑臭水体”；对22家重点涉水企业安装视频监控，进行全天候监管；19个非法采砂点全部取缔。务实做好龙山县红岩溪镇对口帮扶工作，到位年度帮扶资金1000多万元，14个帮扶项目完工，对口帮扶工作得到长沙市委高度肯定；按宁乡市要求全面完成对口帮扶双江口镇的年度任务。

【楚天科技获评2017年度国家科学技术进步二等奖】 2018年1月8日，由楚天科技董事长唐岳领衔完成的“药剂高效分装成套装备及产业化”项目荣膺2017年度国家科学技术进

楚天科技无菌制剂机器人自动化生产线

步二等奖。楚天科技瞄准制药装备领域“药剂分装过程中薄壁药瓶高速转运时极易破碎；小剂量药剂灌装精度要求高；多物态药剂微细异物快速检测难”三大技术难题，通过十余年持续研究和产学研用攻关将难题一一攻破。该项目实现中国药剂分装装备产业从受制于人到自主创新、走向国际的跨越式发展，成为民族企业在创新引领战略下打破国外技术垄断，同时引领国内产业转型升级的一个有力印证。

【宁乡经开区获批工信部第二批绿色园区称号】 2018年2月23日，工信部正式公布第二批绿色制造示范单位名单，宁乡经开区成为本批次湖南省唯一入选园区，也是湖南省第二家绿色园区。为加强园区绿色发展工作的组织领导，园区成立绿色发展办公室，组织编制绿色园区发展规划，全面落实政绩考核、法律法规宣传、政策制定等绿色机制；设立专门的产业发展基金，并成立绿色产业发展有限公司，确保园区经济发展质效并进。宁乡经开区汇集楚天科技、加加食品、标朗住工、联塑建材等一批代表性的绿色企业，绿色制造产业规模超300亿元，楚天科技、加加食品还分别被评为国家级、省级绿色工厂。

【马培华考察雅城新材】 2018年3月6日，第十二届全国政协副主席马培华赴宁乡经开区，考察湖南雅城新材料有限公司。省政协副主席戴道晋，长沙市政协主席文树勋等领导参加调研。马培华称赞雅城新材是国家锂离子电池原料生产的明星企业，并希望公司加强产学研结合，推动科技创新产量化，使科技成果落地开花结果，为全国动力电池、储能电池、移动电池的开发作出贡献，为国家的新能源产业发展作出贡献。

【长沙市委巡察第七组巡察宁乡经开区】 2018年3月12日至5月25日，长沙市委巡察第七组对宁乡经开区党工委开展常规巡察。其间，宁乡经开区积极配合，实事求是汇报工作，客观真实反映情况，优质高效做好各项准备和服务保障工作，为市委巡察组工作开展创造良好环境和条件。7月30日长沙市委巡察第七组向宁乡经开区党工委反馈巡察意见。园区迅速成立巡察整改工作领导小组，区党工委书记、宁乡市委书记周辉任组长；成立巡察整改督查工作领导小组，区党工委副书记黄瑶任组长，全面推进巡察整改工作，针对巡察反馈的6大方面26项具体问题和7点建议，以坚决的态度、严格的标准、果断的措施做好边整边改、即知即改、立行立改。截至12月31日基本整改到位18项问题，部分整改到位7项问题。同时，修订完善《党工委会议议事规则》《“三重一大”议事规则》等制度性文件，切实做到“当下改”和“长久立”紧密结合。园区巡察整体工作得到长沙市委巡察办、长沙市委巡察第七组的充分肯定。

【韩永文率队调研楚天科技】 2018年5月16日，湖南省人大常委会党组成员，湖南省十二届人大常委会党组书记、副主任韩永文率队到宁乡经开区楚天科技股份有限公司，就宁乡市推进长江经济带发展工作进行调研。长沙市人大常委会主任程水泉等领导参加调研。调研中，韩永文对楚天科技取得的发展成果给予充分肯定，并期待楚天科技在智能制造领域铺开更多新的探索。

【陈飞调研“五个100”项目】 2018年5月24日，湖南省政府副省长陈飞率队调研宁乡经开区“五个100”项目推进情况，省政府副秘书长易佳良，省审计厅副厅长陈博彰等领导参加调研。陈飞一行先后调研中伟新能源、格力暖通、标朗住工等企业，勉励中伟新能源加强技术创新，持续发力品质生产，在新能源材料领域创造和保持领先优势；鼓励标朗住工积极拓展市场，让好的产品走进更多家庭。2018年，宁乡经开区7个项目纳入全省“五个100”项目，其中中伟新能源、楚天智能医疗装备、格力智能装备、湖粮集团等4个项目列入湖南省100个重点产业项目，松井新材料、妙盛动力、标朗住工三个公司项目入选湖南省100个重大科技创新项目。

【举行第四届“技能蓝月谷”技工节】 2018年5月25日，宁乡经开区第四届“技能蓝月谷”技工节拉开帷幕，来自园区27家企业的103名职工踊跃报名参与。本次大赛共设焊工、装配钳工、维修电工三个比赛工种，各工种产生一等奖2名、二等奖3名、三等奖3名、优秀奖若干。经过激烈角逐，来自中伟新能源的罗勇奇和青岛啤酒的王剑雄获维修电工一等奖；来自格力暖通的贺少华和吉唯信的傅意强夺得焊工比赛一等奖；来自格力暖通的刘建军和通石达机械的程泽其获钳工比赛一等奖。

【举行重点产业链项目集中开工和集中签约活动】 2018年7月16日，宁乡经开区举行重点产业链项目集中开工和集中签约活动，集中开工道尔顿显示材料、美好装配建筑、创远智能机械等6个产业项目；集中签约美宜佳、金源新材、创瑾科技等6个产业项目，总投资超过30亿元。

【陈向群调研中伟新能源】 2018年7月24日，湖南省委常委、常务副省长陈向群率湖南省人民政府副秘书长向曙光及湖南省经信委、省科技厅分管负责人，到宁乡经开区中伟新能源调研新能源产业链项目。在调研中，陈向群表示，希望宁乡经开区加强园区科技创新能力的培育，不断培育和帮扶企业做大做强，全力打造最好的锂电池材料供应商，形成不断优化升级的新能源产业链。中伟新能源（中国）总部产业基地项目于2017年上半年正式启动建设，总规划用地53.33公顷，总投资52亿元。项目建成后，年产能达到10万吨，产值过100亿元，预计年税收贡献达3.5亿元。

【加加食品获评“全国模范职工之家”】 2018年9月13日，加加食品荣获“全国模范职工之家”称号。“全国模范职工之家”称号是全国工会系统表彰先进集体的最高荣誉，也是国家对基层工会工作的最高褒奖。加加食品工会成立于2004年。自成立以来，该工会紧紧依靠职工力量，一切从职工利益出发，在完善规章制度、健全硬件设施、落实惠工政策、共同建设“职工之家”等方面积极探索，成为服务职工的“润滑剂”、推进公司发展的“催化剂”。该工会于2012年荣获“长沙市模范职工之家”称号，2016年获评“湖南省模范职工之家”称号。

【胡衡华调研园区智能制造示范企业】 2018年11月6日，湖南省委常委、长沙市委书记胡衡华到宁乡经开区调研智能制造示范企业，先后参观园区绝味鸭脖、康程护理、金健米制品的智能制造车间，对企业智能化改造表示肯定。长沙市领导夏建平，宁乡经开区领导周辉、戴中亚及长沙相关市直部门负责人参加调研。胡衡华强调，要聚焦落实“六稳”要求，集中精力抓产业、抓实体经济，以新旧动能转换为着力点，在深耕智能制造中持续发力，引领长沙高质量发展；要坚持以智能制造统领产业转型升级，为企业智能化改造提速提效，进一步扩大覆盖面，形成智能制造大企业顶天立地与中小企业铺天盖地的新局面；要依托长沙工业云平台助力企业智能化改造，加快推进“万企入云”工程，分行业组织企业围绕智能制造相互学习借鉴、进行精耕细作；要深入开展“千人帮千企百日大行动”，全力破除政策落地中的各种障碍，破解企业经营中的各种难题，为产业智能化和智能产业化营造一流营商环境，通过做强市场主体推动高质量发展。

【12个项目落户宁乡经开区】 2018年12月3日，2018年宁乡市重大项目推介暨重点项目集中签约仪式在宁乡市民之家举行。长沙市政府副市长邱继兴，周辉、戴中亚、付旭明等宁乡市、宁乡经开区领导出席活动。宁乡经开区此次签约的项目涉及智能家居、先进装备、新材料、食品饮料等多个产业链，包含雪松智能安防、中车易沃、健坤精密制造、华自科技等12个项目，共计投资额28.3亿元。

【举行推动高质量发展座谈会】 2018年12月3日，宁乡经开区举行推动高质量发展座谈会，回顾建区以来的发展历程，总结建区以来的发展经验，提出今后高质量发展的努力方向。长沙市委常委、湖南湘江新区管委会主任张迎春，长沙市人大常委会原主任袁观清，长沙市委常委、统战部部长谭小平和曾在宁乡市、宁乡经开区工作过的相关领导和老同志，宁乡经开区在家领导和园区企业、项目代表以及宁乡市、宁乡经开区相关部门单位、乡镇街道和社区（村）主要负责人参加会议。会上，张迎春充分肯定园区20年来的发展成效，对园区未来高质量发展寄予更高希望。袁观清、谭小平等领导和园区企业、项目、乡镇和老员工代表分别发言，表达他们对宁乡经开区未来发展的希冀，并就如何加快园区高质量发展提出建设性建议。

【长沙市重大产业项目流动观摩团观摩好益多乳业项目】 2018年12月19日，省委常委、长沙市委书记胡衡华，市委副书记、市长、湖南湘江新区党工委书记胡忠雄率长沙市重大产业项目流动观摩团，实地观摩宁乡经开区好益多乳业项目。程水泉、文树勋、蔡亭英等长沙市领导参加观摩。好益多乳业是长沙市食品产业链的重点强链项目，总投资10亿元，总用地15.67公顷。该项目于2018年2月签约，6月启动建设，12月底前一次性建成投产，创造当年签约、当年建设、当年投产的行业新速度。

【省委经济工作会议与会代表参观园区企业】 2018年12月25日，湖南省委常委、常务副省长陈向群，省委常委、统战部部长黄兰香，省委常委、长沙市委书记胡衡华率参加省委经济工作会议的重点企业及“5个100”优秀项目负责人，集体参观考察宁乡经开区加加食品、格力暖通、楚天科技三家企业。

（崔浪涛）

宁乡高新技术产业园区

【概况】 2018年，宁乡高新技术产业园区(以下简称宁乡高新区)主体园区实现规模工业总产值455.5亿元，同比增长44.89%，其中高新产值391.9亿元，同比增长45.73%；规模工业增加值98.3亿元，同比增长51%；

固定资产投资95.26亿元，同比下降41.2%，其中工业固定资产投资89.75亿元，同比下降46.7%；工商税收13.56亿元，同比增长29.98%。全年税收过2亿元企业2家，其中三一重起税收过3亿元，邦普循环税收过2亿元。

【基层建设】2018年，宁乡高新区党建龙头引领作用充分发挥，建立“机关支部—党建指导员—‘两新’支部”三元有机系统，全年共发展党员23人，新成立3家党组织，向长沙市推荐1个党建示范点、2家先进基层党组织、3名优秀党务工作者、3名优秀共产党员，高标准完成党群服务中心建设。深化园区体制机制改革，落实长沙市园区工作座谈会精神，着力改变园区“商气不足、官气太重”的现状，先后6次就深化园区体制机制改革工作进行研究，拟定大部制改革、全员竞聘上岗、薪酬体系、激励机制、公司改革等方案，待市委、市政府审批后实施。加强干部作风建设，压实全面从严治党责任，出台宁乡高新区《2018年度全面从严治党主体责任和监督责任清单》《全面从严治党三年行动计划（2018—2020）》等文件，加强日常考勤、督查通报、执纪问责，开展“拒收红包礼金”“百日大会战”不作为乱作为慢作为、工程建设领域“提篮子”等突出问题专项督查，认真做好审计、巡察反馈问题的整改。

【产业链建设】2018年，宁乡高新区积极担当先进储能材料产业牵头园区职责，加快推动专业化园区建设，着力打造国家级锂电产业集聚区——中国·长沙“锂电谷”。全年实现产值76.7亿元，实现税收3.08亿元；新引进重点产业项目11个，其中包括投资50亿元的新能源自平衡车及套永磁电机项目；邦普动电、升华科技等6大项目建设有序推进。宁乡高新区荣获国内锂电产业研究权威机构高工锂电“优秀投资环境锂电产业园区”称号；邦普循环成功入选首批《新能源汽车废旧动力蓄电池综合利用行业规范条件》企业名单；湖南杉杉获得“单项冠军示范企业”称号，正极材料生产规模全球第一。

【招商引资】2018年，宁乡高新区引进项目48个，合同引资193亿元（含创投基金50亿元），其中10亿元以上产业项目3个：新能源自平衡车、中储能、三一塔机；积极跟进比亚迪、天津力神、比克电池、中航锂电等一批投资规模大、产业带动能力强、位居产业链核心位置的重大产业项目；着重谋划军民融合产业园建设，推进电动平衡车、滨海科技、智博航天等项目落地。

【项目建设】2018年，宁乡高新区实现征地66.67公顷，拆迁220户，征拆投入达6.8亿元左右，确保梅塞尔、工业污水厂、中储能、中邦陶粒等项目的落户；完成7宗融资用地的调规出让审批，为后续发展奠定坚实的基础。共调度项目58个（其中新开工项目37个，新竣工项目20个，新投产项目15个），计划总投资125亿元，全年到位投资39.5亿元。50万伏复艾I线、复艾II线杆迁工作有序推进，已进场施工；总投资超30亿元的邦普动电循环项目一期建成试生产；大科园综合服务楼荣获“2018年—2019年度第一批中国建设工程鲁班奖”称号。

【行政审批】2018年，宁乡高新区优化政务服务，深入推进放管服改革，坚持15天审批模式。全年完成规划建设发改审批214宗，有力保障项目工程的快速推进；长沙市“互联网+政务”基层工作平台上线运行，并逐步扩大网办范围；清理园区“只跑一次”事项清单，让企业少跑路。优化营商环境，出台《高新区优化营商环境实施意见》，深入企业调研、召开企业座谈会，对企业反馈的问题整改清零。建设智慧园区，项目管理、安全监察、环保监察、合同管理等子系统上线运行，智慧政务、产业链建设正在有序推进。

【服务发展】2018年，宁乡高新区平台公司全年实现收入5.1亿元，共到位棚改、流贷、项目贷等27.6亿元，新增债务平均综合成本控制在5.8%左右，在基本保证自身平稳运营的情况下，投入4亿多元支持夏铎铺镇等基地乡镇的发展与建设。深入实施“千人帮千企”活动，累计为企业解决问题132个，企业满意率98%；区财政累计投入产业扶持和专项资金1.24亿元；为企业争取装备补贴资金1200多万元；设立一站式政务服务大厅，将园区审批服务窗口及后台全部集中至政务大厅；组织参加招聘会86场次，成功招工5285人，解决了中锂、华谊、诺诚等新开工、新投产企业用工需求；完成自来水提升泵站选址及建设，实现两路供水，解决园区长期以来的供水和水压问题。

【科技创新】2018年，宁乡高新区投入研发费用15亿元，获批高新技术企业29家，新增发明专利160件，实现技术交易登记额2.6亿元。成功获批湖南省双创示范基地、长沙市小微企业创新创业示范基地、长沙市知识产权保护中心工作站；湖南省高等院校知识产权运营服务中心建设取得实质性成果。三一重起获批工信部2018年两化融合管理体系贯标试点企业；邦普循环获批国家企业技术中心、“绿色制造示范企业”“新能源汽车动力蓄电池回收利用试点企业”、湖南省民营企业100强；湖南天麓检测平台获批“国家新材料测试评价平台区域中心”；红宇智能“替代镀铬的绿色环保可控离子渗入技术及工业应用”项目荣获中国机械工程学会第八届“绿色制造技术进步一等奖”；长沙微纳坤宸新材料有限公司的纳米/微纳复合高性能难熔金属基复合材料填补世界技术空白，收获第三届中国军民两用技术创新应用大赛金奖（全国共6个）；万鑫精工、星邦重工、兴元科技等30余家次骨干企业获批省市企业技术中心、小巨人、智能制造示范企业等奖项。

【社会事务】2018年，宁乡高新区调处化解各类施工环境问题100余个，及时规范处理上级信访交办件；安

3月22日，国家科技部领导专家组调研考察宁乡高新区

全生产形势总体平稳持续好转，全年未发生伤亡和较大及以上生产安全事故。中央环保督察实现“零投诉”，省级环保督察信访件顺利办结，成功督促三一重起、邦普五期等重点涉水涉气企业投入1.1亿元升级改造污染防治设施，启动工业污水处理厂建设及东城污水处理厂提质扩容工程。全年处理破损广告、招牌、横幅等360余处，劝导整治流动摊贩、店外经营600余次。实施精准扶贫，结对帮扶57户，投入帮扶资金及物资20万元；积极开展节能降耗工作，打造美洲、欧洲北路等路段鲜花样板工程，开通园区绿色免费通勤公交，开展自动售货机入企配置、先导快线电动车租赁“绿色出行”等活动。全年完成各地园区及企业考察接待100批次；通过湖南卫视、《湖南日报》、《长沙晚报》、红网等媒体完成报道200多篇。

【科学技术部领导专家考察国家高新区创建工作】 2018年3月22日，科学技术部领导专家一行到宁乡高新区，对园区升级创建国家高新区工作进行现场考察调研。湖南省科技厅党组成员、副厅长鲁先华，长沙市委常委、统战部部长谭小平等领导参加考察和座谈。

【10大项目拟入选全省重大产业类项目】 2018年8月30日，2018年湖南省制造强省专项资金拟支持项目（重大产业类）公示名单发布，宁乡高新区的三一汽车起重机械有限公司汽车起重机核心零部件智能生产线建设、湖南中锂新材料科技有限公司的年产3.2亿平方米电池专用湿法隔膜和涂膜国产化、长沙族兴新材料股份有限公司的年产3000吨高性能耐磨金属铝颜料研发及产业化等10个项目上榜。

【湖南省高等院校知识产权运营服务中心签约仪式】 2018年10月26日，湖南省高等院校知识产权运营服务中心签约仪式暨湖南校企创新论坛在宁乡高新区举行。知识产权出版社党委副书记、董事、副总经理李程，省知识产权局党组成员、副局长覃永忠，湘潭大学副校长黄竹青，湖南农业大学副校长曾福生，宁乡经开区党工委书记、宁乡市委书记周辉等领导出席。宁乡高新区正式与知识产权出版社有限责任公司、南京中高知识产权股份有限公司等国家级资源达成战略合作，合资成立湖南省潇湘高等学校知识产权有限公司，将依托知识产权出版社有限责任公司专利大数据资源及分析能力和南京理工大学高校专利运营的成功模式，构建专利筛选与评价评估、高价值专利挖掘与培育、高校专利高新成果分析评价等服务体系，建立高校知识产权和科技成果转移转化的长效机制，形成以长沙为核心、辐射湖南全省的特色知识产权服务网络，建设具有全国影响力的专业化、区域性的知识产权运营机构。

【园区亮点企业】

三一重起。2018年5月，在湖南省科技创新奖励大会上，三一起重机自主研发的“一种起重机闭式回转液压系统及起重机”（专利号ZL201110179255.5）获得“湖南省2017年度专利奖一等奖”。11月8日三一首台SAC1300T全地面起重机在宁乡产业园成功交付，重新定义110—130吨级别起重机的价值。

杉杉新能源。9月28日，2018湖南省民营企业100强名单发布，杉杉能源以42.6亿元的营业收入排名“湖南省民营企业100强”第35强。11月12日国家工信部发布第三批制造业单项冠军企业和单项冠军产品名单，杉杉新能源获得“单项冠军示范企业”称号，位于宁乡高新区工厂的这条生产线主要生产4.45伏高电压钴酸锂材料，可作为未来第四代手机电池原料，全球暂无同类竞争产品，市场占有率100%。

邦普循环。2018年5月11日，资源强制回收战略联盟发布文件，批准包括邦普主导制定的T/ATCRR 01—2018《废旧动力蓄电池综合利用企业生产通用要求》在内的5项团体标准为资源强制回收产业技术创新战略联盟团体标准，自2018年5月20日起实施。T/ATCRR 01—2018《废旧动力蓄电池综合利用企业生产通用要求》在严格落实《新能源汽车动力蓄电池回收利用管理暂行办法》和《新能源汽车废旧动力蓄电池综合利用行业规范条件》的基础上，明晰废旧动力蓄电池综合利用企业（分梯次利用企业和再生利用企业）应满足的具体内容，该标准为促使综合利用企业合规提供方向，为上下游企业认证、筛选合作伙伴和为管理部门考核综合利用利用企业提供依据。9月5日，工业和信息化部就符合《新能源汽车废旧动力蓄电池综合利用行业规范条件》企业名单（第一批）予以公告（全国仅5家），邦普循环成功入选。12月17日，邦普循环通过认定及公示，获批2018年（第25批）国家企业技术中心，这是继新能源汽车动力电池循环利用国家地方联合工程研究中心之后，邦普循环获批的又一重要的国家级科技创新平台。

赛恩斯环保。2019年1月8日，2018年度国家科学技术奖在京揭晓，由中南大学联合赛恩斯环保共同完成的“冶炼多金属废酸资源化治理关键技术”获得国家技术发明奖二等奖。2018年1月，赛恩斯环保股份有限公司荣获“2017年度湖南省环境保护产业十佳环保企业”。6月，经中国环境保护产业协会信用评价办公室和信用评价专家委员会严格评价，并通过协会信用评价工作委员会审核，赛恩斯环保再次荣获3A企业信用等级，企业信用等级评价从企业综合素质、财务状况、管理水平、竞争力和社会信用等5个方面对企业的信用状况进行综合评定，并依据评定结果确定企业的信用等级，3A为最高等级。6月21至24日第十三届中国重庆高新技术交易会暨第九届中国国际军民两用技术博览会（简称“重庆高交会”）举行。赛恩斯环保作为科学技术部展区唯一一家重金属污染防治技术及装备的环保企业参加展会。中国重庆高交会和中国国际军民两用技术博览会是国内以军民整合为特色的科技展会，也是重庆加强科技交流合作的窗口和促进科技成果转化的重要平台。12月14日湖南省生态环境厅、湖南省科学技术厅发文《关于发布2018年环境保护实用技术评选结果的通知》，赛恩斯环保与中南大学联合开发的四项技术获评2018年环境保护实用技术：分别是冶炼废渣堆场场地修复技术、有色冶炼含砷废渣矿化解毒处理技术、冶炼行业污酸资源化深度处理技术、重金属废水生物制剂深度处理与回用技术。

星邦重工。2018年3月9日，在IPAF（全球高空作业平台协会）迈阿密全球峰会上，星邦重工总经理许红霞女士成为IPAF理事会第一个亚洲成员，被授予总裁特别奖，这是亚洲同行第一次入选IPAF理事会。10月份，星邦重工车载式高空作业车HXB5091JGK—GKH22、HXB5100JGK—GKS28J通过工信部的汽车公告认证、中国质量认证中心的CCC认证以及环境生态保护部的认证；所谓3C认证就是中国强制性产品认证制，英文名称China/Compulsory/Certification。10月16日主题为“智领未来，建设美好新时代”CMIIC2018中国工程机械产业互联网大会暨品牌盛会在钓鱼台国宾馆举行，星邦重工22米直臂式高空作业平台（GTBZ22J）荣膺CMIIC2018暨品牌盛会“高空作业平台TOP10金鼎奖”。12月3日全在球工程机械产业大会主办的“2018全球高空作业设备峰会暨中国租赁商百强大会”，星邦重工成功入选2018中国高空作业设备制造商5强。

长高集团。2018年，长高成套获得由国家知识产权局颁发的一项发明专利——断路器装配系统及其装配方法，专利号：ZL201610947488.8。该发明自动化程度高、装配质量好、生产效率高，为行业内全新的技术解决方案，有效解决高压开关柜核心部件断路器在生产工艺上的不足。

航天天麓。2018年6月14日，“全汇测”检测上云行动在宁乡高新区举行推广大会。大会以“共建企业上云新生态·助力检测行业新变革”为主题，旨在贯彻落实2018年湖南省中小企业“上云”行动计划，推动互联网、大数据、人工智能和检验检测产业的深度融合，培育检验检测行业发展新模式新生态。全汇测是由湖南航天天麓新材料检测有限责任公司打造的全省第一家工业互联网检测云平台。平台通过“互联网+检测”模式有效整合各大高校、科研院所、军工企业、第三方检测机构的检测资源，实现检测服务流程的全面集成，致力于为用户提供在线化、个性化、智能化的一站式检测服务解决方案。已成为汇集超过170万家工业企业资源的国家级工业互联网——航天云网的检测专区，2018年3月正式成为湖南省中小企业“上云”行动计划行业应用云平台。

华美雕塑。2018年6月23日，2018全国手工艺产业博览会暨非物质文化遗产传统技艺展、【匠心·匠星】第二十届中国雕塑论坛《雕塑》杂志2017年度奖于上海世界手工艺产业博览园圆满开幕。长沙市华美雕塑有限公司被评为全国20强雕塑企业，这是湖南雕塑企业首次获此殊荣。

红宇新材。2018年10月，中国机械工程学会发布“第八届绿色制造科学技术进步奖评审结果公告”，湖南红宇智能制造有限公司的“替代镀铬的绿色环保可控离子渗入技术及工业应用”项目荣获“绿色制造技术进步一等奖”。

金玉工业集中区

【概况】2018年，金玉工业集中区共完成规模以上工业总产值41.96亿元，同比增长25%；工业增加值完成9.9亿元，同比增长32%。固定投资全年共完成21.2亿元，同比增长15%。

招商引资。2018年，金玉工业集中区共捕捉有效招商信息100余条，外出招商20余次，成功签订正式投资合同21份，合同引资19.2亿元，其中亿元项目5个（韩国瑞延、敬业达、神宇科技、江南新材、金炬实业）。其中瑞延理化汽车零配件项目作为韩方投资企业，项目登记备案资金3亿元，用地5.33公顷，被长沙市政府列入全市观摩项目。

防范化解金融风险工作。2018年，金玉工业集中区通过土地招拍挂、休眠企业的置换、应收款的催收、门面处置等，在没有新增一分融资的情况下还化债2.36亿元。其中置换休眠企业3家，加油站招拍挂0.45公顷，最终以4200多万收盘。

工商税收工作。2018年，金玉工业集中区累计完成税收3000余万元，同比增长220.01%，这是建园以来的最高值，也为三年（2018—2020）财税过亿奠定坚实基础。

产业定位工作。2018年，金玉工业集中区明确“一主一特”

11月5日，周辉率队调研金玉工业集中区

的产业定位（以先进装备制造为主导产业，以汽车零部件制造为特色产业），瑞延理化汽车零配件项目的落户实现园区产业主攻方向的突破。

项目建设。截至2018年年底，金玉工业集中区累计引进项目67个，其中已竣工投产项目39个，在建项目23个，已动工待盘活的低效项目5个。全年新批回用地9.62公顷。产业项目建设百日大会战活动中，园区有4个项目纳入市委政府调度考核，全部为快速开工类项目。2018年，4个项目全部按时间节点要求实现开工，预计2019年6月前可全部实现竣工投产。

【周辉调研园区项目建设】 2018年11月5日上午，宁乡经开区党工委书记、宁乡市委书记周辉率队到金玉工业集中区，赴集中区企业长沙市台乔机械科技有限公司开展“千人帮千企三抓两促百日大行动”走访帮扶工作，面对面倾听企业呼声，实打实解决企业发展中面临的问题。

【千棵绿树扮靓“金玉”】 2018年2月6日由金玉工业集中区发起，市委宣传部、市人武部、湖南建工集团团委共同组织的2018年金玉工业集中区首场园区植树造林攻坚战在玉塘路打响。市委常委、宣传部部长彭娟，市委常委、市人武部政委田剑，金玉工业集中区干部职工，湖南建工集团、希尔登酒店、宁华建材等企业负责人和员工，共100多人义务参加植树造林活动。

【江苏瑞延落户“金玉”】 2018年5月23日金玉工业集中区与江苏瑞延理化汽车饰品有限公司成功签约。江苏瑞延公司将在金玉建设用地5.33公顷，总投资3亿元，将成为宁乡市的汽车内饰件生产基地。此次成功签约是金玉工业集中区招商引资方面的重大突破。

【助力蓝天保卫战】 2018年，市金玉工业集中区通过采取撒草籽、铺草皮、植树苗等方式开展整治工作，将管辖区域内除正在进行施工作业以外的裸露黄土进行覆绿控尘，共铺设草皮9410平方米，覆盖无纺布21.94万平方米、种植樟树及栾树160株。同时新增4名城管队员对园区环卫、水电维护、雨污分流、流动经营等进行严格管理并及时维护，整改各类影响通行、观瞻的问题300余起，有力维护园区环境。

（姜　赞）

农业·农村发展

AGRICULTURE AND RURAL DEVELOPMENT

责任编辑·曾小立

农　业

【概况】 2018年，宁乡市农业局内设办公室、党建办、政工人事科、财务科、现代农业科、农村经济经营管理科、行政审批科、法规科、城乡融合发展科（乡村振兴）、农业企业管理科（工会）8个科室，下设市农业技术推广中心（正科级）、农广校（副科级）、沙河市场管理处（副科级）、市扶贫办、市农业执法大队、市农产品质量安全检测中心、市种子技术推广服务站、原种场、农业服务公司、种子公司10个事业单位。农业系统共有干部职工650人。2018年宁乡市农业局认真贯彻落实中央、省、市关于“三农”工作的一系列重大决策部署，在脱贫攻坚、乡村振兴、农村改革、农业现代化、农产品质量安全、新型职业农民培育、品牌建设等重点领域持续发力，推动农业农村全面发展。各项工作取得较好成绩，获得“第十六届中国国际农产品交易会暨第二十届中国中部（湖南）农业博览会组织奖和展区设计奖”“2018年度全省农业农村政府网站暨信息联播工作先进单位”“2018年度农民（素质）教育培训工作先进单位”“2018年湖南省农情基点B级县”等称号。

2018年，宁乡市农作物总播种面积16.79万公顷。粮食作物播种面积10.51万公顷，其中稻谷类面积9.72万公顷：早稻播种面积3.71万公顷，中稻（一季稻）播种面积2.13万公顷，晚稻播种面积3.88万公顷，高档优质稻生产面积4.59万公顷；旱粮类作物面积7870公顷：小麦160公顷，玉米4500公顷，高粱300公顷，荞麦160公顷，薯类作物1520公顷，豆类作物1370公顷。蔬菜种植面积1520公顷，总产量151.5068万吨，总产值19.4亿元。瓜果种植面积1230公顷，产量3.2432万吨，新扩水果优良率90%以上。中草药材种植面积620公顷，产值6458万元。茶叶种植面积3800公顷，生产加工茶叶7991.6吨，茶叶生产总值2.008亿元。油料作物种植面积8210公顷。棉花种植面积100公顷。烟叶种植面积2600公顷。甘蔗种植面积50公顷。新增粮食综合服务中心7个；双江口镇申报农业产业国家示范试点强镇。

农业品牌建设新发展，全市农产品加工企业1355家，其中，国家级龙头企业1家，省级龙头企业18家，市级重点龙头企业31家，上市公司1家。农产品加工业实现总产值343亿元，同比增长8%。休闲农业企业359家，其中国家级五星农庄2家，省级五星农庄2家，省级四星农庄6家，省级三星农庄3家，有现代农庄47家，安置就业人数4800人，接待游客735万人次，实现营业收入8.7亿元。

【脱贫攻坚】 2018年，宁乡脱贫5884户15311人，完成脱贫攻坚人口总任务数（20517户55069人）的93%。宁乡严格落实脱贫攻坚“一把手”负责制，强化主体责任，层层签订责任状，推动各项工作、各种资源、各方力量向脱贫攻坚聚焦，投入各类扶贫资金1.7亿元，项目覆盖产业、教育、金融、危改、健康等16大专项。向有贫困人口的268个村（社区）派出驻村工作队，明确所有财政供养人员共20670名干部“一对一”结对帮扶贫困户。与新化县开展扶贫协作，支持帮扶资金1000万元，开展两地领导互访活动，推动两地携手奔小康。开展贫困户满意度电话调查，贫困户满意度97.9%。举办宁乡市2018年“幸福都是奋斗出来的”脱贫典型巡回宣讲活动，贫困户脱贫内生动力得到提升。

8月24日，在市民之家举行的2018年脱贫典型“幸福都是奋斗出来的”主题巡回宣讲启动仪式暨首场宣讲会，图为来自喻家坳乡的“脱贫之星”廖尚武发言

【乡村振兴】 2018年，宁乡市农业局提出《中共宁乡市委宁乡市人民政府关于全面落实乡村振兴战略的实施意见》，编制《宁乡市乡村振兴战略规划》，构建“5+10+5”总体框架体系，列出40条乡村振兴“宁乡动作”，通过产业联动、项目带动、政策驱动全力推进乡村振兴。出台《宁乡市乡村振兴三年行动计划（2018—2020年）》提出“十大行动、十个重点”，明确目标、任务、重点和路径。以农村环境“五治”为切入，着力打造宜居乡村。完成农村改厕4000座，完成2018年度任务（3500座）的114.2%。建成乡镇、村垃圾回收分拣中心115个。整治沩水截污排口108个，“四溪一渠”全线清淤。拆除空心房4754户，完成2018年度拆除任务3800户的125%。深化全域美丽乡村建设，抓实项目载体，创建长沙市级示范村24个、特色村30个。

【农业品牌建设】 2018年，宁乡市申报《2018年湖南省休闲农业与乡村旅游示范县》，并组织编制《宁乡市休闲农业与乡村旅游总体规划》。对全市农业品牌情况进行全面详细的摸底调查，并形成《宁乡市农业品牌建设五年行动计划（2018—2022）》初步品牌建设方案。

2018年，“宁乡花猪”“沩山茶叶”“灰汤鸭”获评长沙市十大农产品区域公共品牌，“加加”“益君”“流沙河”“金太阳”“湘都”获评长沙市知名农业企业品牌，“楚沩香”“宁乡花猪”获评长沙市知名农产品牌，“加加”“金太阳”“沩山茶业”获评长沙市十大农业企业品牌。

2018年，宁乡共有34家农产品加工企业、休闲农业企业通过省、市“百企”“农产品加工”“现代农庄”等农业项目的验收。

【组织参加农业博览会】 2018年，宁乡市农业局积极组织并参加第十六届中国国际农产品交易会暨第二十届中国中部（湖南）农业博览会参展工作。宁乡展馆接待观展群众近100万人次，实现合同成交和现金交易额1.2亿元，销售额比2017年同比增长25%，通过农博会这个平台拓展宁乡农产品外销渠道，为宁乡现代农业的发展起到积极作用。农博会组委会对宁乡市授予组织奖，对宁乡综合展区授予设计奖。

【农村改革】2018年，宁乡市深化发展农村工作改革。一是农村产权制度改革。截至2018年12月底，全面完成29个乡镇（街道）、278个村（社区）、7735个村民小组清产核资工作，共清理核实各级集体非经营性资产19.44亿元、经营性资产3.11亿元、资源性资产26.41公顷，其中农用地面积23.05公顷。二是新型村级集体经济。全市已完成63个“薄弱村”“空壳村”的“去薄脱空”工作任务，其中51个村通过长沙市农委验收。163个村（社区）集体经济收入达到5万元。三是农村土地承包经营权确权颁证。2018年底，全面完成29个乡镇(街道)，248个村(社区)，7287个村民小组的确权登记颁证工作，共发放土地承包经营权证书305506本；全面完成县级农村土地承包经营权信息应用平台建设。

【农业执法与农产品质量安全】2018年，宁乡严格落实农产品质量安全属地管理责任，强化政策举措、求实创新、依法监管。全年查处种子案件7起，查处农药案件5起，没收假劣农药64千克。调处农药、种子、化肥纠纷13起，满意率100%。“三品一标”认证81个，其中无公害农产品4个，绿色食品57个，有机食品18个，农产品地理标志2个。被湖南省农业农村厅认定为“省级农产品质量安全县”。

规范农药市场，严格按程序推进农药许可证发放，2018年发放农药经营许可证360家，定点经营限制使用农药许可证已发证完毕。严查秸秆焚烧，按照市蓝天办的要求，农业局新增对露天焚烧秸秆行为进行执法，从9月底开始至年末，共立案处罚25起。

【大棚房整治】2018年，宁乡市农业局按照“三不留”“四统一”的标准，以村组为单位，对全市所有家庭农场、农村土地合作社、农业设施用地、生态农庄、农业科技园、农业大棚等设施进行五轮拉网式清查。

【新型职业农民培育】2018年，宁乡市农业局继续开展新型职业农民培育工程，培训生产经营型新型职业农民550人，专业技能型新型职业农民工210人，开展农业职业技能和专项技术培训1500多人，开展湘农云线上培训1000多人。认定新型职业农民400人。组织召开宁乡市首届乡村振兴人才工作大会。上门开展技术指导2000多次，发放技术资料10万多份。

【生态农业发展】2018年，宁乡市严格管控区实施农作物种植结构调整面积6564.6公顷（休耕重叠区252.2公顷），涉及点位为656个，分布在28个乡镇（街道）、173个村。完成2个万亩示范片、9个长沙市级千亩示范片及2个宁乡市级千亩示范片建设。有221家企业（大户）参与种植结构调整土地流转，土地流转面积达5866.67公顷，流转率达89%。

2018年，宁乡市实施修复治理区域面积666.67公顷，其中早（晚）稻225.9公顷，中稻440.71公顷。实现低镉积累品种全覆盖，推广低镉积累早稻种子31500千克，中稻种子7913.5千克，晚稻种子4387千克。推广的低镉积累品种：湘早籼32号、C两优755、深优9519、H优518、H优159、湘早籼45号、株两优189等。撒施生石灰1234.05吨，施用土壤调理剂640吨，施用有机肥949.04吨；全面实施淹水灌溉管理。

2018年，宁乡新增休耕面积371.08公顷。全年实施休耕1320.69公顷，其中夏铎铺镇六度庵村休耕面积180公顷；金洲镇休耕面积624.73公顷（颜塘村373.93公顷、全民社区250.8公顷）；巷子口镇仙龙潭村休耕面积144.89公顷，龙田镇休耕面积371.08公顷。

实施农作物化肥农药使用量零增长行动，实现测土配方施肥技术面积13.33万公顷，秸秆还田面积6万公顷，推广集中连片绿肥种植1.67万公顷，推广水肥一体化面积1.67万公顷，2018年化肥施用量（纯量）比上年减少807.27吨，减量幅度为1.207%。坚持综合防治和绿色防控技术，将水稻病虫危害总损失率控制在4.3%，提高农药利用率3%。大力发展节水农业、循环农业，推广稻鱼、稻鸭、稻虾、稻蛙、稻蟹等“水稻+”生态高效种养结合模式，提升农业生产经济效益和生态效益。

【农业保险】2018年，宁乡水稻政策性农业保险覆盖全市，涉及蔬菜、茶叶、柑橘等作物的特色农产品险种不断扩面提标，新增油菜保险，进一步完善农产品生产风险保障机制。全年协助保险公司完成查勘定损理赔共计1100万元，理赔效率不断提高，农民生产热情及信心有效提升。

【沙河市场管理处】2018年，沙河市场管理处针对市场997户经营门店共计下发消防安全检查通知书4700余份，辖区全年未发生一起安全生产责任事故和治案刑事案件；2018年市场基础设施设备维修维护，全年累计投入资金110余万元，干部职工投劳近1000小时，共计更换下水道沟盖板157块，抢修处理门店漏水、渗水险情23处，更换和抢修供电线路5000余米；更换两台大功率吸污泵，每台每小时吸污600立方米，泵房排渍效能比2017年提升近2倍。（易星星）

烟叶生产

【概况】2018年，宁乡市烟叶生产指导管理办公室（以下简称市烟办）共有在职干部职工13人。内设综合科、生产科、财务科、烟基科4个科室。全年全市收购烟叶432万千克，实现烟农总收入1.23亿元，财政税收2570.85万元。全面完成2016年度烟基项目竣工扫尾和市级验收，铁冲水库项目创全省烟草援建水源性工程先进典型，完成烟基建设投入683万元，改造烤房炉膛97座，配备烟夹220套。2018年，宁乡市获湖南省两烟协调领导小组颁发的“2018年度全省烟叶工作优秀单位”称号。

【党建工作】 2018年，市烟办以“基层党建年”为抓手，深入推进党建工作，为全市烟叶产业发展提供有力的思想和组织保证。一是加强组织领导，深化党建责任。按照“党要管党，从严治党”的要求，办党组切实加强组织领导，明确责任分工，由党组书记负责党建全面工作，分管领导具体负责。二是加强学习教育，不断强化政治引领。把贯彻学习十九大精神和习近平新时代中国特色社会主义思想作为2018年的重点任务来抓。召开专题学习会10次，上党课6次，按要求召开班子民主生活会，开展“知敬畏、存戒惧、守底线”的专题生活会，开展“不忘初心、牢记使命”——纪念“刘少奇同志诞辰120周年”等主题教育活动，印发党组、支部学习计划，制定年度学习目标任务，结合市委、市政府重点工作开展学习。三是突出工作重点，切实加强党员队伍日常管理。认真开展组织生活。以“三会一课”和“主题党日”为主要内容，定期组织集中学习、党员民主评议、按期缴纳党费等，加强党员考核管理，提高党性修养，教育引导党员干部发挥好示范引领作用；健全党内关怀机制。对烟办干部职工和联系村贫困户情况进行摸底，在重要节日期间对贫困户进行慰问。四是强化廉洁教育，正风肃纪推进党风廉政建设。市烟办党组重视党风廉政建设工作，召开专题会议，结合工作实际制定党风廉政建设和反腐败工作计划；把党风廉政建设和反腐败工作责任分解到人，做到有部署、有检查、有整改，形成一把手负总责，其他班子成员各司其职，一级抓一级，层层抓落实的工作局面。严格按照“一岗双责”的要求，加强干部职工监督管理，按要求对各科室负责人进行廉政谈心谈话，提高其拒腐防变的意识和能力。坚决贯彻落实民主集中制原则，进一步健全和完善党内监督制度，加强对重点领域的管理监督，凡属“三重一大”事项，均由市烟办党组会议集体讨论决定，保证决策过程的科学民主和结果的公正合理；严肃财经纪律，在财务收支管理，财务领报手续上，严格实行财务管理制度。五是争创“五星”标准，努力推进烟办支部“五化”建设。按照上级《关于推进党支部“五化”建设的意见》要求，市烟办党组、支部在上级部门开会布置任务后，积极行动，把党支部“五化”建设工作摆入党建工作首位，为此召开专题会议，就“五化”建设工作拿出具体方案和建设措施，明确要达到的目标，不断努力推进，力促党员队伍建设，打造过硬支部，为廉政作风建设强基石，夯基础。

【烟叶生产工作】 2018年，宁乡市烟叶生产水平提升。一是高标准抓好烟叶备耕工作。2018年翻耕工作谋划早、启动快、标准高，在2017年12月10日前各项备耕工作全面落实到位。二是高标准执行农事操作。大田控氮控密、中耕培土、优化结构等关键技术落实到位，烟株均衡度进一步提升，中棵烟长势长相特征进一步彰显。三是高标准构建病虫害绿色防控体系。市烟叶绿色防控全覆盖，并在全市免费推广2333.33公顷蚜茧蜂绿色防控技术，降低农药用量，提升农作物安全性能。烟农效益。2018年，宁乡市烟叶亩产量为119千克、亩均效益3641元，较2017年分别提升22%、27%。涌现出一大批种植水平高、生产效益好的烟农户。示范作用2018年，全市共申报示范片33个，验收合格28个。兑现奖励资金60万元。各乡镇、各片区形成你追我赶的竞争氛围，农事操作标准规范，田间烟株长势整齐一致；烟叶整体形象明显提升，示范引领作用充分彰显，提质增效作用充分展示。防灾抗灾。面对冰雪灾害，市烟办、市烟草分公司第一时间启动应急预案，深入灾区指挥救助。各乡镇、烟站和合作社分工协作、迅速行动、不畏严寒、不分昼夜及时组织人员加固大棚、扫雪除冰、补光增温，确保不倒一个棚，不死一棵苗。面对旱灾，最大可能组织补水，及时调整烘烤技术，并组织专业人员现场指导与培训，最大限度地减少烟农损失。工作思路在烟叶产业上政府改变以往邀工业客户到宁乡的做法，采取主动“走出去”的请教模式，市政府、市烟办和市烟草公司领导深入浙江中烟，与其原料部、技术中心进行深度沟通，了解客户需求，明晰烟叶工作的主抓重点。这样使工作更主动，思路更清晰，质量要求更明确。服务模式专业化烘烤服务水平进一步提升。全市成立专业烘烤服务队58支，服务队员293人，开展培训达1221人次。开展专业化烘烤服务面积2133.33公顷，覆盖率达到90%，烤房1900余座，服务烟农户900余户，为烟农减工降本起到良好的作用。专业分级创新进一步突破。全市烤烟专业化分级覆盖率100%，其中专分包收比率达68.96%，部分乡镇实现100%成包收购，为全市专分包收树立典型，积累经验；个别乡镇采用边分边收模式，解决烟农来回运输的费用成本。市场拓展。2018年6月浙江中烟考察组先后到宁乡市大屯营石家湾片区、靳兴片区烟田和李家坝烘烤工场，实地察看大田烟叶长势和工场专业化烘烤、专业化分级开展情况。在靳兴片区，考察组人员与烟农深入交流，并前往烟农家中察看下竿烟叶初分情况，详细询问种烟收益水平。在与产区公司座谈交流过程中，他们用“四个意想不到”肯定宁乡烟叶生产工作。

【扶贫工作】 2018年，宁乡市烟叶办开展产业扶贫。一是帮扶种烟村集体增收脱贫。宁乡市有81个种烟村，烟叶生产为集体经济增收过4万元的有50个，省级贫困村道林镇靳水村、流沙河镇鸿富村和草冲村的集体收入超过10万元。二是产业带动贫困户增收脱贫。全年共引导支持73户建档立卡贫困户参与烟叶种植，其中26户烤烟贫困户平均纯收入2.5万元左右；47户种植晒烟的贫困户，平均纯收入约8000元；烟叶产业吸纳贫困人口287人就近就业，人均增收2600元左右，个别参加烟叶生产环节多的贫困户劳动收入近1万元。三是帮扶联点村发展产业脱贫。派驻第一书记常驻联点村进行精准扶贫工作，通过帮助建立扶贫产业基地、协调成立惠农综合服务社、改善基础设施等措施，为打赢脱贫攻坚战积累好经验。

精准扶贫再攻坚。市烟办派驻工作队员至涌泉山村驻村开展扶贫工作。烟办干部职工深入扶贫村开展"一对一"帮扶，全办12个干部职工，帮扶贫困户12户，2018年有10户实现脱贫；投入300多万元，平整土地53.33公顷，强化产业扶贫基础；投入资金40万元，建设涌泉山村交通基础设施；投入专项资金20万元，用于产业扶贫基地建设。

（黄　滔）

养殖业

【概况】 宁乡市畜牧兽医水产局（以下简称市畜牧局）为市政府直属事业单位，下设办公室、畜牧科、财务科、政工人事科、兽医医政科、生态统计监测科、质量安全科、行政审批服务科8个内设科室，以及宁乡市动物卫生监督所、宁乡市动物疫病预防控制中心、宁乡市牧工商公司（含公司机关、综合商场、旺联饲料厂、种鸡场、蛋鸡场）、宁乡市畜牧工作站（含花猪保种中心）、宁乡市水产渔政监督管理站（含水产服务中心）5个二级事业单位。全系统实有在编人员322名，其中在岗人员90名，待岗人员232名。

2018年，宁乡市获评全省养殖业工作目标管理考核先进市、省级农产品质量安全县，"宁乡花猪"获评2018年长沙市知名农业品牌、长沙市十大农产品区域公用品牌。质量安全监管不断强化，养殖环节"瘦肉精"连续11年实现零检出。

【养殖业生产】 2018年，宁乡市畜牧局围绕养殖业供给侧结构性改革主线，深入调结构、转方式、促融合，加快养殖业转型升级，全市存栏生猪94.10万头，能繁母猪存栏10.45万头，出栏生猪140.02万头，同比减少0.02%；存栏牛4.95万头，出栏牛3.20万头，同比增加4.9%；存栏羊5.50万只，出栏羊6.60万只，同比增加0.5%；存笼家禽1001.32万羽，出笼家禽2880.50万羽，同比增加4.2%，养殖业总产值达45.13亿元。

【花猪产业】 2018年，宁乡市畜牧局按照宁乡花猪"百亿产业"的工作目标，以现代农业产业园为依托，突出打造花猪产业品牌品质，全年存栏花猪10.50万头，出栏20万头，经济总产值20亿元。创新品牌宣传，举办农民丰收节，依托"年味宁乡"喜乐会持续扩大宁乡花猪品牌影响力，在高速、机场等设立宁乡花猪广告位，推介宁乡花猪形象。抓好基础设施建设，启动宁乡花猪保护中心、宁乡花猪文化馆、宁乡花猪院士工作站建设和改造工作；抓紧养殖场所改造，灰汤镇永兴村大龙畜牧存栏2000头的母猪场基本完成建设，资福镇清泉河村众诚农业养殖基地基础设施建设于2018年底启动，流沙河镇罘罳村流沙河牧业养殖基地完成三通一平；2家"白改花"养殖场标准化改造有序推进；抓细花猪产品创新，流沙河牧业、楚沩香农业、北京资源等企业精深加工厂均实现投产，新增花猪产品30多种；抓实专业人才培训，12月27日至28日举办为期2天的2018年宁乡花猪养殖从业人员新型职业农民培训班，培训职业农民100余人。此外，宁乡花猪基础研究成果陆续出台，完成猪油粉末状加工技术、基因图谱制作、绿色养殖技术编制等工作，宁乡花猪基因检测试剂盒实验室制作获得成功。

【动物检疫】 2018年，宁乡市畜牧局开展动物卫生监督执法规范年活动，重点查处动物卫生案件，严厉打击经营、运输未经检疫动物、乱丢乱弃动物尸体、贩卖病死动物及产品等违法违规行为，共办理案件41起，其中不按照国务院兽医主管部门规定处置死因不明动物尸体案获评2018年全国动物防疫行政执法优秀案卷；积极开展私屠滥宰普查工作，进一步完善动物卫生监督与公安、食药监等部门联合执法行动，共查处7起违反《生猪屠宰管理条例》的违法行为，移交公安6起，罚款4752元。

【畜禽水产品质量安全】 2018年，宁乡市畜牧局与全市29个乡镇街道动物防疫站签订《畜禽水产品质量安全责任书》，实行领导分片、干部联乡镇（街道）包干责任制度；加大对兽药饲料生产经营企业监管，查处1个企业不遵守饲料质量安全管理规范生产饲料的违法行为，罚没款6350元。加强牲畜出栏"瘦肉精"同步检疫检测，共抽检生猪尿样4万个，"瘦肉精"检出率为零。

【非洲猪瘟防控】 2018年10月，宁乡市临近地区相继发生非洲猪瘟疫情，市畜牧局全面落实"大排查、大消毒、大防堵、大监管、大完善"五大行动，至年底，非洲猪瘟防控主动战、持久战取得阶段性胜利。对全市规模养殖场（户）逐个登记造册，详细登记生猪存栏、调运移动、发病死亡、饲料购入、严禁餐厨垃圾饲猪等情况，发现异常情况立即报告，全市累计排查367万头次；在全市开展大清理大消毒行动，坝塘、喻家坳、双江口、大河西市场、资源公司、大地肉类等防控重点区域，采取每日不间断消毒的方式，连续消毒一个月以上；在宁乡市边境和坝塘、喻家坳等防控重点乡镇边境设置应急消毒检查哨卡68个，每个哨卡配置技术人员、执法人员6—8人轮班，停放1辆执法车，24小时值班值守，拦截非法运输车辆，消毒一切过境车辆，阻断生猪及产品调入和调出，各哨卡共安排13411人次；完善消毒设施设备，防非洲猪瘟病毒于市域之外，全市所有养殖场全部配备喷雾消毒壶，200头以上养殖场全部配备实体围墙、消毒池；对生猪运输车辆按相关政策文件，持续摸底造册，确保对每一台运输车辆都知根知底；加快完善资源屠宰场消毒设施，在出入口设置专门车辆和人员消毒通道，场内关键场地配备电动消毒机；采购消毒喷雾器8000余套，配备给全市所有冷库、加工企业、交易市场、食堂及餐饮等单位。以最高的警惕性和敏感性抓好非洲猪瘟防控工作，保证全年全市生猪市场和生猪养殖形势平稳。

【粪污治理】 2018年，宁乡市畜牧局开展全市畜禽“禁养区”污染综合治理，制定《宁乡市畜禽养殖区域划分和管理办法》，建立畜禽养殖污染治理的长效机制，明确各个乡镇（街道）和有关部门的工作职责，全年成功腾退1005户规模养殖场，减少生猪108357头，消除绝大部分养殖污染源头；进一步提升科学治理与资源化利用水平，以“退”为基础，以“治”为重点，投入资金160余万元，完成省定12家规模养殖场的改造升级；对全市养殖场的畜禽粪污处理设施设备进行整改监督和技术指导，2018年底实现全市畜禽规模场粪污处理设施设备配套率85%以上，资源化利用率80%以上。

【水产渔政】 2018年，宁乡市畜牧局充实基层监管力量，全市新增乡镇执法人员64人，压实属地管理责任，实施乡镇（街道）委托执法，加大执法频率和范围，面对“电毒炸鱼”等违法捕捞行为屡禁不止的现象，形成渔政监管全覆盖的治理格局，联合当地乡镇（街道）、公安、乡镇动物防疫站开展渔政秩序“亮剑”专项整治行动。同时，严厉打击电鱼、炸鱼、毒鱼破坏水生生物资源和水域生态环境的行为。全年共查处62起非法电力捕鱼案件，罚款6.08万元，收缴背包电鱼机200台（套）、电渔船2艘、皮划艇2艘、电瓶3只、逆变器2只，市民投诉比率下降36%，民生受理热线交办高数量的投诉现象不再发生，全市渔政秩序趋于平稳。

【精准扶贫】 2018年，宁乡市畜牧局开展产业滴灌式帮扶67户，产业“四跟四走”帮扶61户，其中大雁鹅项目58户，花猪项目3户，产业金融扶贫10户，种植业帮扶103户，就业培训帮扶1人，外出务工帮扶40余人；基础设施保障到位，危房改造帮扶2户，教育助学帮扶23人，其中雨露计划帮扶5人，健康扶贫101户，共218人。落实保障帮扶低保33户，共61人，残疾人帮扶补贴20人，深度贫困帮扶4户，公益性岗位帮扶8人，使贫困群众更有获得感。

（蔡　睿）

6月27日，东湖塘镇湘鹏大雁鹅原养殖场退养拆除现场

林　业

【概况】 2018年，宁乡市林业局系统共有干部职工133人，其中在职70人（局机关16人、局属二级单位54人），离退休人员63人。局机关内设办公室、党建办、计财科、造林绿化科、森保科、行政审批服务科（资源林政法规办公室）、行政执法科7个科室，下辖森林公安局、金洲湖湿地公园管理处、林业技术推广中心、龙田竹木检查站、山林权属管理办公室5个二级机构，有高、中级专业技术职称人员17人。2018年，市林业局主动服务“四个打造”建设，全面推进“三年造绿行动”，切实加强绿色资源管护，着力推进山水林田湖草生命共同体生态修复，全市林地面积达13万公顷（保有率100%），湿地总面积达1万公顷，湿地保护率跃升至64%，森林覆盖率达到48.77%，活立木总蓄积达到580万立方米，全市实现林业总产值78亿元，年增长23.8%。2018年，市林业局获得“全省林业科技工作优秀集体”“长沙市三年造绿工作第一名”“宁乡市2018年度党风廉政建设先进单位”“宁乡市综治工作优秀单位”等称号，林业工作被《湖南日报》《长沙晚报》等市以上媒体正面报道33次，宁乡电视台报道51次，《今日宁乡》报道56次。

【造绿覆绿】 2018年，宁乡市共铺排99个造绿复绿项目，绿化建设面积868.44公顷，投入资金46578万元，超额完成全年计划指标任务。探索开展“政府送树、群众栽树”造绿活动，第一批对31个省定贫困村、21个长沙市级绿色示范创建村（社区）的供苗活动圆满完成，共送出并栽植水果苗木等43.04万株。建成宁乡市级以上义务植树基地2个、乡镇（街道）及其他义务植树基地67个，基地建设面积达300公顷，全年义务植树320万株，参加人数85万余人。开展黄土裸露地调查摸底，编制《宁乡市黄土裸露地调查报告》，选择道林金狮二矿等4家

3月15日，宁乡市林业局在资福镇珊瑚村赠送苗木，正式启动“政府送树、群众栽树”造绿活动

有代表性的非煤矿山进行矿山植被恢复试点，共完成裸露地复绿367.33公顷。完成湖南省森林城市创建备案工作。

【资源管护】 2018年，宁乡市森林防火工作实现“三无”目标，完成黄材镇等9个森林资源保护视频监控点建设，完成108千米森林生物防火隔离带建设，新增护林员30名，开展“山长制”前期工作。公布宁乡第二批保护湿地，涉及湿地面积2001公顷，湿地保护率进入长沙市前列；开展靳江流域退耕还林还湿省市试点，建设湿地293.33公顷，乡村湿地建设完成大成桥镇试点80公顷；金洲湖湿地公园总规修编启动前期工作，编制滨江湿地建设规划。承办长沙宁乡“野生动物保护宣传月”活动，查处非法猎捕行为50多起，拆除捕猎工具近100套，救治动物近200头（只）；完成古树名木普查，保护处理古树34棵。加强林业有害生物普查、监测、防治和检疫，全市苗木基地的产地检疫率接近100%，释放生物天敌800公顷；重点加强松材线虫病防控，实施飞机防治466.67公顷，悬挂大量诱捕器，清除疫木1.17万株，对黄材镇乱砍疫木行为进行立案侦查（属省内第一例）。

【涉林服务】 2018年，宁乡市林业局优化审批服务，以让林农“最多跑一次”为目标，共办理运输、检疫证件5025件，代办林地审批55宗，争取林业用地指标166.67公顷，在灰汤镇政务服务大厅实行授权办理试点，加速林权流转，流转林地近333.33公顷，加大林权抵押贷款协办、林权纠纷调解力度。优化林技服务，种苗科技工作成功争取省级项目1个，市级项目5个；精心培育绿化用苗等70多万株，高标准调运各类造林苗木60多万株，保证全市造林绿化用苗所需；共完成调查验收60宗和技术鉴定51宗，开展培训22次、科技下乡93次，培训林农1.2万人次，发放资料1.5万份，举办全系统人员业务提升大型培训班。依规从严进行森林资源管护，生态公益林管护、流转及补偿资金发放更加规范到位；明确禁伐和限伐范围，从严控制林木采伐许可证办理；对全市197家木竹经营、加工、运输单位进行抽检监督，对森林公园和自然保护区破坏资源行为进行排查和督改。

【产业发展】 2018年，中央林业推广香榧培育项目成活率宁乡省内领先，实现香榧造林20公顷，培育香榧小苗7万多株；新增野生植物培育基地13处，野生动物养殖户140户，年产值近亿元；制定《油茶产业三年发展规划》，新增油茶面积666.67公顷，油茶种植总面积8000公顷，创造产值2亿元；协助花卉苗木龙头企业林盛科技获2亿元国家林业产业基金支持，该企业将与中外合资企业合作开发康养项目；成功申报长沙市级以上产业扶持和示范项目42家。

【林政执法】 2018年，宁乡市森林公安局破获深受省内外关注的画眉鸟野生动物跨境大案，被湖南省森林公安局授予集体三等功。2018年共办理涉林案件65起，处罚和采取强制措施82人次，罚款共计近200万元，收缴国家重点保护野生动植物近1000头（株）；对林区进行高密度巡查，全年巡查60余次；强化非法挖山洗砂执法，出动执法人员近1000人次，关停涉砂场所67处，扣押挖机、铲车等工具55台。

【党建工作】 宁乡市森林公安局党总支获评宁乡市先进基层党组织，开展“瞻仰伟人故里传承革命精神”等主题党日活动12次；支持党建联点村流沙河镇草冲村资金20万元用于公路水利及绿化建设，新修村级公路15公里、绿化美化集居点及入村道路，该村党总支获评宁乡市“五星”村。开展例行廉政谈话、提醒谈话、约谈等约600人次；组织廉政文化进机关活动，共收集书法、画作、散文等廉政文化作品21份，并进行集中展示；组织党建知识及党风廉政建设知识学习及竞赛活动；及时办理信访举报交办件5件。 （蒋生强 吴晓婵）

水 务

【概况】 2018年，宁乡市水务系统共有干部职工854人，其中在职605人（局机关63人、局属二级单位542人），离退休人员249人。局机关内设办公室、防汛抗旱指挥部办公室、财务科、政工人事科、法规安监科、规划计划科、监察审计科、水务建设科、水务管理科（内设水建办）、行政审批科、河长制工作办公室11个科室。下设田坪水库管理所、洞庭水库管理所、韶山灌区花明楼管理所、水土保持预防监督局、水利建设投资开发有限公司、河道堤防管理站、机电排灌堤垸城市防洪管理站、城乡供水总站、水利水电建设总公司、水利水电勘察设计院、沩溪水电站、滩山铺电站、防汛抗旱服务中心、水利水电工程质量监督站14家二级机构。

2018年，市水务局着眼全市社会民生发展大局，以水利建设为中心，围绕城市防洪保安项目建设、河流流域治理综合水利建设、增水节水灌溉项目建设、污水黑水臭水生态治理建设和农村饮水安全巩固提升建设，重点打造安全、工程、资源、生态、民生五大水利，强化水利基础设施支撑，全市水利基础设施建设不断完善，河湖水域水质逐月好转，各项工作稳步推进。

6月6日，长沙市2018年水库防汛抢险暨地质灾害、山洪防御应急演练在宁乡市黄材水库举办

【水利建设】 2018年，宁乡市水务局突出水利建设中心大局，积极向上争取中央、省、市项目资金近1.5亿元，推进实施一大批安全、生态水利项目建设。启动沩水流域综合治理，成立沩江流域综合治理指挥部，制定《沩水流域综合治理三年行动计划（2018—2020）》，成功把沩江河道治理项目申报为湖南省十三五中小河流治理最大的中央投资项目，全线启动沩水流域综合治理项目建设，建设河段总长58千米；推进城市防洪工程项目建设，积极完成城市防洪规划，督促相关项目建设责任单位按规划有序推进实施城市防洪工程项目建设，全市防洪治涝标准进一步提升，防灾减灾能力进一步增强；完成靳江流域治理和生态修复工程，全面完成靳江源湿地项目建设工程，沩水、靳江流域水生态环境进一步得到改善，防洪和灌溉作用发挥充分。完成小型水库除险加固工程，花园、革命、杨柳、立新、石鱼塘等24座小型水库除险加固工程相继完成，八家湾水库建成蓄水，全市农业灌溉和城镇供水进一步得到有效保障，水资源开发利用效益发挥明显。完成水毁水利灾后重建，全面修复涉及安全、灌溉和供水的水毁水利项目，田坪、洞庭、韶花三大灌区渠系河坝和沩水流域15处险工险段灾后治理工作全部完成，楚江、乌江、靳江、铁冲河水毁河段灾后重建全面竣工，四江流域抵御洪水标准得到充分保障，防汛抗旱和防灾减灾能力进一步提升。推进面上农田水利建设，2017—2018年秋冬春水利建设，全市呈现出工作责任到位、工程质量较高、建设推进有力的特点，完成中央省市各级投入的水毁工程应急抢险项目29个、冬修水利项目51个，完成乡镇指令性任务3734处。市级重点项目方面，围绕全市防洪减灾工程建设，全力推进城市防洪和流域治理项目建设，完成农村饮水安全、俄山水闸、前丰水闸、靳江流域治理、沟河治理、西山水闸、城市防洪前期、流域洪水预报与水库防洪调度系统建设等8个重点水利建设项目。

【防汛抗旱工作】 2018年，宁乡市防汛抗旱工作突出民生根本，围绕“防大汛、抗大旱”总体要求和“五个确保”总体目标，全市上下一心、科学预防、提前部署，汛期防御有力，旱期调控有序，市域内各类河流水库运行正常，无山洪灾害发生，全市没有发生成片干旱灾害，没有形成粮食产量大面积减产，年度防汛抗旱减灾工作的取得胜利，有效保证全市大局稳定。硬件全面升级，信息化建设取得长足发展，加速完成宁乡市流域洪水预报及防洪调度系统信息集成项目建设，维修维护48个雨水情实时视频监测站、60个山洪灾害易发村的预警广播系统，以及省市防汛视频会商系统和乡镇（街道）防汛视频会商系统建设。印发《宁乡市防汛应急预案》，修订《宁乡市抗旱预案》，全面构建横向到边、纵向到底的防汛责任体系，预警预报第一时间覆盖到最后一千米，灾害预警信息直达全市2.4万多户易受灾户。责任落实无缺位，全年，按照分片负责，责任到人的原则，强化汛期值守、巡坝查险、抗旱调度、督查等工作，市防汛抗旱指挥部组织防汛会商会33次，科学应对13场强降雨，在多次台风暴雨的袭击和罕见历史大旱的考验下，做到提前部署、积极预防、全面应对，确保防汛抗旱各项目标的实现，维护一方安澜。市水务局承办的“长沙市2018年水库防汛抢险暨地质灾害、山洪防御应急演练”，获央视新闻移动网客户端和长沙政法频道全程转播，演练活动得到长沙市各市区县各级观摩领导、专家的充分肯定和广大人民群众的好评。

【河长制工作】 2018年，宁乡市水务局河长制工作亮点凸显，全市水生态治理逐见成效，深入开展水域综合整治和岸线利用综合整治，全面加强流域综合治理、水土保持监督检查等工作，加大对全市各乡镇（街道）水域综合整治、水环境系统治理、“治水”“清五乱”等工作的专项督查。围绕涉沩水河流砂场清退遗留问题、入河排污口整改提升问题、以及乡镇污水处理厂污水直排、企业污水直排、城区“四溪一渠”截污清淤等工作，厘清相关部门的主管责任和乡镇（街道）属地责任，推进具体工作的整改落实。将小微水体日常管护工作纳入河长制工作体系，积极推进全市小微水体工程建设，积极宣传推广新治水理念，坚持山水林田湖共治，减少居民生活污水直排，在生活污水、畜禽粪水、工业废水、居民饮水、生态流域等“五水”共治方面，创新方法，积累经验，通过截污、提标、调水、扩容、布管、疏浚等一系列措施，积极推进全市农村黑臭水体治理工作，解决全市小微水体存在的突出问题，充分发挥小微水体的综合效益，全市水污染防治、河湖水环境治理、水生态修复等方面取得显著成效，全域小微水体水质清澈，周边环境干净整洁，水系联通通畅。入河排污口监管整治全面强化，完成沩江、靳江等流域173处入河排污口规范化建设，下达入河排污口整治法律文书28份，取缔关闭饮用水源保护区入河排污口，建立健全入河排污口监管的联动与信息共享机制，实现全市规模以上入河排污口监测的全覆盖，沩水干流劣五类排口由61个减至15个，三类排口由1个增加至21个，“四溪一渠”168处入河排污口全面完成整治。全市水生态治理逐见成效，河湖水域水质逐月好转，9月至12月沩水河双江口出境断面水质连续四月达到Ⅲ类水质标准，水利助推生态文明建设的作用发挥明显。宁乡市河长制工作经验在央视新闻频道、《湖南日报》、长沙新闻频道、《长沙晚报》《今日宁乡》等中央、省、市主要媒体多次报道。

【水资源管理工作】 2018年，宁乡市水资源管理保护亮点纷呈，印发1号总河长令和2号总河长令，在全市深入开展“僵尸船”和“清五乱”专项整治行动。印发《关于宁乡市境内河道实施全面禁止采砂的通告》和《关于宁乡市境内实施禁止采砂洗砂的通告》，巩固河道采砂整治成果，严厉打击河道各类非法采砂行为及入河排污口偷排漏排行为，建立日常巡查监管机制和常态执法打击机制。全年打击非法采砂行为540余起，立案查处48起，罚款70万元，扣押各类采砂设备125台，拆除手工采砂船只39艘，拆除非法砂场20余家，处置水资源违法行为、水土保持违法行为各30余起。

【农村安全饮水工作】 2018年，宁乡市农村安全饮水质量持续提升，加大全市饮用水源保护力度和水质检测力度，对饮用水源一级保护区陆域实行隔离防护，完成沩水饮用水水源保护区调整划分，划定市级以上集中式饮用水水源保护区4处、千吨/万人或千人以上集中式饮用水水源保护区13处，新建水质检测能力实验室12处。依托全市东南、西南、中西、城区四大水厂，实施管网延伸和改扩建工程，积极提高农村自来水普及率，全市农村自来水普及率达86%。 （万阳波）

黄材水库灌区管理

【概况】 长沙市黄材水库灌区管理局（以下简称黄水局）为副县级公益一类事业单位，局机关设办公室、工程科、防汛抗旱办公室、财务审计科、人事科、党风廉政室、法规安监科、水资源管理科、工会等9个科室，下设大坝管理所、横双灌区管理所、煤炭坝灌区管理所、沙河灌区管理所、水利经济中心等5个二级法人单位。2018年末，黄水局系统总人数621人，其中在职干部职工367人，离退休175人，遗属伤残人员79人。

【黄材灌区遭受特大旱灾】 2018年6月至8月，黄材水库灌区连续50多天无有效降雨，黄材水库达到历史同期最低水位，灌溉用水比往年少5000多万立方米，灌区遭受特大旱灾。黄水局通过科学调度，基本保证防汛抗旱、产业发展供水和生态环境补水。

【灌区建设与管理】 2018年5月10日，湖南省水利厅召开全省大型灌区建设与管理和党风廉政建设工作会，黄水局作为代表，在会上进行典型发言，介绍黄材灌区建设管理和党风廉政建设经验。

【陶公水闸主体竣工】 陶公坝水闸坝址位于宁乡市横市镇，灌溉农田面积近万亩。2016年7月3日被洪水冲毁。经报湖南省人民政府批准同意，自行筹资提前实施。项目总投资2958万元，工程于2017年10月29日正式开工，2018年11月主体建设完工。

【饮用水源地保护】 2018年，黄水局加强饮用水源地保护，对宁乡市一级保护区加设围栏隔离保护，定期定时进行水质抽样检测，生态放养各类鱼苗4000千克。

【项目建设】 2018年，黄材灌区项目投入8000万元，完成灌区续建配套与节水改造、洪水预报系统、沩丰坝拆除农业灌溉应急供水、溢洪道及干渠处险、鸡子湾水闸扫尾、陶公水闸主体建设等项目。

（姜磊人）

农业机械

【概况】 宁乡市农业机械管理局（以下简称市农机局），担负着贯彻执行国家和省市有关农业机械化的方针、政策法律法规和全市农业机械化发展规划制定和实施，农机监督管理，农机安全监理，农机驾驶员培训，农机技术推广和农机购置补贴等重要职能。农机系统共有干部职工158人，其中在岗47人，待岗 52人，离退休59人，内设办公室、财务室、政工科、管理科、科教科、补贴办六个职能科室，下设农机安全监理站，农机技术推广站，农机化技术推广服务站，农业机械化服务中心四个二级单位。2018年，市农机局紧紧围绕“振兴乡村产业，发展生产体系，加快机器换人，促进减工增效，实现绿色环保”的农机发展总目标，各项工作呈现出良好的发展势头，较好地完成全年的各项目标任务。

【农机装备总量】 截至2018年年底，宁乡市农机总动力达到177.5万千瓦，水稻生产耕、种、收综合机械化率达到78.8%。全年新增大型轮式拖拉机153台，小型盘式拖拉机945台，联合收割机119台，高速插秧机29台，水稻侧深施肥机29台，履带式旋耕机27台，油菜直播机36台，粮食烘干机47套，农用植保飞机18架，碾米成套设备47套，秸秆粉碎还田机54台，收割机用碎草装置132台。

【农机项目建设】 2018年，宁乡市成功申报现代农机合作社16家，建成8个水稻生产全程机械化示范片和5个油菜生产全程机械化示范点。8个水稻全程生产机械化示范片项目建设进入验收阶段，总投资476.5万元，新增农机作业面积1.38万公顷。现代农机合作社建设、农机科教质量获全省先进。

【农机技术培训】 2018年，宁乡市共举办农机操作技术培训班10期，培训各类农机操作人员360人。组织驾驶资格考试3次，新增拖拉机驾驶员182人，收割机驾驶员13人，农业工程机械驾驶员6人，为乡村振兴提供人才保障。

【农机安全监理】 2018年，宁乡农机安全生产工作卓有成效，扎实开展“机手安全教育年”活动，组织农机安全知识培训班10期，培训农机手420人。发放各类宣传资料图册1.8万余份，利用短信平台、手机APP定期发送农机安全生产信息，强化机手安全意识；深入开展“平安农机”创建工作，全年创建“平安农机”示范乡镇2个，示范村10个，示范合作社15个；成功承办农业农村部2018年农机安全生产咨询日湖南分会场活动；完成拖拉机年检2209台，收割机年检409台，农业工程机械年检154台。办理拖拉机注册登记1039台，收割机注册登记104台，清理报废、灭失、长期脱检拖拉机3118台。宁乡市农机局坚持安全发展理念，牢固树立“生命至上、安全第一”的思想，认真履行农机监管职责，农机牌证管理机具挂牌率、上户率达100%，持证率达88%，农业机械检验率达89%，先后创建13个平安农机示范乡镇，93个示范村，25个示范合作社和950个示范户，连续两年被评为湖南农机安全生产先进单位，2017年成功创建全国“平安农机”示范县。全年没有发生较大及以上农机安全事故，农机安全生产保持平稳态势。

【农机购置补贴】 2018年，宁乡市农机局争取到国家农机购置补贴项目资金2000万元。严格依程序落实农机购置补贴政策，加快补贴资金到位进度，补贴信息全面及时公开。加大对重点机具的核查力度，要求见人见机见发票，特别是补贴额度大、单人多台套的机具，做到复查率100%。加强对补贴产品产销企业的监管，加大违法违规行为的查处。全年共办理农机补贴申请841份，补贴机具895台（套），受益农户或农业经济组织498户，补贴金额1536.672万元（其中国补1354.672万元，报废更新补贴182万元），拉动农机销售额达4529.7万元。

【精准扶贫】 2018年，宁乡市农机局联点资福镇清泉河村，开展驻村帮扶和结对帮扶工作，通过年初的全面摸底，制定切实可行的三年帮扶工作计划，由市农机学校到村组织1期农机手培训，培养农机操作手和拖拉机驾驶员30多人，推广农业农机新技术，将专业知识和专业技能送到农民朋友手中；扶持鑫奥农机服务专业合作社，加大技术指导，通过农机大户的规模影响和辐射作用，将周围农户的零散产业形成合力，带动全村迅速脱贫致富；引导开展牲畜家禽养殖，适当加大特色种养殖规模。

【农机安全生产宣传咨询日活动】 2018年6月14日，以“生命至上安全发展”为主题的“2018年全国农机安全生产宣传咨询日湖南分会场”活动，在宁乡市回龙铺镇举行。农业农村部农机监理总站副站长王桂显、省农机局局长王罗方、省农机局副局长黄育忠、省农机监理总站站长潘新初等领导参加活动。活动现场通过展示各类农机具、设置咨询台、举行农机手安全知识现场答题赛等多种形式，广泛宣传农机安全生产方针政策、法律法规、安全操作常识等，进一步提高农机手的安全生产意识。参加活动的还有省

6月14日，2018年全国农机安全生产宣传咨询日湖南分会场活动在回龙铺镇举行

农业委、省农机局、省安监局、省财政厅、省农机监理总站、长沙市农委、宁乡市人民政府等单位领导。

（周永清　李龙贵）

能源服务

【概况】 2018年，宁乡市能源服务局内设办公室、能源管理科、政策法规科三个科室，全局共有干部职工12人。负责本地区能源规划、节能宣传、能耗总量和强度“双控”、新能源和节能项目申报和初步评审、组织全市新能源实用知识培训等职能，完成上级农委、能源局及宁乡市委、市政府交办的其他工作。

【工作成效和亮点】 2018年，宁乡市能源服务局申报长沙市节能专项资金项目98个，新增节能路灯7800多盏。申报节能技术成果转化项目3个；长宁炭素申报2017年节能示范创建项目，争取资金10万元；申报长沙市分布式光伏发电项目201个，其中企业项目10个，户用项目191个，总容量突破9800多千瓦。单位地区生产总值能耗稳步下降，全年开展多方节能，下降3%实现年初目标。狠抓新能源开发前期条件的夯实，全市共争取并网消纳点4处。投资4亿元，总容量50兆瓦的东湖塘风电项目启动建设。回龙铺威宁农牧1200立方米、东湖塘佳和农牧800立方米大型沼气工程竣工投产，为周边200户农户提供免费清洁生活用能。农村能源由建向管实现转变，全年沼气后续服务27个网点，全面服务沼气生产。联合扶贫办对全市25个贫困村的光伏电站进行技术检测，并在抓好日常管理的前提下，确保全年发电超150万千瓦时，实现收入160万元，实现扶贫村稳定年收入4万元以上。

【解决改制遗留问题】 2018年10月，宁乡市能源局报请市委、政府同意解决原能源物资贸易公司32名固定工的养老保险的问题。

【中心工作完成圆满】 2018年，宁乡市实现沼气安全生产零事故；市能源服务局落实蓝天保卫战开展宣传活动，印制并发放宣传资料3000多份、累计征集节能意见建议500多条，发放节能奖品600余份；驻村帮扶切实为神武村78户贫困户共186人提供保障，已脱贫67户，166人。

【实现两个突破】2018年，宁乡市投资1.5亿元的双凫铺28.9兆瓦大型光伏发电扶贫项目顺利并网，实现宁乡市大型光伏发电站零的突破。新增长益天然气管道一条，在多方努力下增设金洲支线和阀室。境内全长24千米的燃气管道项目10月正式动工，实现燃气管道零的突破，为金洲工业园区乃至全市的发展带来新的机遇。

（张石坚）

气　象

【概况】2018年，宁乡市气象局有干部职工17人，其中国家编制6人，地方公开招聘1人，长沙市气象局下派政府雇员3人，聘用人员7人，离退休人员7人。机关设办公室、法规科、气象台三个科室，下设宁乡市防雷中心、宁乡市华云气象科技服务部两个对外服务单位。2018年，获评“湖南省人工影响天气工作先进单位”称号。

【气候综述】2018年，宁乡市年平均气温18.3℃，较历年平均偏高1.2℃；年极端最高气温38.5℃，较历年最高偏低2.7℃；年极端最低气温—4.1℃，较历年最低偏高6.7℃；年总降水量1384.9毫米，较历年偏少65.8毫米。年日照总数1461.4小时，较历年偏少221.1小时；暴雨日数1天，较历年偏少3天；无霜期日数307天，较历年偏长39.0天。

纵观全年：气温显著偏高，春季平均气温19.7℃为有气象记录以来的最高值，夏季平均气温28.8℃为有气象记录以来的第二高值，其中7月平均气温30.6℃，为有气象记录以来的第一高值；降水总量偏少，上半年降水总量539.0毫米，为气象记录以来最小值；日照正常略偏少，12月日照时数仅有33.4小时，为历史最低值。

【气象服务】 2018年，宁乡市气象局加强组织领导，强化服务意识，重点围绕重大节假日和春运、“两会”“三考”、森林防火、农业气象服务、环境气象服务、蓝天保卫战等重要活动和重要领域开展决策服务。全年向宁乡市委、市政府及相关部门提供《气象情况汇报》20期、《宁乡重要天气》28期、《专题天气》38期、《烟叶气象》16期、《农业气象服务专报》26期、《农业气象灾害预警》6期，发布预警信息30次，其他服务短信130次（约80万条次），启动全网发布气象预警短信4次；深化部门合作，多次开展部门联合会商，共同推进联合预警，年内与水务、水文、国土、规建等部门开展联合会商、无缝隙化预警服务达40余次。同时与农业、烟草、教育、交警等部门联合开展春耕春播、夏收夏种、烟叶病虫害防治、“三考”服务和交通安全的预报预警和风险提醒服务20余次。

【人工影响天气】2018年上半年，宁乡市降水持续偏少，尤其是在主要降水时段（5—6月），降水量较历年同期异常偏少，黄材、田坪、洞庭桥三大水库及小型水库和骨干山塘蓄水严重不足。从7月中旬开始，高温少雨天气持续，大部分乡镇出现较重旱情，部分农作物受灾严重，市气象局按照市委、市政府要求迅速部署，在全市范围内实施人工增雨，共安排10个炮点进行作业，两个固定炮点，两门火箭炮流动作业。在6月23日—8月31日市气象局抓住有利天气共进行8批次人工增雨过程，累积作业92次，共发射人工增雨37高炮弹700发和火箭弹300发，增雨效果明显，对缓解宁乡旱情起到积极的作用。宁乡市委书记周辉、市长付旭明等领导分别带队亲临作业现场视察人工增雨抗旱工作；湖南气象网、长沙新闻频道、宁乡电视台、宁视界、《今日宁乡》等媒体对市气象局人工增雨过程进行详细报道。

【安全生产】 2018年，宁乡市气象局多管齐下，积极履行防雷安全监管职能，全市气象防雷安全生产形势稳定。第一，加强对危爆危化等企业的防雷安全监管，认真开展“压实企业防雷安全生产主体责任年”活动、“打非治违”“强执法防事故”专项行动，建立全市172家监管企业“一企一档”信息库，并录入全国防雷减灾综合管理服务平台，推进线上监管。第二，充分发挥考核指挥棒作用，加强对乡镇、街道防雷安全考核，压实乡镇属地责任，提升乡镇、街道防雷安全监管能力。第三，加强人工影响天气作业安全管理，确保作业安全有序，作业前对全市各作业点和作业装备进行全方位的安全检查，对作业人员进行业务操作和安全知识培训，作业期间严格执行炮弹运输、存储使用登记制度和作业申请报告制度。第四，无人驾驶、系留气球监管强力推进，严格落实无人驾驶、系留气球审批制度，与城管部门进行联合执法，对违规施放者坚决打击。 （刘群飞）

移民开发

【概况】 2018年，宁乡市移民开发管理局（简称移民局）共有干部职工9人，内设办公室、后期扶持科两个科室。

【移民系统脱贫攻坚工作】 2018年，宁乡市共有建档立卡贫困移民472户951人，已脱贫429户869人。对这一特殊群体，除享受宁乡市委、市政府普惠政策外，移民局全力争取省、市重视和支持，争资金、争项目、争政策，投入避险解困资金360万元解决72户贫困移民安居问题；投入资金12.6万元大病救助21户、助学32户；投入500多万元扶持产业、培训和安排就业移民252名。投入1000万元在16个重点移民村实施精准扶贫项目89个，主要用于修建道路、美丽家园建设、生产开发等方面，极大地改善提升库区贫困群众生产生活条件，全力助推困难群众特别是贫困移民脱贫攻坚。

【整村推进移民美丽家园建设工作】 2018年，宁乡市移民局编制一个五年计划，对宁乡市15个500人移民以上的重点移民村进行整村推进移民美丽家园建设，力争5年内打造10个省级重点移民村建设示范村。截至年底，启动巷子口镇南轩文化园核心区周边官山村、联花村两个村的建设。

【移民避险解困搬迁安置工作】 2018年，移民局争取929个指标、1858万元专项资金、1000万元配套资金，在18个乡镇、132个村全面启动实施。截至年底，宁乡市共完成358户997人避险解困搬迁安置，圆满和超额完成省、市目标任务，在省、市专项综合考核中位居全省前列，国家、省、市移民部门实地验收考核中给予“站位高、行动快、推进力、效果好”的充分肯定。

【移民后扶工作】2018年，市移民局全力推进移民后扶工作。科学布局项目,全年移民局共安排和上报移民项目计划共14批次，共计269个项目，资金4783.5万元。关注民生，慰问特困移民52人，金额5.2万元，大病救助特困移民22人，金额6.6万元。开展移民培训,委托长沙宏宇职校在青山桥镇举办两期初级育婴师培训班，培训75人并就业，强化培训后续跟踪服务，确保受训最大程度就业增收。在黄材镇黄材、石山村和巷子口镇联花村举办二期实用技术培训，培训移民270人。做好信访工作,全年共接待来访群众6批次13人，处理来信来访2件，办理中央巡视组受理信访件1件。抓好资金管理，实施内部审计、专项稽查、监测评估、绩效评价、纪检监察“4+1”监管全覆盖，确保每一个移民项目安排合法合规合理，每一笔移民资金使用安全安稳安心，每一个后扶项目都使移民受惠受益受用。

工 业

INDUSTRY

责任编辑 · 丁志群

经济和信息化

【概况】2018年，宁乡市经济和信息化局（以下简称市经信局）机关内设9个科室，即：局办公室、组织人事科、经济运行科、产业发展科、改制维稳办、电力与信息化科、西线工业走廊研究室、财务科、工业新兴及优势产业链建设推进办公室（西线工业走廊发展研究室）。2018年，市经信局主要以“产业项目建设年”为主线，服务工业发展；以“企业改制攻坚年”为重点，维护系统稳定；以“机关管理提质年”为抓手，做好重点工作。

【工业经济运行】2018年，宁乡市完成工业总产值1493.9亿元，同比增长18.3%；完成规模工业增加值336.1亿元，同比增长9.2%。全年新增规模工业企业64家。实现工业税收26.5亿元，同比增长26.54%。食品加工、储能材料、智能家居及装配式建筑、先进装备、新材料、孕婴童及时尚鞋服等六大产业全年累计实现规模工业税收24亿元，同比增长24.06%，占全市规模工业税收的90.57%。

【宁乡市获批工信部“2018年消费品工业‘三品’战略示范城市”】2018年10月，宁乡市获批工信部“2018年消费品工业‘三品’战略示范城市”（全国仅11个），是湖南省唯一获此殊荣的城市。

消费品工业“三品”是指“增品种、提品质、创品牌”。近几年来，宁乡市坚持“兴工强市”战略和品牌发展战略，在促进消费品工业发展方面，坚持质量效益为核心，加强创新研发增品种，强化质量建设提品质，积极培育典型创品牌，企业和产品创新能力不断增强，形成绿色食品、智能家居、时尚鞋服、妇孕婴童等若干个占据行业技术高端、具有产业综合竞争力和地域特色的产业链、产业集群，支撑全市工业经济向着高水平、高品质、高效益新阶段迈进。其中，消费品工业主营业务收入、利润总额等主要经济指标均占据了全部工业的50%左右。著名商标总量在中南五省县级单位中排名第一，宁乡拥有规模以上消费品工业企业超过500家，汇聚格力电器、华润怡宝、加加股份、洽洽食品、康程护理、忘不了、圣得西等国内外知名企业，培育“加加酱油”“盘中餐”“倍康”“爽然”“忘不了”“圣得西”等著名品牌。

【工业新兴及优势产业链建设】2018年，宁乡市委办、市政府办印发《关于加快推进工业新兴及优势产业链建设行动计划（2018—2020）》（宁办发〔2018〕2号），明确以食品加工、储能材料、智能家居及装配式建筑、先进装备、新材料、孕婴童及时尚鞋服等六大产业链为发展方向，加强产业研究，组建产业联盟，强化产业招商，推进项目建设，搭建企业销售平台、人才交流平台和科技创新平台，助推产业链建设。

【企业服务】2018年，宁乡市经信局组织开展帮小扶优工作，累计帮扶35家企业，摸排解决问题58个，有14家企业帮扶后税收增幅50%以上。牵头组织开展“千人帮千企三抓两促百日大行动”，对190家帮扶企业进行全面梳理，共收集问题371个，解决问题364个；在市民之家设立政策集中兑现窗口，集中兑现各专项资金1.1亿元。起草制定《关于振兴宁乡工业实体经济的实施办法》（宁政办发〔2018〕1号），从企业引进、落地等20个方面支持实体经济发展。贯彻落实惠企政策，兑现2017年度各项奖补项目资金3836万元；开展三批次装备补贴，兑现补贴资金4051万多元，带动技改投入5亿多元；兑现标准厂房补贴213万余元；推荐10家企业进行设备抵押贷款，贷款额度2700万元。

【推进智能制造产业】2018年，市经信局牵头成立宁乡智能制造研究分院，制定出台《宁乡市关于支持工业企业智能化技术改造项目实施细则》，鼓励企业开展智能化技术改造。开展“进园区、进企业、送服务”行动，举办智能制造培训等活动10多场次，推动平台与产业深度对接，加速转型升级和两化融合。组织1669家企业注册“长沙工业云”平台。

【向上争资争项】2018年，市经信局落实国家、省市政策，向上争项争资，促进企业转型升级。组织推荐14家企业获批制造强省专项，奖励资金4010万元；指导13家企业申报税收增量奖补资金，获批资金1039.9万元；指导41家企业申报转型升级专项，获批资金1980万元。同时，加强与工信部对接，楚天科技有限公司获批工信部制造业单项冠军产品，宁乡经开区获批国家级绿色园区，邦普循环科技有限公司获批第二批国家级绿色工厂，格力暖通制冷设备有限公司获批工信部工业转型升级绿色制造系统集成项目和绿色工厂，三一重起有限公司获批工信部两化融合管理体系贯标试点企业。

【经信系统企业改制】2018年，市经信局启动并完成原宁乡县印刷厂、出口胶鞋厂、电力服装公司、日用化工厂和广告公司等5家企业职工身份置换工作，至此，宁乡市经信系统32家原县办国有、集体企业职工身份置换的改制工作全面完成。

【取缔黏土砖厂】2018年，市经信局牵头取缔宁乡市黏土砖厂109家，集中爆破烟囱81座，指导11家黏土砖企业转型升级，拨付奖补资金2066万元。

【电力建设】2018年，市经信局牵头开展长沙市电网项目建设“630攻坚”活动，3个主网项目如期投产送电，167个配网项目全部完成。

【精准扶贫】2018年，市经信局按照“一对一”结对帮扶政策要求，重新调整流沙河镇大田方村248户贫困户的结对帮扶，完善工作措施。巩固和扶持高华农业公司、南花种养专业合作社两大种植产业，流转土地40公顷，安排贫困家庭劳动力80多人，增加就业收入100多万元。

争资100多万元硬化亮化村级公路，投资20多万元清理维修部分山塘、河道，村级基础设施。（许 岗）

电力工业

【概况】 国网宁乡市供电公司是湖南省电力有限公司下属的县级供电企业。公司承担着宁乡市2906平方千米区域面积29个乡镇（街道）以及益阳安化县2个乡镇共50多万电力客户的供用电管理任务。截至2018年年底，宁乡电网有35千伏及以上变电站33座，其中220千伏变电站4座；110千伏变电站14座，35千伏变电站15座，形成以4座220千伏变电站为核心、14座110千伏变电站为依托、15座35千伏变电站为骨架的网架结构。公司辖区内有110千伏架空线路26条，长度为376.352千米；35千伏架空线路22条，长度为307.858千米；共有公用配电变压器5816台，总容量1351兆伏安。2018年，完成供电量31.3亿千瓦时，较2017年同期增长15.33%，完成售电量29.15亿千瓦时，较2017年同期增长19.44%，超额完成年度计划。

2018年，国网宁乡市供电公司人员编制225人，有在编人员179人（其中党员70人），公司设9个部室、13个班组，下辖10个乡镇供电所，农电职工685人。

2018年，国网宁乡市供电公司坚决贯彻落实上级各项决策部署，坚持强基固本、创新进取的工作主基调，扎实推进各项工作，公司整体工作呈现稳中向好的态势。

【电力建设取得新进展】 2018年，是长沙市“三年行动计划”“630攻坚”的开局之年。宁乡市供电公司在项目投产方面，新、扩建35—220千伏输变电工程项目3个，新增变电容量43万千伏安，其中220千伏变电容量新增42万千伏安；220千伏通益变扩建一台24万千伏安主变提升宁乡经开区供带负荷的能力，220千伏向阳变扩建一台18万千伏安主变解决宁乡西部主网供电能力不足的问题，35千伏枫木桥变及配套线路的投产送电为灰汤旅游产业的发展提供更优质的电力保障。35千伏密印变、龙田变、流沙河变改造，12月份完成建设，为宁乡西部地区春节保供电发挥作用。110千伏高坝窑变电站已启动建设，力争2019年3月份投产，为华强方特、卫职院等项目提供电力支撑。农网项目方面已完成167个农配网项目，新建、改造10千伏线路245.862千米，新增配变容量12.68万千伏安，新建、改造低压线路333.669千米。解决改造区域户均容量不足、供电半径过大、线路老化、线径小等问题，切实提高供电质量和可靠性，能满足5万户家庭新增用电需求。

在宁乡市委、市政府的大力支持下，“政府主导、政企联动、责任共担、合作共赢”的电网建设新机制基本形成，成立电网建设工作协调领导小组并基本实现实体化运作。

为加快形成与城市总体规划、控制性详细规划、土地利用总体规划相匹配的城市电力专项规划及区域性电力规划，实行“多规合一”，宁乡供电公司与市规划办全力配合，率先在长沙市由政府财政拨款开展电力设施布局规划，已完成35千伏及以上主网的项目审查，在全市范围内进度领先，得到长沙市委、市政府的一致好评。

【安全形势稳中向好】 国网宁乡市供电公司认真落实网省公司安全工作会议要求，扎实开展“落实安全主体责任年”活动，以保“人身、电网、设备”安全为主线，严格落实安全责任，强化安全风险管控，深化隐患排查治理，深入推进本质安全实践，全面提升公司本质安全水平。截至2018年12月31日公司顺利实现连续安全生产6815天。公司领导始终坚持“党政同责、一岗双责、齐抓共管、失职追责”要求，总经理对安全工作负总责，每月通过月度例会组织对安全工作进行评价分析，每周通过周例会对安全生产工作进行安排布置，确保各阶段安全生产工作有序在控；各分管领导按照“管业务必须管安全”的要求，对管辖范围内的业务工作与安全工作坚持“五同时”，公司领导严格落实生产现场到岗到位要求，全面加强对高风险作业现场把关，累计完成现场把关27次；公司制定领导下班组计划表，全年，公司领导共计参加班所安全日活动53次。公司与各部室、班所签订安全生产责任状，明确安全工作目标，建立安全生产目标与绩效挂钩机制，确保安全责任上肩；各班所与员工签订安全责任书和无违章承诺书，确保安全责任层层下沉。公司各专业部门严格落实专业安全管理“四个务必”要求，全面加强安全风险超前防控，通过加强工作组织和现场安全把关，完成“灰汤#1主变检修、10千伏华强线新投”等多项大型检修作业。

【优质服务不断改进】 2018年，宁乡市供电公司在服务工作方面着力推进供电服务模式创新，打造便捷服务，提升客户的用电满意度。通过在宁乡范围内张贴台区经理服务卡片，加强一线工作人员、属地单位和客户的沟通联系，缩短服务距离；5月开始，大力推广“国网湖南电力”微信公众号，为客户提供更为便捷的供电服务信息获取手段；与市民热线“12345”政企联动，加强宣传，拓宽服务渠道；9月底正式成立县级供电服务指挥中心，统筹电网调度和服务管控两大职能，不断提升公司电网调控和服务调度指挥水平，合理安排电网运行方式，最大限度缩短停电时间，加强全客户诉求闭环管控，着力构建和谐的供用电关系。

【党建工作持续加强】 国网宁乡市供电公司党委深度参与公司安全生产、经营管理等中心工作和关键环节，实现党建工作与企业中心工作的有机统一；认真学习宣传贯彻党的十九大精神，以“旗帜领航·三年登高”计划为主线，促进党建工作和中心工作的高度融合，推动公司健康和谐发展。同时，完善基层党的机制。按照上级党组织要求，成立农电支部，完善支部机构和人员配置，理顺工作机制，农电党建工作逐步走上正轨。

交通·邮政·通信

TRANSPORTATION, POST
AND COMMUNICATION

责任编辑·丁志群

交通运输

【概况】2018年，宁乡市交通运输局（以下简称市交通运输局）局机关及下属事业单位共有干部职工465人，其中局机关87人，运政管理159人，公路管理18人，公路养护中心19人，路政管理53人，质量监督15人，公共客运22人，交通建设开发公司9人，交通建设投资公司45人，公汽公司29人。

2018年，宁乡市交通运输局紧紧围绕全市“四个打造”宏伟目标、长沙市局“四个交通”建设和宁乡“五个交运”建设任务，攻坚克难，务实奋进，实现交通运输工作全面协调发展。

综合交通运输体系不断完善，境内石长铁路横贯东西、洛堪铁路连通南北；长张高速、长湘高速、长韶高速、宁韶高速、长益复线、益娄衡等6条高速形成“三纵三横”高速公路路网；4条国道G234、G240、G319、G354形成骨干路网，13条省道S165、S106、S219、S221、S223、S321、S324、S327、S326、S328、S537、S539、S540构成宁乡公路路网的中坚力量，金洲大道、岳宁大道、枫林西路直通省会长沙市，加上在建的金唐公路、金宁大道、渝长厦高铁、呼南高铁、长宁城际轻轨，构成宁乡四通八达的交通网络。截至2018年底，全市拥有各级公路12235.53千米，其中国道161.65千米，省道、干线公路403.27千米，高速公路171.93千米，铁路68千米，县道514.58千米，乡道425.27千米，村道（路面硬化）6546.53千米。

4月，金唐公路一期正式通车

【交通项目建设】2018年，金唐公路一期（金岳公路）竣工通车；金唐公路二期，已完成60%工程量。梅双公路、双大公路、朱下公路提质改造完工通车，流沙巷公路、花南线、老毛线动工。候旨亭至炭河里亮化工程，全线完工亮灯。月沩公路、沩山祖塔村道灾后重建工程完工。金宁大道金沙段完成道路和桥梁工程。横黄沩水大桥危桥完成拆除并启动建设。全力推进“四好农村路”示范县创建，完成农村公路建设700千米。其中省规自然村通水泥（沥青）路300千米、窄路加宽项目62.65千米、省规安防工程22.517千米、省规危桥3座；市规农村公路提质改造136.2千米、精准扶贫项目51千米、安防工程64.5千米、危桥改造44座；市本级政府“双投”项目150千米、水毁桥梁改造80座。2018年争资到位5亿元，其中干线公路1.82亿元、国防公路1.51亿元、农村公路和危桥改造1.33亿元、站场物流1177万元、燃油补贴5792万元。

【公共交通服务】2018年，宁乡市交通运输局新建港湾式公交站场5处、新能源公交车充维站场3处、充电桩24根，新增和更新了电动新能源公交车78台、油气混合动力节能环保出租车80台。优化调整1路、6路、9路、18路、22路五条公交线路，新增开通N19路（宁乡经开区格力电器—长沙梅溪湖西地铁站）通勤公交、8路（喇叭口停车场—驾管中心）线、12路（华强方特—文体中心）线并对该三条线路实行公车公营，开通“东站—宁乡人才驿站”“南站—宁乡人才驿站”两条人才专线。完成4路公交线的公车公营改革工作，截至2018年年底，公营线路达到11条，车辆123台。完成11条线路、164台车辆的智慧公交支付系统安装（支持微信、支付宝扫码服务）。实行城市公交65岁以上老年人、残疾人免费乘车等惠民政策。

【运输市场监管】2018年，市交通运输局持续开展打非治违“百日行动”“飓风行动”以及6月安全生产月“四大专项行动”，全年组织集中执法行动221次，出动执法人员1523人次，检查生产经营单位414家，查处各类安全隐患300余处，责令企业停产停业3家，吊销企业许可证照1家，取缔关闭非法经营场所9处，下达整改通知书64份，停运违规车辆55台261天，培训违规驾驶员350课时，完成各类交办件180余件，罚款20万元，注销货运车辆777台，注销个体经营业户799家，劝退和注销货运企业15家，注销客运车辆14台，规范线路20条，注销维修企业91家。重拳治理超限超载，全年累计出动执法人员5910人次，出动执法车辆426台次，开展治超联合执法行动306次，共查扣超限车辆512台次，卸载货物10.34万吨；依法治理保护路产路权，查处路政案件10余起，收取公路罚、赔（补）偿费50余万元。全面加强项目质量安全文明施工监管，全年进行日常巡查130余次，专项检查5次；受理项目监督申请20余份，下发监督计划10余份；召开质量监督技术交底会近20次，现场质量安全讲评会50余次，发出检查意见书50余份，检查通报近10份，下发停工通知书10余份，交通建设项目质量安全文明施工意识明显提升。全力推进蓝天保卫战、文明城市创建、精准扶贫、防治非洲猪瘟、除臭剿劣等中心工作，彰显交运作为。

【党建工作】 2018年，宁乡市交通运输局共有中共党员407名，其中离退休党员84名，预备党员1名，共有基层党组织24个。该局突出党建引领作用，全面推动党支部“五化”建设。通过组织开展“红五月”大型系列党员活动，“交运共话十九大、不忘初心迈新程”演讲比赛，“不忘初心、牢记使命”党史知识竞赛，党员冬春训学习培训，专家学者讲授党课、业务辅导等，掀起交通运输局局属各支部学习的热潮。认真组织开展“知存守”纪律教育活动，积极推进“两学一做”学习教育常态化制度化。同时，规范组织交通运输局党委“知存守”主题民主生活会和全系统“知存守”主题组织生活会。扎实抓好局属各党组织书记抓基层党建工作“双述双评”，实行年初抓目标计划制订、每季度全面督查核实、不定期座谈讲评推进、年底综合考核问责的过硬措施，各党组织书记履行党建“第一责任人”职责的意识不断增强。年初结合局人事调整，组织各支部进行及时增补改选。开展“共产党员示范岗”创建评选活动，局扶贫办等5个岗位被授予“共产党员示范岗”；组织240名党员联系贫困户，选派5名优秀党员骨干到精准扶贫村担任村第一书记；落实党员记实积分管理、处置不合格党员等工作，处理党员3名，其中组织除名党员1名；开展为民服务，全局400多名在职党员全部进小区党支部报到。严格按照各级党风廉政建设要求，挺纪在前，全面落实从严管党治党主体责任，团结班子，带好队伍。（隆文辉）

公路管理

【概况】 宁乡市公路管理局主要担负着宁乡市境内4条国道、12条省道、5条重要县道、金洲大道、金洲北路、欧洲北路、岳宁大道和120座桥梁的建设、养护和管理工作，管养里程517.403千米。2018年共有干部职工507人，其中在职人员285人，退休人员222人；其中局机关共31人，设办公室、人力资源科、财务科、工务科、内部审计科、法安科、党建办7个科室；下辖公路养护服务中心、公路路政执法大队2个副科级单位；公路养护服务中心设2个中心养护站和11个公路管养站，共156人；路政执法大队设养鱼塘超限检测站和青华铺超限检测站，共98人。市治超办、路长办常设局机关。2018年公路局围绕公路建设、养护、路政管理为中心开展全年工作。

【公路工程建设】 2018年，宁乡市公路管理局启动建设项目共计12个，截至年底，完工建设项目10个，总投资3亿元。市公路局严格落实政府债务风险防范的要求，重点支持民生工程和重点项目建设，项目质量、安全、进度居全市前列。严格项目监督管理，督促现场管理人员牢固树立“安全第一，质量为本”的生产发展理念。做到“周密计划、科学监管、高效运行”，全力打造精品名优工程。国省干线公路项目3个：S208线（G240）路面大修工程、S209线（G234）灾毁重建工程、S311线（S328）路面大修工程，总投资1.8亿元，其中S208线（G240）路面大修工程、S209线（G234）灾毁重建工程于12月底全部完工，S311线（S328）路面大修工程于12月底完成路面通车，预计2019年1月底全部完工。预防性养护项目2个：G319、S206公路中修及预防性养护项目、G319、S209、S206等线路共计26千米清灌缝，均已全部完工。服务区建设项目2个：东湖塘服务区、流沙河服务区新建工程和G319公路服务区改建项目，总投资700万元，均全部完工。危桥、安保工程2个：偕乐桥拆除重建工程（为2017年提前实施、2018年增补计划项目）、S209线（G234）K220+649–K241+637段安全生命防护工程，均已完工。县道大、中修及边坡水毁项目3个：S209线（G234）K52+080–K52+580段水毁边坡处治工程、X104线1.235千米县道大修工程、X088线、X104线共计2000平方米县道中修换板项目，其中S209线（G234）K52+080–K52+580段水毁边坡处治工程预计于2019年1月初启动实施，X104线1.2千米县道大修工程（为2017年提前实施、2018年增补计划项目，已全部完工）、X088线、X104线共计2000平方米县道中修换板项目已全部完工。

【公路养护管理】 2018年，宁乡市公路管理局加强日常养护，共完成坑槽修补1860平方米，拆除、更换、维修钢护栏共计7870米；开展预防性养护，完成沥青路面清灌裂纹90千米；做好防汛突击抢险预防工作，及时清理110株倾倒的行道树、路面抛洒物100吨。抓好小修工程，高标准完成沥青路面挖补共1.63平方米；完成路面标线3000平方米；完成砖砌水沟共1200米；完成新建涵洞共340米；完成放置安全应急沙袋共5400只；完成浆砌片石挡土墙共780立方米。抗冰保畅有力，1月、12月持续低温雨雪天气，对公路通行造成很大破坏，市公路管理局及时投入人员、运输车、铲车、撒融雪剂进行处置，加强对事故多发、易结冰、易积雪路段，桥梁、弯道、坡道、低洼点段的巡查，并在重要路段、桥梁放置安全警示牌，圆满完成灾后重建各项工作任务，各线路灾后路况稳中有升。

【公路路政管理】 2018年，宁乡市公路局路政执法大队全年共出动执法车辆5853台次，过磅检测车辆944台次，参与路警联合执法行动查获超限货运车辆287台次，过磅卸载285台次，查处率较2017年增长252%，卸载超限货物1.03万吨，卸载量较2017年增长443.9%，交警扣分1581分，罚款20.79万元，全部违章车辆按道路交通法处理处罚到位；在S209线24K+500M处安装非现场执法系统一套，于2018年8月16日正式启用，每天检测过往车辆1.5万台次以上，货车1500台次以上，超限超载率由原来的2%左右下降至

0.3%左右，超限治理成效非常显著；下达消除违法行为通知书45份，共计处理路赔87起，收缴公路路赔款33.29万元，收缴公路路赔款较2017年增长108%。处罚污染公路1起，收取罚款1200元，勘验许可22起，收缴公路占用费54.38万元，罚没收入1.75万元。合计收缴89.54万元。拆除非公路标志699块，清理摆摊设点406处，清理公路用地以内堆放物料154处，清除路基、路肩、边坡非法种植物67处，发放张贴宣传资料3037份。

【路长制】 2018年是宁乡市路长制工作"全域延伸""全面提升"的一年，做到"路全管、路优管、路联管、路长管"。共交办问题169个，处理完成148个，及时完成率87.6%。全年共接到市民热线反馈的问题237起，处置到位237起，完成率100%。将全市4条国道、12条省道、66条县道和所有在册乡村道路共4325千米公路全部纳入"路长制"管理，覆盖29个乡镇、街道，在各条公路明显位置共设立"路长制"公示牌1100多块。联合路政、养护和当地政府、公安、城管对各条干线公路进行综合整治，下达消除违法行为通知书51份，拆除非公路标志471块，清理摆摊点321处，发放宣传资料4980份。

【文明创建】 2018年，宁乡市公路局严格按照宁乡市委、市政府对口帮扶工作安排，印发《宁乡市公路管理局关于开展干部驻村帮扶扎实推进精准扶贫三年规划》。全年全局领导干部亲自带队先后4次到巷子口镇的金枫园村、资福镇的红旗村、珊瑚村、窑里等4个村开展扶贫工作。争取省、市、县支持，投入资金8000余万元，提质改造扶贫公路1条计28千米，改造村级公路3条计39万元。年底开展帮扶活动63人次、送去慰问金3.98万元；结对帮扶偕乐桥小学少年宫，安装钢护栏180米，消除安全隐患；组织职工参加市委、市政府组织的"全民运动会"、庆三八国际妇女节；组织职工参加党建知识抢答赛。先后获得长沙市公路路政执法形象竞赛三等奖、长沙市公路路政执培训综合评比三等奖、长沙市干线公路工作目标管理考核先进单位、长沙市公路养护技能操作竞赛暨全省公路系统养护技能操作竞赛选拔赛优秀组织奖、路长制及治超工作年度绩效考核第一名、2018年度优秀内审工作组织奖。 （曾思远）

汽车客运

【概况】 湖南龙骧交通发展集团有限责任公司宁乡分公司（以下简称宁乡分公司）隶属湖南龙骧交通发展集团有限责任公司（以下简称集团公司）的二级单位，是一家集旅客运输、站场服务、房屋租赁、汽车维修、广告发布等业务于一体的综合性道路客运企业，是宁乡市域内最大的道路客运企业。2018年在岗员工356人，离退休人员318人。宁乡分公司下辖车站（2个城区客运站和9个乡镇客运站）、2个运输单位（含公交客运、出租车服务）、多种经营（含旅游包车、境内外旅游服务、广告发布宣传）、汽车修理共5个生产单位，下设综合办公室、党群科、人力资源科、财务计划科、运输科、安全机务科、稽查科、综合治理办共8个职能科室，另有湖南新康运输有限公司、湖南龙成公共客运有限责任公司两家股份合作单位。宁乡分公司有各类营运车辆324台，其中班线客运车辆98台，公交车50台，旅游车18台，出租车158台。开通营运线路66条，其中省际班线5条，市际班线22条，县际班线23条，县内班线15条，旅游线路1条。

宁乡分公司将2018年确定为"作风建设年"，按照集团公司"十三五"战略发展规划，围绕创建学习型、创新型、效益型、智慧型、共享型"五型"企业为目标，坚持"强责任、抓安全，守规矩、敢担当，重实干、创效益，勇创新、谋发展"的工作方针，以"作风建设年"活动为抓手，加大队伍作风纪律建设和内部管理力度，压实安全生产主体责任。

宁乡分公司取得宁乡市政府和行业主管部门的大力支持，完成17台纯电动公交车投入宁乡公交市场，于2018年11月在东城汽车站建设两台充电桩设备，为推进宁乡城乡公交一体化和城市公交纯电动化建设夯实基础。同时建立租赁小车包车业务，以适应包车运输市场和全方位满足人民群众多样化出行的需求。

【基础管理】 目标管理。2018年初，宁乡分公司对《2018年目标管理考核办法》进行优化完善，既注重考核效率优先，又充分兼顾到考核的公平性，新的考核办法更加贴近实际，更加科学合理。宁乡分公司除目标管理考核小组每月和每季度一次对各单位、部门的考核检查，同时在办公平台通报相关检查情况外，还明确由宁乡分公司纪检部门共同来抓绩效考核工作，确保对考核工作落实的督促、检查和指导。2018年，考核小组共组织考核检查12次、发布督查通报12期，纠正整改工作中不规范行为和突出问题49起。

人员管理。2018年初，宁乡分公司制定《龙骧集团宁乡分公司公营车驾乘人员调配制度》《龙骧集团宁乡分公司公营车外聘驾乘人员黑名单制度》《龙骧集团宁乡分公司劳务派遣人员转企业合同工实施方案》等一系列人员管理制度。一是整合驾、乘人员现有资源，在节假日或客流高峰期对公营车所有驾、乘人员以及符合驾驶资质的管理人员进行临时统一调配。二是提高驾驶员和乘务员的准入门槛，对违法、违规、违纪情节严重和部分责任事故的驾驶员和乘务员按照黑名单制度进行严处，一旦进入黑名单档案，宁乡分公司将对其进行解聘并在全司范围内进行通报，五年内不得重新录用。三是在对劳务派遣人员的管理方面，激励其提升岗位技能水平参与竞争，在公平公正公开的前提下，将在宁乡分公司范围内公营车驾驶员、维修技术人员和非含量薪酬制的劳务派遣人员中选拔优秀人员与技术骨干转为企业的合同工，以此调动劳务派遣人员工作积极性，增强劳务派遣人员对企业的归属感和向心力。

【运输生产管理】 2018年，在车辆报废更新工作中，宁乡分公司响应政府创建全域公交及公交都市的重要举措，将原1.0标台的柴油车，更新为1.3标台的纯电动车，2018年完成17台城市公交车的车辆报废更新工作，至7月全部上线运营。为填补小车包车业务的空白，宁乡分公司与快车公司（所属集团公司旗下的客运公司）合作，租赁10台5座小车开展小车包车业务，以适应包车运输市场的需要，至11月，小车包车业务实现盈利。在当前道路客运业务大幅度滑坡的情况下，公营车收入实现三年连续增长，确保宁乡分公司运输主业的稳定。

【站场、多种经营管理】 2018年，宁乡城区的两大站场作为文明窗口单位，在做好旅客的优质服务、树立窗口形象外，一贯坚持“人员走出去，客流引进来”的工作理念，主动走出去宣传推介，利用春节、清明、五一、端午等小长假，变“坐销”为“行销”，车站工作人员到学校、园区、厂矿进行上门售票服务，同时也推介宁乡分公司旅游、租车、汽车修理等多元业务。在保证旅客安全服务功能及行业要求的同时，挖掘站场的商业价值和潜力，重点发展旅游咨询、广告宣传、特产零售、小餐饮等业务，以此提高站场资源的运营效益。

在多种经营方面，宁乡分公司在员工中组织开展旅游业务的“全民营销”活动，制定相应的“全员营销任务目标”及考核细则；同时将一直处于亏损状态的公营广告业务以为期三年且每年递增5%的形式进行经营外包；并于2018年8月取得因历史遗留问题一直未解决的东城汽车站不动产权证。

【安全生产和综治管理】 2018年，宁乡分公司坚持“安全第一、预防为主、综合治理”的安全工作方针，压实企业安全生产主体责任，建立健全宁乡分公司班前会制度，严格落实“五不两确保”的安全规定（不超速、不超员、不疲劳驾驶、不接打手机、不关闭动态监控系统，确保乘客系好安全带、确保乘客生命安全），夯实各项安全基础管理工作，以及车站的源头安检管理。同时以“防风险、除隐患、强责任、建机制、抓落实”为主题，组织开展安全生产“百日会战”（2018年12月1日至2019年3月10日），全面规范驾驶员驾驶行为，落实车辆24小时动态监控制度，抓好“隐患清零”“联网联控”等专项工作，并做好省交通运输厅在宁乡分公司推行的客车主动安全智能监控系统的试点工作，有效提高安全技防能力。2018年共检查旅客行包140万件次、进站车辆安全例检9.3万台次；组织召开安全例会、安全教育培训66场次；安全大检查、隐患大排查26次，查出82起各类安全隐患按照“一单四制”要求整改到位。2018年宁乡分公司实现所有车辆安全隐患全面清零，站场、消防、劳动用工、食品卫生安全事故为零。

【党务工会老干管理】 2018年，宁乡分公司党总支坚持以党的十九大精神为指引，把党总支会议研究作为经理班子决策重大事项的前置条件，发挥党组织在宁乡分公司经营管理中的领导核心作用。2018年共组织召开党总支会议30次、厂务公开会议12次，确保每一次“三重一大”（重大事项决策、重要干部任免、重要项目安排，大额度资金使用）事项决策中党组织意图能得到充分体现和贯彻落实。同时落实“三会一课”制度，开好组织生活会，开展党总支书记带头讲党课活动，2018年共组织党总支（扩大）学习12次，对正式党员和预备党员（不含离退休党员）实行积分管理，创新开展主题党日活动，创建“五化”党支部，2018年12月，通过集团公司党委的考核验收，宁乡分公司机关党支部和运输党支部成为“五化”建设达标党支部。3月，各单位（部门）举办一次作风建设讨论会，每位员工围绕“建设目标”查找自身不良作风问题，结合岗位特点和工作职能开展以“守规矩、敢担当、勇创新、有作为”为主题的大讨论活动，以“作风建设年”活动为抓手，助推生产经营工作，提振员工干事创业的精气神。同时宁乡分公司组织召开员工座谈会，了解员工的真实想法，拉近员工与公司的距离；开展“创先争优”活动，营造比学赶超的良好氛围；对在职、离退休员工生病期间进行慰问，让员工感受企业的温暖，让员工踏实工作、健康工作、快乐工作，提升员工的向心力和归属感。2018年，共计慰问困难党员14人，慰问困难职工28人；对考取大、中专院校的12名职工子弟和获得年度“三好学生”荣誉称号的24名职工子弟进行表彰奖励。

2018年，作为宁乡争创新一轮全国文明城市的第一年，宁乡分公司将文明创建工作纳入到日常生产经营管理中，加大文明创建专项投入，对标整改，形成长效机制，在10月结束的文明创建省检中，宁乡分公司的创建迎检工作再次得到宁乡市委、市政府、市文明办的高度肯定。

邮　政

【概况】 2018年，宁乡市邮政分公司共有职工505人，其中在职职工372人，占职工总数的73.66%，离退休（含退养）职工133人，占职工总数的26.34%。分公司办公机构设置一室五部，即综合办公室、市场部、金融业务部、集邮与文化传媒、渠道平台部、寄递事业部。2018年，宁乡邮政分公司全年收入完成1.1亿元，增幅达到16.85%。

【金融业务】 2018年，宁乡市邮政分公司金融业务发展势如破竹，本年金融总资产净增7.56亿元，其中理财业务净增3.06亿元，保险新单保费1.26亿元。通过前期的不懈攻关，公司成功开发揽收政府烟农补贴代发项目，代发资金达1.6亿元。

【渠道业务】 2018年，宁乡市邮政分公司积极对接政府精准扶贫，积极联系巷子口镇黄鹤村的黄桃、黄材镇龙泉村的猕猴桃产品，帮助两个贫困村销售农产品，实现销售额200余万元，其中黄桃销售180万元，猕猴桃30万元，为产业扶贫打开销售市场提供新的思路。2018年9月3日邮政分公司联合职业中专，召开第二届电商创业大赛，此次电商创业大赛由宁乡市商务局主办，宁乡市职业中专、中国邮政集团公司湖南省宁乡市分公司、湖南俏小楚科技、宁乡味道农家小店联合承办，有机的连接电商客户与职业中专的融合，既提供电商客户选拔人才的平台，又增加邮政与电商客户的黏合度，打造邮政电商造包的新业绩。

【寄递业务】 2018年，宁乡市邮政分公司处理各类进出口邮件、信件达540万件。按照国家规定的业务范围提供普遍服务，为宁乡142.25万人提供用邮需求，为各个乡镇提供普遍服务。通过践行“人民邮政为人民”的服务宗旨，邮政分公司2018年度被长沙市邮政管理局评为长沙市邮政行业“先进单位”。在做好普遍服务的同时，分公司加强寄递专业与电商平台的专业联动，5月11日在宁乡经开区召开拼多多孕婴童行业招商会，为宁乡经开区孕婴童产业园注入新兴活力平台。会议上项目小二极力推荐邮政为拼多多的主要服务商，不论是时限，还是服务方面都有很大的提升可以满足平台需求。正是此次招商会引导尿不湿的生产厂家洁韵与项目小二仲达对接，对于拼多多平台运营的问题及时沟通解决，平台的引荐与企业达到双赢的效果。

【安保方面】 2018年，宁乡市邮政分公司投入28万元，对20个网点的ATM机进行远程守护，有力地规避客户银行卡信息被盗资金被盗刷的法律风险；对新康路电商仓库（临时用作邮处场地）、白马桥揽投站、东沩揽投站、金洲揽投站点的视频监控系统进行升级改造。第一时间维修各网点的监控系统、金库系统、联动门系统以及110公安报警系统，规避了安全隐患。全年无安全事故发生。

电信

【概况】 2018年，中国电信股份有限公司宁乡分公司（以下简称宁乡电信）下设综合部、销售服务部、网络部等3部。全年全公司不断创新体制机制，组织全体干部员工深入贯彻落实集团、省、市公司战略目标，全面承接各项工作部署，围绕“决胜格局”的使命、目标和路径，以党建为统领，推进网络智能化、业务生态化、运营智慧化三化转型，实现建设网络强国、打造一流企业、共筑美好生活的三大目标，全力推动公司管理、变革创新上新台阶，各方面工作取得显著的成绩。

【市场经营】 2018年，宁乡电信各项重点工作稳步推进。经营收入完成良好：全年累计100%完成经营收入时序进度，较2017年同比增幅8.28%。围绕“五万工程”，抓好落实：抓好“万村攻坚”，坚持宽带份额不动摇，全年通过店村结合，终端促销，低价融合，翼支付等持续扫村营销，由点到面实现农村宽带跨越提升，全年共计扫村场次达到500场。抓好“万家智慧”，全年通过店片结合，小区宣传、小区精促等，立足智慧家庭，融合提升价值，打造电信光网宽带差异化竞争品牌优势。全年累计150个小区楼盘，宣传全覆盖126个，弱覆盖17个，小区宣传强于竞争对手。全年每周星期五和星期六，组织进行小区精促营销，共计精促营销约120场次。以店包年共计签订4个包片协议。抓好“万店腾飞”，按照分类诊断，整体规划，提升门店份额；强化专业化运营和管理能力，提升门店效能，2018年共建设网点39家，其中城区12家，农村27家，累计服务网点达121家。组织进行“生动化促销”“分期付”促销，“小区实战”“新兴业务实战”等促销培训以及常规政策、操作培训。抓好万企上云。抓好万物智联。2018年万物智联处于破冰阶段，发展物联网单位一家。

【管理机制】 2018年，宁乡电信持续深化人力资源改革步伐，不断加大人力资源机制创新力度，完成人力资源综合转型和架构优化调整，为企业跨越发展提供良好环境。一是统一价值观，坚持业绩导向，坚持德才兼备、业绩优秀的用人机制，实行绩效沟通制度化、内部辅导常态化，加大对员工绩效目标设定、沟通反馈以及绩效改进方面的指导与督促。二是落实责任体系，推进划小承包责任制。结合人力资源综合转型，持续推进划小承包改革，全年共完成3个地域性营业部、16个农村支局、5个政企类营业部、4个渠道分部的划小承包工作。三是优化中层管理人员选拔任用和退出机制，坚持基层导向和业绩导向，打破干部终身制观念，合理引导干部退出合理配置人力资源，实行基层岗位资格证制度，作为跨岗位层级晋升、选拔后备人才的必备条件。四是为员工职业规划引导，开辟员工晋升通道，从派遣员工中招聘合同制员工，充分调动员工的积极性和创造性，确保提升企业核心竞争力。

【网络建设】 2018年，宁乡电信突出重点，打造窗口，全面加快网络能力建设和优化。一是加强装维服务管控及培训，不断提升装维整体服务水平。2018年，装维服务各项指标进一步强化，对装维服务的要求进一步加强，组织装维人员业务技能、装维指标培训18期次。装维服务指标压力层层传递，通过实行末位淘汰制度，以鞭策全体装维人员努力提高装维服务技能和服务水平。全年共淘汰辞退两名指标排名落后、劳动纪律差用户投诉较多的农村末梢装维员，对装维线的工作作风转变起到较好的警示作用。二是聚焦网络优化，确保通信网络安全优质高效运行。2018年改10G上行、双路由改造割接73台次OLT，195套OLT具备条件的实现双路由。进一步加强和完善IPRAN 950B单链路的成环改造，降低下挂基站大规模断站风险。2018年共完成IPRAN 950B链改环结合波分端口组网7个；完成中兴C网2.5G环长距光模块更换；通过多次对传输网局部优化，大大降低大量基站同时断站的风险。同时对全市18套小三层交换机完成链路环路保护，增强网络设备安全。三是根据市公司的统一安排部署，全力推进光网提升工作。2018年，宁乡电信共完成市公司下达的4212PON口光衰整治189个，完成5475PON口轻载裂分314个。四是加快网络建设、确保通信能力稳步跟上业务发展步伐。新建37台 OLT，新增159块PON板，FTTH新增1096个PON口；新装32台FTTB设备，提供296个ITV端口、816个语音端口；政企华为100G波分设备智能域非智能域安装，烽火100G地—县设备安装；中兴乡镇波分扩容两次，共6个环34个10G波道。全年完成60个4G站的选点和配合设计院查勘设计，督促施工队至12月5日实际开通验收入网39个LTE（800M1.8G）站。完成选点18个，实际开通入网13个CDMA站验收；4G室分选点42个，已下单站点30个完成BBU安装30个开通进度完成13个。完成50个直放站的选点，已调测开通45个。2018年已全面完成市公司下达的5个网格的建设任务，建成区域无线信号质量得到显著提升。

移动通信

【概况】中国移动通信集团湖南有限公司长沙市宁乡市分公司（简称宁乡移动）是中国移动在宁乡的县级分支机构，公司设综合部、市场部、网络部、政企中心及客户响应中心五个部门，截至2018年底，公司共有在职员工186人。2018年，宁乡移动以“诚信经营、满意服务”为宗旨，积极投身地方经济建设，全面推进4G网络覆盖、光宽带建设及和包拓展，努力发展通信业务，不断提升服务水平，推动宁乡通信事业快速、健康和可持续发展。

【移动市场经营】2018年，宁乡移动上下齐心合力，把握4G发展机遇，加快移动互联网转型，实现市场经营综合能力的较大提升，市场占有份额71%。协力打造移动和包支付新城，和包活跃客户27万户左右。积极响应国家提速降费的契机，大力推广新和家庭套餐，为全市家庭用户提供更全面更优惠的宽带、流量及通信套餐服务，手机上网户平均流量4.4G，全市宽带用户12.2万户。

【移动4G网络及宽带建设】2018年，宁乡移动聚焦强化提升深度覆盖水平，精准扩容保障厚覆盖容量。截至2018年年底，宁乡移动累计开通LTE-TDD站点超1560个，NB-IOT站点510余个。实现从城区到农村的连续覆盖，以及城区、集镇、主要交通干道、景区、工业园的深度覆盖，同时为了应对日益突出的网络负荷问题，对现网2G网络实施GNF改造超过380个，有效扩充业务高负荷区域的网络容量，从建设、故障督办、优化三方面着手，全方位保障网络质量，从根本上提升客户感知。全年共计建设运营宽带端口10.7万个，城区和农村宽带覆盖率达到95%和85%，尤其带动农村地区生产生活方式发生翻天覆地的变化。针对家庭宽带提出“480”装维时限要求：4小时维护到位，8小时装机到位，城区0盲区覆盖；集团专线提出“722”建维要求：7天建设到位，2天业务开通安装到位，2小时故障响应到位。落实政府宽带提速降费政策，对移动宽带全面提质改造，提升客户满意度。

【移动客户服务】2018年，宁乡移动严格按照省、市移动公司的服务工作要求，针对客户权益方面开展一系列自有渠道监管措施，如严禁违规外呼营销、实名制入网与补登、严禁不知情定制、全面启动无纸化底单以及垃圾短信监控等。全年关停违规外呼自有网点工号1家，关停不知情定制自有网点工号2家，治理垃圾短信举报拦截45笔，较2017年下降13.46%，前台受理垃圾短信开机100多户，有效净化客户消费环境。通过开展“全球通会员日”、微信活动、节假日关怀等服务活动，提升客户感知，2018年，客户投诉问题解决率100%，投诉客户满意率99%。

【移动信息化应用】2018年，宁乡移动持续助力宁乡市政府打造智慧城市，建成全市综治视频会议系统327个点位，中央至乡镇（街道）各级召开视频会议，可以同步直播连通到所有村（社区），确保方针政策不走样、会议精神不失真，政令上传下达更加通畅。全年积极协助乡镇建设“智慧乡村”项目，实现由政府到当地居民的服务闭环，政府可以通过程序的“政务快递”栏目高效的向居民宣传最新的政务信息，民众可以通过系统实现政务办理的“在线化”，足不出户享受政务办理，通过短信平台实时发送政务办理情况。

【队伍建设】2018年，宁乡移动狠抓思想建设，建设学习型企业。通过组织支部党员集中学习、党员干部研究讨论交流、组织开展“不忘初心、牢记使命”现场教育活动、开展“不忘初心、牢记使命”知识竞赛等方式，将理论学习和公司业务知识学习结合，不断提升分公司的整体站位。落实主体责任约谈制度，组织开展班子成员和中层骨干述职述廉，不断强化班子的责任担当。通过民主评议干部、岗位胜任力评估的方式建立能上能下，能进能出的人才管理机制。开展新进大学生的多岗位历练，加强青年员工的培养。抓反腐倡廉，建廉政企业，落实日常工作中的嵌入式风险防控工作，抓节假日的反“四风”工作，营造宁乡移动风清气正的良好氛围，为宁乡移动的发展夯实保障。

【扶贫攻坚】2018年，宁乡移动积极响应“扶贫攻坚”号召，结对帮扶流沙河荷林社区，帮扶困难群众40户。成立以支部书记为组长的17人扶贫先锋队，明确兼职扶贫书记，派驻驻村队员，在村部开展日常扶贫工作，每季度上门走访，宣传和解读国家扶贫政策，了解贫困家庭的思想、生产、生活现状，鼓励他们树立脱贫的信息和决心，2018年，宁乡移动扶贫队员自发募捐共计4万元。宁乡移动自发组织员工募捐，筹集爱心款2.9万元，用以帮扶一位生病住院的扶贫对象和六名贫困学生。积极向上级部门申请资金，用于建设帮扶贫困村的水毁塘基、村级公路等基础设施。

（张宇丹）

联通通信

【概况】中国联合网络通信有限公司宁乡市分公司（以下简称宁乡联通）是中国联合网络通信有限公司在长沙宁乡的市级分支机构，下设业务支撑中心、市场中心、宽固中心、地推中心、存量中心、大客中心、商企中心、网络响应组共9个部门，共有在职员工200余人。全市共有160家联通营业服务网点，解决就业800余人，服务全市30万余用户。2018年上缴地方税收285万元。除经营传统的固定通信业务、移动通信业务，国内、国际通信设施服务业务外，在“互联网+”的时代背景推动下，为广大用户提供全方位、高品质的综合信息服务。

宁乡联通按照高质量发展的要求，奋力推进“新基因、新治理、新运营、新动能、新生态”的“五新”联通建设，积极探索为宁乡人民提供更好的信息产品和服务。坚持互联网+产品地推及渠道转型，聚焦蓝海市场开展划小承包，后台实行集约支撑，实现量收的稳步增长，全年经营收入超额完成，同比增幅5%。2018年，先后获评“全国模范职工之家”“中国联通巾帼文明岗”“湖南联通巾帼文明岗”“长沙市青年文明号”“长沙联通先进基层单元”“长沙联通先进分工会”。

【信息化建设】宁乡联通的工业互联网定位是工业企业创新转型领先服务提供者和工业互联网的赋能者，2018年已开放联通大数据、物联网、云计算、通信网络四大能力，赋能制造企业客户创新转型升级。宁乡联通在网络的新技术应用上做了多项变革，持续推进基础网络+创新产品融合业务,聚焦“教育、医疗、政务、环保、智能制造、交通物流、农业、旅游”等八大热点行业，为市民之家机房升级提供大带宽出口资源，在水务局等单位整体组网中充分发挥国企及本地运营商优势，为各科局提供优质网络保证。同时在智慧交运、智慧园区及智慧政务等领域均有创新业务的突破，如三一重工等公司的云业务等，全面推进全市各项信息化建设工作进程。

【网络投资建设】2018年，宁乡联通新建4G基站120余个，行政村的4G网络覆盖率达95%,网络建设投资超6000万元，服务30多万手机用户、5万宽带用户、1万4K电视用户，共建4K产业链。其4K终端投入达到每年2000万元、4K内容合作投入每年4000万元。2018年，公司继续完善电信普遍服务，开展宽带乡村工程，加大农村村级宽带的建设投入力度，新增80个行政村通宽带，着力缩小“数字鸿沟”。同时，推动降低网费，积极承担社会责任，开展宽带免费提速和降价活动，将宁乡所有铜缆用户接入全部换成光纤到户，实现100%的FTTH接入，速率更是提升到1000Mbps光纤网络，下调百兆光纤接入网费，更多让利于民。为“数字宁乡”“智慧宁乡”“幸福宁乡”建设提供更为优质的通信网络服务。

【客户服务】2018年，宁乡联通深化“客户代言人”机制，通过客户为本及精彩为您两个平台，面向内部细化主体责任清单、组织客户为本宣讲、开展常态化督办等举措压实主体责任，提升互联网化服务支撑能力。面向客户创新“2类4场景”闭环、KQI网络感知显性化、客户福利有形化升级等，提升客户口碑和品牌感知。2018年移网、宽带NPS有效得到提升。

【精准扶贫】宁乡联通将宁乡市坝塘镇南田坪村列为党支部结对帮扶阵地，并派驻共产党员易志国脱产至该村担任第一书记，负责对该村96户贫困户脱贫帮扶三年。2018年易志国被为“宁乡市最美扶贫人”。截至2018年底，宁乡联通结对帮扶的21户已全部脱贫。在南田坪村精准扶贫过程中，宁乡联通重点聚焦解决贫困户求学助学、医疗救助、就业培训、社会保障、产业发展等方面存在的困难和问题。组织公司食堂及员工共计购买贫困户农副产品14万余元。同时对贫困村优化网络建设，新建基站4个，有效提升网络品质，让贫困人民共享高品质的现代化信息生活。

（肖海英）

商贸服务业

BUSINESS AND TRADE SERVICE

责任编辑 · 张合民

商务工作

【概况】 2018年，宁乡市商务局（以下简称市商务局）共有在职人员42人，内设办公室、现代服务业科、市场运行调节科、外经外贸科、市场体系建设科、电子商务科、党建办、财务科、人事科（综治办）、行政审批服务科10个科室及2个二级机构（商务行政执法大队、外派劳务服务中心）。2018年全市完成社会消费品零售总额360.2亿元，较2017年增长13.2%；2018年全市批零住餐贸易销售总额达793.2亿元，较2017增长15.5%，实现增加值71.85亿元，2018年第三产业实现增加值353.22亿元，较2017增长10.3%。实现外贸进出口3.92亿美元，完成全年目标任务的109.1%，超额完成2018年全年预计目标任务3.6亿美元，比去年同期增长38.1%，连续两年无须通过高成本招商来确保任务的完成。外经工作获全省先进，并在全省外经工作会议上作经验介绍。全年共培育和向国家统计局联网申报平台上报“四上”新增单位194家，其中规模以上服务业25家，房地产企业21家，限额以上批零住餐企业71家，规模以上工业企业65家，资质等级以上建筑业企业12家。完成长沙市绩效考核任务的115%。实现电子商务交易额16.8亿元，农产品网上交易额1.6亿元，村级农产品上行网店新开设485家，超额完成省定电商扶贫任务。签订企业与贫困村相关合作协议185份，实现贫困村农产品上行382万元，贫困村农特产品网络销售额平均10万元以上。电子商务进农村项目园满通过商务部中期评估，得分位于全省第三；宁乡电商产业在商务部委托阿里巴巴研究院对县市电商发展评估中位居全国百强，湖南第二，被阿里巴巴授予全国农村淘宝优秀县市。“宁乡味道”运营商销售本市农产品1742万元。网上“宁乡味道馆”获评“湖南省商务厅优秀电商企业”“宁乡味道”线下销售走进中非博览会、中国进口博览会，花明楼、灰汤、关山、湘都生态农业园4家实体店运营状况向好。“宁乡味道”运营商销售本市农产品1742万元。荣获“全国农村淘宝优秀县市”、省“行政执法优秀队伍”“省商务工作（外经）先进单位”、长沙市“现代服务业（商务系统）目标管理考核优秀单位”。

【消费供给】 2018年，宁乡市商务局着力扩大消费新供给，举办系列促销节会。举办“韵味宁乡·消费快乐”系列节会。中秋、国庆期间，商务局精心组织“韵味宁乡·快乐消费”城市商贸节，共举办第十五届名车展、奥特莱斯狂欢购物节、格力工厂巡展、大河西农博会、豪德建材家居节、人人乐狂欢季、“宁乡味道”促销、大润发狂欢购物节、启明星婴儿用品与祖国同庆大特惠、宁乡花猪节暨《宁乡味道》刊物首发式、金满地双节促销活动、金牛家电海信万店同庆活动、玉潭新城汽车文化节、沙河市场狂欢购物节15场节会，促进全市商贸更加全面、更高品质、更能惠及民生，扩大消费新供给。2018年，全市限额以上社会零售总额166.1亿元，较2017年增长16.6%。

【商贸新框架】 2018年，宁乡市商务局着力提升商业整体水平，谋划商贸业新框架。商务局在广泛调研的基础上，制定“一核、三心、五街、四市场”的商贸发展总体框架，并通过新闻媒体、自媒体、会议、商贸行业协会广泛宣传，引导商贸业分行业、分领域聚集，使宁乡市商贸业区域特色更趋明朗、更富个性。“一核”：以中央大街项目建设为主平台，以步行街、天虹百货、大润发为支撑，打造宁乡的首个城市商业社区和核心商圈。“三心”：是指中央商务金融中心、喇叭口商业中心和沩东新城文化旅游休闲中心。“五街”：是指翡翠湖节节街商业体验一条街、时代天街游乐购一条街、正龙玉石古玩一条街、宁邦广场轻奢时尚一条街和新康路夜宵餐饮一条街。“四市场”：是指大河西农产品大市场、玉潭新城汽车大市场、沙河批发市场、豪德家具建材批发市场。

【外经外贸】 2018年，宁乡市商务局着力优进优出，培育外贸进出口新动能。强化政策引导，稳定进出口增长。一是全力争取市人民政府兑现2017年外贸奖励资金，这种“抓重点、重点抓”的思路大大地激发外贸企业的积极性。二是抓优质服务。全年共为全市外贸企业办理申报省市外贸资金35笔，共计386.1万元。其中：中小开资金42.3万元，外贸增量奖励资金193.9万元，加贸资金150万元。三是抓市场拓展。全年共组织企业家，先后参加中国进口博览会、中非博览会，签订外贸进出口合同3800多万美元。四是强化重点企业“一对一”服务机制，鼓励重点出口工业企业争取订单，支持物流企业揽货，三一、杉杉、邦普、星邦等工业出口企业对全市出口贡献突出。五是抓外贸综合平台建设。在经开区已有“浩通”平台，积极争取省商务厅的重视和支持，在高新区又着手引进一家外贸综合平台，进一步提升宁乡市的外贸服务能力和水平。

【“四上”新增】 2018年，宁乡市商务局着力抓新增企业入统，培育经济增长新源泉。“四上”新增单位是长沙市新增的绩效考核指标，涉及发改、经信、商务、规建、住保五个主管部门，特别是2018年入统政策调整，由于资源不足，工作难度成倍增加，各部门望而却步，但是，它又是2019年经济增长的动力和源泉。为此，市商务局把它当头等大事来抓：一是抓资源摸底。对全市3000多家一般纳税人和8万多户个体工商户进行逐一比对分析，把符合入统条件的企业纳入统计范畴。二是抓培育，商务局分管副局长和市场运行科的工作人员坐镇大河西农产品市场，由商务局直接指导和引导，把13户个体工商户培育成13家限额以上商贸企业。三是抓责任压实。国家统计执法检查后，部分乡镇、个别部门谈“统”色变，不愿意按要求完善资料，商务局通过分析政策、指导业务、反复做工作，确保基础资料的完善。四是争取领导支持。这项工作先后得到市领导的大力支持。

【营商环境】 2018年，宁乡市商务局着力综合保障，促进营商环境新提升。加快审批制度改革。压缩审批时限，将所有审批服务事项的承诺办理时限均压缩至法定时限的35%以内，推行“互联网+政务服务”，实现“一审一核”，网上终审比重达70%；推行“最多跑一趟”和“一趟不用跑”办事。全面完成蓝天保卫战“控油”任务。油气回收和油罐改造是“控油”的主要途径，“控油”是蓝天保卫战“六控”之一。为确保控油工作落到实处，市商务局主要做好三个方面：一是对全市104座加油站开展常态化执法巡查。二是按照近水源油站和油罐使用期10年以上必须先行改造的原则公正确定2018年改造单位。三是联合环保、安监部门加大执法力度，推动油罐改造工作。到2018年年底，全市104座加油站已完成油罐改造54座，超额完成长沙市下达的24座任务。加强商务综合执法。联合公安、消防、安监、市监、交通，开展六部门联合执法，成品油市场乱象丛生的现象得到有效遏制。成品油市场、再生资源市场进一步规范，落实商贸行业安全生产责任，全年保持安全生产无事故。开展打击侵权假冒专项行动，宁乡市商务行政执法大队被评为全省优秀商务执法大队。扎实推进商务信用体系建设，开展守信激励失信联合惩戒。直销、单用途商业预付卡、报废汽车等行业监管有效到位。商务局由原商业局、物资局、外经局、医药局合并而来，涉及改制企业42家，涉及改制职工7000多人，涉军人员近1000人，商务局党委高度重视信访维稳工作，组织专班处理信访维稳工作。主要领导亲力亲为，实行信访维稳工作优先。尽最大可能关心关怀信访群体。2018年，全系统没有一起进京非访现象。

【电商扶贫】 2018年，宁乡市实现农产品网上交易额1.6亿元，培育53个村级服务站点，其中贫困村实现服务站点全覆盖，直接或间接带动就业1026人。村级农产品上行网店新开设485家。湖南宁静之乡电子商务有限公司和湖南俏小楚科技有限公司认真落实行政村网店开设的引导工作，两家单位分别安排专人4人，投入资金66.82万元和78万元，深入每个行政村。通过大量人员初选，聘请专家、学者授课，组织培训和现场指导达30余场次，共引导村民开店485家，涵盖31个乡镇、274个行政村。其中宁静之乡电子商务有限公司开设湖南电商扶贫小店243家，湖南俏小楚科技有限公司引导村民开设淘宝网店242家。贫困村农产品上行网上交易额取得突破。为做好贫困村农产品上行工作，宁乡市首先加强贫困村电商服务站的建设，对贫困村服务站增加硬件设施，明确专职人员，督促其做好扶贫工作台账，及时关注和更新贫困村农特产品信息名录。同时，组织相关企业与贫困村加强工作对接，签订相关合作协议185份，实现每个贫困村都有电商企业进行对接帮扶，每户贫困户产品均有电商企业服务。在电商企业和贫困村服务站工作人员以及贫困村网店业主的共同努力下，为贫困村农产品上行搭建的平台，实现贫困村农产品上行382万元，宁乡市贫困村农特产品网络销售额平均10万元以上。电商示范服务站发挥示范引领作用。经认真培育，相关企业协助，宁乡市老粮仓星石村电商扶贫服务站、沩山乡沩峰村电商服务站、黄材镇青羊服务站、花明楼镇炭子冲电商服务站、灰汤镇灰汤社区村级服务站认真整合当地农产品，加强与金融、农技、就业、政务等公共服务功能的融合，通过与相关快递企业合作，采取自开网店、微信平台，以及与相关电商企业的合作等多种形式拓展农产品销售，服务站网销农产品业绩均达50万元。（姜　元）

招商引资

【概况】 宁乡市招商引资服务中心成立于2016年8月。2018年，在职干部职工15人，内设机构有办公室、产业招商科、产业研究科、产业服务科、督查科5个科室。主要职能职责：一是贯彻执行国家和省市关于对外开放、经济合作、招商引资的方针政策和法律法规。二是负责组织拟定全市对外开放、经济合作、招商引资的发展战略、中长期规划和年度计划，并组织实施。三是负责牵头组织拟定促进全市招商引资和外商投资的优惠政策和措施，并组织实施。四是负责组织重大招商项目的包装、发布和洽谈，负责重大招商活动的策划；负责招商引资工作对外宣传和信息发布。五是负责招商引资项目专家评估论证机制体制的建设及日常工作；参与招商引资重点项目评估论证、推介洽谈和重要客商接洽工作。六是负责全市招商引资项目的收集、筛选、整理，建立完善全市招商引资项目库，并做好项目动态管理工作。七是负责拟订全市招商引资年度责任目标、承担统计分析工作；会同有关部门对招商引资工作进行督办和年度考核，对全市招商项目进展情况进行跟踪督办。八是负责为外来投资企业提供有关法律、法规、政策和办事程序等咨询和跟踪服务；参与协调解决全市外来投资企业各类问题和投诉。九是指导中国国际商会宁乡商会和外商投资企业协会的工作。2018年，市招商引资服务中心获评绩效考核一等单位。

【招商引资】 2018年，宁乡市（剔除宁乡经开区）引进市外境内资金完成固定资产投资103.61亿元，较2017年12.61%，完成全年目标的100.01%；宁乡市（剔除宁乡经开区）实际到位外资1.93亿美元，较2017年9.33%，完成全年目标的100.5%。全市新引进产业项目162个，合同引资760.90亿元。其中工业项目135个，合同引资590.90亿元。新引进工业项目中，投资规模在亿元以上的项目101个（含投资额在5000万元以上的租赁项目24个）其中10亿元以上的项目13个。5000万元（含5000万元）至1亿元的项目12个，1000万元至5000万元的项目21个。

【招商活动】 2018年，宁乡市多次举行各类招商活动，扩大宁乡的影响力。1月18日分别在经开区和高新区举行2018年重大产业项目签约仪式，共签约项目33个，合同引资超200亿元，为宁乡市“产业项目建设年”迎来开门红。农历新年上班第一天，组织“今天，宁乡为您而骄傲！明天，宁乡因您而骄傲！”2018宁乡乡友恳谈会，开展恳亲招商。充分利用广州、上海等异地商

12月3日，举行宁乡市重大项目推介暨重点项目集中签约仪式

会和社会各界知名乡友资源，聚合人脉商脉资源招商，鼓励在外乡友返乡创业。7月16日在宁乡经开区和高新区举行“宁乡市产业链项目签约仪式”，共签约9个项目，总投资超过45亿元。充分利用沪洽周的平台，组织举办“杭州·长沙经贸合作交流会——长三角经贸合作洽谈周民企专场活动”，展示宁乡良好的投资环境。12月3日举行“奋进新时代奋力再出发”2018年宁乡市重大项目推介暨重点项目集中签约仪式，39个重大项目集中签约，总投资额达236.5亿元。会上，还着重推介湖南省大学科技产业园、长沙大河西农产品物流中心、智能终端产业园、中央大街等。

【产业链招商】2018年，宁乡市紧紧围绕六大产业链，积极开展产业链招商。紧盯招大引强。增强对世界500强、中国500强、民营企业500强，行业20强的对接力度，接待和拜访了西门子，比亚迪、中国中车、宝能集团、伊利集团、雪松集团等诸多企业。对于意向企业，实施“一企一策”，时时进行跟进，不断加强联系，逐步增强感情，以“项目一天不落户，就一天不放弃”的工作精神，确保招得来、落得下、留得住、发展好。全年引进10亿元以上的重特大项目13个落户宁乡。实施“走出去”招商。根据六大新兴及优势产业链，成立7个招商分队。将2017年9月以抽调到招商一线的25名年轻干部、2017年12月份抽调到招商一线的8名副科级干部以及金玉工业集中区、双凫铺镇、招商服务中心共计42名干部分配至7个招商分队，明确由一名副科级领导干部带队，实行“走出去”招商。建立月调度、月评比机制。每月底召开调度会，对7个招商分队情况进行总结，对重点意向项目进行梳理。同时从拜访企业个数，驻外天数、捕捉有效信息条数、项目签约个数等方面对7个招商分队进行评比，形成你追我赶的氛围。“走出去”招商分队全年累计引进项目28个，投资达45亿元。开展招商大比拼。从2018年9月11日至12月19日集中100天时间，开展产业链招商百日大会战活动。活动期间，“三区五园”和招商引资服务中心集结精干力量，磨拳赫赫，奔赴招商一线，争先恐后捕捉信息，对接项目，掀起全市招商引资新高潮。100天时间，各载体单位共签约亿元以上工业项目（含租赁5000万元以上）26个，外出拜访150余次，接待客商到宁乡考察260余次。

供销合作

【概况】2018年，宁乡市供销社机关有在职干部职工18人，机关内设办公室、改革发展科、综治维稳科、政工科、财计科、新网工程办公室6个职能科室。

2018年，市供销社始终秉承“为农、务农、姓农”的宗旨，以贯彻中央、省、市等改革发展文件精神为契机，持续深化改革，锐意进取，搭建四大改革体系，全面推动高质量发展。宁乡永丰养蚕专业合作社、宁乡金色田野水稻种植专业合作社、宁乡腾达食用菌专业合作社，获全国“农民专业合作社示范社”称号。宁乡供销合作社横市镇惠农综合服务中心、宁乡供销合作社道林镇惠农综合服务中心、宁乡供销合作社煤炭坝镇惠农综合服务中心，获全国“基层社标杆社”称号。

【推进综合改革】2018年，宁乡市供销社注册成立“宁乡惠农供销综合服务有限公司”，共新组建乡镇（街道）惠农综合服务中心9个，提质升级改造1个，总数达到17个，占全市29个乡镇（街道）的58.6%。新建村（社区）级惠农综合服务社63个，总数达到114个，占全市236个（村）社区总数的48.3%，重点规范煤炭坝、横市、双江口等6家乡镇惠农服务中心，基层组织体系逐步完善。另有2个区域性农资配送中心，7个乡镇（街道）农资配送站和408个农资经营服务网，45个烟花鞭炮专营点和108个再生资源经营网点，实际经营服务网络达到全市乡（镇）、村（社区）大面积覆盖。

【为农服务】2018年，宁乡市新增横市、坝塘、道林等3家土地托管中心。共新增入社社员245个，签订土地托管合同233份，流转土地496.67公顷，全市托管总面积800公顷。组织煤炭坝惠农服务中心开展土地托管产业扶贫，承接政府服务与煤炭坝双龙村、东山村、贺石桥村等六个行政村签订产业扶贫合同89份，为89户贫困户22.67公顷水田，总投资22万元，进行水稻种植，免费发放水稻种子、农药、肥料和农技培训等。增扩道林、坝塘、巷子口、大成桥等4家惠农综合服务中心粮食烘干基地，实现每日烘干能力800吨，全市统防统治、测土配肥、机耕服务等服务面积2666.67公顷；全年培训新型农民2000人次，开展新肥新药推广、送肥下乡、农技田间指导40余次，惠及广大农民朋友。

【化肥淡储】2018年，宁乡农资公司

和联储单位共储备尿素1000吨，钾肥400吨，高含量复合肥6500吨，储备总量7820吨，完成储备总金额1493万元，保质保量完成淡储任务。

【精准扶贫】 2018年，宁乡市供销社驻点联系坝塘镇金河村，结队帮扶贫困户15户，上门帮扶慰问4次，帮助金河村从沩江流域开渠引水，电排抽水缓解近33.33公顷水田旱情。支持助农春耕生产资金6000余元、村级抗旱资金2万余元、年底从市社公用经费中支持5万元，全年协调争取项目资金近100万元支持村级设施建设。

【三抓两促】 2018年，市供销社狠抓三抓两促工作。每月坚持联系走访2次以上，帮助大型锂电子动力电池正极材料湖南省工程研究中心解决处理项目基地生活垃圾问题，帮助协调解决拿到项目施工许可证；天威电器有限公司生产状况良好，全年完成税收510万元。

【综治维稳】 2018年，市供销社认真进行信访矛盾纠纷排查和安全生产隐患排查，实现北京、省、市三级零非访，妥善处理省委巡视组信访交办件问题。（何　军）

粮食业

【概况】 2018年，宁乡市粮食局在职干部职工人数共30人，下设办公室、政工人事科、财务资产管理科、产业发展与安全生产科、监督检查科、购储与统计调控科、党建科7个职能科室。

2018年，全市粮食行业共收购粮食24.8万吨，加工大米13.6万吨，面条1.1万吨，饲料39.8万吨，其他粮油产品10.5万吨，销售总额36亿元，实现利税1.1亿元。宁乡市获全国产粮大县奖励4438万元，巩固产粮大县地位不动摇。

【粮食收购】 2018年，宁乡市粮食局抓好粮食收购工作。合理规划收储网点，方便农民群众送粮；实行机关工作人员联点监管工作制度，督促收储企业严格执行政策，提供优质服务；粮食收购期间，安排监管人员200余人次，深入收储库点维持收购秩序、核查粮源信息、把关收购质量，有效保障粮食收购平稳有序。

【粮食保障体系建设】 2018年，宁乡市粮食局完善粮食保障体系建设，确保国家粮食安全。建成6个省级粮食产后服务中心，并全部通过验收，分别是宁乡金霞粮食购销有限公司毛家嘴粮食产后服务中心、湖南农夫卫红实业有限公司双江口粮食产后服务中心、湖南农夫卫红实业有限公司回龙铺粮食产后服务中心、宁乡市花明粮油食品有限公司罗家潭粮食产后服务中心、长沙市雪皇粮油有限公司枫木桥粮食产后服务中心、宁乡圆湖农机服务专业合作社粮食产后服务中心；新增“放心粮油店”9家，2018年宁乡市“放心粮油”规模达21家；全年争取粮食产后服务中心专项资金400万元、粮油千亿产业项目专项资金132万元、粮食专项扶持资金172万元。

【监督检查】 2018年，宁乡市粮食局加强监督检查力度，认真履行监管职能。对53家从事粮食收购企业的收购资格进行年度核查，新发“粮食收购许可证”5家；完成全市春季、夏季储粮安全检查、食品安全检查、政策性库存数量与质量大清查、“放心粮油店”质量安全检查工作；普查原粮13.19万吨，成品粮225吨；全年共封闭处置转化超标粮3.08万吨，安排监管人员240人次，处置隐患及纠纷4例；进行粮食收购督查19批次。

【统计调控和粮情监测预警】 2018年，宁乡市粮食局做好统计调控和应急保障。对全市153个农户、61个城镇居民户、20家餐饮企业和单位食堂、50多家粮食加工经营企业及一家大中型油脂加工企业开展社会粮食、油脂供需平衡调查；完成新收获粮食质量安全监测采样任务168个，其中早籼稻样品72个，中晚稻96个；对全市7个乡镇、153个乡村居民户的储粮情况进行农户存粮调查，为政府实施宏观决策提供依据；为应对连续低温雨雪天，组织粮食加工企业和应急供应网点开展应急演练；每周对市内及毗邻地区粮食价格进行监测，对全市多个采价点的粮食价格进行搜集整理并汇总上报。（周湘伟）

粮油储备

【概况】 中央储备粮宁乡直属库有限公司（简称宁乡直属库）隶属于中国储备粮管理集团有限公司，担负中央事权粮油及政策性粮油收储管理。库区占地面积39.67公顷，仓容35.2万吨。公司设综合人事科、财务科、轮换购销科、监管科、仓储保管科等五个职能科室，辖望城分公司和盛湘分公司两家粮食仓储库点，在册干部职工161人。粮库曾获全国模范职工之家、湖南省文明标兵单位、湖南省园林式单位等荣誉。

【公司治理】 2018年，宁乡直属库进行公司治理。一是在中储粮湖南分公司系统率先推出6S管理。通过工作区域的整理、整顿、清扫、清洁等过程，实现管理规范化，员工文明素养提高，安全意识提升，公司形象显著改善。中储粮湖南分公司系统6S管理现场会在宁乡公司召开，先后有省内15家直属库、省外有广东分公司、西安直属库、大连直属库、贵阳直属库，还有中储棉岳阳库、省军粮供应站、湖粮集团下属企业等近千人次观摩交流。通过6S管理，推动标准仓规范库建设，推动各项基础设施改造升级，三个库区环境大变样，员工精神风貌大转变。二是以“四大”活动为抓手，推进员工队伍建设。根据分公司统一部署，组织开展“大学习大讨论大练兵大比武”活动。通过3个多月的时间，掀起学习习近平新时代中国特色社会主义思想和十九大精神的高潮，营造敬业奉献、创先争优的良好氛围，形成精益求精、团结高效的工作作风，努力打造政治素质高、业务能力强、“懂农业、爱农村、爱农民”的中储粮铁军队伍。三是以标准仓规范库创建为抓手，推进仓储管理上台阶。中储粮宁乡公司紧紧围绕分公司仓储管理工作部署，高标准、严要求推进“标准仓、规范库”创建工作，由于思想认识到位、组织领导到位、督查跟进到位、大家勠力同心，仓储条件大为改善、设备设施更加齐备、粮食质量全面提高，“两个确保”根基进一步夯实。大力推广科技储粮，实现储粮指标全面提升。中心库区承担“国家十三五重点科研项目——偏高水分粮安全度夏试验”项目，取得很好的科研效果。四是以全面预算管理标准化和岗位内控建设为抓手，推动公司优质高效发展。

【执行政策】2018年，宁乡直属库上下认真学习贯彻关于粮食安全重要指示精神，严格执行国家宏观调控政策，紧紧围绕“两个确保”中心任务，坚持把心放在储备上，把储备放在心上，舍小家为大家，不断夯实中央储备管理基础，科技储粮达到国内领先水平，三个库区全部完成“标准仓”“规范库”创建，中央储备粮账实相符率、质量达标率、宜存率均为100%。全体员工克服辖区重金属超标导致粮食购销极为艰难的困难，始终以饱满的工作热情、忘我的工作状态，尽心尽责。较好地发挥维护国家粮食安全和服务宏观调控的“稳定器”“压舱石”作用。做好政策性粮食收购和中央储备粮轮换购销工作。以高度的政治站位和强烈的责任担当，确保“去库存”和划转粮销售较好完成。按时完成一次性储备玉米接运任务。2018年轮换任务为7.44万吨（早籼3.9万吨、中晚籼1.96万吨、玉米1.57万吨），处置政策性粮食1.28万吨（其中2015年产划转粮3839吨；2014年及2015年产，定向销售粮食8939吨）。出库顺利、政策执行到位。

【陈德宏考察宁乡公司】2018年5月17日，中储粮集团公司总经理助理陈德宏、仓储管理部部长巩福生等一行6人莅临宁乡直属库有限公司考察工作，湖南分公司总经理卜春海、仓储管理处处长李青等领导陪同考察。陈总首先到10号仓察看门窗密闭、科技储粮情况，随后视察设备库、器材库、办公室等场所，陈总一行对宁乡直属库有限公司通过将6S管理和内控管理、绩效考核管理、仓储标准化管理等有机融合，创新思路，提高员工素养，改进工作作风，夯实管理基础，促进企业发展给予充分肯定。

烟草专卖

【概况】2018年，宁乡市烟草专卖局（分公司）下设8个职能股室和4个烟草站，在职人员124人，平均年龄38岁，本科以上104人，有1人获“全国技术能手”称号、3人获“全国烟草技术能手”称号、1人获“省级烟草技术能手”称号。宁乡烟草坚持以习近平新时代中国特色社会主义思想和党的十九大精神为指导，认真落实行业和宁乡市委、政府决策部署，坚持稳中求进总基调，聚焦高质量发展，扎实推进重点工作，圆满完成全年目标任务。销售卷烟5.43万箱、烟叶12.17万担。实现税利5.91亿元，其中税收（含所得税）3.8亿元，利润2.46亿元。

【卷烟营销】2018年，宁乡烟草抓市场基础，全面推进零售户基础信息排查，对辖区5952户客户逐户核查，对913户涉嫌被大户控制、经营能力与档位严重不符等情况的客户暂停供货，坚决杜绝大户控小户。抓终端提质，党组带头，全局动员，机关部门联点11条示范街建设，举办“利群杯”终端陈列PK大赛，表彰71家示范店、样板店，带动整体终端形象提升。发力品牌培育，对接到市场，落实拆零上柜、开口推介，定制品牌培育活动25场次，促进新品落地销售、落地消费，零售户综合毛利率达到11%。

【专卖管理】2018年，宁乡烟草专卖监管不断加强。开展“春雷七号”等集中整治行动，加大打击物流快递环节涉烟违法行为，探索边界地区巡查管控模式，共查处违法案件235起，捣毁囤积真烟仓库22个，查获各类违法违规卷烟883.73万支，涉案总额476.09万元，涉案烟叶21.93吨，其中5万元以上或20万支以上大、要案件39起。打造智慧政务服务，推进全程网办，从“最多跑一次”到“一次都不用跑”，实现了“不见面”审批。

【烟叶生产】2018年，宁乡烟草产业稳控结合，收购烟叶8.44万担。以高端卷烟原料定制化生产为抓手，狠抓关键技术，烟叶等级结构进一步优化，宁乡烟叶进入浙江中烟一类配方30%，适配率81.4%，系历来最好一年。专业化分级实现100%全覆盖，优化分级场点至14个，单点分级量同比提高92.27%，场点设施条件全面改善，分级人才队伍进一步夯实。全面推行烟站网格化管理，分片包干到村到户，开展专分包收试点5个，收购成包烟叶5.51万担，线均收购效率450担/天，相比散叶收购效率提高1倍以上，实现烟站收购效率和烟农运输成本双降低，烟农满意度较高。全市烤烟平均每亩产量产值均明显高于去年，73户建档立卡贫困户种植烟叶，平均每户纯收入2.5万元左右，涉烟就业辐射贫困人口287人，平均每人增收2600元左右，产业扶贫成效明显。宁乡市获省政府烟叶工作优秀单位。

【企业管理】2018年，宁乡烟草专卖局全面推进标准化、对标、精益管理，资产管理、资金安全进一步强化，采购项目“应招尽招”“真招实招”。组织申报精益改善课题8个，物流中转站、横市烟草站获全市系统“对标基层创优”对标改善提升奖，《烟叶打包推送机构的研制》获全省系统QC小组活动成果一等奖、湖南省质量协会一等奖、中国质量协会全国优秀质量管理小组。全面压实安全责任，组织安全检查34次，整改隐患147处，妥善应对各类信访事件、有效化解各类矛盾纠纷，确保全局平安稳定。强化技能人才培养，1人获评烟草行业技术能手。

旅游业

TOURISM

责任编辑 · 高　丽

旅 游

【概况】2018年，宁乡市旅游局在编干部职工11人，设办公室、行业管理科、规划产业科和市场营销科。旅游局下设旅游质监所，在编干部职工5人。

2018年，宁乡市全年共接待旅游人数2210.9万人次，旅游综合收入302.7亿元，同比分别增4.76%、4.07%，旅游经济持续向好发展，全年旅游行业无安全事故、无重大旅游问题投诉、无负面舆情。2018年，宁乡获评“中国最具魅力文化旅游城市”称号。

【以主题活动为阵地树品牌】2018年，宁乡市获评“中国最具魅力文化旅游城市”；市旅游局通过政企联合，办好“一路芬芳·春约宁乡”赏花季系列活动、宁乡首届抖音视频达人大赛、宁乡灰汤夏季温泉节、“田园旅居，有味关山”2018年首届关山旅游文化节、首届宁乡“丰收节”等60个大小节会；国庆黄金周期间，炭河古城创下一天演出8场的记录，成为宋城集团最为火爆的项目之一，根据2017-2018年度中国旅游演艺行业研究报告，《炭河千古情》居全国旅游演出主题公园类剧目票房第5位；全国主流媒体宣传报道宁乡旅游1200余次。

【互推联盟】2018年，宁乡市旅游局为进一步整合宁乡全域内旅游产品和市场资源，深化全市旅游景区（点）和企业之间推广与合作，共同宣传宁乡旅游形象，市旅游局制定《宁乡市旅游局提升营销合力工作方案》，由市旅游局牵头成立宁乡市旅游景区（点）互推联盟。

【全域旅游动态】2018年9月17日召开宁乡市全域旅游推进大会并印发《中共宁乡市委宁乡市人民政府关于大力发展全域旅游的实施意见》（宁发〔2018〕23号），并为确保实施意见顺利推进，付旭明分别于2018年9月29日、11月6日组织召开旅游工作会议，对2018年旅游产业发展进行专题研究，重点对旅游项目建设问题进行部署。长沙市智慧旅游调度指挥中心宁乡区域分中心的载体会议室的改造建设，智慧旅游列入宁乡市智慧城市建设的重点项目进行推进；2018年，宁乡市旅游厕所革命申报40个建设项目，截至年底前建设完工座数达20座，划拨旅游厕所补助资金82.2万元。

【重大项目】2018年，宁乡西周的大马戏、炭河冰雪大世界两个新项目开门迎客，其中国庆七天假期共接待游客3.6万人次，收入400万元。乐动小镇正式签约，并完成前期的规划设计；炭河里嘉发青铜文化主题酒店成功签约；黄材晓驻民宿项目的招商、服务、选址等工作推进迅速；密印景区提质改造及禅宗文化演艺项目迅速展开，编制可行性建议书；与和光传媒共同开发“刘少奇走出乡关红色影视互动体验基地”合作协议达成一致，并成立新的项目公司，施工项目有序推进，制定在11月24日开园的目标；与长沙九满文化发展有限公司拟定花明楼汉文化博览园合作经营框架协议；与北京古田兴盛农业公司就靳江源田园综合体项目完成初步的洽谈。关山古镇二期已和阳光集团签订合作开发协议，正在进行投建报批手续办理。引进客商12批次，与宁乡市相关景区开展合作沟通；长沙市花明楼红色文化教育学院落户在宁乡市花明楼镇，并正式挂牌成立，于6月底开展培训教育活动。双江口优卓牧业农旅结合项目已经完成牧草种植、奶牛饲养、酸奶制造等农业观光旅游的配套工作。稻花香里亲子居、国学学堂的建设完工。金太阳生态休闲农庄与省级贫困村杏村签订长期供货协议，将杏村作为金太阳生态休闲农庄的农副产品供货基地，支持杏村农业产业发展。

2018年灰汤桃花节

【工业旅游项目】2018年，宁乡市有省级工业旅游示范点3处（青岛啤酒、东方红时装、楚天科技）。2018年，宁乡市工业旅游示范点与市场结合最好的是加加酱油（未挂牌）工业旅游点，全年接待游客6.5万余人次，实现旅游收入130余万元。新开放的陆戈鞋业工业旅游（未挂牌），发展态势良好，全年共接待游客1.6万余人次，销售鞋子9731双，销售额146.6万元。

【旅游行业质量监管】2018年是“宁乡旅游景区服务提升年”，3月，宁乡市组织开展旅游景区安全生产和景区提质工作检查，成立工作领导小组。宁乡市旅游局对市内12家等级旅游景区（度假区）、企业按照《旅游景区质量等级的划分与评定》《旅游度假区等级划分细则》的要求，就文明创建、安全生产、经营秩序、环境卫生、内部管理等方面的工作进行常态化详细检查。此外，市旅游局将旅游景区提质行动范围扩大到全市其他相关景区、涉旅企业，加大对旅游市场的综合整治，确保全市旅游品质得到大幅提升。2018年，市旅游局聘任第三方安全服务公司对全市景区（项目）进行2轮的安全生产隐患排查，形成排查报告材料49份，排查问题420余条，并进行逐条交办、督促落实。整改380余条，整改率90.5%，其余问题因涉及整改资金量大、工程建设时间长、招标程序复杂等原因尚未到位，市旅游局继续加强督促限期整改到位。2018年，市旅游局对宁乡市安委办一、二季度安全生产明察暗访及省、市旅游部门进行的旅游行业安全生产专项检查发现的问题，全面进行整改约谈和交办，督促各企业切实增强企业安全生产主体责任；8月2日、9月29日、10月4日宁乡市旅游局与市交运部门进行三次联合执法，重点检查旅游大巴营业资质、车辆运行情况、旅行社组团操作、导游执业规范等情况。

【建议提案办理工作】 2018年，宁乡市旅游局共收到建议、提案19件，其中：长沙市人大代表建议1件（会办），宁乡市人大代表建议7件（主办3件、会办4件），宁乡市政协委员提案11件（主办4件、会办7件）。实现办结率、见面率、满意率三个100%。

【中心工作】 2018年，宁乡市旅游局中心工作主动作为。制定出台2018年全市旅游扶贫专项工作实施方案，多次组织对宁乡市旅游扶贫示范项目实施载体单位灰汤杏村进行调研，协调组织召开灰汤镇杏村旅游扶贫工作推进布置会议，确保2018年建成。二是扎实做好与金洲镇龙桥村贫困户的帮扶工作。

（潘轩懿）

沩山风景名胜区

【概况】 沩山风景名胜区位于宁乡西部，地处宁乡、桃江、安化三县交界处，包括横市、黄材、沩山、巷子口、沙田、黄材水库等乡镇和单位，是一个集礼佛、度假、休闲、探险于一体的综合性旅游景区。2007年成为省级风景名胜区，2012年获批为国家级风景名胜区。沩山自古有“大沩凌云”之壮观，又名大沩山，沩水的发源地，常年云遮雾绕，实乃一片人间仙境之地，素有长沙“小西藏”之称。

沩山风景名胜区有青铜文化、佛教文化、湖湘文化、红色文化和自然生态资源等风景名胜资源，由两部分组成，分别为北面的四大景区（千佛洞景区、三关门景区、密印寺景区、炭河里·青羊湖景区）和南面的名人古迹独立风景线。其中，四大景区的范围为：北起烟溪以北山脊线沿至铁冲水库以北山脊线；东起大枚溪以东山脊线至蒋家冲、大枚溪以西山脊线至天紫漂流终点、峡溪以南山脊线经月山至小龙潭以东山脊线和蒿溪以北山脊线、炭河里遗址建设控制地带界线至肖家湾后沿山脊线南下；南起黄材水库（青羊湖），沿山腰线向西至安化与宁乡界；西与西北方向以县界为界。其中，黄材水库（青羊湖）南北两侧的青羊湖国家森林公园（原黄材林场地域），不划入风景名胜区范围。名人古迹独立风景线则由沙田和巷子口的独立景群构成，包括何叔衡故居、谢觉哉故居、何南熏墓、惠同廊桥、状元易祓墓、田冲兰花屋场、毛公桥等独立景点。有全国重点文物保护单位4处，省级文物保护单位7处，市级文物保护单位3处，县级文物保护单位12处，4A级旅游景区1处、3A级旅游景区2处，是“传奇之地、安宁之乡”旅游品牌最靓丽的名片。

风景区人文历史厚重。有被考古界誉为“南中国青铜文化中心”、2004年中国十大考古发现之一的炭河里遗址，出土珍贵文物800多件，如震惊世界的国宝四羊方尊、人面纹鼎、象纹大铜铙等，有力的打破“青铜文明不过长江”之说；有禅宗五派之一沩仰宗的祖庭，始建于公元807年的密印寺，正殿“万佛殿”四壁所嵌一万二千多尊鎏金佛像，为世界佛寺奇观。密印寺后山毗庐峰一尊观音圣像巍巍矗立，气势恢宏的万佛灵山主题公园令人神往。炭河古城为中国首个西周文化主题公园，景区既有简朴庄严的宫殿庙宇，又有喧哗热闹的市井老街，处处编钟古乐、诗礼周风，仿佛三千年前的时光再次复活，无不传递着来自遥远年代的文明气息。西周王宫、古城墙、兵事殿、六艺之教、后宫等西周文化再现，活着的西周市井图、姜太公呼风唤雨法术馆、妲己幽魂鬼屋、太子阴魂听音室等高科技体验项目，大型歌舞《炭河千古情》《妲己魅惑》《褒姒沐浴》《彩楼抛绣球》等演艺秀好戏连台，更有酒池肉林、烽火戏诸侯等互动游乐妙趣横生，以伟大的想象力和宏大叙事的方式，再现宁乡青铜时代鲜活的生产与生活空间、帝王与平民场景。还有密印寺开山鼻祖灵祐肉身塔、唐相国裴休墓、唐诗僧齐己墓、宋状元易祓墓、抗金名将张浚和朱张理学创始人张栻父子之墓及中共“一大”代表何叔衡故居、共和国司法制度奠基人谢觉哉故居等。

风景区自然风光秀丽。有全国三大土坝工程之一——黄材水库（青羊湖），万余亩的水域面积和原生态次森林，构成“高峡平湖”的壮观景象宛如美丽画卷；有国内最年轻的溶洞千佛洞，又名“十三洞”“天下第一洞穴峡谷”“天下第一钟乳石柱”“天下第一无极天顶”等奇景令人叹为观止；有省会长沙较大的自然岩石群三关门；有原始森林覆盖率90%以上的城大林场，生态环境十分优美；还有美丽的扶王山、壮丽的大峡谷、珍稀的香榧林等。天紫漂流、龙泉漂流等处山势陡峭，植被茂盛，怪石嶙峋，景色美丽异常。

风景区特色物产富饶。沩山系列食品源于其产地独特、生长环境优良，品质好、味道佳。沩山毛尖茶，形质诸佳，属于纯天然绿色食品，同时富含硒、锌，具有促进智力发育，预防心血管疾病、降血脂的作用，最早产于唐代，在宋代被列为朝廷贡品，并已经得到了毛泽东、刘少奇、华国锋等前中央领导人以及广大消费者的认可，成功申请国家地理标志保护产品；沩山豆腐，由芦花瀑布的水所制作的豆腐是宁乡一绝，是宁乡一道名菜；沩山擂茶，由花生、芝麻、黄豆、玉米、绿豆、糯米、茶叶、生姜、胡椒以及水和盐等成分混合而成，有几千年的历史；另有祖塔七星椒、沩山腊肉、黄材干鱼及各类野味、野菜等深得游人喜爱，每年均有各地游客批量定购。

宁乡沩山风景名胜区管理委员会（以下简称沩管会）成立于2005年3月，为宁乡市人民政府直属管理的副处级事业单位，设有党组书记1名、主任1名、党工委副书记兼纪工委书记1名、副主任2名，内设机构副科职领导6名。管委会内设6个部室：办公室、财务部、经济发展部、资源环境部、规划建设部、综合执法部，2018年，有干部职工26人。

2018年，沩管会按照市委、市政府的科学部署，以将风景区建设成为“内陆开放高地、全域旅游景区、美好生活家园”为目标，按照“科学规划、统一管理、严格保护、永续利用”的原则，开拓创新，全力攻坚。全年接待游客500.8万人次，实现门票收入1.78亿元、旅游收入21.6亿元，同比分别增长73.4%、67.9%和72.8%。

【资源保护工作】 2018年，沩管会注重森林资源保护。组织召开资源保护工作会议，紧抓春节、元宵、清明等森林重点防火期，加强巡查、宣传、督查，加强护林员培训，加强与乡镇的对接，及时消除火灾隐患，发放禁火令36064份，春节期间未发生森林火警、火灾，2018年风景区内仅发生火警火灾3例。同时，配合市林业局对风景区内古树名木进行详细调查、登记、确认，加强森林违法行为的监管，发动和督促护林员加强各自管辖区巡查。做好自然生态环境保护。按市环委会要求建立景区环境保护网格化监管体系，全面落实风景区环境保护工作，坚决打赢蓝天保卫战，及时与风景区内各乡镇衔接，积极完成裸露黄土覆绿工作；对风景区内规模养殖、开矿、开山采石等破坏环境保护的现象联合各乡镇及时制止；结合景区实际，制定印发《沩山风景名胜区“绿盾2018”专项行动工作方案》，组织召开风景名胜区“绿盾2018”专项行动工作任务交办会和风景区各乡镇分管领导、农业综合管理服务中心（林业站）主任、全体护林员参加的“绿盾2018”专项行动工作动员会，迎接省生态环境保护厅、省住建厅“绿盾2018”工作组检查和省林业厅自然保护地工作组检查。

【执法监管工作】 2018年，沩管会一是规划建设监管有力。着力加强村民建房监管员管理和各国土管理部门的沟通协调工作，做好村民建房查勘、手续办理、风格验收、清退风格保证金、发放村民建房林木补贴和处理景区村民建房手续办理遗留问题等工作。进一步推进沩山风景名胜区详细规划编制工作，争取详细规划编制进入宁乡市规划三年工作计划。二是积极执法控建拆违。综合执法工作有条不紊，共立案查处违法行为38件，依法向宁乡市人民法院申请执行案件5件，开庭2次，联合执法办案14次，市执法案卷工作检查被评定为优秀。3月19日在2018年全省风景名胜区保护管理工作会上，作题为《抓立法保护资源，用规划引领发展》的典型经验介绍。

【旅游品质提升工作】 2018年，沩管会组织召开沩山风景名胜区景区质量提升暨旅游行业安全生产工作会议，全体机关干部职工分三个组深入密印寺、千佛洞、炭河古城、天紫漂流等景区（点），开展景区质量提升整改工作，共排查出147项问题，基本整改到位，整改率达95%以上。注重安全生产工作。落实领导带队检查安全生产工作，与景区相关单位签订安全生产责任状，参加龙泉漂流、天紫漂流景区开漂前验收工作，多次督促漂流景区整改并做好服务工作，有效防范和坚决遏制景区安全生产事故的发生。核定炭河古城景区最大承载量。组织专家召开炭河古城景区最大承载量核定专家评审意见会，对《炭河古城景区游客最大承载量及应急预案研究报告》提出审核意见，确定炭河古城景区瞬间最大承载量为6064人，日最大承载量为2.2万人。

【旅游市场开发工作】 2018年，沩管会组织成立沩山风景名胜区旅游联盟。6月26日组织风景区内沩山乡、黄材镇及部分主要景区（点）主管单位、旅游企业，召开沩山风景名胜区旅游联盟成立大会，进一步整合沩山风景名胜区旅游产品和市场资源，推动形成“宣传统一、营销统一、线路统一、门票统一、管理统一”的“五统一”管理发展格局。联盟组织旅游促销推荐会。由长沙市旅游协会、红辣椒旅游集团、中惠旅沩山温泉山庄、千佛洞、响水洞漂流等旅游联盟成员单位联合主办大沩山旅游圈联合促销推荐会，共有省内300家旅行社及户外俱乐部成员参加。联盟推动成员合作协同发展。9月18日，中惠旅沩山康养中心举行揭牌仪式并正式开业，致力以“公司+农户+协会”的“康养+旅游”新发展模式来打造集康养、康复、康乐等多项功能于一体的特色康养中心。

【品牌宣传工作】 2018年，沩管会组织制作统一宣传折页，电子显示屏选址及建设等基础工作，通过拓展宣传途径来更好的诠译沩山风景区的旅游文化和品牌。一是举办活动加强宣传。9月16日举办全市首届全民运动会龙泉杯漂流比赛，共424名选手参赛。12月18日举办2018宁乡市首届沩山康养年俗文化旅游节，让广大游客体验乡情、乡味、乡俗，活动期间共接待游客82106人次，旅行社游客人数67509人，其中自驾游人数14597人，土特产营业额将近300万元，实现旅游收入近1000万元。二是参加郴州矿博会。2018年5月17日至21日在郴州举行的第六届中国（湖南）国际矿物宝石博览会上，沩山风景名胜区代表长沙市参展，积极宣传推介沩山风景区旅游资源，共发送宣传折页2万份，宣传画册5000本。三是加强文化挖掘和宣传报道。《湖南省特色志》丛书之一的《湖南省志·大沩山志》通过第一次评审；接待湖南日报社长一行考察沩山风景名胜区文化产业项目，并在新湖南客户端上进行宣传推介；支持湖南金鹰卡通卫视精准扶贫项目工作，配合拍摄制作沩山60秒旅游宣传广告片。2018年共在《中国建设报》《中国风景名胜》月刊、中国网等宣传推介文章或专题报道30多篇次，炭河古城吃辣大赛活动照片成为中国大陆唯一入选法新社公布的2018年度全球图片。

【产业发展工作】 2018年，沩管会大力加强西部旅游统筹协调。以炭河古城为核心，推出旅游精品线路，带动密印寺、千佛洞、青羊湖国有林场、南轩文化园等景区（点）融合发展，组织申报由省气象局举办的首届中国（湖南）气候旅游胜地“冬季气候旅游目的地”评选，《炭河千古情》获评2018长沙最具创意休闲旅游产品，状元故里长沙驭风飞行获最具创意休闲旅游产品提名奖。特别是炭河古城自开业至年末，创造湖南省文旅项目“演出场次第一、游客数量第一、门票收入第一、游客评价第一”“四个第一”的业绩，获评2017年中国旅游演出主题公园类剧目票房第五位、演出新增剧目票房状元。大力发展沩山康养产业。按照市旅发委第二次会议精神，制定康养产业发展工作方案，组织召开沩山风景名胜区旅游发展座谈会，邀请市老龄协会领导一行调研考察沩山康养产业、沩山避暑产业发展现状，沩山康养品牌逐步树立，人气得到进一步提升。积极推动旅游特色产品产业发展。举办沩山首届福硒黄桃旅游节，沩山黄芽在2018香港国际茶展名茶比赛中获评香港国际茶展名茶比赛（其他组）季军，沩山乡八角溪村上榜第八批“全国一村一品示范村镇”名单。

【招商项目工作】 2018年，沩管会在旅游招商上：8月5日炭河大马戏和冰雪王国两大招商项目举行签约仪式并于当天动工建设，10月1日开业；10月17日炭河里·嘉发青铜文化主题酒店签约，该项目落户在黄材镇石狮村，由广州嘉发旅游发展有限公司投资6亿元建设，预计2019年国庆节前开门营业；12月30日位于冰雪王国内的炭河泰国风情馆开馆。在“三抓两促”上：积极参加市“三抓两促”经济服务活动，多次走访帮扶湖南省华力通线缆股份有限公司，对接联系市职业中专毕业生帮助企业协调解决企业用工短缺问题。在勘界立桩上：按照《住房城乡建设部关于沩山风景名胜区总体规划的函》的相关要求，制定沩山风景名胜区勘界立桩工作计划，并向市发改局申报2019景区勘界立桩及徽志建设项目。

【中心工作】 2018年，沩管会安排专人驻村帮扶。安排专人驻村开展全脱产扶贫工作，下拨“绿色城市建设”专项资金5万元，通过开展“五查一走访”、上户专访等行动，推进精准扶贫整改落到实处；联合九月集团开展了宁乡花猪精准扶贫项目，免费赠送石龙洞村10户贫困户20头花猪崽，并免费提供技术指导。推进沩建投公司注销工作。根据市委、市政府安排，完成宁乡县沩山风景名胜区开发建设投资有限公司（简称沩建投公司）注销工作，沩建投公司依法整合并入宁乡文化旅游投资有限公司。做好其他工作。着力争当“新时代、新担当、新作为”好干部，统筹推进各项工作；承办市人大代表建议、工会组织开展干部职工医疗互助活动；积极推进文明创建，青羊湖国有林场获评2018年度“湖南省文明卫生单位”称号；深化改革、全面小康深入开展，应急管理作用发挥，国防动员和人防建设、宣传、信访、计生、统计、统战、共青团、妇联、老干、群众、民族宗教等各项工作扎实开展，成效明显。

【获评2017中国马拉松自然生态特色赛事奖】 2018年1月25日，在“2017中国马拉松年度盛典”上，沩山毛尖·2017宁乡国际森林马拉松获评2017中国马拉松自然生态特色赛事奖。

【获评湖南省2017年度风景名胜行业先进单位】 2018年3月19日，2018年全省风景名胜区保护管理工作会议在浏阳市召开。会上作题为《抓立法保护资源，用规划引领发展》的典型经验介绍，并获湖南省2017年度风景名胜行业先进单位。

【湖南青羊湖国家森林公园被撤销】 2018年4月10日，国家林业和草原局下发《关于撤销湖南青羊湖国家森林公园的行政许可决定》（林场撤〔2018〕1号）文件，决定撤销湖南青羊湖国家森林公园。

【湖南自然资源推介展】 2018年5月18日至22日，沩山国家级风景名胜区代表长沙市参加第六届中国（湖南）国际矿物宝石博览会湖南自然资源推介展。

【省科学技术普及基地、长沙市爱国主义教育基地】 2018年5月19日，2018湖南（长沙）科技活动周开幕式上炭河里青铜科普基地成功入选第十二批湖南省科学技术普及基地；8月1日炭河里青铜博物馆成功入选2018年命名的长沙市爱国主义教育基地。

【长沙驭风航空飞行营地获批】2018年5月，长沙驭风航空飞行营地获得国家体育总局航管飞行营地称号，这是全省唯一。

【成为中国风景名胜区协会会员单位】2018年6月8日，经申请，沩山风景名胜区由中国风景名胜区协会批准成为会员单位。

【成立沩山风景名胜区旅游联盟】2018年6月26日，沩山风景名胜区旅游联盟成立，推选沩管会为沩山风景名胜区旅游联盟秘书长单位。6月27日长沙市旅游协会、红辣椒旅游集团、中惠旅沩山温泉山庄、千佛洞、响水洞漂流等沩山风景名胜区旅游联盟成员单位联合主办大沩山旅游圈联合促销推荐会，共有省内300家旅行社及户外俱乐部成员参加。

【炭河古城开园一周年创佳绩】2018年7月3日，炭河古城正式开园一周年，共计接待游客400万人次，营业收入1.6亿元，《炭河千古情》演出1000余场次，刷新湖南省大型旅游演出年场次最高、观众数量最多的两项纪录，创造湖南省文旅项目“演出场次第一、游客数量第一、门票收入第一、游客评价第一”四个第一的业绩。10月3日《炭河千古情》一天连续演出8场、游客近6万人次，刷新湖南省大型旅游演出场次最高、观众数量最多的两项纪录。

【冰雪世界和西周大马戏两大招商项目签约、开业】2018年8月5日，黄材镇炭河古城景区冰雪世界和西周大马戏两大招商项目举行签约仪式，并于当天动工建设。10月1日盛大开业，成为沩山风景区乃至宁乡旅游的热点、引爆点和强劲增长点。

【沩山首届福硒黄桃旅游节开幕】2018年8月8日，沩山首届福硒黄桃旅游节在沩水源村开幕，全乡近200公顷沩山黄桃正式开园。

【沩山黄芽获评香港国际茶展名茶比赛（其他组）季军】2018年8月16日—18日，沩山黄芽获2018香港国际茶展名茶比赛（其他组）季军，成为湖南参展企业6家获奖单位之一。

12月18日，宁乡市首届沩山康养年俗文化节“万人游沩山共品年猪宴”活动现场

【举办2018宁乡市首届全民运动会龙泉杯漂流比赛】9月16日，2018宁乡市首届全民运动会龙泉杯漂流比赛在龙泉漂流景区举行。本次赛事设男子双人组、女子双人组、男女混合双人组三个项目，共424名选手参赛，其中男子双人组142人、女子双人组78人、男女混合双人组204人。漂流耗时短者为胜，每个项目设一、二、三等奖各6个。

【中惠旅沩山康养中心揭牌开业】2018年9月18日，中惠旅沩山康养中心举行揭牌仪式并正式开业。康养中心提供中药养生温泉、中药沐足房、康养室、电影院、健身房、瑜伽房、台球、羽毛球、乒乓球等一系列康养娱乐设施。其中，康养室包括中医美容房，红外线光波房，针灸、艾灸房，中医推拿房等，体系完备、设施齐全。

【炭河里·嘉发青铜文化主题酒店签约】2018年10月17日，炭河里·嘉发青铜文化主题酒店签约。该项目由广州嘉发旅游发展有限公司计划投资6亿元建设，落户在黄材镇石狮村，占地约106亩，规模为1000间客房。

【《湖南省志·大沩山志》召开第一次专家评审会】2018年10月30日，《湖南省特色志》丛书之一的《湖南省志·大沩山志》召开第一次专家评审会，本次评审后还将通过长沙市和省两级评审。

【风景区内各景区（点）获得荣誉】2018年10月16日，《炭河千古情》获2017年中国旅游演出主题公园类剧目票房十强（第五位）、新增剧目票房五强（状元）；11月底，炭河古城吃辣大赛活动照片成为中国大陆唯一入选法新社公布的年度全球图片；12月6日炭河古城获评长沙市“文化消费十大地标”；12月14日《炭河千古情》获评2018长沙最具创意休闲旅游产品，状元故里长沙驭风飞行获最具创意休闲旅游产品提名奖；12月21日青羊湖国有林场获评2018年度“湖南省文明卫生单位”称号；12月28日沩山毛尖荣获“长沙市十大农产品区域公用品牌”。

【举办2018宁乡市首届沩山康养年俗文化旅游节】12月18日，2018宁乡市首届沩山康养年俗文化旅游节启动仪式在密印景区举行。节会活动以年俗文化旅游体验为切入点，以“万人游沩山共品年猪宴”为主题，自2018年12月18日至2019年1月18日为期一个月，开展“杀年猪，看年戏，吃年饭，买年货”等一系列活动，让广大游客体验乡情、乡味、乡俗。

【炭河泰国风情馆开馆】 2018年12月30日，位于冰雪王国景区内的炭河泰国风情馆开馆。

【避暑产业发展概况】2018年，沩山乡成立沩山乡避暑协会，发展成员单位95家，共有避暑农家120家、床位2578个，2018年避暑人流量达到4万余人，直接收入1237.4万元，附加产值约300余万元，同比增长92%。（邹　静）

香山国家森林公园

【概况】 宁乡香山国家森林公园核心景区分为香山冲、龙凤峡、嵇茄山三大景区，共有山水石寺等景点50多个，主要景点有竹林云海、香山烟雨、棋盘仙石、一线登天、滴水崖、宝塔神树、响鼓潭瀑布、烈马卧槽等。香山冲的嵇茄山主峰海拔为474.7米，为湖南湘江新区境内最高峰。2018年8月23日，国家林业和草原局林场许变〔2018〕15号，重新核定湖南宁乡香山国家森林公园管面积由林场许准〔2009〕1061号确定的2519公顷变更为2016公顷，其中林地面积1854.64公顷。

2018年，宁乡香山国家森林公园管理处围绕“党建统领、严格保护，科学管理，品质提升”的工作重点，把保护好青山绿水作为最大的政绩来抓，建设集康养、运动、研学于一体的智慧、生态、美丽的城市公园。

【总体规划】 2018年，宁乡香山国家森林公园管理处严格按照省林业局、长沙市林业局、宁乡市委、市政府的工作要求和重点，积极对接设计单位，做好香山公园的总体规划，确定公园生态红线范围，规范管理公园土地、森林资源。控建控违，杜绝乱开发、乱建设破坏生态资源行为发生。公园总规通过宁乡市、长沙市规委会评审，省林业局正在组织评审。

【控建拆违】 2018年，宁乡香山国家森林公园管理处全面清理违章建筑和整治乱搭乱建行为，建立拆违控违工作制度化、常态化、长效化。对核心景区255户的房屋定期巡查，对违法违规搭建的棚亭进行清理拆除。组织拆违行动6次，拆除违章建筑面积140平方米；叫停贺某等9户违建行为，起到很好的震慑作用，公园范围违章建房得到基本控制。

香山公园香山湖

【资源环境保护】 2018年，宁乡香山国家森林公园管理处为打好“蓝天保卫战”和“碧水攻坚战”，开展“2018环保绿盾行动”。共计投入29万元对景区内的裸露黄土进行覆盖、撒播花籽草籽，共完成植绿覆绿面积达到1.22万平方米，其中种植红叶石楠球62株、种植草皮605平方米、种植常青藤2.39万株、种植菖蒲3840株、撒播花籽草籽9800多平方米；投放赤眼蜂卵卡5万个，防治面积340公顷；发放防火倡议书400余份，出动宣传车35台次，取缔露天烧烤场6处，制止野外用火30余起，清明节发放鲜花500朵；对景区23家农家乐进行食品安全督查整改；夏季组织专门队伍劝导野泳行为800余人次；争取并落实专项资金400万及自筹资金投入项目前期手续办理共计140.31万元，建设一座日处理能力为1000吨的污水处理厂，完成厂区建设及设备安装，进行污水提升泵和管网建设；争取专项节能资金共计75万元，完成景区道路路灯安装共计364盏，亮化道路11.3千米。

炭河里遗址管理处

【概况】炭河里遗址是全国为数不多、南方极为罕见、湖南唯一的西周古城遗址，距今约3000年，保存面积2.3万平方米，先后出土以“四羊方尊”“人面纹方鼎”等为代表的珍贵文物1000余件。它的发现填补了湖南西周史文化缺失，对湖南地方史、南方青铜文明和早期国家社会形成等问题的研究具有非常重要的意义，形成并确立“炭河里文化”，成就“中国南方青铜文化中心”美誉。炭河里遗址先后被评为2004年全国十大考古发现、2006年全国重点文物保护单位，跻身2011年“省部共建”重点文化遗产保护与发展项目、2013年国家考古遗址公园行列、2016年《大遗址保护“十三五”专项规划》。

2018年，炭河里遗址管理处共有干部职工11名，内设5个科室：办公室、规划建设科、财务科、公园管理科、文保科。年内向上争资3704万元，完成河堤抢险等文物保护展示工程建设、四羊方尊出土点等展示保护工程前期手续，完善标识导向系统建设，新增防护隔离、安全提示等标识标牌100余块，编印《走近炭河里》3000册，全年接待游客近80万人次，满意率100%。

【蔡振红调研炭河里国家考古遗址公园】 2018年3月20日，湖南省委常委、宣传部部长蔡振红调研炭河里国家考古遗址公园，要求进一步弘扬优秀传统文化，加强文化遗产保护力度，推动创造性转化和创新性发展，努力使文化旅游在推进脱贫攻坚和乡村振兴战略中发挥更大作用。

【就业扶贫培训】 2018年4月28日，炭河里遗址管理处邀请湖南好月子家庭服务有限公司到黄材镇炭河里村进行月嫂培训。培训进行两天，共有60余名困难群众参加本次培训，获职业资格证书并由好月子家庭公司负责安排就业。

【《见证文明的源起与兴盛》大型纪录片播出】 2018年4月29日21:40，CCTV—10播出《中国影像方志》宁乡篇。3000年前盛极一时的青铜文明，穿越时光长河，折射出宁乡人对于技术的追求。科技与创新，早已经成为宁乡的灵魂，推动宁乡走向辉煌。

【获评湖南省科学技术普及基地】 2018年5月，根据《湖南省科学技术普及基地认定实施细则》有关规定，经申报推荐、专家评审与现场考察、审议决定、公示等环节，省科技厅认定并授牌炭河里青铜科普基地为“第十二批省科普基地”。

【西周文化体验活动】 2018年8月12日，炭河里遗址管理处和北大资源游学营共同组织168名中小学生在炭河里青铜博物馆开展一场探秘千年古迹的西周文化体验活动。本次活动为中小学生搭建课外学习、实践的平台，旨在传播传统文化、培养青少年科学素养，树立回望历史的社会责任感和使命感。炭河里青铜博物馆将继续在历史文化知识科普和爱国教育方面发挥积极作用，发现历史、定位当下、参与未来。

【获长沙市爱国主义教育基地称号】 2018年8月，为贯彻落实《中共中央办公厅国务院办公厅印发〈关于加强革命历史类纪念设施、遗址和全国爱国主义教育示范基地工作的意见〉的通知》和《中共中央办公厅印发〈关于培育和践行社会主义核心价值观的意见〉的通知》精神，进一步利用好红色资源、发扬好红色传统、传承好红色基因，经组织申报、考察、评审、公示，长沙市委宣传部决定命名炭河里青铜博物馆为长沙市爱国主义教育基地。

【荷塘区离退休干部参观炭河里青铜博物馆】 2018年10月19日，为弘扬敬老爱老的传统美德，传承中国传统文化，株洲市荷塘区委老干部局组织区级离退休老干部一行30余人到炭河里青铜博物馆参观。此次活动既有益于老干部的身心健康，又有益于传播正能量、弘扬主旋律，进一步丰富老干部的文化生活，展示老干部老有所乐、健康向上的精神风貌。

【两岸媒体参访】 2018年10月29日，第十四届湘台经贸文化交流合作会的中央及涉台媒体和台湾有关媒体记者到炭河里青铜博物馆参观、采访。两岸媒体记者在参访炭河里青铜博物馆后，纷纷表示在炭河里不仅领略青铜文化的魅力，还一同感受到商周历史风情，不虚此行。

【开展核心价值观教育实践活动】 组织开展“排队礼让”等雷锋志愿者服务活动14次，小学生“小小讲解员”活动1次，西周文化体验活动1次，开展“博物馆日”“世界文化遗产日”、文明旅游主题宣传3次。

（喻晓辉）

财政·税务

FINANCE AND TAXATION

责任编辑·张合民

财 政

【概况】2018年，宁乡市实现一般公共预算收入80.6亿元，为调整预算的100.75%，较2017年增长12.85%，其中：地方一般公共预算收入为47.31亿元，较2017年增长7.33%。收入质量情况为：税收收入66.62亿元，非税收入13.98亿元。

2018年，宁乡市完成一般公共预算支出95.98亿元，为调整预算的105.94%，较2017年增长9.83%，其中：一般公共服务支出12.12亿元，为调整预算的107.55%；国防支出1172万元，为调整预算的68.5%；公共安全支出3.54亿元，为调整预算的115.25%；教育支出17.02亿元，为调整预算的100.32%；科学技术支出1.98亿元，为调整预算的164.59%；文化体育与传媒支出1.03亿元，为调整预算的94.76%；社会保障和就业支出13.54亿元，为调整预算的107.07%；医疗卫生与计划生育支出10.06亿元，为调整预算的112.13%；节能环保支出2.25亿元，为调整预算的133.7%；城乡社区支出7.01亿元，为调整预算的115%；农林水支出15.19亿元，为调整预算的105.53%；交通运输支出3.12亿元，为调整预算的94.51%；资源勘探信息等支出2.42亿元，为调整预算的85.43%；商业服务业等支出5799万元，为调整预算的91.79%；金融支出566万元，为调整预算的243.97%；国土海洋气象等支出1.39亿元，为调整预算的63.26%；住房保障支出3.31亿元，为调整预算的119.54%；粮油物资储备支出2739万元，为调整预算的175.46%；债务付息支出9849万元，为调整预算的124.69%。

【财源培植】2018年，宁乡市财政局积极贯彻国务院“积极的财政政策要更加积极”的部署，全力支持实体经济发展。一是为企业减负，全面落实增值税税率调整、留抵税额一次性退还及小微企业所得税起征点提高、研发费用加计扣除等税收优惠政策；取消规划信息行业经营服务性收费等3个收费项目，降低残疾人就业保障金征收标准，全年减轻企业税费负担4.5亿元以上。二是助实体发展，配合部门单位争取上级支持实体经济资金近2亿元，支持企业转型升级发展，市本级预算安排工业支持、科技创新资金1.2亿元，较2017年增加2000万元，惠及企业735家，引导企业创新发展。三是让政策透明，全面公布2018年市本级行政事业性收费目录、涉企行政事业性收费目录及政府性基金目录，凡未列入行政事业性收费、政府性基金收费目录，或未在同级价格主管部门办理收费公示清单手续的，一律不得收取。

【财税征管】2018年，宁乡市一般公共预算收入迈上80亿元台阶，实现大基数、高质量、高增长。一是收入增速企稳回升，2018年一般公共预算收入较2017年净增9.18亿元，增长比为12.85%，其中税收66.62亿元，净增11.5亿元，较2017年增长20.86%。二是收入质量有效提高，2018年税收收入占一般公共预算收入的比为82.66%，较2017年提高5.48个百分点，其中市本级税收收入33.34亿元，占市本级一般公共预算收入的70.46%，较2017年提高7.44个百分点。三是本级财力科学调增。在充分挖掘税收潜力的基础上，全力统筹整合上级资金，合理调入基金预算收入和国有资本经营预算收入，压减绩效不高的项目支出，有效盘活“趴账”资金，市本级财力统筹空间有效调增。

【支出保障】2018年，宁乡市财政局科学统筹调度各级资金，突出轻重缓急，做到有保有压，有效保障宁乡市经济社会发展的资金需求。一是突出重点战略，统筹扶贫资金1.43亿元确保产业扶贫、教育扶贫等政策配套到位，贫困户住院费用个人部分实际报销比例提高到90%。统筹环保资金1.87亿元支持蓝天、碧水、净土三大项目建设。二是兜底民本民生，统筹社会保障资金11.94亿元落实城乡居民养保、医保、低保、丧葬费和高龄老人津贴等政策，城乡居民养保、医保财政补助人均分别提标至188元每月、490元每年，较2017年增加5046万元；安排高龄老人津贴3186万元，惠及约3万80周岁以上老人。统筹教育资金3.59亿元推动教育事业发展，落实教育“两免一补”政策。统筹涉农资金6.4亿元推进乡村振兴战略，安排重金属治理资金1.2亿元落实重金属污染农田治理、种植结构调整、休耕等政策。统筹交通建设资金2.53亿元提升城乡交通品质，安排农村公路建设资金8270万元支持自然村通水泥路、农村四好公路等项目建设。三是保障基本运转，2018年部门预算支出30.5亿元，较2017年增加5.2亿元。

【财政管理】2018年，宁乡市财政局积极推进财政管理制度化进程，让制度管钱，依规矩办事，确保财政干部和财政资金两个安全。一是规范社保资金存放，在长沙市率先出台《宁乡市市本级社保基金存放银行机构招标管理暂行办法》，设定考核评标体系，公开招投标存放银行，有效防范廉政风险。二是完善资金管理制度，先后出台村级一事一议奖补资金、产业扶持资金、环境保护资金等管理制度，资金运行更安全；制定公务活动用餐、会议费管理等办法，公务行为更规范。三是优化资金支付流程，出台《关于进一步明确国库集中支付面审和网审范围相关事项的通知》，将6大类支出项目纳入网审范围，网审率提高至60%。四是加强财政风险防控，发挥财政牵头单位的作用，稳妥有序推进政府性债务风险防控工作，摸清债务底数，建立管理台账，积极推进国有资产清理处置、土地出让、平台公司“撤并转”、政投项目“调停缓撤”等工作，有效化解债务存量，严控债务增量。

（王　利）

税 务

【概况】2018年，宁乡市税务局有干部职工442人，其中离退休129人。局机关设有办公室、法制科、税政科、社会保险费和非税收入科、收入核算科、纳税服务科、征收管理科、税源管理科、税收风险管理科、财务管理科、人事教育科、机关党委（党建工作科）、纪检组、信息中心、工会15个科室。辖第一、第二、灰汤、黄材、煤炭坝、玉潭、金洲、城郊、历经铺9个税务分局。

【国税地税征管体制改革】 2018年3月，中央、国务院决定实施税务机构改革，宁乡税务部门切实提高政治站位，严格按照“四个确保”“五个一”“六个严禁”要求，2018年7月20日机构挂牌、10月25日“三定”到位以及社会保险费和非税收入征管职责划转，确保各项工作顺畅衔接和平稳运行。

【税收收入】 2018年，宁乡市税务局通过强化各项措施，全年共入库税收收入68.62亿元。

【依法治税】 2018年，宁乡市税务局以“依法征税，应收尽收，坚决不收过头税，坚决防止和制止越权减免税，坚决落实各项税收优惠政策”为基本原则，以落实党中央、国务院关于税制改革相关重大决策部署为重点，开展“创响三湘、税励园区”“纳税服务日”“大手牵小手”“驶入春风里”等税收宣传活动，将政策及时向纳税人传达并落到实处，确保征管有序，实现环保税顺利开征，增值税改革持续推进，个人所得税新法平稳实施等政策落地。

【税收征管】 2018年，宁乡市税务局进一步开展专项数据清理，确保金税三期信息系统顺利合并。按照“一户式”要求建立健全户籍管理档案，夯实征管基础，提高征管效能。促进税收征管更趋科学化、精细化、制度化。

【纳税服务】 2018年，宁乡市税务局始终围绕“最多跑一次”“全程网上办”清单，打造“套餐式”服务，全面落实“放、管、服”工作要求；与重点税源企业建立税企高层沟通交流平台，根据企业需求“量身定做”服务内容；协同各业务部门形成后台快速反应机制，全面打造“前台服务纳税人，后台服务前台”办税格局。打造新机构、新服务、新形象。

【党建工作】 2018年，宁乡市税务局围绕习近平新时代中国特色社会主义思想、党的十九大等精神，抓实线上“红星云”和线下集中学习两条线，引导全局干部职工提高自身综合素养，纵深推进“两学一做”常态化制度化；成立新的机关党委及机关纪委；以“五化”标准重新建立党支部，严肃党内政治生活，增强全局“四个意识”，坚定“四个自信”，坚决落实“两个维护”；开展扶贫帮困，全年帮扶经费30万元；成功帮助72户脱贫；严格落实中央八项规定，层层签订《党风廉政建设责任状》，开展“廉洁家访”，将教育监督延伸至八小时之外。

【队伍建设】 2018年，宁乡市税务局以“忠诚、依法、崇德、尽责、和谐”为核心理念，认真做好党、青、妇、团、关协等工作。坚持“以人为本”理念，积极畅通意见建议渠道，增强干部职工对新机构的归属感和认同感；重视关心离退休老同志，按照新税务新形势的要求，不断提升业务技能，迅速提升岗位能力，保障工作顺利开展。

（朱　艳）

金 融

FINANCE

责任编辑·张合民

金融证券工作

【概况】2018年，宁乡市金融证券办紧扣年初工作目标，通过创新服务促融资、整顿秩序保稳定，牢牢把握“发展、稳定”大局，为全市经济社会发展提供坚强的支撑。

2018年，宁乡市主要指标稳定增长，银行机构各项存款余额737.7亿元，环比2017年净增9.3亿元，其中公司类存款余额319.3亿元，全年净增-22.2亿元，居民储蓄存款余额418.4亿元，净增31.5亿元；银行机构各项贷款（含表内、表外、上级行）余额862亿元，全年净增106.9亿元；其中工业企业贷款96.9亿元，净增-15.5亿元（主要原因为加加集团引入东方资产进行债务重组还贷21.3亿元，红宇新材场外股权质押还贷3亿元，共计净增-24.3亿元，域内中小微工业企业贷款净增9.8亿元）；政府平台贷款418.8亿元，净增52.1亿元；房地产企业类贷款21.5亿元，净增4.1亿元。金融机构全年纳税累计43362万元，同比增长1.9%。

【企业帮扶】2018年，宁乡市金融证券办企业帮扶举措有力。一是持续加大信贷投放。对全市金融机构信贷投放进行一月一调度，引导加大对实体经济的支持，全年净增贷款净增106.9亿元。二是全力开展企业帮扶。深入践行“千人帮千企”活动，根据企业的具体情况带着银行行长逐一走访对接和解释说明，解决“千人帮千企”融资问题41个，落实贷款5458万元。三是创新开展银企沙龙。10月29日和11月29日在高新区、经开区组织两期大型银企沙龙活动，主办行分别为长沙银行和建设银行，其中第一期活动成功对接业务88笔、金额8.91亿元，第二期活动成功对接业务231笔、金额11.82亿元，累计落地168笔6.49亿元。

【企业上市】2018年，宁乡市金融证券办企业上市培育有力。一是加大政策支持。研究出台《关于建立企业上市联席会议及绿色通道制度的通知》的企业培育上市政策。二是加强政策兑现。先后兑付松井新材、族兴新材、万鑫精工等企业股改上市奖励资金291.4万元，为星邦重工等企业提供300万元信用贷款并将全额补贴利息，全力帮助楚天科技、加加食品等上市企业应对股市风波。三是加强培育辅导。筛选14家企业入选省市后备资源库，先后组织6次上市培训，组织6家重点拟上市企业高管赴上交所交流学习，邀请省局和中介机构专家深入企业现场指导，族兴新材、松井新材2家企业成功在省证监局报辅。

【防范风险】2018年，宁乡市金融证券办防范风险成效显著。全年共排查出涉嫌非法集资的各类投资公司52家，清退销号34家，公安机关立案侦查9家，列入“一企一策”重点整治的9家，累计清退资金2亿余元，全市涉非形势总体平稳可控。一是强化督导调度。市委、政府主要领导高度重视打非工作，市分管领导先后15次组织召开打非工作会议，建立完善例会制、日报制、包案制、排查制、交办制，形成多措并举、协调推进的工作格局。二是坚持稳定为先。针对重点公司实行“包案制”，编制《宁乡市打非集中月作战书》，制定“一企一策”方案；开展“大走访”，变上访为下访。三是浓厚宣传氛围。将5月份定为“防范非法集资宣传月”，通过集中宣传、会议宣传、微信、短信、宣传车、电子显示屏等，针对老龄人、拆迁户等重点对象，发放宣传资料5万余份，形成多途径、立体式、常态化的宣传格局和热潮。四是加强风险排查。累计开展20余次现场联合检查，在重点街区和楼盘开展4次“扫楼扫街”行动，约谈涉非公司负责人40余次，对新注册公司进行风险排查，强化行业监管，打早打小。五是严厉打击震慑。将6-7月定为“打非集中月”，先后对3家涉嫌广告违法、无证经营的公司行政处罚，下达整改通知，对9家公司立案侦查。

【金融扶贫】2018年，宁乡市金融证券办金融扶贫稳步推进。一是扶贫小额信贷应贷尽贷。2018年，累计为3278户建档立卡贫困户发放扶贫小额贷款3691笔12451.36万元，其中2018年发放705笔2577.75万元，基本实现应贷尽贷，为贫困户发展产业、增收脱贫提供资金支持。二是及时足额补贴贷款利息。2018年，累计贴息55.67万元，其中2018年贴息36.01万元，贷款利息均及时足额补贴到位，实现扶贫贷款零利息、零成本。三是“扶贫特惠保”愿保尽保。2018年，贫困户家庭综合保障保险政府出资299.68万元，参保建档立卡贫困人员55497人；累计出资14.72万为扶贫小额信贷贷款户3408人购买借款人意外险，全市所有建档立卡贫困户贫困家庭综合保障保险实现全覆盖。（陈春美）

中国人民银行宁乡支行

【概况】2018年，中国人民银行宁乡支行（以下称人行宁乡支行）认真学习贯彻党的十九大精神，加强党对金融工作的领带，坚决落实全面从严治党主体责任，扎实推进作风建设，立足基层央行职能，努力提升业务履职成效。

【贯彻稳健货币政策】2018年，人行宁乡支行进一步加强货币政策引导，更好地服务实体经济。强化窗口指导和宏观审慎评估，积极引导地方法人金融机构利用再贷款服务实体经济，为宁乡农商银行共申请2笔再贷款，总金额1.4亿元；提升中小微企业金融服务水平，积极支持金融机构利用各类优惠政策和信贷产品，打通服务小微企业“最后一公里”，联合地方政府相关部门、各家银行举办两期“银企沙龙”活动，实现对接贷款投放1000余万元；切实深化金融精准扶贫工作，积极推动扶贫小额信贷工作，截至2018年12月末累计发放扶贫小额贷款2986户、9871.61万元，加强与政府等部门协调配合，落实风险补偿基金1080万元，促进财政涉农资金的统筹整合使用，充分发挥财政资金的引导作用和杠杆作用;加强扶贫信贷风险防控，推动主办银行建立逾期贷款风险预警机制和风险防范机制，构建银政保共担风险机制，成功化解4笔共93万元金融扶贫小额贷款的风险。

【防范区域金融风险】2018年，人行宁乡支行扎实开展调查统计，及时发现研判风险。加强地区经济金融运行整体情况的分析研判，全面、真实地掌握辖内金融运行情况，及时准确向上级行和市政府报送数据和反馈经济金融运行形势。截至2018年12月31日宁乡辖内金融机构各项存款余额739.56亿元，较年初增加4.49亿元，同比增长0.61%。贷款余额716.23亿元，较年初增加174.88亿元，同比增长32.30%。2018年辖内银行不良贷款率为1.26%，较年初降低0.16个百分点。开展地方法人金融机构风险调查，组织开展地方法人金融机构的全面风险调查，详细了解其资产质量、同业业务、银行间市场业务、地方债务风险、流动性风险等方面情况，摸清辖内法人机构的风险底数;开展政府融资平台债务风险的摸底排查，成立专项工作小组，重点对宁乡城投的债务基本情况、财务状况、偿债能力、融资情况等方面进行“解剖麻雀”，前往宁乡市具有代表性的银行机构开展现场调研工作，摸清政府融资平台在银行、债券市场等的融资情况，根据掌握的一手资料，撰写调查报告，做到对政府性融资平台债务风险的精准监测。

【维护金融稳定安全】2018年，人行宁乡支行配合做好辖内法人机构存款保险工作。及时向地方法人机构下发《关于保费缴纳的通知》，督促两家机构按时、足额缴纳保费;依据相关法律法规制定地方存款保险风险处置预案，对防范和监测地方存款保险风险，积极应对和处置响应等级风险给出具体的制度安排和部署;全面开展辖内金融机构综合评价工作，对辖内19家银行业金融机构执行人民银行政策的情况进行全面评价，并组织召开金融机构负责人座谈会，反馈评估结果，分析问题、讨论解决方案，加强对辖内银行业金融机构的管理，有效地促进金融机构的依法合规经营;切实落实反洗钱工作要求，重点对法人机构开展反洗钱培训和考评，对宁乡农商行开展1次集中培训，对其考评结果也进行详细分析评价;加大反洗钱宣传力度，6月和10月依托农商行网点分别开展2次集中宣传活动，累计发放宣传资料2000余份，进企下乡12次。

【提升金融服务效率】2018年，人行宁乡支行着力改进金融服务手段，大力提升金融服务效率。强化征信合规管理，提高征信服务水平，优化支行征信窗口服务，全面上线征信前置系统，通过前置系统简化征信查询工作程序，提高征信服务效率。截至2018年12月31日支行征信窗口共查询个人信用信息9097条，企业信用信息1114条，处理征信异议3笔，协助市组织部和公安部门进行司法查询27人次;积极开展征信宣传，普及征信知识，全年组织金融机构集中开展3次征信宣传，累计接待公众咨询1950人次，发放征信宣传资料8000余份；全面落实“放管服”的工作要求，进一步督导辖内金融机构做好开户程序优化，简化开户手续，提高开户服务意识，提升开户效率；积极推动移动支付在公共服务领域的应用，切实落实移动支付便民示范工程相关工作要求，推动银联与各家金融机构、宁乡各大大型商业的深度合作；严格业务操作规范，会计核算质量不断提升，截至12月31日累计处理会计业务1103笔，累计发现金融机构柜面差错5笔；国库服务水平不断提升，截至2018年12月31日，办理预算收入49.5万笔、138.22亿元；办理预算支出15.07万笔、199.9亿元，未发生差错事故，核算质量得到巩固和提高。

【优化货币流通环境】2018年，人行宁乡支行加强人民币收付业务管理，确保发行基金安全。严格落实检查监督，全年支行正副库主任及部门负责人查库50余次，其中全面倒库4次；认真做好金融机构人民币服务暗访工作，组建32人的神秘访客队伍，开展4次暗访，对暗访发现的问题进行通报，并督促金融机构及时进行整改；切实做好小面额人民币供应管理和硬币自循环工作，组织召开1次专门会议，明确31个小面额人民币供应主办网点及26个硬币自循环主办网点，督促辖内金融机构硬币清分和包装设备基本配备到位；加强现金全额清分，做好《不宜流通人民币纸币》标准宣贯工作，严把入库钱捆质量关，对达不到清分要求的坚决退回并登记，对4家银行人民币管理开展现场执法检查；认真开展反假货币工作，开展对辖内银行业金融机构人民币鉴别仪检查，对存在问题的机具，要求金融机构立即停用，并进行升级维护；组织开展“反假宣传月”活动，通过“进企业”“进机关”“进学校”“进社区”等形式，共组织集中宣传40多场次，发放宣传资料万余份，接受群众咨询几千人次，宣传活动实现市、镇、村区域全面覆盖。 （曹利民　蔡　敏）

中国农业发展银行宁乡市支行

【概况】2018年中国农业发展银行宁乡市支行（以下简称农发行宁乡市支行）内设机构为办公室、信贷业务部、会计结算部。年末在册正式员工20人，临聘员工4人。2018年，宁乡市支行以习近平新时代中国特色社会主义思想为指引，大力实施乡村振兴战略，坚持走高质量发展路径，突出新时代党的建设，全力支持宁乡建设，全行凝心聚力主动作为，走出一条“强化党建引领、拓展业务领域、提升服务水平、力促地方发展”的发展路子，以“党领导一切”在新时代彰显新作为。

2018年12月末，宁乡市支行各项存款余额292535.61万元，较年初增加166484.75万元，增幅132.08%；存款日均余额268148.21万元，比年初增长128748.19万元，增幅为92.36%；贷款余额765798.84万元，较年初增长358339.37万元，增幅87.94%，累计发放贷款429126.06万元，累计收回贷款70786.69万元。各项贷款应收利息30754.25万元，实收利息30754.25万元，利息收回率100%；实现利润12330万元，实现中间业务收入5.18万元，各项中间业务收入做到应收尽收。截至2018年底，宁乡市支行成功营销国家级宁乡经开区管委会和宁乡高新管委会等9个非贷存款客户，非贷客户2018年存款余额8.85亿元，在全省系统排名第一。

2018年，宁乡市支行强化责任以上率下抓党建，以党建促业务水平。年初，宁乡市支行党支部多次召开专门会议，对全年的党建工作进行专题研究部署，及时解决党建工作中存在的问题，切实做到将党的建设工作与重点业务工作同部署、同检查、同落实、同考核。突出重点务实创新抓党建。为推动宁乡市支行基层党建工作的常态化，支行严格执行“三会一课”的总体要求，采用上党课、报告会、经验交流会、座谈会、调查研究等多种形式，支部书记带头为支部党员讲党课。亮身份作示范带头抓党建。积极开展“党员亮身份”“党员示范岗”创建和党员公开承诺活动。宁乡市支行就业务和党建活动动态，全年共对外高质量发稿12篇，其中中央主流媒体4篇，全国专业报刊2篇，省级主要媒体6篇，形成积极向上、生动和谐的主流舆论，树立良好社会形象。

【贷款投放，精准扶贫】 2018年，农发行宁乡市支行作为助力精准扶贫的重要金融力量，宁乡市支行成功发放产业化流动资金扶贫贷款1000万元，助力宁乡市花明粮油食品有限公司2018年产业精准扶贫“四跟四走”项目，以产业扶贫为抓手，着力促进贫困地区产业发展，带动贫困地区创业就业，确保金融扶贫的有效性和持续性。成功投放棚改中长期贷款合计40.7亿元，为全年业务稳定增长打下良好基础。

工商银行

【概况】 中国工商银行股份有限公司宁乡支行（以下简称宁乡支行）是工商银行湖南省长沙分行所辖的县域一级支行，是湖南省重点县域支行之一。2018年度，全行在职员工107人。支行辖属综合办公室、公司业务部（含小企业服务中心）、个人金融业务部（含私银中心）、机构业务部、个人信贷业务中心、营业室6个内设部室、中心和宁乡城西支行、宁乡水晶城支行、宁乡玉潭支行、宁乡金玉支行四个二级支行。

2018年，宁乡支行在长沙分行经营绩效和业务发展考评中汇总和分类排名均为第四名，获评湖南省分行支行经营绩效与业务发展分类考评先进单位、总行公司专业“公私联动”营销案例大赛三等奖、长沙分行结算与现金管理专业先进集体等荣誉称号，在长沙分行“金融惠千企，工行大行动”三个阶段的评比中均获得第一名，蝉联流动奖杯。个人贷款业务中心被评为长沙分行金融先进集体。

【综合业务】 2018年12月末，各项存款余额达376254万元，较年初增长35662万元。其中对公存款余额168843元，增长18473万元；储蓄存款余额为204177万元，增长18457万元。个人金融资产余额达48390万元。

2018年12月末，各项贷款余额达806329万元，增长182575万元。其中：公司贷款余额445490万元，增长114811万元，完成全年计划任务的191.4%，累计投放212824万元；普惠金融贷款余额25382万元（排长沙分行第一，占比15%），增长6856万元（全面完成银监和人行两个口径普惠指标，普惠产品成功案例被作为先进经验交流上报总行），累计投放13833万元，2018年国际贸易融资余额803万美元，增长633万美元，累计发放1997万美元，累计结售汇3.28亿美元（完成任务543.68%，完成率排名长沙分行第一）。个人贷款余额360839元，增长67764万元。累计投放133378万元完成全年计划任务58000万元的229.96%。贷款余额、贷款发放额和增长数均排名同业第一（四大银行）。2018年末不良贷款余额4616.8万元，其中公司4316.4万元、个贷不良余额300.4万元，全行不良贷款率仅0.57%。其中个人贷款不良由年初的1746万元压降到300.4万元，成功压降1446万元。2018年现金清收个贷不良贷款849万元，个人不良贷款资产证券化2583万元，化解重大潜在风险客户，确保支行资产质量继续平稳向好的局面。

2018年实现营业净收入25151万元，同比增长6278万元。其中实现中间业务收入7338万元，同比增长3262万元，完成长沙分行下达全年经营计划目标任务4422万元的165.92%；实现拨备前利润20859万元，同比增长5438万元，完成全年计划任务17398万元的119.89%；实现账面净利润15698万元，同比增长4170万元，完成全年计划任务12371万元的126.89%。均排名同业第一。

缴纳增值税及附加2176万元；缴纳水利建设基金、残保金、土地、房产税、个人所得税及印花税等249万元；缴纳企业所得税5154万元。三项税收共计7579万元，位列宁乡县域四行之首。

【中间业务收入】 抓中间业务收入，实现净利润发展。全年完成中间业务收入7338万元，占净利润的46.74%，同比增长3262万元，实现快速增长。严格执行监管政策的相关规定，准确定位，提高贷款议价能力，重点项目投放为支行中间业务收入的超额完成奠定坚实基础。抓大不放小，公司、投行、结算现金、国际结售汇业务收入、个人及法人理财、信用卡、网络金融等业务收入全面发展。如：通过宁乡国资公司棚改项目贷款投放，实现中间业务收入2300万元；通过高新区管委会大科园公司贷款投放完成中间业务收入1100万元；通过宇尚置业房地产开发贷款投放完成中间业务收入368万元；通过邦普循环、艾程生物、天丰信等客户国际贸易融资及结售创国际业务中间业务收入186.88万元。

【重点项目服务】 主抓棚改等重点项目，联动拓展客户，带动业务发展。确定宁乡市国有资产经营有限公司实施棚户区改造项目由宁乡支行作为项目主办银行，通过高效优质的服务取得客户的高度认可。较快的完成贷款审批，在4月底前完成全部贷款的发放。12月29日完成宁乡市城发投资控股集团有限公司10亿元棚户改造项目贷款审批。12月31日完成放款核准。2018年在20家银行参入的宁乡财政性机构存款招标中获第一名，至2018年底，在支行机构存款余额达6.6亿元，较净增3.27亿元。宁乡国资公司棚改项目金融服务方案获总行公私联动案例大赛三等奖。公私联动成功营销了炭河古城的二维码收单业务。成功营销房屋拆迁补偿款1.5亿元和6亿元，留存超5亿元的拆迁补偿资金，获得国资公司名下土地销售资金约5亿元资金摆放以及农发行8.9亿元拆迁资金代发的主办行资格，实现个人客户和对公客户的双提升。

【园区客户业务拓展】 紧密园区合作，开展存量客户的深度营销和新客户、国际业务及普惠金融客户的业务拓展。一是通过加强与高新区的战略合作，持续支持及拓宽业务合作渠道，向湖南省长沙金洲大学科技园资产管理公司发放流动资金贷款3亿元，并通过园区平台存量融资约定分年支付中收及返还取得较高的综合收益；二是对园区企业进行摸排加大对实体经济的支持，及时推荐普惠金融产品，包括经营快贷、税务贷、结算贷、网络循环贷、固定资产构建贷等产品。全年完成信贷拓户22户，其中大中型3户、小微企业19户，产品渗透率159%。同时通过新客户营销及存量客户挖潜有效地促进了国际业务、结算现金、票据等业务的发展，如：湖南艾臣生物科技有限公司办理国际信保业务319万美元、结售汇10000万美元，湖南邦普循环科技有限公司累计办理进口押汇1678万美元、进口信用证2078万美元、票据贴现3180万元，湖南省天丰信供应链有限公司办理结售汇22000多万美元，楚天科技累计购买法人理财近6亿元。

中国人民财产保险股份有限公司宁乡支公司

【概况】 2018年，中国人民财产保险股份有限公司宁乡支公司（简称人财宁乡支公司）着力于调结构、固队伍、增效益，精细化管理初显成效、体系化建设得到加强，各项业务指标呈现出良好发展势头。2018年人财宁乡支公司着力于稳队伍、补短板、上产能、增效益，精细化发展初显成效、体系化建设得到加强，各项指标稳中向好，整体实现扭亏为盈，自觉立足社会稳定大局，快速响应能力得到提升，企业形象深入人心。

2018年，人财宁乡支公司累计实现保费收入18608.34万元，同比增长48.43%；其中车险保费收入8526.6万元，同比增长4.39%；财产险保费收入693.46万元，同比增长66.59%；船货险保费收入27.56万，同比增长24.48%，责信险保费收入732.84万元，同比增长-18.86%；意健险保费收入275万元，同比增长-2.77%；农险保费收入1178.48万元，同比增长62.65%；社保7174.08，同比增长255.16%。

2018年，人财宁乡支公司实现报表利润771万元，赔付率为55.65%，费用率为37.26%，综合成本率为92.91%。截至12月底，宁乡支公司实现保费增速8.72%，高于市场增速3.05个百分点，低于主要竞争对手平安3.03个百分点。

【车险业务发展】 2018年，人财宁乡支公司的车险发展得到全面加强。

优化资源，车商渠道壮大。作为宁乡支公司车险领域的竞争长板，车商渠道通过多种形式的调控手段，核心竞争优势得到加强：第一，转变4S店谈判及合作思路，主抓店内保费占比，确定店内续转业务占比上限，针对超出上限的单店，予以送修、配件等形式的调整。第二，成立专业化二网团队，明确二网扫店分工，建全拜访制度，使政策变动等信息第一时间直达二网，同时特别针对有潜力、有产能的二网店面进行集中资源精准出击；第三，加强与修理厂联动，复制“利川模式”，由修理厂进行售后服务支持，稳定获取二网资源。

坚持专业运营，升级续保团队。2018年，宁乡支公司续保团队大力推进专业化电呼团队建设，坚持集约化、平台化发展方向不动摇，专业化程度高、保费摄取能力强的电呼团队初见雏形。第一，加快人才引进，完善制度构建，提升队伍建设水平。宁乡支公司通过线上线下相结合、内部推荐和校园招聘作为有力补充的增员模式，实现快速增员。同时建立座席分级制度，组建精英俱乐部，为团队的裂变、孵化做准备。另外，加强制度建设，实施的基本法为主体，完善续保团队制度体系，对座席人员的业绩、技能、状态要制定细化和量化的考核指标。第二，恪守标准化流程，培育精细化思维，切实提升管理水平。一是抓实续保团队的“三会三表”，尤其利用晨会对当天任务目标分解下达，强调政策及注意事项，发动攻坚动员，调动积极性；利用夕会对当天工作进行回溯总结，梳理注意事项。二是加强现场走动式管理的频次和实效，实时监控坐座人员的工作状态，对各类问题进行有效解决，维持良好的工作秩序和拨打氛围。三是制定短、长期的培训计划，对新进人员和资深人员分别制定有针对性的培训内容，每月开展不低于3次的技能培训会，推广优秀座席的成功经验，提倡比学赶超，全面提升座席人员的技能水平。第三，优化数据管理，提升使用效率。一是合理使用数据，坚持座席与数据的“优优配比”。二是不断强化续保团队的电呼属性，强化名单转化率，尤其要增强座席人员对名单内转保业务的促成能力，切实优化团队续转业务占比。三是优化未成单数据的流转和交叉跟进效率，增强跟进频次，提升数据的饱和利用。四是坚持信息清洗，加快数据库建设。

发扬在地优势，完善农网布局。作为人民保险的独特创举，三农营销服务部是宁乡支公司进军农村蓝海市场、发挥服务乡镇、农村职能的桥头堡。2018年，宁乡支公司牢牢抓住农网队伍建设，三农网点实现职能升级：一是广泛引进农网协保员队伍。宁乡支公司已全境实现每村一名协保员，包括烟叶保险的村级专干、畜牧部门的防疫员、林业部门的防火员及村上负责治安、综治方面的村干部或其家属、乡镇个体工商户、当地有影响力的人员或其家属。二是大力发展农网营销队伍。针对资源较丰富、客户稳定性高、能承担较大客户服务职能的营销员，宁乡支公司通过长期合作，保障待遇与津贴，建立层级利益与归属利益制度，并匹配多层级激励考核，形成稳定产能。三是全力培育交叉互动队伍。2018年底，流沙河、煤炭坝、灰汤基本实现产寿双方的队伍共建、职场公益、资源共享。加快产寿一体化建设进程，形成农网新的业务增长点。

抓实重点渠道，形成发展合力。2018年，宁乡支公司高度重视重点渠道建设，各渠道产能稳中有升：邮政渠道方面，宁乡支公司通过加强与邮政管理层的沟通互动，强化存量业务续回力度，加强对邮政专员的管理，配合邮政方面把车险销售任务纳入邮政内部管理考核，尤其重点推动“简易险”销售。2018年10月，邮政渠道完成车险保费52万元，非车险保费10万元。互动渠道方面，通过加强财险互动专员的主观能动，强化驻点工作，加强专员对寿险人员的培训工作。同时向保源要保费，继续牢牢抓住“一人一月三车险任务达成表”“寿险人员车辆信息收集表”“寿险新进人员30331方案达成表”等三张表，将任务目标量化、细化。针对产能落后的寿险团队、个人，出台考核办法，以培训、一对一帮扶以及联合展业的方式帮助其形成销售习惯，提高车线产能。人保V盟方面，通过对修理厂地毯式走访，大力拓展V盟会员，确定重点店铺进行车生活培育，制定宁乡人保V震江湖行动专项行动方案，并对整体任务进行细分。宁乡开设专代微店1127家，其中车生活专代微店930家；其他渠道专代微店197家。微店实现保费产能24.72万元。

【商非业务】2018年，人财宁乡支公司始终坚持发挥国企的独特政治优势，充分盘活各类资源，戮力营造政企良性互动，大力拓展园区业务，商非业务再上新台阶。政策性业务方面：一是成功签单精神病监护人责任保险，实现保费收入30万元。二是治安保险稳步增长，截至10月底，实现治安保费收入30.53万元，同比增长69%；三是积极对接宁乡市食药监局，宁乡区域内食品安全责任险继续实现全面开花，实现保费收入100万元左右，其中农村聚餐成功提标，保费增加7万余元；四是紧密对接宁乡市人社局市支联动成功中标宁乡市城乡居民意外伤害保险项目，3年预计保费1.2亿元；2018年10月，宁乡支公司将会签单工伤补充保险，预计份额内保费161万元左右。园区业务方面：完善展业地图，深度挖掘园区潜力，于2018年1月起顺利打开宁乡市园区财产险的局面。2018年10月，宁乡支公司财货险园区类业务新增11笔保费59.54万元，竞回3笔保费22.15万元。

【农险份额提升】基于初期规划等历史原因，人财宁乡支公司在区域市场内的农险占比偏低，农险规模与公司的整体发展水平极不相称。2018年，宁乡支公司将农险拓展列为重头工作，通过充分调动各种资源，争取政府部门支持，农险规模取得较大增长。

【理赔联动能力提升】人财宁乡支公司业务前端和理赔后端长期存在脱节现象，低水平的协同能力不足以有力支持公司整体经营发展。2018年9月，宁乡支公司通过建立由车险管理者和理赔条线人员共同参与的联席会议制度，坚持问题导向，实现业务前后端无缝对接，理赔队伍工作效率大幅提升，理赔服务水平助推业务发展效果显著，盈利能力有效提升。2018年10月，宁乡支公司实现扭亏为盈，获取净利润63万元。

中国人寿保险股份有限公司宁乡支公司

【概况】2018年，中国人寿保险股份有限公司宁乡支公司（简称中国人寿宁乡支公司）设经理室、综合管理部、个险销售部、银行保险部、团体业务部、客户服务部五部一室，下设19个城区、收展和农网职场。全公司共有人员1467人，其中机关人员48人（签订劳动合同员工34人、退休9人、劳务派遣人员5人），个人代理人1360人、主管95人、银行保险部理财经理35人、客户经理24人，团体业务部客户经理22人。

【业务指标发展】2018年，中国人寿宁乡支公司各业务线呈良好的发展态势，共完成总保费2.49亿元，纳税金额452.97万元。其中寿险新单保费8489万元，短险保费3031万元，期交保费5433万元；风控管理良好。总保费市场份额继续领跑宁乡寿险市场。业务结构合理，经济效益提高。

【业务渠道和后援团队】个险支认真谋划、开拓创新。2018年，中国人寿宁乡支公司个险共实现总保费收入22468.25万元，同比增长11.04%；完成新单期缴5119.32万元、完成十年期缴2817.62万元、完成短险1031.62万元、年度新增持证人力1313人，架构人力达成1360人，达成市公司考核的目标人数，月均长险举绩人力434人，长短险举绩人力555人。与2017年同期相比，业务结构更加合理，经济效益大幅度提高。

团险渠道精耕细作。2018年，中国人寿宁乡支公司宁乡团险渠道短险生效保费共计1913.72万元，同比增长3.65%。其中员工福利计划完成125.64万元，同比增长35.97%；中小学生平安保险完成904.35万元，同比增长8.32%；卫生计生渠道完成194.05万元，同比增长8.15%；妇联渠道完成217.29万元，同比增长21.94%；老年人保险完成150.06万元，同比增长151.74%。扶贫特惠保险303.6万元。赔付件数超过1万件，短险简单赔付率为41.3%（市公司网站统计2018年共赔付1064.08万元，统计扶贫特惠保共计赔付273.63万元，其他短险赔付为790.45万元）。

银保渠道内外兼修。2018年，中国人寿宁乡支公司银保渠道全年达成新单保522.9万元，达成期交保费452.1万元;其中10年期达成131万元。在人力方面也取得一定的成绩，2018年达成架构人力92人，其中2018年新增38人，较好地完成上级公司下达的任务指标。

客服、综合不甘落后。2018年，中国人寿宁乡支公司客服部全年共扫描纸质投保单、电子投保单1616件，短险新单录入800余件；处理保全件总件数达到3.4万余件；成功推出微信关注中国人寿湖南省分公司公众号，客户自行在手机微信上办理养老金解挂，共处理350笔，其中成功认证180笔，其余170笔不成功的数据均已在公众号内回客户；理赔柜面受理案件约7600份，上机处理理赔案件达5200余笔，拒付和协商案件 90余件，共计金额拒付和协减金额100多万元，将2017年所遗留下来的教师基金险全部上交市公司上机处理，并全部进行赔付；调查2018年处理案件及核保件共1200余件；2018年完成二线会办回访1600件，有效的拦截客户的投诉，保全委托回访4000余件，完成CC系统新单回访2600余件；整改乱象治理客户数据300余份，续期发送失败应回访1976笔，回访1940笔，落实数据686笔；2018年 V8系统和SLBPS系统收费2.48万余笔，严格落实湖南保监局〔2007〕79号文件，确保零现金收付费的执行，全部新单实行银行转账授权、实时代扣或POS机刷卡，对全部新单和保全委托件100%回访。对全体柜员所有系统严格用户权限和密码使用和管理原则，定期更换密码，严禁权限外借。综合部是作为协调公司内外部的重要部门，工作繁杂琐碎，但综合全体伙伴各司其职，分工不分家在工作上相互勉励、相互学习，有序开展各项工作，在圆满完成公司下达的各项任务的同时完成寿险新单42万元，短险21万元。（罗　斌）

证 券

【概况】 2018年，方正证券股份有限公司长沙宁乡花明北路证券营业部（简称方正证券宁乡营业部）设营销部、客户服务部、交易部、合规管理部等部门，共有从业人员28人。营业部经营范围为：证券经纪、证券投资咨询、证券投资咨询代销、代销金融产品、融资融券、为期货公司提供中间介绍业务。2018年4月方正证券宁乡营业部搬迁新址。2018年，方正证券宁乡营业部全体员工踏实学习专业技能，积极提高服务水平，努力开拓经营，促进营业部各项工作的完成，市场份额创造新高。作为进驻宁乡最早的综合类券商营业部，一直保持宁乡证券市场翘楚地位。

【业务创新】 2018年，方正证券宁乡营业部传统业务不放松，创新业务逐步推进。在证券行业创新发展的大背景下，公司倡导卓越领先的金融服务理念，整合各业务板块打造全方位、多层次的综合金融服务体系，积极探索综合经营的发展模式。2018年，方正证券宁乡营业部踏实做好传统经纪业务不放松，落实开户、引资工作，盘活存量客户，在佣金率下降的情况下，努力保证经纪业务收入不下滑。同时，紧跟行业发展的步伐，根据公司大力发展金融创新业务的经营方针，方正证券宁乡营业部积极推进保证金理财业务、融资融券业务、投资顾问业务、期货中间介绍业务、股票期权等创新业务，既盘活存量客户，又吸引一批新客户。方正证券宁乡营业部积极参与宁乡经济建设，与在宁乡本地开立分支机构的银行单位建立合作关系，通过新三板、股权质押等创新业务，为宁乡本地企业提供投融资渠道，为证券客户创造良好的通道环境。

【内控合规管理】 2018年，方正证券宁乡营业部根据监管要求，设立专职合规管理岗位，合规管理岗位人员切实履行岗位职责，充分给予合规专员履职的独立性，确保合规专员能够享有充分履行职责所必要的知情权和调查权，及时提出制止和处理意见并督促整改，定时组织员工进行合规管理培训，合规专员及时将有关的文件、资料存档备查，对履行职责的情况作出记录。围绕“合规优先、人人合规、主动合规、合规创造价值”的理念，持续通过各种形式的合规培训和宣讲，帮助员工熟悉岗位职责和业务流程，培育合规意识，形成健康、积极的合规文化，建立良好的合规管理长效机制。2018年，方正证券宁乡营业部分别于2018年6月及2018年12月进行两次内部控制自查工作，排查合规隐患。2018年12月接受信永中和会计师事务所内控审计，对员工管理、日常柜台业务、融资融券业务、综合管理等四个方面进行审计，未出现扣分。

【投资者教育】 2018年，方正证券宁乡营业部根据监管部门和公司总部的具体要求，积极开展投资者风险教育工作。营业部成立风险教育领导小组，加强员工和客户培训，一方面使员工深刻了解投资者教育工作的必要性，增强员工对于投资者教育工作的专业性，在各自的岗位上力争将投资者风险教育工作具体落实。另一方面在客户中开展投资者教育宣传工作，使投教工作深入人心。通过多种方式参与投资者教育工作：一是重视现场交流，在营业部完成新址搬迁后，营业部成立“花明点金学院”，旨在打造宁乡投资者专业的交流平台，通过投资报告会等现场交流的形式，向投资者传播正确的投资理念和主流投资方法，保持对打击非法证券活动的强力宣传，重点防范损害投资者利益的违法违规行为，着重防止欺诈、电信诈骗、误导投资者以及内幕交易、操纵证券市场，防范利益冲突，各种形式的利益输送等行为。二是在营业部的公告栏制作“投资者教育园地”，在大厅显要位置张贴颜色醒目的风险提示标语，宣传栏张贴有关投资者风险警示的投资知识。客户来办理业务时，工作人员认真审核客户资料，保证投资者资料真实、准确和完整，详细解释《风险警示书》，并且做好客户风险能力测评工作，按照不同客户的特点和投资需求，给客户讲解和宣传证券市场基础知识，讲解开户和交易流程、证券投资常识与风险控制，加深与客户的了解和沟通，得到客户及上级部门的认可。

【反洗钱工作】根据人民银行235号文件，结合公司指引及实际情况，2018年，方正证券宁乡营业部制定、修改反洗钱内控制度和流程，2018年反洗钱重点工作主要涵盖客户身份识别、非自然人受益所有人识别及反洗钱宣传等内容。

2018年3月，方正证券宁乡营业部配合“投资者权益保护主题宣传”活动，在打击非法证券活动同时对反洗钱法规进行宣传，加强客户打击非法证券活动和反洗钱意识，引导投资者树立正确的投资理念，防范洗钱风险。2018年10月，方正证券长沙区域共计十五家分支机构联合开展户外“普及三反知识、防范洗钱风险”的主题活动。方正证券宁乡营业部工作人员向群众和周边店铺发放反洗钱宣传品，通过现场答疑和案例展示的方式，向群众讲解什么是洗钱，并揭示非法集资洗钱、贪污贿赂洗钱等行为的危害，提醒公众注意保护自己身份证件和账户信息，远离洗钱陷阱和非法集资。通过反洗钱宣传活动，帮助广大群众增强识别力，继续探讨更有效地宣传方法，齐心协力营造更好的反洗钱氛围，为构建美好和谐的社会尽份力。

【承担社会责任】为落实宁乡市金融证券办防范和处置金融风险工作暨打非知识培训会议要求，方正证券宁乡营业部作为券商代表积极参与“扫黑打非”攻坚战。在宁乡玉潭街道、城郊街道、历经铺街道、白马桥街道等主要区位开展防范非法集资宣传活动，把打非宣传教育工作落实到社区、乡镇（街道）、小区当中。针对中老年人及拆迁户是宁乡市非法集资的主要参与者的特点，方正证券宁乡营业部会同当地社区一道，在社区、乡镇组织开展宣讲活动，营业部负责人黄谷丰总经理亲自担任讲座讲师，主讲题为《拒绝高息诱惑，远离非法集资》的宣传教育讲座，达到“宣传一个、获益一家、带动一片、影响全面”的良好效果。

为响应投教打非活动下乡入户活动，方正证券宁乡营业部多次组织员工到各乡镇、街道挨家挨户派发题为《拒绝高息诱惑，远离集资诈骗》的致广大群众的一封信，旨在教育非法集资的形式特点、如何防范非法集资及非法证券活动等，引导广大投资者选择正规投资渠道和投资品种，提醒大家认清非法集资、非法证券活动的本质及危害，自觉增强防范意识，自觉抵制各种诱惑，依法保护自身利益，共同维护和谐稳定、开放有序的金融环境。

（李　玲）

科技·教育

SCIENCE, TECHNOLOGY
AND EDUCATION

责任编辑·张合民

科技管理

【概况】 2018年，宁乡市科学技术局（以下简称科技局）有在职干部职工15人，内设办公室（财务人事科）、高新技术与工业科、知识产权科、计划发展与农业科4个科室。大力实施创新驱动发展战略，加强干部队伍建设、培育创新支撑要素、实施知识产权战略、促进科技成果转化等领域取得有效发展，完成全年各项工作任务。

【科技服务平台】 2018年，宁乡市科技局重视科技平台建设，全力服务科技创新发展。一是设立5000万元科技创新基金，财政局、经信局、科技局联合出台《宁乡市工业、科技扶持发展专项资金管理办法》，全力支持创新服务中心建设、支持产业链建设。二是抓好重大科技创新项目建设、“5个100”重大项目建设；帮助邦普循环等32家企业申报省研发奖补资金1308.39万元。三是推进科技计划项目申报工作，争取国家级项目1个（楚天国家科技重大专项）；省级项目44个（其中凌翔磁浮、微纳坤宸等4家企业获省创新创业大赛奖共100万元支持，精良重工等获长株潭自主创新示范区专项支持）；市级项目92个。四是组织召开高新技术及专利工作会议和全市技术贸易合同认定登记培训；组织开展高新技术企业、科技创新小巨人企业申报，全市认定高新技术企业61家，科技创新小巨人20家。五是以科交会、科技活动周、政产学研对接等活动为契机，推动企业与科研院所无缝对接，开展联合研发、技术攻关、专利技术转让等多种形式的合作交流。楚天科技与国防科技大学、湖南中医药大学等高校建立战略合作关系，实现技术突破、科研转化等经济社会效益的提升。支持企业进行技术转移，对实现登记认定的合同总额进行补助。六是支持雅城新材、精量重工、银丰新能源等有条件的企业积极申报国家省市创新平台、建立研发中心。航天天麓打造成全球“互联网+”创新创业大赛40强。精量重工的“湖南省大型精密绿色铸造工程技术研究中心”被认定为省级工程技术研究中心，东鑫环保的“长沙市氮化合金新材料工程技术研究中心”、中科星城石墨的“长沙市动力型锂电池负极材工程技术研究中心”被认定为市级工程技术研究中心。

【知识战略管理】 2018年，宁乡市科技局积极推进国家知识产权强县工程示范县建设，调整充实知识产权和打击侵权假冒工作领导小组，统筹协调全市知识产权战略实施工作。全市知识产权工作连续五年获评湖南省知识产权工作先进县。进一步加强知识产权保护，营造良好营商环境，不断加大执法力度，注重日常巡查与监管，整合部门力量，形成工作合力。2018年全市申请专利2417件，比2017年增长31.29%，其中发明专利申请740件，比2017年增长44.53%；授权专利1496件，比2017年增长58.64%，其中发明专利授权134件。实现专利质押融资5500万元，承办知识产权行政执法（专利）案96件。宁乡实施知识产权强县工程示范县工作在全省领先，11月1日，宁乡被推荐参加国家知识产权局在北京海淀区举办的培训班，代表湖南在培训班会议上作典型经验交流发言。

【科技扶贫】 2018年，宁乡市科技局以科技活动周、农业科技特派员等工作为抓手，向31个省定贫困村派驻31名科技特派员进行科技扶贫。全年累计驻村科技服务1320天，开展科技培训52场，培训贫困群众3430人次；建立科技示范基地18个，引进新品种新技术43项，培育科技示范户295户；帮扶建档立卡贫困户1222户，其中建档立卡贫困户462户脱贫。积极打造现代农业特色产业科技示范基地，2018年新认定长沙市特色产业科技示范基地3家；全力支持宁乡花猪产业发展，积极组建现代农业高科技产业化基地建设，花猪产业向上争资300万元左右。加强农村信息化建设，2018年新认定长沙市科技助农直通车信息示范站6家。派驻专职工作队员范建强常驻东湖塘镇西冲山村，开展扶贫工作，范建强被评为湖南省脱贫攻坚先进个人。（胡建辉）

6月28日，宁乡市技术贸易合同认定登记培训会现场

教　育

【概况】 2018年，宁乡市有各级各类学校606所，其中小学216所，初中71所，高中14所，职业学校8所，幼儿园297所，在校学生和在园幼儿共计193757人，在职在编教师8782人。《人民日报》以“浇花浇根育人育心”为题深度报读该市教育党建工作。全面改薄全省第一。

获评2018年国家义务教育质量检测实施优秀组织单位、湖南省第四届基础教育成果二等奖、湖南省中小学教师网络研修工作先进单位、2018年全省中小学教师教育宣传工作先进单位。获评长沙市教育督导信息工作优秀单位、长沙市优秀女职工组织、工会女职工培训优秀学校、第三十五届青少年科技创新大赛活动优秀组织单位、第二届青少年创客节活动优秀组织单位、第十三届“奇思妙想”纸质结构模型普及竞赛活动优秀组织单位、第十三届中小学生现场网页制作竞赛活动优秀组织单位、第二届“幼儿园教育能手”竞赛活动优秀组织奖、2017年高考优秀考区、中小学校大课间体育评比优秀组织奖等。但是，宁乡教育也面临着一些问题和困难。一是受城镇化进程影响，城区学位仍较为紧张，教师缺额较大；二是教育资源供给仍存在不均衡现象。三是教师学科、年龄、性别结构存在失衡。

办学条件。完成公办幼儿园建设、标准化学校建设、改水改厕工程等七大类127个项目，共计投资3.318亿元。城区计划新建9所“小而精”学校，一所2018年开工建设，8所有序推进，确保2019年秋季开学投入使用。就城区楼盘配套幼儿园专项整治工作、城镇住宅小区配套中小学校幼儿园建设及产权移交工作、城区公办学校和幼儿园权证办理遗留问题处理出台暂行办法等文件；已纳入考核的已建9所配套幼儿园中6所签订普惠办园协议。在建待建幼儿园中2所签订建设及移交协议。城区公办学校（幼儿园）权证办理办结8所。小区配套幼儿园专项整治工作排名长沙四区市中排名第一。

全面改薄。从2013年起动至2018年末，共计提质改造197所薄弱学校，完成投资3.7亿元。“全面改薄”工作已全部完成。工作开展以来，宁乡市改薄资金保障“一路优先”，项目管理“一路从严”，薄弱学校师资队伍全面充实，薄弱学校和优质学校捆绑发展，其中2017年度“全面改薄”工作在湖南省绩效考核中排名第一。

教育党建。以“五个一”工程为抓手，全力推进教育党建特色工作。重新修订《学党史、听党话、跟党走》读本，党的十九大精神进入中小学校课堂。对600多名“党史育人”教师进行集中培训，组织中小学党史育人赛课和集中观摩活动。3月，三位人大代表向十三届全国人大一次会议提出推广党建“五个一”工作经验的建议案。《人民日报》以“浇花浇根、育人育心”为题对宁乡教育党建特色进行深度报道。省内外多地到宁学习考察。严格落实党建常规，扎实推进“五化”党支部创建活动，在长沙市各农村区县率先成立民办教育党委，率先在乡镇（街道）层面成立教育党委，连续两年以市委名义召开全市中小学校党建工作大会。2018年被宁乡市委评为“先进基层党组织”。

教学质量。组织高考、自考、成考等七大类11次国家教育考试，零事故、零失误、零投诉。获长沙市初中毕业学业水平考试先进单位、社会考试先进单位、高考体检先进单位及招飞工作先进单位；高考组考连续8年获评长沙市“优秀考区”。2018年高考，该市一本上线1345人，比2017年增加157人，二本上线3884人，比2017年增加257人，高考本科上线人数大幅增加、上线率稳中有进。2018年高二学业水平考试合格率、初中学业水平考试八科合格率较往年有提升。

素质教育。科技教育普及面100%。创建3个全国中小学创造教育试点基地，7个省市级科技活动优秀校、知识产权试点校等。师生获国际、国家省、市各级奖励708个、20个国家专利、9个授权专利。“整体推进养成教育，全面培育学生良好习惯”获全省中小学德育工作优秀案例。构建养成教育资源系统，开发校本教材100余套，1872件研究成果在国家、省、市级评选中获奖。在长沙市中小学生田径运动会中，中学组全市第一，小学组全市第二，三独比赛中获奖人数居各区县第一，艺术获国际金奖2枚，田径、举重、摔跤、柔道获省奖163枚。组织全市21所样本学校完成国家义务教育质量监测，严格审核全市各级各类学校18125项监测数据，率先完成中西部教育发展评估监测工作。通过乡镇（街道）、学校、责任区、市级四级督导，完成66所幼儿园和66所义务教育阶段学校素质教育督导评估、69所标准化学校和10所公办幼儿园建设项目园评估验收。

青年建设。加强青年教育、推选优秀青年入团等工作，制定下发基层学校共青团工作和少先队工作考核细则等，各学校成立青年志愿者协会和社团组织机构，组织开展各种社会实践活动，服务社会，实践育人。紧紧围绕社会主义核心价值观教育，通过“童心向党”合唱比赛、中华经典诵读大赛、青春诗词大赛、清明祭英烈、“争做文明小市民排队礼让我先行”“崇德向善”志愿服务等活动，全面推进全国文明城市创建工作。

严控大班额。面对城区学位紧张、就学压力大的严峻局面，严格执行政策班额政策，小学和初中起始年级班额原则上分别控制在45人、50人以内，城区和农村特殊集镇学校分别控制在50人、55人以内，高中一年级班额控制在55人以内，秋季开学“应读尽读”，已达标准班额的班级没有招收插班生，没有出现新增大班额。97个超大班额全部化解，500个历史遗留大班额已化解207个。

队伍建设。全年共引进招聘教师295人，送培省计划公费定向师范生150人，培养长沙市级名校长2名，名师59名，建设27个学科名师工作室，6个农村名师工作站。实施卓越教师队伍建设工程，遴选130名第一批宁乡市卓越教师。以多种方式开展卓越教师梯队培养、乡镇骨干校长和市直中学校长高端研修等培训。持续推进乡村教师“市管校聘”改革。2018年暑假，区域间交流教师381人，21位城区学校管理人员和25名农村学校管理人员城乡挂职支教。

支教工作。向邵阳市绥宁县、西藏自治区山南市分别派出支教教师22名、4名，创宁乡“三区”支教人数历年之最。成立驻绥宁支教队临时党支部。《人民日报》对宁乡支教工作进行图文报道。

教育扶贫。组织教育系统8200多名在编在岗教师进行“一对

一”结对帮扶工作，遴选了41名中层及以上优秀干部，派驻39个村（社区）担任驻村队长（队员）积极开展驻村帮扶工作。派遣22名教师赴绥宁支教，《人民日报》报道。学生资助工作更加规范，全年共计发放家庭经济困难学生补助2512.24万元。义务教育阶段建档立卡儿童失学率为零。

智慧教育。创新建立“智慧教育缴费”，秋季开学全市326所学校近12万学生通过手机进行交费，开学报名工作由原来的2天缩短为2个小时，杜绝了教师代收保险的现象，湖南卫视、《长沙晚报》、《三湘都市报》等多家媒体报道。推进教育信息化，基本实现“宽带网络校校通，多媒体教学班班通”。完成11个网络联校主校和33所边远乡镇分校建设工作，启动8所主校牵手24所边远乡镇分校建设，边远山区学校学生通过网络远程与城里学生实现“同堂上课”。

校园安全。出台《宁乡市学校法律顾问工作规程》，落实全市60所学校法律顾问配备工作。加大学校“三防”建设投入，2018年新增210万元购买专业保安服务进一步充实学校人防力量；抓好校车安全与学生防溺水两项安全工作，全年未发生一起校车安全责任事故，学生溺亡率相较2017年下降70%；切实抓牢十项校园重点安全，全年未发生一起校园安全责任事故；明厨亮灶100%完成。联合多部门大力开展校园周边综合治理，切实优化校园及周边环境。

师德师风建设。出台《宁乡市中小学教师师德师风建设实施细则（2018-2020年）》等文件，明确师德考核负面清单15条，重点整治有偿补课、违规征订教辅材料、收送招生回扣、中小学食堂违规经营管理等问题，采取调离、处分、通报等强力措施整治各类违纪违规行为。在年度考核、教师聘任、评优评先、晋职晋级等工作中，将教师师德表现放在首位。全年无体罚、变相体罚学生问题发生，无较大负面影响事件发生。

学前教育。以办理宁乡市人大《关于促进学前教育健康发展的一号议案》为契机，出台《宁乡市学前教育三年行动计划》《小区配套幼儿园统筹举办和管理的暂行办法》《提质学前教育发展若干意见》等系列文件，将公办幼儿生均公用经费按标准列入2019年财政预算。以优质园为龙头，通过“对口帮扶、委托管理、捆绑发展”模式带动薄弱园发展。成立8个幼教集团，涵盖公办中心园、附属园、民办园37个，占全市园所总数11.03%。《让“幼有所育”绽放新光彩》在省人大常委会机关刊物《人民之友》发表。

职业教育。秋季招收新生6693人，在校生规模13502人，分别较2017年增长89.77%和42.6%，普职学校数和招生规模大体相当。长沙湘都中等职业学校举办涉农专业，弥补全省中职学校该专业空白。建立校企合作关系149家，推进校企合作项目70个，投入经费2373万元，订单式培养学生61个班，培养人数2904人，毕业学生1472人，其中1183人实现本地就业，占比82.9%。成立职业教研联组，师生在国省市各级竞赛活动中获奖279人次，实现国奖突破。

清理整治无证办学。全市摸排共有618家无证办学机构，截至2018年年底，共有138家通过整改提质获得办学许可，480家关停，完成率100%，获准办证总数、取缔关停总数居全长沙市第一，在全省规范校外培训机构治理专项会议上，宁乡市教育局作典型经验介绍。湖南卫视等媒体进行报道。

社区教育。经过全面优化社区教育四级网络建设，2018年末全市已经全面实现学习中心市域全覆盖，新增两个市级示范性学习中心和一个老年教育示范基地。网上注册新增三千多人。宁乡社区学院创建为全国优秀成人继续教育学院，至此该市已经实现社区教育三块国字号招牌。

书香校园。45所中小学申报第一批长沙市“书香校园”，召开阅读工作推进会，全市省示范高中更新图书室、建立师生阅览室和电子阅览室；其他高中更新图书室、建立师生阅览室；各乡镇选择2所中小学建立师生阅览室。各校积极开展“书香班级”“书香家庭”等评比，把书香校园建设纳入日常管理和学生综合素质评价。系统各级把书香校园建设纳入常规督查、教育督导和考核的重要内容。

【周南靳江中学】 由长沙周南中学与宁乡市人民政府合作办学的周南靳江中学于2018年秋季正式开学。该中学由宁乡市人民政府投资新建，位于大屯营航空新镇，学校办学规模30个教学班，提供学位1600个。

12月5日，宁乡市人民政府与周南中学合办周南靳江中学签约仪式在宁乡市市民之家三楼会议室举行

【学校安全工作会议】2018年1月3日，宁乡市教育系统学校安全工作会议召开。会上，市政府办副主任彭晓静通报双凫铺交通事故和该市存在的校车安全隐患问题，要求各职能单位和部门对照问题切实加强校车安全管理、日常督查、教育培训、应急处置、信息上报等工作。教育局党委书记、局长戴晓成要求严格落实好校门口早晚护导交接、校车安全教育及演练、每日“非法接送”排查；严查各类无证培训机构、托管机构、校园及周边隐患排查；严抓门卫管理，消防、食品、饮用水、危化品等安全，迅速组织开展校园安全“十查”专项行动。宁乡市人民政府副市长钟利仁强调，安全工作始终不能放松，必须立即行动全面再部署；必须全面加强隐患排查和落实整改；必须全面加强督查监管，确保万无一失。

【教师节表彰大会】2018年9月6日，宁乡庆祝教师节大会在市会议中心一会议室举行。市委副书记、市长付旭明，市委副书记刘永红，市委常委、统战部部长钟利仁，市人大常委会副主任张莹，市政协副主席李纯出席。会议回顾总结宁乡教育一年工作成绩，表彰优秀教师317人，强调要更加重视教育发展，持续加强教师队伍建设、提升教育素质品牌、加强学生思想政治教育、推进教育均衡发展、加大教育经费保障、优化教育发展环境。

【民办教育工作培训会】2018年9月28日，宁乡市民办教育工作培训会在师大附属树仁学校举行。出席活动的有长沙市教育局党委委员、民办教育党委书记胡慎信，长沙市教育局民教处处长、民办教育党委副书记刘凯希和宁乡市教育局有关领导。民办培训学校举办者向市教育工会主席刘国强递交安全工作责任书和规范办学行为承诺书。胡慎信要求，各民办学校要把党的领导放在首位，不断规范学校办学行为，加强学校特色建设，强化责任担当，促进教育事业持续发展。培训会上，胡慎信、刘凯希作专题讲座。

【高中教育教学工作大会】2018年10月30日，高中教育教学工作大会在宁乡第四高级中学召开。宁乡市教育局党委书记、局长戴晓成充分肯定2018年高中教育教学所取得的成绩，要求全体高中教育人一定要认真抓好习近平中国特色社会主义新思想的学习，落实好习总书记在全国教育大会上讲话精神；继续坚持以教育教学为中心，强化落实好教育教学工作“三个五认真”；继续加强校长、书记和学校管理团队的示范引领作用；继续加强学校管理，特别注重学生安全和思想政治教育工作；继续加强教师队伍建设，确保系统和谐稳定；继续加大书香校园建设，营造良好学习氛围。

【民办教育协会颁奖大会】2018年1月23日，民办教育协会颁奖大会在金海小学举行。会上作了2017年协会理事会工作报告、协会监事会工作报告，审议通过修改协会章程报告，宣读《宁乡市民办学校行业自律公约》，宣布民办教育贡献奖获奖名单等，并为协会常务副会长、副会长单位授牌，为“民办教育贡献奖”个人获得者颁奖。

【教育基金会2018年“育才行动”奖学助学金发放大会】2018年8月21日，教育基金会2018年“育才行动”奖学助学金发放大会在教育局机关六楼举行。活动中，宁乡一中张斯琦同学升入北京大学，得到市教育基金会5000元奖励；100名高中学子升入大学本科，得到市教育基金会设立的“圣得西、加加”奖助学金共20万元；30名初中毕业生升入该市重点高中，得到市教育基金会设立的“见明”奖助学金共3万元。此外，教育系统47名升入211工程以上大学学子的优秀家长得到市教育工会表彰奖励共9.4万元。

【秋季开学工作部署大会】2018年8月29日，秋季开学工作部署大会在玉潭街道实验小学（新校区）召开。会上，市纪委派驻教育局纪检组组长何欣作工作报告，针对有偿补课、违规征订教辅材料、学校食堂经营管理三方面工作进行形势分析，通报典型案例，明确具体工作要求。市教育局党委书记、局长戴晓成作《聚焦主业开拓创新推动宁乡教育事业谱写更美篇章》主题报告，回顾总结了上半年教育事业发展情况，科学谋划了下半年教育工作。就秋季开学工作中控制班额、开展入校教育、精准扶贫、整治无证办学、幼儿园“小学化”专项治理、开学安全等12项工作进行详细部署。

【庆“六一”关爱留守儿童文艺晚会】2018年5月29日，由宁乡市人大联工委、宁乡市妇联、宁乡市教育局联合主办，由百灵鸟教育集团承办的“新时代，与爱同行，幸福远航”主题庆“六一”关爱留守儿童文艺晚会在楚天大剧院举行，出席活动的有长沙市人大常委会联工委、宁乡市人大常委会、宁乡市人民政府、宁乡市政协有关领导。活动中，宁乡市人大常委会副主任熊志扬希望社会各界能够更多关注留守儿童的教育发展；希望家长抽出更多宝贵时间用心陪伴孩子；希望全体人大代表为全市儿童教育发展提出好建议、履行好职责、做出好贡献。

【教育教学工作大会】11月22日，2018年宁乡市义务教育阶段教育教学工作大会在长郡沩东中学举行，系统411人参加。会上，全面总结2018年该市义务教育阶段取得的成绩，强调在今后的工作中要着力加强校长、教师、家长队伍建设，大力发展素质教育，全面提高校长治校理政能力、教师教书育人水平、家长家庭教育水平，全面提高育人质量。宣读《关于2017—2018学年度义务教育阶段素质教育质量优秀单位和管理先进个人评选结果的通报》。长郡沩东中学、老粮仓基地学校等6个单位和个人作典型发言。会议要求在教育教学工作中既要仰望星空谋长远，做政治上的明白人、发展上的思考者、教育上的奋斗者；又要脚踏实地出实效，抓好常规管理、强化示范引领、加强队伍建设，挖潜力、激活力、强动力。

【阅读教育工作会】2018年11月

29日，阅读教育工作会在沙田乡五里堆初级中学举行，活动分现场观摩和主题会议两部分。会上，该乡基地学校作经验发言。市教育局、市委统战部有关领导要求，全民阅读要常抓不懈、久久为功，通过抓两头、带中间，不断扩大阅读参与面，进一步形成全民阅读氛围；通过抓经典品鉴，不断弘扬中华传统文化。随后，湖南省政协委员、香港“阅读·梦飞翔”文化关怀慈善基金会主席梁伟明进行阅读教育专题讲座。

【特殊教育研究培训中心成立】 2018年11月26日，宁乡市特殊教育研究培训中心成立大会在虎山特教学校召开。观摩学校选择性课程活动展示。会议宣读《宁乡市教育局关于成立宁乡市特殊教育研训中心的决定》，向湖南师范大学特殊教育系主任陈杰，长沙市特殊教育研训中心主任、长沙市特殊教育学校校长胡建郭颁发特聘专家聘书。胡建郭充分肯定宁乡特殊教育所取得的成绩。宁乡市教育局党委书记、局长戴晓成指出，各单位、学校要进一步统一思想认识，加强特殊教育研究和师资培训，形成特殊教育合力，兑现宁乡教育“一个都不能少”的承诺。

【教育系统百人大相亲】 2018年12月23日，“缘来就是你——大型百人相亲会”在长沙市望城区新华联铜官窑古镇举行。该活动由宁乡市教育工会、宁乡经济技术开发区总工会共同举办。来自宁乡教育系统、宁乡经开区等单位的218名男女青年参加活动。18对青年男女成功牵手，并获旅游基金奖励。

【宁乡一中代表队舞蹈获金奖】 2018年8月5日，宁乡市第一高级中学火凤凰艺术团舞蹈《星星的孩子》在第24届中新国际青少年艺术交流盛典中获金奖。

【宁乡获2018年度湖南省第一届“匠心奖”教学比赛最佳区县】 2018年4月12—13日，“阅读·梦飞翔”湖南省第一届“匠心奖”阅读教学比赛决赛在城郊街道中心小学举行。出席本次活动的嘉宾有“阅读·梦飞翔”文化关怀慈善基金主席梁伟明，台湾秀峰高中图书馆主任、台湾学校图书馆馆员学会执行长范绮萍，《阅读·梦飞翔》文化关怀慈善基金顾问及长沙市红卫小学校长杨建辉，宁乡市委统战部、宁乡市教育局有关领导，以及怀化、娄底、益阳、郴州、衡阳各区县教育局领导7人，及来自各县区观摩比赛的老师600余人。比赛分低年级、中高年级两组进行。宁乡在本次比赛中获评2018年度湖南省第一届“匠心奖”教学比赛最佳区县。

【宁乡学子在第39届省青创大赛中获四金两银】 在2018年4月27日结束的第39届湖南省青少年科技创新大赛中，宁乡学子获四金两银。获金奖项目分别是《低剂量紫外线-C促进玉米、水稻种子萌发的探究》《脑电波控制自动调焦眼镜》《“未来工匠师”科学体验活动方案》《农家鱼塘“生态鱼窝”的研究与设计》。另有宁乡第四中学和宁乡第十三中学学生创新项目获银奖。

【第十三届“奇思妙想”纸质结构模型普及竞赛】 2018年10月11日，宁乡市第十三届“奇思妙想”纸质结构模型普及竞赛活动（决赛）在宁乡市第十三中学举行。活动由宁乡市教育局、宁乡市科学技术协会主办，由宁乡十三中、宁乡市康志良科技创新名师工作室承办。活动以“创意、实践、展示、成长”为主题，分小学组和中学组进行。全市500多名中小学生（两人一组）参加。经评选，小学30组同学、中学15组同学获特等奖。

【宁乡市“忘不了男装”杯中小学生建制班级合唱赛】 11月22日，以“传承少奇精神实现复兴梦想”为主题的2018年宁乡市“忘不了男装”杯中小学生建制班级合唱赛决赛在长郡沩东中学举行。本届赛事自11月初启动，全市20万名师生以建制班级为单位参加，经初、预赛，12支代表队参加决赛。市人大常委会副主任张莹参加活动。忘不了服饰有限公司董事长罗美元致辞。

【纪念刘少奇诞辰120周年主题诗歌朗诵决赛】 10月31日宁乡市教育系统纪念刘少奇诞辰120周年暨“颂党员修养”主题诗歌朗诵决赛在实验小学举行。本次活动由宁乡市教育局党委和市教育工会主办，玉潭街道教育党总支承办，玉潭街道实验小学党支部协办。经分片区初赛后，23个节目进入决赛。宁乡市委常委、宣传部部长彭娟出席活动并致辞。她希望全体老师牢记中华民族复兴的伟大使命，当好时代“筑梦人”；牢记习总书记“四有”好教师的殷殷嘱托，当好学生“引路人”；牢记刘少奇主席论党员修养的崇高标准，当好队伍“带头人”。

【宁乡市第一届青少年科技创新市长奖】 2018年1月9日，宁乡市第一届青少年科技创新市长奖颁奖大会在宁乡十三中举行。会上，对第一届宁乡市青少年科技创新市长奖评选工作进行详细说明、宣读表彰决定、为获奖学生颁发了荣誉证书。宁乡市委副书记、市长付旭明要求，全市上下要进一步凝聚青少年科技创新的强大活力；各级各类学校要进一步成为青少年科技创新的成长摇篮；广大学子要进一步争当青少年科技创新的时代先锋。在本次活动中，10位同学获宁乡市第一届青少年科技创新市长奖，8位同学获提名奖。

【湖南师大教育实习基地落户宁乡紫金中学】 2018年11月6日，宁乡市教育局在紫金中学举行湖南师范大学数学与统计学院教师教育实践基地——紫金中学基地授牌仪式。湖南师范大学数学与统计学院党委书记颜中玉讲话，为紫金中学实习基地授牌。活动中，对优秀实习生和优秀指导老师进行颁奖。

【应对雨雪冰冻天气】 2018年1月24日，宁乡市教育局成立防低温雨雪冰冻灾害工作领导小组，印发《宁乡市教育局关于做好低温雨雪冰冻天气防范应对的工作方案》《宁乡市教育局防低温雨雪冰冻天气灾害应急工作预案》《宁乡市教育局关于做好低温雨雪冰冻天气防范应对工作的紧急通知》。1月26日宁乡市教育局召开低温雨雪冰冻天气防范应对工作专题部署会，要求提前做好应急准备，加强督促联络指导，加强隐患排查、整改，加强食品、饮用水安全管理，加强对学生应对冰冻雨雪天气的安全教育，积极关注留守儿童。

【审计联组】宁乡市教育局对系统50个会计核算单位按照区域相近、类别相近的原则，成立10个审计联组。审计联组成员由系统各单位分管人事、纪检、财务工作的负责人组成，采取交叉审计的方式，每年审计一次。审计内容包括财务管理、人事编制、制度建设、内部控制、民主决策等在内的相关事项。

【招生工作实施三大改革十条禁令】2018年5月6日，在宁乡市招生工作大会上，介绍了2018年招考工作三大改革：全面治理大班额、全面启动新高考、中职阳光招生。并解读“不得突破招生计划、不得设招生门槛、不得向生源学校和教师支付招生费用或实物”等《宁乡市教育局2018年招生考试工作十条禁令》。宁乡职业中专校长作表态发言，市直高中、职业学校、基地学校和民办学校校长向市教育局党委书记、局长戴晓成递交招生工作责任状。宁乡市人民政府副市长钟利仁讲话。

【国家义务教育质量监测工作视导】2018年5月23日，教育部基础教育质量监测中心专家杨远都一行到宁乡视导2018年国家义务教育质量检测工作。座谈会上，宁乡市教育局重点汇报和介绍了“三查”“两促”“五看”的落实情况，以及在宣传内容和方式、监测工具、标牌标识等方面“五统一”，严格落实保密工作等情况。双方还就场地标准问题、体育免测生问题等情况进行深入交流。随后，杨远都一行到双江口镇罗巷小学、双江口中学、夏铎铺镇中心小学、大屯营镇三仙坳中学实地调研。杨远都认为，宁乡国家义务教育质量监测工作开展扎实有序，工作细致到位，有针对性、有特色，值得肯定。

【省教育厅对宁乡秋季开学工作进行专项督导】2018年9月5日，湖南省教育厅副厅长应若平和有关领导一行到宁乡进行开学工作督查。应若平一行先后深入经开区科技工业学校、南田坪中学、潇湘职业中专学校、湘都职业学校、市幼儿园等学校就中职阳光招生、学生就业安置、大班额控制、安全风险防控、幼儿园“小学化”等工作进行督查。座谈会上，宁乡市教育局党委书记、局长戴晓成对宁乡2018年秋季开学工作情况作整体汇报。应若平认为，宁乡开学工作谋划主动、措施有效、效果突出、特色彰显。特别对规范社会力量兴办中职教育和中职招生工作中，统一进校宣讲、统一网上填报志愿、统一网上录取“三个统一”的做法给予充分肯定。应若平希望宁乡教育不断加强城乡教育一体化发展，不断推进教育深化改革。

【宁乡市全民学习活动周启动】11月5日以“大力推进全民学习推动学习型城市建设”为主题的2018年宁乡全民终身学习活动周在双江口镇农耕文化园正式启动。启动仪式上，宁乡市教育工会主席刘国强作主题工作报告。双江口镇村名姜超分享脱贫致富经验。长沙市教育局副局长杨庆江高度肯定宁乡社区教育工作，对后阶段工作提出“五个一”要求：确定一个创建全国社区教育实验区的目标，建立一套完整的社区教育机制，树立一批典型，开发一系列完整课程，营造一个良好的氛围。宁乡市委副书记刘永红宣布2018年宁乡市全民终身学习活动周开幕，对全民终身学习提出“六有”要求：工作发展有目标、经费投入有机制、动员群众有抓手、比学赶超有平台、乡村振兴有贡献、考核评比有品牌，通过“六有”营造全民终身学习氛围，推动学习型城市建设。（黄晓佳）

宁乡一中

【概况】2018年，宁乡市第一高级中学（以下简称宁乡一中）有高中教学班81个（其中高一年级748班至773班共26个班，高二年级720班至747班共28个班，高三年级693班至719班共27个班），学生4422人，教职工385人。2018年，学校党委和下属支部代表宁乡市接受省委组织部“书记抓党建”考核获满分通过，学校党委被宁乡市教育局党委授予“先进基层党组织”“党风廉政建设先进单位”“综治安全红旗单位”，长沙市教育局党委授牌702班“共产党员示范班”，27名党员被评为宁乡市教育系统“优秀共产党员”。2018年，广西玉林市育才中学、益阳市一中、常宁六中、郴州市宜章一中的教育考察团等相继到学校交流访问；4月29日CCTV-10科教频道在《中国影像方志》栏目中对宁乡市地方情况进行推介，其中对宁乡一中“科技创新”活动进行了重点介绍；10月，中共中央宣传部/国务院新闻办公室五洲传播中心推出的大型电视纪录片《地名中国·山河密码》（宁乡篇）摄制组到学校进行调研、拍摄、访问，开启了学校文化宣传走向世界的新征程。

【教师队伍建设】2018年，宁乡一中在各级各类教学比武、微课大赛等活动中，宁乡一中有60多人次获得各类奖励。在2018年“一师一优课”活动中，有罗妞、黄灿、肖荣三位老师荣获部级优秀，5人次获得省级优秀，26人次获得市级优秀，35人获县级优秀，获奖等级和人数均列湖南省前列。2018年湖南省集体备课大赛中，学校有徐应冰、谢晋洋等2个教师团队获得一等奖，罗伟湘等4个团队获得二等奖，肖艳湘等4个团队获得省三等奖。学校获得集体备课大赛“最佳组织奖”。全年有76篇论文获得省市县各级奖励。学校有市级课题《元素化合物教学中教书育人功能的研究》顺利结题并获得市级二等奖，省教育学会“十三五”规划课题阶段研究中期报告通过专家验收，省级课题《田径类教材创新研究》顺利立项，其他课题研究工作开展良好。3名教师成功申报宁乡市名师工作室首席名师，落户一中名师工作室增加至3个；4名教师被聘请为市名师工作室顾问；12名教师被聘请为名师团队成员；35名学员加快成长。四是教师队伍不断优化。为适应新高考要求，学校在华中师范大学、南京师范大学组织面向全国的专场招聘会，按程序择优签约引进研究生学历学科竞赛教练3人、应届毕业免费师范生教师12人，同时，在宁乡一中本部面向全市招录优秀教师三名。认真组织13人参加国培、2人参加省培、7人参加市培、10人参加岗前培训，57人参加2017年第2期中小学教师信息技术应用能力发展测评，教职工积极参加教学开放周、各类学科会、名师工作室活动、公需科目等省、市、县级培训。校本研修实现科目全覆盖、全员大参与，暑期培训彰显宁乡一中特色。六是积极推进师德师风建设，强化规矩意识，守好底线，不触红线，全员签订廉洁承诺书，学校未出现违反师德师风的问题，教育生态风清气正。

【德育教育】 2018年，宁乡一中全面贯彻落实素质教育，注重培育社会主义核心价值观，讲求实效，开展多形式主题教育，稳步推进党史育人“五个一”工程，校风、学风进一步浓厚，爱国主义教育、中华传统美德教育、行为规范养成教育、安全文明教育、女生教育、心理健康教育等特色进一步彰显。全体教职工都牢固树立平安校园的政治意识、责任意识、大局意识和法制意识，学校申报为湖南省教育学会学校安全管理分会会员，学校全年安全稳定，校内外秩序良好，师生员工无一违法犯罪现象，顺利通过长沙市、宁乡市消防大队的检查验收，被评为“宁乡市消防工作先进消防安全重点单位”“宁乡市教育系统综治安全工作先进单位”“宁乡市文明创建先进单位”“宁乡市疾控防疫先进单位”。

【教学质量】 2018年，宁乡一中1622人参加高考，600分以上人数226人，一本首次上线超900人，二本以上首次上线超1400人，上线人数均创历史新高。1人被北大录取，1人被香港中文大学录取，1人被香港理工大学录取，107人被985高校录取，199人被211高校录取。获评宁乡市2017—2018学年高考一等奖。高二学考全科合格率为99.09%，居全省前列，获评宁乡市2017—2018学年学考一等奖。自主招生有新的突破，200多人获得自主招生资格，1人获得北大自主招生加分，10人通过中南大学自主招生资格。高一年级参加全县抽考，成绩在县内遥遥领先。

【特色教育】 2018年，宁乡一中艺体工作成绩斐然。全年在全国传统校田径锦标赛，获得7块金牌一块铜牌，金牌总数第一名。参加2018年全国中学生田径锦标赛、湖南省中学生田径锦标赛、宁乡市全民运动会等，均获佳绩。参加2018年长沙市高中三独比赛多名学生勇夺一等奖。在长沙市中小学校园文化艺术节美术比赛活动中，3名同学获绘画组一等奖。暑期，学校“火凤凰”艺术团参加国际文化艺术交流活动，凭借节目《星星的孩子》获国际金奖。学校被评为宁乡市教育局“艺体卫工作先进单位”。各项学科竞赛成绩喜人。在2018年度的奥林匹克竞赛中，化学科：1人获全国一等奖，3人获全国二等奖，6人获全国三等奖。物理科：1人获全国一等奖，10人获全国二等奖，7人获全国三等奖。数学科：6人获全国二等奖，3人获全国三等奖。生物科：5人获全国二等奖，4人获全国三等奖。参加数理化学科能力展示活动，宁乡一中有32篇论文获一等奖，3篇论文获二等奖，5篇论文获三等奖。此外，学校在中华之星国学大赛，“叶圣陶杯”“语文报杯”作文大赛中均有不小斩获。学校获评“长沙市青少年工作室”、宁乡市教育局“科技工作创新单位”。

【校园保障建设】 2018年，宁乡一中学校提质改造取得重大成绩。学校积极与市国资公司协调沟通，争取4500多万元的建设资金对校园进行提质改造。年末已完成的项目有学生公寓、教学楼、名人走廊、篮球场、田径场等的改造工程，中心广场改造、路沿石更换等项目，学校的硬件条件得到改善。12月，学校通过创建验收，获评国家级节能示范单位。团委工作得到上级充分肯定，教工团支部被评为“长沙市五四红旗团支部”。食品安全工作有成效，全年未发生一起食品安全事故，被评为宁乡市食监局春秋季学校食品安全检查“优秀单位”。工会工作温馨扎实，召开教代会，认真做好公租房分房、教职工全员健康体检、教职工阳光运动会等一

图为宁乡一中火凤凰艺术团演绎的舞蹈《星星的孩子》

系列工作，开展丰富多彩的师德教育和文体活动，广泛开展扶贫帮困、送温暖活动，心系群众，不断提高职工幸福指数。学生资助工作扎实开展。严把扶困助学关，全年资助学生2192人，发放助学金245.4750.5万元。

（刘勇温　迎章荣）

宁乡四中

【概况】 2018年，宁乡市四中有教职工211人，在校学生2854人。学校坚守立德树人根本任务，牢记使命，守正创新，大力推进思想治校，切实强化德育工作，全面深化素质教育，取得重要办学成果，承办宁乡市2018年高中教育教学工作大会并得到广泛好评，获宁乡市教育局2018年度绩效考核一等奖，高考学考均获宁乡市高中教育教学质量一等奖等。

【党建引领】 2018年，宁乡四中坚持从严治党，切实履行主体责任，健全管理机制，完善规章制度，明确责任分工，切实加强对学校各项事业的领导。规范党内政治生活，落实“三会一课”制度。加强党员教育管理，开展“共产党员示范岗”“党员公开承诺”活动，开展“颂党员修养，学少奇精神”主题党课教育，开展党员教师“忠诚教育，服务群众”家访行动，组织全体党员赴少奇故里开展“缅怀先烈，不忘初心”主题教育活动，传承革命传统，坚定理想信念。

【教师队伍建设】 2018年，宁乡四中切实深化师德师风建设，定期开展师德师风专题教育或讲座，组织学习全国教育大会精神和《新时代中小学教师职业行为十项准则》，开展《我的教育故事》主题征文。朱新良老师荣获“宁乡市师德标兵”称号，刘勇强等9位老师荣获“宁乡市四有好教师”等称号。努力促进教师专业发展，组织外出娄底一中、市内名校等地学习培训100余人次。以教研组备课组为阵地进一步深化校本培训，开展课堂教学研讨竞赛10余次，进一步提高教师整体素质。全年有10余位教师在业务技能竞赛中获得市级以上奖励，有10多篇教师论文发表在各级刊物，有30多篇获各级奖励，有100余人次获各级竞赛指导奖或常规优秀。突出青年教师培养，完善师徒结对机制，专题开展青年教师汇报、展示、竞赛等教学活动，组织进行座谈和外出培训研修，促进青年教师成长。

【德育教育】 2018年，宁乡市四中坚守立德树人根本任务，以序列德育为核心，加强青少年思想道德建设，提高思想道德素质。大力开展文明礼仪教育，规范学生言行举止，在“争做文明小市民，排队礼让我先行”活动中获长沙市优秀组织奖。切实加强心理健康教育，学校获“长沙市心理健康教育示范学校”称号。全面加强安全教育，开展安全演练，完善预防机制，确保学校平安稳定。加强爱国主义和核心价值观教育，开展清明祭奠、国庆征文、“五四”成人仪式等系列活动。继续深化爱心感恩教育，开展“学雷锋义卖”“爱心工程”“爱心助学”等系列活动。宁乡四中是“宁乡市青少年感恩教育基地”。弘扬革命传统，组织全体学生开展“传承革命精神，弘扬优良传统”纪念刘少奇诞辰120周年活动。深化德育研究，进一步推进《以微德育促进农村高中学生自觉修身的实践研究》课题研究，从讲人文故事、开班会活动、促个案研究等三个维度纵深推进，取得阶段性成果。

【素质教育】 2018年，宁乡四中坚持以教育过程的高质量赢得教育的高质量，深化素质教育，提高教育质量。认真落实教学常规，组织开展集中学习。坚持集体备课，发挥集体智慧，提高备课效率。突出课堂教学，聚焦核心素养，大力开展课堂教学研讨竞赛，提高课堂质量。深入开展教学研究，《高中化学教学育人策略研究》课题成果获长沙市二等奖。教学质量保持全市领先，2018年高考二本上线487人，其中一本137人。学考全科合格率98.03%。坚持面向全体学生，广泛开展社团、艺体、学科、社会实践等各类活动，组织成立10多个学生社团，开展运动会、科技节、文艺节等活动，组织进行假期社会综合实践，切实提高学生综合素质。全年有500余人次学生在学科、科技、作文等各类竞赛中获得市级以上奖励。柔道特色更加彰显，参加全国中学生柔道锦标赛获2金8银9铜，参加湖南省第13届运动会获4金3银3铜，获“长沙市参加湖南省第十三届运动会贡献奖”，培养国家健将级运动员1人，学校被评为“中国柔道特色学校”。

【全市高中教育教学工作大会】 2018年10月30日，在宁乡四中举行高中教育教学工作大会。宁乡四中党委副书记、校长刘建军以《忠诚坚守，潜心育人》为题在大会上作典型经验发言。

宁乡职业中专学校

【概况】 2018年，宁乡市职业中专学校进入湖南省卓越中职学校中期建设，产教融合培训实训大楼项目启动工程建设，学校各项工作稳中求进。

学校在籍学生3883人，教职工262人。开设机械加工技术、汽车制造与检修、电子电器应用与维修、会计、计算机应用、焊接技术、旅游服务与管理、高星级饭店运营与管理、电子商务、制冷空调、汽车整车与配件营销、社会文化艺术等12个专业。

2018年学校获得“湖南省学校心理健康教育先进单位”“长沙市中职学生技能竞赛组织奖”“长沙市‘文明风采’优秀组织奖”“长沙市五四红旗团委”“长沙市五一劳动奖状”“长沙市中小学心理健康教育示范学校”“宁乡市教育局先进基层党组织”“2018年秋季开学工作先进单位”等。

【德育管理】 以德育主题活动为载

宁乡市职业中专新校区（航拍）

体，通过讲座、竞赛等活动，对学生进行安全教育、养成教育、法制教育、禁毒教育、感恩教育等主题教育；组织全员家访和高一家长会，形成家校合力；德育活动丰富多彩，14个学生社团招新；学校文明风采竞赛省一等奖1个，省二等奖2个，省三等奖2个，市一等奖1个，市二等奖16个，市三等奖19个。节目《苗岭连北京》在2018长沙市中职生成建制班合唱比赛获一等奖，获得宁乡市中学生足球赛第二名、宁乡市中学生篮球赛第三名。

【教学工作】 2018年，宁乡市职业中专学校开展全员听课、师徒结对活动，推出公开课212堂；教师职业能力竞赛获得省一等奖1个、省三等奖1个，市一等奖3个、市二等奖1个、市三等奖7个；对口高考二本上线人数54人；技能竞赛获县一等奖58个、团体总分一等奖和优秀组织奖；国赛二等奖1个，三等奖1个；省赛累计一等奖8个，二等奖11个，三等奖4个；长沙市赛一等奖20个，二等奖29个，三等奖27个。

【科研工作】 加强教师业务学习，信息能力发展测评114人，及格率为98.2%；教师论文获省级一等奖6篇，二等奖10篇，三等奖20篇；县级一等奖3篇，二等奖8篇，发表论文6篇；教师培训70人次，下企业挂职锻炼48人；完成省卓越校数据填报，收集整理8门课程的教学资源库；省级课题1个结题，7个在建，市级课题2个在建。

【招生就业】 学校秋季招生1509人；新增蓉园宾馆、海尔智能等多家合作企业；组建楚天班、格力班、蓉园班等8个冠名班，订单人数400多人；工学交替240人；本地就业率99.22%，专业对口率90.50%，就业稳定率94.61%，企业满意率98%。对接三一、圣得西、比亚迪、格力等企业员工培训，承接计算机、育婴员、中式烹调师、电工、焊工、新型职业农民等科局培训，全年完成各级各类培训1182人，技能鉴定164人。（谢道远　胡跃波）

文化事业

CULTURAL UNDERTAKINGS

责任编辑 · 丁志群

文化体育

【概况】 2018年，宁乡市文化体育广播电视局（以下简称宁乡市文体广局）机关设7个科室：办公室、政工人事科、财务内审科、文化科、体育科、产业科、行政审批服务科。下辖9个二级单位：文化市场综合执法局（正科级）、文物管理局（副科级）、图书馆、文化馆、演出管理站、文体中心管理处、电影放映管理服务中心、剧院和文体事业发展服务中心。局系统干部职工204人，其中中高级专业技术人员19人，待岗人员101人。

2018年宁乡市文化体育广播电视局深入贯彻党的十九大精神和认真学习领会习近平新时代中国特色社会主义思想，围绕“为百姓服务，为发展担当”工作主线，大力实施“文化强市”战略，完善公共文化体育服务体系建设，加强文化遗产保护利用，健全现代文化市场体系，推动文体产业健康快速发展，宁乡的城乡品质提升，人民群众的文化获得感、幸福感增强。

【党建和党风廉政建设】 2018年，宁乡市文化体育广播电视剧以推进“不忘初心牢记使命”主题教育为核心，以党建工作责任制为抓手，以筑牢反腐拒变防线为落脚点，全面推动从严治党向纵深发展。一是落实意识形态主体责任。局党委开展意识形态工作专题会议2次，组织6次党委中心组学习，将意识形态工作纳入对二级单位绩效考核，加强意识形态阵地管理，维护网络意识形态和新闻舆论工作安全。二是强化组织建设。以基层党建强化年为契机，从严落实党委主体责任、书记第一责任和班子成员“一岗双责”。制定《党建工作要点》，研究部署党建工作6次，开展在职党员进社区活动，新发展党员1名，落实“三会一课”制度要求，认真开展“旗帜鲜明讲政治绝对忠诚抓落实”“知敬畏、存戒惧、守底线”专题民主生活会，推进谈心谈话常态化、全覆盖。三是推进作风效能建设。贯彻落实中央及省、市党风廉政建设各项规定，落实党风廉政建设责任制，建立健全教育、制度、监督并重的惩治和预防腐败体系。文体广局党委定期或不定期采取多种形式进行作风检查，对涉及重大权益关键岗位人员定期进行审计监察，不定期开展预防腐败谈话活动，增强干部廉洁自律意识。

【公共文化服务】 2018年，宁乡市文体广局贯彻落实《公共文化服务保障法》《公共图书馆法》，巩固省级现代公共文化服务体系示范区创建成果，基本构建“城乡一体，覆盖全市”的公共文化服务体系。一是织密公共文体服务网。宁乡市图书馆获评“国家一级图书馆”；新建市民之家24小时自助图书馆。制定《文化体育工作三年行动计划（2018—2020年）（纲要）》文件，将按照“七个一”标准分三年打造村（社区）综合文化服务中心208个，其中2018年完成68个，新建87处全民健身工程点、1个健身驿站、2个国民体质监测点。建设10个企业职工书屋，获批全国示范性农家书屋1家、省级示范性农家书屋1家、市级示范性农家书屋2家，更新农家书屋书籍2.5万余册。二是拓展免费开放服务面。成立宁乡市新时代文明实践中心文体艺术志愿服务分队，开展“我是雷锋家乡人湖湘文化送春风”“你读书·我买单”“我的书屋·我的梦”等文化志愿服务系列活动和广场舞、合唱免费教学活动；加强文化产品供给，积极组织“五送五进”活动。开展图书流动服务200次、送戏下乡96次、公益培训20余场、公益电影放映4881场，“戏曲进校园”花鼓戏培训30课时、“送教下乡”广场舞培训52.5课时。与乡镇签订广播“村村响”运行管理维护责任状，组织专项督查并实施整改。采取政府购买公共服务的方式组织暑期向中小学生免费开放游泳场馆。

【文体活动】 2018年，宁乡市文体广局以群众文化活动需求为导向，以品牌赛事活动为载体，为群众搭建学习、展示的平台。一是组织宁乡首届全民运动会。以“爱运动·爱宁乡”为主题，共设竞赛项目11个、特色项目3个，分乡镇（街道）、部门、企业、青少年4个组别，共有代表团97个，举办初赛3000多场次，选拔决赛队伍500多支，参赛运动员近2万人，直接或间接参与人数达50万人。二是开展丰富的文体活动。组织举办2018年新春“美好宁乡市欢乐过大年”春节系列活动、首届“特步”杯跑步节暨第29届春季马路赛、“楚沩公益讲坛”“我的中国梦·奋进新时代”“为了这一江碧水”、NBL全国男子篮球联赛、“每月有约快乐宁乡”文体中心公众开放日、第二届宁乡花鼓戏唱腔大赛暨戏曲身段比赛、戏曲艺术周等大型文体活动

5月20日，“每月有约 快乐宁乡”文体中心公众开放日启动式现场

20余个。创作《匠·心》《戏·角》《全民运动会会歌》《沩水春秋》等文艺精品近20个，在宁乡文化展演活动中深受群众好评。

【文化遗产保护传承】 2018年，宁乡市文体广局弘扬优秀传统文化，做好文化遗产保护与传承，在乡村振兴中展现文化的责任与担当。一是文物保护利用不断加强。与29个乡镇（街道）签订五纳入文物责任书；完成谢觉哉故居等6处文物单位的白蚁防治工程；完成何叔衡故居、谢觉哉故居的消防电压扩容升级工程；完成兰花屋场消防安防工程；修缮周堪庚、罗仲霨墓地；与湖南经视合作拍摄《长沙历史上唯一的状元易祓》《一段峥嵘修路史》等纪录片；协助宁乡市政协、电视台拍播《沩水春秋》；主办南轩文化园国学讲座暨清明纪念活动；完成沙田红色旅游经典景区的规划编制；树立46处县级以上的文物保护单位标志碑；完成乡村文物微展览3处。二是非物质文化遗产工作成效明显。实施“楚沩名品”“楚沩名匠”“楚沩民俗”发掘和保护工程，传承和振兴宁乡花鼓戏、麻山锣鼓、灰汤杂技、皮影戏等特色非物质文化遗产。公布宁乡市第五批非遗代表性项目。《宁乡木偶戏》《高家甜酒酿造技艺》《祖塔喉科医术》等3个项目获批长沙市第六批市级非遗项目。按照“委托组团+签约管理+政府补贴+目标考核”的思路组建花鼓戏剧团并运营。建设“宁乡非遗文化长廊”，以“记忆”为主线，包括记忆中的音韵、记忆中的味道、记忆中的手艺、记忆中的故事四个核心版块，共展出27个非遗代表性项目，致力打造“宁乡青少年传统文化教育社会实践基地”，营造“非遗在我身边”的保护传承氛围。

【文化产业发展】 2018年，宁乡市文体广局加快推进文化旅游特色小镇建设，在丰富黄材青铜文化小镇、花明楼红色文化名镇、灰汤温泉小镇、关山电竞小镇，夏铎铺乡村风情小镇、双江口农耕文化小镇的基础上，推进炭河古城、道林古镇、创意煤城等重点文化旅游产业平台建设，努力将宁乡打造成为乡村文化旅游休闲目的地和湖南文化旅游的新名片。全民运动会举办“一千健儿竞沩山”“一百骑手赛灰汤”“一世依情汇童牧”等特色项目，实现体育运动与自然资源的叠加，推动全域旅游发展。培育和促进文化消费。制定宁乡市开展引导和扩大文化消费活动实施方案，积极组织开展相关文化消费活动，出版《宁乡市文化消费试点资料汇编》，为宁乡文化企业争取长沙市文化消费专项资金32万元。炭河古城景区自开放至年末，实现门票和门店收入2亿元。2018年体彩销量达到6000万元、招商资金达到200余万元。

【文化市场稳定】 2018年，宁乡市文体广局保持执法监管高压态势，营造清朗的文体市场环境。一是文化市场执法监管。开展“扫黄打非”等各类专项整治执法行动55次，检查经营单位800余家，其中立案查处违规经营52起，责令整改经营场所235家，处理12345市民热线投诉举报事件193件。二是行政审批服务。截至年末，共办理行政审批业务事项372项，咨询事项65项；及时将审改办下发的25个政务服务事项进行网上公示；实地勘查58家文化经营单位场地。

新华书店

【概况】 2018年，湖南省新华书店有限责任公司宁乡市分公司（以下简称新华书店宁乡市分公司）有正式在册在岗员工47人。下设经理室、综合管理部、财务管理部、市场一部、市场二部、市场三部。至年末，公司共开设16个门店，其中在玉潭街道设有中心门店和市民书吧2家门店：中心门店营业面积700平方米，经营图书、音像制品、文化用品3万余种；市民书吧营业面积100平方米，经营品种4000余种。在黄材镇、双凫铺镇、流沙河镇各设1家集镇门店，每家门店经营品种4000余种。在宁乡一中、二中、四中、五中、九中、十中、十一中、职业中专、城北中学春城、梅花、振兴校区等11所学校内各设有1家校园阅读基地，经营图书、报纸、杂志5000余种。

2018年，新华书店宁乡分公司积极适应经济发展“新常态”，把握稳中求进的工作总基调，担当新使命，开启新征程，奋力实现新时代发展新跨越。销售规模稳居全省县级公司前列，完成各项工作任务。

【队伍建设】 2018年，新华书店宁乡分公司加强思想政治建设。围绕学习贯彻十九大精神这条主线，开展支部集中学习。把党员干部的思想和行动统一到党中央的决策部署上来，坚定理想信念、筑牢精神支柱，确保精神上“不缺钙”。

基层党组织建设。按照宁乡市委组织部及省市公司党委要求，抓好党支部五化建设。做好党组织关系排查、党费收缴管理、党员发展、支部换届选举等工作。

党风廉政建设。认真履行“第一责任人”职责，班子成员落实“一岗双责”，把党风廉政建设工作引向深入，开展“知敬畏、存戒惧、守底线”纪律教育活动。通过开展党性党风党纪教育、正面典型教育、反面警示教育，增强党员干部的廉洁从业意识，筑起拒腐防变的思想堤坝，为企业发展营造风清气正的良好环境。

【业务经营】 2018年，新华书店宁乡分公司加强教材教辅业务。新华书店遵循“高效、扎实、主动、细致”的工作要求，牢牢抓住“服务”主旨，强化服务措施，提升发行质量，以铁的纪律确保做到“课前到书、人手一册”，为宁乡市教育教学的正常开展做好教材的供应工作。

一般图书业务。2018年一般图书实现销售3011万元，比2017年增加558万元，增长22%。一是做好重点党政读物的发行。先后发行《习近平谈治国理政（第二卷）》3.2万册、《习近平新时代中国特色社会主义思想三十讲》2.9万册，为全市广大干部群众学习习近平新时代中国特色社会主义思想提供基础保障。二是加强门店标准化管理。年初调整中心门店人员岗位，优化店堂布局，提升门店品位，为群众提供舒适阅读环境。三是继续做好大中专发行工作。继续服务做好职业中专及市域外大中专学校的教材发行工作，发行大中专教材1350万元。

文化用品销售工作。2018年，宁乡市新华书店将做好文化用品业务的重点放在积极参与招投标业务方面，通过关注市场动态，参与市场竞争，以“新华的服务，品质的保证，永恒的承诺”赢取客户的信任，共计实现销售750万元。

【管理工作】 2018年，新华书店宁乡分公司加强综合管理。一是完善管理制度。修订并完善业务招待、办公用品、汽车费用、公车管理、员工培训等多项制度，提高公司规范化管理水平。二是加大检查监督力度。纪检部门每月深入各部门，对内部管理制度执行情况、上班纪律作风情况进行检查监督，并将检查结果纳入各部门员工绩效考核，严格奖惩兑现。

财务管理。严格费用开支审批，全年几项主要可控费用中，三项主要费用同比均下降20%以上，凸显财务事前预算、事中严格监管的成效。同时做好货款回笼工作，货款回笼率达97%，确保企业资金安全，防范经营风险。

社会治安综合治理。根据安全生产和综治工作要求，严格落实安全生产各项规章制度，强化安全日常监管和重大安全隐患排查工作，定期对各部门办公场所以及中心门店、图书仓库、教材仓库等重点部位进行安全检查，按时对车辆进行保养维护。在春秋两季教材教辅分送过程中，多次召开安全生产会议，保障公司人、车、商品安全。

【建设阅读基地】 2018年，新华书店宁乡分公司向上争资近20万元，新建五中校园阅读基地。同时，开展爱心公益性活动，向青山桥田心小学、流沙河石坝小学捐赠图书5.7万元，充实他们的图书馆。

【读书活动】 新华书店宁乡分公司在全市初级中学学生中开展“小先生·十五志于学——第二届湖南省青少年国学大赛”。在公司中心门店开展“假期读经典”的阅读分享会、定期开展“朗读者”活动，世界读书日开展践行传统礼仪活动及“你读书我买单”等形式多样的读书活动，吸引大批市民的关注与参与。

（陈思思）

宁乡市广播电视台

【概况】 2018年，宁乡市广播电视台内设办公室、人力资源科、财务后勤科、总编室、事业技术科、安全保卫科等6个科室，下辖宁乡市广播电台、宁乡市电视台、宁乡市望北峰广播电视转播台、宁乡市电视节目传输中心、宁乡市新媒体中心5个二级单位，下辖长沙宁视界传媒有限公司、宁乡广电文化传媒有限公司2家企业。全台共有干部职工339人，其中在职干部职工282人，离退休干部职工57人。

2018年，宁乡广电系统实现经济收入7351万元，其中网络收入4351万元、媒体经营收入1888万元；市广播电视台获评“改革开放四十年全国百佳县级广播电视台”。

【融媒体宣传】 2018年，宁乡市广播电视台坚持“三贴近”原则，大力推进电视频道和栏目创新改革。把《宁乡新闻》《市民故事》《沩水春秋》《问政宁乡》《热线在行动》等电视栏目和“宁视界”微信、手机台打造成广电融媒体新闻矩阵，讲好宁乡故事，服务宁乡发展。人文历史栏目《沩水春秋》记录宁乡发展变迁，弘扬红色文化，《黄唐起义》《玉潭旧话》等多期节目受到观众欢迎，栏目被《文史博览》《掌上长沙》等刊物和媒体大力推荐，被纳入宁乡中小学生德育教育范畴。全年播发新闻稿件11600余条、播出新闻专题节目100多期。大力向上级媒体供稿，推介宁乡先进经验和做法：在央媒上稿13条、省级媒体上稿155条、市级媒体上稿175条。其中2018年2月16日由宁乡广播电视台供稿的《以奋斗者风貌迎接新时代第一春》在央视1套《新闻联播》播发。3项作品获得省级奖励，其中电视新闻《装备共享实现企业合作共生》获湖南广电奖一等奖（长沙地区县级台仅有宁乡台获得此奖），12项作品获市级奖。整治整合广播电视频道频率，加强公益宣传，确保导向正确，获评“湖南省广播电视公益广告创作大赛传播机构三等奖”；优化节目编排，美化荧屏，“撤县设市新闻编排”获评湖南新闻奖节目编排三等奖。

【网络覆盖传输】 2018年，宁乡市广播电视台推进广播电视公共服务体系建设。推进新一轮有线数字电视整体转换工作，全面启动全市农网数字电视平移工作，完成4465户模拟电视数字电视平移。推进农村网络的数字化进程，优化主干传输链路，开通宁乡至各乡镇数字电视主备信号，开通宁乡至各乡镇模拟电视。全面完成宁乡市惠民工程8个“千手”爱心大屋的有线电视线路设施建设安装开通工作。2018年，宁乡电视网络新增电视客户2073户，新增宽带客户1476户，完成网络经营创收4351万元。

【新媒体发展】 2018年，宁乡市广播电视台推进融媒体中心建设，优化自有媒体的融合管理考核机制，推动“宁视界”微信、手机台、电台、电视台的一体化发展和融媒体传播。开辟视听全媒体、线上线下联动推广渠道，微信文章、手机台直播、电视录播实现三方联动；开展“宁视主播带你看现场”直播，全年直播活动达78场，“全民运动会”直播在线观看量超过419万；创立今日头条号“宁视界”、新浪微博号“宁视界传媒”，实现多级传播。“宁视界”手机台访问量突破1000万，“宁视界”微信保持20万用户，“宁视界”成功进入全国县级广电微信号百强榜，位列湖南省第1位，全国第45位，在第二届广电

9月29日，宁乡市委书记周辉，市委常委、宣传部部长彭娟在宁乡广播电视调研融媒体中心建设工作

融媒评选活动中获评“优秀文化传播奖”。民生稿件占比达75%；微信稿件《敬请收藏！宁乡市全面公开领导干部电话号码，有事请Call他》阅读量达10万+，持续报道广受关注。

【媒体产业经营】2018年，宁乡市广播电视台实行经营体制机制改革，调集全台资源促进创收，媒体营收实现较大突破。成立广告经营管理中心，制订广告经营创收管理办法，不断加大合同签订、广告款回收、在播广告管理、财务收支管理等工作力度，进一步规范经营。转变以广告为主的创收模式，成立广电文化传媒公司，与宁视界传媒公司共同开展视频制作、活动承办、信息服务、播音主持培训等市场化业务，探索产业项目。承办元宵喜乐会、庆祝建党97周年纪念活动、长沙市水库防汛抢险暨山洪地质灾害防御应急演练、少儿才艺大赛、“全民运动会”开幕式等20个大型活动；制作《守护宁乡蓝》等32个视频宣传片，在确保社会效益的同时努力提升经济效益，全年媒体创收达1888万元，在全国同行经营创收普遍下降的情势下增长25%。

【广电管理】2018年，宁乡市广播电视台加强党的建设和党风廉政建设，实现新闻宣传与经营管理同步发展，多途径加大改革创新力度，夯实事业发展基础。加强党的建设和党风廉政建设。坚持党建引领意识形态、新闻宣传和经营管理，从严管党治党，进一步增强单位凝聚力。加强重点工作督查、作风纪律督查，运用执纪问责“四种形态”，营造风清气正的氛围。加强人才队伍建设。实行中层骨干竞争上岗和一般干部职工双向选择，实现人岗适配。加强培训教育，组织全系统业务培训4次、部门培训210余次。严格年终考核和平时考核，履行党管干部职工的职责。加强安全维稳管理。添置更新消防设施，开展消防培训，加强安全巡查，维稳和信访工作措施有力，实现全系统安全稳定。播出上级台和本台节目117164小时，实现安全播出“三零”目标。（陈　泽）

《今日宁乡》信息中心

【概况】2018年，《今日宁乡》信息中心共有干部职工66人，其中在编14人，聘用人员52人。内设办公室、财务室、总编室、新闻部、特刊部、新媒体中心、广告经营中心。2018年，《今日宁乡》信息中心坚持以习近平新时代中国特色社会主义思想和党的十九大精神为指引，坚定担当党媒责任，正确引领舆论导向，全力服务中心大局，用心做好新闻宣传，切实加强自身建设，唱响主旋律、弘扬正能量、浓厚好氛围。全社以报纸为龙头，宁乡网、文明网、手机报、这里是宁乡微信公众号、宁乡网微信公众号等新老媒体平台立体传播、抱团发力，全面完成各项重大宣传报道任务。全年共出版报纸260期、1040个版面，采写各类新闻稿件近9000篇，在中央省市主流媒体（含纸媒和网络新媒体）发稿近3000篇。“这里是宁乡”获评2018年度长沙市十大优秀政务微信公众号。《今日宁乡》信息中心”获评全市党风廉政建设责任制工作先进单位。

【中心工作宣传】2018年，《今日宁乡》信息中心紧扣市委重大决策部署，加强对重点中心工作的新闻宣传策划、持续深入报道，强力推动各项重大主题宣传策划落实落地。一是积极推出重大主题专栏。全年共开设报纸专栏35个，主要包括产业项目建设年、优化营商环境、千人帮千企、精准扶贫、蓝天碧水保卫战、防汛抗旱、文明创建、党建引领、首届全运会、民声受理、改革开放40周年、刘少奇诞辰120周年、三新干部、人大和政协两会等重大主题。如蓝天碧水保卫战推出专版55个、刊发报道220篇、最美治水人30篇；产业项目推出专版27个、刊发报道128篇；民声受理专栏推出相关报道47篇。二是策划采写系列综述报道。紧扣重要时间节点和阶段性中心工作，集中力量推出9个大型系列综述报道，形成强大宣传效应。其中，大调研活动系列报道10篇、高质量发展半年回眸系列报道8篇、龙溪棚改拆迁系列报道3篇、“知存守”活动纪实系列报道3篇、优化营商环境看宁乡系列报道5篇、全面深化改革工作纪实系列报道5篇、三年行动计划系列报道推出10篇（共拟推出16篇）、“四个再出发”系列综述报道推出7篇。三是适时配发系列评论文章。围绕重大主题及社会热点，全年共推出评论62篇。其中，推出“落实习近平总书记对湖南工作的重要指示精神，加快推动宁乡高质量发展”系列社论10篇；同时围绕高质量发展、产业项目建设百日大会战、文明节俭操办婚丧喜庆事宜、宁乡好人乡等主题，策划撰写一系列经济、民生类评论。此外，切实提高政治站位，每天晚上严格对标新华网，在头版头条及时刊发习总书记重要讲话精神的报道稿件。

【媒体融合发展】 2018年，《今日宁乡》信息中心拥有《今日宁乡》主报，以及宁乡网、文明网、手机报、这里是宁乡微信公众号、宁乡网微信公众号等5个新媒体传播平台，并代维楚沩风纪微信公众号及智慧宁乡APP、宁乡公众信息网的新闻资讯板块。按照媒体融合发展的需要，努力整合现有采编力量、稿件资源，力求实现一次采集、多种生成、多元发布，结合报纸内容同步在“两报、两网、两微”等新媒体平台进行推送。在新的采编绩效考核计分办法中，对主报记者向新媒体供稿情况进行量化计分。将“这里是宁乡”发布时间从白天调整到晚上，保证重要微信稿件第一时间发布。全年，宁乡网发稿10314篇，并被红网采用371篇、今日头条采用366条、企鹅号（腾讯内容开放平台）采用366条；宁乡文明网发稿551条，被湖南文明网采用96篇、中央文明网采用18篇；“这里是宁乡”微信公众号发稿2156条、“宁乡网”微信公众号发稿1250条；策划推出了系列H5（在智能手机可以播放Flash的移动端上呈现的，可以达到Flash效果的，如各种动画，互动，用于广告、营销的，具有酷炫效果的网页）产品、“两会微访谈”视频节目；手机报编发稿件291期，征订用户1.1万份。

【采编质量管控】 2018年，《今日宁乡》信息中心加强采编质量管控。一是健全宣传策划机制。形成宣传策划的核心团队，以采编线相关部室正副主任为主力，将时间精力相对集中到宣传策划上来。搭建宣传策划的工作平台，每周四定期召开新闻采编周例会，研究探讨、集思广益、完善提升宣传策划，2018年制定并实施宣传策划方案27个。二是加强采编工作调度。坚持“一天两调度”机制，每日采前调度，针对上级布置的重大宣传主题，每日上午对当天采访任务、采访记者进行调度，确保采访任务安排到天到点到人；每日编前调度，坚持每天下午的编前会制度，确保报纸版面内容重点突出、保证质量。三是严格采编质量管理。严格落实新闻稿件三审制度，针对报纸、新媒体稿件分别制定具体审核流程；建立外聘评报员制度、优稿优版评选奖励制度、无差错版面奖励制度，实行“三评公示”（即评报、评分、评优公示），每天进行评报挑错、每周进行结果公示、每月进行奖罚兑现。四是实施报网改版提质。报纸改版提质方面，专门设立视觉总监岗位，负责加强美编团队业务管理，加强对每期报纸版式设计的统筹优化把关；针对报纸版面较挤、不够清爽等问题，对标湖南日报进行改版提质；适当融入美术设计元素。网站改版提质方面，对标新华网、红网等上级主流网站页面风格，对宁乡网页面进行全面改版提质，进一步优化网站栏目设置。

【广告经营】 2018年，《今日宁乡》信息中心加强采取有效措施，广告经营的逐步回稳，为中心正常运转提供财力支撑。一是着力健全经营管理体系。年初，从采编一线抽调中坚力量重组广告经营中心，通过完善经营管理制度、制定创收激励机制、推行全员创收模式等举措，实行统放结合、目标管理、整合营销、多元发展，有效激发广告部门和广大员工创收积极性，突破困境逐步恢复停滞已久的广告经营业务。二是奋力拓展报业经营市场。不断探索“新闻+服务”“新闻+周刊”“新闻+活动”的报业经营盈利模式。全面巩固传统政务类宣传合作业务，在落实各项重大主题宣传、常规新闻宣传任务的基础上，充分利用连线记者的独特资源优势，为相关部门提供个性化的政务形象宣传服务；以广告经营中心专职队伍为主力，积极拓展新的市场类广告营销领域，成功举办“玉潭杯碧水蓝天我的家”主题征文活动、“最美建筑人”主题征文活动，与市金融证券办、人民银行联合创办“金融周刊”，取得良好的社会效益与经济效益。全年实现入库广告收入737万元（其中本年度净入库559万元、回收欠款178万元），年度净入库收入比2017年增长57.5%。（易荷花）

卫生健康

HEALTH

责任编辑・丁志群

卫计工作

【概况】2018年，宁乡市共有医疗卫生机构919家，其中市直医疗卫生单位8家、中心卫生院7家、乡镇卫生院22家、街道社区卫生服务中心4家、民营医院17家、驻宁医疗机构3家、村卫生室412家。全系统干部职工7641人，其中：在编3798人，临聘2254人，离退休1589人。2018年全市共出生人口18188人，其中二孩出生2988人，二孩比2017年同期减少869人；人口自然增长率5.5‰；符合政策生育率96.8%；出生人口（含流入）性别比108.9，查处“两非”典型案件3起。2018年全市卫生计生工作继续围绕健康宁乡建设，全方位、全周期维护全市人民健康福祉，促进人口均衡发展，取得明显成效。全年获得国家和省级荣誉8项。其中4项工作获评国家级先进。公立医院改革获国务院表彰；“全国计生基层群众自治示范县”成功挂牌；市卫计局获“全国生育状况抽样调查优秀单位”“全国计生协会宣传优秀奖”；4项工作获评全省先进：宁乡市获评“全省公立医院综合改革成效较为明显的县市和试点城市”，市卫计局获评“全省卫生计生工作先进集体”“全省人口和计划生育工作优秀单位”“全省计生协绩效考核模范单位”称号。

医药卫生体制改革。2018年，宁乡市持续深化医药卫生体制改革。分级诊疗建设纵深推进，以市级医院为龙头，打造紧密型医联体。人民医院领办流沙河中心卫生院，与双凫铺中心卫生院骨科共建病房。以学科建设为抓手，城郊社区卫生服务中心与人民医院共建康复医学科，突破医保次均费用和用药目录等政策瓶颈，年住院人次比2017年增长48%；历经铺社区卫生服务中心与中医院共建中医科，年住院病人增长143%；妇幼保健院与黄材中心卫生院共建妇产科，周边辐射地区妇幼服务能力提升。同时不断向上争取省部级医院的支持，宁乡市精神病医院为全省精神专科联盟医院，与省脑科医院深度开展双向转诊；湘雅三医院与花明楼中心卫生院建立紧密对口协作关系；灰汤、南田坪、双凫铺、道林、夏铎铺和东湖塘等卫生院与长沙市级医院建立医联体，引导优质医疗资源下沉，基层医疗卫生服务能力不断提升。进一步巩固提升急救、胸痛、卒中、肿瘤、康复五大中心，胸痛中心升级为全省县域第一家国家级胸痛中心，脑卒中中心纳入“湖南卒中联盟”；新设黄材、灰汤2个急救分站，“10·30”急救圈不断健全。宁乡市急救体系建设、五大中心建设模式在全省推广。全面落实国家基本药物制度，公立医院优先配备基本药物比例（二级医院>35%，三级医院>25%，基层医院>70%），各项指标均达要求。药品零差率销售全年为群众减免药品费用约1亿元。加快“智慧医疗”建设，构建“互联网+健康医疗”服务新模式。宁乡市成功纳入全省基层卫生信息试点，公共卫生系统顺利升级3.0版本，二级以上医院实现数据互联互通。市卫计局拓展“宁乡健康”官方微信公众号，开通人民医院和中医院的预约挂号，打通疫苗接种预约通道，全员人口系统与省卫健委成功对接，实现群众足不出户可办理一、二孩生育服务证。国家和省市卫健委多次到宁乡调研，高度肯定宁乡医改工作，宁乡市先后受到湖南省人民政府办公厅和国务院表彰为“公立医院改革真抓实干成效明显地区”，并在国家和省市各级部门会议上作典型发言。

医疗卫生机构建设。2018年，宁乡市进一步改善就医环境，市人民医院急诊楼、双凫铺中心卫生院后勤服务楼主体竣工；道林卫生院整体搬迁投入使用；市妇幼保健院、人民医院流沙河分院、花明楼中心卫生院住院楼建设稳步推进。完成资福镇窑里村、大屯营白洋村、花明楼镇朱石桥村、龙田镇横岭村、双凫铺镇合轩村、老粮仓镇竹溪坝村、青山桥镇竹峰村等7家卫生室标准化建设。同时，不断提高医院内涵建设，全面实施改善医疗服务行动计划，加强医疗质量和安全管理，实施优质护理服务，开通医疗救助绿色通道。6S精细化管理常态化开展，成为宁乡市医院的品牌，在全省推广，并纳入省卫健委对全省三级医院的季度巡查考核。各医疗机构不断提高医学科研水平，2018年卫生和计划生育系统共申报省、市科研项目22项，发表论文287篇，其中SCI论文3篇，核心期刊论文8篇。宁乡市人民医院心血管内科、泌尿外科、神经外科获得“长沙市医学重点专科”称号。宁乡市中医医院眼科、肛肠科、脑病科获湖南省中医药管理局确定为“十三五”省级重点专科。持续提高中医药服务能力，开展名院、名科、名医、名药、名方“五名”工程，推进中医经验传承工作，进一步巩固全国基层中医药先进县建设成效，规范全市中医建设，推广中医药适宜技术，累计培训300多人次，6大类中医适宜技术全面推广，100%社区卫生服务站、80%村卫生室应用中医药适宜技术4类以上。进一步优化卫生和计划生育系统政风行风，畅通信访渠道，市卫计局成立信访接待中心，实行领导带班、专干值班。市卫计局班子成员、科室长、各直属医疗卫生单位主要负责人全面公开手机号码，公开接受群众监督，实现与人民群众的“零距离”沟通。全年共办理信访件173件，其中：中央巡视组交办件7件、省委第四巡视组交办件5件，按时办结率100%，满意率99%。

公共卫生服务工作。2018年，宁乡市有序推进14大类基本公共卫生服务项目，全市全年没有发生突发公共卫生事件和重大传染病疫情。加强重点慢性病、传染病管理，全市登记在册的严重精神障碍患者管理率97%，肺结核患者管理率98.9%，布病疫情有效处置率100%。加强血吸虫病和地方病管理，顺利通过全省“十三五”地方病中期评估。联合市教育局对全市508所学校（托幼机构）开展春、秋季学校卫生专项检查，为1.98万名新生进行健康体检。深入开展儿童青少年近视防控，高标准完成国家定点调查项目，获国家卫健委督查组高度肯定。加强农村饮水安全防控工作，联合市水务局制定《宁乡市2018年农村集中式供水单位专项监督检查工作实施方案》，组织开展丰水期监督监测，对全市127家供水单位调查摸底，进行季度巡查，2018年宁乡市饮用水源水质达标率100%。加强卫计综合监督执法，全面启动省级卫生计生监督机构规范化建设，构建“市领导、乡负责、村为主、组配合”的卫计综合监督管理服务网络，装配移动执法终端35套，有效筑牢卫计综合监督执法工作“网底”。加强对公共场所卫生监督，对餐饮具集中消毒服务单位开展摸底巡查，抽检77个样品，合格率100%，确保人民群众舌尖上的安全。坚决打击非法医疗，取缔无证诊所18家，首次将2起无证行医案件移送公安机关，为人民群众营造安全的就医环境，宁乡市卫生和计划生育综合监督执法工作在湖南省长沙市作典型发言。

计划生育工作。2018年，宁乡市不断加强卫生计生惠民政策的宣传，引导群众转变生育观念，按政策生育，优生优育蔚然成风。计生工作在全省计生考核中荣获优秀单位。全面落实省、市民生实事，全年两癌检查4.1万人。免费孕前优生健康检查9285.5对，免费产前筛查10005名，免费无创DNA筛查7412人，免费新生儿疾病筛查8261人，免费新生儿耳聋基因筛查8237人。出生缺陷率下降至9.699‰。妇幼工作迎接津巴布韦等发展中国家考察交流，获国际友人点赞。积极落实计划生育家庭奖励扶助政策，市、乡镇各级财政共投入4593.9万元，奖励扶助4.43万人。为全市1499名计划生育特殊家庭购买一份健康综合保险，做好住院护理补贴项目。积极开展流管平台监测，及时清理跨省流动人口数据6.2万条；做好城郊街道怡宁和沩丰2个社区的国家流动人口动态监测工作，推动流动人口管理区域协作模式，与东莞市东城新区开展流动人口区域协作暨关爱留守儿童活动。

卫生人才队伍建设工作。2018年，宁乡市卫生和计划生育系统加大人才建设力度，采用盘活、聘用、培养、管好“四个一批”人才建设工程，层层激发人才活力。选贤任能，整合市卫计局机关科室职能职责，择优选出11名同志担任中层骨干。举办中青年骨干培训班，选拔15名业务骨干到基层卫生院担任业务副院长。突出典型引领，成功举办首届中国医师节庆典活动，评选表彰德技双馨医师5名，敬业奉献医师120名，激发医务人员干事创业的热情。树立先进楷模，宁乡市中医医院院长杨曙光获国家卫健委等9部门联评的全国“平安医院”创建“表现突出个人”奖。灰汤中心卫生院院长马义平被评为“全国乡镇卫生院优秀院长”，宁乡市人民医院张利珍被评为“全省卫生计生系统先进工作者”，邓红英被评为“长沙好人”，宁乡市血防站王治国被评为湘鄂赣皖苏五省“送瘟神”60周年宣传工作先进个人。公开招聘编内专业技术人员51名，合同制人员245名，返聘中高级退休专家22名。重点补齐基层人才短板，委托培养面向农村的专科临床医学生50名；选送培养农村订单定向免费本科医学生2名，培养全科医生32名。全系统继续教育培训达1200人次。完善岗位设置方案，有效缓解职称晋升难问题。

【健康扶贫】 2018年，宁乡市精准实施健康扶贫工程，推行先诊疗后付费、一站式结算、家庭医生签约服务、定点医疗救治、完善医疗救治体系等五大举措，建立全过程、全周期、全覆盖的贫困人口健康服务。全市医院开设“先诊疗后付费”窗口，醒目位置设置流程公示栏、宣传栏，建档立卡贫困人员、农村特困人员和低保户不需缴纳住院押金就可住院，切实减轻贫困患者垫资压力。2018年8月1日全市定点医疗机构全部开设“一站式”结算平台，实现基本医疗保险、大病保险、扶贫特惠保、医疗救助、医院减免、政府兜底“六线保障”一步到位，省去贫困患者四处跑腿压力。全市全年共医疗救助贫困人口40331人次，产生医疗费用13422万元，通过政府多重保障，实际报销121138.8万元。2018年1–7月份政府兜底追补950.6万元，8–12月份通过一站式结算政府兜底470.9万元，市域内和市域外病人住院实际报销比率92.03%。开展贫困人口家庭医生签约服务，2018年全市建档立卡贫困人口5.55万人，贫困家庭签约覆盖率100%，健康体检率100%；五保户、残疾人口签约率100%；重点人群签约率78.76%，计生特扶人口签约率91.7%。

【宁乡市首届中国医师节】 2018年8月19日是首个“中国医师节”。为组织开展好节日期间系列活动，进一步彰显党和政府对广大医师和医务人员的关爱和厚望，大力弘扬

8月19日，宁乡市举行首届中国医师节活动

“敬佑生命、救死扶伤、甘于奉献、大爱无疆”的卫生健康崇高精神，营造全社会尊医重卫的良好氛围，宁乡市首届中国医师节庆祝活动于2018年8月15日在宁乡市大剧院举行。省、市相关领导及卫生和计划生育系统800多人参加庆祝活动。庆典仪式上，一批优秀医务工作者受到表彰。庆典仪式上展出契合行业特色、反映职工工作生活的文艺节目。宁乡市医疗成绩的取得离不开全市7000名医务工作者的奋力拼搏和无私奉献。首届医师节系列活动的举办，对于加强宁乡医师队伍建设，激励医务工作者更加爱岗敬业、奋发向上，开启健康宁乡新征程具有十分重要的历史和现实意义。

【国家卫健委到宁乡调研基层卫生工作】 2018年6月1日，国家卫健委基层卫生司农村卫生处处长陈凯一行莅临宁乡市调研基层卫生服务体系建设情况。省卫计部门和宁乡市人民政府有关领导陪同调研。调研组先后实地考察东湖塘镇卫生院、夏铎铺镇香山新村卫生室、夏铎铺镇卫生院，通过现场查看资料、听取汇报等方式，了解医联体建设、家庭医生签约、6S精益管理等工作开展情况，并组织召开座谈会。会上，宁乡市政府副市长钟利仁等与会人员就基层卫生工作中存在的困惑及难点进行深入探讨并提出建议请求。陈凯对宁乡市基层卫生工作取得的成绩给予高度肯定，认为宁乡市基层卫生服务体系建设认识到位、措施到位、效果到位，并对宁乡市提出的困惑及难点给出明确答复和指导性建议。

【国家卫健委调研县域分级诊疗与医共体工作】 2018年10月17日，国务院医改工作督查组和国家卫生健康委分级诊疗工作调研组胡瑞荣一行对宁乡医改工作进行专题调研。省市卫生计生委有关领导和宁乡市市委副书记、市长付旭明等陪同调研。督查组和调研组先后实地考察宁乡市人民医院、双凫铺中心卫生院、城郊街道社区卫生服务中心，并通过座谈交流、观看VCR、听取汇报、向群众和医务人员发放调查问卷等方式，详细了解分级诊疗与医共体建设工作及深化医改综合推进情况。督查组和调研组充分肯定宁乡市委、市政府对医改工作的高度重视，机制健全、措施有力、真抓实干、成效明显，形成可借鉴、可推广的医改工作经验。要求宁乡市，要进一步发挥市级医院“龙头引领”作用，创新工作模式，让群众在“家门口”就医感受到更多的获得感与幸福感。

【获“公立医院改革真抓实干成效明显地区”评价】 2018年5月3日，国务院办公厅下发《关于对2017年落实有关重大政策措施真抓实干成效明显地方予以督查激励的通报》（国办发〔2018〕28号），通报表彰一批在2017年落实推进供给侧结构性改革、适度扩大总需求、深化创新驱动、优化营商环境、保障和改善民生等有关重大政策措施真抓实干、取得明显成效的省（区、市）、市（地、州、盟）、县（市、区、旗）。宁乡市被表彰为“公立医院综合改革成效较为明显的市（州、盟）、县（市、区）”。

【创建“全国计生基层群众自治示范县”】 2018年12月3日，中国计划生育协会下发《关于确认第二、三批全国计划生育基层群众自治示范县的通知》（国计生协〔2018〕46号），确认宁乡市等68个县（市、区）为全国计生基层群众自治示范县。宁乡市计生协会充分发挥“带头、宣传、服务、监督、交流”5大职能，积极参与公共卫生服务，成功打造示范村（社区）221个，示范乡镇（街道）4个，连续六年获评全省计生协会工作模范单位。

【获“2017年全国生育状况抽样调查优秀单位”称号】 2018年6月12日，国家卫生健康委员会下发《关于通报表扬2017年全国生育状况抽样调查优秀单位和个人的通知》（国卫办指导函〔2018〕404号），通报表彰一批为推进健康中国建设、促进人口均衡发展作出贡献的优秀单位和优秀个人。宁乡市卫计局被表彰为“2017年全国生育状况抽样调查优秀单位”。

【10家卫生院获群众满意的乡镇卫生院】 2018年1月30日国家卫生计生委办公厅公布“2016—2017年度群众满意的乡镇卫生院”和“2017年优质服务示范社区卫生服务中心”名单。宁乡市坝塘镇卫生院、大成桥镇卫生院、东湖塘镇卫生院、黄材镇卫生院、灰汤镇卫生院、灰汤镇中心卫生院、流沙河镇中心卫生院、坝塘镇南田坪卫生院、夏铎铺镇卫生院、喻家坳乡卫生院等10家乡镇卫生院获评“2016—2017年度群众满意的乡镇卫生院”。（陈　艳）

爱国卫生

【概况】 宁乡市爱国卫生运动委员会办公室（简称爱卫办），是宁乡市行驶行政职能的全额拨款事业单位（参照公务员管理）。主要负责全市卫生创建、城乡环境卫生整治行动、农村改厕、病媒生物防治等工作。2018年，市爱卫办在岗在编工作人员5人，内设综合科。市爱卫办工作旨在改善城乡环境卫生，提高人民健康水平。

【农村垃圾分类减量】 2018年，长沙市要求宁乡市创建垃圾分类示范乡镇1个、示范村65个。市爱卫办按照分类指导、示范先行的总体思路积极推进本项工作，农村垃圾分类减量取得初步成效。一是宣传发动全覆盖。发放垃圾分类指导宣传册30万份，以村组、片为单位组织召开户主会2200余次，参加农户超过10万户。二是基础设施基本完善。全市建成乡镇、村垃圾回收分拣中心115个，购置垃圾清运车600余辆，发放农户垃圾桶20万个。三是垃圾分类人员基本到位。配备垃圾清运员近500名，增加卫生保洁员超过1000名。2018年向长沙市申报验收垃圾分类示范村95个，其中通过验收72个，完成任务110.71%。夏铎铺镇成功创建长沙市垃圾分类示范镇。

【厕所革命】 2018年，长沙市要求宁乡市完成农村三格式无害化卫生厕所改造3500座。宁乡市爱卫办按照早动手，高标准，严要求的总体思路，召开动员会议，进行任务分解，组织业务培训，明确任务完成时间。宁乡市农村改厕工作做到“三统一”，即统一规格，按照长沙市爱卫办提供的三格式化粪池图纸，严格要求不走样；统一施工队伍，施工人员经过集中培训，明确具体做法和标准要求；统一验收，施工结束后，由各级爱卫部门进行验收，对不合格的要求返工改建，直到达标为止。2018年，共完成农村改厕3750座，完成任务107.14%。

【病媒生物防制】 2018年，宁乡市爱卫办根据“四害”（老鼠、苍蝇、蟑螂、蚊子）消长规律，通过招投标方式聘请专业公司，认真组织开展春、秋两季统一灭鼠和夏、秋两季灭蚊、灭蝇、灭蟑活动，“四害”密度控制在国家C级以上水平，2018年继续保持“湖南省灭蟑、灭鼠先进县”称号。

【卫生创建和健康教育】宁乡市积极申报创建卫生乡镇、卫生村（社区）和文明卫生单位工作，2018年成功创建2家省级卫生乡镇；创建2家市级卫生乡镇、创建2家省级文明卫生单位；49家市级卫生村（社区）和5家市级文明卫生单位，各项创建工作走在省市前列。结合爱卫月、卫生日、无烟日等重要节假日认真组织开展健康教育宣传等群众性爱国卫生活动，引导市民养成健康的行为习惯。（谢　超）

疾病防控

【概况】 宁乡市疾病预防控制中心是由市政府举办的实施疾病预防控制和公共卫生技术管理与服务的社会公益性事业单位，代表政府承担疾病预防与控制、突发公共卫生事件应急处置、疫情报告及健康相关因素信息管理、健康危害因素监测与干预、健康教育与健康促进、实验室检测分析与评价等职能。

2018年，市疾控中心强党建、守规矩、保底线、求创新，各项工作稳中有进:圆满完成湖南省疾控中心组织的梅毒、艾滋病初筛样品检测、湖南省技术监督局组织的水样中的镉的测定等能力验证考核，湖南省艾滋病初筛、梅毒特异性和非特异性检测实验室考评结果均为优秀；接受全省省级医疗质量控制中心全省职业健康检查机构质量考核，名列全省县级疾控中心综合质量排名第五；2017-2018年被评为“湖南省饮用水监测先进单位”，并作为全省唯一一个市（县、区）代表在2018年湖南省环境与健康培训会议上作典型发言；艾滋病管理下沉模式作为长沙市创新项目在长沙市疾控相关会议上推广；市疾控中心在长沙市疾控年度工作综合评估中荣获二等奖；在全长沙市中东呼吸综合征卫生应急技能竞赛中荣获三等奖。

【卫生应急】 2018年，宁乡市疾控中心通过开展专题培训、应急演练以及实地考察全面提高机动队员的业务能力，同时保障应急物资储备达到三级标准，疫情电话24小时畅通，为突发公共卫生事件处置做好准备。市疾控中心全年共对257起预警信号进行核实，总计16起未分级事件（蘑菇中毒事件15起），1起突发公共卫生事件，均按照上级要求进行调查处置和上报，未发生法定传染病的暴发流行。未分级事件发生数量比2017年减少74.19%，蘑菇中毒事件发生数量同比减少76.56%。国家食品安全评估中心专家团携全国各地学员到宁乡市进行预防蘑菇中毒现场经验交流。

【传染病防控】 2018年，宁乡市疾控中心圆满完成2018年度霍乱、H7N9禽流感、狂犬病、登革热、出血热、钩体、手足口病、疟疾、布病等重点传染病的监测任务，发布《宁乡市法定传染病与突发公共卫生事件监测分析报告》10期，传染病专题风险评估报告2期，为传染病防控提供有效的数据和预警。2018年，全市法定传染病10539例，其中：甲类0种0例，乙类19种3783例，丙类6种6756例。与2017年度同期相比法定传染病发病数减少1527例，下降12.65%。

【艾滋病扩大检测初筛覆盖面】 2018年，宁乡市疾控中心积极拓展乡镇艾滋病抗体快速检测工作，31个乡镇医疗机构均通过艾滋病抗体快速检测项目审批，大大提高病例的及时发现率。艾滋病市乡两级随访质量管理体系优势凸显，管理力度得到有效提升。为有效提高广大群众的自我保护意识，市疾控中心携手高新区、各乡镇宣传防艾知识，覆盖人数达10万人。对新增艾滋病患者按要求进行随访和跟踪管理。

【结核病治疗工作移交】 结核病治疗于2018年9月从宁乡市疾控中心移交至市人民医院，结核病防控实现管治分离。市疾控中心加强对全市各个乡镇的结核病督查和督导，把学校结核病防控工作始终放在首要位置，多次进行上门指导与督导。

【儿童免疫规划】 2018年，宁乡市疾控中心通过加强流动人口管理、培训和督查，保障一类疫苗的接种率在95%以上，儿童预防接种建卡率100%，0-6岁儿童系统管理率95.4%。积极应对长春长生不合格狂犬疫苗事件，及时有效地落实续种、补种措施，全年无一起接种纠纷与接种事故。

【慢病防控】 2018年，宁乡市疾控中心重点督导全市各乡镇做好以居民健康档案建档为支撑，以高血压、糖尿病、65岁以上老年人健康管理为重点的慢病综合防控工作，制定全市社会因素调查方案，全市10个乡镇参与调查，共计调查4400余人。组织开展居民健康素养和烟草流行监测，系统地掌握宁乡市居民健康素养水平和健康影响因素，进一步巩固省级慢性病综合防控示范区创建成果。

【健康教育】 2018年，宁乡市疾控中心作为宁乡市创建全国健康促进县的主要执行单位，抽调多名专业人员督查健康促进场所建设，全市共建设健康促进医院、健康促进学校、健康促进企业、健康促进社区等148家、评选健康家庭100家。建设健康主题公园1个，健康步道4条，全年开展健康知识进学校、进社区、进小区等健康知识讲座14期，围绕重点疾病防控开展宣传日活动，以悬挂横幅、设立咨询台、发放宣传资料及健康知识讲座等形式进行宣传，累计发放各种宣传资料2万余份，解答健康咨询者2000次，制作宣传版面50余块，健康知识讲座听课人数2000余人，在省疾控官网、宁乡健康微信公众号等平台投稿68篇，在《今日宁乡》报刊设立健康专栏，推送健康知识24期。为宁乡市顺利通过省级健康促进县的复验收提供有力支持。

【卫生监测】 2018年，宁乡市卫生监测业务全面扩展。水质监测，花大力气整改水质采样流程。新增24套水质采集保存箱、试剂箱和200件饮用水采样容器，重新梳理采样流程。加强多部门联防联控，建立水质检测三级联动机制。检测结果及时反馈，发现问题及时整改。学校卫生监测，市疾控中心在原来针对高中新生体检的基础上，新增针对初中新生的健康体检。对全市65所初中、21所高中共计25850名学生进行健康体检和PPD试验。完成426所（包括幼儿园）学校饮水监测，圆满完成监测任务。在全市开展湖南省学生常见病和健康影响因素监测，受到省级专家的肯定。食源性疾病监测，在全市开展食源性疾病监测，设立监测哨点医院35家，完成食源性疾病监测病例1984例。职业健康体检，截至2018年12月30日共完成职业健康体检12540人次。

妇幼保健

【概况】 宁乡市妇幼保健计划生育服务中心（简称宁乡市妇幼保健院）是全国县级百强妇幼保健机构、二级妇幼保健院，湖南省“文明卫生单位”，长沙市“园林式单位”，宁乡市唯一妇女儿童专科医院。有办公地点两处：一是白马社区白马北路324号，以原妇幼保健院为主体，从事医疗保健业务和管理工作。该办公地点因妇幼医疗保健业务的拓展，另外租用医院相邻民房5栋，用于行政、保健、后勤等办公；二是花明社区春城南路111号，以原计划生育服务站为主体，从事以计划生育为主的相关工作。

宁乡市妇幼保健院坚持母婴保健工作方针，实施“一法”“两纲”，履行妇幼保健和计划生育技术指导工作职能，落实妇幼重大公共卫生服务项目和长沙市健康民生项目，推进公共卫生基本服务项目，集医疗、保健、科研、教学、培训于一体，服务于妇女、儿童两大群体，承担全市妇女儿童医疗、妇女儿童保健、计划生育技术指导、妇幼健康服务、实施妇幼卫生相关项目及妇幼卫生工作管理与指导等工作任务。

2018年底，宁乡市妇幼保健院有干部职工375人，其中：硕士8人、本科200人、大专143人、中专9人；正高（教授）4人、副高（副教授）31人、中级109人、初级146人。

2018年，宁乡市妇幼保健院总收入1.26亿元，较2017年增长10.33%，其中医疗业务收入9707万元，年末资产8723万元。门诊15.83万人次，住院9548人次，分娩3490例，病床使用率95.92%。

2018年，宁乡市获长沙市母婴安全保障工作先进单位、省市重点民生项目工作先进单位。宁乡市妇幼保健院获湖南省“两癌”免费检查重点民生实事项目先进集体、长沙市改善医疗服务行动示范医院，儿童保健科获长沙市改善医疗服务行动科室。获宁乡市卫计系统工作目标绩效考核先进单位、妇幼工作先进单位、医疗质量管理先进单位、基本药物制度实施及药事管理先进单位、计划生育工作先进单位、综合治理先进单位、工会工作先进单位。临床党支部获宁乡市“五化”示范党支部、宁乡市卫计系统先进基层党组织。

张清兰获湖南省“两癌”免费检查重点民生实事项目先进个人，以及一批获长沙市、宁乡市的优秀医师和优秀护士。

2018年8月15日，妇女保健部副部长、妇保科主任张清兰创作并演讲的参赛作品《HPV的自述》获长沙市妇幼健康科普能力竞赛一等奖，并被推送代表长沙市参加湖南省妇幼健康科普能力大赛总决赛。2018年10月17日，张清兰主任获湖南省妇幼健康科普能力大赛总决赛一等奖。

【“发展中国家医护人员培训班”专家团到宁乡考察交流】 2018年6月25日，“发展中国家医护人员培训班”的专家团到宁乡市妇幼保健院开展考察交流活动，外宾来自巴勒斯坦、东帝汶、柬埔寨、老挝、缅甸、肯尼亚等国计27人。湖南省儿童医院纪委书记曹霞、国际交流部主任王莉、英国普莱茅斯大学医学院护理教授Jos Latour等领导专家陪同考察。

专家团参观医院“两癌”免费筛查中心、新生儿科、产科VIP病房、儿保科康复治疗中心、儿科等科室。在VAP会议室举行座谈，宾主一行就共同关注的医院架构与管理、妇女免费“宫颈癌”筛查流程、儿童康复工作等方面话题进行了友谊交流、讨论和问答。

宁乡市妇幼保健院与省儿童医院建立医联体协作，本次活动为医院开展国际交流提供渠道和机会，以打造医联体合作的亮点，树立典范作用。

【津巴布韦卫生团到宁乡考察】 继2017年后，2018年10月31日津巴布韦又一卫生团到宁乡市妇幼保健院专题考察免费“两癌”筛查项目，卫生团成员包括妇女健康专管人员、助产士、康复师、病理学家、生殖护士、妇产科医师、实验室科学家等一行10人。湖南省妇幼保健院王华副院长等陪同考察，市卫计局、市妇幼保健院有关领导参加活动。

卫生团成员一行在医院实地考察免费“两癌”检查中心，参观项目各工作间，观摩两癌检查流程，了解项目实施细节，询问防治体系建设。参观活动后，宾主在孕妇学校举行汇报会，听取免费“两癌”筛查项目工作情况汇报，进行现场交流座谈。

【长沙市卫计委“爱心助孕”特别行动进宁乡】 2018年10月30日长沙市卫计委“爱心助孕”特别行动大型义诊宣教活动在宁乡市妇幼保健院举行。长沙市卫计委副主任刘激扬等领导及爱心助孕生殖医学专家团队出席活动。

宁乡市妇幼保健院就爱心助孕医联体建设和医院爱心助孕情况作汇报；刘激扬强调，要提高站位，充分认识爱心助孕项目的意义，要求进一步精心组织，注重质量，加强宣教，切实帮助不孕家庭实现生育梦想，让惠民政策更好的落实到实处。长沙市妇幼保健院生殖中心主任李建军作不孕不育、优生优育及项目政策宣讲及出生缺陷干预知识专题讲座。长沙市妇幼保健院的专家团队对近40对义诊对象免费提供体格检查、优生健康教育、生育力评估、不孕不育症诊断及孕前咨询指导等个性化助孕技术指导服务。

【健康民生项目推进会】 2018年6月6日宁乡市健康民生项目工作推进会议召开，学习长沙市健康民生项目代金券领取及使用流程；通报“两癌”筛查、免费无创DNA项目、产筛、新筛等妇幼健康民生项目工作进展情况；进一步明确下阶段工作任务，重新下达各乡镇“两癌”筛查任务数。市卫计局要求：如质如量地圆满完成好民生项目工作任务。

【6S精益管理】 宁乡市妇幼保健院推行6S精益化管理，通过整理、整顿、清扫、清洁，促使医院面貌、职工素养、安全全面提升。在6S管理启动大会上，胡雪良主任向各科室授牌，下达启动动员令；宣读“推行6S管理方案”；宁乡市妇幼保健院全体干部职工庄严宣誓：“我一定按照医院和指导老师要求，为6S精益管理顺利导入和推行，为提高全员素质，为提高工作效率，为提升医院竞争力，而努力奋斗！”元月4日6S精益管理第一阶段工作验收评选大会召开，手术麻醉科、影像科、儿保科、产科一区、优生服务科、婚孕检测中心6科室获颁羚羊奖红旗和奖金，行动较缓慢的科室获颁蜗牛奖。胡主任强调：要将6S精益管理常态化，一种自主行为，推动全院医疗服务质量更上一个台阶！

【新孕妇学校】 2018年，宁乡市妇幼保健院新建孕妇学校近100平方米，由孕产保健部与健教科联合打造全新运行模式，实现管理、场地、教学、课程全新突破，推出孕妇运动瑜伽、婴儿抚触、分娩体验等特色课程。9月14日孕妇学校师资培训举行，启用新课表，开启教学新模式，明确工作新要求，力争打造特色服务新品牌，带动医院临床业务新发展。

【健康科普能力大赛】 2018年7月20日，宁乡市妇幼保健院举办以“妇幼健康服务项目”为主题的妇幼健康科普能力及院内师资选拔比赛活动，来自宁乡市妇幼保健院的21名优秀文稿选手参加比赛。经过精彩激烈的角逐，儿保科刘会明、健康教育科谭霞夺得演讲比赛的并列一等奖。

【庆祝首届中国医师节】 2018年，宁乡市妇幼保健院开展系列活动庆祝8月19日首届中国医师节：一是评选和表彰长沙市优秀医师、宁乡市德技双馨好医师、宁乡市优秀医师、医院优秀医师；二是“两癌”筛查中心开展免费义诊咨询活动；三是举办医师水上趣味运动会；四是以医务人员的岗位坚守纪念自己的节日。

【健康活动庆祝“六一”】 宁乡市妇幼保健院为庆祝“六一”国际儿童节开展系列活动：一是连续三天开办六一家长特别课堂，由专家分别讲授ABCD快乐育儿法、儿童眼保健指导、婴幼儿营养与喂养指导等儿童保健科普知识；二是6月1日儿童体检免挂号费；三是活动期间，每天家长携小孩来参加父母课堂前10名者，获赠价值228元的免费礼包；四是对部分检查项目实行优惠。

【医疗质量管理】 2018年，宁乡市妇幼保健院抓实医疗质量管理。一是医疗服务能力。宁乡市妇幼保健院各科室优化诊治流程，方便患者就医，门诊各科室提前半小时上班，挂号室、检验科、抽血室开设孕产妇专门窗口；医保科推行“先诊疗后付费”“一站式”结算；B超室开通孕妇预约四维彩超。检验科完善检验模块功能，简化晚夜间条码打印流程，减少患者往返次数，缩短检验周转时间。影像科完成超声服务55620人次，诊断出胎儿畸形167例，其中心脏畸形51例，神经系统畸形4例，颅脑异常19例等。新开展小儿髋关节超声，给6个月内的婴儿免去了照X线带来的辐射。产房实施导乐陪伴分娩和助产士入手术室接生。新生儿科开辟新生儿检查绿色通道，减少新生儿外出时间。手术室落实术前访视制度，缓解术前患者心理压力。妇科开展人流术后关爱服务，每周五开设妇女健康课堂，“两癌”筛查中心开通绿色通道，提高参检率。产科提高孕产妇应急救治能力，开展成人心肺复苏模拟、新生儿复苏模拟、产后出血救治模拟培训与演练，共接诊处置危重孕产妇122人，成功救治产后出血103人，复苏窒息新生儿15例。孕产保健部孕产保健联点”全年下乡100余天，从基层入手，深度管理孕产妇。二是医疗安全。新成立医务部，围绕“质量、安全、服务、管理”，加强医政管理体系建设，编制《医疗质量与安全管理制度汇编》，严格落实医疗安全核心制度，实现医疗质量与医疗安全持续改进，坚持每周二业务大查房制度。护理部健全护理质量控制，加强队伍建设，每月召开护士长会议，强化环节管理，严格落实各项护理制度。三是人才队伍培养。年初，对相关科室进行整合，通过竞争上岗，择优选拔33名中层骨干。公开招聘编内专业技术人员4名，合同制人员14名，返聘中高级退休人员5名。选送30余名医护人员到省市大医院进修，各类短期学习培训700人次，委派住院医师规培6人。接收进修人员4人、实习3人、见习10人。24名助理全科医生学员接受为期4个月的培训。

【新增科室】 新增宫颈病变科。2018年，宁乡市妇幼保健院为落实湖南省民生项目“妇女免费宫颈癌和乳腺癌筛查”工作，妇女保健部新开设宫颈病变专科，引进先进的光电一体阴道镜，由妇科高级职称专家坐诊，为HPV阳性者复查、诊治服务开通绿色通道。收治住院病人2063例，较2017年增加182例，增长率8.2%；其中宫颈病变入院手术治疗242人，较2017年增加166例，增长率118.42%；完成腹腔镜手术320例，宫腔镜检查及手术2355例。新设周五妇女健康课堂。

新增乳腺外科。为配合免费“两癌”项目工作，妇女保健部引进专科人才，增设乳腺外科业务，收治病人170人，成功实施乳腺癌根治术9例，乳腺良性肿物切除术80例。

新增妊娠糖尿病一日门诊。产科新设妊娠糖尿病一日门诊，为“糖妈妈”准备了健康知识讲座、营养标准餐、控糖学习指导、饮食控制+运动疗法体验等课程；提供标准化规范化的健教服务及健康运动指导；制订个性化的营养干预措施及生活方式改善方案等。

新增中医妇科。中医妇科门诊推广中医药适宜技术，开展三九贴、三伏贴、穴位埋线及中药督脉熏蒸，自制适宜中药协定方。儿童保健部推行中药穴位贴敷治疗、小儿推拿疗法；儿科新设小儿中医门诊，新增过敏源、维生素检测业务；新生儿科成功创建宁乡市危重新生儿救治中心，救治7例极低出生体重儿。

【妇幼卫生工作指标】 2018年，宁乡市妇幼公共卫生服务主要工作指标完成情况：孕产妇死亡率6.39/10万，5岁以下儿童死亡率5.24‰，婴儿死亡率2.88‰；孕产妇系统管理率97.44%，孕产妇早孕建册率98.49%，产后访视99.12%率；0–6岁儿童保健覆盖率95.95%，3岁以下儿童保健覆盖率92.68%，新生儿访视率99.49%。全市232所幼儿园集体儿童入园体检率、托幼机构新上岗工作人员体检率、托幼机构在岗人员定期体检率均达100%。

【妇幼卫生项目】 2018年，宁乡市妇幼保健院开放五个项目。一是免费增补叶酸预防神经管缺陷项目。新增补叶酸率94.60%、依从率89.97%。二是免费婚前医学检查项目。免费婚检7339对，婚检率由85%提高到95%，检出各类疾病693人次，其中建议暂缓结婚100例，对6例艾滋病检测阳性者给予专业指导。三是预防艾滋病、梅毒、乙肝母婴传播项目。产妇艾滋病、梅毒、乙肝孕期筛查率100%，产妇孕早中期艾滋病、梅毒、乙肝筛查率98.87%；梅毒感染孕妇所生儿童用药干预率97.83%，规范治疗率86.96%；艾滋病和梅毒感染孕妇所生儿童随访率100%，乙肝感染孕产妇所生新生儿乙肝免疫球蛋白注射率100%；四是免费产前筛查项目：孕产妇免费产前筛查10460人，其中高风险和临界风险2332人，高危干预诊断率92.15%，染色体异常治疗性引产9人，其他异常跟踪指导最终治疗性引产16人，高风险和临界风险人员均建立档案并追访，高危孕妇妊娠结局随访率100%。五是残疾儿童免费康复项目。156名残疾儿童在宁乡市妇幼保健院接受免费康复治疗。

【长沙市健康民生项目】 2018年，宁乡市妇幼保健院落实长沙市健康民生项目和宁乡市卫计局相关精神，医院成立项目实施领导小组，制定实施方案，明确便捷合理的便民流程。4月23日宁乡市妇幼保健院启动长沙市健康民生项目，当天，有60多名孕产妇接受免费无创产前基因检测，20多例新生儿接受免费新生儿疾病筛查和耳聋基因检测，近百例妇女接受免费两癌检查。

2018年，长沙市健康民生项目实行四项免费。一是免费孕妇无创DNA产前筛查项目。完成免费孕妇无创DNA产前筛查8259人，发现高风险及染色体数目异常60人，其中43人行羊水穿刺产前诊断，15人行治疗性引产，结局随访率100%。二是免费新生儿疾病4病筛查。新生儿免费采血疾病4病筛查9346人。三是免费新生儿遗传性耳聋基因检测项目。新生儿遗传性耳聋基因免费检测9316人次。四是免费农村适龄妇女“两癌”（宫颈癌、乳腺癌）检查项目。完成免费检查43558人，确诊宫颈癌前病变640人，其中癌前病变Ⅰ级367人，Ⅱ–Ⅲ级273人，早期宫颈浸润癌5人，宫颈浸润癌10人；确诊乳腺癌34人，乳腺导管原位癌2人，乳腺不典型增生2人。所有癌症确诊病人均得到及时规范的治疗。

12月13日宁乡市妇联、市卫计局在宁乡市妇幼保健院联合举办“美丽与健康同行——关爱女性送健康送温暖”慰问活动，向52位确诊为“两癌”的贫困对象发放慰问金和慰问品，举行“两癌”术后康复知识讲座，进行免费体检。

【妇幼健康下乡服务】 2018年，宁乡市妇幼保健院开展三个“三下乡”活动。一是“文化、科技、卫生”三下乡。12月22日宁乡市2018年“文化、科技、卫生”三下乡惠民活动在双江口镇稻花香里农耕文化园启动。宁乡市妇幼保健院派出医疗、保健、健教专家团队在活动现场设义诊咨询台，发放宣传资料500份，捐赠药品5800元，为100余名群众进行免费健康咨询。二是送医、送药、送政策。2018年6月25日宁乡市妇幼保健院在黄材镇开展“做实健康民生项目，关注妇女儿童健康”大型公益活动，为群众送医、送药、送政策，诊疗200人次，送药价值5000余元、宣传资料1200余份。2018年11月7日—8日医院医疗小分队分别赴老粮仓、青山桥两镇开展送医、送药、送服务“三下乡”义诊活动，计接诊100余人次，免费发送药品价值近3000元、宣传资料近千份。

【高危孕妇集中筛查月】 2018年1月，宁乡市妇幼保健院启动全市高危孕妇集中筛查月活动，医疗、保健专家赴各乡镇卫生院开展定时定点免费孕妇检查、高危筛查、孕妇学校等服务。其间，举办孕妇学校33堂，1180名孕妇接受免费产前检查，新筛选出高危孕妇162人，其中重点高危孕妇34人。

【启动冰冻灾害天气三级响应预案，优待孕妇人群】 在冰冻期间，宁乡市妇幼保健院启动低温雨雪冰冻天气三级响应，医务人员取消周双休，完成孕产妇访视536人次，转移孕妇50人，孕妇提前住院待产16人。

【健康教育活动】 2018年，宁乡市妇幼保健院展开十一项健康教育活动。

2018年2月14日，“让‘优生优育’延续有情人的爱”宣教活动。举行3堂现场健教知识讲座，向200多对新人发放健教宣传资料1400份及礼品。

2018年3月，“为了姐妹们的健康与幸福”公益系列活动。活动分别设有沩山站、市妇幼保健院站、双江口基地学校站、卫计专干免费妇科体检站等。活动内容有妇科专家义诊、健康知识讲座、现场互动与咨询答疑及有奖问答、播放“两癌”防治科普视频、发放礼品和药品及宣教资料等。

2018年4月15日—21日，开展以“科学抗癌，关爱生命，抗癌路上，你我同行”的第24届全国肿瘤防治宣传周活动：在玉潭镇东沩广场开展上街宣教，设咨询台、摆放宣传展板、发放宣传资料，宣传女性健康保健知识。将30名宫颈癌前病变患者请回医院回访座谈，免费复诊、指导用药和康复，提供免费营养早餐和水果，赠送精美礼品和术后复查体检卡。举办健康知识讲座2场。健康咨询义诊。播放科普视频，发放宣传资料。

2018年5月11日，开展“关爱母亲”母亲节感恩宣教活动。举行科普宣教讲座5场，参与母亲们获赠康乃馨和精美礼品，接受免费咨询义诊和心电图检查。

“5·20”与爱同行宣教。5月20日是“全国助残日”“全国母乳喂养宣传日”，医务人员在医院门诊大厅、住院病房、街道共发放各类宣传资料1000多份，热情讲解预防出生缺陷、母乳喂养、残疾预防和残疾人康复相关知识。

2018年6月15日，举办“浓情端午，‘粽’享健康”端午节宣教活动，举办健康知识讲座3场，开展免费咨询义诊，向活动参与人员赠送精美礼品。

生殖保健进校园宣教活动。9月28日“解密青春，为爱守航”大型宣传活动在宁乡市潇湘职业中专学校举行，由长沙市妇幼保健院计划生育部部长、主任医师周燕飞，国家二级心理咨询师钟湘平以“解密青春，为爱守航”为题作青春期生殖健康教育、以“为青春张帆”为题作青少年心理健康教育。发放宣传资料1400份，有1400余人参加活动。

2018年10月18日，医院开展“更年更健康”的“世界更年期关怀日”宣教咨询义诊活动:健康知识讲座2场；免费咨询义诊；播放科普宣传视频；发放宣传折页；赠送精美礼品等。

世界糖尿病日宣教活动。2018年11月14日是世界卫生组织和国际糖尿病联盟确定的世界糖尿病日恰逢是宁乡市妇幼保健院妊娠糖尿病一日门诊日30多名孕妇来院听取健康知识讲座2场，感受户外有氧运动疗法，参与孕妇瑜伽操课。

2018年11月17日，开展“世界早产儿日”活动，邀请“早产宝宝回家”：举行《早产儿如何喂养》知识讲座，开展亲子互动游戏和义诊咨询。有20多个家庭近40人参加。

2018年12月1日，医院在人人乐广场开展“世界艾滋病日”的宣传活动，接受健康教育咨询近100人，发放宣传资料6种近1000份、避孕套600多盒、纪念品500多份。同时，对医务人员和基层专干分别开展防治艾滋病技能培训；实施青少年学生“防艾”知识宣传；利用微信、电视台、悬挂横幅、发放宣传资料等方法宣传“防艾”知识和政策。

【妇幼业务培训】 2018年1月5日，宁乡市妇幼卫生工作暨百日行妇幼健康服务业务培训会议召开，以提升妇幼卫生工作人员业务水平，促进全市妇幼卫生工作和百日行工作稳步推进。2018年4月28日全市妇幼健康民生项目和母子健康手册发放暨妇幼健康业务培训班举办，湖南省妇幼保健院遗传咨询专家席惠教授及有关专家授课，参会人员共计160余人。全市母子健康手册发放和无创DNA工作启动。

2018年6月6日宁乡市适龄妇女“两癌”免费检查培训班举行。会上学习2018年宁乡市适龄妇女“两癌”免费检查工作方案；长沙市妇幼保健院妇女保健科祖月娥主任讲解2018年两癌工作重点和阳性病人管理方法，有关专家分别就项目工作的管理、信息、健康教育、阴道镜操作、HPV感染和宫颈病变治疗、乳腺疾病治疗和B超分级等方面进行培训。市各直属医疗保健机构专业技术人员、乡镇妇幼专干计135余人参加培训。2018年9月29日宁乡市预防艾滋病、梅毒和乙肝母婴传播项目培训班举办。长沙市妇保院孕产保健部部长蔡敏、孕产保健科项目负责人樊小兰、儿童保健部副部长匡晓妮、主任医师张爱平及宁乡市有关专家为培训班授课。全市妇幼专干、健教专干、妇产科医生170余人参加培训。

【计划生育服务】 2018年，宁乡市妇幼保健院完成免费孕前优生健康检查19886人次，筛查出高风险4595例，给予重点指导；早孕随访36775人次，早孕随访率及妊娠结局随访率均达99.9%；“湖南省出生缺陷干预免费检测”176人次；计划生育免费手术7619例，其中围绝经期取环1689人；推进“爱心助孕”活动进不孕不育家庭，发放爱心卡60多张，有5对夫妻成功受孕；有18人次接受输卵管吻合手术，其中6例成功受孕。 （罗李开　余杏林）

宁乡市中医医院

【概况】 2018年，宁乡市中医医院共有在职干职工896人，其中在编人员570人、临聘326人；高级职称人员78人，中级职称人员234人；研究生106人；在册退休人员138人。设有办公室、党建办、三甲办、医务科、护理部、人事科、质控科、财务科、审计科、项目办、医保科、预防保健科、科教科、纪检监察室、设备科、总务科、动管科、保卫科、工会办、女工办、中医药学会办公室、营养科、医联（共）体办公室等职能科室；有内一科、内二科、内三科、内四科、内五科、外一科、外二科、骨伤一科、骨伤二科、骨伤三科、骨伤四科（手足外科）、妇产科、眼科、耳鼻咽喉科、儿科、针灸科、急诊科、急救站、门诊部、手术室麻醉科、健康管理科等21个临床科室；有功能科、检验科、放射科3个医技科室；有药剂科、制剂科，设司法鉴定所1个。

2018年，门急诊26万人次，住院3.5万人次，手术8503人次；编制病床800张，实际开放637张。平均住院日8.7天。

2018年，中医医院派驻专人和带领、组织457名干职工到青山桥花园村、芙蓉村开展精准扶贫工作，进行一对一入户走访、关心贫困户，跟进协调解决贫困户住房、就业、医疗、教育等问题，帮助277户贫困家庭实现脱贫。新增社会扶贫网爱心人士注册400人，捐款3万余元；为青山桥芙蓉村黄桃种植基地销售黄桃6000余斤，为益阳小朋友“天乐”捐款捐物，免费实施白内障、胬肉等手术500多例，为90例低弱视力进行免费治疗，减免费用185万元。

打造“数字化医院”和“智慧医疗”，进行网络安全建设升级、门诊医生站、住院医生站升级等移动挂号、在线支付、迷你缴费机等多种支付方式为患者提供手机预约挂号、缴费等服务；在医技、药房和就诊分诊区建立叫号系统，实现患者就医、检查分时段预约制。会议费下降39.3%，培训费下降40.3%，招待费下降91.2%。编写完成2003-2018阶段《院志》。举办“健康宁乡·魅力中医”文化展示暨第二届膏方节活动、中医经典诵读大赛暨5.12国际护士节表彰颁奖典礼，舞台剧《松下传道》在系统首届医师节活动中受佳评。成立10余个兴趣爱好小组参加各类比赛获多项奖励。关心爱护干职工，组织干职工户外拓展活动，会员生日发放生日贺卡、蛋糕券，会员退休举办离职送别仪式；组织退休员工新春茶话会、重阳节趣味联欢会；登门慰问过整生的老同志，鼓励他们参加兴趣班。购买医疗互助保险、女职工特殊疾病保险，组织开展干职工健康体检、大病致贫致困特别救助、困难职工慰问、现役军属慰问、住院干职工慰问等；完善医院干职工及家属《住院费用院内再报销方案》。全院设备、耗材、物资的采购和管理、各类设备的维护和保养得到正常供应和使用；长明灯、长流水、跑冒滴漏现象少有发生，水、电、气供应及时到位。加强爱婴医院及医学出生证明等工作的督导管理，加强妇幼信息登记、报告；档案病案管理逐步走向信息化、规范化，突出了档案病案管理为医院科学管理服务的指导思想和为临床一线服务的保障作用。

【公立医院改革】 坚持医药、医疗、医保“三医”联动，合理控制次均医疗费用，专项整治“四个不合理”问题，实施“双降、双控、双规”行动；开展抗肿瘤药、辅助性、营养性等高价药的重点监控管理工作，基本杜绝滥用、重用、长期使用、多联使用抗菌药物现象。完善药品目录，落实药品两票制政策，规范药品采购流程，西、成药品全部实行网上采购，基本药物配送比例达到31.2%，保障医院药品正常供应。2018年药占比（不包括中药饮片）21.7%，医疗服务工作量占比35%，耗材比18.7%，人员支出比47.4%，均达到医改的要求。

【医联（共）体建设】 落实分级诊疗，与湘雅、中医附一、省市妇幼等上级医院建立医联体合作关系；与31家基层卫生院签订医共体合作协议，派出包括医、药、护、技等部门专业技术人员450余人次，长期坐诊基层、指导查房、开展义诊服务。为2000余名双向转诊病人实施一站式服务，为1000余名贫困建档立卡户实施先诊疗后付费服务。将名医工作站建到历经铺街道社区卫生服务中心、灰汤中心卫生院，10多名高职人员长期坐诊基层；医务人员团队深入学校、小区等地方开展急诊急救知识培训、零距离与社区居民宣讲中医药健康知识和进行健康检查；与历经铺共建“针灸康复病房”，派医师在病房参与轮班，满足了当地群众的健康需求。

【医院安全质量工作】 按照国家《三级中医医院评审标准实施细则（2017年版）》，分析并整理出核心条目、新增条目与重点条目，制定出三甲督查方案，以三级甲等中医医院标准规范所有医务人员，编印《“三甲”督查通讯》，及时通报督查结果并督促整改。汇编《医疗管理手册》《医疗质量安全核心制度》掌中宝，人手一本、人人掌握。进一步完善麻醉医师定期能力评价和再授权，强化手术医师分级管理、各级手术医师资格准入等制度；加强病历质量管理制度等各项医疗安全核心管理制度的落实。修正医院重点管理制度，重新调整了《医疗质控管理实施细则》，每月一期《医疗信息》。抓好综治、消防、财经等方面的安全质量管理，党政一把手带头查安全质量管理列入常规性工作，安全与质量管理工作逢会必讲、逢节必查、查漏必补。全年举办消防知识培训和演练20多场次，培训覆盖率100%；建起“微型消防站”；出台并落实《财务管理职责和制度汇编》，规范财务管理和报销流程，开展财务自查自纠并落实整改措施。将安全知识学习纳入班前会的重要内容，不定期在医院网站、公众号上就安全知识进行再宣传。

【医保监管】 加强医保政策在全院的广泛宣传和渗入，做好参保群众就医第一时间政策宣讲、入院告知签字、电话回访等，让参保群众了解政策、理解政策、享受政策；下发《医疗费用控制实施方案》，定期到各临床科室进行工作督导，调控次均费用、药品比率、规范诊疗行为、收费行为，确保“双控双规范”目标取得实效，获得医保管理部门好评。

【新技术新项目开展】 眼科开展玻璃体切割术等四类手术以及胬肉切除日间手术；骨伤三科完成椎间孔镜术；外二科开展腹腔镜下腹股沟疝修补术（TAPP、前列腺钬激光挖除术；耳鼻咽喉科开展耳内镜下鼓室探查和鼓室成型、听骨连重建、颌面部皮瓣移植整形术等新技术，其鼻内镜下翼管神经及分支切断术治疗过敏性鼻炎等新技术在省市学术交流会上进行交流。针灸推拿科改进艾灸盒，采用无明火在外、横插式的艾灸盒，减少烫伤风险；改进艾灸用开孔棉被和中药封包成分，提高疗效，减少耗损；采用自泡药酒进行中医定向透药治疗；开展浮针技术填补科室在软组织损伤治疗方面的空白。PICC专科护理门诊、伤口造口专科护理门诊开诊。放射科开展脑弥散成像、头颈联合血管成像、脑磁敏感成像、波谱成像、水成像，乳腺钼靶筛查早期乳腺癌检查。功能科开展肌骨超声。检验科新开展纤维蛋白原降解产物、链球菌检测等。

【中医药特色优势】 眼科、肛肠科、脑病科成为湖南省中医药管理局“十三五”省级重点中医专科，针灸科通过长沙市医学重点专科年度考核。年内完成长沙市第二批中医药专家经验传承的考核工作，湖南省第三批基层老中医药专家学术经验继承工作成功申报，湖南省第二批基层老中医药专家学术经验继承工作于年底结业，宁乡市卫计局的名师带高徒工作开展。耳鼻咽喉科总结开发温肺止鼽膏和通窍健脾膏治疗过敏性鼻炎和小儿鼻窦炎，开展穴位注射治疗耳鸣耳聋，以放血疗法治疗急乳蛾、急喉痹，以中药雾化治疗喉痞，围手术期用中医中药干预，如意金黄散外敷治疗在扁桃体术后、鼻窦炎术后消肿止痛。骨伤一科推广和运用中医刮痧、温针、中药熏蒸、磁热疗法、穴位贴敷等。针灸康复科全面开展针刺、隔物灸、小针刀、偏瘫肢体综合训练、关节松动训练、作业疗法、吞咽言语治疗、三伏贴等。内四科（肿瘤病科）开展化疗，配合以中药治疗，自制止痛方、止呕方、消瘤方、消水方均得到认可。眼科开展耳穴压豆、放血疗法、穴位注射、中药雾化、中药离子导入、中药敷贴、针刺等中医特色疗法治疗眼外及眼底疾病。内五科开展穴位贴敷、中药封包、中药保留灌肠、火疗、拔罐、刮痧、中药泡澡等中医治疗项目，特别用中药泡澡解决血液透析患者顽固性皮肤瘙痒，用维生素B1维生素B12穴位注射足三里治疗血液透析患者不宁腿综合症收效好。儿科成熟开展小儿推拿、中药熏洗、刮痧及放血疗法等中医操作，中医药治疗在病房全面铺开，中医药治疗率100%。皮肤科运用火疗治疗扁平疣等皮肤病。健康管理科将中医体质辨识与膏方相结合，得到体检者的青睐。治未病科深入社区，走近群众，开展不同年龄层次的群众中医药健康知识教育，普及中医辨识理论，提高人民群众自我保健意识，提高社会大众对中医药知识与疗法的认知与认可。

2018年发展中国家共39名外宾来院交流学习，农工党湖南省委调研宁乡市医技人才振兴战略和青少年近视防控政府战略课题组及益阳、衡阳、醴陵市等近10家兄弟医院也分次来院就中医操作技术、中药饮片加工及制剂室建设等进行调研、交流。医务人员学习、运用中医药知识的能力也增强，“中医推拿按摩防控近视疗法”获2018年湖南省中医护理技术微视频竞赛“三等奖”，参加长沙市“中医药健康知识大赛”获优，代表长沙市参加2018湖南省首届中医药技能大赛获中药赛项团体三等奖；在龙凤山收获一条一米多长的“龙”状巨型菝葜后，又在坝塘发现数目多达30余个灵芝群，这些宝贵的中药资源都将在医院制作成标本、图片、影像资料并逐级送呈国家用于种植资源研究。

【优质服务】 骨伤一科广泛开展微创手术治疗四肢长管状骨折、老年股骨转子间骨折、老年单纯性胸腰椎骨折椎体成形微创治疗、人工髋关节膝关节置换、人工关节翻修、四肢畸形矫形等术式。骨伤二科开展膝关节镜检查、治疗新技术，以“胫腓骨骨折”“锁骨骨折”“桡骨远端骨折”等作为科室的优势病种，开展如活血通经丸在消肿止痛方面、续骨理经丸在促骨折愈合方面、强筋壮骨丸在促进补肝肾强筋骨等方面的研究。骨伤三科围绕脊柱创伤及因脊柱退变引发的颈肩腰腿疼痛，形成胸腰椎骨折切开复位钉棒内固定术、椎体成形术及经皮椎间孔镜髓核摘除术三大技术支撑。骨伤四科擅长手足外科手术操作及显微外科技术，对手足部各类复杂骨折或脱位的复位及固定（内/外固定）、各类肌腱神经血管损伤的修复、手足部皮肤软组织缺损的修复（植皮/皮瓣）、断指（趾）再植、手足部畸形矫正及手足部肿物切除等各类手术成功率均达到100%。外二科腹腔镜下胆囊切除术、腹腔镜下阑尾切除术、疝修补术、输尿管镜下钬激光碎石术成为经典术式；阑尾炎，胆囊结石，泌尿系结石90%以上在微创下完成；腹腔镜下肝囊肿切除术、腹腔镜下肾囊肿切除术、胃修补术，经皮经肾输尿管镜下钬激光碎石术、输尿管软镜下钬激光碎石术进一步成熟。妇产科开展宫腔镜下肌瘤、子宫内膜息肉、子宫内膜病变、妊娠物清除等疾病的检查、治疗和开展腹腔镜下子宫全切术等，最大限度地减轻患者的痛苦；并针对二孩政策放开，在门诊开设无痛取环、输卵管通液等微创手术，结合中医中药治疗不育不孕取得满意效果。内一科严格指南，加强对慢性心衰、冠心病、高血压等疾病规范化治疗；内三科将有创呼吸机、肠镜、支纤镜、胃镜、震动排痰仪等在全院广泛铺开和运用。内四科（肿瘤病科）成熟开展穿刺活检术、PICC置管术、心包穿刺术得到认可。内五科开展血透技术已成熟；眼科开设暑期夜间门诊，争取到省市“光明.关爱”、青少年视力调查等项目继续落户医院。深入全市各个乡镇、学校、社区（村）巡回义诊700余次。放射科开展如前列腺Ca动态增强的早期诊断、筛查，对四海之腧取穴法治疗脑梗塞恢复期用磁共振脑功能成像进行影像学评价；开展CTA筛查动脉瘤破裂、肠系膜上动脉血栓、主动脉夹层及头、胸、腹腔脏器急性损伤危急病人检查越来越多，23例CT引导下进行肺穿刺活检术成功率100%。功能科加快超声介入技术的开展，全年发现各类胎儿畸形179例，诊断符合率100%。全院积极投身宁乡市争创全国文明城市、健康促进市等工作，着力宣传“公民健康素养66条”，组织开展“公共卫生服务项目之中医药健康管理”、工间操进机关活动。

【科研教学】 开通全国中医药视频网络平台，建立电子图书馆。确定每周四下午为集中学习时间，邀请来自全国各地的知名专家教授来院上课；承办宁乡市中医药适宜技术培训班和中医药知识与技能培训班，全市共325名乡镇和乡村医师参加培训。组织开展中医“三基”知识及技术、急诊急救技能及中医操作的培训和各项核心制度的学习，做到人人过关；进行输血相关知识、抗菌药物的合理应用、爱婴医院知识、新生儿窒息复苏培训、法律法规等培训，举办病例分享会。开设“糖尿病课堂”“孕妇学校”。申报省教育厅科研课题7项，申报省中医药管理局科研课题5项，申报湖南省卫计委科研课题4项；申报省级中医药继续教育项目4项，申报省卫计委继续教育项目1项；承办湖南省长株潭地区医疗机构制剂监管座谈会、中医药系统财务骨干培训班及针灸学、眼科学继续教育培训班。发表论文60余篇。充实专业技术人员62人，61人参加高级职称考试，121人参加初、中级职称晋升。接受长沙医学院15级中医一班61名本科生来院临床见教，接受各高等院校实习生153人，选送外出学习培训212人次，脱产进修35人。

（喻先群）

社会生活

CIVIL LIFE

责任编辑 · 张合民

民 政

【概况】 2018年，宁乡市民政局深入学习贯彻中共十九大精神，坚持“为民解困，为民服务”两为工作宗旨，围绕中心，服务大局，牵头做好兜底扶贫，有效提升社会福利，提前完成重点民生实事工作指标，文明创建、生态文明建设、工会、团支部、老干关协、深化改革、行政执法、三抓两促等工作圆满完成，全面落实民政工作各项任务，荣获长沙市“全市福彩销售先进单位”、宁乡市“党风廉政建设工作先进单位”称号。全省“农村幸福社区建设示范单位”评选中，宁乡大成桥镇鹊山村、菁华铺乡陈家桥村光荣入选。宁乡市慈善会荣获“长沙慈善奖”最具影响力公益慈善组织奖、宁乡市“巾帼文明岗”称号；“千手相牵、爱心相连”项目被评为“长沙慈善奖”最具影响力公益慈善项目。黎志敏被评为湖南省“全省福利彩票销售先进个人”。

【强化兜底保障，创新救助帮扶】 2018年，宁乡市民政局强化兜底保障，创新救助帮扶。一是精准认定兜底对象。市民政局联合市精准扶贫工作领导小组办公室印发《关于做好全市社会保障兜底脱贫对象年审工作的通知》（宁民联发〔2018〕5号），市乡两级通过入户调查、家庭经济状况核对、民主评议、张榜公示等程序，认定社会保障兜底脱贫对象461户812人。二是提高城乡低保标准和救助水平。农村低保月人均救助水平达268.37元，城市低保月人均救助水平达401.62元，均已远超省级指标；兜底对象补差水平不低于月人均335元，实现应兜尽兜。全年共发放低保金6076万元；发放特困人员供养金9254万元，支出医疗救助资金2058万元（不包括健康扶贫一站式）。三是慈善帮扶。全年募集慈善资金1703万元，入户调查全市358户拟定深度贫困户信息，发放救助金2810.31万元，救助1.2万人次，投入100万元开展“公益创投”活动，扶持15家公益慈善类社会组织开展慈善志愿服务项目，提升公益慈善类社会组织服务能力。

【公共服务】 2018年，宁乡市民政局认真做好民政公共服务。一是社会福利。养老服务方面，新增2家民办养老机构，新增养老床位486张；新建4A级居家养老服务中心1家（怡宁社区居家养老服务中心）；指导10家养老机构“明厨亮灶”食堂改造；支持筹建华天养老和颐和寿康老年公寓。儿童福利保障方面，以市政府办名义出台《宁乡市困境儿童保障工作实施方案》文件；对全市孤儿进行100%入户探访；新建10所留守儿童之家。残疾人保障方面，提高困难残疾人生活补贴和重度残疾人护理补贴发放标准。全市符合补贴条件的残疾人按120元/月/人和80元/月/人的标准发放护理补贴，全年发放残疾人“两项补贴”2896万元，惠及约9.4万人次。老龄工作方面，印发《宁乡市高龄津贴调整实施方案》，完成长沙市人民政府高龄津贴普惠提标任务。全市高龄对象34493名，发放高龄津贴4062万元；失能半失能对象1272余名，发放基本养老服务补贴105万元。继续开展老年人意外伤害保险工作，全市投保2.2万人。开展“敬老月”宣传和“老年节”庆祝活动。二是专项社会事务。推出微信申办老年证“不见面审批”并将证件送达申请人手中；获得中央、省、市媒体宣传报道，婚姻登记高峰日启动应急预案，为办事群众延时服务，2018年，办理结婚登记7177对，离婚登记3411对，补办结婚登记3658对，补办离婚登记156对。开展“夏日送清凉、寒冬送温暖”工作，全年共计救助2356人次，出动救助车辆462车次。在年底低温雨雪天气过程中，进行街面巡查96次，救助393人次，发放棉被、棉衣等救助物资682件。光荣院优化服务建设，改善老人的居住条件，安装烟感报警器，建立微型消防站，在长沙市和宁乡市的联合检查中获得好评。殡葬服务管理深入推进，开展“殡仪宣传月”活动，深入每个乡镇（街道）、村（社区）宣传殡改政策；发放城乡居民基本殡葬服务费补助1045万元，实现遗体火化率100%，惠民直补到位率100%。福彩销售管理有序，中福在线销售大厅全年运营安全稳定，全市各类彩票共销售1.59亿元。三是区划地名。完成第二次全国地名普查数据国家包、湖南包的报送任务；积极推动第二次全国地名普查成果转化，启动宁乡市图录典志四本工具书编纂出版工作；编纂出版宁乡特色地名文化书籍《沩宁驿递》；完成省厅、长沙市局布置的十八大以来行政区划调整宁乡撤市设市效果评估；完成长沙益阳行政区域界线宁乡段联合检查工作，配合娄底湘潭行政区域界线宁乡段联合检查，创建平安边界。四是救灾减灾。2018年发放慰问资金1450万元，物资棉被4000床，大米30吨，油3200瓶，走访慰问19800人次，完成2017—2018年冬令春荒生活救助发放，资金900万元，惠及15756户。组织对乡镇（街道）灾害信息员进行全面的业务培训；组织召开全体成员单位会议，印发《宁乡市自然灾害救助应急预案》，印制防灾减灾宣传册和宣传挂图各2万份，张贴到村民小组；举办“行动起来，减少身边的灾害风险”宣传活动。

【社会治理】 2018年，宁乡市民政局依法治理好民政事务。一是基层服务。开展村务公开亮栏行动，投入492万元对宁乡市246个农村村（社区）按省标准统一建设村务公开栏，制定村务公开指导清单；推动移风易俗行动，联合市文明办下发《倡导建立健全红白理事会工作方案》，指导村（社区）依法修订村规民约；完善服务体系，对16个村（社区）开展农村社区试点建设，2个村（社区）开展示范建设；培育长沙市级示范社区项目，申报项目12个。二是社会组织培育。新成立社会组织50余家；指导26家社会团体召开成立或换届选举大会；组织对566家社会组织开展年检；对社会组织孵化基地共进行督导服务19次，举办能力建设培训5期，举办社工人才培训3次，指导5家孵化组织完成注册，对12个小额公益创投项目进行中期评估和项目验收，完成4期入驻组织工作评估，组织5家入驻组织参与“三社联动”供需对接会。

【退役军人事务】 2018年，宁乡市民政局重视退伍军人工作。一是双拥创建。围绕创建国家、省“双拥模范城”，完成双拥路、八一双拥公园、双拥天桥、双拥社区建设工作，并通过新闻媒体、宣传窗橱等方式，广泛宣传相关政策法规；走访各驻宁部队，为全市烈军属发放慰问信、慰问年画及烈军属牌匾；开展“八一访功臣”等军休文化活动，组织114名优抚对象开展为期7天的短期疗养。严格落实上级各项政策，全年发放各项固定经费8050万元，涉及服务对象1.6万余名。二是退役军人服务工作。广泛开展慰问走访。八一前夕，宁乡经开区党工委书记、宁乡市委书记周辉，宁乡市委副书记、市长付旭明分别走访驻宁部队和慰问相关军队退役人员代表。局领导带队，先后对30多名相关群体骨干成员进行上门宣讲政策。全市累计走访慰问5283人，发放慰问金328万元。对生活困难的退役军人进行重点救助，共救助1836人，发放救助资金267万元。积极探索社会公益组织参与救助帮扶工作，发动社会组织开展关爱烈士父母行动。认真做好信息采集和退伍安置工作。信息采集工作正在有序推进，2018年符合政府安排工作条件的退役士兵落实到位122人，对有就业意向的125名企业下岗转业志愿兵开展岗位援助。三是切实做好军休服务。完成八一休养点提质建设，开展“八一访功臣”“金秋六有六为”“党员进小区，服务千万家”等军休文化活功各类娱乐休闲活动、节日主题活动，组织军休老干部到娄底军休所、桃源军休所进行学习交流。

（邓　凡）

民族宗教

【概况】 宁乡市是少数民族散居市。2018年，共有苗族、土家族、藏族、壮族和白族等24个少数民族5000余人，有宁乡市民族联谊会。

宁乡市是全省宗教工作重点市（县），有佛教、道教、基督教和民间信仰，有佛教协会、道教协会、基督教三自爱国运动委员会和宗教文化交流会4个社会团体。全市共有各类宗教活动场所245处。其中佛教寺庙27处（省级重点场所1处，市级重点场所1处）；基督教堂点25处（教堂1处，聚会点24处）；道教固定处所1处；民间信仰活动场所192处（登记发证13处，备案发证14处，历史存在而未批的165处）。现有教职人员90人，其中佛教68人、基督教4人、道教18人。

2018年，市民宗局建设“三支队伍”，开展“学习年”主题活动。一是建设一支懂政策、明方向的党政领导队伍。十九大以来，宁乡市把习近平中国特色社会主义思想和十九大精神、习近平总书记重要讲话和重要批示、宗教政策法规特别是《宗教事务条例》纳入中心组学习内容，组织全市乡镇（街道）党政主要责任人开展宗教工作培训。二是打造一支会做事、能做事的宗教工作队伍。各乡镇（街道）党（工）委、相关科局单位把宗教政策法规、领导重要讲话批示、《宗教事务条例》作为必学内容，定期组织学习。三是培养一支政治上靠得住、学识上有造诣、品德上能服众、关键时起作用的教职人员队伍。推荐4名主要教职人员担任政协人大职务，组织宗教教职人员学习培训，开展主要教职人员谈心谈话和教政策法规知识竞赛活动。

【民族宗教工作保障机制】 2018年，宁乡市民宗局以健全民族宗教工作保障机制，夯实宗教业务工作基础。一是落实宗教工作主体责任。进一步贯彻好市委市政府《关于加强和改进新形势下宗教工作的实施意见》，各乡镇（街道）成立由党（工）书记任组长的领导小组，把民族宗教工作纳入重要议事日程。二是推动三级网络两级责任在乡村两级的全面落实。组织对全市乡镇（街道）、村（社区）、宗教活动场所（含民间信仰），就宗教工作“三级网络两级责任”在乡村两级的责任落实情况进行督查，列出问题清单、发布督查通报、召开专题会议、针对存在的问题要求限期整改。

【消防安全检查】 2018年，宁乡市民宗局强化宗教场所消防安全检查工作。一是根据属地管理原则，落实乡镇（街道）党（工）委宗教工作主体责任，排查梳理全市宗教活动场所安全稳定隐患，形成清单，实行交办制、台账制、销号制和通报制管理。二是牵头组织旅游、消防、安监等部门，对全市宗教活动场所进行消防安全检查，按照消防部门要求完善了消防设施、配备灭火器。场所所在村（社区）建立消防应急处险队伍，加强节假日和汛期期间值班值守。

【清理非法大型露天造像，宗教场所去商业化】 2018年，市民宗局进行露天造像清查及宗教场所去商业化工作。一是组织对全市范围内的露天造像进行排查，依法依规处置单个超出10米、群像超出10尊，没有履行报批报建手续的露天造像。二是贯彻落实国家宗教政策，坚决制止“宗教搭台、经济唱戏”行为。对全市范围内宗教场所去商业化情况进行检查，重点清理沩山密印景区、金洲关山、黄材千佛洞等处商业化行为。

【打非防渗】 2018年，宁乡市民宗局依法管理宗教事务，打非防渗卓有成效。一是将抵御渗透工作纳入意识形态安全工作责任制，开展依法查处涉韩基督教渗透专项行动，禁止境外组织和个人以任何形式在宁乡市的传教活动，取缔基督教非法聚会点。教育部门定期开展校园传教、学生信教和参与宗教活动排查。二是进行宗教场所管委会成员摸底，对参与宗教场所管委会的中共党员进行谈心谈话，劝退出宗教活动场所管理组织。三是全面推进场所“五进五好”活动和示范性场所创建，把社会主义核心价值观、十九大精神、新修订的《宗教事务条例》、优秀传统文化和国旗国歌布置到场所。

【民族团结工作】 2018年，宁乡市民宗局促进民族团结，构建平等和谐的民族关系上有作为。一是建立完善流动少数民族、常住少数民族和少数民族贫困家庭台账，实现少数民族服务管理无缝对接。二是面向来宁乡市务工的少数民族同胞，建立动态管理台账，成立少数民族群众服务站。三是民族联谊会创新开展民族团结进步行活动，推动各民族互动交流，建设一个各民族共有的精神家园。

（罗珊珊）

乡镇·街道

TOWNSHIP AND STREET

责任编辑·高　丽

道林镇

【概况】 道林镇位于宁乡市东南部，毗邻长沙市岳麓区和湘潭市雨湖区，湘江一级支流靳江贯穿全境。2018年，道林镇域面积135平方千米，辖8个村，1个社区，人口56222人。全年实现镇域生产总值16.4亿元，农业总产值5.8亿元，规模以上工业总产值1.5亿元，社会消费品零售总额8亿元，全社会固定资产投资1.9亿元。

【古镇招商】 2018年，道林镇组建招商工作专班，积极对外同步发布招商信息，广泛招引、主动对接、深度洽谈，面向全国引进一流水准的投资运营团队。年内，横店影视、中青旅、宝能集团、兴茂集团、华夏幸福、武汉三特、湖南广电（经视）、美的地产、北大未名集团、重庆江小白等先后组团到道林镇考察。积极发挥景区管理委员会职能，配齐专业人员，加快实现景区公共服务的精细化和品质化。以道林古镇和靳江生态修复为契机，成立农民专业合作社，以土地承包权入股湿地运营，稳定预期收益，实现收益共享。

【城乡管理】2018年，道林镇坚持政府主导、部门联动、村（社区）为主的原则，实行分项检查、综合计分、逐月考核、动态排名的机制，把检查内容从环境卫生拓展到道路整治、控建拆违、非法开采打击等城乡管理各个方面，把工作责任压实到村、到片区，把考核评比常态到月、到季。设立日常工作计分和重点工作一票否决制度，对因失职失责导致的违法建设、养殖污染、非法搭建等重大问题作为当月一票否决指标。设立城乡管理红黄榜，坚持按月排名，奖优罚差，对当月红旗单位予以重奖，对黄旗单位实施处罚，进一步传导工作压力，切实调动各级参与城乡管理的积极性，形成良性运转的工作机制。坚持把“五治”工作作为改善农村人居环境、建设美丽宜居乡村的重点来抓，多管齐下助推工作落实落地。加大规模养殖污染整治力度，完成禁养区内20户规模养殖户的退养，拆除栏舍410平方米，生猪养殖减量361头、鸭1800只，并严格落实“河长制”要求，重点加强对靳江等主要河道和水库的巡查，坚决防止禁养区规模养殖场（户）出现反弹。由点及面推进垃圾分类减量工作，成功创建靳水、华鑫市、龙泉湖村垃圾分类减量示范村，共拆除公路两旁垃圾池82个，垃圾量明显减少。加大农村治厕力度，全年完成139座农村改厕任务。扎实抓好“空心房”整治，216座空心房腾退倒地，超任务目标数23%。严格建房审批管理，严控新建违建行为，全年制止和拆除违法建筑25处780平方米，取缔非法场地15处。推动“路长制”工作落细落实，全面清理乱堆乱放750余处、劝导各类摆摊设点行为500余人次、拆除沿线非标和旧招牌420余块、牛皮癣2200余处、违规广告招牌350多块，路长制工作位居全市第一名。有序推进移风易俗，签订村民承诺书和党员承诺书。实现全天候巡查机制，打击非法开采行为，全年开展日常巡查259次，其中白天巡查126次、夜晚巡查133次、节假日巡查90次，查处非法开采行为8起，扣押挖机1台、运输车辆3台。成功拆除34家耐火材料生产企业，耐火材料行业转型升级迈出坚实步伐。

【基础设施建设】 2018年，道林镇南东公路、道善公路、宗准公路竣工通车，石壁公路和G354改扩建加快推进，公路建设成环成网。总投资近4000万元的道林卫生院投入使用。积极向上争近700万元，完成善山岭中学教学楼新建改造和一批校舍提质工程。占地约2700平方米的新农贸市场主体完工。投资600多万元的新污水处理厂加快建设。新埠头水闸建成运行。边山坝清淤加固工程已扫尾。道林古镇防洪工程（黄丝坝河部分）完成修建，有效保障古镇重要节点岸段的防洪安全。完成26千米农村“双投”和通自然村公路建设。政务服务大厅改造升级。全年累计保障城乡低保对象282户、524人，特困三无对象517户、523人，发放救助低保金1542万元，大病医疗救助418人。卫计融合有序推进，两癌检查575人，优生遗传检查367.5对，妇女病查治600余人，新进农村奖励扶助75人，落实生育关怀35户。

【脱贫攻坚】 2018年，道林镇对返贫户、新增户适时动态调整，确保扶真贫、真扶贫。坚持因户制宜，要求帮扶责任人做到“六个一”，根据贫困户的具体情况制定产业帮扶、医疗救助、教育助学等脱贫规划，落实“滴灌式”专项扶贫资金15.6万元，24户贫困户签订公益性岗位需求协议，发放工资9.6万元；靳水村产业扶贫项目带动77户贫困户增收15万余元；烟叶种植166.5公顷，送售金额近800万余元；贫困户家庭医生签约实现全覆盖；对全镇“低保、五保、残疾人家庭户、建档立卡贫困户”四类对象中的危改户进行全面摸排，完成50户危房改造建设。深化重点帮扶，开展社会贤达、企业家帮扶重度、托底贫困户的联系机制，全镇98户重度和托底贫困户均得到不同程度的帮扶。强化驻村结对帮扶力量，加大对驻村工作的调度部署，确保压实责任，措施有效，成果显著，河东新村崔跃辉和石金村熊友泉两位驻村第一书记的“手绘地图”被红网和人民网专题报道，受到外界的点赞和好评。

【社会治理】 2018年，道林镇实行“三级”稳定领导责任制，深入开展“一打三整”和“扫黑除恶”专项行动，保持以打促防、以打促安、露头即打的严打态势。全年受理刑事案件37起，刑拘20人，其中行政处罚6人、查处吸毒31人、强制戒毒3人。加强企业安全生产检查和重点部位的监管，实现安全生产零事故、零死亡。全面实施以“一村一辅警”为主要内容的农村警务战略，各村辅警在派出所民警的带领下开展治安纠纷、民间纠纷的调解工作，化解村民之间矛盾，消除刑事、治安、民转刑各类案件的隐患。壮大治安巡防和武装巡逻队伍，坚持每周开展1至2次巡逻活动，保障交通畅通和治安秩序正常。全镇9个村（社区）完成综治中心建设。发挥矛调中心作用，坚持每月开展一次“矛盾纠纷大排查大调解”讲评调度会，积极化解信访矛盾，全年受理各类民间纠纷385件，调解成功381件，调解率达100%，调处成功率在98%，没有因调解不及时而引起的民转刑案件和群众性集体上访案件的发生。

（黄　慧）

大屯营镇

【概况】 大屯营镇位于宁乡市东南部，距离城区45千米，东邻湘潭县、西接韶山市，镇域面积106.47平方千米，湘江一级支流靳江贯穿全境。2018年，大屯营镇下辖6村1社区，总人口4.6万人。2018年，该镇以“打造九曲靳江、建设航空新镇”为发展目标，全年完成税收1183.1万元，财政总收入9898.54万元，年度总预算数110%；固定资产投资总额8.8亿元，目标任务的146%；社会消费品零售总额2.17亿元，目标任务的118%；工业增加值率13.6%。全镇经济社会发展总体保持调中趋稳、稳中有进的良好态势。

【项目建设】 2018年，大屯营镇“1121”工程累计11批次征拆全部实现首日清零，主场区土方工程、水系恢复工程基本完成。配套项目工程朱下线、新桥线、南拓线、宗兴互通等交通网络逐步形成。航空新镇一二期76户入住，三期376户主体完工，大部分已入住。靳江源生态修复项目江湾七孔桥落成，小火车慢行系统贯通11.6千米且全线覆绿。流转土地233.3公顷，新民集居点完成60%主体工程建设。打造长沙市小微水体示范点1处。农村公路、水利基础设施不断完善，周南靳江中学顺利开学，成五一艺术馆建成并对外开放，农商行新办公楼建成使用，敬老院提质改造、梅湖小学学生宿舍等项目基本完成，强强双狮新增投资1.2亿元，土地增减挂钩完成立项13.3公顷。

【现代农业】 2018年，大屯营镇烟叶种植实现产值2700万元，种植面积、烟叶质量、效益居全市第一，改造旧烤房100座，创新互助帮工新模式。种植结构调整面积200公顷，发展优质高效农业。组织200余名种养大户参加上级农民培训，60余人被宁乡市政府认定为“新型职业农民”。农村土地制度改革不断深化，加快土地流转，鼓励适度规模经营，全镇2公顷以上种粮大户、家庭农场、农民专业合作社200余个，茶叶、西瓜等农产品基本实现订单式销售。检修55千瓦以上大型泵站11处，维修（新建）55千瓦以下小型泵站15座，安排水利冬修17处。

【污染防治】 2018年，大屯营镇取缔5处非法采砂洗砂挖山取土点，并完成平整及复绿，开展“政府送树群众植树”活动，造林2.44万株，20公顷。开展渣土车专项整治8次，整改45台，以网格责任为抓手，全面禁止秸秆、垃圾焚烧，做到上级零通报。开展农业面源污染集中排查整治6次，统筹山水林田生命共同体，靳江河水质常年保持地表水Ⅱ类标准，沿线白鹭蹁跹、候鸟集群。

【精准脱贫】 2018年，大屯营镇发展生产脱贫253户725人，发展教育脱贫137户178人，社会保障兜底脱贫22户32人。贫困户转移就业304人，大病报销166人，医疗救助169人，提供公益岗位29人，金融扶贫28户。突出两业扶贫，争取“四跟四走”扶贫项目2个，“扶贫车间”3个，举办生产技能培训班10期，培训贫困劳动力400余人次，全镇50%以上贫困户掌握超过一项的实用技术。“互帮互亲帮亲，互助脱贫奔小康”爱心集市活动形成品牌。

【社会事业】 2018年，大屯营镇优抚、重残补助、高龄补贴、失能补贴等惠民补贴有序发放，组织爱心人士捐款捐物，慰问特困残疾人14户，孤儿、特困留守儿童14户，奖扶系统新录入独生子女保健费486户，奖扶785户，特扶432户。免费孕前优生检查195对、产筛182人，两癌送检958人。组织5·29计划生育协会员日活动2次，靳兴村、梅湖村组织新时代文明实践活动常态化服务残疾五保户，培树文明新风。完成上级交办的21户贫困户危改工作，并被推介为“长沙市危改工作先进典型”。献血工作获市先进单位称号，三仙坳村成功创建“长沙市计划生育群众自治示范村”。“放管服”改革规范清理各类证明255项，保留44项。聘请专业法律顾问1个，办理人大代表建议9件、政协委员提案7件，办复率100%。

【人居环境】 2018年，大屯营镇深入推进农村“五治”工作，完成改厕312座。禁养区内34个养殖场（户）全面退养，建设生活污水处理系统11处，铺设管网21千米，收集生活污水1300余户。完成167户空心房拆除任务。获评长沙市三星级卫生示范乡镇，成功创建1个省级卫生示范村和4个长沙市垃圾分类示范村。举办“群众大舞台”“营里之星”评选表彰、“一江一镇”观摩等活动，让移风易俗深入人心。

【社会治安】 2018年，大屯营镇深入推进扫黑除恶专项斗争，办理刑事案件16起，打击处理25人，治安案件39起，打击处理83人。有效吸附各类涉访人员，进京上访零记录。处理网上信访5件，“1121”工程历史遗留问题53件。以解决具体问题为抓手，调解矛盾纠纷193起，处理完成189起，“12345”市民服务热线受理工单103件，答复98件，满意工单92件。开展卫计监督执法，打击非法行医2例。强化安全生产日常监管，排除隐患210余条，立案处理4家、罚款5.1万元。加大森林防火宣教，实现林火零发生。

【大屯营镇第一届人民代表大会第三次会议】 2018年9月28日，大屯营镇召开第一届人民代表大会第三次会议，这是宁乡市首次在乡镇召开年度内第二次人大会议。市人大常委会主任喻亚军等领导出席会议。这次会议的召开，是市委坚决贯彻党中央决策部署、全面支持人大依法履职的重大成果，是长沙市乡镇人大年度内召开两次人大会议的首次实践，必将在全市民主法治建设和人大创新发展中写下浓墨色彩的一笔。为推进乡镇年度内召开第二次人大会成为一种常态，宁乡市人大常委会组织机关委室所有负责人、所有乡镇（街道）人大正副主席（主任）组成观摩团，全程参与本次人大会议。大会通过召开1次预备会议、2次全体会议、2次主席团会议、2次代表团会议，对政府工作报告、靳江河流域生态保护决议实施情况以及教育工作三个报告进行审议，表决通过三个报告的决议，表决通过《宁乡市大屯营镇人民代表大会满意度测评实施办法》。会议号召要以习近平新时代中国特色社会主义思想和党的十九大会议精神为指导，以乡村振兴为总览，以作风转变、提升效率为抓手，坚决打好三大攻坚战，励精图治，以更加昂扬的斗志砥砺前行。在闭幕式上，喻亚军指出，全市乡镇工作要持续强化政治担当，持续推动绿色发展，持续深化改革创新；要加强党委对人大工作的领导，在依法履职上勤作为，增强人大工作实效；人大代表要做改革发展的领路人，做遵纪守法的带头人，做服务群众的贴心人，做严格自律的明白人。（杨惠明）

花明楼镇

【概况】2018年，花明楼镇镇域面积112.4平方千米，总人口5.2万人，水田面积3242.6公顷，下辖9个行政村（社区）。年内，花明楼镇全力推进红色文化名镇建设，加快推动特色小镇培育，圆满完成刘少奇同志诞辰120周年筹备工作，较好地完成年初确定的各项目标任务，政治、经济、文化、社会和生态文明等事业取得进步。

2018年财政总收入1.284亿元。累计完成税收2800万元，规模工业总产值3.8亿元，固定资产投资14.3亿元，GDP26.8亿元，社会消费品零售总额6.8亿元，人均纯收入25800元。

【刘少奇同志诞辰120周年活动筹备工作】2018年是刘少奇同志诞辰120周年，花明楼镇作为刘少奇主席的家乡，圆满完成纪念刘少奇同志诞辰120周年活动筹备工作。积极争资引资。主动与省直厅局和长沙市直单位对接，争取资金支持9293万元，项目支持1905万元，用于加强镇域基础设施、公共服务、环境整治、脱贫攻坚、产业富民等民生实事建设。完善基础配套。建设系列红色主题雕塑，对景区导示系统、标示标牌进行统一规范，完成花明互通连接线、双狮岭大道延伸线整体提质改造，完成影视基地、互通连接线出口沿线和安置区立面改造建设。规范镇区管理。商铺招牌统一风格，开展集镇环境综合整治百日行动，劝导纠正车辆停车秩序3000余次，整改店外经营乱象1800余起，铲除牛皮癣1000余处，处理墙体广告200处，清除卫生死角744处，清运垃圾1500余吨，疏浚下水道130处。

【民生工作】2018年，花明楼镇加快基础建设。炭子冲居民集中点完成6栋桩基础工程，23户群众搬进新居。新建自来水管网设施2.5千米，增容村级变压器58处。建设运营杨林桥农村集中分散式污水处理示范项目，惠及88户村民。提质建设分散式污水处理管网5300余米，引进4台一体化污水处理设备、1台压缩式垃圾处理设备。加强民生保障。完成低保评定150户，实施医疗救助600多人次，危房改建56户，采集贫困劳动力信息495条，落实15户残疾人家庭无障碍设施建设，采集优抚异动信息85户。发放各类补助资金1900余万元。开展卫计执法行动6次，开展优生优育检测、产前筛查、两癌筛查2093人次，开展新生儿入学体检319人次，老年人体检3770人次。

【农业情况】2018年，花明楼镇全年双季稻播种面积533.3公顷，一季稻种植面积2266.7公顷；冬种冬播种植油菜800公顷、绿肥666.7公顷；申报补贴种粮大户178户，种植面积900公顷；检测农产品1200批次。采取大户流转种植、公司流转种植、农户自行种植等方式，全面落实种植结构调整。完成双投公路建设42千米、市规11千米、通村公路7.9千米。发放强农惠农补贴105批次1239万元。为5800公顷农田购买农业保险，完成448个村民小14219户农户的土地确权颁证。

【生态建设】2018年，花明楼镇整治关停黏土砖厂2家，倒地烟囱2个。全方位推进控黄覆绿，购入草籽9千斤，覆绿裸露黄土183.4公顷。改造厕所84座，畜禽养殖专业户全面退养畜禽养殖户75户，拆除退养栏舍49177平方米。拆除空心房175座，覆绿18695平方米。组织防火队员对秸秆禁烧进行巡查，发放宣传资料2万份，张贴横幅标语200条。调查处理78起环保投诉事件；关闭3家砂石场，制止非法开采8处，拆除违章建筑14处，清理河流和水利枢纽、稻田内的漂浮垃圾。大力推进移风易俗，将移风易俗内容纳入村规民约，着力打造“新风庭院”。接待省、市各级考察调研20余次。抓实日常清整保洁。实施环境卫生网格责任考核制，建成3个压缩式中转站、8个垃圾分类回收分拣中心。全面实施“三分三减”运行模式，全镇垃圾产生量与2017年同期相比减少70%，环卫转运费用减少60%，生活垃圾处理率达95%，废品回收及有毒有害集中处理率大大提高，群众垃圾分类减量习惯正逐步养成。全面建设美丽乡村。对17个美丽屋场进行提质改造，加快建设美丽屋场休闲广场和植物景观，推动美丽乡村建设成果惠及更多群众。2018年，杨林桥村获评省级卫生村，靳源村获评长沙市人居环境示范村、长沙市垃圾分来示范村，联新桥村获评长沙市级垃圾分类示范村。

【旅游招商】2018年，花明楼镇围绕“红色文化”的主题定位，以“少奇修养、红色信仰”为内容核心，挖掘花明楼独特的红色元素，

花明楼镇迎宾广场

对幸福大道、花明大道沿线路灯装饰进行创意改造。引入品牌VIS系统（视觉识别系统），让所有进入花明楼的游客，在视觉上感受到强烈而独特的“少奇故里”红色文化。推进旅游项目建设。红星花海、靳江湿地公园有序推进，完成炭子冲村、花明楼村11个组的53.3公顷，土地流转和土地整理。启动红色文化名镇建设工作，主雕塑及景观小品全面完成，立面改造、招牌改造、导视系统、招呼亭等全面竣工。加大旅游业招商引资力度，引进优质旅游项目，积极与湖南建工集团、碧桂园、保德中青宝、中健新科实业发展有限公司、中茂梅溪湖等国内外大型企业对接，做好项目推介、实地考察、招商政策答疑等工作。

【脱贫攻坚】 2018年，花明楼镇共有贫困户644户1432人，已脱贫563户1258人，其中2018年脱贫208户520人。贫困户中，产业扶持94户254人，低保兜底61户112人，大病报销74人，医疗救助167人，危房改造146户，教育扶贫178户230人，公益性岗位扶贫26户，金融扶贫129户，社会兜底25户，“雨露计划”教育扶贫28户，就业扶贫技能培训19户19人。重新调整镇村两级扶贫工作人员，将工作力量、工作资源和工作重心全面下移。7个后盾单位下派的8名驻村第一书记，具体负责村脱贫攻坚工作，镇派驻村脱产队员全部为各线办优秀干部，村扶贫专干平均年龄不超过32周岁。营造勤劳致富、脱贫光荣氛围，将扶贫与扶志、扶智相结合，实现一户一册，因户施策，根据贫困户家中实际情况落实“四跟四走”“滴灌式”“教育助学”“贴息贷款”等政策，激发贫困群众积极性和主动性，激励和引导贫困户靠自己的努力改变命运。

【社会治理】 2018年，花明楼镇构建政府、村、组三级治安防控网络，组建巡防队、社区矫正帮教小组和专职人民调解员等多支力量队伍。调处矛盾纠纷415起，接待信访群众274人次，受理信访案件30件，处理率达100%。开展交通整治行动90次，发放平安创建宣传资料8000余份。对社区矫正人员实行集中劳动和学习，举办教育活动18期。安全生产监管有力。出动执法人员100余人次，检查各类门店400余户次，下达文书82份、责令限期整改152项、立案2起，备案农村集体聚餐697起。查处非法经营单位4家、非法经营烟花鞭炮8起、违法违规校车2起，依法取缔拆除无资质作坊式站场3家。全面深化服务改革。不断完善“奇美花明”政务通民生代办平台功能，近1.2万名群众通过手机绑定微信公众号，办证审批均可实施线上办理，不能线上办理的，由网格干部实行代办。截至12月底，“政务通”受理群众申请135件，处理率达100%。

（朱海棠）

东湖塘镇

【概况】 东湖塘镇位于宁乡市东南部，全镇面积131.7平方千米，下辖8个行政村，5.1万人。2018年，东湖塘镇围绕“保护东湖生态、演绎东湖故事、提升东湖品质、扮靓东湖形象”工作思路，根据年初制定的各项目标任务，充分发挥交通便捷、山水资源丰富的优势，致力做美全域旅游、做特现代农业、做精新型集镇、做实精准扶贫，全镇经济社会呈现持续发展的良好局面。2018年，全年完成税收809.86万元，完成全年计划的162%。固定资产投入完成8.83亿元，其中工业固投1.3亿元，项目工程完成投入3.5亿元。

【招商项目】 2018年，东湖塘镇完成招商合同引资5亿元，捕捉招商信息5条，包装项目1个，到位资金2.25亿元，与湖南泽润农业科技开发有限公司、宁乡罗仙寨能源开发有限公司2家公司签订项目投资合同书。三一集团投资建设的风电项目稳步推进。2018年双投项目共建设公路8.6千米，完成2座危桥改造。陶家湾村陶戚公路成功打造长沙市农村示范路，东湖塘镇路长制工作作为典型经验在全市推介，路长制工作获评市一类单位。全年完成4个村（社区）的农网改造项目，农电建设进一步完善。

【美丽乡村建设】 2018年，东湖塘镇共完成改厕140户，圆满完成2018年任务。完成空心房拆除200户，同时严控农村建房审批。各村（社区）环境卫生明显改善，保洁清运队伍建设得到完善，镇垃圾分拣总站和6个村（社区）垃圾分类分拣中心已建设完成。燕山、陶家湾、泉塘湾完成垃圾分类示范村验收，泉塘湾村获评长沙市卫生村，陶家湾获评省级同心美丽乡村。空心房拆除工作和畜禽退养工作全面推进，“除陋习树新风”治风行动持续开展，动员群众主动减轻“人情债”、净化“人情风”，得到群众广泛支持。森林资源得到有效保

11月，东湖塘镇陶家湾村被评为省级同心美丽乡村。图为村民在陶家湾村广场聚会奏乐

护，加快造林覆绿，对村级公路、非煤矿山、黄山及裸露地等进行复绿造绿，麻山村成功申报长沙市市级绿色村庄。

【民生事务】 2018年，东湖塘镇民生事务稳步提升。足额发放惠民补贴，发放低保金174.2万元，发放特困供养资金357.29万元，发放大病救助资金12.92万元，免费为重症精神病人提供药物救助。完善敬老院消防设施，泉塘湾村农村幸福院完工。妇女儿童事业进一步发展，陶家湾村儿童之家获湖南省示范儿童之家和宁乡市示范妇女儿童之家称号。卫计事业全面发展，社会抚养费征收、优生检测、妇女病查治等指标居全市前列。农村健康管理状况得到有效改善，镇卫生院与长沙市四医院共建“医联体”，成功引导“三甲”以上优质医疗资源下沉，强化镇医疗力量，落实家庭医生签约服务和分级诊疗制度。陶家湾同心村庄建设基本完成，进驻农户顺利入住。

【农业产业结构优化】 2018年，东湖塘镇农业产业结构得到进一步优化。培育瓜蒌、生态蔬菜、龙虾养殖、无花果4个千亩产业园，农业种植结构得到进一步调整。以卫红米业为依托，建立现代农业示范区，龙头企业得到鼓励发展。农田土壤重金属污染防治进一步加强，土地确权工作有序推进，阶段性任务已基本完成。城乡管理进一步完善，建立土地巡查制度，对地质灾害点进行隐患排查，太平桥村部和东湖塘社区袋子组等2处地质灾害点治理基本完成。

【精准扶贫】 2018年，东湖塘镇精准扶贫工作进一步取得成效。实现责任上肩、任务到人、工作到位、统一步调，扎实做好基础工作。加强扶贫资金监管，发挥镇医疗救助资金作用，确保资金发挥实效。注重精准施策，落实16项专项扶贫政策，拓展帮扶范围，加大产业扶贫力度，重点培育大雁鹅特色产业扶贫项目。西冲山村扶贫第一书记范建强获“湖南省脱贫攻坚先进个人”称号。2018年共有184户392人顺利脱贫。

【社会治理】 2018年，东湖塘镇社会大局和谐稳定。全年组织群工队员开展大走访，及时排查矛盾纠纷，调处各类纠纷矛盾。禁毒工作获市先进，张厚坤获评全国青少年禁毒教育优秀辅导员。东湖塘镇安全生产警钟长鸣，主动预先防控生产安全，开展“打非治违百日行动”及“春雷”“飓风”“霹雳”“清巢”等专项行动，打击取缔非法经营烟花爆竹门店和黑校车。东湖塘镇获市校车安全先进单位，镇校车队获市优秀车队。开展安全生产宣传月活动，及时关停整治非法生产企业，并通过联合执法上路巡查，保障路面安全。围绕国家食品安全示范城市创建，联合市监、农技、防治等部门开展一系列食品安全整治行动，强力保护舌尖上的安全。建立网格，形成上下联动、责任到人的组织体系和领导体系，全面落实河长、路长、片长“三长”制度。

（彭国琦　陈瀚祥）

夏铎铺镇

【概况】夏铎铺镇地处宁乡市最东部，与岳麓、望城两区接壤，素有“宁乡东大门”之称，是宁乡东进融城的桥头堡。镇域面积103.4平方千米，距宁乡市8千米。至2018年底，夏铎铺总人口42219人，下辖6个村3个社区。2018年，夏铎铺镇规模工业总产值达90.11亿元，比2017年增长12.8%；新增规模工业企业10家，规模工业企业总数达到76家；完成社会消费品零售总额5.43亿元，固定资产投资额36.48亿元；完成工商税收1.69亿元，比2017年增长39.98%，超过市下达目标任务3620万元。

【基层党建】 2018年，夏铎铺镇推进干部下沉网格化管理工作，将全镇9个村（社区）划分为39个大网格和111个小网格，由镇村干部分别担任网格干部和网格信息员，负责指导网格内12项工作。2018年，镇村干部入户走访6轮，召开户主会4次，共收集群众诉求1460条，通过各方努力解决超过90%，工作开展情况被《长沙晚报》整版报道；积极创建“五星”村（社区）党组织，产生五星村（社区）1个，四星村（社区）5个，三星村（社区）2个，一星村（社区）1个；向6个贫困人口100人以上的村（社区）和1个软弱涣散村（社区）派驻驻村“第一书记”，全面加强基层组织建设；举办“七一”千人大会，表彰12个基层党组织、112名先进个人，进一步激发全镇广大党员群众干事创业的激情。

【项目建设】2018年，夏铎铺镇引进工业项目10个，引进资金14.55亿元。启动建设投资1000万元以上项目17个，累计到位资金2.72亿元；编制园区污水管网可研方案，110米域内园区污水管网加速建设。服务宁乡高新区、沩东新城、金唐公路二期建设工作，共迁坟280余座、拆迁房屋64栋、腾地22.7公顷。

【环境治理】 2018年，夏铎铺镇以累计改造无害化卫生厕所150座；全力推进垃圾分类工作，投入182万余元购置垃圾分类桶2.1万个、电动三轮车64辆，配备专职保洁员78人，建设垃圾分类回收站9处，9个村（社区）全部通过“长沙市垃圾分类示范村”验收；“空心房”整治工作，累计拆除空心房40户，拆除面积1万平方米，凤桥社区集居点3户受灾户和1户地质灾害户建设全面完成；以“例行+创新”方式推进河长制工作，巡河村级1周1次、镇级10天1次；拆除畜禽养殖栏舍面积6200平方米，验收73户；积极开展纠“四风”治陋习专项整治行动，利用“夏铎之声”公众号、村村响、微信群等平台广泛宣传移风易俗、文明祭扫等。二是环境整治强势推动。对镇域47块71.3公顷裸露黄土全部完成覆绿，拆除燃煤烟囱13座，秸秆综合利用率达96%；全力做好镇域环境整治工作，清理乱堆乱放73处、摆摊设点54处、牛皮癣180处；深入开展“除臭剿劣”行动，对镇域范围内的企业污水、畜禽污水、生活污水、农业生产污水等黑臭水体进行全面排查和全程监督，实现黑臭水体全面清零。

【综治维稳】 2018年，夏铎铺镇对苗头性、倾向性问题进行滚动式、地毯式排查，排查问题线索140条；面向全镇111个网格发放便民联系卡2万余张，上门入户走访覆盖率98%以上。设置组级调解机构121个，选聘组级义务调解员342名；完善村级调解机构9个，共计调解排查纠纷429起，处理遗留问题18个。全年开展专业巡防222次、“红袖章”巡防134次；刑事拘留54人，治安拘留59人；开展治安整治行动81次，查处涉赌人员4人，查处涉毒人员50人，收缴枪支管制刀具9把；开展安全隐患排查行动172次，清查安全隐患208处，整改安全隐患240处，处罚18人。安全责任严格压实，全年共检查企业320家，下达执法文书340份，立案9起，罚款13.5万元；开展安全生产“打非治违”联合行动6次，取缔非法经营烟花爆竹点7处、非法沙场9家、非法储存柴油点1处；深入开展安全生产隐患大排查，排查隐患262处；检查娱乐场所、门店超市、企业等消防单位130家，检查189次，下达责令整改通知书56份。

【产业发展】2018年，夏铎铺镇持续优化道路交通脉络，全年完成农村公路硬化23.12千米，黑化4.1千米；深度挖掘石仑关“青年毛泽东宁乡游学路线”红色资源，致力打造中国首个立志旅游目的地——梦想小镇；积极探索“合作社+集体”“村集体+企业”等模式，科学流转片区土地86.67公顷；对接优质休闲观光农业基地，打造“蔬果课堂”，将生态农业融入旅游产业发展中；鼓励有条件的村（社区）以场地承包、物业租赁等形式，壮大集体经济实力，2018年高新社区、夏铎铺社区分别实现集体收入160万元和43万元。2018年乡村振兴工作开展情况在《长沙晚报》整版报道，天马新村乡村振兴实践经验被长沙市委办公厅《内情参考》提炼为“天马新村模式”，长沙市委书记胡衡华等领导专题调研夏铎铺乡村振兴工作。

【脱贫攻坚】 2018年，夏铎铺镇实现教育助学186人、雨露计划帮扶30人、滴灌式产业帮扶114户357人、转移就业322人、危房改造6户，提供公益性岗位24人，村级集居点安置贫困户11户，敬老院安置4户；重点宣传“一站式”健康扶贫政策，为全镇451户贫困户提供家庭医生上门义诊服务、免费药品供给、预约随访、双向转诊、健康咨询等优质的医疗服务；与高新区联合举办“精准就业、相约高新、助力扶贫”专场招聘会，提供就业岗位2000多个，31名贫困群众实现了本地就业；推行农业产业基地联系贫困户制度，全年吸收贫困户43人参加务工，实现土地流转租金20多万元。

【社会保障】2018年，夏铎铺镇审批大病救助20人、精神病人住院救助15人；对全镇163名精神病人发放药物2次，新增申报药物救助人员6人。推进被征地农民社保工作，全年核算社保指标1967个，落实至2008年社保追补金1.4亿元，惠及4000余名参保群众；妥善处理华强项目和岳宁大道30余户征地遗留问题；全面完成“两安”用地遗留问题摸底、确认和上报，涉及8个村（社区）、406.7公顷用地。

【文教体卫事业】 2018年，夏铎铺镇开展“送春联下乡”“我的书屋我的梦”等主题活动6次，成功举办夏铎铺镇首届全民运动会，市全民运动会总成绩位居全市第二；积极组织镇村干部参加宁乡市“新时代·新宁乡”群众合唱比赛，获一等奖。征收社会抚养费62.4万元，完成免费孕前优生健康检查390对，完成妇科病普查2846人，两癌筛查1528人，产前筛查383人；普通群体家庭医生签约率60%，重点人群家庭医生签约率100%；镇卫生院与长沙市第四医院建成“医联体”，与市人民医院建立“医共体”，基层医改工作得到新华社报道。加大教育经费投入，高效启动天马小学、弓箭塘小学、香山冲小学教学楼宿舍维修建设和夏铎铺中心幼儿园项目建设；2018年中考重点高中上线38人，全科合格率100%，八科全科合格率居全市第一；完成中小幼儿教育助学补贴186人，为30名大中专职业贫困学生全程免费申报雨露计划；率先开展“全城通办”工作试点，下放事项26个，湖南省省长许达哲调研夏铎铺镇“互联网+政务服务”工作时予以充分肯定。

（羊园园）

金洲镇

【概况】 金洲镇位于宁乡市东北部，距长沙市政府约23千米，距宁乡城区约11千米，西北与双江口镇隔沩河相望，南面与历经铺街道、夏铎铺镇相邻，东南和望城区接壤，属湘江新区核心区域，是省、市城乡一体化示范点和宁乡市东进融城的前沿阵地。镇域总面积62.1平方千米，耕地面积0.177万公顷，共辖2个社区、4个行政村，人口3.2万人。

2018年，金洲镇完成财政税收5410万元，招商引资到位资金3.41亿元，社会固定资产投资16.5亿元，社会零售总额1.3亿元。镇绩效考核位居全市二等第一名的等次，获得“湖南省卫生乡镇”“长沙市城乡环境整洁行动‘三星’乡镇”等称号，颜塘村获评“市级卫生村”，颜塘村、关山社区获评“市级垃圾分类减量示范村”。垃圾分类减量、金洲夜话、脱贫攻坚、安全生产、信访件办理、农村“五治”等工作被《湖南日报》宣传推荐，“天天学习吧”被长沙晚报宣传报道。

【基层党建】 2018年，金洲镇以同兴村、机关党支部为示范点，坚持整体推进、全面覆盖的工作方针，加强分类指导，完善阵地建设，着力推进“五化”党支部建设。以关山社区为试点，逐步推进农村集体产权制度改革，积极探索壮大村级集体经济发展新模式，努力打造乡村振兴示范点。切实把好党员发展入口关和出口关，全年新发展预备党员13名、转正党员9名，党内问责26人，有效提升党员身份意识、纪律意识、先锋意识。创新开展“金洲夜话—八点有约”主题活动，实行领导干部包片、责任干部包组的网格体系，共组建92个小网格，网格责任干部、包片村（社区）干部每月选定一天晚上组织宣讲团讲师、乡贤乡友到组召开户主会，与百姓谈心交友，变“上访”为“下访”。全年共召开户主会280余场次，回应群众反映强烈诉求350余个，受到群众的好评。

【项目建设】 2018年，金洲镇主攻重点项目建设，着力推动复艾线50万伏改迁项目建设，长益复线扩容工程、长益天然气管道项目、沩江流域综合治理项目稳步推进，渝长厦高铁项目先期入户；投入1200万元全新建设的金洲敬老院投入使用；花猪文化体验馆于5月1日正式营业；九溪小镇、白沙液酒庄建设日新月异；金洲九年制学校、金洲湾幼儿园、关山小学、同兴小学、群英小学全部完成改建工作；全镇“双投”公路建设热情高涨；全民集镇污水管网提质升级顺利完成。主动对接服务高新区，强力推进拆迁腾地，完成梅塞尔气体、中储能、复艾线改迁、金水线便道、沩江流域综合整治等项目征地56.1公顷，拆迁房屋26栋；主动协调高新区处理各类纠纷矛盾116起，维护项目建设环境。

【招商引资】 2018年，金洲镇围绕休闲旅游、现代农业、特色小镇等产业项目，创新招商引资方式，新建招商网站专页，通过政府网、旅游网和微信平台多种方式推介招商政策，成立招商小分队，主要领导带队赴深圳、上海、浙江、江苏等地招商，捕捉招商信息30余条，成功引进关山花海、花猪文化体验馆等项目。助力服务西线工业走廊建设，为工业招商奠定良好的基础。全力推动宁乡市城投集团与世界500强企业中信集团达成战略合作，投资150亿元共同开发建设金洲北部片区“都市田园综合体”，打造镇域经济新的增长极。

【关山景区运营管理】 2018年，金洲镇全力推进关山古镇二期项目建设；建立景区管理体制，理顺管理服务职能，强化日常巡察管理；对照4A级旅游景区整改细则，提质升级景区基础设施；以关山古镇的三国文化和三国体验馆国学教育为平台，创建研学教育基地；成功举办关山旅游文化节、关山灯光节、关山葡萄节等主题节会活动，保持四季旅游热度不减，全年接待游客55万人次，实现旅游收入8500万元，景区人气不断提升，知名度和美誉度不断增强。

【城乡管理品质】 2018年，金洲镇扎实开展农村人居环境整治，全面提升城乡环境品质品味。建立环保责任体系，扎实开展“蓝天保卫战”“碧水攻坚战”“净土持久战”等专项行动，形成大环保工作新格局。全面清退沩江流域纵深1000米规模养殖户56家，拆除空心房26户、1300平方米；大力实施河长制，摸排沩江沿线22个排污口，做到一口一策，13个劣V类水体基本达标，清淤15条沟渠19.8千米，开展非法采砂联合执法42次，阻止非法采砂行为86人次。完成44.74公顷裸露黄土治理，实施秸秆禁烧、垃圾禁烧、烟花鞭炮禁燃限放，油烟净化设施安装率达95%，严厉打击非法收集、运输、处置餐厨垃圾行为。调整种植结构80公顷、休耕633.3公顷，重金属污染修复治理完成。成立红白理事会，开展“鲜花寄故人、文明过清明”等活动，乡风文明形成常态。加大环卫整治力度，持续推进垃圾分类减量，加强垃圾收集房、果屑箱等垃圾收集设施投入，颜塘村、关山社区各新建一处垃圾分类房，购置电动垃圾收集车18台，发放垃圾分类桶5400个，实现垃圾分类减量达60%；新建三格化粪池800余座，整改旱厕45座；积极推进集镇污水处理，集镇生活污水管网覆盖率达到90%，生活垃圾和粪便无害化处理率达85%；及时完善修复市政设施，集镇建成区绿化率超过35%，路灯亮化率超过98.8%。对集镇市容市貌、景区管理工作常态化，全年开展大型集中整治行动10次，共查处市容案件73起，拆除不规范广告125块、店外乱挂横幅50余条，取缔落地广告招牌50块；劝导教育店外经营、流动摊贩160次；整治废旧收购点4处；拆除非法沙场8处；联合城管、国土等职能部门，成立控违拆违专项小组，实行一日一巡查、一村一行动、一月一通报制度，开展拆除行动24次，拆除31户违建4000余平方米，有效遏制违建蔓延的势头。

【社会保障】2018年，金洲镇共发放农村低保金102.9万元，特困供养金215.4万元，各类救灾救助资金79.9万余元，救助对象295人，失地农民社保完成210人，新增就业人数达到730人，高标准，严要求完成全镇18户危房修缮工作。积极开展退役军人信息采集和悬挂光荣牌工作。九年制学校新建两栋教学楼顺利搬迁入学，学校健康教育通过验收。全面提升卫计工作转型，计生率97.7%，征收社会抚养费25.3万元。

【脱贫攻坚】2018年，金洲镇强化制度保障，坚持分类施计，因人施策，突出“一村一策”“一户一法”，做到真脱贫、脱真贫。开展两次脱贫攻坚动态调整工作，共新识别贫困户1户4人，2018年共脱贫186户515人；完成小额贷款贴息共计1.7万元、“滴灌式”补助10万余元；131名贫困学生申报教育助学补助；按照单位扶贫到村、干部联系到户的原则，选派6个驻村帮扶工作队，为脱贫攻坚工作注入活力；坚持以党建引领促进脱贫攻坚，成立驻村“第一书记”功能型党支部，推行“党小组+精准扶贫”新模式，为贫困群众发展产业提供技术服务。

【社会治理】2018年，金洲镇扎实开展“矛盾纠纷大排查、大调解”“一打三整”“扫黑除恶”等专项行动，共调处各类矛盾纠纷220起，调处率达99%。联合有关部门开展多次集中整治行动，行政拘留82人，刑事拘留46人，破获刑事案件56起，极大净化了社会环境。全年共处理中央巡视组交办件1件，省委巡视组交办件3件，中央环保督查回头看无交办件。落实安全生产责任制，集中开展“安全生产月”活动，抓好道路交通、校车安全、食品安全、烟花爆竹等重点领域安全监管和隐患排查，全年全镇无安全生产责任事故。（张素飞）

双江口镇

【概况】双江口镇位于宁乡市东北部，沩江下游西岸，因沩水在此一分为二而得名，东与望城区接壤，南与国家级宁乡经开区、金洲镇相连，西南与城郊街道相接，是湘江新区近郊乡镇。石长铁路、长常高速、宁朱公路、金朱公路穿境而过，是连接三市（长沙市、岳阳市、益阳市）四区县（长沙望城区、益阳赫山区、岳阳湘阴县、宁乡城区）的重要门户，也是宁乡优质稻生产镇，传统特色产业有苗木种植、左家山柑橘、水产养殖等，是远近闻名的“鱼米之乡”。双江口镇镇域面积155平方千米，辖17个村（社区），2018年底户籍人口数8.7万人。

2018年，双江口镇以打造“现代农旅示范区，乡村振兴先行区”为发展目标，做好交通先行、服务园区、城乡管理、民生实事四个方面，确保全镇经济社会事业的持续、稳定、健康发展。认真开展招商引资工作，全年累计洽谈企业26家，捕捉招商信息37条，引进企业3家（乐动小镇，东鑫科技，上农新香），合同引资4.2亿元，引进飞地招商企业1家（长沙航特电子科技有限公司）入驻宁乡高新区，被评为“宁乡市招商引资服务先进单位”。全年税收收入4383万元，完成全年任务的134.04%；工业总产值完成7.3亿元，增长20.4%，工业增加值1.7亿元，增长14.8%，高新增加值737万元，增长31.1%，研发费用78万元，增长100%。

完成丁山庙、朱大山机埠防汛设施设备检修，对所有涵闸启闭设施、6座机埠进行一次养护、调试；小河双闸新增电动启动设备2套，确保防汛设施正常运转；针对白玉社区六组小河出口段存在散浸、漫堤的险情，财政投入30多万元进行处险，对近300米河堤进行加高、培厚、防渗处理。

全年完成粮食种植面积1.1万公顷，粮食总产约6.4万吨；完成重金属污染耕地803.6公顷修复治理；扎实推进种植结构调整，种植结构调整涉及13个村（社区）、46个点位、面积477.1公顷，全部进行点位核实、面积调查、种植调整作物等工作；17个村（社区）土地确权颁证工作已基本完成；2018年9月11日成立宁乡市双江口粮食种植专业合作联合社。林业：全镇林地总面积5139.6公顷，其中有林地面积4744.1公顷，灌木林地面积252.6公顷，未成林造林地面积104.4公顷，全镇森林覆盖率31.4%，林木绿化率44.66%，国家级和省级生态公益林面积1196.4公顷。

2018年，双江口镇成功申报国家农业产业强镇示范镇、湖南省一、二、三产业融合示范镇以及长沙市乡村振兴示范镇。

【征地拆迁安置】2018年，双江口镇完成长益复线服务区84.3公顷土地征收，服务区红线内拆迁房屋98栋、红线外拆迁房屋24栋；完成力天合纵科技10.5公顷土地征收，拆迁房屋14栋；完成道尔顿项目3.3公顷清表和拆迁腾地工作；完成朱良桥污水处理厂的前期准备工作；完成宁乡经开区污水处理及回用水厂3.5千米进水和出水管网苗木迁移腾地工作；完成兴桂村安置区与双青村安置区手续办理工作。

【重点项目建设】2018年，双江口镇“三抓两促”工作小组定期深入建设工地和生产车间走访调研，及时了解企业的所盼、所需、所求，认真排查项目建设和企业发展中存在的困难和问题，逐类研究措施，逐项协调解决，为企业排忧解难，保证各重点项目的施工和正常生产经营。长沙大河西农产品物流中心蔬菜市场完成综合配套区A2栋装饰装修工程；南方畜禽交易中心启动屠宰中心和冷链、深加工区，并进行相关配套设施建设；水产市场、水果市场完成规划设计、土地征拆工作，并启动部分工程建设。稻花香里农耕文化园进一步加快基础设施建设，成功创建长沙市中小学生研学旅行基地。湖南优卓牧业存栏

12月6日，乐动小镇正式签约

奶牛1000头，年产牧草1.1万吨；乐动小镇正式启动建设，定位打造宁乡首个青少年科普教育实践基地。

【城乡管理提质】 2018年，双江口镇完成第一批“双投项目”6.71千米、第二批“双投项目”2千米、“自然村项目”7.003千米、“市规项目”5.3千米，共硬化农村公路21.063千米；硬化黑化朱良桥老集镇路面，规划建设集镇道路两旁的雨污管道；新建群众文化广场4处；新装节能路灯233盏；全镇25艘僵尸船，已拆除6艘，原楚沩沙场（沩水十二标）的19艘已提请市人民政府和市水务局进行依法整治；配合市畜牧兽医水产局联合执法或单独执法20多次，收缴背包式电鱼机41台，违规渔具地笼子2000多米，迷魂阵12个，拦江网500多米；严厉打击非法采砂、洗砂，组织治砂行动70起，开展联合执法集中行动20次，捣毁设备20套，扣留车辆70多台，收集11名非法作业人员资料并移送上级主管部门；整治路长制公路问题28起，拆除招牌35块，排除隐患12起。

【精准扶贫】 2018年，双江口镇全体帮扶责任人、后盾单位以高度的政治责任感和扎实的工作作风，深入走访、精准识贫，助力脱贫。全镇共完成“滴灌式”产业扶贫203户，发展种养殖业，申报资金补助28.07万元；教育扶贫义务教育中小学生补助对象217人，补助金额7.165万元，大学生泛海助学5人，补助金额2.5万元，雨露计划52人，补助金额7.8万元；金融扶贫56户，共发放贷款128.5万；就业扶贫45户、补助18万元，初中、高中“两后生”职业技能培训5人，补贴5000元，组织忘不了、圣德西、中力新材等企业现场招聘会2次，就业登记120人，就业成功率80%；健康扶贫医疗“一站式”结算445人次，统筹扶贫特惠报销1.5226万元、民政救助32.3983万元、医院减免779元、政府医疗兜底7.448万元、综合报销比例提高到85%以上；兜底保障脱贫对象58户101人；深度贫困户帮扶19户，由企业进行一对一结对帮扶，各村相对比较困难的户子全部安排党政负责人进行帮扶、累计资金帮助11万元。结对帮扶贫困户1174户，17个村（社区）全部派驻驻村第一书记并全部脱产驻村。截至年末，全镇建档立卡贫困户1118户，2515人，2018年脱贫254户，628人，稳定脱贫累计达到987户，2262人。

【社会事业】 2018年，双江口镇共审批通过低保对象593户1104人，发放低保金312万元；精神病人药物救助643人次，救助金额166070元；帮助163名重症精神病人办理免费住院治疗手续；慈善重病救助8人，救助金额8.8万多元；临时救助88户，救助金额185000元；全镇668户五保完成年审，保障709人，月发放金额506950元；失能老人补助85人，金额29830元；高龄生活补助3402人，金额410400元；71户危房改造已完成验收；两所敬老院2018年特护区建设完成验收；残联成功通过创建明星乡镇、无障碍建设验收工作。

【安全稳定】 2018年，双江口镇对安全工作常抓不懈。全年组织打非治违联合执法行动18次，取缔烟花爆竹非法经营点15家，收缴烟花爆竹产品800余件；取缔关闭非法经营液化气点2处；取缔非法洗沙场8处，打击无证混凝土搅拌场2处。开展食品安全检查整治，组织对辖区内所有学校、敬老院和养老机构进行食品安全专项检查，对食品经营户进行3次食安培训，对农村厨师进行2次集中培训和健康体检，全年共申报指导农村聚餐1259例，未发生任何食品安全事故。加强校车安全管理，召开专题会议，全年校车安全零事故。综治维稳实效明显，坚持“红袖章”日常巡查和重点巡查，并与镇派出所建立互通互享交流模式；共开展80次矛盾纠纷排查工作，排查纠纷195起并成功调处，无一起“民转刑”案件；以开展“四查四防化纠纷千乡万村创四无”专项调解活动为契机，开展矛盾纠纷大排调工作，落实“枫桥经验”，确保矛盾纠纷化解在基层；全年社区戒毒（康复）人员51人坚持日常报到，每月对其进行戒毒管理规定讲解和教育，围绕控增量减存量目标加大涉毒打击力度；每月依法对所有社矫人员进行集中教育。

（刘　玦）

菁华铺乡

【概况】 菁华铺乡位于宁乡市区西北部，距市区6.8千米，总面积65.8平方千米，人口3.56万，其中党员1343人，下辖6个村。2018年，化债206万元，财税收入1607万元，超208.7%完成任务。完成固定资产投入9.2亿元，社会消费品零售总额1.2亿元。乡域经济各项指标任务如期完成。陈家桥村青年之家创建为宁乡市级青年之家服务平台，乡团委获推参评长沙市示范性基层团组织。在宁乡市七一表彰大会上，乡党委被评为先进基层党组织，陈家桥村被评为“五星”村党组织。

【项目建设】 2018年，菁华铺乡完成站前西路补征地2.7公顷和一大早乳业项目8.7公顷的征地清表腾地工作，拆迁房屋12栋、迁坟104座。解决征拆信访件7件。全年启动1000万元以上项目4个，污水处理厂、中小灾后应急恢复工程、学校维修工程等15个工程项目建成并投入使用。

【乡村振兴】 2018年，菁华铺乡双投公路建设8.4千米，自然村公路建设9.4千米，危房改造28户，农电整改58个村民小组，增加变压器26台。助推农旅融合发展，引进远景农业、仁华农业等企业，深入发展菁健农业有机稻、培育生态土鸡、生态蔬菜、生态稻米等有机农产品，将远景农业枣园基地、省道S206沿线万亩油菜基地打造为一站式农业体验生活广场，傅家塘果苗基地建设千亩果树基地。推广专业合作社经营，全年流转土地800公顷，培养种粮大户37家，专业规模种养户18户。承接宁乡经开区农科园项目，陈家桥村与金健食品签订33.3公顷的蔬菜种植合作协议。陈家桥村、洪仑山村、傅家塘村村级集体经济实现“去薄脱空”。菁华铺乡乡村振兴做法与实践获长沙市委《内情参考》推介。

【人居环境】 2018年，菁华铺乡投入200万余元对废弃砖厂、G319、S206两侧边坡等进行治理，覆绿9公顷。全面禁止秸秆、垃圾等露天焚烧，开展渣土车降尘整治行动和污染源普查。推进“五治”工作。治厕：改造旱厕131座。治垃圾：新（改）建资源分拣中心6座，拆除垃圾池245座，新增回收车15辆、垃圾桶1.59万个，召开垃圾分类培训会、户主会500余次，全年外运垃圾量下降48%，全乡成功创建5个长沙市垃圾分类示范村。治房：拆除“空心房”79栋，做好陈家桥村、洪仑山村和嶂山村的村庄规划。治水：定期管河、巡河、护河；实施畜禽退养，禁养区内养殖户完全退出；治理黑臭水体10处，完成多处小微水体工程，污水处理厂主体正式运行，陈家桥村创建为长沙市“小微水体建设”示范点。治风：成立移风易俗志愿服务劝导队，2018年劝导红白喜事、升学宴85例，宣传文明祭祀，在春节和清明等节日发放鲜花1万余枝。

【精准扶贫】 2018年，菁华铺乡派驻乡级精准扶贫的脱产队员，稳步推进贫困户动态调整，逐户上门核查376户贫困户1015人。严格脱贫标准和程序，223户605人建档立卡脱贫退出。全面落实扶贫政策，“滴灌式”产业帮扶125户373人，小额扶贫信贷34户128.5万元。帮助12名有能力有意愿的贫困户实现就业，开发公益性岗位22个，交通补助14名外出务工人员。全额补贴建档立卡贫困户改厕费用，教育扶贫46名，共4.95万元，危房改建修缮8户。全面推进“一站式”结算，贫困户市内住院治疗报销比例90%左右。“千企联千户”结对帮扶深度贫困户24户。举办“幸福是奋斗出来的”主题脱贫典型宣讲，进一步激发贫困户脱贫内生动力。

【民生保障】 2018年，菁华铺乡组织春季现场招聘会，全年新增城镇就业360人。城乡居民养老保险和医保参保率达97%。入户调查1061名残疾人，走访看望留守儿童和困境儿童385人次，发放各类补助544万余元。采集退役军人信息800余份，节假日走访慰问优抚对象，并开展“送医送药下乡关爱功臣”等活动，发放优抚金72万余元。组织“千手相牵·爱心相随”募捐活动，获宁乡市第一届“最具爱心组织奖”。推进殡葬改革，火化率100%，入公墓率75%。加强敬老院管理，59名老人实现老有所养，投入30万元建成长沙市示范特护区并通过市验收。完善结核、艾滋等传染病“防、治、管”三位一体服务，全面推进“十免十优”妇幼保健落实，孕前优生检测、产前筛查、无创“DNA”和“两癌”筛查均超额完成任务。完善乡村两级文化设施，组织各村成立文化志愿者队伍，陈家桥村创市一类文化综合服务中心、傅家塘村创市二类文化综合服务中心，代表宁乡市成功迎接省体育局对全民健身工程及体育事业发展项目的考察。

【综治维稳】 2018年，菁华铺乡落实信访维稳“七个一”措施，每村聘请5～7名“五老”人员、社会贤达专职负责矛盾调解，建立领导联村、干部包片、辅警进站、村组值守的防控网，搭建微信群等干群联系平台，分片组织召开户主会议，集中开展矛盾纠纷“大排查、大化解”专项活动，制作便民服务卡，公开乡村干部电话，建立台账并按“一单四制”要求实行管理，成功化解各信访问题29件，按期办处率100%，满意率100%，办理“12345”工单158件，调处各类社会矛盾纠纷97件，实现连续4年无一例进京上访。切实加强对重点企业监管，全年召开安全会议18次，对话谈心87次，大型宣教活动5次，发放资料3万余份，在重要区域安装防溺水、防蘑菇中毒等警示牌350块，开展联合执法行动37余次，排除各类安全隐患360条，安全生产实现零事故、零伤亡“两零”目标。

【胡衡华调研陈家桥村乡村振兴】 3月24日省委常委、长沙市委书记胡衡华一行到菁华铺乡陈家桥村调研乡村振兴。陈家桥村支部书记黄立平介绍基层党员带头发展乡村经济情况，全村盘活花卉苗木优质油茶林和中药材基地，直接为村级集体增收15万元。胡衡华强调要不断提升基层党组织凝聚力，发挥基层党组织领导基层治理、团结动员群众、推动改革发展的坚强战斗堡垒作用，不断激发广大党员群众建设美丽家园的内生动力。调研中，胡衡华对陈家桥村给出“是我调研的村里印象最深刻的”高度评价。

陈家桥村

【最美菁华人评选】为进一步推动菁华铺乡公民思想道德建设，培育和践行社会主义核心价值观，从2018年6月开始，菁华铺乡开展“最美菁华人”评选活动，通过自愿申报、初审、网络投票、二轮评审联审等程序，经乡党委、政府研究同意，胡海军、吴万长、周福中、张宁国、邹乾坤、黄冬华、胡玉奇、胡淑兰、胡国辉和唐晓艳等10人被评为“十佳最美孝老爱亲模范”，陈建波、刘建军、易赞、唐立强、黄俊超、谈国平、林铁军、胡令江、黄德坤和王荣华等10人被评为“十佳最美助人为乐模范”，陈佳、彭雨研、邓奥鹏、张紫沫、贺笑颜、张雅暄、蔡霖、张博武、陈阳和胡思宇等10人被评为“十佳最美少年”，邬芝英、李爱云、杨满中、胡庆龙和杨建超等5人被评为“十佳最美孝老爱亲模范提名奖”，岳思奕等5人被评为“十佳最美少年提名奖”，另有4人被评为“十佳最美助人为乐模范提名奖”。

【菁华铺乡首届全民运动会】2018年，菁华铺乡举办首届全民运动会。本次运动会报名人数400余人，组建篮球队伍、足球队伍、广场舞队伍等7支队伍。8月23日来自各村及机关、学校等8支参赛队伍共计140余名参赛队员参加拔河和乒乓球两个项目的比赛，9月14日40余名运动员参加羽毛球项目比赛。经过层层角逐，桃林桥村、陈家桥村、菁华铺村三支代表队分别荣获拔河比赛前三名；廖欢、刘静获得乒乓球女单一、二名；刘静、李新辉荣获女双比赛冠军；贺峥荣、郭真灿包揽男单一、二名和男双冠军；彭建国、李新辉荣获混双冠军。

（吕长生　彭慕曦）

煤炭坝镇

【概况】煤炭坝镇位于宁乡市中北部，与益阳市赫山区、桃江两区、县接壤，距宁乡市城区15千米，玉煤大道、省道206、县道092、宁韶高速贯穿全境，总面积72.6平方千米。至2018年年底，有人口5.11万人，辖6个行政村、2个社区，137个村民小组。全镇共有公共服务中心8处，学校15所，综合性医疗机构3家，市民广场和公园5处，标准化体育场所3处，公共停车场12处，50床位以上酒店2家，大型超市3家。污水处理厂2家，压缩式垃圾处理站2家，电信“村村通”，移动、联通、铁通宽带网络覆盖全镇，农业银行、农商银行、邮政银行、工商银行等4家银行机构为镇域居民及企业提供银信服务。地区生产总值98亿元，财政总收入1.57亿元，工业总产值92亿元，规模工业总产值65亿元，农业总产值2亿元。社会消费品零售额4亿元，增长14%，农村居民人均可支配收入24173元。固定资产投资24亿元，完成税收3872万元。新入规企业5家，引进工业项目12个，合同引资额12.9亿元。启动东山村苏家塘康田湾美丽乡村示范点建设，进行农村土地确权颁证工作，完成农村集体产权制度改革清产核资工作。修建双投公路10千米，自然村通村公路12千米，村组自筹修建18千米。

【项目建设】2018年，煤炭坝镇启动项目工程建设28个。其中政府投资项目15个，分别是：避险搬迁安置区基础设施建设、永鑫路延伸线建设、双龙小学综合楼建设、煤炭坝社区至跃进管网路面提质改造、贺家湾村级道路黑化工程、陈家冲溶洞应急治理工程、铁市湾沉陷治理工程、煤炭坝中心小学提质改造、贺石桥中学提质改造、联华小学提质改造、龙潭小学提质改造、煤龙幼儿园提质改造、污水处理一厂管网延伸工程、煤炭坝镇政府机关维修、镇政府政务大厅建设。社会投资项目13个，分别是：亚龙环保科技、安迪尔卫生用品二期、门旺创业、皇氏乳业、金威汽车制造、金元素实业、亚朵建材、湘麟钢化玻璃、龙杰建材、晟丰电杆扩建、民湾家居扩建、锦湖和盛门业。项目总投资约10亿元。征收土地1.7公顷，完成城中村改造项目一、二批拆迁103户，拆迁人口352人，拆迁面积24170.7平方米。

【精准扶贫】2018年，煤炭坝镇成立驻村第一书记支部，由市委办、市政府办、工商银行宁乡分行、镇基地校、镇卫生院派驻的7名驻村第一书记开始驻村帮扶贫困户，镇政府投入50万元用于贫困户房屋修缮和163户产业发展，市滴灌式扶贫补贴35万元，企业解决建档立卡贫困户劳动力46人，15家镇域企业与15户深度贫困户进行一对一帮扶，全年攻坚脱贫94户、305人。

【环境治理】2018年，煤炭坝镇22家企业完善污染防治设施，5家涉水企业、16家涉废气单位进行污染治理整改，3人因违法排污受到行政处理，完成门业园区的污水管网改造，群英河综合治理，污水处理一厂、污水处理二厂投入运营，完成20公顷裸露黄土覆绿，义务植树52公顷，完成旱厕改造170所。清理整治群英河河道4.5千米，整治山鹰塘黑臭水体，改造沙子坡至跃进、沙子坡至楠竹的排水沟，完成黄材灌渠禁养区15户畜禽规模养殖场退养，镇财政投入123万元整镇推进垃圾分类，规范集镇餐饮业潲水管理，煤炭坝社区、贺家湾村、富家村获评长沙市垃圾分类示范村。

【移风易俗工作】 2018年，煤炭坝镇发放10673份移风易俗倡议书，2032名党员、8961名群众自愿签订移风易俗承诺书，开展“纠四风树新风”四星典型表彰，表彰24名四星典型，评选20名“好婆婆、好儿媳、好家风”标兵，贺家湾村谈光荣家丧事简办，不放一挂鞭炮，不收一份人情，不设一桌酒宴，火葬后骨灰入沩江，不立坟头，富家村老党员谭章保自编文明新风顺口溜，《湖南日报》《长沙晚报》对镇移风易俗工作进行报道。

【社会救助】 2018年，煤炭坝镇救助城乡低保308户，606人，发放低保金245万元，特困救助208户，212人，发放五保金176.28万元，办理大病救助164人次，发放救助金35.4万元，办理因病、因灾特困家庭临时救助110人次，发放临时救助金30万元，发放残疾人生活补贴和护理补贴420户、82万元，发放优抚资金165万元，居民养老保险资金1600万元，危房改造30户。

【综合治理】 2018年，煤炭坝镇推进“平安煤城”建设，开展“打非治违”“一打三整”“扫黑除恶”专项行动，行政案件发案率较之2017年同期下降37.4%，刑事案件发案率较之2017年同期下降27.5%，矛盾纠纷调解成功率95.8%，市民热线“12345”工单156件，信访61件，依法取缔非法生产企业5家、烟花鞭炮零售店4家、非法液化气经营门店2家，全年没有发生一起死伤人员的安全生产事故。

【门业园区建设】 2018年，煤炭坝镇引进家易木门业、和兴门业、欧尚木业、亚龙环保玻璃、亚朵建材、玉龙电器、宁岳铝材、旺和机械、良端电子科技、锦湖和盛、倍特新材料项目，启动亚朵建材、金元素、湘麟玻璃项目建设，金威机械、门旺创业、玉龙电器、宁岳铝模、易木门业、欧尚木业实现投产运营。宁乡市门业协会组织园区20家门业企业组团参加2018中部（长沙）建材新产品暨全屋定制博览会，接待客商10万余人次。

【创意煤城建设】 2008年，煤炭坝镇推进真人CS项目、陶艺吧建设，完善影视基地基础设施。中央电视台、中国中共文献研究会、湖南省委宣传部、湖南和光传媒有限责任公司等单位联合出品的近代革命电视剧《共产党人刘少奇》，芒果TV《勇敢的世界》在竹山塘遗址公园取景拍摄。3月14日长沙市委书记胡衡华在宁乡市委书记周辉陪同下调研煤炭坝镇，在竹山塘工业遗址公园，胡衡华听取煤炭坝镇党委书记宋强有关煤炭坝镇转型发展和集体资产盘活的介绍。

【国家应急管理部调研明仕烟花鞭炮有限公司】 2018年12月25日，国家应急管理部党组成员、总工程师王浩水和危化监管司、中国烟花爆竹协会等领导调研煤炭坝镇湖南明仕烟花鞭炮有限公司，湖南省应急管理厅厅长李大剑与长沙市委常委、市常务副市长舒行钢，宁乡经开区党工委书记、市委书记周辉等领导参加。

【湖南省体育局调研煤炭坝镇体育工作】 2018年4月10日湖南省体育局局长李舜率局机关有关人员调研煤炭坝镇体育工作，并对煤炭坝镇体育工作给予肯定。（刘　华）

雪后的工业遗址公园一角

回龙铺镇

【概况】 回龙铺镇地处城乡接合部、扼守县城西大门，是中西部二十一个乡镇进出县城的必经之地。2018年，辖6个行政村和1个社区，总面积71.82平方千米，人口4.05万人，境内有宁横、宁灰、玉煤、龙江大道等交通要道；有金玉工业集中区、现代粮食产业示范区等县域重点产业平台。回龙铺镇政府共有干部职工115人，其中行政编46人，事业编制69人。下设三所：即司法所、财政所、计生服务所；五中心：即综合文化服务中心、生产安全管理中心、社会保障服务中心、村镇建设管理中心、农业综合管理服务中心。财税情况。2018年完成税收2650万元；2018年目标任务2700万元。截至2018年底，镇财政负债2467万元。域内主导产业是高档优质稻生产。

【扶贫工作】2018年，回龙铺镇建档立卡贫困户387户981人。其中139户278人享受低保政策；28户54人享受低保兜底政策；全镇所有贫困户都明确一对一帮扶责任人，其中12户深度贫困户都安排帮扶企业。通过政策兜底、产业帮扶、就业帮扶、教育帮扶等多种精准帮扶措施，全镇2018年预脱贫户109户285人摘帽。

【项目建设】2018年，回龙铺镇协助金玉工业园区分配安置房261套，分配车库和杂物间314套；为4个村民小组核定失地农民社保名额，对8个村民小组280人完成建模认证。在沩江流域综合治理项目实施过程中，用时24小时完成候旨亭社区16户民房拆迁。

【拆违控建】2018年，回龙铺镇拆除各类违章建筑、养殖场所和空心房320处，面积2.72万多平方米，控制村民私自建房行为24户。除臭剿劣。旱厕治理完成改厕200座，拆除旱厕22座，卫生厕所普及率达到96.5%；垃圾分类下发宣传手册1.6万余份，发放垃圾桶5800个，丰收村和回龙铺村垃圾分拣中心已经建成；空心房拆除完成任务数的120%；全年实施清淤打捞水面漂浮物及动物尸体50余次；腾退48户规模养猪场，拆除养殖栏舍39户共计22221.9平方米；镇域内沩江段四个入河口全部达到三类水质。中央环保督查组督查和"回头看"工作中，回龙铺镇全年没有出现一例环保问题信访件。

【平安创建】2018年，回龙铺镇没有发生一起较大以上安全事故，全年无重大灾情伤亡。全年对部门、企业、单位多次进行安全检查，发出整改意见书86份，复查意见书86份，查出安全隐患60条，整改60条。

【社会救助与计生服务】2018年，回龙铺镇危改55户；办理失地农民参保488人、退休人员认证202人、新生儿参保365人；为残疾精准扶贫户发放复合肥172袋、申报残疾两项补贴21人、申报一户多残生活补助8户；申报残疾低保家庭子女助学29户、新申请低保和五保20户、临时救助10户、大病救助58人6.96万元；办理精神病人住院80多人次；为786名80岁—89岁老人补助23.3万元、92名90—99岁补助6.06万元；1名百岁老人补助1800元；计生奖扶新增58人、特别扶助7人、发放生育证382本、征收社会抚养费62万元；完成优生检测285例，围绝经期取环36例，产前筛查199例，两癌检查560例；完成433例农村聚餐现场指导。

【乡村建设】2018年，回龙铺镇累计完成植树造林面积26.7公顷，三边四旁造林绿化15千米，建设美丽庭院、美丽屋场100处，其中丰收村被推荐参加"省级文明示范村"评选。丰收湾打造"花海小镇"，累计完成投资4000多万元、资源投资3亿元，累计为当地务工人员发放工资230多万元，为5户建档立卡贫困户提供长期劳动岗位。

坝塘镇

【概况】坝塘镇位于宁乡东南偏中部，距城区8千米，镇域面积163.71平方千米，辖13个行政村和1个社区，人口7.6万。2018年，坝塘镇完成财政总收入1410万元，完成全年目标任务141%；固定资产投资10.2亿元，完成全年任务102%；全社会零售品销售总额5.21亿元，完成全年任务100.2%；规模以上工业总产值15.39亿元，同比增长14%，各项经济指标均圆满和超额完成。

项目招商。紧抓宁韶高速、金唐公路建设带来的新一轮发展机遇，充分挖掘资源优势，策划包装现代农业、休闲绿道、模型文旅、生态康养、田园综合体等重点项目；高标准编制印制《山水坝塘》招商手册、《手绘坝塘》旅游地图，制作《山水坝塘：振兴乡村启航"新乡土时代"》宣传片，全年捕捉招商信息15条；成功注册"呷在坝塘"商标，创建生态农业品牌，着手探索成立5个家庭农场合作社，发展现代农庄22家，占地0.7公顷以上的特色水果、苗木基地9处。在未新增债务的前提下，新建续建项目18个，解决项目历史遗留问题15个；长沙烯宇新材料科技有限公司纳米银导电膜项目落户宁乡高新区，三一新能源风电项目、蚕桑特色研学产业基地、长沙绿康文化旅游开发项目落户坝塘镇。

民生事业。救济临时困难家庭403户，发放救助金45.5万元；发放高龄补贴1839人共计59.7万元；贫困劳动力新增就业55人；完成2批共66户危房改造；年医疗参保率76.5%、养老参保率89.5%。完成沿江、油麻田2个地质灾害治理项目建设；完成3所学校提质工程建设和坝塘卫生院附属工程建设；5个村群众性体育设施建设已投入使用；新建文化广场500平方米；硬化农村公路20.8千米，投入300余万元修复水毁工程18处。保安村、乐安村分别成功打造长沙市和宁乡市示范性村级文化活动室。

脱贫攻坚。2018年脱贫189户525人。通过逐户宣传、张贴宣传标语等方式重点宣传教育扶贫、健康脱贫、危房改造等政策，共发放建档立卡贫困户、五保户、低保户"一站式"医疗结算政策告知书、"特惠保"政策告知书、扶贫政策挂图等宣传资料共计5000余份。全面落实"三走访"要求，解决因家庭纠纷、住房安全、扶贫政策落实等方面引发的苗头性、倾向性等42件问题。教育扶贫惠及355人；公益性岗位项目申报38个；组织400户贫困户申请"滴灌式"产业扶贫，发放补助资金75万余元；新增95户"四跟四走"产业扶贫，发放中蜂285箱；举办首届"原味坝塘"精准扶贫户农产品展销会，全年助销贫困户农产品70余万元；免费向60户贫困发放树苗3500株。

社会治理。坚持"打、防、疏"并举，深入开展"一打三整"

"扫黑除恶"专项斗争。共开展禁毒、禁赌、扫黄打非、网吧治理等专项整治行动60余次，出动人员700余人次，车辆250余台次，村巡防行动340余次，抓获违法犯罪嫌疑人111名，其中打击处理刑事拘留以上45人，治安拘留66人；排查处置各类不安定因素32条。民调工作全年排名全市第五，保安村人民调解工作接受湖南省学习"枫桥经验"活动现场观摩。强化落实"党政同责、一岗双责、失职追责"安全生产制度，开展安全生产检查467次，发出整改意见书217份，复查文书190份，已整改327条，整改完成率100%，立案14起，取缔非法生产经营单位65家，校车安全、交通安全、消防安全、食品安全得到有力保障。

基层党建。一是全面加强队伍建设。对94个"三重一大"事项进行讨论，确保科学决策和民主决策。完成22个村（社区）、部门党组织"五化"建设，科学设置34个党支部和110个党小组；健全并落实村干部日常管理、值班、学习等规章制度。扎实开展"树党旗、戴党徽、亮身份"活动，结合"五治"、防汛抗旱、人居环境改善等中心工作开展主题党日活动380余次，参与3600余人次；全年新发展党员22人，培训入党积极分子76人，轮训农村党员2708人次，处置违纪党员干部14人次。二是全面加强思想建设。开展"知敬畏、存戒惧、守底线"主题教育活动集中学习，编印《党员干部纪律规矩负面清单》三折页，编制《坝塘镇"知敬畏、存戒惧、守底线"纪律教育活动警示教育读本》，组织中心组集中学习6次。通过专家授课、镇村干部大会、分村分支部宣讲等形式举办各类座谈会、宣讲会200余场次。三是全面加强廉政建设。持续开展正风肃纪，防止"四风"反弹，整改违规列支协调经费问题3个，追缴资金47260.5元；开展违反中央八项规定精神突出问题专项治理工作，清退办公用房180.8平方米，收缴或责令退回资金63053.2元。对"三重一大"、财务管理、学习、会议、印章管理、机关作风建设、公文处理、保密、公车管理、后勤管理、卫生保洁等11个制度进行再梳理再完善再修订，进一步堵塞制度漏洞。

【集体经济发展】 2018年，坝塘镇成立以镇党委主要负责人为组长，各联村领导、联村干部、相关线办为成员的专题调研小组，采取"一看二谈三汇总"的调研方式，逐村开展深入调研，积极探索村级集体经济发展新路径。支持村集体对闲置或低效使用的办公楼、学校、厂房、仓库、存量集体建设用地等集体财产，在符合城市镇村建设规划条件下，通过依法改造、公开发包租赁、入股联营等方式盘活存量，取得经营收入。鼓励村集体通过土地流转和土地股份合作等方式兴办合作农场或股份合作社，采取"支村两委"领办、专业合作社带办和专业大户引办的模式，大力发展新型集体经济，新成立以坝塘社区、沩乌村支村两委领办的村级土地合作社2家，保安村、横田湾村、停钟新村、洋西塘村集体经济分别达到19.4万元、10.07万元、15.2万元、11.5万元。

【人居环境改善】 2018年，坝塘镇黄标车全部淘汰清零，劝导制止焚烧秸秆行为56次。复垦复绿国土卫片图斑0.3公顷；督促工业用地负责人绿化裸露地点共18500余平方米；鼓励村民对自家房前屋后裸露黄土进行植树、种菜、栽花，造绿面积达5.6万余平方米。腾退规模养殖66户；关闭取缔非法砂场25处，非法采石区取土点4个，拆解采砂船27艘，拆除非法洗砂设备19套，治砂工作经验在全市推介；对6处排污口分类制定整改方案，所有排污口水质均达III类；清淤疏浚渠道14.9千米；人工打捞乌江河坝塘段水葫芦近200吨，打捞处理生猪522头，禽类158羽，生活垃圾17吨；打击制止非法捕鱼行为11次。完成种植结构调整面积557.2公顷，流转土地2000公顷；完成666.7公顷安全利用区重金属污染耕地修复工作；建成垃圾分拣站6个，全镇每月减少垃圾20余吨，同比减少36.2%；全年审批村民建房215户，处置违规建房7户；完成新一轮共计11个村的规划建设，实现全镇村庄规划"全覆盖"。成功创建横田湾、南芬塘、金河、金洲等4个长沙市垃圾分类示范村，横田湾、南芬塘2个美丽乡村示范村已完成长沙市验收，金洲村、金河村获评长沙市卫生村。

【举办"原味坝塘"首届精准扶贫户农产品展销会】 2018年2月10日，"原味坝塘"首届精准扶贫户农产品展销会举行，来自坝塘镇14个村（社区）近200位建档立卡贫困户拿出家中近百余种农产品集中售卖，通过政府搭台、企业赞助、贫困户参与、顾客购买的方式，共为贫困户销售农副产品13.6万元，义卖1.5万元，爱心企业捐赠物资约5万元，其中单个贫困户最高收入达8000元。该活动旨在解决贫困户农

2月10日，"原味坝塘"首届精准扶贫户农产品展销会举行

产品滞销问题，拓宽农副产品销路，增加贫困户收入，切实打通产业扶贫“最后一千米”。

【农业农村部调研坝塘镇养殖业绿色发展】 2018年4月17日，农业农村部副部长于康震一行调研坝塘镇养殖业绿色发展情况。湖南省畜牧水产局局长徐旭阳、长沙市副市长李蔚等领导陪同此次调研。于康震一行在坝塘镇，先后调研了绿丰源生物有机肥料有限公司和盛裕农业发展有限公司的粪污处理资源化利用情况，认真听取企业人员的介绍，详细察看生物有机肥生产设施设备，深入了解“干清粪+污水厌氧+好氧+生物净化+种养平衡”工艺相结合的畜禽废弃物资源化利用模式。于康震高度肯定坝塘镇养殖业绿色发展模式。强调粪污资源化利用是实施乡村振兴战略的重要举措，要以实施乡村振兴战略和建设美丽中国为契机，把绿色发展摆在更加突出的位置，举全行业之力破解粪污难题，实现粪污“变废为宝”，推进畜牧业转型升级。

（刘露莎）

资福镇

【概况】 2018年，资福镇以建设“现代山水新镇、旅游食材名镇、和谐人居福镇”为目标，扎实推进三大攻坚战、产业项目建设、乡村振兴等中心工作。严格落实意识形态工作责任制，开展党委中心组理论学习14次，机关集中学习24次。全面贯彻落实党风廉政建设责任制，专题研究党风廉政建设工作4次，约谈提醒220人次。全年立案审查14件，给予党纪处分14人。扎实抓好巡察整改，按照“一周一调度”“一周一汇总”的要求，召开7次党委（扩大）会议、1次镇村干部大会，研究部署、督促调度、全面推进巡察整改工作，完成问题整改38个，修订完善各项制度23项。基础设施不断改善。完成灾后重建项目25个，小二型水库渠道及干渠疏浚27千米，修复水闸4座、电排6座，硬化村组公路41.6千米，新增节能路灯100盏，农村电网提质改造1处。建设群众性体育设施3处，完成万宝山小学等一批标准化学校建设，改造农村危房44户，完成避险搬迁7户、地质灾害治理1处，解决农村4200人饮水安全问题。惠民政策全面落实。累计发放养保、优抚、低保五保、病残补贴、救灾救济、惠农补贴等各类资金2141.28万元，新增转移农村劳动力371人；积极推进卫计优质服务，发放“两扶”资金109.92万元；免费开展孕前优生健康检查222对，免费“两癌”筛查1191人次，产前筛查224人次，推进家庭医生签约服务7368户，人民群众的获得感不断提升。圆满完成年初确定的各项目标任务，在市对乡镇绩效考核中被评为一等乡镇。

【优化产业结构】 2018年，资福镇把做活土地文章作为促进农民增收的核心任务，多方整合项目资金，切实加大扶持力度，积极探索现代农业发展模式，全力挖掘乡村旅游资源，大力发展休闲度假、旅游观光等新兴产业，推动乡村产业振兴。启动投资千万元以上项目2个，新发建材、生态养殖园、童之梦幼儿园等11个项目加快建设，湘菜食材产业园4家企业顺利投产运营。流转土地733.3公顷，种植优质稻1200公顷，蔬菜66.7公顷，新增种植大户29户，新发展农业合作社10家。种植结构调整工作进入全市先进行列，17个点180.8公顷改种区全部改种到位。进一步推介资福美食文化，推出2条资福美食一日游线路，带皮牛肉、荷叶烧鸡、乌江鱼虾、彭氏手撕鸡等特色美食声名远播，湘宁玫瑰园、珊瑚环天农庄、七星寨云嘉庄园、石鱼塘木屋民宿等现代农庄品牌效应日益凸显。

【改善人居环境】 2018年，资福镇改造旱厕188座；规范村民建房，完成村庄规划8个，拆除“空心房”159处；创新推广“三个一点”垃圾分类减量法，新建垃圾分类分拣中心4个，珊瑚村、清泉河村成功通过长沙市垃圾分类减量示范村创建验收；深入推进美丽乡村建设，以点带面，整村推进，清泉河村、珊瑚村分别成功创建市级美丽乡村示范村、特色村。抓好秸秆垃圾禁烧等重点工作，全镇露天焚烧秸秆垃圾现象大幅减少，空气质量明显提升，成功创建长沙市农作物秸秆禁烧及综合利用示范乡镇。全面落实“河长制”“路长制”要求，开展打击非法采砂洗砂行动40余次，开展河道清理12次，整治黑臭水体16处，畜禽退养12户，完成矿山和裸露地块复绿5.8万平方米，有效地保护资福的青山绿水。

【精准扶贫工作】 2018年，资福镇落实健康扶贫、教育扶贫等16项扶贫政策，发放“滴灌式”产业补助475户68万元，完成贫困户危房改造3户，教育补助215人13.3万元，落实公益性岗位30个、12万元，发放扶贫贷款30户114万元，代缴农村医保和特惠保53.62万元，开展“千企联千户”帮扶行动，18户深度贫困户实现重点帮扶，466名贫困人口实现稳定脱贫，贫困户获得感明显增强，“三率一度”不断提升，群众满意度超过98%。珊瑚村扶贫工作接受长沙市省定贫困村驻村第一书记现场观摩。扶贫工作绩效考核名列全市乡镇第一名，分管扶贫的党委委员、副镇长杨永常被评为湖南省扶贫工作先进个人。

【社会治理】 2018年，资福镇安全生产实现“零事故”。严格落实安全生产责任制，压实生产经营单位主体责任，扎实开展安全生产大检查，对违规生产、存在重大安全隐患、隐患整改不力的生产经营单位停产整顿和从严处罚。全年开展大整治行动180余次，全镇安全态势平稳，没有发生一起较大以上安全事故。深入开展“一打三整”专项行动，累计打击各类违法犯罪嫌疑人102人，查处涉毒人员32人、强制戒毒4人，打击刑事犯罪28起，刑拘26人，行政处罚88人，打击涉黑涉恶人员4人，有效维护资福的平安稳定。

【司法工作】 全省坚持发展“枫桥经验”实现矛盾不上交工作部署会议在宁乡召开，湖南省司法厅厅长范运田、副厅长傅莉娟，长沙市副市长、公安局局长唐向阳参加会议。11月15日资福司法所作为全省坚持发展“枫桥经验”典型接受与会人员观摩。2018年，资福镇落实“316”群众工作机制，首创统一摸排、统一调度、统一考核，分析研判、分类施策、分流指派、分步调处的“三统四分”矛盾纠纷调处机制。提质硬件建设，完善办公室、调解室等基础设施，不断提升队伍的综合素质和业务技能，聘请法律顾问坐班服务，将资福司法所打造成为省级规范化司法所。通过资源整合，夯实基础，多元调处，群众工作取得明显成效，一大批群众最关心的问题得到解决，信访总量持续下降，全年无一起进京上访，无一起中央巡视组交办件、无一起民转刑案件，无一起群体性事件。“三统四分”经验模式作为全市坚持发展“枫桥经验”典型获市推介。司法所长刘晓阳获评全国模范司法所长。全年调解各类矛盾纠纷214件、网上信访件4起，化解信访积案1起，年终民调工作排名全市第八，成功获评长沙市综治工作考核红旗乡镇。（王　祺）

灰汤镇

【概况】 灰汤镇位于湖南省宁乡市西南部，地处宁乡、韶山、湘乡的交界地带，辖16个行政村、2个社区，人口10万人，镇域总面积210.9平方千米，其中耕地面积5086.7公顷，山林9666.7公顷，森林覆盖率43%。全镇以旅游业和农业经济为主。2018年，实现工商税收6600万元，财政收入2.96亿元。

【产业结构优化】 2018年，灰汤镇旅游产业发展势头强劲。高标准主办首届夏季温泉节等系列旅游节会，其中，夏季温泉节获评“2018长沙十大最具人气休闲旅游节会”称号，灰汤镇获评长沙市“2018最佳旅游休闲小镇”称号，全年接待游客190万人次，旅游收入6.4亿元，温泉、自来水销售总额

6月26日，灰汤镇首届夏季温泉节正式启动

455万元。农业经济质效双增，农业产业结构调整步伐加快。全年“去薄脱壳”6个村（社区），新成立6家村级土地合作社，培育农业龙头企业11家。种植结构调整285.5公顷，打造宁灰公路休闲观光农业走廊，培育休闲采摘式草莓、无花果、火龙果、桑葚等基地133.3公顷。打造宁灰公路、将军村千亩油菜示范片区，偕乐社区20公顷草皮基地，金农村26.7公顷荷花基地。

【项目招商】 2018年，灰汤镇引进善德堂、润依轩等2个特色民宿项目，实现合同资金11.8亿元。东鹜温泉谷项目、桃花谷项目拆迁36户征地20.3公顷。社会投资项目职工疗养院扩建完工并营业，“雅居乐”“相里”施工顺利，东鹜山温泉谷动工，迎宾加油站项目完成腾地。景区标识标牌、东鹜山景区提质、环湖游步道建设等稳步推进。

【城乡建设】 2018年，灰汤镇城乡面貌明显改观。专设景区管理办和景区环卫办，加大集镇景区管理力度，交通保畅、店铺整治、环境保洁效果显著，拦车揽客等违法行为得到有效控制。新增硬化农村公路34千米。全年退养3户2400平方米，退拆8户8300平方米，按省级标准治理规模养殖场6户3500平方米，超额完成市级下达的退养工作任务。全年完成农户改厕761座，超额完成461座。4个村创建长沙市垃圾分类减量示范村，镇级垃圾分类资源回收分拣中心投入运营。拆除空心房261户，超额61户；完成增减挂钩15.75公顷，超额9.07公顷。打击非法采砂行为52起，取缔捣毁洗砂采砂场所9处，捣毁扣押各类机械设备22台、扣押运输车辆64台次，没收砂子70车，打击非法电鱼网鱼行为43起。

【脱贫攻坚】 2018年，灰汤镇脱贫攻坚工作有序推进，社会保障精准普惠。全镇危房改造49户，其中贫困户11户全部竣工。63人享受雨露计划，592人享受教育扶贫，404户享受金融扶贫政策。产业扶贫有序推动，企业帮扶201户，投入资金61.3万元，贫困户增收109万元。滴管式帮扶528户，受益群众1648人，申请补助金额69.4万元，带动效益387.5万元。全年全镇脱贫482户1294人。

【公共服务】 2018年，灰汤镇公共服务落到实处。完成灰汤、枫木桥两个敬老院提质项目，灰汤大桥至自来水厂道路建设项目及各项学校建设任务。在全省率先启用电子签章，实现残疾人两项补贴“不见面审批”，全省第一本老年优待证在偕乐社区发放，全省第一家“群众办事不出镇”的镇级政务服务中心投入运营。服务大厅占地750余平方

米，设前台窗口15个，后台工位22个，可办理公安、国土、食药工质等12大类636项服务事项，得到中央人民政府门户网、新华网、《光明日报》《湖南日报》和湖南新闻联播等媒体的宣传推介。

【党建工作】 2018年，灰汤镇牢固树立“党要管党、从严治党”思想观念，切实履行“第一责任人”职责。积极培养村级后备力量，分村建立青年农民和人才信息库，指派机关干部和村（社区）两委干部进行定期沟通培养。组织举办系列教育活动、新发展党员集中培训、党务骨干培训和农村党员轮训，使广大党员干部树牢“四个意识”，坚定“四个自信”，做到“两个维护”。引导党员争做致富带富帮扶先锋，培育党员带富项目54个，受益贫困户近100户。积极履行党风廉政建设主体责任，主动接受纪委监督，支持纪委查处党纪政务案件19起，结案19起，其中政务处分1起，党内警告处分14人，严重警告1人，留党察看1人，开除党籍2人，政务处分警告1人。聚焦镇村领导干部等少数人，给予问责以上处置的镇村干部共28人，其中问责17人，党纪政务处分11人，党员干部队伍的先进性和纯洁性进一步增强。

【成功创建省“平安农机”示范乡镇】 2018年11月30日，湖南省农业机械管理局与湖南省应急管理厅下文（湘农机监发〔2018〕76号）审定，灰汤镇获评省“平安农机”示范乡镇称号。（姚星明）

双凫铺镇

【概况】 双凫铺镇地处宁乡腹地，镇域东连大成桥乡，南接坝塘、偕乐桥镇，西与横市镇接壤，北与喻家坳乡交界。东距省会长沙66千米，镇域面积89.5平方千米，省道S209线、新宁横高等级公路、县道煤双线、双偕线纵横贯穿全镇，2018年底，辖7个行政村、1个社区，362个村民小组，总人口4.18万人。镇区面积6.2平方千米，镇区常住人口1.98万人，流动人口9000人。镇域耕地3450公顷，林地3261公顷。2018年共实现固定资产投资10.04亿元，是全年任务的100.4%；社会零售总额3.02亿元；规模工业产值22.42亿元，是全年任务的102%。全年完成税收任务2323万元，是全年税收任务的120.98%。

【招商引资与项目建设】 2018年，双凫铺镇新引进，华茂彩印、宁滔建材、光伏发电项目、高新区飞地招商项目斯玛特智能智造4个工业项目，合同资金3.5亿元。鞋服产业链被纳入全市六大优势产业链，“中部鞋都智鞋小镇”被纳入长沙市“特色小镇”培育名录。推进与特步洽谈签约，力争引入2家以上知名品牌，10家以上规模制鞋企业，20家以上鞋业配套生产企业，形成产供销完整链条，建设鞋业大数据平台，加快互联网金融物流园区建设。对接南方水泥生产厂区搬迁项目，做好项目落地协调服务工作。

2018年，华茂彩印、双凫农贸市场、百柯生态农业养殖观光采摘园、合轩光伏发电等4个投资千万元以上项目完成指标任务。完成政务服务中心建设，实现“三到位三集中”。

【农村农业工作】 2018年，双凫铺镇以“农户主体、市场主导、政策推动、合作经营”方式，全力推进种植结构调整工作。做活“田、土、山、水”文章，各村（社区）为主体单位分片实施，以土地流转合作社推动，种植大户带动，龙头企业撬动，农户积极参与，完成2018年种植结构调整1067.9公顷任务，覆盖全镇8个村（社区），涉及114个村民小组。水利冬春修完成指令性任务。全镇农业保险投保面积2800公顷，理赔金额16万余元，农机补贴发放资金48.28万元。扎实推进脱贫攻坚，建立62个精准扶贫网格群，压实工作责任。研究制定《双凫铺镇发展村级集体经济实施意见》，实现每个村都有集体经济收入。2018年双凫铺社区盘活闲置资产，自筹资金，拆除破旧的原双凫老剧场及原村部大楼，改造成为高标准的集购物、餐饮等于一体的农贸综合市场，每年租金创收约80万元。

【城乡管理】 2018年，双凫铺镇整治店外经营、店外堆物260余处，拆除违规发光字招牌、破损招牌600余块，复原墙体广告6000余平方米，整治违规停放车辆180余台，针对流动摊贩、沿街菜贩进行规整，整治流动摊贩80余户，结合路长制工作，在新宁横公路、煤双路、双偕线等主干线拆除违章建筑（违章搭建）26处，新增环保垃圾桶1800余个。裸露黄土治理效果明显，全镇共撒草籽2800公斤，贴草皮1公顷，种植爬山虎、常青藤2.7万株，完成29.6公顷裸露黄土地块的覆绿工作。开展烟花鞭炮禁燃工作，在集镇范围内签订不燃放烟花鞭炮承诺书300余份。全年进行各类执法24次，出动人员296人次，检查对象68个次，整改问题27个，其中打击非法采砂行为8次，扣押船只6艘、拖拉机6台，整治关停违规沙场13处。全镇创建垃圾分类减量示范村5个，召开户主动员会160余场次，拆除废旧垃圾池157个、安排上户回收车辆19个、配备垃圾分类桶7000余个，配备保洁员46人，已建成1个镇级垃圾分类资源回收分拣中心；村均建成5个垃圾分类资源回收分拣站。7月，建成粟江村集聚点。发放宣传册1万余本，全镇改厕工作的农户知晓率达95%；拆除公共旱厕1座，农户旱厕10座。改三级化粪池140座。河长制工作有序开展，镇村河长坚持河段巡查，及时处理发现问题。河流、水库、骨干山塘水体实现“五无”（无垃圾、无违建、无淤积、无损毁、无污染）。开展“渔政”执法驱赶，非法电鱼行为10次，教育5人。畜禽退养对禁养区畜禽退养工作稳步推进，已签订59户退养拆除协议，腾退53户，拆除49户，退养面积为25850.2平方米，拆除面积为24374.5平方米，退养猪4308头，鸡鸭62220羽。全镇全体镇村干部、党小组长均签订文明节俭操办婚丧喜庆事宜承诺书；下发1.2万份文明节俭操办婚丧喜庆事宜倡议书到全镇所有农户手中；张贴文明乡风宣传海报300多张，镇、村办公场所和宁横公路沿线的电子显示屏均进行树立乡风文明的宣传。8个村（社区）已制定村规民约（含移风易俗内容），并进行公示，成立红白理事会，设立专门的办公室，制定红白理事会章程，并制度上墙。

【社会保障】2018年，双凫铺镇实现民政优抚、社会救助、残联、劳动就业等各项社会保障工作全覆盖。全镇431户建档立卡贫困户生产生活得到有效保障，其中：纳入低保兜底130户、五保兜底14户。全镇低保户228户455人，全年发放资金133.5万元，五保户356户261人，全年发放资金288.3万元；残疾、低保、慈善助学共救助83人，发放救助金27万余元，大病救助43户，救助金额10万余元；城乡居民养老保险缴费350多万元，完成任务的114.44%；投入100余万元开展敬老院的消防和特护区建设项目。危房改建实现60户危改户任务清零。

【文化卫生】2018年，双凫铺镇举办全民运动会、特步杯跑步节、村级庆“七一”、重阳节等多场文艺活动。全镇生育率95.6%，性别比102%，优生检测、两癌筛查完成全年任务的120%，征收社会抚养费65万元。家庭医生签约后续服务稳步进行，镇卫生院抽调骨干力量以村部就诊点和上门服务体检两组同步进行，以精准扶贫户和行动不便的老人为服务主体。

【社会治理】2018年，双凫铺镇及时办结中央巡视组信访交办件9件，扎实开展“一打三整”“扫黑除恶”专项行动，全年“扫黑除恶”宣传资料共1万余份，悬挂横幅60余幅，张贴宣传挂图1万余份。全年共化解矛盾纠纷200余起，矛盾调解中心化解信访积案6起。“红袖章”巡逻工作常态化运行，组建8支村社区“红袖章”巡逻志愿者队伍，全年出动巡逻305人次，共计抓获扭送违法犯罪嫌疑人15人次，其中刑事拘留2人次，强制戒毒3人次，治安拘留35人次。扎实抓好生产、食品、校车、交通、消防五个方面的安全工作，坚持隐患排查，突出打非治违，实现全年“零事故、零伤亡”的目标。全年共组织检查216次，检查企业51家；各类安全生产行政检查执法文书216多份，发现问题隐患252条，整改252条，立案5起，已结案5起，处罚金额4.5万元。

（熊珍时）

大成桥镇

【概况】2018年1月4日上午9:00，大成桥镇举行宁乡撤县建市大成桥镇揭牌仪式，原宁乡县大成桥镇党政机构正式更名为宁乡市大成桥镇。2018年，大成桥镇深入实施乡村振兴战略，以全力推进农村综合性改革试点试验，做强工业园区拓展产业链，建设特色美食小镇为工作重点，努力实现一、二、三产业融合发展，完成财政税收2899万元，是全年任务的138%。

基层党建。规范基层组织“五化”建设，落实“三会一课”制度，排查党员党组织关系，清查党员档案，每人一档建立档案目录，实行统一标准化管理。配合市委巡察，以巡察促整改，按时办结巡察组交办的信访19件，配合办理中央巡视组交办件7件，根据市委巡察组指出问题，制定整改方案，建章立制，党委、政府自身建设不断完善。

意识形态工作。率先在鹊山村建成“天天学习吧”，并承接全市观摩，以宣讲十九大精神和习近平新时代中国特色社会主义思想为重点加强思想教育，通过邀请党校教授集中授课2次，举办各类培训班8期，参与培训宣讲5300余人次；录制党课视频，发送到各微信群，做到人员全覆盖。建立各村（社区）意识形态责任体系，各类网络舆情问题得到及时有效处理。

统战和党管武装工作。加强宗教理论政策学习和督查考核，建立宗教活动场所联点制度，落实宗教场所“五进五好”工作，规范宗教信众和宗教活动、场所管理，确保党对统战宗教民族工作的有效领导。按要求落实党管武装工作，2018年秋季征兵，较好地完成民兵整组改革工作。

履行党风廉政建设主体责任。2018年镇纪委收到问题线索34条，党员违纪立案18件，办结8件（开除党籍2人、留党察看一年2人、党内严重警告2人、党内警告2人），诫勉谈话3人，提醒警示谈话31人，营造风清气正的政治生态。

项目建设。2018年新开工项目3个（尚雅原木、玉成线、永新路）；竣工项目2个（仁煤公路、湘都职业技术学校）；在建项目4个（大成桥镇污水处理厂、沩水流域治理、北横线拆迁户安置、新玉大桥和坝子山桥改造）。

工业经济形势。全镇11家规模工业企业，2018年入归企业1家，全年完成工业产值5.5亿元，工业总体运行平稳。特步湖南体育创新发展，特步鞋业已新增生产线一条，新增就业岗位200余个，全年完成产值5400万元，上缴税收近千万元；湘瑞重工积极筹备上市，森禾机械等企业形势向好。

招商引资。2018年围绕孕婴童和鞋服制造产业链外出招商2次，大成桥镇2018年成功引进工业企业两家，深圳捷创嘉电子科技有限公司，湖南狮王铝业有限公司。信息捕捉12条，合同引资1.4亿元，到位资金8000万元。

化解金融风险。全年退还集资款本金679.72万元，利息12万余元，通过债务置换资金，化解历史欠账592.49万元。

优化营商环境。全年开展“三抓两促”专题调度会4次，解决企业实际困难27项。继灰汤镇之后，率先完成标准政务服务大厅建设，承办全市“最多跑一次”改革现场推进会，“智慧政务”向村（社区）延伸工作年内实现全覆盖。

农业产业结构调整。大成桥镇农作物结构调整涉及严控区点位18个，调整面积近196.9公顷。点位信息及农作物结构调整面积已核实，实现流转企业及大户土地流转面积114.8公顷，已落实种植面积57.7公顷，养殖面积21.3公顷。申报

鹊山、成功塘和玉新3个千亩片。鹊山村产业结构调整工作在《中央电视2台经济新闻联播》推广。

城乡人居环境整治。大力开展城乡环境卫生整治，配发的9600个垃圾桶全部分发到村（社区）门店和单位。共拆除各类违规搭建棚架45个，拆除、收缴落地灯箱广告及违规户外广告25个；清理整治大小乱堆乱放现象162处；整治店外经营84处；对不按禁停标示线停车的车辆进行劝导教育等30余次；对5处陈年积水、影响通行的集镇下水道和一处人行道应急抢险进行整修，解决1处群众反响强烈下水道堵塞污水直排的问题，先后实施3处溶洞和1处抢险工程。全部拆除非法洗砂场19家。完成裸露黄土覆绿33万平方米。建设生态湿地70公顷。完成禁养区退养7处；启动污水处理厂建设。全镇共拆除空心房165座，鹊山、玉新、成功、青泉4个村（社区）通过长沙市垃圾分类示范村验收；完成旱厕改造151座；8个村（社区）全部召开村民代表大会，表决通过村规民约和红白理事会章程。重点培育鹊山村、永盛湘都片区等一批绿色村庄、绿色屋场。

脱贫攻坚。156户贫困户“滴灌式”产业扶贫项目通过初审。申报宁乡市级“四跟四走”产业项目—青泉阳光残疾人托养服务中心罗汉果产业扶贫项目，金额20万元，辐射带动四个乡镇贫困户80户85人，其中就业帮扶40户残疾人家庭。省级重点产业项目宁乡市灿光蔬菜种植专业合作社产业扶贫项目计划通过五年时间，投入100万元，带动至少100户400人人均增收1000元以上。34位贫困学生春季雨露计划资金拨付到位。教育扶贫120名。3户建档立卡贫困户完成危房改造。100户建档立卡贫困户享受全额贴息小额信贷，其中个人贷款16户。17户贫困户享受4000元/户的公益性岗位补贴。按时按质完成动态调整。共清退2户、整户新增1户、自然新增3人、单个补录9人、自然减少19人。楚兴农业、贪吃侠农业、营建农业等爱心企业主动参与结对帮扶深度贫困户工作，10户深度贫困户均被企业认领帮扶。

社会保障。全面落实城乡低保政策，取消4户不合条件的特困人员和15户低保以及三户因家庭情况有好转的低保降标，并做好稳定工作，发放城乡低保167户323人78.7万元，发放特困人员213户补助15.2万元。对83户贫困家庭按程序进行大病医疗救助，落实医疗救助资金23.6万元。配合市精神病医院做好社会精神病人药物发放救助工作三轮489人次和16名重症精神病人免费强制住院，指导全镇8个村（社区）进行村务公开栏硬件建设并按要求进行资料公示。及时准确报灾、堪灾、救灾。为542名优抚对象、精减退职人员发放优抚固定经费近249万元。争取慰问资金81.7万元，慰问对象1362户。为841名高龄老人，落实高龄津贴58万元。为37户一户多残的家庭落实生活补助7.8万元。为241名重度残疾人落实51万元生活补助和护理补助。为41名寒门学子落实11.7万元助学金。全面完成14户农村危房改建。新增就业156人。

卫生计生服务。全年总出生人口429人，符合政策生育率96.97%，性别比94.12%，出生上报及时率97.3%，妊娠上报及时率98.3%，避孕节育措施落实率98.%，平均及时率97.72%，征收社会抚养费20万元。排查违法怀孕情况24例，终止妊娠18例。处理到位率100%。完成免费产筛245例，完成率96.08%；两癌筛查1062例，完成率110.98%。完成优生检测241例，完成率101.26%；献血149人次，完成率149%；为全镇2780名0–6岁适龄儿童接种一类疫苗，共计接种一类苗4582剂次，接种率达96.67%。及时发现、登记并报告辖区内传染病病例48例，报告率100%。对辖区内食源性疾病、公共场所督查、饮用水卫生，学校卫生、非法行医和非法采供血开展实地巡查132次。对全镇学校饮用水安全、医务室建设进行督查。每季定期开展辖区内公共场所卫生监督执法检查，覆盖率100%。

食品安全。全年开展“护苗行动”“护老行动”“农产品质量安全监管专项检查整治行动”“非洲猪瘟专项检查整治行动”“校园及周边食品安全专项检查整治行动”，完成餐饮店整治透明厨房提质改造3家，完善农产品质量安全检测站建设，配齐人员，对11家农产品生产经营单位及全镇超市进行农残抽样检测1741例，上报指导农村聚餐545例，厨师培训56人，组织全镇食品生产经营从业人员健康证办理356人，责令整改超市批发部等食品经营门店11家，责令整改食品生产企业6家，组织食品安全宣传周活动，进行创建及食品安全宣传，进行校园及周边食品安全检查8次，组织门店、餐饮经营户、食安村级协管员培训2次，安装橱窗宣传牌10块，发放创建防野生蘑菇中毒农村聚餐申报备案宣传单2万余份，横幅8块，镇村及超市卫生院等15块电子屏进行创建及防野生蘑菇中毒宣传，各村村村响宣传超过100次，出动宣传车20次，村入山主要路口安放防野生蘑菇中毒警示牌34块。

安全监管。加大对企业负责人和安全管理人员的安全生产法律法规安全知识的培训力度，共对企业负责人、安全员和村级安监员进行安全教育培训班3次。扎实开展“强执法防事故”行动，对企业主体责任不落实的企业和负责人进行严格执法，全年共立案7起，处罚款3.2万元，承办全市校车事故紧急救援演练。强力开展打非治违工作，由镇安委办牵头，组织相关部门、办公室在烟花鞭炮、危化品、道路交通（含校车）等领域开展联合执法行动6次。

社会治安综合治理。全年共摸排各类纠纷100余起，成功调处重大纠纷34起，配合镇安监、公安、禁毒等部门集镇法制宣传3次；按标准建设完成了镇法律服务中心、村法律服务点、完成10个法律服务志愿点申报；按月精心组织完成大成桥片区社区矫正人员集中培训，社矫人员管教到位，刑释人员摸底登记到位。确保大成桥镇在全国“两会”特护期间“八一”建军节期间的平安稳定；开展3次道路安全、禁毒教育宣传工作，发放各类资料2000余份；社区戒毒34人，尿检156人次，谈话102人次，新增签订社区戒毒协议9人次，解除社区戒毒人员4人。对辖区内企业进行消防安全专项检查6次，办理一起消防案件；答复信访件25次。信访对象郭某某、朱某某已签订息访息诉协议，谢某某工伤事件已成功化解息访。

【大成桥镇首届美食文化节】2018年3月2日，大成桥镇举办大成桥镇首届美食文化节。为持续提升大成美食的知名度，扩大品牌影响力，大成桥镇党委、政府决定以正月十五元宵节这一重要传统节日为契机，举办为期两天的“食全食美食尚大成”大成桥首届美食文化节。活动将围绕美食主题，结合灯谜、花鼓戏、舞狮舞龙、皮影等优秀传统文化进行生动再现，让广大市民体验美食文化，感受美好生活。沉寂了25年的大成桥“故事会”在美食节上焕发新的光辉，美食节共吸引150余户商家、3万余群众参加。

【农村综改工作】2018年，大成桥镇全力推进宁乡农村综合改革“1234510”工程。2018年鹊山村启动66.7公顷特色种植、20公顷亲子农业项目建设，新增稻养结合基地40公顷，围绕现代农业示范园核心区动员20余户群众启动民宿改造，湘都职业农民培训学校竣工运营，一期招生1000余人。2018年3月综改工作接受国家财政部考评，获得考评组高度评价。10月23—24日长沙市开展落实乡村振兴战略现场观摩活动，大成桥镇作为宁乡唯一代表，接受浏阳市、长沙县、望城区观摩团3批次400余人观摩，其集体经济发展、土地制度改革案例在《湖南日报》推广。完成特色美食小镇建设整体规划，举办的大成桥首届美食文化节，承办中国（宁乡）农民丰收节暨首届宁乡花猪美食节。2018年发展烟农68户烟叶面积195.7公顷，全面推行田间精细管理，实施采编烤分包一体化，售送烟叶6174担。

【长沙市湘都中等职业学校开学】长沙市湘都中等职业学校以湖南湘都生态农业发展有限公司为依托，经长沙市教育局批准，宁乡市教育局主管的一所全日制民办中等职业学校，于2017年10月启动建设，2018年7月建设完成，9月顺利开学。学校位于宁乡市大成桥镇湘都生态园内，总投资1.5亿元，占地面积9.5公顷，其中一期工程投资7000万元，规划占地2.9公顷，建筑面积2.6万平方米，现代化的教学楼、图书馆、综合楼、实训楼、学生公寓、400米标准田径场等配套设施齐全，可容纳全日制学生2000余人，组织成人教育培训、中小学研学旅行和社会实践活动每年10万人以上。学校承载中等职业教育，青少年素质教育，成人教育及行业培训三大教育功能。其中中等职业教育涵盖航空服务、园林设计、园林规划、工业机器人、观光农业经营（文化旅游、酒店管理）专业。其中涉农专业，弥补全省中职学校该专业空白。

航拍湘都职校优美的校园环境

喻家坳乡

【概况】2018年，喻家坳乡规模工业产值3.67亿元，固定资产投资11.09亿元，社会消费品零售总额3.98亿元，人均可支配收入2.6万元，财政税收2632.41万元。全年实现345户895人脱贫，落实金融扶贫贴息21户，雨露计划29户，产业帮扶59户，设置公益性岗位46个，滴灌式补助52万元。发放低保、五保、残补、优抚等各类补贴740余万元，改造危房50户，残联工作获评长沙市“明星乡镇”。硬化村组道路26.8千米，整修山塘79口，加固渠道河道18处，改造桥梁1座，清淤扫障峡山渠道、八一支渠21.2千米。启动喻家坳乡幼儿园二园、湖溪小学教师公租房建设；完成喻中、涌中食堂附属工程、喻中、涌中、苦竹、合兴幼儿园等学校建设。组织干群连续坚守40个昼夜，打赢非洲猪瘟防控战。超额完成义务献血任务，全乡重点人群家庭医生签约服务率100%。举办“321”跑步节、首届全民运动会、编撰《喻家风情》、建设德孝文化广场、组织群众文艺演出、成立红白理事会、成立志愿者协会，建立新时代文明实践站所，评选表彰30户文明家庭。完成政务大厅标准化建设，规范8个村级政务服务中心建设，努力实现群众办事“最多跑一次”。

2018年，喻家坳乡获评长沙市十快乡镇、长沙市计生工作优秀单位、长沙市统计工作先进单位、宁乡市先进基层党组织，宁乡市党风廉政建设工作先进单位、宁乡市人大工作先进单位，乡离退休支部获评省级示范离退休支部，乡财政所获评“长沙市巾帼文明岗”，大益坝社区公园成功创建宁乡市“市级青年之家”等，共获得省级荣誉1项，长沙市级荣誉9项，宁乡市级荣誉11项。“知敬畏、存戒惧、守底线”纪律教育活动、禁毒工作成为全市推介典型。“一主两辅”模式受到人民网、《长沙晚报》、掌上长沙等国家、省、市媒体多次报道、重点推介。

【项目建设】 2018年，喻家坳乡推进工农产业的转型升级。长宁炭素3万吨电池炭棒技改项目通过环评，获湖南省科技发明奖，炭棒产量世界第一。湘宁矿业按照绿色矿山标准改造，成为全市首家通过验收的绿色矿山。全年在建项目10个，新开工项目5个，续建项目5个。农田开发项目、玉山片地灾治理项目、德孝广场等项目建成使用，敬老院德孝楼、乡幼儿园二园启动建设。抓牢烟叶、油茶、蔬菜等特色产业，送售烟叶12742担，全乡烟农收入达到1749万元。探索农业产业合作社组织建设模式，利用流转的土地进一步发展油茶、苗木、栀子、蔬菜、稻虾、吊瓜和中药材等特色产业基地，促进农民和集体增收。充分发挥湘韵油茶、腾辉中药材、月亮湾蔬菜基地等农业企业的引领示范作用，逐步形成规模化效益的现代农场。

【环境整治】 2018年，喻家坳乡拆除9家砂场、3家砖厂和5个红砖厂烟囱，关闭神武、泉龙自力、太平磊鑫3家石灰厂。全乡47户禁养区养殖户全部实现退养。24.3公顷裸露地块全面覆绿。改造旱厕100座。拆除覆绿“空心房”150户。义务植树造林2.7公顷。16个国土违法用地卫片图斑整改到位。南岭村、喻家坳村、湖溪塘村成功创建垃圾分类示范村，同时获评长沙市卫生村。建立市、乡、村、组四级路长网格化管理体系，开展公路大清整行动，清洗护栏21千米、清理边沟25千米，补栽绿化带灌木1.1千米，“路长制”工作获全市推介，考核为一类乡镇。全面落实“河长制”工作，四座小II型水库、南岭河、玉堂河水质保持良好。日处理量300吨的污水处理厂建成投入使用。建成大益坝公园和德孝文化园。 （文　亮）

老粮仓镇

【概况】 老粮仓镇位于宁乡市西部。2018年，镇域面积121.98平方千米。全镇总人口65155人，辖3个集镇、8个行政村，2个社区，216个村民小组，总户数19992户，城镇人口22729人，乡村人口42426人。有市办高中1所，镇办中学3所，公办小学8所，公办幼儿园4所，民办幼儿园4所。

2018年，镇域生产总值15.2亿元，规模工业产值3.5亿元，固定资产投资总额11.7亿元；农民人平纯收26105元，比2017年增长8.45%；社会消费品零售总额2.91亿元，比2017年增长6.2%，完成财政税收594万元，完成其他非税收入2097万元。

【基层党建】 2018年，老粮仓镇开展十九大党建知识竞赛、红星云学习排名、十九大报告研读等活动；积极组织党员培训、干部宣讲，开展“楚江新韵”大讲堂、农民讲习所等专题学习讨论。党员干部带头开展“基层走亲”活动，实行干部包组走访，联系贫困户、信访户、社会贤达助力工作；设立集镇党支部参与集镇管理，筹备在外乡友流动党支部；实行“党小组+精准扶贫模式”，党建引领脱贫工作多次被《湖南日报》等省市媒体报道。每月对“五治”工作进行统计排名，公示英雄榜；评定“最美扶贫人”及“最美脱贫标兵”；打造金洪村为“四议两公开”示范村及支部“五化”建设示范点，双藕村为“发展党员”联系点和党员示范户建设村。采取约谈提醒、专项工作督办函等方式强化支部书记责任。全年共约谈提醒111人次，党纪政纪处分11人，诫勉谈话21人次。针对危房改造、精准扶贫、低保五保、项目招投标等领域开展专项督查8次，督促问题整改22个。2018年组织理论专题学习20余次，群众宣讲活动200余场，建立“天天学习吧”，开展“面对面”屋场普法、“知存守”主题教育活动。在省、市主流媒体推送典型经验10余篇，利用村村响、户主会、宣传板、公众号等推进宣传工作。

【农业工作】 2018年，老粮仓镇推广农业全程社会化服务项目266.7公顷，大力落实水稻种植面积2933.3公顷，完成全年粮食生产任务。新发展家庭农场10家，技术指导科技示范户10户，农业合作社27家，种植大户183家，全镇土地流转面积1200公顷。种植烟叶194.3公顷，烟农55户，种植烟叶主体村7个，送售烟叶5831担，13天顺利完成烟叶收购任务。积极完成全镇职业农民摸底、水稻保险投保理赔、冬季油菜种植及补贴发放、森林防火、防汛抗旱和防疫检查等工作，有力保障农业发展和农民增收。

【脱贫攻坚】 2018年，老粮仓镇对贫困人口逐户逐人核对信息，发现问题及时整改，确保系统数据的准确性，为扶贫对象动态调整工作夯实基础。动态调整共计清退有“四类情形”贫困户及明显识别不准对象81户223人。安置公益性岗位51人，通过市人社局联系帮扶单位实现贫困劳动力转移就业200余人；落实教育扶贫947人次，组织申报雨露计划167人次；新增贫困户贷款22笔，累计金融扶贫贴息358户/次；贫困户危房改造33户已全部竣工。非省定贫困村“四跟四走”覆盖帮扶257户贫困户，省定贫困村产业扶持帮扶贫困户286户，发放补助资金54.4万元；大力推动省市产业扶贫、“滴灌式”产业扶贫项目覆盖全镇，真正做到村村有扶贫产业、户户有产业扶持。实现到年终脱贫241户655人，圆满完成脱贫任务。

【乡村治理】 2018年，老粮仓镇废弃旱厕202座，完成2018年改厕任务；规范集镇交通经营秩序、定期冲洗街面，做好垃圾禁烧宣传巡查；投入近70万元，购置垃圾桶和环保电瓶车，聘请30名专职保洁员，负责垃圾二次分类和清运工作，金洪村、唐市社区、双藕村被评为长沙垃圾分拣回收示范点。完善基础建设，倒地空心房254栋，为年度目标任务的169.3%，增减挂钩总计102处复垦，面积7.3公顷。在全市率先完成工作任务，金洪村“治房”工作被《长沙晚报》报道。维修集镇下水道117米，改善背街小巷排水系统120米，启动唐市社区污水处理厂开标建设；对三座水库进行抗旱抢修，新建山塘2口、清淤护砌山塘9口、河坝2座、渠道4000米；启动“窄路加宽”项目合计约12千米，“双投公路”完成9.25千米，通自然村公路第一批共10条8.41千米全部完工。严守污染防治，以治水治砂为重点，所有水库、河道、沟渠、山塘、河坝均设立“河长”公示牌，制定“一河一策”的治理方略，设立镇村两级监管员、保洁员，定期组织巡河130余人次。开展水体和农业面源污染摸底，楚江河唐市社区段执行退养1处，拆除历史遗留的河道违法建筑1处。联合处置非法捕鱼12次，打捞水葫芦4千米。针对河道非法采砂治理，实行24小时值班制度，共组织大规模整治行动12次，处置非法手工采砂120余次，扣留挖机10台、铲车30台、小金刚10辆、拖拉机17辆，没收非法手工采砂工具50余套，树立禁止采砂标示牌160块。通过唐市社区地埋式一体化污水处理设施项目、楚江绿道栽植工程、S209沿线树木栽种工程，推进“生态立镇”入脑入心、贯彻落地。推进移风易俗，组织党员干部签订文明节俭操办婚丧喜庆事宜承诺书1000余份，发放倡议书5000余份，通过微信公众号、村村响、宣传车等大力宣传移风易俗。各村修订关于人情往来的村规民约，建立红白理事会，进行常态化管理，并通报正面典型案例3起，在《长沙晚报》上获得正面报道。

【民生保障】 2018年，老粮仓镇全面优化教育条件，完成老粮仓镇中心小学综合楼、老粮仓中学、唐市完小、唐市中学田径场、古乡小学维修改造工程。卫计工作共完成免费优生检查279人、两癌筛查1879、围绝经取环61人、为65岁以上老年人实施免费体检3970人次、老年人中医辨识2585人。老粮仓镇乡村医生周白龙“让全村人小病不花钱心愿”获《长沙晚报》报道。围绕低保、救助等日常工作做好服务，全年入户调查申请低保家庭359户，发放各类临时救助35万元223户，申报和办理大病救助45万元112户；做好45户重症精神病人住院救助服务；确定97户危改户，危改项目全部竣工；做好敬老工作，老粮仓敬老院被评为长沙市示范敬老院特护区。配合残联成立养蜂合作社，实现产业帮扶残疾人贫困户45户，成功创收41户。各季度开展“雪中送炭”“爱心走亲”“公益创投”“暖冬行动”等活动，发放爱心款物12万余元，帮助困难群众400余人次。

【安全维稳】 2018年，老粮仓镇组织校车安全巡查50余次，排查校车路线隐患30余处；联合派出所对全镇夜巡62次。在“打非治违”中查获非法储存烟花爆竹点1处，查处违规经营、超量储存烟花爆竹产品100余件；在学校食堂食品安全检查中，查处整改隐患100余处；联合交警路政，开展治超治限整治，共计打击超载超限车辆40余辆。镇依法治理中心（综治中心）、村（社区）信访代理中心已挂牌工作。“12345”市长热线受理157起，处理156起。调解各类矛盾纠纷315件，成功306件，处理各级信访件170件，组织召开信访诉求协调会60余次，进行阳光信访答复会，化解一批重点信访积案。2018年全镇未发生一起生产安全、食品安全、校车安全领域的伤亡事故，没有发生重大舆情和刑事案件。

【矛盾调解委员会创省优】 老粮仓镇矛盾调解中心2015年6月成立，从退休干部、村支部书记中筛选聘请四位专职调解员，展开镇域内各类矛盾纠纷的摸排和调解工作。2016年初在全镇各村（社区）建立标准化的矛盾纠纷调解室，利用村（社区）五老人员、老党员人缘好、地缘熟、容易被群众接受的特点在各村（社区）聘请一到两名村级矛盾纠纷调解员，由村治调主任和聘请的调解员每月对辖区内的矛盾纠纷排查一次，经常到村民家中进行走访，与群众谈心，及时发现并解决婚姻、邻里关系、民事纠纷等方面的矛盾问题。切实做到“情况在一线掌握，矛盾在一线化解”。对排查出的问题，明确专人，及时调处；对依申请的各类矛盾纠纷，主动介入掌握情况，依托各级调解平台，发挥调解优势，用最短时间化解疑难纠纷。2018年，由老粮仓镇矛盾调解中心调处的各类矛盾纠纷315件，无一起因调解不及时、不正确而引发民转非、民转刑案件和恶性上访事件。老粮仓镇矛盾纠纷化解工作获新华社湖南分社、《湖南日报》、湖南龙城之声电台、《今日宁乡》等多家媒体典型报道，6月，老粮仓镇矛盾调解委员会被湖南省司法厅评为湖南省优秀人民调解委员会。

【残联工作】2018年，老粮仓镇共有残疾人3895人，已办证残疾人1475人（其中一、二级重度残疾人737人），残疾人总数占全镇总人口的6.2%。2018年安排6万元残疾人工作专用经费，多次召开专题会议部署残疾人工作，安排4万元经费用于解决残疾人的特殊困难。建立“一名干部资助一名残疾人”的网格化管理机制，号召干部自掏腰包帮扶残疾人。镇村干部结对帮扶12户上访特困残疾人家庭，解决具体实际困难8个。协助申报一户多残家庭救助79户，对33户残疾人家庭进行危房改造，并协助申报每户4000元的残联配套资金；按政策给予镇内残疾人享受城乡居民养老保险、合作医疗保险补贴和最低生活保障；申报全镇低保重残慈善等助学补助共31名；争取“宁乡暖心义工”为27名贫困残疾人家庭子女中小学生捐赠学费；为5名肢体残疾人申报燃油补助；邀请长沙爱尔眼科医院到老粮仓镇义诊274人次，争取湖南省交通医院脑瘫科专家为四名成年脑瘫患者免费进行手术，为2名残疾人申请安装假肢；辅具适配进家庭共53户，发放精神病防治及药物120人次。镇残联举办种植养殖实用技术培训班，选送2名残疾人去省、市培训；成立残疾人就业创业指导服务中心、三个残疾人就业基地，共安置残疾人41名；选送2名盲人参加市残联盲人按摩培训，并安排4名盲人到盲人专业按摩店就业；新增5名残疾人打工就业，安置15名残疾人环卫岗位；宁乡聚贤蜂业有限公司帮扶培训残疾人40名，做好相关单位企业的就业创业扶持。组织开展第28次全国助残日活动，围绕“推进残疾预防，健康成就小康”主题，引导各爱心会、公益组织开展一系列扶残助残活动，共募集款物价值20万余元；组织政府、爱心人士走访慰问50余户残疾人家庭，送上慰问金2万元，发放辅助器具65件。2018年11月，老粮仓镇被长沙市残疾人联合会评为残疾人工作“明星乡镇”。

【秸秆禁烧工作】2018年，老粮仓镇成立秸科禁烧和综合利用工作领导小组，多次召开秸秆禁烧动员会、紧火会、推进会和总结会，部署秸秆禁烧和回收利用的宣传、巡查和责任落实。制定秸秆禁烧和综合利用宣传工作方案，利用村村响、宣传车播放禁火通知，发放公开信1.3万份，与农户签订承诺书1.2万份，在道路干线和场镇人员密集处悬挂布标100幅，各村民小组张贴宣传标语100余幅。建立镇、村、组三级工作网络，制定秸秆禁烧和综合利用工作考核办法，层层签订责任书，责任落实到人，田块包干到人。在重要禁烧时段（9—11月）及时安排部署，成立14人的防火队，每村组织30名扑火队员每天巡查二次，镇督查组每周不少于3次督查，保持值班电话畅通，妥善处置突发状况，定期进行通报。2018年，老粮仓镇通过收割和碎草装置回收利用秸秆63.7吨，用于牛羊饲料和食用菌等生产。全镇没有被卫星监测发现有烧秸秆现象，无群众举报，辖区内没有发生因焚烧秸秆造成的烟霾。（杨　磊）

流沙河镇

【概况】流沙河镇辖11个行政村，2个居委会，316个村民小组，总面积140.57平方千米，耕地面积4988公顷，总人口7.2万人，其中城镇人口1.2万人。有县办高中1所，镇办中学3所，民办小学14所，镇办中心幼儿园1所，有中心医院一座，是标准一级甲等医院。

2018年，流沙河镇以建设“繁荣、精致、尚文、幸福”的中心镇为目标，圆满完成各项工作目标任务。全年实现地区生产总值21.98亿元，增长21.13%；完成税收收入1360万元，非税收入2410.4万元；固定资产投资9.62亿元，增长24.38%。先后获评长沙市特色小镇、长沙市卫生乡镇、长沙市安全生产示范乡镇。

【基础设施建设】2018年，流沙河镇完成农村公路54.57千米，危桥改造4座，长沙市自然村通水泥（沥青）路现场会在流沙河镇召开。S209提质改造全面完成，红石村、鸿富村窄路加宽项目，草冲村、鸿富村自然村通水泥路，共计12条，12.82千米自然村通水泥（沥青）路及提质改造农村公路全部完成建设任务。推动“四好农村路”建设，X210流沙河至巷子口被评为文明示范创建路，流沙河镇被评为长沙市管养示范乡镇。投入804万元，完成大田方幼儿园装修、流沙河中学食堂改扩建、仕堂学校新建食堂、合兴学校跑道及报告厅改造、大田方学校维修改造及污水管网、流沙河中心小学维修改造、赤塅学校污水工程、山林街学校升级改造等。宁乡市人民医院流沙河分院项目复工建设，流沙河镇综治维稳中心派出所、司法所投入使用。加快灾后重建速度，投入1500万元的楚江河堤综合治理项目，年内完成河堤修复，金汤大坝建成投入使用，堤顶公路路面硬化3千米；民心桥建成通车；垃圾中转站进入主体建设，污水管网建设完成800米，绸树铺桥、长冲桥、华丰桥动工建设。投入600多万元对草冲河进行综合治理，完成60%的河岸修复。对扬华江、文贡河、瓦子坪河主体恢复；灾毁的奇鸣桥建成通车，全市第一个完成同心村庄建设，宁乡市住房重建流沙河集居点竣工落成仪式在流沙河举行。

【农业农村工作】2018年，流沙河镇抓紧非洲猪瘟防控，确保生猪产业安全。大力培育种植大户157户，种植水稻933.3公顷。严控种植规模，缩减烟叶大户，提升烟叶质量，收购烟叶10052担，完成农村清产核资，推进农业集体产权制度改革。坚持防汛抗旱两手抓、两不误，成功应对多轮强降雨和严峻旱情。村级集体经济不断壮大，农村土地承包经营权确权颁证17120本。坚持一村一策的发展思路，新增农村土地合作社4家，村级集体经营性收入5万~10万元以上的4个、10万元以上的6个。深入推进五治工作。全年共改造无害化厕所141个，淘汰旱厕146个。倡导垃圾分类减量，建设垃圾分类资源回收分拣中心5个，码联、草冲、合兴、罘罳峰、鸿富等5个村创建长沙市垃圾分类减量示范村，码联村垃圾分类工作得到省、市各级领导的高度肯定，合兴村获评湖南省卫生村（社区）称号，流沙河镇成功创建“长沙市卫生镇”。拆除空心房221户，超额完成21户；严格落实“河长制”工作，扎实推进河湖清“五乱”，销号率达85%。禁养区内3个养殖场已全面退养并复绿。全面开展“蓝天保卫战”和“除臭剿劣”攻坚战，全镇覆绿造绿面积约为85.3公顷，瓦子坪林场义务植树造林面积2.7公顷。组织开展改善人居环境工作现场观摩活动，《长沙晚报》大篇幅报道。全力推广秸秆综合利用，严禁露天焚烧秸秆，流沙河镇被评为“长沙市农作物秸秆禁烧及综合利用示范乡镇”。

【脱贫攻坚】2018年，流沙河镇严格实施贫困户动态调整，清退7户20人，新增5户26人，自然增加27人，自然减少36人。设立扶贫专干助理，教育助学776人，发放教育各类扶贫资金108.8万元。强化产业扶贫，滴灌式产业帮扶532户1668人，落实草冲石柱土花猪合作社、老粮仓星火养鸡合作社“四跟四走”项目。推动金融扶贫，为323户贫困户发放贷款997万元，财政贴息31.7万元。落实贫困户危房改造，新申报57户126人，全面保障贫困户住房安全。

【社会保障】 2018年，流沙河镇提前完成全镇养保缴费工作，创建长沙市养老保险缴费示范乡镇。协同推进医保工作，缴费率98%。开展养老保险稽核收回资金21万元。老农保清退88户，清退资金4.2万元。全年退出低保39户，五保8户，发放低保资金312万元，五保资金620万元。开展大病救助工作，发放救助款44.6万元，救助140人次；发放临时救助资金45.5万元；发放优抚金345万元，困难救助18人，救助资金3.6万元。通过“千手相牵，爱心相连”项目发放救助资金28.6万元，慈善助学124人，发放资金42万元。及时发放高龄津贴250万元，对全镇60岁以上领取养老金病故人员发放丧葬补助金183万元。做好危房改造工作，156户危改户全部竣工验收。切实做好退役军人信息采集工作，采集信息1656人。开展残疾人两项补贴清查和专项调查工作发放残疾两项补贴资金176.6万元。按基本公共卫生服务要求，完成老年人体检6125人次，完成卫计“百日行”各项工作任务，优生检测382对、两癌筛查1508人，产前筛查完成225人次。

【综治维稳】 2018年，流沙河镇狠抓“扫黑除恶”专项行动，持续推进“一打三整”，综治民调全市排名第9名。开展“春雷行动”的专项整治活动，全年破获刑事案件27起，查处治安案件46起。做好信访维稳工作，受理各类矛盾纠纷150起，调解成功135起，调解成功率为97%。化解信访积案，党政领导全天候接待群众来访，网上信访问题办结15起；狠抓“12345”热线工作，全年受理工单264件，群众回访满意97.3%，有效把矛盾化解在萌芽状态。认真推进“压实企业安全生产主体责任年”活动，开展“打非治违百日行动”和“防事故强执法”等专项整治活动，全年一般程序立案7起，罚款1.5万元，简易程序立案8起。党政领导带队开展安全检查104次，查处烟花爆竹非法经营门店11家，取缔非法经营柴油3家，非法经营液化气门店1家。开展消防安全检查153家次，消除安全隐患73处，检查建筑施工安全11次，下达整改文书7份。2018年3月，流沙河镇获评长沙市安全生产示范乡镇（街道）称号。食品安全持续向好，全年申报农村聚餐965例，全年未发生农村聚餐中毒事故。完成农产品质量安全监管站规范化建设任务，对学校食堂和蔬菜基地进行农药残留快速检测，共计抽样检测992批次，合格率98.55%，圆满完成土壤重金属污染监测取样工作，“瘦肉精”检测实现全覆盖，检查肉食品经营店、超市72家次。组织开展食品安全执法检查，对全镇范围19所学校的食堂、校内及周边23所商店和8家饮食店进行春、秋两季专项检查，下达整改通知48份，全部整改到位，确保流沙河镇人民群众“舌尖上的安全”。

【基层党建】 2018年，流沙河镇严格按照程序选拔17名村级后备干部，完成后备干部跟班学习计划。推进“五化”“五星”建设，荷林社区、草冲村获得五星村（社区）称号；机关第一支部、大田方村第二支部、合兴村赵家支部创建示范化“五化”党支部。推行“党建+N”模式，“党建+精准扶贫”，发动具有带富能力的党员在产业扶贫中敢担当、能作为，涌现出何长才、陈胜全等致富带头人典型。“党建+五治工作”，充分发挥党支部战斗堡垒作用，逐组召开好党员会、户主会，发动党员和群众积极投身镇村五治工作，镇村人居环境进一步改善。“党建+乡村振兴”，草冲村、鸿富村土花猪养殖、合兴村草皮种植、花林村和扶冲村烟叶种植、大田方村特色水果种植等特色生态农业初见成效。全力推进依纪依法治村，开展村级两委班子及成员、村民组组长、党小组组长违法违纪、涉黑涉恶专项排查。进一步规范各村项目建设，规范项目招投标，健全农村公共资源交易平台运行机制。全年农村公共资源交易平台共办理大小项目46个，所有项目均按要求完成。加强对村级财务的管理，组织专人对13个村（社区）村级财务进行清理，13个村（社区）均形成简易的清理结论并在村财务公示栏进行公示无异议。坚持抓好作风建设，开展作风建设督查50余次，下发工作通报13期，通报违反上下班纪律等问题25人次，问责2人。积极推进阳光信访，共收到群众举报件18件、上级交办件13件，已查结18件。加大执纪审查力度，全年共立案11起，给予行政警告处分1人，党内警告处分8人，留党察看处分1人，开除党籍处分1人。

【胡衡华赴流沙河镇调研精准扶贫工作】 2018年5月8日，省委常委、长沙市委书记胡衡华到流沙河镇千手爱心大屋就精准扶贫工作进行专题调研。胡衡华到流沙河镇千手爱心大屋贫困户家中，仔细询问详细情况，耐心了解流沙河镇异地扶贫搬迁工作的开展情况。他指出，要严格按照习近平总书记指示要求推进落实精准扶贫工作，扶贫先扶志，扶贫必扶智，扶思想、扶观念、扶信心，帮助贫困群众树立起摆脱困境的斗志和勇气。关于易地扶贫搬迁工作，胡衡华要求既要尽力而为，更要量力而行。异地扶贫搬迁点的管理，要不断学习和探索新的管理模式，确保贫困户住得安心、住得舒心。宁乡市领导周辉、彭韬参加调研。

【长沙市自然村通水泥（沥青）路现场会在流沙河镇召开】 2018年9月13日长沙市副市长李晓宏、市政府副秘书长康小平以及长沙市发改委、财政局、审计局、交运局、公路局、长沙市路桥公司、华罡设计院相关负责人，长沙县、望城区、浏阳市、岳麓区政府分管交通运输负责人及以上各区县交通运输局局长、农村公路管理局局长、质监站站长，宁乡市副市长冯智君及部门单位负责人、新闻媒体记者等共计70余人到流沙河镇草冲村王草坳路省自然村通水泥路建设项目进行调研。调研活动结束后，李晓宏一行在流沙河镇召开长沙市自然村通水泥（沥青）路现场推进会。李晓宏强调，要致富，先修路，道路是很重要的民生工程，民心工程、德政工程。要达到从确保质量的前提下加快推进；确保城市道路的前提下加快推进；确保工程廉洁的前提下加快推进的三个目标。

【流沙河镇同心村庄主体建设和配套设施同步竣工】 流沙河镇同心村庄集居点项目于2017年7月26日启动建设，2天时间完成2.6公顷用地测量、征地腾退工作，10天完成10万土方地基换填压实，可安置60户灾后住房重建户。集居点采用统规统建，政府免费为住户提供地基、三通一平、桩基和绿化、亮化、黑化。2018年1月，60户住房重建户全部主体竣工，完成室外装修，20户正在室内装修。同时，同心村庄完成自来水安装，电力入户，污水入网，化粪池到位，1.3公顷菜土整厢，配套设施基本完备。

青山桥镇

【概况】 青山桥镇位于宁乡西部，地处长沙、娄底、湘潭三市交界。镇域面积138平方千米，下辖8个村1个社区，人口5.4万人。省道S311、S209在集镇呈十字形交会。2018年，青山桥镇社会经济稳步发展，实现财税收入1399万余元，完成目标任务的139.9%。天佑山饮用水、青山木本粮油等重大社会投资项目落地；省道209提质改造项目完成通车；石塘坳处险工程完成处险；新建田坪学校污水处理系统，完善中心集镇污水管网配套，完成青山桥中学、上流小学、中心幼儿园二园修缮工程和三个地质灾害点治理工程，硬化提质农村公路48千米，实现政府投资项目全部完成建设，完成投资目标额度100%。采取集中培训+自主学习模式开展党员冬春训，举办青山桥镇农村党员培训班，培训党员600余名，发展党员11名。针对扶贫领域、作风建设、违规涉矿涉砂、违规操办升学宴、利用领导干部职务影响力“提篮子”等问题进行专项整治，对9名责任村干部进行警示谈话和通报批评处理。全年党纪立案14起，处分党员13人。政纪立案2起，行政警告处分2人。

【精准扶贫】 2018年，青山桥镇实现精准脱贫145户1115人。顺利通过省、市精准扶贫检查。30户贫困户完成危房改造，解决84人住房安全问题。深入推进产业帮扶。发放361户“滴灌式”产业补助，共计55.6万元。全力支持四跟四走项目，帮助182户贫困户平均每年增收2000元。精准落实教育助学、金融扶贫、就业扶贫、健康扶贫等政策。对682名在校学生发放各类教育扶贫资金44.98万元；完成贫困户金融扶贫信用体系评信评级工作，共计贴息贷款348人，带资入股扶贫企业分红268人，贴息36.4万元。组织两后生培训11人，致富带头人培训6人。提供公益性岗位64个，实现每户每年增收4000元。为全镇建档立卡贫困户购买新农合及扶贫“特惠保”，分批次组织贫困户进行免费体检。

【环境治理】 2018年，青山桥镇严打挖山取砂。出动治砂宣传车180余次进行大力宣传，进行日夜巡查1200余次，出动巡查人员3500人次，暂扣挖机、铲车60余台次，非法运砂车25台。联合市水务、林业、国土等部门单位执法24次，立案7起，全部依法处理。加强对破坏山体的恢复，对5处裸露黄土进行覆绿共计9000余平方米。严格落实河长制，对全镇所有的河流、水库、骨干山塘及各小微水体，制作河长制公示牌，责任明确到人，发动100余名党员开展“清洁楚江，保护母亲河”活动，对河堤周边的生活垃圾和水浮垃圾进行清理。深入开展田坪水库库区内及周边垂钓、游泳现象整治行动20余次，对排污企业进行专项治理，重处三废排放问题，严查各企业相关环保手续，全镇水质显著提升。完成改厕150个，完成目标任务的150%；拆除空心房185户，完成增减挂钩任务12.7公顷，超额完成目标任务。成功创建长沙市环境卫生示范村1个，长沙市垃圾分类示范村3个。拆除禁养区内规模养殖户4户，拆除面积2300平方米。9个村（社区）均全部成立红白理事会，制定村规民约，深入整治红白喜事大操大办、人情往来负担重等问题，形成良好的风气，春节期间燃放烟花鞭炮的情况大大减少。

【社会稳定】2018年，青山桥镇成功调处各类矛盾纠纷427起，为群众维权13次，挽回损失510余万元。开展扫黑除恶行动，严厉打击各类违法犯罪活动，共计刑拘盗抢骗等违法犯罪人员8人、查处吸毒人员33人、涉恶人员2人、行政拘留4人。全面实施红袖章工程，着力强化治安巡防，红袖章巡防队员达到480人，共计巡防161次，出动巡防队员812人次，协助公安抓获各类违法犯罪嫌疑人9名，制止打架斗殴4起，调解矛盾纠纷21起。强化安全生产，对企业巡查检查94次，其中责令整改78起、立案处罚2起；取缔烟花爆竹门店8家，治安拘留1人；取缔非法经营加油车2辆、固定柴油罐3个；组织辖区内企业负责人，门店经营业主开展专题培训6次；组织开展安全生产打非治违专项整治行动23次，成功通过长沙市安全生产示范乡镇复核，安全生产工作由2017年的全市最后一名跃居2018年全市第二名。

【民本民生】2018年，青山桥镇针对干旱天气，动员党员群众积极开展自救，累计组织党员及群众700余人次，疏通沟渠1.92万米，受益灌溉面积100公顷。落实卫生计生“百日行”活动，以及“送政策”“送服务”活动，优生检测、社会抚养费征收等各项任务超额完成；联合开展学校周边食品安全专项整治，针对重点时段、重点领域，开展“护苗”“护老”等专项整治行动。食品安全满意度不断提升。落实应保尽保，全年足额发放最低生活保障金182万余元，对531户536名农村“三无”人员，发放五保金411万余元。社会救助准确及时，全年救济237户，共发放救济资金28万余元。城乡养保、医保稳步推进，缴费比例逐年提高。殡改工作全面落实，火化比例100%。（杨　威）

横市镇

【概况】 横市镇位于宁乡县中北部，由原铁冲乡、云山乡和横市乡合并。东连宁乡县黄材镇，北邻宁乡县老粮仓镇。总面积124.12平方千米，耕地面积2500公顷，其中水田面积2360公顷，山地面积12345公顷。2018年辖11个村和1个社区，总人口5.7万人。

2018年，横市镇实现财政税收1568万元，完成全年任务的156%，连续三年超额完成年度任务指标；实现规模工业总产值12亿元；实现社会固定资产投资12.8亿元，社会消费品零售额5.7亿元。

【现代农业提质】 2018年，横市镇抓好惠农政策落实，全镇水稻投保约4000公顷；调整农业产业结构面积80公顷，在望北峰村成功打造一个产业结构调整千亩示范片；扎实做好农业技术推广工作，粮食产量达2万吨；落实烟叶种植面积502.3公顷，送售烟叶17425担，烟叶规模持续领跑宁乡第一；实现烟叶收入2672万元，镇、村两级税收279万元；建成一个烟叶生产示范基地和六个烟叶示范片区，全面推行烟叶集中“专分包收”一体化服务试点工作，实现烟叶产业挖潜提质，降本增效。

【项目招商】 2018年，横市镇成功引进乡友投资项目萼林农业及和亨鞋业，实现投资2亿元；全年新启动项目7个，续建项目4个，年内完成项目9个：污水处理厂已投入运营；同心村庄一期基础设施建设全部完成并实现入住；步云桥建设主桥面已完工；铁冲小学、仰山小学提质改造、望北峰石煤开采点土壤污染修复项目、云山及界头地质灾害综合治理项目、S209横市至青山桥灾毁重建工程顺利竣工；启动粮食产能项目、沩河流域综合治理项目。

【城乡品质提升】 2018年，横市镇人居环境日益改善。强力推进以“治房、治厕所、治垃圾、治水、治风”为主要内容的“五治”工作。摸排“一户多宅”“建新未拆旧”和“空心房”358处，拆除285幢，完成任务的163%，增加建设用地面积10公顷；全面开展“厕所革命”，改厕100余座，废除旱厕285座，在云山书院建设高标准旅游公厕1座，农村厕所环境大为改善；积极推广垃圾分类，实行奖励机制，配齐硬件设施，完成云山、望北、泉柳、仁桥4个村资源分拣中心建设，初步建立“农户源头分类减量、保洁员上门回收、村镇集中二次细分”的农村垃圾分类减量体系；扎实完成第一批56户退养任务，拆除11户违规侵占水体建筑；严厉打击非法采砂，全年共查处案件9起，取缔非法采砂场10家，扣押、捣毁机车设备共38台次，治安拘留1人；查处楚江毒鱼案件1起，开展楚江生态修复活动，群众生态环保意识进一步提高；纵深推进移风易俗，丰富宣传载体，完善村规民约，成功举办第一届群众文化艺术节，通过农民运动会、群众文化会演、“五个十佳”评选表彰活动，有效纯化民风，弘扬正能量。基础设施不断优化。完成望北峰新农村示范村建设，对全镇12个村村务公开栏进行改造；25户危房改建全部竣工验收；新增安全饮水入户1200户，增设安装自来水支管5.2万米，完成近8万米入户管道安装；启动窄加宽项目6条公路约11千米，“双投”公路项目5条约8.7千米，自然村通公路建设项目8条约13千米；完成精准扶贫农村公路建设项目2条约3千米。生态建设全面加强。严格落实环境保护“党政同责”制度，完善管理机制，加大经费投入，强化管理责任，充实人员力量，在各村配备环境保护专干；对241家涉污涉排单位开展污染源普查工作；加大道路扬尘、秸秆焚烧等专项整治力度；扎实推进裸露黄土覆绿工作，覆绿24块，面积7.2公顷，覆盖完成率100%。

【民生事业】 2018年，横市镇脱贫攻坚成效明显。实行动态调整，对建档立卡数据全面核对，查漏补缺、修正错误，保证扶贫数据的完整性、一致性，确保识别精准，帮扶精准；推进产业扶贫，切实保障贫困户住房、医疗、教育等扶贫政策落实到位；全镇建档立卡贫困户1218户、3277人，其中2018年实现脱贫317户、738人，全力推行“公司+农户、合作社+农户、扶贫工厂+农户”模式，解决280户贫困户、1100余人就近就业，实现增收1000余万元。社会保障逐步完善。完成2018年度全镇城乡低保年审工作、重点优质对象见面认证、医保和养保收缴工作，养保收缴超额完成任务并位居全市前列；完成危房改造25户，新增就业163人，12个村（社区）群众性体育设施全部配置到位。计划生育工作扎实推进。扎实开展计生“百日行”工作，免费孕前优生检查375人，免费产前筛查312人，免费“两癌”筛查1657人；完成省内流动人口数据清理核查，清理核实数据2500余条，信息反馈申报3400余条；全年出生统计准确率达100%。

【遗留问题破解】 2018年，横市镇争取上级支持，沉积16年的顺利房地产公司相关历史遗留债务问题取得重大进展，所涉5个诉讼案均签订和解协议，所涉法院执行案件（涉案标的878万余元）全部办结，涉及群众购地及手续办理问题有序推进；妥善解决基础建设、学校建设等遗留问题15个。

【安全生产与社会治理】 2018年，横市镇连续63个月未发生安全生产事故，安全生产持续稳定；组织执法人员严查劝改，鼓励落后传统企业退出市场或进行整合，规范企业生产，完成传统企业改造升级。严格网格化管理，摸排处置有效线索57条；深入开展扫黑除恶专项斗争，其中刑拘9人，治安拘留5人，处理涉恶团伙1个，刑事发案61起，破案36起，破案率59%，破获合金加油站聚众斗殴等一批性质恶劣、社会影响较大的刑事犯罪案件；严防严控“非洲猪瘟”，成立由联村干部、村干部、防疫员组成的排查队伍，每日对养猪户、屠店、经营户、贩运户、经纪人上门排查，发放宣传资料1万余份；设置S71高速出口、X103道桃江入口、界头村级公路桃江入口3个消毒哨卡，严格对过往车辆进行消毒和检查，镇域内未发生疫情；全面开展矛盾纠纷大排查、大调解，突出矛调中心和村级调解作用，全年共调解矛盾纠纷163件，调解成功率95%，推动“人民调解互联网+”模式，提高人民调解员队伍专业素质，加强调解组织的制度化、法制化、规范化建设。

【基层党建】 2018年，横市镇制定《2018年横市镇党建工作要点》，加强对基层党支部指导考核；3个党支部作为“五化”党支部第一批示范点完成验收，“两新”组织联合党支部作为全市唯一代表创建长沙市“两争一创”示范点。党建工作经费平均增加5万元以上，成功创建一个五星村党组织，全镇52个党小组做到“六有”规范化建设，党建工作主业意识和业务水平全面提升。对党员进行分类管理，开展党员记实积分管理，加强流动党员的管理，发放告知提醒函500余份；积极开展主题党日活动，组织开展帮贫困户插田、走入红色教育基地参观学习等主题活动，“党建+”和党建引领作用发挥明显，仁桥村无公害水稻基地为贫困户增收户均1万元以上，合金村残疾贫困户在党员致富带头人帮助下发展2.7公顷水稻、水果产业，实现年收入近5万元，党员先锋模范作用充分发挥。紧抓作风整顿，2018年立案8件，办结7件，办信9起，办结8起，所办案件均严格按照立案、调查、审理、表决等程序进行。开展“纠四风，治陋习”、“雁过拔毛”、“小官大贪”、精准扶贫、环境保护、机关作风建设等专项督查、明察暗访共30余次，给予党纪处分6人，政纪处分1人，诫勉谈话7人，提醒谈话44人，集体谈话4次，做到有案必查，违纪必究。

【泉柳村创建省级“同心村庄”】 2018年1月，横市镇泉柳村创建省级同心村庄。泉柳村位于宁乡市横市镇西部，县道宁雷线、灰黄旅游专线横贯东西，益娄高速贯穿南北，交通便利。全村总面积6.5平方千米，下辖21个村民小组，1166户，4224人，党员99名，支村两委干部5名。近几年，泉柳村按照创建工作的总体要求和部署，创新举措，逐项落实，工作扎实富有成效；2015年成功创建县级“同心乡村”，2016年跻身市级“同心乡村”。利用村部有限资源，开辟100平方米的同心书屋，藏书3000多册，重点涵盖政治、教育、科技、文化、卫生等多个领域，群众每月借阅书籍上百册，其中农民科技致富方面书籍借阅量最多；成立同心工作站、同心活动室、同心村情民意室等，为相关活动单位和村内统一战线成员提供服务平台和活动场所，保证“四同创建”工作的顺利实施和工作成效。广泛宣传发动，转变传统单一产业结构，在种植水稻的基础上，发展烟叶种植53.3公顷，油菜100公顷。省农工民主党多次到村实地考察指导，先后捐助物资经费达300多万元，其中180万元全部用于太阳能热水器建设，全村共计安装太阳能热水器1166台，入户率100%。成功打造樟树组羊咀点美丽乡村示范点，由非公经济企业人士带头捐资近5万元，修建广场、爱心亭，为群众休闲提供场地。全面铺开街道亮化工程，两年内分批安装220座路灯，覆盖全村主要交通要道通过广泛发动，积极组织镇村企业、紧靠上级联点单位的支持开展精准扶贫工作，针对基础薄弱环节狠下力气。泉柳小学易地新建启动施工；村级卫生院搬入新家；贫困人口免费体检、家庭医生签约工作卓有成效。

【横市镇首届群众文化艺术节】 2018年9月14日，横市镇在人民路举行首届群众文化艺术节，通过设置农民运动会、文艺晚会、五个“十佳”颁奖活动等环节，充分展现广大干群文明向上、团结协作、欢乐祥和、不懈奋进、脚踏实地的精神风貌。农民运动会在镇政府机关前坪举行，比赛设“龙行天下”“独轮车”“挑稻谷”“趣味插秧”“三方拔河”等项目。来自云山村、界头村、横市社区等12个村（社区）的200多名参赛选手参加角逐，参赛人员团结协作、拼劲十足，同时另有众多群众观看比赛，现场气氛热烈。最终，界头村队夺得比赛冠军。文艺晚会在横市镇人民路举行，晚会以精彩的舞蹈《大展宏图》拉开序幕，并为群众送上快板《赞横市》、舞蹈《江南梦》、独唱《红旗飘飘》、舞蹈《吉祥安康》、爵士舞《转》、花鼓戏《十月望郎》、舞蹈《天亮了》、京剧《智取威虎山》、东北二人转、合唱串烧等精彩文艺节目。晚会上还对“十佳文明家庭”“十佳绿色庭院”“十佳好公婆”“十佳好儿媳”“十佳脱贫能手”

9月14日，横市镇第一届群众文化艺术节现场

评选活动获奖人员进行颁奖。自2018年5月开始，横市镇向社会征集人选，经过广大居民群众的积极投票，最终确定了获奖人员。据统计，五个“十佳”投票活动的浏览量高达260.2万次，累计投票数达44.57万票。此次群众文化艺术节大力弘扬横市的优秀文化传统，全面展示横市的独特民俗风情，让群众畅享一场“家门口”的文化盛宴。

（魏　阳）

黄材镇

【概况】 黄材镇位于宁乡西北部，沩江上游，距宁乡城区50千米，镇域总面积229平方千米，辖16个行政村1个社区，总人口6.8万人。境内有横雷公路，灰黄旅游公路东西贯通，黄月公路可直抵桃江，黄祖沩旅游专线直通沩山，南崔公路连接千佛洞和峡溪漂流，黄月公路连接龙泉漂流和城大林场，距益娄高速横市互通3千米。2018年，完成一般公共预算收入1.1亿元（其中完成税收收入1525.14万元），实现固定资产投资17.7亿元，实现社会消费品零售总额2.56亿元。

【旅游产业】 2018年，黄材镇产业发展要素保障能力不断提高，全域旅游发展进步明显，旅游目的地建设卓有成效。炭河古城持续火爆，国庆七天接待游客29.3万人次，10月3日一天连续演出《炭河千古情》8场、游客近6万人次，刷新湖南省大型旅游演出场次最高、观众数量最多的两项纪录。同时，炭河古城对周边景点也实现良好的带动能力，其中千佛洞接待游客5.5万人次，较2017年提升28%；天紫漂流接待游客3万人次，较2017年提升10%；龙泉漂流接待游客2.7万人次，较2017年提升38%，实现黄材全域旅游人气的整体提升。把优化营商环境和服务企业发展作为经济工作的重点。在一个星期内完成53.3公顷农田的流转签约，确保西周源田园综合体项目如期落地。开通旅游服务短信推送，逐步将核心景区游客导流到黄材全境及周边景点。完善镇、村、景点三级联动机制，让镇村干部“假日执勤”和“上路站岗”，科学有效地应对节假日客流高峰。制定《黄材镇乡村振兴三年行动计划》，致力于“一村一社”“一村一品”“一村一库”“一村一特”建设，明确“一个定位、五个片区、多村融合”的农业产业发展思路和“一心五区”旅游产业发展规划，实行“三年三万亩”种植结构调整计划，推动农业产业与旅游产业融合发展。2018年完成666.7公顷种植结构调整任务；17个村（社区）启动土地流转合作社的注册工作；松溪华塘鱼、井冲高粱、新桥油茶、黄材荷花、青羊蔬菜、炭河里茶叶、石狮庵田园综合体、月山红薯粉、龙泉猕猴桃、沙坪小水果、崔坪高山原生态农产品等“一村一品”建设逐步成型，松溪华塘鱼、月山红薯粉、唐辣子、碧泉月、百果园、农家炭河香等农特产品完成商标或品牌注册，产业振兴基础得到夯实。

【招商引资】 2018年，黄材镇炭河古城的庞大客流吸引了大量投资者。炭河大马戏和冰雪王国火速建成，“十一”期间开业；投资1.8亿元的西周源田园综合体项目加紧施工；投资6亿元的炭河里嘉发青铜文化主题酒店项目成功签约落地，建成后将极大提升炭河里景区的接待能力。这些项目的相继落地，促使黄材正加速成为开放高地和投资洼地。

【城乡环境】 2018年，黄材镇扎实推进农村人居环境改善，完成农村改厕150座；建成村级垃圾回收分拣中心4个，发放垃圾分类收集容器6780个，松溪村等4个垃圾分类减量示范村获市级验收通过；实施城乡建设用地增减挂钩7.3公顷，拆除空心房331户，完成全年任务的166%；严格落实河长制，遏制防控污水乱排行为，黄材水库水源地和沩江上游水质稳定达标；率先推出“鲜花换鞭炮”文明祭祀举措，完善镇规民约、村规民约和党员行为规范，大力实行全民健身成功举办首届群众文化节，开展“最美教师”“最美家长”“最美少年”系列评选活动，制作《黄材镇文明约定二十条》挂历创新宣教方式，移风易俗深入推进。实行“三年三万亩种植结构调整计划”向荒田荒山荒土进军。通过“政府送树、群众栽树”的模式，发动群众新增植树造林133.3公顷，新建森林防火隔离带38.7千米。鼓励民间环保组织和当地群众守护家园，月山生态护渔队守护青山绿水得到群众称赞，动员沩水河沿线党员群众2000余人开展护水保洁行动。对镇域范围内42块31.2公顷裸露黄土地块全部复绿到位；落实企业错峰生产和停产休整；强化在建工地扬尘巡查；多部门联动整治车辆带泥上路；推进秸秆垃圾禁烧工作，劝导、扑灭垃圾秸秆焚烧60余起，空气质量大为改善。实行畜禽养殖全域退养，挂图攻坚34户畜禽养殖户，松溪河沿线规模养殖户全部退养到位，实现由“粪水河”到“清水河”的转变。联合执法取缔非法洗砂场6处，打击非法采砂行为80余起，扣押各类采砂工具和车辆200余台。开展渔政执法50余次，河流生态得以恢复。

【精准扶贫】 2018年，黄材镇构建出精准扶贫责任体系，明确精准扶贫工作领导小组、部门单位、扶贫工作队员、村（社区）的具体职责，进一步压实网格责任，并由镇纪委牵头，对推进不力和帮扶落实不到位的单位和个人进行约谈通报。对全镇1611户4801人代缴农村合作医疗和扶贫特惠保；为7户贫困户完成危房改造；上报兜底保障贫困户29户56人；一至三季度完成金融贴息贷款721户2325万元（贴息25.8万元）；“滴灌式”产业扶贫惠及302户978人（补贴资金54万元）；设立公益性岗位63个（发放公益性岗位工资25.2万元）；教育助学764人，雨露计划助学103人；全年330户840人实现脱贫。引导社会参与，炭河古城开展文化扶贫、物资助力活动，邀请全镇建档立卡贫困户免费游玩。积极对接12家企业对12户33人的深度贫困户落实一对一社会帮扶。湖南大学、东莞卫计局等单位的爱心人士到黄材慰问关怀贫困学子。

【社会事业】2018年，黄材镇大力落实扫黑除恶工作要求和实施全民禁赌、全民健身两大行动。组建“红袖章”巡防队伍，提高农村地区夜间治安巡逻频率。取缔麻将馆76家，催生98支广场舞队伍，带动1.2万余名群众参与健身，社会风气大为好转。坚持把网格管理作为农村基层治理的底座工作，将17个村（社区）划分为102个网格，将204名镇村干部派驻到村担任网格长，全面公开党政领导、线办主任、部门负责人、网格干部的联系方式，形成网格干部具体抓、联村干部牵头抓、联村领导统筹抓的网格化治理体系，打通服务群众的最后一公里。通过畅通群众诉求渠道，健全信访处理机制，息访办结中央巡视组督办的2起信访案件，以及省信访局交办的1起信访问题；通过阳光信访答复会，使炭河里村水利建设、石山村汪子坑水库承包等重复信访问题得到息访。全年共调处各类矛盾纠纷295起，其中调处成功288起，调处成功率为97.6%，办理12345市民服务热线工单178起，信访案件61起，处置网络舆情12起，群众关心的热点、难点问题得到及时的调解和回应。落实防范化解重大风险攻坚战工作要求，发放宣传资料3万余份，在“黄材旅游”微信公众号和微信群进行广泛宣传，提高群众风险防范意识。投入500万元完成沩滨中学、松柏小学、井冲中学等学校的标准化建设。对全镇80多处校车线路安全隐患点进行整改，保障学生乘车安全。开展食品从业人员和农村厨师培训5次，组织体检420人，指导农村集体聚餐1182例。开展安全生产检查310家次，督促整改安全隐患372处，实现安全生产零事故。组织两癌免费检查2031人，孕产妇免费检查1443人，社会抚养费征收96万元，完成全年任务（44万）的219%，宁乡市120急救中心黄材分站正式运营，医疗保障能力进一步提升。新增城镇就业260人。完成44户危房改造。实现养老保险基金征缴21574人，完成全年任务的119%。完成15千米自然村通畅公路、双投公路建设。炭河里村、井冲村、塅溪村、月山村的群众性体育设施已建成使用。

【基层党建】2018年，黄材镇加强党员的管理和教育，与全镇党员签订《党员行为承诺书》；严肃不合格党员处置，评议出不合格党员11人，基本合格党员3人；严格做好发展党员工作，2018年发展党员25人（其中35岁以下占比92%，高中以上学历96%），培养入党积极分子64名，推动党员队伍向年轻化、知识化、技能化发展。组织全镇党员进行“我知晓、我践行、我签名”纪律教育集体签名承诺活动，结合首届群众文化节开展廉政文化宣传，编排廉政节目《底线》让到场的3000余名党员群众接受纪律教育，由黄材镇原创现代花鼓戏《刘凤芝上访》在宁乡进行巡演，成为湖南省首部以纪检监察信访举报为主题的花鼓戏登上舞台。先行先试开展对村巡查工作，2018年完成对沙坪村、宁峰村、石龙洞村的巡查工作，发现问题线索60多条，立案查处6起，给予党纪政纪处分6人，组织处理5人，对全镇党员干部形成有效的纪律震慑和纪律约束。

（高　桐）

沩山乡

【概况】沩山乡，地处宁乡最西部，总面积81.8平方千米，辖4村1社区，人口1.83万人。是国家级风景名胜区、国家级4A景区。2018年，沩山乡乡域经济平稳发展，国地两税完成600万元，完成计划100%；实现地区生产总值比2017年增长10%；一般公共预算收入增长10%；固定资产投资增长10%；社会消费品零售总额增长10%；规模工业增加值增长10%；城乡居民人均可支配收入分别增长5%。

2018年完成产业结构调整60公顷，引入祖塔七星椒种植公司和彩沩农业公司进行新型农业主体公司化运作，建立一个千亩示范片。立足茶叶资源提质传统产业，开发打造“不忘初心”系列茶产品，将沩山的茶、禅，毛泽东游学、调研有机结合，实现产业带动，集生产、加工、销售、茶旅于一体的全产业链开发。2018年共有茶园1333公顷，年产茶40万公斤，综合产值8000万元。用活自然资源力促特色产业，引导成立沩山乡避暑协会，规范避暑产业健康发展，对全乡范围内夏季避暑行业门店进行摸底，

沩山祖塔茶园

登记造册避暑农家120多家，床位2600多个。2018年避暑人流量达到4万余人，全年带来直接收入1237.4万元，另外附加产值约3000余万元，比2017年增长92%。2018年共接待客商10批次。项目包装3个，合同引资4.03亿元，本年招商项目到位资金1.017亿元。2018年实现旅游收入1.8亿元，旅游人数55万人。完成免费两癌筛查人数为686人，完成率为140%。优生检测完成98.5对，产筛完成104对。宁乡市人民医院专家和沩山乡卫生院医生对沩山乡居民进行免费义诊，义诊1000多人次。社会保障有力度。发放低保、五保、残补、优抚等各类补贴240余万元；对大病、大灾等困难群众进行临时救助，共救助142人次，发放救助金31万多元；启动农村危房改造15户，已竣工15户；完成陆戈鞋业、特步鞋业、沃特玛公司的现场招聘会，意向签约480余人，新增城镇就业182人；开展“帮办残疾证”活动，共为十多个群众办理、升级残疾证；全年发放轮椅、拐杖、盲杖等价值十万余元的助残器具。

【集体经济发展】 2018年，沩山乡选优配强党支部书记，充分发挥牵头抓总作用，立足本村特色资源和产业，不断壮大新型集体经济。沩水源通过黄桃基地出租实现村级集体经济收入18万元；沩山社区盘活原属集体的学校和土地，收入18.58万元。

【生态环境治理】 2018年，沩山乡扎实抓好农村“五治”工作。在两个月内拆除419户空心房，超过目标任务240%，居全市第一；登记改厕户280户，其中精准扶贫户旱厕摸底62户，2018年厕改目标任务为80户，全年完成100户，群众满意率100%；“农户源头分类减量、保洁员上门回收、乡村集中二次细分”农村垃圾分类减量体系，在沩峰村、沩山社区、沩水源村全面铺开，村民垃圾分类习惯逐步提升；由党员干部带头遵守，以党风促民风转变的治陋习行动效果显著，沩山操办酒宴数量下降90%，有效节省村民人情支出；治水工作中乡级百姓河长积极履职，对境内河域的环境卫生、非法采砂、电鱼毒鱼以及五乱情况进行综合整治，处理非法挖砂4起，收缴电鱼机4部；24小时监督污水处理厂正常运行，确保水质达标排放。高度重视复绿行动，对全乡14处，24.6公顷裸露地块进行复绿，共计种植爬山虎1万株，杉树苗1.7万株，花草种子1050公斤，尿素、肥料2500公斤，全乡实现无裸露黄土。

【平安创建】 2018年，沩山乡广泛开展扫黑除恶专项斗争，针对集镇、校园及周边、网吧、KTV等易发生涉黑涉恶违法犯罪的重点区域和场所，持续开展突出问题常态化排查整治。统筹联动，成立社会治理和应急管理领导小组，建立完善联动机制，做到政法工作事事有人抓，时时有人管。狠抓落实，严格落实平安边界夜巡制度，成立沩山乡巡逻队，每晚对集镇和重点区域进行巡逻。矛盾纠纷进行一月一调度，共计调解矛盾纠纷98起，成功率达100%，实现小事不出村、大事不出乡的稳定环境。营造整治氛围，利用微信、宣传车、村村响广泛宣传，出动宣传车辆70台次，利用村村响每日宣传，在人流密集场所悬挂宣传横幅80条、张贴宣传海报150张、发放宣传单3万余份，设置举报箱，公开举报电话，畅通信息渠道。境内全年无一例重大刑事案件。

【精准扶贫】 2018年，沩山乡发展“茶旅果药菜、鱼牛羊兔蜂”十大扶贫产业，全乡94.1%的家庭有小微产业，每户年收入过万元。既为贫困家庭就业匹配市内岗位，又“5060”就业困难者提供54个公益性岗位，就业率达83.2%，户均就业增收1万元以上。开展“点亮一盏心灯”“暖心教师暖童行动”“同吃团年饭”“爱心年货会”等13期精准扶贫爱心助跑活动，共发动爱心人士3000余人，筹资117万元，帮扶304人次，让贫困群众真正感受到了来自社会各界的关心关注。湘江新区在梅溪湖街道嘉兴苑小区免费提供两间临街门面建立农副产品直销门店，村集体收取租金，承包商与125户贫困户签订保底收购协议，确保贫困户稳定增收。试点沩水源村五大基地建设管理与党支部建设深度融合，100余名群众参与黄桃、蔬菜、茶叶、沙梨等五大产业基地建设管理，以产业发展带动就业脱贫。

巷子口镇

【概况】 2018年，巷子口镇以建设“历史文化古镇、特色农业大镇、边贸物流重镇、生态宜居美镇”为目标，完成各项目标任务，确保社会大局和谐稳定。其中，税收完成753万，完成任务的150.6%，比2017年增长25.5%。

2018年，巷子口镇先后举办习近平新时代中国特色社会主义思想和党的十九大精神培训班8期，对全镇党务骨干进行4期专题培训，结合党员联系“三户”工作，讲授党课102堂。完成市下达畜禽退养、改厕工作任务。官山村、双河村、巷子口社区、扶峰村、黄鹤村成功创建长沙市垃圾分类减量示范村。拆除“空心房”231户，超任务30%；7.9公顷土地增减挂钩任务全面完成。共开展41次打击非法采砂洗砂专项行动，突击巡查17次，日常巡查每周不少余1次，出动执法人员400余人次，共查扣设备25台、车辆41辆，拆除洗沙设备11套，复绿5处、约0.7公顷，非法采砂洗砂实现动态“清零”。移风易俗逐步深入人心。加强对村财务监督，防范新增债务；积极筹措资金，化解政府债务；积极向群众宣传金融知识防范金融风险；对重点金融户进行走访，排查镇域范围内所有重点企业，对新开企业第一时间排查金融风险。2018年，未增加一例金融风险案件。

【项目建设】 2018年，巷子口镇千手爱心大屋、同心村庄、巷子口镇中心小学改扩建、污水处理厂完成建设，投入使用；沩水南源联华段（管水坝）生态综合治理项目完成坝体的建设；南轩文化园完成湿地生态绿化；完成金湾边贸商城广场周边完成绿化和人行道大理石铺设；状元文化纪念园计划投资200万元，完成发改备案，初步设计；双狮幼儿园改建项目总投资120万元，基础部分建设完成；双狮小学新建教师周转房项目总投资80万元，完成部分基础工程。

【特色产业】2018年，巷子口镇农业产业结构得到进一步调整。传统农业方面：粮食种植面积稳定在1666.7公顷，新培育26.7公顷以上种粮大户3户，流转土地306.7公顷。结构调整方面：全镇共调整131.5公顷农田。其中25.2公顷休耕；53.3公顷实现流转，种植高粱；53公顷种植油菜及其他农作物。小水果方面：有黄桃132公顷，李子42公顷，猕猴桃23.3公顷，脆枣10公顷，红心柚20公顷。举办2018年宁乡市首届黄鹤黄桃节，黄鹤村35万公斤黄桃均价达到25.6元一公斤，平均每亩收益达到5500元；同时，重点开发长兴水果基地，培育改良品种猕猴桃13.3公顷，继续扩大完善五斗冲、苏家冲小水果种植基地，水果产业真正成为增收富民的有效渠道。蜜蜂产业方面：官山村共养蜂1000余箱，平均每箱可产蜜7.5～10公斤，每斤蜜可售60元。蔬菜产业方面：以科鸿蔬菜基地为依托，在狮冲村发展蔬菜种植13.3公顷。

【污染防治】2018年，巷子口镇各项目施工严格落实围挡施工、洒水降尘措施，覆绿裸露黄土4.9公顷；禁养区内35家规模养殖场全部退出；利用网格化对秸秆焚烧进行宣传，秸秆焚烧在镇域内得到全面控制。黄鹤村被评定为省卫生村、长沙市美丽乡村示范村，巷子口社区被评定为美丽乡村特色村。

【精准扶贫】2018年，巷子口镇新脱贫214户588人。共有167人次贫困学生享受雨露计划，660名贫困学生享受助学政策；3个贫困村的贫困户享受产业扶持资金41万元，97户次享受“滴灌式”支持12.5万元；贫困户中的8户危房户享受危房改造政策，44户易地搬迁进入镇千手爱心大屋，28户搬入同心村庄；25户贫困户享受社会保障兜底；所有贫困户均免费享受农村合作医疗保险，53户贫困户享受大病医疗救助政策；370户贫困户享受金融扶贫，共发放小额贴息贷款1172万元，每季度贴息12.5万元。

【集体经济】2018年，巷子口镇各村（社区）通过土地流转、建立村级土地合作社、村级集体房屋出租、光伏发电等方式促进村集体经济收入。2018年黄鹤村收入5万元、官山村收入6.7万元、巷子口社区收入7.2万元。

【社会事业】2018年，巷子口镇累计发放低保资金230多万元，特困供养资金320多万元，保障最困难群众的基本生活；完成危房改建38户，千手爱心大屋、同心村庄213户群众建成入住，保障了困难危房户的住房安全。全镇共出生486人，落实孕前优生检测257对、“两癌筛查”792人、免费产前筛查121人、老年人健康体检3124人次，医疗卫生服务功能进一步完善。成功化解各类信访问题27件，妥善化解5个信访积案；共调处矛盾纠纷122起，涉案金额770多万元。持续推动“扫黑除恶”“一打三整”专项行动，共刑事拘留22人次，治安拘留37人次，查处涉黄人员5人次，查处涉赌人员7人次，查处涉毒人员38人次；打掉了1个市公安局认定的涉恶团伙，破获涉恶案件6起，刑拘涉恶人员7名，查处强揽工程行政案件1起，行政拘留对象1名。全年未发生一起安全事故。（戴震寰）

龙田镇

【概况】龙田镇地处宁乡西部边陲，为长沙、益阳、娄底三市交界之地，距宁乡县城85千米，距娄底市38千米，省道311线和县道104线成“十字”形交叉贯穿东西南北，总面积71.88平方千米，人口23466人，辖5个村、1个社区，是一个山多田少的山区乡镇。机关站所共有在职工作人员70人。龙田历史悠久，地形地貌特殊，平均海拔571米，年降水量丰富，2018年达1155毫米左右，森林覆盖率59.8%，是全省有名的“千年药乡”，玉竹、银杏、天麻、百合、玄参、射干等药材驰名省内外。2018年镇域生产总值7.8亿元，比2017年增长13%，规模工业总产值3321万元，固定资产投资6.2亿元，限额以上消费品零售总额1.02亿元。居民储蓄存储余额3.231亿元，较2017年净增3527余万元。2018年，发放各类惠农补贴和保障资金1590万元。

【项目建设】2018年，龙田镇新增限上商贸企业2家、重点服务业2家。捕捉招商信息5条，新引进工业项目2个。恒胜建材项目总投资1.5亿元，2018年投入3000万元启动前期工程。钒矿历史遗留污染土壤修复项目和重金属污染土壤综合整治项目全部完成。七里山村犁头组地质灾害治理完工，四合组地质灾害治理工程项目接近完成。S311龙田段灾毁修复工程护砌和加固工作全部完成。横岭村农村党建文化综合服务中心竣工。龙九校学生公寓楼、龙九校小学部和联江小学维修工程维修工程全部竣工，七里山中学提质工程新建综合教学楼主体竣工。完成全省首个“租售并举”保障性住房分配模式试点工作，边城佳苑保障性住房小区已分配205套。龙田镇同心村庄94套房屋完成主体建设及房屋装修，实现89户入住。

【乡村治理】2018年，龙田镇全力推动农村“五治”工作，完成改厕94座，石屋村、横岭村和龙田社区等3个村（社区）垃圾分类减量示范村创建通过长沙市验收，横岭村获评长沙市环境卫生五星级村。统筹推进“空心房”清零计划和建设用地“增减挂钩”工作，整治“空心房”234处，完成目标任务的156%。完成133处土地复垦覆绿，盘活土地约10公顷，完成目标任务的150%。加大农村水体治理力度，完成畜禽退养14户，完成任务的107%。大力推进蓝天保卫战，整治裸露黄土

68块，覆绿黄土16.4公顷。完成60多家企业的污染源清查摸底，对11家企业进行污染源普查。完成19条农村“四好”公路建设，合计提质改造公路33.6千米。全镇6个村（社区）全部制定村规民约，红白理事会章程，利用车载宣传、“村村响”、微信公众号等平台，通过“屋场夜话”、小组户主会等形式，全方位、立体化开展移风易俗宣传活动。开展春季马路赛和龙田镇首届全民运动会，群众文化生活得到不断丰富。

【精准扶贫】 2018年，龙田镇创新实施干部联网格管理模式，明确56名机关干部为网格责任人，负责联系12～15名贫困户，统筹707名干部对722户贫困户进行结对帮扶。全年完成132户330人脱贫的目标，精准发放74户“滴灌式”产业扶贫资金8.98万元、263户省定贫困村产业补助53.3万元，设置公益岗位28个，申请雨露计划105人15.8万元，申报政策兜底14户30人，健康扶贫兜底178人次共25.8万元，为建档立卡贫困户免费购买城乡居民基本医疗保险和基本养老保险；16户危房户解决住房安全问题；对50户入住千手爱心大屋的贫困户进行后续帮扶，每户每月免费供电80千瓦时、供水10吨，减免有线电视安装费及收视费。

【综合治理】 2018年，龙田镇加大非煤矿山、烟花鞭炮和危化品企业的检查监督力度，出动执法人员160人次，处置安全隐患65条，获评全市2018年度安全生产工作先进。全面落实食品安全监督管理责任，确保群众“舌尖上的安全”。启动农村道路交通安全整治行动，交通安全环境得到有效改善。

【高山到龙田镇调研基层宣传思想文化工作】 3月8–9日长沙市委常委、宣传部长高山一行先后到龙田社区农家书屋、龙田中心小学乡村少年宫、七里山村综合文化活动中心、七里山农家书屋、七里山光伏发电项站和月塘村基督教活动场所调研。3月8日晚上与群众一同观看花鼓戏《韩湘子施药》，感受乡土民情。3月9日上午，高山部长听取龙田镇党委关于龙田镇宣传思想文化工作的汇报和与会人员对当前宣传工作的一些看法和建议，充分肯定龙田镇宣传思想工作取得的成绩，并就新形势下如何开展宣传思想文化工作作了明确指示。

【龙田镇举办“特步杯”春季马路赛】 2018年3月21日上午，龙田镇举办“特步杯”春季马路赛，比赛分为男子成年组、青年组，女子成年组、青年组，比赛路线从龙田社区服务中心出发至原月塘小学，全长2000米。此次比赛有300名镇村干部、学校教职工、企业员工和群众参与，进一步提高干群参与活动的积极性，增强相互之间的交流，密切干群关系。

3月21日，龙田镇举办春季马路赛

【龙田镇机关党支部组织党员重温入党誓词】 2018年3月21日，龙田镇机关党支部组织全体党员攀登宁乡最高峰——瓦子寨。一路上，挥红旗，唱红歌，赏樱花，畅谈如何开发瓦子寨旅游资源。到达山顶后，全体党员面向党旗，重温入党誓词，坚定理想信念。

【获评长沙市政法综治工作红旗等次乡镇】 2018年，龙田镇坚持以人民为中心，在经济社会发展全局中谋划和推进平安建设，推动基层社会治理体系和治理能力向更高水平迈进，平安建设取得明显成效，人民群众的获得感、幸福感和安全感进一步提升，上、下半年两次综治民调工作均排宁乡市第一。以扫黑除恶专项斗争为重点，大力实施平安龙田创建活动，组织公安、综治等部门联合开展“黄赌毒”、盗抢骗打击整治行动12场次，全年，刑事案件立案31起，破案19起；受理行政案件27起，结案19起。办结各类信访件8件，调处矛盾纠纷52起。被评为长沙市信访工作“三无”乡镇、长沙市综治工作红旗乡镇。经长沙市委政法委年度综治工作考核评估和长沙市委、市人民政府同意，龙田镇被评为2018年度长沙市综治工作红旗等次乡镇。（王偲远）

沙田乡

【概况】 沙田乡地处宁乡市西部边陲，属沩山风景名胜区范围，1995年撤区并乡，由原沙田与五里堆合并为沙田乡，黄龙公路、五七公路、流沙巷公路贯穿乡境。乡域面积74.29平方千米，辖6个行政村（下设197个村民小组），总人口3.6万人。2018年，沙田乡按照“红色旅游、绿色乡村、金色产业、彩色生活”的发展思路，齐心协力，攻坚克难，圆满地完成各项目标任务。

充分发挥驻村第一书记的作用，压实责任，并明确脱产驻村队员，对每户贫困户实行一对一结对帮扶，2018年全年脱贫174户，开发公益性岗位37个，加大深度贫困户慰问帮扶力度，深入湘西龙山县解决贫困户家属户籍问题，引导残疾人贫困户廖起初纠正人生的航向，获得市级媒体推介。卫计工作获得长沙市表彰，组织936名群众免费进行“两癌”检查，免费为189名孕产妇进行产前筛查，完成免费无创DNA检查91例，全面落实好12大项45小项基本公共卫生服务项目，惠及群众。投入近600万元完成四所学校、沙田卫生院提质改造，教育工作打响品牌，成为乡镇教育的“沙田现象”。黄龙公路一期全面通车，通村公路硬化31千米，乡村道路日益畅达，入组率达100%。千手爱心大屋44户全部入住。完成28户危房改建，临时救助困难群众47人。新增农村劳动力转移和城镇零就业家庭动态就业援助率100%。发放惠农补贴近1450万元。市政协委员社会贤达黄孟强个人捐资50余万元修建桥梁。推行“三联”（乡村联动不踢皮球，社会联动不打太极，司法联动不喊口号）信访调处机制，发动各界群众参与信访调处，全年调处纠纷77起，调处成功率98.7%，叔衡大道开发等3个历史遗留问题基本得到解决。中央巡视组在湖南巡视期间成为零信访交办件乡镇。全面推进重大隐患“一单四制”，开展烟花爆竹打非治违行动5次，开展安全检查25次。意外事件应急处置高效，网络稳控有力，没有出现负面舆情影响，社会平安有序。坚持全面从严治党，自觉履行党风廉政建设“一岗双责”。全面推进法治政府建设，行政权力规范运行。强化重大行政决策合法性审查，加强规范性文件备案审查和清理。自觉接受人大、政协及各界监督。妥善办理涉农审批事项，及时办结市长热线和各类投诉。

【红色旅游】 2018年，沙田乡依托沙田历史名人，打造独具特色的红色文化教育基地，设有接待大厅、多功能学习厅、党建教育展示厅和红军餐食堂等功能区。2018年7月1日全体市委常委成员到沙田听党课。2018年全年累计接待省、长沙市、宁乡市机关支部及全市基层党组织主题党日活动110多场6000余人次，成为全市机关党员、农村普通党员组织生活的新阵地。展现中共一大代表何叔衡一生的电影《血铸忠诚》已筹拍制作。充分挖掘红色文化基因，用先辈精神导航，结合群众身边的好党员袁雪松、颜新望等，精心制作《倾听老党员的心声》等3堂微党课，其中“不忘初心，牢记使命”为主题的微视频《永不褪色的赤诚》被长沙市委组织部选送省委组织部，参评中组部党性教育微党课视频大赛。培训一支有朝气、有活力的红色文化宣讲队伍，免费提供讲解，设计沙田红色游“四个一”套餐，深受好评。何叔衡故居、谢觉哉故居成功入选全国红色旅游经典景区名录，景区配套建设获国家层面支持，并启动建设。建设内容主要包括景区标识、生态停车场、公厕、绿化、亮化、景观雕塑等。2018年10月，向国家文物局申报，获得资金支持建设“宁乡四髯”展厅。

【乡村治理】 2018年，沙田乡开展集镇及沿线公路整治，规范集镇秩序，疏导小摊小贩，定期清洗街道，获得长沙市卫生乡镇称号。加大节假日和晚上非法挖沙的打击力度，打击挖土取砂行为25起，关停取缔2家洗砂场。打好蓝天保卫战，完成裸露黄土覆盖18.7公顷，播种草籽220千克，种栽草皮3.7公顷，引导党员带头，动员群众参与，严禁乱挖乱采，基本实现群防群控。组织90余名环保志愿者，对沩水河、长冲河进行清扫行动，共清理垃圾近10吨，发挥老干关协作用，推行垃圾分类减量工作，沙田村、宝云村垃圾分拣中心率先建成并投入使用，成为长沙市垃圾分类示范村。畜禽退养挂图作战，禁养区内的退养户提前完成倒地覆绿。拆除空心房，网格化干部包户负责，挂图作战，小红旗标示进度，半个月时间拆除空心房164栋，完成目标任务111.6%。规范农村用地和村民建房，查处9处违章用地，涉及面积0.3公顷，全部整改到位。2018年11月，按照市人民政府关于村民建房相关管理规定，制定《沙田乡规范农村用地和村民建房管理规定》，规范审批流程，结合西部山区实际，积极引导村民到集居点建房，完成一期37户搬迁入住，二期用地1.7公顷完成征地、平整；完成卫生厕所改造231座、无害化厕所改造140座，是市下达改厕目标任务的130%。设立“新风热线”及移风易俗举报箱，分村分片成立红白理事会，指导红白事51例，宝云村创建成为长沙市文明村，石笋村、沙田村创建宁乡市文明村。

【产业发展】 2018年，沙田乡域内何叔衡故居、谢觉哉故居及博兵寨累计接待游客1.5万多人，博兵寨生态运动公园国庆期间单日游客达500人，推出“红色之旅，星空下露营，看云海日出”网络营销主题，备受旅客青睐，吸引大量市内及周边地市游客。壮大集体经济，产业优先，全乡六个村均成立利益联结机制的村级合作社或农业产业发展公司，流转土地80公顷，石梅村强飞农业发展中药材，宝阳农业发展栀子花，2018年播种油菜533.3公顷，建立沩水河核心片区；引导沙田包子成功注册商标，开展系列手机宣传策划，启动开设“沙田包子”体验店，开设连锁门店20多家，总部工厂每日生产包子超5万个，促进转型升级。（盛新星）

白马桥街道

【概况】 白马桥街道位于宁乡城区南端，总面积22.8平方千米，耕地面积669.13公顷，辖凤形、凤祥、正农、龙江、仁福、白马、白龙7个社区，常住人口8万余人。2018年，招商项目4个，合同引资15.1亿元，项目投入8.6亿元；完成税收入库2.78亿元，比2017年增长66.5%，经济社会发展稳中有进。在市对乡镇（街道）绩效考核工作中获评一类街道，获评长沙市2018年度综治工作考核评估优秀街道、宁乡市优秀基层党组织、宁乡市党风廉政建设先进单位等。

突出党建引领，在26个基层党组织扎实开展“知敬畏、存戒惧、守底线”纪律教育，深入开展党员“十带头”活动，选评身边优秀基层组织和优秀共产党员。2018年街道党工委获评市优秀基层党组织；“七一”期间街道集中表彰100名优秀党务工作者和优秀共产党员。积极探索党建带团建等工作创新，在凤形、白马两社区成功打造“青年之家”平台，重点培育白凤艺术团、白马桥花鼓剧团等社团组织，积极组织开展富有特色的文化活动和志愿服务，成功举办首届“特步”杯跑步节暨第二十九届春季马路赛，首届街道全民运动会、社区嘉年华等群众参与型活动。凤形社区离退休支部被评为“长沙市老年教育网络课堂示范点”。突出对意识形态领域重点人群、重点区域的排查，强化对自媒体的监管，及时掌握和处理各类重大网络舆情26起；坚持正面发声，做好宣传引导，向《湖南日报》《长沙晚报》等媒体推送稿件34件，在政府网站发布新闻87篇。深入开展党风廉政宣传教育，全面推行政务公开和“互联网+监督”系列工作；主动接受中央、省委、市委巡视巡察和群众监督，开展自查自纠和扫黑除恶专项治理，严肃查办9起发生在群众身边的违纪案件。获评宁乡市党风廉政建设先进单位。

深化项目建设，优化营商环境。积极推进城市防洪大堤项目建设和易淹易涝区棚改，及早谋划，主动作为，挂图作战，阳光公开，累计拆迁房屋315户，为城市防洪大堤建设、三水厂取水头埠迁移等项目建设征地28.2公顷。深入开展“项目百日攻坚”活动，发挥街道企业家优势，先后签订鹏泰百货、维亚纳酒店等招商合同4个，合同引资15.1亿元；不断强化领导联系帮扶项目机制，主动协调解决用地、规划、环境等方面的问题困难，助推凤凰新城、泰昌、鼎城、碧桂园等地产项目启动建设。长沙白马新兴公司带着91.8公顷储备土地并入市城发集团，为白马新城片区开发提供充足的空间。

城建城管。全面推进“一圈、两场、三道”、地下污水管网、高压杆线下地和滨江学校扩建等项目规划建设；主动对接，积极争取白马工矿安置小区提质改造；筹资启动街道旱厕改造清零和老城区背街小巷亮化；完成对白马桥中心小学、凤形小学和仁福社区提质提档，有效提升城市品位。以控建拆违、市容秩序、片区清整为重点，突出“治乱、治脏、治污”，实行“最严城管”，推进人居环境整治。全年，先后拆除违章建筑面积1.035万平方米，清除乱堆垃圾3800处5500车。深入开展“不排队”“闯红灯”“随手扔”三大不文明行为专项劝导和常态志愿服务，有效提升城市形象。因地制宜，发展壮大社区新型集体经济，有序推进土地确权颁证、农产品检测、农村集体聚餐监管、防汛抗旱、森林防火等工作，大力推进村级集体产权制度改革，提质骨干山塘，硬化组级道路，稳定粮食生产，推进乡村振兴。

优先发展教育事业，积极组织做好辖区中小学校招生工作和校园周边环境治理，大力营造尊师重教的浓厚氛围，表彰为街道教育事业做出突出贡献优秀教师53名。

【环境治理】 2018年，白马桥街道扎实推进“控煤、控尘、控烧、禁燃、禁放、覆绿”等系列工作，多途径做好污染防控宣传，居民环保意识明显增强；全面禁止秸秆焚烧、垃圾焚烧；扎实开展餐饮烟油、露天烧烤污染治理、城区禁燃禁放和覆绿控尘系列工作，完成草皮种植2.3公顷，草籽撒播6.8公顷，花籽撒播1公顷，取缔藕煤加工厂2家，查处露天烧烤15家，整改餐饮烟油污染门店21家，清查烟花鞭炮门店15家，打赢打好蓝天保卫战。全面推行河长制、库长制等水污染防治长效机制，以中央环保督察问题整改落实为重点，突出对沩水白马桥段沿途企业污水、畜禽污染、生活污水、农业生产面源污染专项整治和沩水河、民兵渠清理整治，争取各方支持，启动推进域内污水管网改造。启动“治厕、治房、治水、治垃圾、治风”五项专项治理，完成旱厕改造95座，空心房治理27栋、大棚房整治1处、幸福渠清淤砍杂2000余米，小微水体清淤除污4处，企业污染源普查320次。依法打击挖山取土、河道采砂、洗砂等非法行为，全面推进土地重金属治理和农业种植结构调整。龙江社区获评长沙市卫生社区。

【精准扶贫】 2018年，白马桥街道详细核查贫困户基本信息、档案资料等基础工作；详细制定年度精准扶贫计划，全面落实“一对一”结对帮扶；认真落实教育扶贫、产业扶贫、就业扶贫、健康扶贫等扶贫政策；主动对接为7户深度贫困户落实社会扶贫，争取资金8万多元为深度贫困户解决子女就学、危房改造等实际困难；69户192人顺利脱贫摘帽，贫困户石国忠被评为全市脱贫先进典型，贫困户对扶贫工作的满意率为100%。

【社会保障】 2018年，白马桥街道按要求落实城乡低保、医保、养保、残联、创业就业等惠民政策，先后发放老龄津贴41.75万元、城乡低保113.43万元、残疾人两项补贴等救助资金47.55万元；慰问计生特困家庭80户，赠送家庭意外险677份，完成建档立卡户、重度残疾户、计划生育特殊户家庭医生签约349人，完成免费孕前优生健康检查217对。在仁福社区谢家组打深水井1座，保障和解决附近40余户居民安全饮水问题，全面推进落实白龙社区自来水集中供水。2018年，街道获评全省计划生育基层群众自治先进街道和长沙市“残疾人明星街道”；正农社区、白马社区获评2018年度长沙市残疾人工作“明星社区”。

【综合治理】 2018年，白马桥街道扎实推进安全生产、综合治理、信访维稳等底线工作，确保社会大局和谐稳定。深入开展安全生产月、应急演练和安全知识培训等活动，开展对校园安全、道路交通、项目工地、企业生产、消防安全、食品药品等领域“地毯式”安全隐患排查和安全联合执法行动150余次。对涉访重点对象、吸毒、精神病患者和社区刑释矫正人员等实施有效管控，深入开展矛盾纠纷“大排调、大化解”行动，调处各类矛盾纠纷558起，调处成功率达99.8%；扎实推进“扫黑除恶”“一打三整”专项行动，有效防范和打击非法集资、地下六合彩等违法行为；打击各类违法犯罪人员215名。在7个社区成立群防群治“红袖章”巡逻队，持续开展“警灯闪烁”行动，对辖区实施不间断网格化综合巡逻防控。白马社区被评为全国民主法治示范村（社区）。喻普军被评为湖南省优秀调解员。深入开展“知民情、解民忧、化民怨、暖民心”主题活动，协调市纪委、市城发集团、市国土资源局等多部门，综合运用法律、政策、群众工作等手段，全力化解中央巡视和省委巡视信访交办件中群众反映的突出问题。同时，以开门接访、带案下访、面对面处访等多种形式，扎实推动“316”群众工作机制在街道的全面落实；按照“两见面、一承诺、一答复、一档案”的信访处置办法，全力化解信访积案。全年共办理“12345”热线和市领导短信交办件486件，满意率为98.97％。街道获评长沙市2018年度综治工作考核评估优秀街道。

【畜禽退养】2018年，白马桥街道将“除臭剿劣”攻坚战作为重点工作，派员到域内养殖户家中，在全面过细摸清底数，同时宣讲生态环保政策。提前两个月告知退养期限，以和风细雨方式宣讲“硬政策”，赢得养殖户的理解。通过明确包户责任人，以片区为单位，实施“挂图作战”，因户施策。经过为期7天的集中行动，26户养殖户达成思想共识，与街道签订退养协议，在全市率先实现26户规模退养清零目标；退出存栏母猪166头，肥猪1669头，仔猪550头，鸡1.6万羽。

【物业管理】2018年，街道以打造“文明、整洁、干净、有序”小区为目标，在宁乡首创对24个业主委员会拨付办公经费21.85万元，专项用于业主委员会日常工作开支；街道先后投入40余万元，争取开发商支持投入200余万元，进一步完善小区基础设施建设。以“区域化”党建引领“网格化”基层综合治理，全面推行联合支部委员会+业主委员会+物业公司+监督委员会+志愿者队伍，党建引领“五位一体”的小区治理新模式，强化小区治理。督促各小区对消防、违建、停车、绿化等突出问题开展专项整治100余次，协调解决各类矛盾问题118个。街道的物业管理不断增强，服务质量不断提升，不少原来因为不满物业服务质量拒缴物业费的业主，实现主动到物业公司上门送缴。

【乡风文明建设】2018年，白马桥街道通过“强化领导、强化宣传、强化标准、强化治理、强化评选”等措施，在遏制婚丧嫁娶大操大办、重收彩礼、破除迷信和陈规陋俗方面成效明显。向街道党员干部、居民群众发出《文明节俭操办婚丧喜庆事宜倡议书》，组织签订“除陋习、树新风”承诺书2800余份；各社区订立居规民约，成立红白理事会，大力倡导文明节俭操办婚丧喜庆事宜，婚事新办、丧事简办、其他事不办蔚然成风。2018年，全街道遏制重收彩礼5件，节俭办理红白事10多桩，居民累计节约20多万元。同时，街道还通过开展全民运动会、送戏下乡、知识讲座、志愿者活动、文艺晚会、健康体检进小区等丰富多彩的活动，不断加强精神文明建设，倡导健康的生活方式。（黄志光）

历经铺街道

【概况】历经铺街道西屏宁乡市城区，东接长沙，319国道、金洲大道、S208连接线贯穿境内，是宁乡市委、市政府实施“东进融城”战略的桥头堡，沩东新城的主阵地。辖4个社区、5个行政村，95个村（居）民小组，至2018年底，共有10119户32369人；总面积36.88平方千米，其中耕地面积1390公顷。辖区内有沙河市场、喇叭口农贸市场和宁乡汽车东站。2018年，历经铺街道围绕“担当先锋、共建东城”主题，紧扣“经济跨越赶超、品质高速提升”重点，各项事业保持向上向好的发展态势，获评宁乡市“绩效考核A组一等单位”。

2018年，历经铺街道财税收入达到2.43亿元，完成全年目标任务的151.8%，比2017年增长55.8%；固定资产投资完成23.5亿元，完成全年目标任务的103.9%；社会零售品销售总额完成22.5亿元，完成全年目标任务的100.3%。

探索集体经济。初步探索出“政府引导支持、社区主体建设、合作社经营管理、村民积极参与”的村级集体经济发展模式，着力打造宁乡第一个乡村儿童乐园——“童牧谷”。从2018年4月2日正式营业至年末，已接待游客超过40万人次，集体经济年增收约45万元，群众人均年增约4000元。

做实扶贫帮困。历经铺街道共有贫困户154户479人，2018年实现脱贫101户323人。完成“滴管式”产业扶贫申报及资金发放14户，申请发放各类补贴、补助330余万元。154户精准扶贫、177户五保低保户全部实现家庭医生签约全覆盖。全年共投入50余万元，为对口扶贫单位流沙河马联村硬化拓宽水泥路3.6千米，修建山塘7口。扶贫工作台账清晰，工作措施扎实有效。

解决民生实事。全年共受理“12345”热线工单203件，群众来电45条，市长信箱12条，全部调查处理完毕，办结率100%，回访率100%，群众满意率95%以上。组织对街道内妇女病人、儿童和老年人、慢病人群等进行体检，广泛开展优生检测、产前筛查、两癌筛查，落实生育关怀慰问，人民群众生活品质不断提升。

【项目建设与产业扶持】2018年，历经铺街道推进项目建设。全年在建项目15个，东方红郡完成主体建设，宁邦广场、正大广场，美美融城加快建设，金沙湾、恒大、美的房产项目的进驻街道，为经济发展增添新的活力。做好高新区、沩东新城、城建投、国资公司等项目载体单位的服务工作，为发展再提速提供基础保障。扶持产业经济。2018年，街道有工业企业103家，其中规模企业29家，2018年引进工业项目和企业4家。街道积极主动服务企业，为邦弗特新材料、千壶客酒业等7家企业争取项目补贴资金100余万元，争取新装备补贴50余万元，有效促进产业发展。

【基础设施建设】 2018年，历经铺街道采取群众筹资、街村补贴的模式实行“亮化”工程，投入140万余元对10条乡村公路共安装节能灯574盏，主干道G319、S208、历泉公路全部亮化；通过向上争资、多渠道筹资80万元，全面提升卫生院条件，改变街道卫生院晚上不能住院的状况；投入500多万元加大学校建设，全面完成学校改（扩）任务并成功创办街道老年大学；投入10万元对辖区内25家小餐饮门店进行提质改造，有效增强人民群众安全感和幸福感。

【社会治理】 2018年，历经铺街道建立防控体系，充实加强综治队伍建设，组建“红袖章”巡逻队，为每个村（社区）配备辅警1名，整合划分街道内案件多发地单元网格22个，打击涉恶团伙2个，全面摸排掌握重点人员46名，及时铲除黑恶势力滋生蔓延的“土壤”，最大限度地发挥震慑作用。化解信访矛盾。及时调处各类矛盾纠纷120余起，全年无民转刑案件发生。对重点信访户制定科学的处理方案，回复信访户的信访答复意见书25次，信访积案逐步得以化解，全年无新增重点信访案件和重点信访对象。加强隐患治理。突出“扫黑除恶”“打非治违”等隐患排查治理。全年共计出动各类检查组200余次，及时查处整治道路交通、食品卫生、消防爆炸、工业企业等各类安全隐患307条。

【“五治”工作】 2018年，历经铺街道抓实“五治”工作。一是碧水蓝天初步显现。系统清理大小河道35千米，街道内劣五类排污口从14个减少到1个，劝退规模养殖户25户，整治非法采砂行为32起，覆绿裸露地块16.92公顷，整改散煤燃烧门店113户，依法处置秸秆焚烧事件2起，全年生态环境治理成效明显。二是垃圾分类有序进行。建设垃圾分拣中心5个，配发垃圾分类收集容器5050个，按标准配备垃圾清运车和保洁人员，群星村、大湾岭村成功创建长沙市垃圾分类示范村，紫云村、历经铺村和南太湖社区已达到创建条件。三是全部完成治厕任务。对8户贫困户旱厕进行全面改造，全年任务全部完成。四是顺利推进治房工作。按要求共拆除违章建筑26栋，全面完成全年的治房工作任务。五是文明新风逐步形成。通过深入宣传发动、党员干部带头、制定村规民约，有效确保移风易俗正常推进，实现村民自治，促进了乡风文明。深入开展全民健身运动，成功举办街道首届全民运动会，街道全体干群干事创业活力不断增强，人民群众幸福感和满意度不断提升。

【基层党建】 2018年，历经铺街道新成立6个村（社区）党总支、1个机关党总支，23个村（社区）党支部、4个小区党支部、2个机关党支部和1个商圈党支部，建设9个村（社区）党组织活动场所，打造43个党小组活动室，为更好地发挥基层党组织的政治功能提供场地保障。党建活动一月一主题，一月一活动，为建设美丽历经铺、幸福新东城凝聚人心、汇聚力量。金南社区、东城社区、群星村党支部以党建凝聚合力，成功创建“五星”村（社区）。南太湖社区第二党支部成功打造“童牧谷”田园综合体。沙河市场经营户党支部充分发挥支部战斗堡垒作用，市场管理不断规范，市场品质不断提升。湖南邦弗特新材料技术有限公司党支部带领党员开展“扶贫帮困”主题党日活动，为精准扶贫户捐助2.148万元。强化监督执纪问责，将纪检工作阵地延伸到38个党小组。开展扶贫领域资金专项检查和项目工程全程监督，实现村级财务“零举报”。开展“阳光处访”，及时回应群众诉求，做到“件件有着落，事事有结果”。突出节假日等重点和关键时段，扎实开展机关干部作风建设督查，积极参与片区联合检查，全年共梳理问题线索9条，提醒谈话干部12名，查处党员干部违法违纪案件7起，给予党纪处分7人。

（李新征）

城郊街道

【概况】 2018年，城郊街道街域经济平稳增长，综合实力更强。2018年完成税收2.5755亿元，比2017年增长0.16%。2018年街道固投任务23亿元，全年完成固定资产投入25.7亿元。其中投资5000万元以上项目10个，5000万元以下项目6个，新增限上商贸企业任务数为10个，成功对接新增企业16个；完成社会消费品零售总额任务7.8亿元，完成工业总产值13.45亿元。

社区居民建立家庭健康档案电子档案3.3万多份，电子建档率85.03%，健康档案合格率91%，成立家庭医生签约团队10个，签约3.1万余人，签约率均超过80%。举办健康讲座20场，义诊咨询活动6场，走访流动人口计生健康家庭100户。发放城乡低保金85.8万元，发放特困供养金41.2万元，发放八一慰问金1.9万余元、参战困难慰问金6000元、下岗军转人员补贴9.8万多元。临时救助98户22.39万元。申报失地农民社保34个组901人；发放失地农民社保医保卡541张。精准扶贫工作有序推进，2018年度43户154人实现脱贫目标。

不断加强自身建设。深入开展“创先争优”活动，鼓励广大党员争当行业先锋。深入开展“十佳青年”“十佳岗位能手”“十佳创业女性”评选，激发党员干部群众拼搏进取、创新创业的奋斗精神。出台进一步落实党工委主体责任和纪工委监督责任的实施意见，制订《关于加强机关人员管理的通知》《财务管理制度》等文件，按制度办事、靠制度管人的长效机制正在形成。出台《城郊街道村（社区）纪检组织考核办法》，10个村（社区）全部建立健全村级纪检小组。认真开展“知敬畏、存戒惧、守底线”纪律教育活动，开展违反中央八项规定精神突出问题专项整治，紧抓违规收送红包礼金、违规公款吃喝、违规配备使用办公用房、违规变相公款旅游、违规操办婚丧喜庆事宜，清退非亲属人情礼金1.38万元，追缴违规资金3.3万多元，开展明察暗访和交叉检查25次。

【项目招商】 2018年，城郊街道项目共有20个，其中新建项目7个，续建项目10个，前期准备项目3个，年内竣工项目9个，全年完成项目建设投资18亿元，落实招商引资到位资金10.8亿元。强力推进宁乡市十大产业项目扫尾腾地，实现多年来征拆遗留问题清零。沩水河治理项目启动征地33.3公顷，完成11户房屋拆迁协议的签订，实现首日清零。世冠项目46户，已完成签约及倒地44栋房屋。一个星期完成经开区回用水项目征地26.7公顷。龙溪棚改项目、回用水项目、花明服务区、城旺佳苑等项目启动拆迁160多户，按时完成。全年共征地120.3公顷，拆迁房屋65户。

【城乡环境治理】 2018年，城郊街道完成中央环保督查"回头看"交办重点信访件4件。完成省第一环境保护督查组的省级环保督查转办件5件。完成东街夜市处排污口、东沩溪入口、沩江沿线排污口、左干渠排污口、滨江国际2期生活污水排污口等6处排污口治理。完成河道、小微水体巡查520次，完善村、社区各类宣传标牌43块。成功拆除河道两侧违章搭建棚屋4处，拆除面积400余平方米。清理沩江金洲湖漂浮垃圾22次，清理垃圾180吨。治理非法砂场12个。实现退养规模养殖户19户。对宁乡大道两侧空地，晨启智谷、关心幼儿园、青旅·金洲湖三块工业用地以及和颜纸业废弃用地进行覆绿。开展治理小微黑臭水体堤坝、池塘20处，完成白玉河清淤扫障3.5千米。全年共组织环境卫生专项整治60多次，清理垃圾3500余车。

【社会治理】 2018年，城郊街道接待来访群众反映问题35件、51人次，全部按期办结。处理并答复网上来信、来访的信访件10件，有效完成中央巡视组的信访交办件，全年共计调解矛盾纠纷500多起。发放扫黑除恶斗争致广大人民群众的公开信2万余份，出动宣传车4天，悬挂宣传横幅40幅，安装线索举报公示牌20个，设置线索举报箱20个，共摸排出九类重点人员80人，抓获涉恶犯罪嫌疑人28人，打掉两个涉黑团伙。开展安全隐患排查行动805次，清查安全隐患933处，整改安全隐患933处，行政处罚101人次。发放禁毒宣传资料1000余份，查处莵子潭段种植罂粟植物一处。协调职能部门打击非法集资，清退资金1041万元。

【举行"健康幸福家庭"表彰大会】 2018年6月11日，城郊街道举行"健康幸福家庭"表彰大会，对20户"健康幸福家庭"予以表彰。近几年，城郊街道大力开展健康村（社区）和健康家庭建设，努力弘扬家庭美德、社会公德、职业道德、个人品德，积极倡导科学、文明、健康的家庭理念，不断提升家庭生活质量和幸福指数，促进邻里和睦、社会和谐，从中涌现出不少健康、文明、富裕、恩爱的健康幸福家庭，此次表彰的20户"健康幸福家庭"就是从辖区内10个村（社区）中涌现出来的先进典型。城郊街道通过开展"健康家庭"创建活动，让广大家庭在参与活动的过程中自觉认知和接受家庭道德教育，提升家庭健康文明水平，对于促进家庭和睦、社会和谐起到积极的促进作用。

【获评全省信访工作"百佳业务规范单位"】 城郊街道获评2018年度湖南省信访工作"百佳业务规范单位"，是长沙市唯一获此荣誉的乡镇街道。城郊街道各项经济社会事务纷杂，特别是在服务宁乡经开区、城发集团等开发主体中，征地拆迁等涉及群众切身利益的工作任务繁重。由于政策和历史遗留等原因，各种利益诉求叠加交织，社会稳定所面临的情况严峻。为此，城郊街道大力推进阳光信访、责任信访、法治信访，积极探索基层矛盾纠纷调解新机制，创新发展新时代"枫桥经验"，着力筑牢"第一道防线"。信访调解机构做到组织机构规范、阵地建设规范、调解制度规范"三个规范"，调解队伍做好热心服务群众、真心化解矛盾、倾心解决困难"三心服务"，信访工作坚持包案到人、坚持部门联动、坚持原则底线"三个坚持"。2017—2018年，该街道组织调解各类矛盾纠纷1106件，调处成功1084件，调解成功率98%，其中，重特大事件42件，100%调处成功，5年以上重点信访19件，化解9件，有效促进经济社会的和谐稳定。 （杨柏松）

玉潭街道

【概况】 玉潭街道位于宁乡市境东部偏北，面积2280公顷，东接宁乡历经铺街道，通往长沙；南邻白马桥街道，通往娄底、涟源、安化；西接菁华铺乡，通往益阳；北连城郊街道，通往望城。2018年，玉潭街道有17个党总支、85个党支部、3148名党员。辖八一、楚沩、合安、花明、金星、茆田、南苑、塘湾、通益、文中、香山、新城、新山、新康、学庵15个社区，144个居民联组，年末常住人口24.4万人。

玉潭重点服务中央大街、木鱼巷、阳光养老、玉潭新城、学庵小学、塘湾小学、老城区危改、新城棚改、中央公园遗留户等9个拆迁项目，拆迁签约1186户，腾退可出让土地160公顷。全年接待客商40多次，招商引资到位资金8.6亿元。启动和推进建材市场防洪堤处险加固、金满地排水改造等政投项目47个，中建·亮月湖、碧桂园·天阔小区等社会投资项目14个，完成项目投入40多亿元。楚天科技获评国家科技进步二等奖，全街道完成规模以上工业增加值50.26亿元。人人乐、大润发、天虹购物广场、海立方海洋公园、汉德城、国美电器、豪德大市场、步行街、步步高等商业综合体运转有序，现代商贸和服务业、金融、健康养老、餐饮娱乐等取得新发展，实现社会消费品零售总额102亿元。推行"税务+街道+社区"三位一体共管模式，全年实现税收入库16.25亿元，比2017年增长31.77%，完成财政总收入22.4亿元。

"玉潭街道"微信公众号推送微信文章309篇，点击量过100万次，成为街道和群众互动的网上群众工作平台。组织街道政务大厅和社区便民服务中心常态开展"排队日”“礼让日”等文明劝导志愿服务活动。城乡低保、医保、养保、残联、创业就业等惠民政策得到落实，卫生计划生育服务按要求到位，500多名居民群众踊跃献血、247人献血成功。获宁乡市首届全民运动会团体总分乡镇（街道）组第一名和“新时代新宁乡”群众合唱比赛一等奖。偿还山水城公司个人借款7亿多元。打击处理非法集资公司3家，督促非法集资公司累计清退资金1.86亿元。全年受理并处理“12345”热线和市领导短信交办件496件，满意率95.97%。“一打三整”“扫黑除恶”“红袖章”巡逻防控持续开展，重点信访人员全部稳控到位，刑事拘留犯罪嫌疑人172人，打掉涉恶团伙8个。积极开展食品安全宣传，扎实做好国家食品安全示范城市创建相关工作。河长制、路长制、经济普查、动物防疫、农产品检测、农机补贴、土地确权颁证等农业农村工作扎实推进，人大、政协、武装等作用充分发挥，工会、妇联、团委、老干关协等群团组织各具特色。

【基层党建】2018年，玉潭街道组织党性学习教育活动10次，专题研究党建工作9次，新发展党员16名，党工委书记讲党课6场。组织85个党支部3124名党员参加“知敬畏、存戒惧、守底线”民主生活会和组织生活会，党工委收到的314条意见全部整改落实。85个基层支部“五化”建设全面推进，金星社区和新山社区评为“五星”社区，茆田、金星创成“零信访”社区，消灭集体经济空壳社区1个、薄弱社区2个，八一社区软弱涣散党组织实现整顿提高，新城社区一支部率先打造成全市党支部“五化”建设示范点。建设邻里中心52个、屋场讲堂或党群活动中心12个，豪德市场、春城万象广场2个商圈党群服务中心规范运行。党建知识抢答赛获全市二等奖，党工委书记党建和意识形态工作述职测评居全市第一名，党工委被评为宁乡市先进基层党组织，连续5年列市对乡镇（街道）绩效考核一类一等党工委定期摸底排查和研判意识形态风险防控点，全年专题研究意识形态工作8次，确保意识形态“零事故”。中层干部竞岗产生中层正职16名、副职18名，补充招考社区后备干部10名。

【小区党建】2018年，玉潭街道强化党建引领小区治理，全面实施“5431”小区党建（五级联动，即市委领导、街道统筹、社区组织、小区负责、楼组包干，重心下移强基础；四个亮出，即党员亮出身份、亮出承诺、亮出行动、亮出成效，党员带头强标杆；三项活动，即小区品牌活动、楼组主题活动、党员志愿活动，党群互联强合力；一核多元，即以小区党支部为核心，物业公司、业主委员会、物业管理服务中心、开发商等多元参与，党建引领强治理）品牌战略，5300多名在职党员全面开展为民服务行动，打造中水一品、中源花园、百宜华府、金海花园等成功范例，成为全市城市党建标杆。在长沙市城市党建推进会进行典型推介，《湖南日报》和省委组织部《红星云》以《5431，解读小区党建的“玉潭密码”》专题报道。

【玉潭教育】2018年，玉潭基地校辖13所中小学校，43所公、民办幼儿园，中小学生20874人、幼儿学生6925人，在职在编教职工1041人、临聘教职工414人。2018年12月，玉潭街道教育总支升格为党委，下设1个总支、11个支部。100多名教师在省、市教学竞赛中获奖，6人获评长沙市卓越教师，50多名教师获评宁乡市卓越教师，连续七年获系统绩效考核特等奖。全年投入300多万元铺开全域阅读，玉潭中心小学被评为湖南省文明校园，南郊小学被评为湖南省两型建设校园，实验小学、紫金中学认定为全国足球特色学校。基地校、城北中学、玉潭中小、玉潭实小获市义务教育综合质量特等奖，385名学生择优升入宁乡一中，2000多名学生获国家、省、市各类竞赛奖励。投入500万元，完成城北梅花校区、新山小学等6所学校暑假安全维修和学位扩充，梅花校区和中小党史育人经验被《人民日报》推介，9所小学综合质量排名均进入全市前20名，初中、小学综合质量均为全市第一。

【党风廉政建设】2018年，玉潭街道提醒谈话107人次，诫勉谈话6人次，立案15件。按照省委、市委巡视组要求，机关干部职工退缴违反八项规定发票资金1.41万元，防疫站职工退缴超范围待遇12.826万元，玉潭城管中队职工退缴超范围发放奖励3.552万元。“知敬畏、存戒惧、守底线”纪律教育活动组织集中学习76场次、宣讲50场次、撰写心得体会518篇，组织民主生活会29场次、组织生活会43场次。纪工委全年立案15件，其中党纪13件、政务1件、政纪1件，开除党籍2人、留党察看1人、党内严重警告6人、党内警告4人、政务警告1人、政纪警告1人。及时调整清退办公用房229.81平方米。

【信访维稳】2018年，玉潭街道建立健全纵向到底横向到边的信访工作网络、“小事不出社区、大事不

9月8日，玉潭街道庆祝第34个教师节活动现场

出街道、矛盾不上交”矛盾纠纷调解机制、多方发力多措并举的信访积案化解机制，街道和15个社区都成立信访代理中心、矛盾处理中心、依法治理中心。全年受理调解矛盾纠纷498件，完成宁乡市司法局微信平台上报调结案件352件，矛盾纠纷调解成功率达98%，无积案久拖未调，无民转刑案件发生。全年处理信访件90件，其中中央巡视组交办9起、湖南省委巡查组交办11起，进京上访人数相比2017年下降66%，化解和处理王某、两胡某、傅某、刘某等一批困扰多年的信访积案和20世纪90年代老城管队员40余人的养老保险问题，全国“两会”期间社会环境稳定有序，实现进京零非访目标。

【招商引资】2018年，玉潭街道突出对长三角、珠三角和长株潭地区对接招商，重点抓住广东、江苏等沿海地区产业向内地转移机遇，跟踪相关产业和项目，搞好项目对接。全年新引进产业项目6个、引进市域外资金78亿元，其中10亿元以上片区开发项目1个，即中建亮月湖二期，到位资金20亿元；世界五百强企业1个，即碧桂园月湖湾，到位资金40亿元；新引进投资1.6亿元的盛翠豪庭大酒店、投资3.8亿元的天虹购物广场、投资12亿元的星河湾楼盘和投资1.2亿元的湖南国美电器。

【脱贫攻坚】至2018年底，玉潭街道除茆田社区蔡某兜底脱贫外，玉潭其余88户226人均实现脱贫，脱贫率98.88%。通过自愿报名方式，街道68名干部结对帮扶沩山社区和沩水源村68户贫困户。产业扶贫、就业扶贫、教育扶贫、医疗扶贫、金融扶贫等措施，提供就业岗位15个、增加收入50万元左右，为6名学生提供助学资金1万多元。“贫困户农产品朋友圈展销”活动深入开展，帮精准扶贫户销售茶叶、土鸡及其他农产品，实现“网上+线上”展销21万多元。玉潭街道扶贫工作纪实在国家、省主流媒体宣传推介，如《中国扶贫网》的《结远亲，深山一对一》《人民网》的《宁乡68名干部帮贫困户热销农产品》《湖南日报》的《“朋友圈”化身“农贸市场”》。

【安全生产】2018年，玉潭街道通过安全生产大宣传、大培训活动，培训企业人员1760人。出动流动宣传车70余辆次，重点宣讲《安全生产法》《职业病防治法》《烟花爆竹管理条例》《危险化学物品管理条例》、培训机构安全管理、居民小区消防安全注意事项、城区禁燃禁放烟花爆竹等内容。开展“打非治违百日行动”“春雷”“飓风”“霹雳”“清剿”等专项行动，完成市安委交办的安全隐患整改431条，向职能部门移送安全隐患294条，检查经营场所327处，出具现场检查记录文书217份，责令整改文书75份，行政立案25起，其中简易程序15起、一般程序10起，行政罚款6.5万元。党政领导带队开展安全检查120次、发现和责令整改安全隐患80条，投入17万余元完成15个社区微型消防站、4个企业单位微型消防站建设。街道全年未发生较大及以上生产安全事故。

【卫生和人口计生】2018年，玉潭街道完成社会抚养费征收，清理流动人口3610人，出生人口1025人、性别比106.6%，农村适龄妇女“两癌”免费检查951人、孕产妇产前免费筛查426人，对域内52家学校、托幼和培训机构进行了专项监督检查，建档立卡、重度残疾、计生特殊家庭等家庭医生签约服务率100%，为域内0—14周岁独生子女家庭赠送计划生育家庭意外伤害保险一份。4月15日与市疾控中心联合在人人乐广场开展健康素养促进宣传服务活动；5月29日在新城大市场举行“健康玉潭，美好家园”健康家庭评选活动；6月26日玉潭计生协会代表宁乡市接受省计生协对宁乡市创建全国计生基层自治示范县工作验收；11月21日玉潭街道代表宁乡市接受全国健康促进创建检查验收。新城社区、花明社区成功创建省级计生基层群众自治示范社区，通益社区成功创建市级计生基层群众自治示范社区，新山社区和新康社区成功创建县级计生基层群众自治示范社区。

【污染防治】2018年，玉潭街道推进市容环境整治和蓝天保卫战、碧水攻坚战、净土持久战、“除臭剿劣”攻坚战行动，全国第二次污染源普查完成域内320家企业（门店）清查和78家企业（门店）入户调查。采取播散草籽、栽培花草等措施覆绿裸露黄土14.7公顷；通过“街道吹哨、部门报到”联合执法“散乱污”541起（处）。按“一水一策”整治“黑臭水体”9处，督促216家餐饮门店安装油烟净化器，负责的4个沩水排污口完成整治。“规模养殖”整治到位，域内14户养殖户7月底全部退出规模养殖，投肥养鱼全面清零，成为宁乡市第一个规模养殖全部退出的乡镇（街道）。通过下达通知、签订承诺书及全方位宣传造势，有效杜绝秸秆焚烧和垃圾焚烧情况发生。深化开展禁止燃放烟花鞭炮宣传和打击门店非法销售烟花爆竹行为，收缴并销毁烟花爆竹396件（饼）。完成大气污染防治宣讲活动进街道、社区、小区、学校20余场次，域内划分为127个网格片区，形成全方位、全过程、全覆盖的督查网络，构建生态监管工作从“被动应对”变为“主动预防”长效监督机制。

【城市管理】2018年，玉潭街道新建以核心价值观、讲文明树新风、创建全国文明城市为主要内容的固定公益广告设施200余处，发放《市民文明手册》《创建全国文明城市应知应会知识》3万册。深入整治“不排队”“闯红灯”“随着扔”三大不文明行为，与全体党员签订文明节俭操办婚丧喜庆事宜承诺书。新选举小区业委会4个，15个社区全部建有全民健身场地。完成宁乡市城区老旧小区居民家庭油烟整治项目2000户试点工作，投入480万元对塘湾、南苑、新康3个社区进行社区提质提档，圆满完成“一圈两场三道”建设任务。重点开展市容秩序、散煤禁燃、露天垃圾焚烧、控建拆违、餐厨垃圾收集运输等五大专项整治，拆违490户、4.845万平方米，依法撤除违法沙场6处，清理违规堆放模板处8处，查处违规收集、运输、处理餐厨垃圾违法行为18起，劝导流动摊贩550余处，规范店外经营650处，清理门店橱窗外违规广告贴纸、横幅、牛皮癣等1100余处。（刘志坚）

人 物

CHARACTER

责任编辑・高 丽

【周小林】 女，宁乡市道林镇奇石村下兰组人，党员，奇石村退休村干部。2011年，周小林的婆婆被查出患有老年痴呆症，生活不能自理，神志也恍惚不清。周小林每日陪伴婆婆，耐心地和她讲有趣的生活故事，经常带婆婆出门散步。老人的一日三餐都由周小林和老公一口一口地喂。她把婆婆当成亲妈一样孝顺的故事在村里传开来，村民们尊敬和信任周小林，村上如果遇到婆媳关系处理不好的家庭，村干部也会请她上门劝解沟通，让关系紧张的婆媳互相体谅、重归于好。她说："不管是自己的母亲还是老公的母亲，都要一视同仁，不能区别对待。"7月30日，中央文明办全国道德模范与身边好人现场交流活动在长春举行，现场发布7月"中国好人榜"，"孝老爱亲"模范周小林上榜。

【廖金】 楚天科技焊工。2018年4月16日，中华全国总工会发布2018年全国五一劳动奖和全国工人先锋号拟表彰对象公示，廖金获评全国五一劳动奖章。廖金2004年进入焊接行业，掌握扎实的焊接知识和技能，获得核电焊工ASME证书等专业资质，掌握多种材料的焊接，以及手工电弧焊、氩弧焊、氩电联焊、二氧化碳气体保护焊等多种焊接技术。2013年，廖金进入楚天科技，担任制药装备压力容器制造焊接班组负责人等职务，先后提出多种行之有效的焊接工艺，解决多项焊接技术难题，大幅提高产品质量。廖金和团队提出的工艺修改坡口及焊接方法改进，成功解决冻干机膨胀箱焊缝成型难度大等问题。经过廖金和团队的技术改进，楚天冻干机外表美观、质量上乘，竞争力极大提升。廖金注重焊工队伍建设，曾指导200余名同事学习摇摆焊，快速突破传统焊接技术中的瓶颈，作为企业焊接培训师，培养一大批合格焊接人员，多人已成为焊接骨干。廖金还曾获得湖南省五一劳动奖章、湖南省百优工匠、湖南省技术能手、长沙市五一劳动奖章、长沙市优秀工匠、长沙市青年技术能手等荣誉，多次在各级焊接竞赛中取得名次。

【张厚坤】 宁乡市东湖塘镇西冲山村一名30多年党龄的老党员。担任东湖塘禁毒协会会长5年。一顶帽子、一个简易喇叭、一摞资料、一张巧嘴就是张厚坤的全部工作装备，不论烈日暴晒，只要有时间他就会带着协会的人开展禁毒宣讲。在他的带领下，禁毒工作获全市推介，东湖塘镇禁毒协会连续两年被评为宁乡市"五好协会"达标禁毒宣教活动室。张厚坤也连续两年被评为宁乡市禁毒协会"五好"会员以及长沙市禁毒预防教育优秀宣讲员。2018年，张厚坤被评为全国青少年禁毒教育"627"工程优秀校外辅导员。

【刘晓阳】 1993年起从事司法助理员工作。1999年担任宁乡市资福镇司法所长。在多年的工作实践中，摸索出一套人民调解的工作经验，坚持公平、正义、协调、和谐。1999年至2018年，他参与有案卷记载存档的纠纷有1000余件，调解成功率达99%。2018年，资福镇落实"316"群众工作机制，不断提升队伍的综合素质和业务技能，聘请法律顾问坐班服务，将资福司法所打造成为省级规范化司法所。通过资源整合，夯实基础，多元调处，群众工作取的明显成效，全年调解各类矛盾纠纷214件、网上信访件4起，化解信访积案1起，一大批群众最关心的问题得到解决，全年无一起进京上访、无一起中央巡视组交办件、无一起民转刑案件、无一起群体性事件，获评长沙市综治工作考核红旗乡镇。11月，湖南省"枫桥经验"现场会在宁乡市召开。资福司法所代表全省接受观摩，"三统四分"经验模式作为全市坚持发展"枫桥经验"典型获市推介。司法所所长刘晓阳获评全国模范司法所长。

【陈娟】 女，宁乡市人民检察院公诉科未成年人检察办案组员额检察官。2018年12月9日至13日，第二届全国检察机关未成年人检察业务竞赛在北京举行。来自全国各个地区的94位选手参加比赛。经过紧张、激烈的比拼，陈娟突破策论写作、业务笔试、以案释法、业务答辩的重重考验，最终斩获"全国检察机关未成年人检察业务能手"称号。

【谢国恩】 1936年生，1950年参加工作，1955年加入中国共产党。1990年从双凫铺政府退休后，他闲不住总想为群众做点什么，走访调查全镇五保户基本情况并予以帮助、通过所学专业知识为村民编写《致富有门》刊物，为村民义务提供法律咨询服务，多次向市委市政府提出推动乡村经济发展的意见与建议。2012年，他组织负责编写《大成桥志》，广征博采，精心编纂。很多年轻人看了都不相信解放前的宁乡有这么贫困，认为他写得夸张，为让年轻一代更好地了解历史，也为传承农耕文化，2013年，他在位于宁乡大成桥镇老宁黄公路旁的自家三层楼中开始筹备农耕博物馆，2015年"农耕文化博物馆"正式向外公展。他用大半辈子省吃俭用攒下来的100余万元，花5年时间收集和复制1100余件农耕"古董"，按照衣、食、住、行分类陈列，还原一个小农之家的全貌。这间博物馆供人免费参观，谢国恩就是"馆长"，并随时进行接待、讲解。2018年，为支持中国共产党长沙历史馆建设，谢国恩无偿向长沙市委党史研究室捐赠相关文物共计80余件。谢国恩说："我一生是党培养的，就应该为群众做一点事。虽然退休了，但我还没有退党，我还是个党员，党员就要为群众做事。"

附　录

APPENDIX

责任编辑·高　丽

荣誉名录

获国家（部委）奖励（命名）单位名单（2018）

获奖单位	获奖（命名）	授奖（命名）单位
宁乡市	公立医院改革真抓实干成效明显地区	国务院办公厅
	计划生育基层群众自治示范县	中国计划生育协会
宁乡市人民政府	2018年消费品工业“三品”战略示范城市	工业和信息化部
宁乡市卫计局	全国生育状况抽样调查优秀单位	国家卫生健康委员会办公厅
宁乡市卫计局	第五届全国卫生计生系统优秀宣传片	中国人口文化促进会
市政务服务中心	国务院第五次大督查发现的典型经验做法：湖南省宁乡市推进“互联网+政务服务”融合发展	国务院办公厅（国办发〔2018〕108号）
市检察院	全国检察宣传先进单位	最高人民检察院
市人民法院	全国法院审判管理优秀业务单位	最高人民法院
中共宁乡市纪委	2018年度《中国纪检监察》学刊用刊工作先进单位	中国纪检监察杂志社
宁乡市图书馆	一级图书馆	中华人民共和国文化和旅游部
宁乡市第一中学	2017—2018年度公共机构国家节能示范单位	国家机关事务管理局
双江口镇	国家农业产业示范强镇	农业农村部办公厅 财政部办公厅
湖南省大学科技创新基地二期综合服务楼 湖南省总工会灰汤温泉职工疗养院项目	2018—2019年度第一批中国建设工程鲁班奖（国家优质工程）名单	中国建筑业协会
中国联合网络通信有限公司宁乡市分公司	全国模范职工小家	中华全国总工会
历经铺街道紫云村农家书屋	全国示范农家书屋	原国家新闻出版广电总局
宁乡市妇幼保健计划生育服务中心	在“适合中国农村地区的宫颈癌筛查技术与示范研究”项目中做出贡献	中国医学科学院 国家妇产疾病临床医学研究中心 北京协和医院
市人民医院	中国胸痛中心	中国胸痛中心总部 中华医学会心血管病学分会
坝塘镇卫生院	2016—2017年度群众满意的乡镇卫生院	国家卫生计生委办公厅
大成桥镇卫生院		
东湖塘镇卫生院		
黄材镇卫生院		
灰汤镇卫生院		
灰汤镇中心卫生院		
流沙河镇中心卫生院		
坝塘镇南田坪卫生院		
夏铎铺镇卫生院		
喻家坳乡卫生院		
宁乡教育督导室	2018年国家义务教育质量监测实施优秀组织单位	教育部基础教育质量监测中心
玉潭街道中心小学	教育部关心下一代工作先进集体	教育部关心下一代工作委员会

获国家（部委）奖励（命名）个人名单（2018）

获奖人所在单位	获奖人	获奖名称	授奖单位
市检察院	陈　娟	全国未成年人检察业务能手	最高人民检察院
资福镇人民政府	刘晓阳	全国模范司法所长	司法部
宁乡一中	肖　荣 罗　妞 黄　灿	教育部“一师一优课，一课一名师”网上晒课部级优课	中央电化教育馆
东湖塘镇禁毒协会	张厚坤	全国青少年禁毒教育627工程优秀校外辅导员	国家禁毒委员会办公室 中国禁毒基金会
宁乡市中医医院	杨曙光	全国平安医院创建表现突出个人	国家卫健委办公厅
宁乡市灰汤中心卫生院	马义平	全国乡镇卫生院优秀院长	中国农村卫生协会
湖南海通建设有限公司	孟德良	2018年中国技能大赛第六届全国职工职业技能大赛铜奖	中华全国总工会 人力资源社会保障部
楚天科技	廖　金	全国五一劳动奖章	中华全国总工会

获省（厅局）奖励（命名）单位名单（2018）

获奖单位	获奖（命名）	授奖（命名）单位
宁乡市	第一批省级现代公共文化服务体系示范区	湖南省文化厅
	公立医院综合改革成效较为明显的县市和试点城市	湖南省人民政府办公厅
	全省人口和计划生育工作优秀单位	中共湖南省委办公厅
	全省无偿献血先进县（市、区）奖	湖南省卫生和计划生育委员会
	2018年度全省养殖业工作目标管理考核先进县市区	湖南省畜牧水产局
市委办	全省党委信息工作先进单位	湖南省委办公厅
市检察院	湖南省文明窗口单位	湖南省文明办
市检察院	湖南省园林式单位	湖南省住建厅
煤炭坝镇 白马桥街道	2018年全省计划生育基层群众自治先进乡镇街道	湖南省计划生育协会
东湖塘镇陶家湾村	省级同心美丽乡村	中共湖南省委统战部
东湖塘镇陶家湾村儿童之家	湖南省示范儿童之家	湖南省人民政府妇女儿童工作委员会办公室
宁乡市食品药品工商质量监督管理局（宁乡市消费者委员会）	全省消委系统宣传工作先进单位	湖南省消费者委员会
老粮仓镇	湖南省优秀人民调解委员会	湖南省司法厅
花明楼镇杨林桥村	省级同心村	中共湖南省委统战部
市人民法院	全省“三调联动解纠纷防控风险促发展”专项调解活动“先进集体”	湖南省高级人民法院、湖南省公安厅、湖南省司法厅、湖南省信访局
市住房保障局	湖南省2018年度棚户区改造工作先进单位	省住建厅
市审计局	审计宣传通联工作先进单位	湖南省审计厅
市审计局	档案工作规范化管理“省一级”	湖南省档案局
市价格认证中心	2017-2018年度先进价格认定机构	湖南省价格认证中心

续表

获奖单位	获奖（命名）	授奖（命名）单位
灰汤镇	省"平安农机"示范乡镇	湖南省农业机械管理局 湖南省应急管理厅
夏铎铺镇 金洲镇	湖南省卫生乡镇	湖南省爱国卫生运动委员会
公安局 青羊湖国有林场	湖南省文明卫生单位	
花明楼镇杨林桥村	省级卫生村	
双江口镇槎梓桥村 流沙河镇合兴村 巷子口镇双河村	湖南省省级卫生村	
大屯营镇石家湾社区	省级卫生示范村	
道林镇龙泉湖村	湖南省卫生村	
广播电视台	湖南省广播电视奖广播新闻、专题一等奖	湖南省新闻出版广电局 湖南广播电视台 湖南省广播电视协会
	湖南新闻奖电视新闻编排三等奖	中共湖南省委宣传部 湖南省新闻工作者协会
	湖南省广播电视播音主持作品奖三等奖	湖南省播音主持研究会
市知识产权局	关于表彰2017年度湖南省知识产权工作先进单位的通知	湖南省知识产权局
市信访局	2016-2018年全省信访宣传工作先进单位	湖南省信访局
市交通运输管理所	全省道路运输安全"隐患清零"2018年上半年考评通报表彰（奖励五万元）	湖南省交通运输厅
	全省道路运输安全"隐患清零"2018年下半年考评通报表彰（奖励五万元）	
	2018年高速公路营运车辆"隐患清零"升级版活动优秀单位	湖南省高速公路交通警察局 湖南省道路运输管理局
	2016-2017年度湖南省城乡客运成品油价格补助申报工作先进单位	湖南省道路运输管理局
市文化馆	小组唱《匠心》获湖南艺术节"三湘群星奖"银奖	中共湖南省委宣传部 湖南省文化和旅游厅
	二重唱《戏角》湖南艺术节"三湘群星奖"优秀奖	
市文化体育广播电视局	首届"健康湖南"全民运动会海选赛体育道德风尚奖	"健康湖南"全民运动会组委会
市玉潭街道新城社区	全省示范农家书屋	湖南省新闻出版广电局
市农业机械管理局	全省现代农机合作社建设先进单位 全省农机科教质量工作先进单位	湖南省农业机械管理局
市气象局	全省人工影响天气工作先进单位	湖南省人工影响天气领导小组
宁乡一中	湖南省中小学知识产权试点学校 2018年湖南省中小学教师在线集体备课大赛"最佳组织奖"	湖南省教育厅工程办
市卫计局	全省卫生计生工作先进集体	湖南省人社厅 湖南省卫计委 湖南省中医药管理局

续表

获奖单位	获奖（命名）	授奖（命名）单位
市人民医院	湖南省首届“中国医师节”科普讲解赛二等奖	湖南省卫计委 湖南省科技厅
	湖南省“救”在身边急救操大赛三等奖	湖南省卫计委
宁乡市林业技术推广中心	全省林业科技工作优秀集体湖南省林业厅	
炭河里青铜科普基地	第十二批省科普基地	湖南省科技厅
宁乡市森林公安局	省森林公安局集体三等功	湖南省森林公安局
教师进修学校	2018年度湖南省中小学教师网络研修（工作坊研修）工作先进单位	湖南省中小学教师发展中心
金海中学	省级食品安全示范校	
宁乡二中	湖南省防震减灾科普教育示范学校	湖南省教育厅
大成桥中小	省级安全文明校园	
市经济和信息化局	2018年“创客中国”湖南省中小微企业创新创业大赛优秀组织单位	湖南省经济和信息化委员会

获省（厅局）奖励（命名）个人名单（2018）

获奖人所在单位	获奖人	获奖名称	授奖单位
市检察院	陈　娟	湖南省未成年人检察业务标兵	省检察院
市科技局	范建强	湖南省脱贫攻坚先进个人	中共湖南省委 湖南省人民政府
市大屯营镇人民政府	杨惠明	湖南省政协宣传工作先进个人	湖南省政协
资福镇人民政府	杨永常	湖南省脱贫攻坚先进个人	湖南省委 省政府
	刘忆辉	湖南省农村承包地确权登记颁证工作先进个人	湖南省农村土地承包经营权确权登记颁证工作联席会议办公室
市广播电视台	胡小艳 任　铁 易哲韬	湖南省广播电视奖广播新闻、专题一等奖	湖南省新闻出版广电局 湖南广播电视台 湖南省广播电视协会
市广播电视台	袁　圆	湖南广播电视播音主持作品奖三等奖	湖南省播音主持研究会
市委办信息科	黄　奕	全省党委信息工作先进个人	湖南省委办公厅
市政务服务中心	刘宇雄	湖南省政务公开工作先进个人	湖南省人民政府办公厅
市科技局	范建强	湖南省脱贫攻坚先进个人	湖南省委 省人民政府
市信访局	王和平	2018年度驻京维稳劝返工作综合管理工作先进个人	湖南省驻京维稳劝返办
	谢　文	信访工作基础业务“百佳业务能手”	湖南省信访局
中共宁乡市委党校	陶　俊	2018年度全省“党的十九大精神进网络”微课程竞赛中荣获二等奖	湖南省委宣传部
市文化体育广播电视局	陈　艳	湖南省农家书屋全面建设十周年先进个人	湖南省新闻出版广电局
		全省现代公共文化服务体系示范区创建工作先进个人	湖南省文化厅
		星级文化志愿者	湖南省文化和旅游厅

续表

获奖人所在单位	获奖人	获奖名称	授奖单位
市文化馆	夏轶红	国画《三月芳菲》入选第六届湖南省艺术节美术书法摄影作品展	中共湖南省委宣传部 湖南省文化和旅游厅
宁乡一中	贺惟明 肖 荣 罗 妞 罗伟湘 黄 灿	“一师一优课，一课一名师”网上晒课省级优课	湖南省教育厅
市人民医院	张利珍	全省卫生计生工作先进个人	湖南省人社厅 湖南省卫计委 湖南省中医药管理局
夏铎铺镇卫生院	刘 勇 向 起	湖南省无偿献血奉献奖铜奖	湖南省卫计委

获长沙市委、市政府奖励（命名）单位名单（2018）

获奖单位	获奖（命名）	授奖（命名）单位
宁乡市	2018年度全市信访工作目标管理考核优秀单位	中共长沙市委办公厅 长沙市人民政府办公厅
市人民政府	2018年工业和信息化工作目标考核优秀单位	长沙市人民政府办公厅
煤炭坝镇 喻家坳乡 历经铺街道	长沙市经济社会发展十快乡镇街道	中共长沙市委办公厅 长沙市人民政府办公厅
龙田镇 夏铎铺镇	长沙市综治工作红旗等次乡镇	中共长沙市委 长沙市人民政府
资福镇	长沙市综治工作考核红旗乡镇	
夏铎铺镇	长沙市2017年度人口和计划生育工作优秀单位	
市住房保障局	2018年度长沙市民生实事工作先进单位	长沙市人民政府
双江口镇槎梓桥村	长沙市五星村	长沙市人民政府办公厅
市中医医院	长沙市文明单位	中共长沙市委办公厅

获长沙市委、市政府奖励（命名）个人名单（2018）

获奖人所在单位	获奖人	获奖（命名）	获奖（命名）单位
市委政法委	王义飞	综治工作优秀个人	中共长沙市委办公厅 长沙市人民政府办公厅
	丁旭文	信访工作优秀个人	
市城郊街道	袁 义	2018年度长沙市信访工作优秀个人	
市煤炭坝镇	谢建华		
市信访局	谢 文		
市住房保障局	张四明	2018年度长沙市民生实事工作先进个人	长沙市人民政府

统计资料

表 1　　　　宁乡市2018年主要经济指标

单位：万元

时间 指标	2017年	2018年	2018年比2017年（±%）
GDP总值（现行价）	10938539	11137422	8.0
一产业	947290	1009282	3.5
二产业	7241566	6595974	7.7
其中：工业	6548528	5768921	8.1
三产业	2744524	3532166	10.3
规模以上工业总产值	12487510	14939107	19.6
农业总产值（现行价）	1612534	1647665	3.7
财政总收入	714208	806000	12.9
其中：公共财政预算收入	440789	473116	7.3
财政总支出	873865	959796	9.8
社会消费品零售总额	3181217	3601671	13.2
全社会固定资产投资总额	7846343	8780904	12.0
金融部门存款余额	7268016	7395617	1.8
其中：城乡居民储蓄余额	4148573	4238230	2.2
金融部门贷款余额	7029422	7162273	1.9
农村居民人均可支配收入（元）	24852	26985	8.6
在岗职工年平均工资（元）	70516	79735	13.1
城镇居民人均可支配收入（元）	39906	43269	8.4

表 2　　　　乡镇年末面积、区划和人口情况（2018）

乡镇（街道）	面积（平方千米）	社区（个）	村（个）	年末总户数（户）	年末总人口（人）	男性（人）	女性（人）	城镇人口（人）	乡村人口（人）
总计	2905.92	63	215	455716	1430937	724665	706272	674380	756557
玉潭	22.84	15	0	30326	75916	37331	38585	75916	0
白马桥	20.44	7	0	10583	27091	13398	13693	27091	0
历经铺	36.88	4	5	10799	33366	16025	17341	33366	0
城郊	37.42	6	4	13279	34335	16901	17434	34335	0
道林	135.11	1	8	19019	56222	28880	27342	22488	33734
花明楼	113.56	1	8	17581	51105	25784	25321	22483	28622
东湖塘	131.68	1	7	15448	49229	25195	24034	21136	28093
夏铎铺	103.25	3	6	12656	44234	21923	22311	44234	0
双江口	155.04	4	13	26459	87122	44721	42401	44445	42677

续表 2

乡镇（街道）	面积（平方千米）	社区（个）	村（个）	年末总户数（户）	年末总人口（人）	男性（人）	女性（人）	城镇人口（人）	乡村人口（人）
煤炭坝	72.6	1	6	16628	50189	25744	24445	21375	28814
坝塘	163.71	1	13	22081	72079	36584	35445	12363	59666
灰汤	210.9	2	16	30759	100086	50430	49656	23581	76505
双凫铺	87.98	1	7	13277	41227	21033	20194	16689	24538
老粮仓	121.99	2	8	19992	65155	33465	31690	22729	42426
流沙河	140.6	2	11	21914	70480	36439	34041	28532	41948
巷子口	105.73	1	9	13910	46970	23945	23025	16393	30577
龙田	71.88	1	5	7608	23463	12087	11376	7963	15500
横市	124.12	1	11	16872	56711	28933	27778	21662	35049
回龙铺	71.89	1	6	13033	42183	21071	21112	31158	11025
黄材	219.01	1	16	19703	67054	34196	32858	23933	43121
大成桥	58.79	1	7	10701	34671	17408	17263	23488	11183
青山桥	132.32	1	8	16628	52025	26653	25372	17826	34199
金洲	61.31	2	4	11055	34261	16852	17409	34261	0
大屯营	106.47	1	6	13929	45628	23047	22581	22632	22996
资福	88.54	1	7	12428	39935	20420	19515	4603	35332
菁华铺	65.76	0	6	10594	36243	18093	18150	19698	16545
喻家坳	96.64	0	8	12684	40705	20847	19858	0	40705
沙田	74.29	0	6	10269	35263	18056	17207	0	35263
沩山	75.17	1	4	5501	18039	9204	8835	0	18039

表 3　　宁乡市2018年各乡镇耕地面积、粮食、生猪统计表

乡镇	耕地面积（万亩）	水田面积（万亩）	稻谷播种面积（万亩）	稻谷产量（万吨）	生猪出栏（万头）	生猪年末存栏（万头）
合计	140.89	119.14	145.83	63.11	140.02	94.1
玉潭	0.20	0.17	0.17	0.07		
白马桥	1.14	1.06	1.02	0.45	0.28	0.19
历经铺	2.22	1.97	3.05	1.28	0.41	0.28
城郊	1.03	0.97	1.57	0.67	0.52	0.35
道林	6.59	5.79	7.51	3.23	3.98	2.65
花明楼	6.16	5.22	6.78	2.96	3.20	2.10
东湖塘	6.16	5.18	6.49	2.84	8.87	5.92
夏铎铺	4.59	4.07	6.31	2.66	2.02	1.36
双江口	10.79	9.56	13.70	5.68	7.70	5.20
煤炭坝	3.48	2.80	2.60	1.15	3.56	2.40

续表 3

乡镇	耕地面积（万亩）	水田面积（万亩）	稻谷播种面积（万亩）	稻谷产量（万吨）	生猪出栏（万头）	生猪年末存栏（万头）
坝塘	8.24	7.46	9.63	4.05	9.82	6.60
灰汤	10.67	9.48	13.58	5.73	8.78	5.92
双凫铺	4.20	3.53	1.44	0.70	7.76	5.20
老粮仓	6.91	5.67	8.15	3.43	5.70	3.80
流沙河	7.29	5.84	7.71	3.29	10.10	6.87
巷子口	4.06	3.52	2.83	1.42	3.38	2.25
龙田	2.84	2.11	1.36	0.69	1.17	0.78
横市	5.48	4.39	5.77	2.47	4.63	3.10
回龙铺	4.71	4.34	5.17	2.20	7.99	5.30
黄材	5.83	4.04	4.05	1.87	6.90	4.55
大成桥	3.63	3.12	3.55	1.55	6.42	4.26
青山桥	6.39	4.67	5.13	2.23	5.70	3.90
金洲	3.71	3.41	4.05	1.75	1.82	1.20
大屯营	5.69	5.19	7.49	3.23	7.20	4.80
资福	4.59	3.99	5.28	2.25	8.80	6.22
菁华铺	4.04	3.26	2.89	1.38	2.29	1.53
喻家坳	4.51	3.72	5.64	2.38	7.16	4.80
沙田	3.51	2.90	2.21	1.13	2.27	1.51
沩山	2.20	1.68	0.75	0.38	1.59	1.06

表 4　　2018年乡镇综合经济指标

单位：万元

乡镇	生产总值（GDP）	农业总产值	规模以上工业总产值	社会消费品零售总额	全社会固定资产投资
合计	6874492	1647665	3884869	3458934	3945714
玉潭	968917	3508	503622	1174741	408098
白马桥	446352	27320	127917	153012	188182
历经铺	479427	35821	239788	366101	279752
城郊	411666	27430	129300	127399	336294
道林	164231	58073	15074	80651	18965
花明楼	253011	56090	38444	71225	141178
东湖塘	125509	56119	10086	52153	88252
夏铎铺	655104	50777	895285	126103	413920
双江口	233898	126302	72896	99792	111994
煤炭坝	352926	52593	627943	93552	232350
坝塘	189621	116207	153924	83578	97695

续表 4

乡镇	生产总值（GDP）	农业总产值	规模以上工业总产值	社会消费品零售总额	全社会固定资产投资
灰汤	321541	145896	2322	125847	198740
双凫铺	314045	56876	219375	62557	117410
老粮仓	128277	58202	3925	71796	3800
流沙河	111902	78939	8455	93858	90539
巷子口	96341	37330	133626	47778	74271
龙田	59546	26899	3695	30265	61776
横市	174725	56172	111829	82836	119657
回龙铺	170588	64512	263073	54554	32825
黄材	155786	78521	0	68634	183251
大成桥	165198	56064	58879	36772	66861
青山桥	106025	59979	19500	72582	66012
金洲	158334	46535	109635	43488	185333
大屯营	150326	58653	17878	56717	99640
资福	70424	51420	0	41605	55720
菁华铺	151985	44753	56640	45612	94207
喻家坳	169089	62147	21264	43507	110980
沙田	52321	29971	6865	30663	37807
沩山	66376	24556	33629	21558	30205

说明：GDP、规模以上工业总产值、全社会固定资产投资不包含经开区和高新区数据

表 5　2018年度中央省级媒体报道宁乡目录

序号	报道
1	人民日报：一步一个脚印 踏踏实实干好工作——习近平主席新年贺词引发各地干部群众热烈反响（宁乡沩山乡党委书记黎国君）
2	人民日报：湖南宁乡：新家过年幸福满满
3	人民日报：习近平总书记在北京大学考察时的重要讲话引起热烈反响——同新时代共同前进（采访宁乡市委书记周辉）
4	人民日报：产粮大县的田野"四则运算"（产业振兴三问·怎么种地）——来自湖南宁乡的农业供给侧结构性改革调查
5	人民日报："学党史、听党话、跟党走"课程覆盖湖南省宁乡市所有学校——浇花浇根育人育心（教育眼）
6	人民日报：湖南宁乡联通联办方便农村群众，小事不出村大事不出镇
7	人民日报：发展文旅产业打造城市品牌提升区域价值，宁乡文化润新城
8	人民日报：姚兵华：巧木匠圆了"红楼"梦（追梦）
9	人民日报：长沙：智造引领产业蝶变（大江奔流——来自长江经济带的报道）
10	人民日报：何叔衡：为苏维埃流尽最后一滴血（为了民族复兴·英雄烈士谱）

续表 5

序号	报道
11	人民日报：宁乡103名教师前往湖南武冈、绥宁以及西藏支教
12	人民日报：黄材水库灌区补水利短板
13	人民日报：工业百强县（市）分布16省区市，苏鲁浙等继续领跑
14	新华社：湖南宁乡：全市动员 扫雪除冰
15	新华社：湖南宁乡市发力基层医疗供给侧改革
16	新华社：昔日风波镇 如今有望建成旅游古镇——重访湖南宁乡市道林镇
17	新华社："2345"改革创造项目审批"宁乡速度"
18	新华社：湖南宁乡市：县乡联动强基层激发医改活力
19	新华社：丰收之望,丰收之变
20	光明日报："我要为苏维埃流尽最后一滴血"
21	光明日报：湖南宁乡："互联网+"点亮智慧生活
22	经济日报：湖南宁乡：为企业和群众提供精准到位服务
23	经济日报：湖南：全国农业产业强镇建设启动
24	经济日报：何叔衡："我要为苏维埃流尽最后一滴血"
25	经济日报：大地为证——中国40年土地制度改革纪略（报道湖南宁乡大成桥鹊山村）
26	中央人民广播电视台：支持棚改建设81.9亿元项目贷款惠民生
27	中央人民广播电视台：【深读经济】中国40年农村土地制度改革纪略：大地为证
28	中央人民广播电视台：刘少奇：共产党就是为人民办事的
29	中央人民广播电视台：文旅创意融合引领华中旅业发展 人文景点最受欢迎
30	中央电视台：创新湖南：从高速度转向高质量（宁乡楚天智能制造）
31	中央电视台：带你读懂新时代（宁乡打赢蓝天保卫战）
32	中央电视台：以奋斗者风貌迎接新时代第一春（宁乡欢乐过大年）
33	中央电视台："谱写发展新篇章——中央经济工作会议引发热烈反响"（报道宁乡经开区管委会工作人员马婷谈如何创新）
34	中央电视台：《味道：记忆中的年味——宁乡年味》
35	中央电视台：《中国影像方志》宁乡篇9日时长50'00"
36	中央电视台："谱写发展新篇章——中央经济工作会议引发热烈反响"（报道宁乡经开区管委会工作人员马婷谈如何创新）
37	中央电视台：湖南长沙：水葫芦爆发侵占河道 上下游联动清理
38	中央电视台：冰雪一线的坚守 高科技设备 "除雪神器"保畅通
39	中央电视台：启航新时代"中国智造"推动建设现代化的经济体系（报道全国人大代表、楚天科技董事长唐岳谈智能制造和科技创新）
40	中央电视台："两会"代表委员访谈（全国人大代表、楚天科技董事长唐岳谈知识产权保护）
41	中央电视台：宁乡智慧纪检平台监控异常行为
42	中央电视台：纠正"四风"不止步，紧盯节日腐败，严查红包礼金
43	中央电视台：多地强降雨，部分地区内涝
44	中央电视台：湖南：多地强降雨，部分地区积极排涝（宁乡）

续表 5

序号	报道
45	湖南日报：重点景区全面飘红，乡村旅游、温泉康养人气火爆，全省各主要景区欢乐祥和、人头攒动——冬游湖南热度高
46	湖南日报：挺进“万亿俱乐部”——长沙市，回眸2017年
47	湖南日报：项目为要谋大局——宁乡开启发展新征程
48	湖南日报：树根互联：工业互联网“大玩家”
49	湖南日报：宁乡市建立企业名录库
50	湖南日报：长沙民办教育机构突破2000家，首届“十佳”举办者受表彰
51	湖南日报：改革引领新方向发展开创新纪元——湖南省“十大平安医院”宁乡市人民医院发展纪实
52	湖南日报：宁乡经开区迈入“千亿园区”方阵
53	湖南日报：全面从严治党在路上“要做勤劳的小蜜蜂”
54	湖南日报：湖南县域旅游经济增长质量报告首次发布
55	湖南日报：引领特色小镇发展方向，2018中国特色小镇博览会开幕
56	湖南日报：精准扶贫的“珊瑚样本”——宁乡市资福镇珊瑚村扎实开展精准扶贫纪实
57	湖南日报：宁乡市：推行“路长制”实行“大交管”
58	湖南日报：潮平两岸阔——宁乡市双江口镇2017年建设纪实
59	湖南日报：宁乡大屯营镇：织密农村食品安全监管网
60	湖南日报：沃特玛：为新能源汽车注入澎湃动力
61	湖南日报：宁乡市合同引资超200亿元
62	湖南日报：同心安居梦今圆
63	湖南日报：湘企，青春逼人——写在《今朝湘企更好看》系列报道收官之际
64	湖南日报：家门口就业
65	湖南日报：宁乡喻家坳乡全面启动党员冬春训
66	湖南日报：黄材镇探索民主协商对话机制，打通联系群众最后一公里
67	湖南日报：宁乡市沙田乡：党建“四个一”助力乡村振兴
68	湖南日报：横市镇易地搬迁项目二期正式交付
69	湖南日报：千万善款物 博爱送万家，长沙启动春节“红十字博爱送万家”活动
70	湖南日报：“甜蜜”事业，幸福生活——宁乡市道林镇开拓“养蜂+扶贫”新路子
71	湖南日报：黄材镇党员管理“积分制”，强化基层党组织战斗堡垒作用
72	湖南日报：乡村振兴扬帆时—— 看长沙如何答好新时代“三农”考题
73	湖南日报：道林镇：党旗飘扬万象新
74	湖南日报：全国十大考古新发现评选启动，我省两处发掘和调查项目入围初选
75	湖南日报：做实民生引领幸福星城
76	湖南日报：宁乡资福镇开展党员“冬春训”
77	湖南日报：宁乡青山桥镇同心村庄建设托起群众安居梦
78	湖南日报：“红袖章”巡防为年底平安护航
79	湖南日报：一样的风雪 不一样的风景

续表 5

序号	报道
80	湖南日报：长沙四级河长保清流，集中式饮用水水源地水质达标率100%
81	湖南日报：最严管理打造整洁有序的城乡环境
82	湖南日报：横市镇迎战雨雪
83	湖南日报：宁乡横市镇扎实推动全面从严治党
84	湖南日报：宁乡大屯营镇：以竞赛促烟叶备耕
85	湖南日报：流沙河镇探索城乡管理新模式
86	湖南日报：打好蓝天保卫战 山水坝塘展新颜
87	湖南日报：东湖塘镇：医疗救助贫困户
88	湖南日报：医联体解决百姓看病难
89	湖南日报：宁乡资福珊瑚村积极应对冰雪天气
90	湖南日报：横市镇：从严抓实党员教育管理
91	湖南日报：1月“中国好人榜”在长沙发布，湖南7人上榜，蔡振红胡衡华揭榜
92	湖南日报：湖南旅游调研成果丰硕
93	湖南日报：“爱心妈妈”与贫困学生结“对子”致公党长沙市委开展“爱在珊瑚”春节慰问活动
94	湖南日报：“生产忙、发货忙、客户考察忙”——楚天科技医药装备项目建设见闻
95	向湖南日报：违规红包礼金说“不”
96	湖南日报：宁乡成立人才服务中心与人才驿站
97	湖南日报：金玉工业集中区打造绿色园区给春天一点“颜色”
98	湖南日报：书香飘到家门口 文化惠民过大年
99	湖南日报：宁乡爱心年货助扶贫
100	湖南日报：“年味宁乡”喜乐会热闹开锣

表 6　　2018年文化体育事业发展情况

指标名称	计量单位	2017年	2018年	2018年比2017年（±%）
公共图书馆	个	1	1	0
藏书量	万册	24.1092	25.4883	5.72
群众文艺团队	个	420	420	0
全年公益演出	场	25	96	284
全年公益电影放映	场	4500	4500	0
文化馆个数	个	1	1	0
文化馆面积	平方米	3500	3500	0
文化广场个数	个	200	220	10
文化广场面积	平方米	322000	332000	3.1
体育场馆个数	个	15	15	0
体育场馆面积	平方米	2445115	2445115	0
体育协会	个	20	20	0
年内举办运动文体活动场次	场	45	60	33

表 7 2018年卫生事业发展情况

指标名称	计量单位	2017年	2018年	2018年比2017年（±%）
卫生机构	家	919	919	0
其中：县直医卫单位	家	8	8	0
街道社区卫生服务中心	家	4	4	0
乡镇（中心）卫生院	家	29	29	0
民营医院	家	13	17	31
村卫生室	家	412	412	0
其他医疗卫生机构	家	469	458	2.3
床位数	张	7130	7599	6.6
卫生人员	人	7517	7641	1.6
其中：执业医师	人	2072	2094	1.1
执业助理医师	人	1024	1036	1.2
注册护士	人	2852	2942	3.2
药师	人	809	809	0
技师	人	712	712	0
其他	人	48	48	0
疾病预防控制中心	个	1	1	0
疾病预防控制中心卫生预防人员	人	56	60	7.1
乡村医生	人	412	424	2.9
5岁以下儿童死亡率	‰	3.92	4.80	—
婴儿死亡率	‰	2.16	3.10	—
孕产妇死亡率	10万分之	0	6.38	—
产妇住院分娩比率	%	100	100	—
全年门诊人次	万人次	196.2	219.0	12
全年住院人次	万人次	21.9	24.3	11
出生人口数量	人	21500	18188	15
人口自然增长率	‰	7.92	5.5	—

表 8 2018年交通运输情况

指标名称	计量单位	2017年	2018年	2018年比2017年（±%）
辖区内通车公里里程	千米	4347.5	12235.5	181.4
货运量	万吨	552	568	2.9
货运周转量	万吨千米	36000	37000	2.8
客运量	万人次	924	842	−8.9
客运周转量	万人千米	43000	39000	−9.3

续表 8

指标名称	计量单位	2017年	2018年	2018年比2017年（±%）
国道、省道、干线公路	公里	502.8	565.2	12.4
县道	千米	424.4	514.6	21.3
乡道	千米	425.3	425.3	0
桥梁数	座	543	548	0.9
高速公路	公里	114.9	171.9	49.6
境内铁路里程	千米	68	68	0

表 9　2018年工商登记企业情况

指标名称	计量单位	2017年（包含宁乡经开数据）	2018年（包含宁乡经开数据）	2018年比2017年（±%）
工商登记年末数合计	户	14525	16288	12.1
1、农林牧渔业	户	3393	3551	4.7
2、采矿业	户	90	88	-2.2
3、制造业	户	1950	2107	8.1
4、电力、热力、燃气及水生产和供应	户	67	70	4.5
5、建筑业	户	1042	1414	35.7
6、交通运输、仓储和邮政业	户	2531	2788	10.2
7、信息传输、软件和信息技术服务业	户	258	273	5.8
8、批发和零售业	户	100	102	2
9、住宿和餐饮业	户	383	419	9.4
10、金融业	户	345	344	-0.3
11、房地产业	户	464	511	10.1
12、租赁和商务服务业	户	1534	1799	17.3
13、科学研究和技术服务业	户	1690	1948	15.3
14、水利、环境和公共设施管理业	户	102	105	2.9
15、居民服务、修理和其他服务业	户	297	332	11.8
16、教育	户	27	143	429.6
17、卫生、社会保障和社会福利业	户	42	54	28.6
18、文化、体育和娱乐业	户	209	240	14.8

表 10　2018年工商登记个体情况

指标名称	计量单位	2017年（包含宁乡经开数据）	2018年（包含宁乡经开数据）	2018年比2017年（±%）
工商登记年末数合计	户	60283	64277	6.6
1、农林牧渔业	户	1168	1314	12.5
2、采矿业	户	58	54	-6.9

续表 10

指标名称	计量单位	2017年（包含宁乡经开数据）	2018年（包含宁乡经开数据）	2018年比2017年（±%）
3、制造业	户	2318	2401	3.6
4、电力、热力、燃气及水生产和供应	户	12	19	58.3
5、建筑业	户	103	131	27.2
6、交通运输、仓储和邮政业	户	37415	38981	4.2
7、信息传输、软件和信息技术服务业	户	5568	6316	13.4
8、批发和零售业	户	6238	6936	11.2
9、住宿和餐饮业	户	328	323	−1.5
10、金融业	户	5	5	0
11、房地产业	户	40	60	50
12、租赁和商务服务业	户	1174	1479	26
13、科学研究和技术服务业	户	180	175	−2.8
14、水利、环境和公共设施管理业	户	3	8	166.7
15、居民服务、修理和其他服务业	户	4961	5321	7.3
16、教育	户	16	13	−18.8
17、卫生、社会保障和社会福利业	户	160	176	10
18、文化、体育和娱乐业	户	536	565	5.4

表 11　2018年环境卫生事业情况

指标名称	计量单位	2017年	2018年	2018年比2017年（±%）
一、完成工作量	——			
收运垃圾	万吨	22.4	25.7	15.1
清扫街道	万平方米	698	698	0
保洁从业人员	人	1092	1268	16.1
二、环卫专用车辆	——			
垃圾运输车	辆	42	53	26.2
扫路车	辆	7	11	57.1
洒水车	辆	25	27	8
二、环卫设施	——			
公共厕所	座	75	73	−2.7
其中：本年新建	座	0	−2	
垃圾站	个	109	110	0.9
其中：本年新建	个	4	1	

表 12　　2018年宁乡市园林绿化情况

指标名称	计量单位	2017年	2018年	2018年比2017年（±%）
园林绿化覆盖面积	万平方米	1999.9	2478.8	23.9
绿化覆盖率	%	39.3	40.8	—
绿地面积	万平方米	1765.2	2162.5	22.5
新增绿地面积	万平方米	97.9	397.3	305.8
绿地率	%	34.7	35.6	—
公园个数	个	9	11	22.2
公园绿地面积	万平方米	399.1	424.6	6.4

表 13　　2018年气象情况

指标名称	计量单位	2017年	2018年
年平均气温	℃	18.3	18.3
年内极端最高温	℃	39.5（7月28日）	38.5（7月21日）
极端最低温	℃	−0.9（12月18日）	−4.1（1月30日）
年降水量	毫米	1598.7	1384.9
最大日降水量	毫米	134.0（7月1日）	116.5（7月12日）
降水量≥1.0mm日数	天	181	199
平均相对湿度	%rh	77	77
年日照时数	小时	1517.1	1461.4
平均海平面气压	百帕	1015.9	1015.2

组织机构及负责人

中国共产党宁乡市委员会

书　记　周　辉
副书记　付旭明
　　刘　亮（7月止）
　　刘永红（7月任）
常　委　周　辉
　　付旭明
　　刘　亮（7月止）
　　刘永红（7月任）
　　汤智斌（4月止）
　　张　武
　　刘　平
　　（5月接受审查调查）
　　王湘云
　　彭　娟（女）
　　彭　韬
　　刘俊武
　　田　剑（9月止）
　　钟利仁（女，7月任）
　　李佑明（7月任）
　　郑　旗
　　（挂职，7月任）
　　刘继帅（9月任）

市委工作机构

市委办公室
主　任　彭　韬
副主任　黎国希（常务）
　　袁德强（8月止）
　　潘志武
　　詹爱芝
　　（女，兼，8月任）
　　陈科军（兼）
　　刘庆丰（挂职）
　　杨平辉（女，挂职）

市委政策研究室
主　任　彭　舜
副主任　王艳杰
　　徐　泽（8月止）
　　王　强（8月任）

市委督查室
主　任　彭灿军

市保密局
局　长　杨平辉（女）
副局长　戴　懿（女）

市机要局
局　长　陈泽军
副局长　徐　翔
　　黄拥华（12月任）

市委接待办
主　任　詹爱芝（女，8月任）
副主任　资贝贝（女）

市委改革办
主　任　彭　韬
副主任　彭铸陶

市委直属机关工作委员会
书　记　彭　韬（兼）
副书记　刘胜光
纪工委书记　范献军
委　员　周姝香（女）
　　钟炳权（兼）

市委组织部
部　长　汤智斌（4月止）
　　李佑明（7月任）
副部长　王　辉（女，常务）
　　谢　政
　　邹素武
　　陈杰文（兼）
　　唐朝晖（兼）
　　周泽秋（兼）

市委基层办
主　任　邹素武
常务副主任　刘　蜜

市委非公有制经济组织和社会组织工作委员会
书　记　邹素武
副书记　吴山川
　　宋汝明

市人才工作局
局　长　彭　丹（女）
副局长　高开程

市委组织部党员教育中心
主　任　王　毅

市委宣传部
部　长　彭　娟
常务副部长　汤命强
副部长　黄志刚
　　邓利良
　　李洪波（兼）

市文明办
主　任　李洪波
副主任　童纪源

文化产业发展办公室
主　任　刘文斌

市委统战部
部　长　刘俊武（8月止）
　　钟利仁（女，8月任）
副部长　詹爱芝
　　（常务，女，8月止）
　　肖玉华
　　（常务，8月任）
　　李　杰
　　刘志强
　　姜跃兵（挂职）

市委台湾工作领导小组办公室
主　任　刘志强（兼）

市归侨侨眷联合会
副主席　周文超

市委政法委员会
书　记　王湘云（8月止）
　　刘俊武（8月任）
副书记　潘顺秋
　　梁正文
　　刘文军
　　陈甘泉（兼）

市社会管理综合治理委员会办公室
主　任　潘顺秋(兼)
副主任　杨建兵
　　王义飞

市委维护稳定工作领导小组办公室
主　任　刘文军(兼)
副主任　丁旭文
　　邓铭心

市机构编制委员会办公室
主　任　陈伟平
副主任　梁继荣
　　严和平

事业单位登记管理局
局　长　廖凯平

监督检查科
科　长　喻国栋

机构编制电子政务中心
主　任　廖杜娃

市巡察工作领导小组办公室
主　任　符灿阳
副主任　奉旨亨

市信访局
党组书记、局长
　　姜　伟
党组成员、副局长
　　谢　文（女）
　　唐　华
　　张勇波
党组成员　杨青兰（女）

部门管理机构

市委老干部局
局　长　　周泽秋
主任科员　欧保明
副局长　　蒋才良
　　　　　卢　敏（女）
　　　　　金章国

市绩效考核办公室
主　任　　唐朝晖
副主任　　贺　虎

市委防范和处理邪教问题领导小组办公室
主　任　　陈甘泉
副主任　　罗亿清
　　　　　李春香

直属事业单位

市委党校
校　长　　刘　亮（7月止）
　　　　　刘永红（7月任）
常务副校长　胡志平
副校长　　黄学君
　　　　　朱锡宁（女）

市史志档案局
局　长　　彭智勇
副局长　　杨旺兴
　　　　　姜小平

市广播电视台
党委书记、台长
　　　　　易光辉
党委委员、副台长
　　　　　刘志勇
　　　　　欧朝波
　　　　　杨　洋

《今日宁乡》信息中心
主　任　　张益华
副主任　　袁　文
　　　　　贺小平

宁乡市人民代表大会常务委员会

主　任　　喻亚军
副主任　　周泽祥
　　　　　熊志扬
　　　　　闵志平
　　　　　刘骥扬
　　　　　张　莹（女）
委　员　　杨正文
　　　　　王碧泉
　　　　　夏国勋
　　　　　杨　斌
　　　　　何赞兵
　　　　　蔡石姣
　　　　　罗桂华
　　　　　黎正明
　　　　　周旭文
　　　　　周金国（10月辞）
　　　　　钟建军
　　　　　王　辉
　　　　　贺太泉（10月辞）
　　　　　刘红云（女，4月辞）
　　　　　肖水平（4月辞）
　　　　　汤命强
　　　　　李拥华（女）
　　　　　朱爱英（女）
　　　　　彭泽华
　　　　　洪敏强（女）
　　　　　赵聪明（女）
　　　　　邓　英（女）
　　　　　刘　敏（女）
　　　　　周顺全
　　　　　释贤心
　　　　　蔡跃武
　　　　　刘义军
　　　　　陶文英（女）
　　　　　刘　陵（女）
　　　　　潘继斌
　　　　　左立平（12月补）
　　　　　喻林义（女，12月补）
　　　　　罗建宇（12月补）

宁乡市人大及其常委会工作机构

办公室
主　任　　杨正文
副主任　　谭永华
　　　　　郑小玲

法制委员会
主任委员　罗桂华
副主任委员　刘　涌

财政经济委员会
主任委员　黎正明
副主任委员　王　旭

内务司法工作委员会
主　任　　夏国勋（5月止）
副主任　　王玉元

教育科学文化卫生工作委员会
主　任　　何赞兵
副主任　　邬明华

选举任免联络工作委员会
主　任　　杨　斌
副主任　　何　平

农业与农村工作委员会
主　任　　周旭文
副主任　　蔡运辉

城乡建设环境与资源保护工作委员会
主　任　　周金国（8月止）
　　　　　左立平（8月任）
副主任　　刘利兵

宁乡市人民政府

市　长　　付旭明
常务副市长　王湘云（10月任）
副市长　　钟利仁（女，9月止）
　　　　　冯智君
　　　　　章晓波（8月止）
　　　　　陈德奇
　　　　　文　平
　　　　　贺立权
　　　　　黄　勇（8月任）
　　　　　李　磊（10月任）
副调研员　周明山
　　　　　吴国强
　　　　　孔秋生
　　　　　胡　长
副县级干部　黎庆华
　　　　　袁德强（10月任）
　　　　　刘志勇
　　　　　张向荣
　　　　　王寿龙（12月任）

市政府工作机构

市政府办公室
主　任　　陈永胜
副主任　　徐志平（常务）
　　　　　王万军
　　　　　彭晓静（女）
　　　　　张赞辉
　　　　　范建强
　　　　　刘　霞（女）
　　　　　吴麒麟
　　　　　姜　伟（兼职）

市政府督查室
主　任　　张建元

市政府法制办公室
主　任　　谭　瑛（女）
副主任　　吴泽平

市外事侨务办公室
主　任　　颜曙琦（女）
市政府研究室
主　任　　贺俊军
副主任　　刘孟雄
市应急管理办公室
主　任　　杨皎锋
市电子政务管理办公室
主　任　　姜佳宏
副主任　　成志强
　　　　　邓伟雄

市发展和改革局
党组书记、局长
　　　　　刘寄华
党组成员、副局长
　　　　　叶刚毅
　　　　　王　凯
　　　　　张浩平
副局长　　杨红秀
市政府投资建设项目管理领导小组办公室
主　任　　刘寄华（兼）
副主任　　叶刚毅（兼）
市“两型”办
副主任　　文　强
市价格监督检查局
局　长　　周　苗

市经济和信息化局
局　长、党组书记
　　　　　胡　浪
副局长、副书记
　　　　　邓志强
副局长　　曾卉敏（女）
工会主席　曹正旺

市教育局
党委书记、局长
　　　　　戴晓成
党委副书记、副局长
　　　　　文玉华
党委委员、副局长
　　　　　曾曙光
党委委员　曹金花
党委委员、副局长
　　　　　喻汉科
工会主席　刘国强

市科学技术局
党组书记、局长
　　　　　黄岳君（12月止）
主任科员　李旭东
党组成员、副局长
　　　　　黄建龙
　　　　　黄胜男
党组成员　桂建科

市城乡规划建设局
党组书记、局长
　　　　　喻　尚
党组副书记、副局长
　　　　　杨文辉
　　　　　何昊强
副局长　　孟友良

市公安局
副市长、党委书记、局长
　　　　　章晓波（8月止）
　　　　　黄　勇（8月任）
副书记、政委
　　　　　陈魁昱
副书记、常务副局长
　　　　　肖学强
副书记、副局长
　　　　　刘志良
党委委员　林山清
党委委员、副局长
　　　　　沈新宇
　　　　　曾宁汉
党委委员、副政委、政工室主任
　　　　　贺　任

市民政局
党委书记、局长
　　　　　喻宏建
主任科员　喻湘波
党委委员、副局长
　　　　　黄海泉
　　　　　唐　军
　　　　　姜得意
党委委员、主任科员
　　　　　金　华（12月任）
市老龄工作委员会办公室
副主任　　王力支
市救助管理站
党支部书记　曾志军
站　长　　肖　华
市军队离退休干部休养所
党总支书记、所长
　　　　　郑海军
市社会救助局
党支部书记　赵国良
局　长　　李新华

市司法局
党组书记、局长
　　　　　刘海波（女）
党组副书记、副局长
　　　　　邓永红
党组成员、副局长
　　　　　钟海军
主任科员　许利军

市财政局
党组书记、局长
　　　　　王春林
党组成员、副局长
　　　　　陈拥军
　　　　　赵文波
党组成员、总会计师
　　　　　殷文肆
国资局局长兼副局长
　　　　　邓旺华
副局长
　　　　　李　珍（女，挂）
国有资产管理局
副局长　　卜了凡（女）
　　　　　陶茂强
非税收入管理局
局　长　　陈映霞（女）
乡镇财政管理局
局　长　　贺　洲
国库集中支付局
局　长　　刘　颖
政府采购监督管理办公室
主　任　　张启文
财政预决算（投资）评审中心
主　任　　周喜良（女）
财政监督检查局
局　长　　李　珍（女）
财政统发工资中心
主　任　　彭　晖（女）

市人力资源和社会保障局
党组书记、局长
　　　　　陈杰文
党组副书记、副局长
　　　　　丁　健
副局长　　夏美善
党组成员、副局长
　　　　　刘甲初
　　　　　姜安民
　　　　　孙　树（女）
副主任科员　洪方圆（女，1月任）
就业服务中心
主　任　　王遏飞
人力资源公共服务中心
主　任　　吴瑞华（女）
城镇职工养老保险中心
主　任　　喻铁强
城镇职工医疗保险中心
主　任　　喻建华
城乡居民养老保险中心
主　任　　廖蓉燕（女）
城乡居民医疗保险中心
主　任　　谢宴朋
劳动保障监察大队

大队长　　王献忠

市国土资源局
党组书记、局长
罗亿清
党组副书记、副局长
汤照武
党组成员、机关党委书记
彭德强
党组成员、副局长
龙俊武
邓四红
周伏良
彭宏献

市交通运输局
党委书记、局长
杨瑞祥
党委委员、副局长
胡思佳
何永胜
欧跃武
党委委员　　欧阳涌滨
党委委员、副局长（挂职）
易国强
市路政执法局
局　长　　胡思佳（兼）
支部副书记　李庆超
副局长　　周小妮（女）
朱志为
市交通运输管理所
所　长　　周　勇
总支书记　　刘海燕（女）
市公路管理站
站　长　　胡建云
支部书记　　陶湘军
市公共客运管理局
支部书记　　张　鹏
市交通建设质量监督站
支部书记　　吴　娟（女）
市公路养护中心
主　任　　张　佐
支部书记　　丁亚龙

市水务局
党委书记、局长
陶文良
党委委员、副局长
刘建兵
朱拥政
王智勇
喻起宏
市防汛抗旱指挥部办公室
主　任　　唐喜华
市水土保持预防监督局
局　长　　谢建新
党支部书记　周湘赣

韶山灌区花明楼管理所
所　长　　黄学良
田坪水库管理所
所　长　　谭　爽
洞庭水库管理所
所　长　　刘国强

市农业局
党委书记、局长
彭力强
党委副书记、副局长
陈新德
主任科员　　廖长青
党委委员、副局长
黎金华
党委委员、副局长
肖海燕
党委委员、副局长，农业技术推广中心主任
罗德辉
党委委员、副局长（兼），沙河市场管理处经理
刘　宇
党委委员、副局长，农广校校长
余良培
党委委员、工会主席
何文姣

市林业局
党委书记、局长
张永胜
党委副书记（挂职）、森林公安局局长　　秦岳坤
党委委员、副局长
易建芳（女）
青小华
金洲湖国家湿地公园管理处主任
张建良（3月止）
姚建武（3月任）
山林权属管理办公室主任
杨志国

市文化体育广播电视局
党委书记、局长
文　斌
正科职主任科员
黄蓉晖（女）
党委委员、副局长
谭光荣
赵胜强
杨瑞兰（女）
吴　婧（女）

市卫生和计划生育局
党委书记、局长
王东波

副书记、副局长
刘亮平
党委委员、副局长
陈再强
姜　萍（女）
马志强
徐红斌
袁新华
党委委员　　李　建（女）

市审计局
党组书记、局长
洪瑞强（女）
党组成员、副局长
尹　胜
周景云
总审计师　　邹群英（女）
市领导干部任期经济责任审计办公室
主　任　　谭元清（女）
市政府投资审计中心
主　任　　杨轶彬（女，3月任）

市城市管理和行政执法局
党委书记、局长
成　亮
党委副书记、副局长
张建良
党委委员　　肖村安
党委委员、副局长
黎艳阳
刘爱军（女）
副局长　　黄献文
市市容环境卫生管理局
局长、党委书记　　肖村安
市园林管理局
局　长　　贺随超
书　记　　黄献文
市市场服务中心
主　任　　赵雪军
书　记　　戴石坚

市环境保护局
党组书记、局　长
李联明
党组成员、副局长
陈絮飞（女）
张　华
杨　华
主任科员　　张　杰

市统计局
党组书记　　熊海军
局　长　　段志斌
党组成员、副局长
闵爱辉（女）
刘志扬

普查中心主任
刘志红

市安全生产监督管理局
党组书记、局长
徐鹏飞
党组成员、副局长
颜 剑
欧阳练兵
陈 勇
党组成员 戴 文

市食品药品工商质量监督管理局
党组书记、局长
姜小鹏
党组副书记、副局长
郑 强
党组成员、副局长
邓启洪
魏 忠
王建新
童羽飞（女）
罗剑斌
刘万祥
党组成员、总工程师
张家泽

市人防办
主 任 黄立志
副主任 隆志申
夏晓红（女）

直属事业单位

市城乡规划服务办公室
主任、党组书记
李命文
副书记 刘学武
副主任 许东山
李拥华（女）

市商务局
局长、党委书记
刘晴明
副局长 彭志煌（4月止）
李文斌
李赛超（女）
党委委员 徐建军

市粮食局
党委书记、局长
戴合清
党委副书记、副局长
肖知义
党委委员、副局长
胡闻天
文建华
副局长 张湘华

市民族宗教事务局
党组书记 姜跃兵
局 长 张超明
副局长 谢志强

市旅游局
局 长 胡 宇（女）
党组书记 朱跃辉
党组成员、副局长
谷超俊（女）
党组成员 周向波

市畜牧兽医水产局
党委书记 杨一帆
局 长 戴碧锋
副书记、副局长
杨伟斌
党委委员、副局长
欧腊梅（女）
主任科员 谭正文
市动物卫生监督所
所 长 肖 觉（女）
市动物疫病预防控制中心
主 任 张英杰
市牧工商公司
经 理 王斌强

市住房保障局
党委书记、局长
张四明（女）
党委委员、副局长
谢宇波
刘 华
何建武
刘志成
党委委员 刘德民
（挂职，1月任）

市政务服务中心
党组书记、主任
刘宇雄
副主任 陈竞芳（女）
党组成员、副主任
陈 康

市金融证券工作办公室
主 任 卢志平
副主任 周 海
王彬晖

市供销合作社联合社
党委书记、主任
王 坚
党委委员、副主任
唐文兵
副主任 曾志超
党委委员 李志坚

市招商引资服务中心
党组书记、主任
李贺钊
党组成员、副主任
张淑文
副主任 李海燕（女）
党组成员、副主任
谢 腾

其他事业单位

湖南长沙灰汤温泉国际旅游度假区管理局
党组书记 李志敏
党组副书记、局长
易怀念（女）
党组副书记 欧子强
党组成员、副局长
李 龙
招商引资科科长
周宇燕（女，兼）
地热资源科科长
江 波（女，兼）
办公室副主任
朱学清
地热资源科副科长
潘 虎
计划财务科副科长
陈小琼（女）
规划建设科副科长
邓向前

长沙市黄材水库灌区管理局
局 长 廖金鹏
副局长 姜念东
易福乔
黎 明
徐海华

宁乡沩山风景名胜区管理委员会
党组书记 蒋政平
主 任 饶世坤
党工委副书记兼纪工委书记
陶春雷
副主任 喻立新
刘 洪

市烟叶生产指导管理办公室
党组书记、主任
丁新军
党组成员、副主任
喻灿平

副主任　　　谢志远
党组成员　　洪国华

市农业机械管理局
局长、党委书记
　　　　　　苏剑波
党委委员、副局长
　　　　　　袁庆阳
　　　　　　张　胜（6月去世）
　　　　　　周永清
　　　　　　刘轶苏

市移民开发管理局
局　长　　　李志勇
主任科员　　罗君辉
副局长　　　邹建新

市机关事务管理局
党组书记、局长
　　　　　　谢建华
党组成员、副局长
　　　　　　文　珍（女）
　　　　　　姜伟兵
　　　　　　隆命洪
　　　　　　陈　湘（女）

香山国家森林公园管理处
党组书记　　邹铁军
党组副书记、主任
　　　　　　王　娟（女）
党组成员、副主任
　　　　　　胡华武
　　　　　　刘　军
　　　　　　彭　华

炭河里遗址管理处
主　任　　　文　昊（8月止）
副主任　　　熊　胜
　　　　　　黄　奎

沩东新城管理委员会
党组书记　　陈科军
党组成员、管委会副主任
　　　　　　刘寿华
党组成员、纪工委书记
　　　　　　谭　果
党组成员、管委会副主任（3月任）
　　　　　　唐超群

市重点工程建设办公室
党组书记、主任
　　　　　　邓新华
党组副书记、副主任
　　　　　　严万军
党组成员、副主任
　　　　　　程再文
　　　　　　宋光玉
　　　　　　童铁军
　　　　　　孙建国

市项目工程建设办公室
党组书记、主任
　　　　　　刘旺球
副主任　　　孙刚强
　　　　　　吴建龙
　　　　　　朱爱英（女）
党组成员、副主任
　　　　　　易鹏志

市城市建设投资集团有限公司
董事长　　　姚福平
总经理　　　高波良
监事长　　　谢继韩
纪检组组长　黄勇华
副总经理　　陶　泉
　　　　　　庞建新
党组成员　　胡携春
工会主席　　谢建明

市国资投资控股集团有限公司
党组书记、董事长
　　　　　　曾　辉
党组副书记、总经理
　　　　　　陈小文
党组成员、监事长
　　　　　　黄德安
党组成员、纪检组长
　　　　　　邱国华
党组成员、副总经理
　　　　　　罗杰人
　　　　　　李逢钦
　　　　　　钟　伟

市人民政府征地办公室
党组书记、主任
　　　　　　高建阳
党组成员、副主任
　　　　　　冯伏坚
　　　　　　喻应军
党组成员　　陶择富

市爱卫办
主　任　　　杨向东
副主任　　　张胜全

市能源服务局
局　长　　　周定兴
副局长　　　陈放军
　　　　　　莫华军

市公路管理局
党委书记、局长
　　　　　　何春章
党委副书记、副局长
　　　　　　邹海洋
党委委员、副局长
　　　　　　黎正文
党委委员、工会主席
　　　　　　聂新桥

中国人民政治协商会议宁乡市委员会

主　席　　　邓杰平
副主席　　　彭曦明（女）
　　　　　　李　纯（女）
　　　　　　杨志武（驻会）
　　　　　　曾含玲（女）
　　　　　　胡　宇（女，3月任）
秘书长　　　左志华
常　委（按姓氏笔画排名）
　　　　　　于子长
　　　　　　马　莹（女）
　　　　　　王应军
　　　　　　王建存
　　　　　　王　茜（女）
　　　　　　王晓彬
　　　　　　王智勇
　　　　　　文玉华（女）
　　　　　　邓杰平
　　　　　　左志华
　　　　　　龙国安
　　　　　　付　丹（女）
　　　　　　皮　涛
　　　　　　成五一（12月任）
　　　　　　向胜利
　　　　　　刘望平
　　　　　　刘清波
　　　　　　许东山
　　　　　　李　纯（女）
　　　　　　李志强
　　　　　　李　杰
　　　　　　杨红秀（女）
　　　　　　杨志武
　　　　　　杨建新
　　　　　　杨　柳（女）
　　　　　　杨柏松
　　　　　　何红兵
　　　　　　何　鑫（女）
　　　　　　邹庆林
　　　　　　沈新宇
　　　　　　宋美纯（女，12月任）
　　　　　　陈有余（女）
　　　　　　欧阳立
　　　　　　罗新文
　　　　　　周国勇
　　　　　　周常青（女）
　　　　　　胡令强
　　　　　　胡　宇（女，3月任）
　　　　　　胡均平

段志斌
姜佳宏
姜配良（女）
贺小平
贺永中
袁雪梅（女）
唐亚星
唐春艳（女）
陶海英（女，12月任）
黄忠于（12月任）
黄海文
彭世坚
彭曦明（女）
喻文定（女）
喻宏建
喻昭强
释如焰（女）
曾含玲（女）
谢　红（女）
谢建华
谢科军
黎清华
颜丽华（女）
戴事雄
戴　瑶（女）

政协宁乡市委员会工作部门

办公室
副主任　　曾勇备（女）

经济科技委员会
主　任　　欧阳立
副主任　　罗新华

提案法制委员会
主　任　　周名生
主任科员　向灿芳

文教卫体委员会
主　任　　孙意谋
副主任　　喻　波

群团联络委员会
主　任　　肖立云
主任科员　张文兵

人口资源环境委员会
主　任　　何友良

军警单位

市人武部
部　长　　刘继帅
政　委　　董　勇
副部长　　罗　琳
军事科长　宋明勇
后勤科长　王　寒
保障科长　李小平

中共宁乡市纪律检查委员会（宁乡市监察委员会）

书　记　　张　武
副书记　　陈志武
　　　　　肖水平
　　　　　张　毅
常　委　　张　武
　　　　　陈志武
　　　　　肖水平
　　　　　张　毅
　　　　　廖国珍
　　　　　郑香平
　　　　　罗建宁
　　　　　王宁波
　　　　　夏新华

宁乡市监察委员会
主　任　　张　武
副主任　　陈志武
　　　　　肖水平
　　　　　张　毅
委　员　　廖国珍
　　　　　郑香平
　　　　　夏新华
　　　　　戴文平

纪委监委工作机构
办公室主任　胡齐华
组织部部长　周良兴
宣传部部长　空　缺
党风政风监督室主任
　　　　　黄贵春
信访室主任　熊坤朋
案件监督管理室主任
　　　　　吴素婵
第一纪检监察室主任
　　　　　曾志坚
第二纪检监察室主任
　　　　　陈红兵
第三纪检监察室主任
　　　　　喻小平
第四纪检监察室主任
　　　　　曾海鑫
第五纪检监察室主任
　　　　　邹文平（3月止）
第六纪检监察室主任
　　　　　丁尚军
案件审理室主任
　　　　　蒋泽云
干部监督室主任
　　　　　李　俊

派驻纪检监察组
驻市委办纪检监察组组长
　　　　　王赛楠
驻市政府办纪检监察组组长
　　　　　刘建威
驻市委组织部纪检监察组组长
　　　　　姜　玲
驻市委政法委机关纪检监察组组长
　　　　　周杰文
驻市发改局纪检监察组组长
　　　　　姜赛男
驻市教育局纪检监察组组长
　　　　　何　欣
驻市城乡规建局纪检监察组组长
　　　　　盛治国
驻市财政局纪检监察组组长
　　　　　成素芬
驻市交运局纪检监察组组长
　　　　　杨旺斌
驻市水务局纪检监察组组长
　　　　　彭立平
驻市农业局纪检监察组组长
　　　　　袁　欣
驻市城管局纪检监察组组长
　　　　　罗文斌
驻市食品药品工商质量监督管理局纪检监察组组长
　　　　　容胜强

宁乡市人民法院

党组书记　　张　帅（3月止）
　　　　　　吴　欣（3月任）
院　长　　　吴　欣
党组副书记、副院长
　　　　　　张罗文
副院长　　　贺永中
党组成员、副院长
　　　　　　刘舟舟（女）
党组成员　　胡敬阳

宁乡市人民检察院

党组书记、检察长
　　　　　　钟孝明
党组成员、副检察长
　　　　　　易为志
　　　　　　李　闽
　　　　　　陈卓平
副检察长　　喻昭强
党组成员、机关总支书记
　　　　　　周文武（3月任）
党组成员、工会主席
　　　　　　谢旭辉（2月任）
检察委员会专职委员

钟晓利（女）
周　勇

开发区

宁乡经济技术开发区

党工委书记　周　辉
党工委副书记、管委会主任
戴中亚
党工委副书记
黄　瑶
党工委委员、纪工委书记
袁　钊（7月止）
刘颖鹏（9月任）
党工委委员、管委会副主任
刘　辉
管委会副主任
黄　梁（7月任）
党工委委员　吴宏（6月任）
王子进（7月止）
总工会主席　王子进

宁乡高新技术产业园区

党工委书记　刘永红（8月止）
郑　旗（8月任）
党工委副书记、管委会主任
郑　旗（8月止）
苏继桃（8月任）
党工委副书记、纪工委书记
欧立新
党工委委员、管委会副主任
喻　晓
苏继桃（8月止）
刘　颖
办公室主任　赵曦芝（女）
纪检监察室主任
邵宝胜
招商合作局局长
向成承（女）
经济发展局局长
潘剑灵
规划建设局局长
姚有明
社会事务局局长
谢启文
企业党委专职副书记
任永霞（女）
创新服务中心（筹）负责人
刘望平
财政分局局长
彭　波
国土分局局长
朱新辉
环保分局局长
饶　建
人社分局局长
刘旭明
城管分局局长
杨　勇
工程建设管理办公室常务副主任
李劲夫
安全生产委员会办公室常务副主任
严安乐
法务中心主任
颜　石
长沙金洲新城开发建设投资集团有限公司董事长、董事、总经理、法人代表
周海鹏
长沙金洲新城开发建设投资集团有限公司董事、监事会主席
魏清明
长沙金洲新城开发建设投资集团有限公司副总经理、董事，兼物业公司董事长、总经理、法人代表
陈福泉
长沙金洲新城开发建设投资集团有限公司副总经理、董事，兼同创公司董事长、总经理、法人代表
马建新
长沙金洲新城开发建设投资集团有限公司副总经理、董事
彭湘艳（女）
大科园资产公司总经理，兼长沙旺金有限公司董事长、总经理、法人代表
廖立方（女）

金玉工业集中区

党组书记、董事长
蒋平波
党组副书记、总经理
吴宝林
党组成员、监事长
周兵才
党组成员、纪检组组长
林卫平
党组成员、副总经理
贺胜军
陈湘楹
焦胜勇

民主党派·工商联

民进宁乡市工委

主　委　　张超明
副主委　　朱爱英
杨红菊
委　员　　李跃明
杨柏松
张　帅
易爱华

农工民主党宁乡基层委员会

主　委　　谢文军
副主委　　贺小平
曾含玲
隆习军
李拥华
李伟力
刘　陵

市工商业联合会

主　席　　曾含玲（女）
党组书记　李　杰
副主席　　杨　艳（女）
党组成员、副主席
莫华军（9月任）
党组成员　宋海波
党组成员、秘书长
李玉梅（女）

人民团体

市总工会

主　席　　钟利仁
（女，兼，10月止）
周泽祥（兼，10月任）
党组书记、副主席
贺太泉（8月止）
党组书记、副主席候选人
张立金（8月任）
党组书记、副主席
张立金（10月任）
主任科员　邹利红（女）
王京湘（女）
党组成员、副主席
刘为良
陈桂荣
党组成员　张怡汉
副主席　　曾中镛
（挂职，10月任）
胡逖飞
（兼职，10月任）
唐少锋
（兼职，10月任）
彭　卓
（兼职，女，10月任）
经费审查委员会主任
王智茹（女）
女职工委员会主任
戴　琼（女，10月止）
张宏伟（女，10月任）

共青团宁乡市委员会

书　记　　杨靓雯（女）
副书记　　郭　婷（女）
张　玮
周振兴

（挂职，10月任）
姜 晓
（兼职，10月任）
蔡 亭
（兼职，女，10月任）
文 韬
（兼职，10月任）

市妇女联合会
党组书记、主席
刘红云
（女，2月止）
喻林义
（女，9月任）
党组成员、副主席
周常青（女）
副主席 周建新（女）

市残疾人理事会
党组书记、理事长
张平飞（女）
副理事长 罗新文
党组成员、副理事长
谢晓南

市科学技术协会
主 席 王泽良
党组书记 胡利元
党组成员、副主席
张爱群（女）
谭菊初

市文学艺术界联谊会
主 席 杨罗先

市红十字会
会 长 钟利仁
常务副会长 陈敏芳

垂直管理单位

市税务局
党委书记、局长
李宇奇（10月任）
党委副书记、副局长
姜 楠（10月任）
党委委员、副局长
严 明（10月任）
曹卫平（10月任）
陈红辉（10月任）
曾向明（10月任）
杨万玄（10月任）
赖 红（女,10月任）
党委委员、纪检组组长
刘以人（10月任）

市气象局
局长、党组书记
张森文
副局长 崔剑峰
陈向晖

市烟草专卖局
党组书记、局长、经理
陈道颖（1月任）
李 帆（8月任）
党组成员、副局长
傅俊军（1月任）
廖 文（1月任）
党组成员、副经理
黄国强（1月任）
张宁波（女，1月任）
荣方勇（8月任）

长沙住房公积金管理中心宁乡市管理部
主任、党支部书记
陈 洪（2月任）
代理主任、党支部书记
袁清亮（2月止）
副主任 谭建明

中央储备粮宁乡直属库有限公司
党委书记、总经理
许 飞
党委副书记、纪委书记
祝 勋
副总经理 杨文凤
总会计师 邓小辉（女）

中国邮政集团公司湖南省宁乡市分公司
总经理、党委书记
李 杰
副总经理、工会主席
张 丽（女）
副总经理 李峰彪
薛 冰
寄递事业部副总经理
龚海龙

中国电信股份有限公司宁乡分公司
党委书记、总经理
杨 颖
党委委员、宁乡东区分局总经理
王 艳
（3月任，11月止）
罗 坚（11月任）
党委委员、宁乡东区分局副总经理
王 艳（3月止）
姜建佳（3月任）
党委委员、宁乡分公司副总经理
王 艳（11月任）
党委委员、宁乡东区分局总经理助理
姜建佳（3月止）
纪委书记、副总经理
尹 勇（4月任）
纪委书记、总经理助理
尹 勇（4月止）
副总经理 蒋 波（11月任）
总经理助理 蒋 波（11月止）

中国移动通讯有限公司宁乡分公司
总经理 王雄辉
副总经理 喻彩斌
付卉娜
刘国华

中国联通通讯有限公司宁乡分公司
总经理 汤周宁
副总经理 李 灿

龙骧集团宁乡分公司
党总支书记、经理
匡凌峰
副经理 张志军
成志兵
周俊波（女）

农业发展银行宁乡支行
行 长 姜 彪
副行长 黎 明（女）
李湘琦

工商银行宁乡支行
行 长 何 峰
副行长 周德强
张石良
汤之方
纪检委员兼工会主席
周继红

中国人民财产保险股份有限公司宁乡支公司
经 理 刘 铮
副经理 王天佳
张敬权

中国人寿保险股份有限公司宁乡支公司
经理、党总支书记
谢 屹
副经理、工会主席
肖 凌（女）
经理助理 王 军
尹 驰

方正证券宁乡营业部
总经理 黄谷丰

新华书店
支部书记、经理
郑劲松
副经理　黄艳红
副经理、纪检组组长
杨长海
副经理、工会主席
彭正洪

教育·卫计系统重点单位

职业中专学校
校　长　贺建辉
党委书记　易　勇
党委副书记　赵　欣
党委委员、副校长、纪委书记
胡跃波
党委委员、副校长、团委书记
郑志刚
校务委员、学生科科长
卢　炜
校务委员、工会主席、办公室副主任
汤应如（9月任）

宁乡一中
党委副书记 校长　欧阳才
党委书记　蒋鹏海
党委副书记、纪委书记
彭惠才
党委委员、副校长
刘科中
党委委员、副校长
彭建伦
党委委员、副校长
侯志宏
党委委员、工会主席
欧铁强
党委委员、团委书记
卢文敏

宁乡四中
党委副书记、校长
刘建军
党委书记　黎卫华

市疾病预防控制中心
党总支书记、主任
李雄伟
党总支成员、副主任
彭智勇
党总支成员、工会主席
曾　孜（女）

市妇幼保健计划生育服务中心
主任（院长）胡雪良
总支书记、副主任（副院长）
陆国斌（元月任）
罗湘超（2月任）
总支副书记、副主任（副院长）
罗湘超（元月）
陈雪莲（女）
总支委员、纪检组组长
蔡　永（女）
副主任（副院长）、总支委员
张彬彬（女）
钟瑞香（女）
李　军（女）
刘红梅（女）
副主任（副院长）
文　慧（女）
总支委员、工会主席
郑欣然
总支委员　李群林
杨桂芳（女）

市中医医院
院　长　杨曙光
党委书记　曾昶明
党委委员、纪委书记
潘湘华
党委委员、工会主席
喻先群（女）
党委委员、副院长
贺林战
党委委员、副院长
喻爱珍（女）
党委委员、副院长
李　曦（女）
党委委员、副院长
张　亮
副院长　王应军
党委委员、副院长
文志宁
党委委员　岳志平（女）

乡镇（街道）

道林镇
党委书记　潘志国
党委副书记、镇长
陈　浩
党委副书记　谢勇军
党委委员、人大主席
张新华
党委委员、政协工作联络处主任、
副镇长　彭海波
党委委员、纪委书记
周　竞
党委委员、组织委员
荆红叶（女）
党委委员、副镇长
张文宏
张亚光
副镇长　孟曙光
人大副主席　谭　饶

大屯营镇
党委书记　蒋　宇
党委副书记、镇长
曹一航
党委副书记　傅大成
党委委员、人大主席
文　献
党委委员、副镇长、政协联络工作负责人
袁　琳
党委委员、纪委书记
袁胜泉
党委委员、组织委员
胡智勇
党委委员、副镇长
胡志卓
戴斌文
副镇长　郭郁姿
人大副主席　周霞林

花明楼镇
党委书记　张立金（8月止）
文　昊（8月任）
党委副书记、镇长
张新灿
党委副书记　陈伟军
党委委员、人大主席
杨望伟
党委委员、政协联络工作负责人、
副镇长
贺实余
党委委员、纪委书记
刘　智
党委委员、组织委员
文　勇
党委委员、副镇长
李记为
熊平原（女）
副镇长　廖志红
人大副主席　李立红

东湖塘镇
党委书记　肖冠雄
党委副书记、镇长
左立平（8月止）
贺粤湘（8月任）
党委副书记、工会主席
黄颖娟（女）
党委委员、人大主席
李　明
党委委员、政协联络处主任
唐　华
党委委员、纪委书记

李 伟
党委委员、组织委员
龚江波
党委委员、副镇长
艾志军
刘伟强
副镇长 杨 黛（女）
陈瀚祥（10月任）
人大副主席 钟广兵

夏铎铺镇
党委书记 李锷华
党委副书记、镇长
李 纯
党委副书记 谭 姣（女）
党委委员、人大主席
周泽文
党委委员、政协联络工作负责人、
副镇长 郝德芳
党委委员、纪委书记
高谷良
党委委员、组织委员
唐志尧
党委委员、副镇长
刘金文
戴碧江
副镇长 谢 红（女）
人大副主席 成小平

金洲镇
党委书记 童志国
党委副书记、镇长
谭燎华
党委副书记 唐 鹏
党委委员、人大主席
张 征
党委委员、政协联络处负责人、副
镇长
张建良
党委委员、纪委书记
谈 超
党委委员、组织委员
贺湘锋
党委委员、副镇长
刘朝晖
任 晖
副镇长 李文杰
人大副主席 潘吉斌

双江口镇
党委书记 胡君安
党委副书记、镇长
刘肯登
党委副书记 贺星宇
周 勇
肖永忠

党委委员、人大主席
黄荣国
党委委员、政协工作负责人、副镇长
罗灿军（2月任）
党委委员、组织委员
喻 波
党委委员、副镇长
李湘辉
肖 敏
廖曙光
姜 顺
副镇长 王 林（女）
人大副主席 李术光

菁华铺乡
党委书记 石启明
党委副书记、乡长
彭海龙
党委副书记 马海潮
党委委员、人大主席
刘俐华（女）
党委委员、政协联络工作负责人、
副乡长
黄 尚
党委委员、纪委书记
熊建兵
党委委员、组织委员
罗 杰
党委委员、副乡长
喻 斌
张仕明
副乡长 陈 樱（女）
范警元
（女，11月任）
人大副主席 张寿平

煤炭坝镇
党委书记 宋 强
党委副书记、镇长
贺 伟
党委副书记 陈有余（女）
党委委员、人大主席
李 庆（女）
党委委员 、副镇长、政协联络工
作负责人 黄 剑
党委委员、纪委书记
李 智（女）
党委委员、组织委员
周 敏
党委委员、副镇长
陈 勇
贺达勋（3月任）
副镇长 杨大林
人大副主席 张跃明

回龙铺镇
党委书记 张湘桥
镇 长 潘 杰（1月任）
党委副书记 冯 亮
人大主席 蒋建国
政联办主任 程再强
主任科员 刘永强
纪委书记 高令香
组织委员 代会平（8月任）
党委委员、副镇长
贺胜军
唐文滔
姜小平（1月任）
副镇长 邹建伟
人大副主席 胡志敏（1月任）

坝塘镇
党委书记 田奇晖（女）
党委副书记、镇长
宋太军（4月止）
党委副书记、副镇长
蒋建华（8月任）
党委副书记 张建军
党委委员、人大主席
隆友鹏
党委委员、政协工作负责人、副镇长
李新剑
党委委员、纪委书记
彭 敏
党委委员、组织委员
凌金玉（女）
党委委员、副镇长
陈森林
周志华
王啸岚
副镇长 易爱媛（女）
刘俐锋（女）
人大副主席 何德明

资福镇
党委书记 肖玉华（8月止）
罗集华（8月任）
党委副书记、镇长
罗集华
周金国（8月任）
党委副书记 秦 军
人大主席 钟建军
政协联络办主任
黄光辉
党委委员、纪委书记
卢果丰
党委委员、组织委员
任 纯（女）
党委委员、副镇长
喻拥军
杨永常

副镇长　　　陈季青（女）
人大副主席　黄志明

灰汤镇
党委书记　　邹志平
党委副书记、镇长
　　　　　　黄　果
党委副书记　熊佑武
党委委员、人大主席
　　　　　　徐　文
党委委员、政联工作负责人、副镇长
　　　　　　喻尽忠
党委委员、纪委书记
　　　　　　吴东跃
党委委员、组织委员
　　　　　　潘海军
党委委员、副镇长
　　　　　　周宇燕
　　　　　　江　波
　　　　　　易　海（3月任）
副镇长　　　李茂桥
　　　　　　邹　鑫
　　　　　　唐　强
人大副主席　易　海（3月止）
　　　　　　谢智芳（3月任）

双凫铺镇
党委书记　　何　冰（女）
党委副书记、镇长
　　　　　　欧旭东
党委副书记　杨伟军（11月止）
　　　　　　周步荣（11月任）
人大主席　　戴文明
政联处主任　肖福仓
纪委书记　　贺朝前
党委委员、组织委员
　　　　　　贺军辉
党委委员、副镇长
　　　　　　王有为
　　　　　　周典范
副镇长　　　李友明（女）
人大副主席　陈伏文

大成桥镇
党委书记　　彭海华
党委副书记、镇长
　　　　　　胡铁强
党委副书记　邓　毅
党委委员、人大主席
　　　　　　黄红卫
党委委员、政协联络处主任、副镇长
　　　　　　商利军（女）
党委委员、纪委书记
　　　　　　刘湘兵
党委委员、组织委员
　　　　　　唐可夫
党委委员、副镇长
　　　　　　姚雨秋
　　　　　　刘德民
副镇长　　　李志光
人大副主席　吴海兵

喻家坳乡
党委书记　　王　军
党委副书记、乡长
　　　　　　龙凤明
党委副书记　刘伟强
党委委员、人大主席
　　　　　　刘南科
党委委员、政协联络处主任
　　　　　　喻胜祥
党委委员、纪委书记
　　　　　　李　勇
党委委员、组织委员
　　　　　　张云开
党委委员、副乡长
　　　　　　张智勇
　　　　　　谢　明
副乡长　　　李国武
　　　　　　陈迎明（12月任）
人大副主席　何　丹

老粮仓镇
党委书记　　孙　勇
党委副书记、镇长
　　　　　　朱洪波
党委副书记　张子亿
党委委员、人大主席
　　　　　　钟云华
党委委员、政协联络处主任、副镇长
　　　　　　马子文（1月任）
党委委员、纪委书记
　　　　　　卢利平
党委委员、组织委员
　　　　　　胡胜兰（女）
党委委员、副镇长，武装部部长
　　　　　　钟朝辉
党委委员、副镇长
　　　　　　万　胜（3月止）
副镇长　　　龚　峻
人大副主席　刘定江

流沙河镇
党委书记　　陈　鑫
镇　长　　　余树强
党委副书记　陈　敏
党委委员、人大主席
　　　　　　周宏斌
党委委员、副镇长、政协联络处主任
　　　　　　空　缺
党委委员、纪委书记
　　　　　　谢　鹏
党委委员、组织委员
　　　　　　张宁博
党委委员、副镇长
　　　　　　尹拥军
　　　　　　彭春明
副镇长　　　刘甲波
人大副主席　吴利民

青山桥镇
党委书记　　杨新貌
党委副书记、镇长
　　　　　　丁吉志（3月止）
　　　　　　李洪波（9月任）
党委副书记　胡志辉
党委委员、人大主席
　　　　　　谢海军
党委委员、政联办主任、副镇长
　　　　　　周　曙
党委委员、纪委书记
　　　　　　陶虚谷
党委委员、组织委员
　　　　　　蔡　敏（女）
党委委员、副镇长
　　　　　　李　华
　　　　　　邓　博
副镇长　　　陈　胜

横市镇
党委书记　　贺向阳
副书记、镇长
　　　　　　周海滨
副书记　　　左志华
党委委员、人大主席
　　　　　　沈迪斌
党委委员、政协联络工作负责人、
副镇长　　　尹红波
党委委员、纪委书记
　　　　　　谢　宇
党委委员、组织委员
　　　　　　黎　宇
党委委员、副镇长
　　　　　　蔡志伏
　　　　　　张　俊
副镇长　　　姚正端
　　　　　　杨　政（12月任）
人大副主席　喻亚雄

黄材镇
党委书记　　叶　辉
副书记、镇长
　　　　　　戴永星
党委副书记　杨伟军
党委委员、人大主席
　　　　　　贾命春
党委委员、政联处主任
　　　　　　卢跃文

党委委员、纪委书记
汤红英（女）
党委委员、组织委员
颜顶元
党委委员、副镇长
唐业华
邓 坤
副镇长 李干群
人大副主席 卢学科

沩山乡
党委书记 黎国君
党委副书记、乡长
刘 飞
党委委员、人大主席
方国胜
党委委员、政联处主任、副乡长
戴奔奇
党委委员、纪委书记
周国强
党委委员、组织委员
彭 波（女）
党委委员、副乡长
王 科
易开明
副乡长 陈建舟
人大副主席 颜晓明（女）

巷子口镇
党委书记 喻林义（女，8月止）
党委副书记、镇长
唐 正
党委副书记 严 玲（女）
党委委员、人大主席
胡铁文
党委委员、政协联络工作负责人、副镇长
陈天亮
党委委员、纪委书记
王晓东
党委委员、组织委员
李建华
党委委员、副镇长
陈义军
贺爱中
副镇长 戴凯军
人大副主席 肖再平

龙田镇
党委书记 熊佑新
党委副书记、镇长
陶 浊
党委副书记 张 炜
党委委员、人大主席
袁国命
党委委员、副镇长、政协工作联络负责人
叶 超
党委委员、纪委书记
荣 毅
党委委员、组织委员
刘赛兰（女）
党委委员、副镇长
邓智勇
邹 培
副镇长 张湘明（女）
人大副主席 易大扬（3月任）

沙田乡
党委书记 颜志强
党委副书记、乡长
贺志亮
党委副书记 空 缺
党委委员、人大主席
谈江波
党委委员、组织委员、政联处主任
张 燕
副乡长 黄巧珍（女）
党委委员、副乡长
曾亮明
肖正乾
副乡长 黄 勇
人大副主席 彭占平

白马桥街道
党工委书记 欧正坤
党工委副书记、办事处主任
文再明
党工委副书记
阳凤斌
党工委委员、人大工委主任
张红斌
党工委委员、政协联络处主任、办事处副主任
谢意鹏
党工委委员、纪工委书记
陈立波
党工委委员、组织委员
胡艳红（女）
党工委委员 胡 鹏
党工委委员、办事处副主任
戴克难
黄勇强
夏宏春

历经铺街道
党工委书记 李 磊
党工委副书记、办事处主任
张慧明
党工委委员、人大工委主任
何卫斌
党工委委员、政协联络负责人、办事处副主任
蔡友良
主任科员 钟正元
党工委委员、纪工委书记
龚学军
党工委委员、组织委员
杨述红（女）
党工委委员、办事处副主任
周清洋
郭顺才
办事处副主任
刘志江

城郊街道
党工委书记 谭正林
党工委副书记、办事处主任
罗 健
党工委副书记
袁 义
人大工委主任
张凤超
纪工委书记 黄向明
组织委员 熊灿辉
办事处副主任
贺再春
李加强
杨 柳（女）
人大工委副主任
黄腾飞

玉潭街道
党工委书记 王海潮
党工委副书记、办事处主任
朱文祥
党工委副书记
彭荣杰
党工委委员、人大工委主任
易 维
党工委委员、政协联络处主任、办事处副主任
袁署山
党工委委员、组织委员
黎灿辉（女）
党工委委员、纪工委书记
曾跃武
党工委委员、办事处副主任
刘巡湘
谭新华
办事处副主任
周术林
王 书（女）

索 引

说明：

一、本索引把年鉴的条目（统计资料、表格、概况、综述、彩页除外）用主题分析方法，按汉语拼音字母顺序排列。

二、类目、分目、专稿标题用黑体字表明。

三、索引名称后的阿拉伯数字表示内容所在的页码，拉丁字母（a、b、c）表示栏别（从左至右分1、2、3栏）。

D

E

F

G

H

J

K

P

Q

R

Z

图书在版编目（CIP）数据

图书在版编目（CIP）数据

宁乡年鉴. 2019 / 宁乡市档案馆（中共宁乡市委党史研究室，宁乡市地方志编纂室）编. —— 北京：方志出版社，2019.12
ISBN 978-7-5144-4045-4

Ⅰ. ①宁… Ⅱ. ①宁… ②宁… Ⅲ. ①宁…-2019-年鉴 Ⅳ. ①Z526.44

中国版本图书馆CIP数据核字(2019)第285475号

宁乡年鉴（2019）

编　　者：宁乡市档案馆
（中共宁乡市委党史研究室、宁乡市地方志编纂室）
责任编辑：冯　松
出 版 者：方志出版社
地址　北京市朝阳区潘家园东里9号（国家方志馆4层）
邮编　100021
网址　http://www.fzph.org
发　　行：方志出版社图书经销中心
电话　（010）67110500
经　　销：各地方新华书店
设　　计：宁乡县劳动文印室
印　　刷：湖南旭城印务有限公司
开　　本：889×1194　1/16
印　　张：19.75
字　　数：665千
版　　次：2019年12月第1版　2019年12月第1次印刷
印　　数：0001～1000册
ISBN　978-7-5144-4045-4　定 价：180元